U0923597

鲁迅年谱

黄乔生　著

浙江大学出版社
ZHEJIANG UNIVERSITY PRESS

图书在版编目(CIP)数据

鲁迅年谱 / 黄乔生著．—杭州：浙江大学出版社，2021.11(2024.8 重印)
(浙江现代文学名家年谱 / 洪治纲主编)
ISBN 978-7-308-21443-8

Ⅰ.①鲁… Ⅱ.①黄… Ⅲ.①鲁迅(1881－1936)－年谱 Ⅳ.①K825.6

中国版本图书馆 CIP 数据核字(2021)第 106233 号

鲁迅年谱
黄乔生　著

责任编辑	王荣鑫　吕倩岚
责任校对	吴　超
封面设计	周　灵
出版发行	浙江大学出版社 (杭州市天目山路 148 号　邮政编码 310007) (网址：http://www.zjupress.com)
排　　版	浙江大千时代文化传媒有限公司
印　　刷	杭州高腾印务有限公司
开　　本	880mm×1230mm　1/32
印　　张	22.25
字　　数	500 千
版 印 次	2021 年 11 月第 1 版　2024 年 8 月第 3 次印刷
书　　号	ISBN 978-7-308-21443-8
定　　价	108.00 元

浙江大学出版社市场运营中心联系方式：(0571)88925591；http://zjdxcbs.tmall.com

浙江省文化研究工程指导委员会

浙江现代文学名家年谱
编纂委员会

浙江文化研究工程成果文库总序

有人将文化比作一条来自老祖宗而又流向未来的河，这是说文化的传统，通过纵向传承和横向传递，生生不息地影响和引领着人们的生存与发展；有人说文化是人类的思想、智慧、信仰、情感和生活的载体、方式和方法，这是将文化作为人们代代相传的生活方式的整体。我们说，文化为群体生活提供规范、方式与环境，文化通过传承为社会进步发挥基础作用，文化会促进或制约经济乃至整个社会的发展。文化的力量，已经深深熔铸在民族的生命力、创造力和凝聚力之中。

在人类文化演化的进程中，各种文化都在其内部生成众多的元素、层次与类型，由此决定了文化的多样性与复杂性。

中国文化的博大精深，来源于其内部生成的多姿多彩；中国文化的历久弥新，取决于其变迁过程中各种元素、层次、类型在内容和结构上通过碰撞、解构、融合而产生的革故鼎新的强大动力。

中国土地广袤、疆域辽阔，不同区域间因自然环境、经济环境、社会环境等诸多方面的差异，建构了不同的区域文化。区域文化如同百川归海，共同汇聚成中国文化的大传统，这种大传统如同春风化雨，渗透于各种区域文化之中。在这个过程中，区域文化如同清溪山泉潺潺不息，在中国文化的共同价值取向下，以自己的独特个性支撑着、引领着本地经济社会的发展。

从区域文化入手，对一地文化的历史与现状展开全面、系统、扎实、有序的研究，一方面可以藉此梳理和弘扬当地的历史传统和文化资源，繁荣和丰富当代的先进文化建设活动，规划和指导未来的文化发展蓝图，增强文化软实力，为全面建设小康社会、加快推进社会主义现代化提供思想保证、精神动力、智力支持和舆论力量；另一方面，这也是深入了解中国文化、研究中国文化、发展中国文化、创新中国文化的重要途径之一。如今，区域文化研究日益受到各地重视，成为我国文化研究走向深入的一个重要标志。我们今天实施浙江文化研究工程，其目的和意义也在于此。

千百年来，浙江人民积淀和传承了一个底蕴深厚的文化传统。这种文化传统的独特性，正在于它令人惊叹的富于创造力的智慧和力量。

浙江文化中富于创造力的基因，早早地出现在其历史的源头。在浙江新石器时代最为著名的跨湖桥、河姆渡、马家浜和良渚的考古文化中，浙江先民们都以不同凡响的作为，在中华民族的文明之源留下了创造和进步的印记。

浙江人民在与时俱进的历史轨迹上一路走来，秉承富于创造力的文化传统，这深深地融汇在一代代浙江人民的血液中，体现在浙江人民的行为上，也在浙江历史上众多杰出人物身上得到充分展示。从大禹的因势利导、敬业治水，到勾践的卧薪尝胆、励精图治；从钱氏的保境安民、纳土归宋，到胡则的为官一任、造福一方；从岳飞、于谦的精忠报国、清白一生，到方孝孺、张苍水的刚正不阿、以身殉国；从沈括的博学多识、精研深究，到竺可桢的科学救国、求是一生；无论是陈亮、叶适的经世致用，还是黄宗羲的工商皆本；无论是王充、王阳明的批判、自觉，还是龚自珍、蔡元培的开明、开放，等等，都展示了浙江深厚的文化底蕴，凝聚了浙江人民求真务实的创造精神。

代代相传的文化创造的作为和精神，从观念、态度、行为方式和价值取向上，孕育、形成和发展了渊源有自的浙江地域文化传统和与时俱进的浙江文化精神，她滋育着浙江的生命力、催生着浙江的凝聚力、激发着浙江的创造力、培植着浙江的竞争力，激励着浙江人民永不自满、永不停息，在各个不同的历史时期不断地超越自我、创业奋进。

悠久深厚、意韵丰富的浙江文化传统，是历史赐予我们的宝贵财富，也是我们开拓未来的丰富资源和不竭动力。党的十六大以来推进浙江新发展的实践，使我们越来越深刻地认识到，与国家实施改革开放大政方针相伴随的浙江经济社会持续快速健康发展的深层原因，就在于浙江深厚的文化底蕴和文化传统与当今时代精神的有机结合，就在于发展先进生产力与发展先进文化的有机结合。今后一个时期浙江能否在全面建设小康社会、加快社会主义现代化建设进程中继续走在前列，很大程度上取决于我们对文化力量的深刻认识、对发展先进文化的高度自觉和对加快建设文化大省的工作力度。我们应该看到，文化的力量最终可以转化为物质的力量，文化的软实力最终可以转化为经济的硬实力。文化要素是综合竞争力的核心要素，文化资源是经济社会发展的重要资源，文化素质是领导者和劳动者的首要素质。因此，研究浙江文化的历史与现状，增强文化软实力，为浙江的现代化建设服务，是浙江人民的共同事业，也是浙江各级党委、政府的重要使命和责任。

2005 年 7 月召开的中共浙江省委十一届八次全会，作出《关于加快建设文化大省的决定》，提出要从增强先进文化凝聚力、解放和发展生产力、增强社会公共服务能力入手，大力实施文明素质工程、文化精品工程、文化研究工程、文化保护工程、文化产业促进工程、文化阵地工程、文化传播工程、文化人才工程等“八项工程”，实施科教兴国和人才强国战略，加快建设教育、科技、卫生、体育等“四个强省”。作为文化建设“八项工程”之一的文化研究工程，其任务就是系统研究浙江文化的历史成就和当代发展，深入挖掘浙江文化底蕴、研究浙江现象、总结浙江经验、指导浙江未来的发展。

浙江文化研究工程将重点研究“今、古、人、文”四个方面，即围绕浙江当代发展问题研究、浙江历史文化专题研究、浙江名人研究、浙江历史文献整理四大板块，开展系统研究，出版系列丛书。在研究内容上，深入挖掘浙江文化底蕴，系统梳理和分析浙江历史文化的内部结构、变化规律和地域特色，坚持和发展浙江精神；研究浙江文化与其他地域文化的异同，厘清浙江文化在中国文化中的地位和相互影响的关系；围绕浙江生动的当代实践，深入解读浙江现象，总结浙江经验，指导浙江发展。在研究力量上，通过课题组织、出版资助、重点研究基地建设、加强省内外大院名校合作、整合各地各部门力量等途径，形成上下联动、学界互动的整体合力。在成果运用上，注重研究成果的学术价值和应用价值，充分发挥其认识世界、传承文明、创新理论、咨政育人、服务社会的重要作用。

我们希望通过实施浙江文化研究工程，努力用浙江历史教育浙江人民、用浙江文化熏陶浙江人民、用浙江精神鼓舞浙江人民、用浙江经验引领浙江人民，进一步激发浙江人民的无穷智慧和伟大创造能力，推动浙江实现又快又好发展。

今天，我们踏着来自历史的河流，受着一方百姓的期许，理应负起使命，至诚奉献，让我们的文化绵延不绝，让我们的创造生生不息。

2006年5月30日于杭州

浙江文化研究工程成果文库序言

袁家军

浙江是中华文明的发祥地之一，历史悠久、人文荟萃，素称“文物之邦”“人文渊薮”，从河姆渡的陶灶炊烟到良渚的文明星火，从吴越争霸的千古传奇到宋韵文化的风雅气度，从革命红船的扬帆起航到新中国成立初期的筚路蓝缕，从改革开放的敢为人先到新时代的变革创新，都留下了弥足珍贵的历史文化财富。纵览浙江发展的历史，文化是软实力、也是硬实力，是支撑力、也是变革力，为浙江干在实处、走在前列、勇立潮头提供了独特的精神激励和智力支持。

2003 年，习近平同志在浙江工作时作出“八八战略”重大决策部署，明确提出要进一步发挥浙江的人文优势，积极推进科教兴省、人才强省，加快建设文化大省。2005 年 7 月，习近平同志主持召开省委十一届八次全会，亲自擘画加快建设文化大省的宏伟蓝图。在习近平同志的亲自谋划、亲自布局下，浙江形成了文化建设“3＋8＋4”的总体框架思路，即全面把握增强先进文化的凝聚力、解放和发展文化生产力、提高社会公共服务力等“三个着力点”，启动实施文明素质工程、文化精品工程、文化研究工程、文化保护工程、文化产业促进工程、文化阵地工程、文化传播工程、文化人才工程等“八项工程”，加快建设教育、科技、卫生、体育等“四个强省”，构建起浙江文化建设的“四梁八柱”。这些年来，我们按照习近平同志当年作出的战略部署，坚持一张蓝图绘到底、一任接着一任干，不断推进以文铸魂、以文育德、以文图强、以文传道、以文兴业、以文惠民、以文塑韵，走出了一条具有中国特色、时代特征、浙江特点的文化发展之路。

文化研究工程是浙江文化建设最具标志性的成果之一。随着第一期和第二期文化研究工程的成功实施，产生了一批重点研究项目和重大研究成果，培育了一批具有浙江特色和全国影响的优势学科，打造了一批高水平的学术团队和在全国有影响力的学术名师、学科骨干。2015 年结束的第一批浙江文化研究工程共立研究项目 811 项，出版学术著作千余部。2017 年 3 月启动的第二期浙江文化研究工程，已开展了 52 个系列研究，立重大课题 65 项、重点课题 284 项，出版学术著作 1000 多部。特别是形成了《宋画全集》等中国历代绘画大系、《共和国命运的抉择与思考——毛泽东在浙江的 785 个日日夜夜》等领袖与浙江研究系列、《红船逐浪：浙江“站起来”的革命历程与精神传承》等“浙 100 年”研究系列、《浙江通史》《南宋史研究丛书》等浙江历史专题史研究系列、《良渚文化研究丛书》等浙江史前文化研究系列、《儒学正脉——王守仁传》等浙江历史名人研究系列、《吕祖谦全集》等浙江文献集成系列。可以说，浙江文化研究工程，赓续了浙江悠久深厚的文化血脉，挖掘了浙江深层次的文化基因，提升了浙江的文化软实力，彰显了浙江在海内外的学术影响力，为浙江当代发展提供了坚实的理论支撑和智力支持，为坚定文化自信提供了浙江素材。

当前，浙江已经踏上了实现第二个百年奋斗目标的新征程，正在奋力打造“重要窗口”，争创社会主义现代化先行省，高质量发展建设共同富裕示范区。文化工作在浙江高质量发展建设共同富裕示范区中具有决定性作用，是关键变量；展现共同富裕美好社会的图景，文化是最富魅力、最吸引人、最具辨识度的标识。我们要发挥文化铸魂塑形赋能功能，为高质量发展建设共同富裕示范区注入强大文化力量，特别是要坚持把深化文化研究工程作为打造新时代文化高地的重要抓手，努力使其成为研究阐释习近平新时代中国特色社会主义思想的重要阵地、传承创新浙江优秀传统文化革命文化社会主义先进文化的重要平台、构建中国特色哲学社会科学的重要载体、推广展示浙江文化独特魅力的重要窗口。

新时代浙江文化研究工程将延续“今、古、人、文”主题，重点突出当代发展研究、历史文化研究、“新时代浙学”建构，努力把浙江的历史与未来贯通起来，使浙学品牌更加彰显、浙江文化形象更加鲜明、中国特色哲学社会科学的浙江元素更加丰富。新时代浙江文化研究工程将坚守“红色根脉”，更加注重深入挖掘浙江红色资源，持续深化“习近平新时代中国特色社会主义思想在浙江的探索与实践”课题研究，努力让浙江成为践行创新理论的标杆之地、传播中华文明的思想之窗；擦亮以宋韵文化为代表的浙江历史文化金名片，从思想、制度、经济、社会、百姓生活、文学艺术、建筑、宗教等方面全方位立体化系统性研究阐述宋韵文化，努力让千年宋韵更好地在新时代“流动”起来、“传承”下去；科学解读浙江历史文化的丰富内涵和时代价值，更加注重学术成果的创造性转化，探索拓展浙学成果推广与普及的机制、形式、载体、平台，努力让浙学成果成为有世界影响的东方思想标识；充分动员省内外高水平专家学者参与工程研究，坚持以项目引育高端社科人才，努力打造一支走在全国前列的哲学社会科学领军人才队伍；系统推进文化研究数智创新，努力提升社科研究的科学化水平，提供更多高质量文化成果供给。

伟大的时代，需要伟大作品、伟大精神、伟大力量。期待新时代浙江文化研究工程有更多的优秀成果问世，以浙江文化之窗更好地展现中华文化的生命力、影响力、凝聚力、创造力，为忠实践行“八八战略”、奋力打造“重要窗口”，争创社会主义现代化先行省，高质量发展建设共同富裕示范区，提供强大思想保证、舆论支持、精神动力和文化条件。

凡　例

一、本丛书之谱主均系公认的浙籍作家。其主要标识为出生于浙江，或童年、少年时期在浙江度过，或长期与浙江保持密切联系，其家世影响、成长经历、文学素养的形成，受到浙江地域文化的浸染，其文学观念、文学创作留有鲜明的浙江文化印记。浙江“身份”尚存争议的作家，暂不列入。

二、本丛书之谱主的主要文学成就，均在“中国现当代文学”时期（包括1949年以前的“现代”期和中华人民共和国成立后的“当代”期）产生过广泛影响的各种文学创作、文学活动及其他相关文化活动。其他历史时段与谱主相关的活动，从略记述。

三、每位谱主之年谱为一册，以呈现谱主之文学创作、文艺思想、文学组织、文学编辑等成就为重点，相关背景呈示多侧重其与文学的关联性；年谱亦涉及谱主在中国革命史、思想史、文化史上的成就与贡献，充分展示谱主在建构我国20世纪新文化中的特殊贡献。

四、每部年谱共由三部分组成。第一部分为家世简表、谱主照片等有关材料；第二部分为年谱正文和少量插图，图片配发在正文相应部位，以便形成文图互证；第三部分为谱主的后世影响，主要包括正文未及的谱主身份、价值的确切定位及相关悼念、纪念活动，以及谱主的全集出版、著作外译、谱主研究会的成立、重要研究成果等，均予以择要展示。文后附参考文献。

五、年谱使用规范的现代语体文。直接引用资料采用原文文体；人名、地名、书名、文章篇名及引录的原著繁体字或异体字文句，凡可能引起歧义、误解者，仍用原繁体字或异体字。

六、年谱以公历年份作为一级标题，括号内标注农历年份。谱主岁数以“周岁”表述，出生当年不标岁数，只标为是年“出生”。为便于阅读，按通行出版惯例，年、月、日及岁数均采用阿拉伯数字。

七、年谱在一级标题下，以条目形式列出本年度与谱主的文学（文化）活动密切相关、对谱主产生重要影响的若干条“年度大事记”。

八、年谱以公历月份作为二级标题。在二级标题之下，以日期标识谱主相关信息。所有日期均为公历；若农历涉及跨年度等特殊情况，则换算为公历将所述内容置于相应年份，以利于读者识别。

九、年谱中部分具体日期不明的重要信息，均置于当月最后位置，以“本月　……”说明之；若有关信息只能确定在“春季”“夏季”之类时间段内，则置于本年度末，以“春　……”“夏　……”等加以说明；若有关信息只能确定在本年度的，则亦置于本年度末，以“本年　……”进行表述。

十、中华人民共和国成立前国家、民族、地名、组织、机构、职官等名称，除明显带有歧视、污蔑含义者须加以适当处理外，原则上仍用文献记载的原名称。

十一、鉴于资料来源多元和考证繁杂，年谱中若观点出现有待考证或诸说并存的，借助“按……”的形式，简要表述编撰者的考辨，或者以注释形式加以说明。

十二、凡有补充、评述等特别需要说明的内容，皆以注释形式说明。对以往诸家有关谱主传记文字的误记之处，在录入史实后，均用注释的方式予以纠正。

十三、年谱正文原则上不特别标识信息来源；若确需说明的，则以分门别类的方式，在正文表述中进行适当处理。

十四、年谱注释从简。确需注释的，统一采用当页脚注。发表报刊一般不注，用适当方式通过正文直接表述；其中，民国时期报刊之“期”“号”等，原则上依照原刊之表述。

十五、因时代关系，部分历史文献之标点符号不甚规范，录入时已根据现时标点符号规范标点。以往相关书籍史料中收录的谱主文献，不同版本在部分文献上有不同的断句，本年谱所录之文系在比对各种资料后基于文意定之。

十六、谱主已知的全部著述，均标注初刊处、写作日期、初收何集、著述体裁（如小说、散文、漫画、艺术论述、童话、诗词、评论、译文、书信、日记、序跋等）。若谱主著译版本繁多，一般仅录入初版本。若该作品有多处重刊、转载或收入作品集，则在正文中进行说明，以表明作品的重要性和社会影响。未曾发表的作品注明现有手稿及作品的现存之处。

十七、谱主的主要社会评价，既反映正面性评价，也反映批评性评价，以体现存真的目的，尽可能体现年谱对谱主的全面评价意义。有代表性的评价文字，节录原文以存真。社会评价文字根据原文发表时间，放在相应的正文中表述；若无法确定时间，则放在相应的月份末尾或年份末尾予以恰当叙述。

十八、年谱若遇历史文献中无法辨认之字，则用“□”表示。

十九、年谱中有关谱主的后世影响，根据不同谱主状况，依照类别和时间顺序，在谱后进行详略有别的叙述。

《浙江现代文学名家年谱》编纂委员会

2020 年 8 月

家世简表①

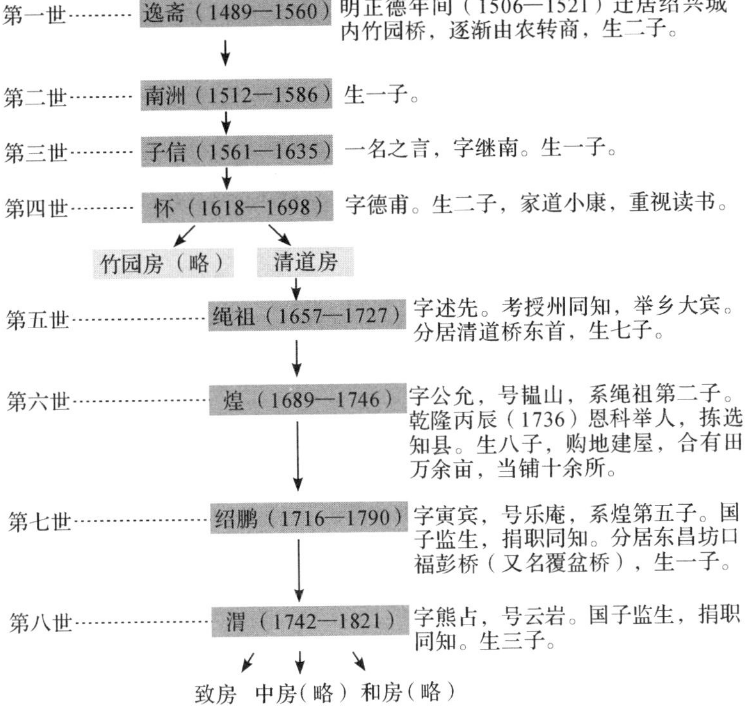

第九世……宗翰（1763—1825）字佩兰，号西林。会稽学增贡生。分居新台门，生三子。时族人多效奢侈，不事生产。

---

① 据《越城周氏族谱》。周作人在家藏族谱上题识署“中华民国二十年四月七日会稽周氏清道房公允四支十四世作人书”。

智房　仁房（略）　勇房（略）

第十世……珄（1783—1863）　字瑞璋。捐国子监生。生五子。

兴房　立房（略）　诚房（略）

第十一世……以埏（1816—1863）　字苓年，号锡龄。捐国子监生。妻戴氏。生一子。1861年太平军进入绍兴，周氏家道衰落。

第十二世……福清（1838—1904）　原名致福，字震生，号介孚。妻孙氏、蒋氏，妾章氏、潘氏。同治辛未科（1871）进士，钦点翰林院庶吉士；选授江西省金溪县知县；捐升内阁中书，后因科场案入狱。生二子二女。

第十三世……

凤仪（1861—1896）	德官（1858—1906）	康官（1868—1894）	凤升（1882—1918）
字伯宜，孙氏所生。秀才。妻鲁瑞。生四子一女	女，孙氏所生。嫁吴融马家。（略）	女，蒋氏所生。嫁东关金家。（略）	字伯升，章氏所生。毕业于江南水师学堂，曾任海军上尉。

第十四世……

樟寿（1881—1936）	櫆寿（1885—1967）	端姑（1887—1888）	松寿（1888—1984）	椿寿（1893—1898）
后改名树人，字豫山，又改豫才，笔名鲁迅。妻朱安、许广平。	后改名作人，字星杓、启明。妻羽太信子。	早夭。	后改名建人，字乔峰，笔名克士。妻羽太芳子、王贤祯（蕴如）。	字荫轩，早夭。

目录

1881年(辛巳,清光绪七年)　出生

▲2月,中俄签订《伊犁条约》,俄国割据我国伊犁西部的大片领土,并规定在此地享受的政治、经济等特权。

9月

25日　诞生于浙江省绍兴府会稽县(今属绍兴市)东昌坊口新台门周家,为周家族谱记载的第14世①。本名樟寿,小名阿张,字豫山,皆为祖父周福清②所取。父周凤仪③,母鲁瑞④。

本年　祖父周福清正在京任内阁中书。接到长孙出生的消息时,适值一位姓张的官员来访,遂为长孙取小名阿张,冀其长

---

① 据《越城周氏支谱》载,周氏一世祖周逸斋于明正德年间(1506—1521)迁居绍兴城内竹园桥。至第9世分致、中、和3房,分居新台门、过桥台门和老台门。"致"房居新台门,其九世祖宗翰(佩兰)为增贡生,有三子,分为智、仁、勇3支,"智"房又分为兴、立、诚3支。"兴"房十一世祖以埏(苓年),以埏之子周福清(介孚)即鲁迅的祖父。周家家道中落是在1861年(咸丰辛酉年)太平天国李秀成部将陆顺德率军占领绍兴时。

② 周福清(1838—1904),原名周致福,字震生,又字介孚,号梅仙。辛未(1871)年钦点翰林院庶吉士,3年后散馆,选授金溪知县。1878年改选教官,次年遵例捐升内阁中书,9月到阁当差,在京候补。1888年实授内阁中书。

③ 周凤仪(1861—1896),字伯宜,进学时改名文郁,中秀才后改名仪炳,又改名用吉。乡试屡次不中。1893年参加浙江乡试时,因其父贿赂考官事发,遭斥革秀才身份,永不得应试。由于他不会营生,只好押田借债度日,37岁病逝。

④ 鲁瑞(1858—1943),绍兴会稽东北乡安桥头人。父亲鲁希曾,举人。鲁迅说母亲"以自修得到能够看书的学力"。她思想开通,清末天足运动兴起,毅然放足。1919年12月鲁迅接她到北京定居。1926年鲁迅到南方后,她留居北京直至去世。

大出息，学名樟寿，字豫山，后改为豫才。

1882年（壬午，清光绪八年）　2岁

本年　被送到长庆寺拜和尚龙师父为师。据鲁迅《我的第一个师父》："我生在周氏是长男，'物以希为贵'，父亲怕我有出息，因此养不大，不到一岁，便领到长庆寺里去，拜了一个和尚为师了。"拜师是名义上舍在寺里，并非实到寺庙当和尚。长庆寺在绍兴东昌坊口塔子桥头，寺里的住持龙师父给鲁迅取了法名"长根"，鲁迅后来曾以其谐音"长庚"为笔名发表《唐朝的盯梢》一文。鲁迅从龙师父那里得到两件"法宝"：一是遇喜庆大事才允许穿的"百衲衣"，一是每逢出门必挂在身上的"牛绳"——上面挂着历本、银筛之类的"避邪物"。①

1883年（癸未，清光绪九年）　3岁

▲12月，法军6000人在孤拔率领下，向驻防山西（今河内西北）的清军和黑旗军阵地发动进攻，中法战争爆发。

春季　种牛痘。鲁迅《我的种痘》："我的种痘却很迟了，因为后来记的清清楚楚，可见至少已有两三岁。"

---

① 本文所引鲁迅著述，如无说明，皆引自北京鲁迅博物馆资料查询在线检索系统：http://www.luxunmuseum.com.cn/cx/。

1884年(甲申,清光绪十年)　4岁

▲5月8日,《点石斋画报》(旬刊)在上海创刊,以刊载时事新闻绘画为主,也有不少宣传西方科学、反映民间风俗的图画。

▲7月,法国远东舰队进攻台湾基隆。法海军陆战队强行登陆,帮办台湾军务大臣、台湾巡抚刘铭传派提督章高元、总兵曹志忠各率所部反击,法军大败,退回海上。

▲8月23日,法国借口"北黎事件"派孤拔率远东舰队,闯入福建水师基地马尾军港,马尾海战爆发。

本年　外祖父鲁希曾病逝。

1885年(乙酉,清光绪十二年)　5岁

▲年初,直隶总督李鸿章上奏清廷,请在天津设立武备学堂,规制略仿西洋陆军学堂,聘用德国人为教官,经费由北洋海防经费内开支。天津武备学堂是中国第一所新式陆军学校。

▲本年,傅兰雅在上海创设格致书室,为近代中国第一家专营科技书籍的书店。

▲年初,日本全权大臣伊藤博文抵达天津,同李鸿章谈判关于"甲申政变"后的朝鲜问题。4月18日,签订了《天津会议专条》。

▲3月,冯子材等在广西击败法军。

▲本年,傅兰雅译《佐治刍言》出版,是戊戌变法以前介绍西

方社会政治思想最为系统的一部书。

1月

16日 二弟周作人[①]出生。

1886年(丙戌,清光绪十二年) 6岁

▲元旦,英国宣布上缅甸并入英属印度,逼迫清政府承认其吞并缅甸。

▲4月25日,清廷全权代表李鸿章与法国驻华公使戈可当在天津签订《越南边界通商章程》,又称《滇粤陆路通商章程》或《天津协定》,共19款。法国政府因协定内容与其要求相距甚远,拒绝批准此约,并重派代表来中国谈判。

▲7月24日,清总理衙门大臣奕劻与英前署驻华公使欧格纳在北京签订了《中英缅甸条款》,共5款。

---

① 周作人(1885—1967),原名櫆寿,字星杓,参加县考时改名奎绶,自号起孟(又作岂孟)、岂明(又作启明),知堂等,笔名有周遐寿、仲密等。1901年入南京江南水师学堂,1906年毕业后赴日本留学,在东京法政大学、立教大学等校修习。与鲁迅合译《域外小说集》两卷。1911年夏回国。1917年春到京,长期担任北京大学教授,是新文化运动骨干、《新青年》撰稿人。1922年兼任燕京大学现代文学组主任。1923年与鲁迅失和。抗日战争全面爆发后,北京大学南迁,周作人留守北平。日占后,担任伪华北政务委员会常务委员兼教育总署督办。抗战胜利后被国民政府逮捕,南京首都高等法院以"通谋敌国、背叛本国"罪处有期徒刑10年。鲁迅幼年至中年事迹,多参其所著《鲁迅小说里的人物》(署名周遐寿,上海出版公司1954年版)、《鲁迅的故家》(署名周遐寿,人民文学出版社1957年版)、《鲁迅的青年时代》(署名周启明,中国青年出版社1957年版)、《知堂回想录》(香港三育图书有限公司1980年版),以及周作人日记,后不一一出注。

本年 据鲁迅母亲回忆，鲁迅五六岁时，曾被叫作“胡羊尾巴”，因其年纪小而活泼机灵。[①]

1887年（丁亥，清光绪十三年） 7岁

▲3月26日，清海关总税务司赫德派金登干与葡方代表议定《中葡草约》（又称《里斯本议定书》），承认葡萄牙享受最惠国待遇，允其永驻和管理澳门以及澳属之地，葡在澳门协同中国防止鸦片走私。

▲11月，同文书会在上海创办，为晚清西人在中国经营的最大的西书出版机构。

本年 入家塾读书并改字豫才。按照绍兴请秀才开蒙的习俗，由堂房叔祖周玉田[②]开蒙。还有说后曾随堂房叔祖花塍读书（花塍也是一位秀才）。因家塾中同学用“豫山”的谐音“雨伞”开鲁迅玩笑，鲁迅请祖父改字，初改为豫亭，终改为豫才。

祖父主张儿童初学应该首先获得一点历史知识，因此，鲁迅用的第一本读物是《鉴略》。鲁迅回忆那时的学习情况说，书桌上除了《鉴略》和习字的描红格、对字的课本外，不许有别的书。在书塾之外，禁令稍宽，但能在大众面前冠冕堂皇地阅读的图画

---

① 许寿裳1937年5月25日致许广平信，见许广平《鲁迅年谱的经过》，载1940年9月16日《宇宙风》（乙刊）。

② 周玉田，小名蓝，名兆蓝，后易名翰清，改字玉泉，别字琴逸。清末秀才。他属周代房族致派下的仁房。在1897年的房族会议上，他曾强令鲁迅在不合理的字据上签字，被鲁迅拒绝。其后鲁迅与他的关系仍然很好，曾手抄他作的《鉴湖竹枝词》100首，后署“侄孙樟寿谨录”。玉田于1898年夏病逝。

书，也只是家藏的《文昌帝君阴骘文图说》《玉历钞传》《二十四孝图说》之类，学习生活单调乏味。

1888年(戊子，清光绪十四年) 8岁

▲本年，英国借口哲孟雄问题，出兵2000多人，向西藏地方军队发动进攻。

▲10月2日，清政府制定《北洋海军章程》，编成北洋舰队，共有各种舰船22艘，官兵4000余人。丁汝昌为北洋海军提督，林泰曾为左翼总兵，刘步蟾为右翼总兵。

▲本年，李提摩太写成《七国新学备要》，介绍英、法、德、俄等7国的教育和科学情况，成为变法的重要参考书。康有为鉴于中法战争后国家危难，上书光绪皇帝，请求变法。

11月

12日 三弟周建人[①]生。

---

① 周建人(1888—1984)，原名松寿，字乔峰，笔名克士。少时入三味书屋读书，后就读会稽县小学堂，毕业后在家自学生物学和外语。辛亥革命前任绍兴塔子桥小学(僧立小学)校长兼教员。辛亥革命后该校停办，任小学养成所教员。两年后任明道女子师范(绍兴女子师范学校)和成章女子学校生物学教员。1919年12月到北京，在北京大学旁听。1921年9月离开北京到上海，在商务印书馆担任校对和自然科学书籍编辑。抗日战争后期离开商务印书馆，从事民主运动。抗日战争结束后在中国共产党所办上海新文化杂志社工作。中华人民共和国成立后，担任民进党和政府领导职务。鲁迅故家及其与家人相关事迹，多参其所著《略讲关于鲁迅的事情》(署名乔峰，人民文学出版社1954年版)、《鲁迅故家的败落》(湖南人民出版社1984年版)，后不一一出注。

本年　妹端姑因天花夭逝，年未满周岁。[①]

1889年(己丑，清光绪十五年)　9岁

▲本年，各国工人运动的领袖在巴黎开会，将5月1日定为国际劳动节，决定成立第二国际。7月14日，第二国际在巴黎召开成立大会。

本年　继续在家塾读书，得一位长辈赠《二十四孝图》一部。[②] 鲁迅后来回忆，这是他最早得到的一本图画书，“下图上说，鬼少人多”。他的阅读感受却是先喜悦后失望：“我于高兴之余，接着就是扫兴，因为我请人讲完了二十四个故事之后，才知道‘孝’有如此之难，对于先前痴心妄想，想做孝子的计划，完全绝望了。”

1890年(庚寅，清光绪十六年)　10岁

▲8月，江南制造局工人为反对新任总办刘麒祥把每日工时延长1小时，宣布罢工，2000工人无一人上工，坚持到下午，资方同意增加饭钱，劳方答应复工。

---

① 据周建人回忆，端姑大约比他大一岁，在他出生前已夭逝。又据许寿裳《鲁迅年谱》：1888年11月，“妹端生十月即夭”。

② 《二十四孝》，元代郭居敬编，内容是辑录古代所传24个孝子的故事。后来的印本都配上图画，通称《二十四孝图》，是宣扬孝道的通俗读物。

▲本年，张之洞将他筹办的枪炮厂迁至汉阳大别山下，名“湖北枪炮厂”。

▲本年，上海设立中西女塾，后改名中西女中。

本年　在家塾至少已读到《论语》。大约在这时，课余与本宅中藏书最多的玉田叔祖来往密切。鲁迅在玉田叔祖的书斋里看到了三国陆玑的《毛诗草木鸟兽虫鱼疏》等书，最爱看的是清陈淏子所著绘图植物书《花镜》。鲁迅还从玉田叔祖那里知道《山海经》，自此开始致力搜集图画书，从家藏图书中找到了《尔雅音图》《百美新咏》《越先贤象传》《剑侠传图》等，还有一些带有插图的小说如《镜花缘》《儒林外史》《西游记》《三国演义》《封神榜》《聊斋志异》《夜读随录》《绿野仙踪》《天雨花》《义妖传》等。

1891年(辛卯，清光绪十七年)　11岁

▲7月，康有为所撰关于变法维新的理论著作《新学伪经考》初刊于广州，共14卷。康有为在广州长兴里开设“万木草堂”，聚徒讲学，自任总教授、总监督，撰《长兴学记》以为学规。

本年　改从本宅堂房叔祖子京读《孟子》。[1]子京是一个老童生，因长期投考不中，精神受了刺激，幻想在宅内挖出祖传宝

---

① 周作人《鲁迅的青年时代·师父与先生》说鲁迅随子京读《孟子》，可能在光绪壬辰(1892)年。此说与该文的前后文及他本人其他文章中的回忆有矛盾。本谱参照他所说鲁迅在1890年已读到《论语》、1892年已去三味书屋读书等情节，把从子京读《孟子》事暂系于本年。

藏，但一无所获，贫病交加，终致精神错乱，于 1896 年自杀。鲁迅后来以他为原型创作小说《白光》。因为子京文理不通，鲁迅只跟他学了一年左右，就离开了。

1892 年（壬辰，清光绪十八年） 12 岁

▲3 月 14 日，辅仁文社成立，又称“辅仁书报社”，以“开通民智”“尽心爱国”为宗旨，社员 16 人，杨衢云为社长。

2 月

入三味书屋读书。[①] 三味书屋是“全城中称为最严厉的书塾”，离家不到半里，塾师寿镜吾[②]。鲁迅在三味书屋中读完了“四书”“五经”，后又读《尔雅》《周礼》《仪礼》等。课余参考各种绣像小说书上的画像糊纸盔甲、兵器等，还曾抄写家藏《康熙字典》中的古文奇字和《唐诗叩弹集》中的百花诗。

---

① 周作人在《鲁迅的青年时代·师父与先生》一文中说，鲁迅癸巳（1893）年已在三味书屋读书，但曾祖母在阴历壬辰年除夕即阳历 1893 年 2 月 16 日去世，匆忙办理丧事（祖父也从北京赶回），不大可能打发他去入学，所以推定去三味书屋上学是在 1892 年。又据绍兴鲁迅纪念馆记录的当年三味书屋鲁迅同学章祥耀的回忆：“寿先生正月十八日开学，清明后就不收（学生）哉。”另，周作人日记 1899 年 3 月 1 日（阴历正月二十日）也有三味书屋开学的记载。

② 寿镜吾（1849—1930），名怀鉴，晚年改称镜湖先生。1869 年考中秀才后，不愿参加乡试，一直以教书为生，并反对儿子追求功名。辛亥革命前与乡人发起组织“志学会”。鲁迅 1923 年 1 月 29 日和 2 月 9 日日记中记载与其通信。

1893年(癸巳,清光绪十九年)　13岁

▲2月17日,英国商人丹福士在上海创办《新闻报》,该报旨在维护列强在华利益,也刊载一些试帖诗、八股文以及猎奇性的社会新闻。

▲12月5日,清参将何长荣和英政务司保尔在大吉岭签订《中英会议藏印条款》,共12款。

▲郑观应著《盛世危言》出版,主张变法图强。

2月

16日　曾祖母戴氏病逝,年79岁。祖父偕妾潘氏和少子伯升回家奔丧。

7月

25日　四弟椿寿生,小名春,号荫轩。

秋后　去皇甫庄外婆家避难。鲁迅祖父为参加本年乡试的儿子周伯宜和亲友马、顾、陈、孙、章五姓子弟赴苏州贿赂主考殷如璋,9月7日事泄,周伯宜被取消秀才名分和乡试资格,祖父先外逃,后投案自首,被押到杭州监禁。次年1月31日光绪皇帝谕旨判为"斩监候",俟秋后处决,成为轰动一时的"钦案"。为躲避株连,鲁迅和周作人离家避难。鲁迅在表兄处见到小说《荡寇志》,因为喜爱书上的绣像和像赞的字体,特地买了"明公纸"逐

一影描，订成1册，约100页；还看到日本冈元凤所作的两册石印《毛诗品物图考》，被其精美的图画吸引。避难中，鲁迅有时遭遇冷眼，甚至还被称为“乞食者”，颇受刺激。

年底 随大舅父少渔（小名友，鲁迅称他友舅舅）在小皋埠。鲁迅常借其所藏小说阅读。据周作人《鲁迅的故家·娱园》回忆，友舅舅“喜欢看小说，买的很多，不是木板大本，大都是石印铅印的，看过的都扔在一间小套房里，任凭鲁迅自由取阅，只是乱扔一堆，找寻比较费事，譬如六本八本一部，往往差了一本，要花好些时光才能找全，这于鲁迅有不少的益处，从前在家里所能见到的只是《三国》《西游》《封神》《镜花缘》之类，种种《红楼梦》，种种侠义，以及别的东西，都是无从见到的”。

1894年（甲午，清光绪二十年） 14岁

▲年初，孙中山起草一篇长达万言的《上李鸿章书》，准备北上天津拜见李，因未受重视，遂前往檀香山，联合华侨20余人，于10月27日成立兴中会。

▲2月11日，美国国务卿葛礼山与清驻美公使杨儒在华盛顿签订《限禁来美华工保护寓美华人条约》，共6款。

▲7月，日军挑起甲午战争，侵入辽东半岛。9月17日，北洋水师在黄海海战中败绩。

旧历年，鲁迅家当值本族大祭祀，事务繁多，便请家中“忙月”（短工）章福庆的儿子运水来看守祭器。运水比鲁迅大二三岁，常给鲁迅描述沙滩上捡五色贝、夏夜看瓜、冬雪捕鸟等活动，

令鲁迅神往。运水即为《故乡》中闰土的原型。

春 因祖父投案自首，科场案开始审理，鲁迅与周作人回家，继续在三味书屋读书。有一次，因为家里有事，鲁迅迟到，受到老师批评。他决意以后要早到，便在自己的书桌上刻了一个“早”字。①

这时鲁迅对影描绣像仍很感兴趣。在书塾中，每当先生读书入神的时候，就偷偷画画儿，用一种叫做“荆川纸”的，蒙在小说的绣像上一个个描下来，继《荡寇志》之后，又描画《西游记》一本。以后又把借来的马镜江《诗中画》两卷，王冶梅《三十六赏心乐事》画册以及家藏《农政全书》残本中王盘的《野菜谱》全部影写了一遍。《野菜谱》谱录灾年人民充饥度荒的野菜标本，每幅都有题赞，好像一首通俗歌谣，鲁迅特别喜爱。此后又从影写逐渐发展为独立的绘画。从小皋埠回家后买的第一本书，就是早想得到的《毛诗品物图考》。到 1898 年前，陆续买了不少石印画谱，如《海上名人画稿》《阜长画谱》《椒石画谱》《百将图》《点石斋丛画》《诗画舫》《古今名人画谱》《天下名山图咏》《梅岭百鸟画谱》《晚笑堂画传》及《芥子园画谱》等。现存 1897 年以前手书拟购书目一页，所列多为当时上海点石斋书局出版的新图画书。

鲁迅从小也喜欢民间艺术，如花纸“老鼠成亲”等。他走过刻书铺许广记的门前，常常要看工人刻图画。因为买的大多是旧书，还学会改换封面，重新装订，并且养成爱护图书的习惯。

8 月

10 日 小姑母因难产去世。鲁迅赴小姑父家在长庆寺所做

---

① 当时三味书屋不提供书桌，须学生自带。

的水陆道场。周作人在《鲁迅的故家》中回忆，鲁迅为姑母写了祭文。

冬 父亲突然大吐血，得了重病。延请本城著名中医治疗，开始说是肺痈，后又说是臌胀。由于诊金昂贵，家中只好典当物品，家道更趋衰落。鲁迅作为长子，协助母亲处理家中事务。他回忆说："我有四年多，曾经常常，——几乎是每天，出入于质铺和药店里，年纪可是忘却了……然而父亲的病却日重一日了。"①

本年 用200文钱从三味书屋一位同学那里买来一部附图的植物书《花镜》，并按照书上的说明培植花卉。他用实践中得来的知识，纠正了《花镜》中的某些错误和不全面处。② 他在南京读书期间和1911年前后，还曾多次批校《花镜》，并把它分订成3册。

1895年（乙未，清光绪二十一年） 15岁

▲4月17日，中日签订《马关条约》。5月2日，在京会试的康有为联合18省举人1300余人上书光绪皇帝，请求拒和、迁

---

① 据鲁迅《〈呐喊〉自序》、周作人《鲁迅的故家·病》。鲁迅对于父亲生病时间的回忆前后不一致，《〈呐喊〉自序》中说"四年多"，《集外集·俄文译本〈阿Q正传〉序及著者自叙传略》中则说"三年多"，但据《朝花夕拾·父亲的病》中所说推算，大约两年半左右。周作人的回忆也不一致，在《鲁迅的故家·病》中提及父亲曾亲自去吊小姑母之丧，发病时间可能在1894年冬，但在同书《童话》一节中说，大概起于1895年；在《知堂回想录·父亲的病》中又说发病时间在1895年春，至早可以提前到1894年冬，并说很难确定。本谱暂取周作人《病》文所说。

② 鲁迅批注本《花镜》，现藏绍兴鲁迅纪念馆。

都、变法，史称“公车上书”。

▲6月2日，清政府派李鸿章之子李经方赴台湾办理交割事宜，并责令台湾官兵内渡，禁止大陆军民接济台湾抗战。台湾民众只好独立自救。丘逢甲等台湾士绅倡议成立了“台湾民主国”。

▲《中外纪闻》创刊，初名《万国公报》，是戊戌变法时期维新派在北京出版的第一份报纸，由梁启超、麦孟华等编辑。

本年　继续在三味书屋读书。上半年父亲的病势稍趋稳定。据周作人回忆：鲁迅这个时期对于民间故事和传说很是爱好，曾和同学一起把几个现实的人戏剧化了，在院子里自编自演“大头”和“打败贺家武秀才”之类的故事，睡前谈论神话故事。

秋冬之交　从玉田叔祖处借来了木板小本的《唐代丛书》①，对其中的唐人传奇和笔记很感兴趣，从中选抄了陆羽《茶经》3卷，陆龟蒙《五木经》和《耒耜经》各1篇。不久又买来一部从《龙威秘书》等书中杂凑而成的小丛书《艺苑捃华》，共24册，这是促使他日后大抄明抄本《说郛》的原因之一。鲁迅在《〈古小说钩沉〉序》中自述：“余少喜披览古说，或见讹敚，则取证类书，偶会逸文，辄亦写出。”

约本年前后　鲁迅阅读的注意力开始转向“杂学”，即所谓野史笔记方面。他晚年在《病后杂谈之余》中提及十四五岁时所读《立斋闲录》。鲁迅对这些书中记述的内容印象很深，直到晚年仍难以忘怀：“自有历史以来，中国人是一向被同族和异族屠

---

① 《唐代丛书》又名《唐人说荟》，共20卷，旧有桃源居士辑本，凡144种，清乾隆时山阴陈莲塘又从《说郛》等书中采入20种，共164种，内多小说，但删节和谬误很多，鲁迅有《破〈唐人说荟〉》批谬。

戮，奴隶，敲掠，刑辱，压迫下来的，非人类所能忍受的楚毒，也都身受过，每一考查，真教人觉得不像活在人间。”这一时期，他陆续读到的野史杂说有《曲洧旧闻》《窃愤录》《玉芝堂谈荟》《鸡肋编》《明季稗史汇编》《南烬纪闻》等。阅读野史对他全面认识中国的历史和社会起了很大作用，书中有些材料还成为他日后的创作素材，如《故事新编》中的《铸剑》即“取材于幼时读过的书”。①

1896年(丙申，清光绪二十二年)　16岁

▲本年，沙皇尼古拉二世举行加冕典礼。清政府应俄国政府的要求，任命李鸿章为“钦差头等出使大臣”，前赴俄国庆贺沙皇加冕。俄国政府以中俄共同防止日本侵略为辞，并以300万卢布给李鸿章作报酬，诱迫李鸿章于6月3日同俄国财政大臣维持、外交大臣罗拔诺夫在莫斯科签订了中俄《御敌互相援助条约》(法文本称为《防御同盟条约》)，即《中俄密约》。

▲8月，《时务报》(旬刊)在上海创刊。总理为汪康年，梁启超任主笔。用改良主义的新文体，以宣传维新变法、救亡图强为宗旨。

▲本年，梁启超编成《西学书目表》，由时务报馆石印出版，列西学书籍630种。

---

① 鲁迅1936年3月28日致增田涉信。《铸剑》取材于相传魏曹丕所著《列异传》和晋代干宝所著《搜神记》。

10 月

12 日 父亲病逝，年 37 岁。在父亲治病的几年间，鲁迅接触了几位名医，其中有些宣扬"医者，意也""医能医病，不能医命"之类不科学和迷信的观念，并胡乱开些"药引子"让病人家属大费周折。鲁迅后来从这些经验中得出"中医不过是一种有意的或无意的骗子"的印象。

本年 开始学八股文和试帖诗。因为塾师寿镜吾不喜欢八股，所以用当时新发行的俞樾编《曲园课孙草》作课本，同时讲解《古唐诗合解》。

堂房叔祖芹侯为鲁迅篆刻了两枚印章，一枚印文是"只有梅花是知己"，一枚印文是"绿杉野屋"。[①]

据周作人日记记载，鲁迅本年开始记日记，大约到 1902 年去日本留学时中止。日记佚失。

1897 年（丁酉，清光绪二十三年） 17 岁

▲2 月 11 日，夏瑞芳、鲍咸恩、鲍咸昌、高凤池等创设商务印书馆于上海，最初仅经营印刷，后从事编辑出版。

▲11 月，德国以两名德国传教士在山东巨野被杀为由，占领胶州湾，夺取青岛炮台。

▲《国闻报》（日报）在天津创刊，是戊戌变法时期维新派

---

① "绿杉野屋"为鲁迅兄弟书斋的名称。

重要报纸之一，由严复、夏曾佑、王修植等创办。后增出旬刊《国闻汇编》，以“道上下之情，通中外之故”为宗旨，传播西学，鼓吹变法。

8月

手抄会稽童珏所作《二树山人写梅花》，篇末署“光绪丁酉七月下浣抄竣　桐华阁人珍藏”。

本年　继续在三味书屋学习时文和试帖诗。塾师寿镜吾先生厌恶科举考试，为了不耽误学生们的前程，让其子洙邻帮助命题和批改作文。

鲁迅翻阅浏览家藏书籍如《王阳明全集》《谢文节集》《韩玉泉诗》《唐诗叩弹集》《制义丛话》《高厚蒙求》《文史通义》《癸巳类稿》《经策通纂》等。《经策通纂》后面附有部分《四库书目提要》，指引鲁迅广搜博览。书目并不全，但给他的印象很深，日后他给大学文学系学生开列书目时说：“《四库全书简明目录》其实是现有的较好的书籍之批评，但须注意其批评是‘钦定’的。”①

这个时期购买或阅读的书主要有：《阅微草堂笔记》《淞隐漫录》《板桥全集》《酉阳杂俎》《容斋随笔》《辍耕录》《池北偶谈》《金石录》《古诗源》《古文苑》《六朝文絜》《六朝事迹类编》《周濂溪集》《二酉堂丛书》等。《二酉堂丛书》系甘肃武威人张澍所辑地方文献，对鲁迅辑录乡邦文献的工作很有启发。鲁迅在《会稽郡故书杂集序》中说：“幼时尝见武威张澍所辑书，于凉土文献，撰

---

① 《开给许世瑛的书单》，初见许寿裳《亡友鲁迅印象记》，收入《鲁迅全集·集外集拾遗补编》。

集甚众。笃恭乡里，尚此之谓。而会稽故籍，零落至今，未闻后贤为之纲纪。乃创就所见书传，刺取遗篇，絫为一帙。”

本年　家族中发生矛盾斗争。父亲去世后，鲁迅代表本房参加家族会议。一次，讨论家族住房分配，决议有损鲁迅一房利益。周玉田强令鲁迅签字遭拒绝后，严厉地训斥鲁迅。但鲁迅没有屈服，坚持说等祖父回来后再定。鲁迅深受刺激，后在《呐喊》自序中感叹说：“有谁从小康人家而坠入困顿的么？我以为在这途路中，大概可以看见世人的真面目。”

1898年(戊戌，清光绪二十四年)　18岁

▲3月，总理衙门大臣李鸿章与德使海靖在北京签订了《胶澳租界条约》(亦称《德租胶澳专条》)。通过这一条约，德国不仅得以租借胶州湾，而且把山东全省变成了自己的势力范围。

▲3月，张之洞撰成《劝学篇》，主张“中学为体，西学为用”，于本年5月发表。

▲4月，《天演论》出版。该书宣扬“物竞天择，适者生存”“优胜劣败”的进化论观点。严复在序言中介绍此书“于自强保种之事，反复三致意焉”，激励国人变法维新。

▲6月11日，光绪皇帝任用维新派康有为、梁启超等推行新法，持续103天，史称“百日维新”。

▲9月21日，慈禧太后幽禁光绪皇帝，罢新政，复旧制，逮捕维新派。康有为、梁启超逃亡日本，谭嗣同等6人被杀，史称“戊戌政变”。

2 月

18 日 由家中帮工章庆陪同，到杭州探望狱中的祖父和在杭陪侍祖父的二弟。在杭 4 天里，曾往申报馆[①]派报售书处，购买《徐霞客游记》《春融堂笔记》《唐人合集》及画报两册。21 日回绍兴，带回《淮军平捻记》《虎口余生记》多本，以及《历下志游》《梅岭百鸟画谱》等图书。《徐霞客游记》第 1 册内盖有“戎马书生”印，并夹有庚子（1900）冬末重阅时自拟的该书卷目 1 页。

27 日 致祖父和二弟周作人的信寄达杭州，讲述绍兴、诸暨一带民众与教会的斗争，传言诸暨县有武童刺死 4 个洋人。但据周作人 3 月 7 日日记：“闻诸暨之事惟拆教堂，余俱讹传。”

3 月

15 日 在致杭州的信中附录自作时文 2 篇、试帖诗 2 首。文题为“义然后取”和“无如寡人之用心者”；诗题为“百花生日，得‘花’字”和“红杏枝头春意闹，得‘枝’字。”本年鲁迅已经离开三味书屋，在家自修，但所作诗文仍交三味书屋塾师批改，有时也寄给祖父和周作人。

---

① 1872 年英商美查在上海创办新闻政论类报纸《申报》。后又陆续创办点石斋石印书局、图书集成铅印书局、申昌书局等，出版的书籍均由申报馆发售。1884 年，《申报》副刊《点石斋画报》旬刊风行一时。1909 年，席裕福接办该报馆，1912 年史量才接办。抗日战争期间在日伪控制下继续出版。1949 年停办。

21日 致杭州信，谈及《知新报》[1]内有1张列强瓜分中国图："言英日俄法德五国谋由扬子江先取白门（按，即南京），瓜分其地，得浙，英也。"并报告说，绍兴谣传"有苗兵3000入杭城，守镇海关，未知果否"。

4月

16日 致祖父和周作人信寄达杭州。信中通报已借到20元，可以派人回家来取，可见当时家境困难程度。

27日 致杭州祖父和周作人信，告知自己去南京上学的事已经安排就绪。其时，鲁迅去何处求学或谋职的问题困扰家人。家中已无力筹措学费，鲁迅又不肯走当地衰落的读书人家子弟所走的两条路：学做幕僚或学做生意。杭州的求是书院学费昂贵，负担不起，于是只好投考南京的无须学费的新式学堂。本家堂叔祖周椒生时在南京水师学堂任汉文教员兼管轮堂监督，[2]叔

---

① 《知新报》，1897年创刊，1899年停刊，由维新派康广仁、何廷光等主持，在澳门出版，起初5日1册，从第2册起改为10日1册。内容有论说、上谕、时事，及译录西方农、学、矿、政、商务、工艺、格致等文字。它的外省派报处之一"绍兴水澄桥墨润堂书坊"，是鲁迅经常去买书的地方。1898年3月13日（清光绪二十四年二月二十一日）出版的《知新报》第45册，翻译转载同年1月12日日本《时事新报》上《法国照会瓜分中国事》一文，其中有一幅据说是法国政府草拟的瓜分中国图。《知新报》的编者在这篇译文后面附"本馆谨注"，指出："瓜分之说，倡自德人，已十余年。中国每一创败，辄复起议。今祸机益酷，势将下手。日本竟公然刊图登报；且闻其作《讨清国檄》，译英、俄、德、法文布告海内，以图我事，成否未敢决然。火及衽席，主者犹鼾睡未觉，其谓之何？爰亟译刊报内，以当当头之棒，凡我同类，其能无恫欤？"

② 周椒生（1845—1917），名庆蕃，周作人日记上常写作"十八叔祖"。1876年（光绪二年丙子）中举。周作人说他"脑筋也很陈旧。他很以中过举自豪，给人写信总不忘落款'文魁第周宅'，其实是只能做做八股文，谈不上学问文章。他以候补知县的资格到南京投奔妻族一个在两江总督衙门里办理洋务的亲戚，被推荐到水师学堂任职"。

父伯升去年已经通过他介绍进入该校。该学堂不但不收学费，每月还发一些赡银。

5月

2日　由绍兴到杭州。次日从杭州出发，5日到上海，17日到南京。

17日　致信杭州，告知祖父和周作人自己暂住堂叔祖周椒生处，准备投考江南水师学堂。[①] 信中还说，堂叔祖周椒生认为本族子弟“当兵”有辱家族声誉，不该使用谱名，为他改名周树人。

24日　致杭州祖父和二弟信，报告自己考取江南水师学堂试习生。试题是“武有七德论”。水师学堂的学制为九年，分作3段，由三班升至二班，再升头班，每3年升一班。

本月　经过3个月的试读，补为三班正式生，分配到管轮班，又称机关科或轮机科。三班每周的教学安排是：4天英文，1天汉文（读《左传》），1天做古文。

9月

慈禧太后“训政”，戊戌变法失败后，水师学堂对学生的思想和行为加紧控制。鲁迅在《华盖集·忽然想到（八）》中回忆，这个时期，有“一个新的职员到校了，势派非常之大，学者似的，很傲然。……开除在我们那个学校里并不算什么大事件，大堂上

---

① 江南水师学堂，1890年由两江总督曾国荃奏设于南京城北旧仪凤门内。辛亥革命后改名海军军官学校，1915年改名海军雷电学校，1917年改为海军鱼雷枪炮学校。

还有军令，可以将学生杀头的。做那里的校长这才威风呢，——但那时的名目却叫作‘总办’的，资格又须是候补道”。

10 月

15 日 投考江南陆师学堂新附设的矿务铁路学堂（简称矿路学堂）。[①] 鲁迅在水师学堂不到半年，发现学校管理不善，所学内容陈旧，高班生欺负低班生的现象十分严重。更可笑的是，名曰水师学堂，却连游泳池也没有。鲁迅被分配到管轮班，在舱底工作，似乎注定“上不了舱面了”。当时学校的管理者多为福建人，其他省籍学生到舱面就很不容易。这种地域歧视也使鲁迅不满。

26 日 被矿路学堂录取，从水师学堂转入矿路学堂。学堂设于南京三牌楼，仪凤门内和会街江南陆师学堂内。学堂第一期招收学生 20 余名，但只招一届即停办。

约 11 月间

从南京回到绍兴。因矿路学堂所聘外国教员尚未到校，学校推迟开学。

12 月

18 日 参加会稽县考。次年 1 月 10 日发布的县考大案上，

---

① 关于矿务铁路学堂校名的简称，有称“矿务学堂”的，也有称“路矿学堂”的。本谱据鲁迅《朝花夕拾·琐记》和毕业执照上的学校全名，简称为矿路学堂。周作人《鲁迅的青年时代·往南京》中说：“鲁迅离开水师学堂，便入陆师，不过并不是正式陆军学生，实在乃是矿路学堂附设在陆师学堂里边，所以总办也由陆师的来兼任。”

鲁迅名列3图37。发榜时鲁迅已经到南京。府考从1月13日开始,2月4日发榜,鲁迅名列7图30,其原因,据周作人回忆,母亲在本族亲戚怂恿下,找了一个“枪手”代考,这样可以保留名额,以备日后之用。但鲁迅后来没有再参加科举考试。

20日　四弟椿寿夭,年6岁。[①] 鲁迅主持办理丧事。

本年　作《戛剑生杂记》4则,由周作人抄入日记。[②] 第1则描写了离开家乡时的愁绪,其他3则记录关于鲈鱼饭、茶的名称的由来及试烧酒法。

约在本年　自取别号“戛剑生”,并请人刻两枚图章,一为“文章误我”,一为“戛剑生”。本年所作《莳花杂志》2则,即署名戛剑生。一则记晚香玉名称的来历、产地及形状;一则记里低母斯(即石蕊色素)用作化学试剂的性能。

1899年(己亥,清光绪二十五年)　19岁

▲春,康有为离日赴加拿大后,孙中山等多次与梁启超接触,就两党合作之事反复商谈,梁启超渐有赞同革命的趋向。

▲9月,美国向中国提出“门户开放”要求。

▲本年,福州索隐书屋刊行《巴黎茶花女遗事》一书(王寿昌口译、林纾笔述),是法国作家小仲马的代表作。

---

① 椿寿字茂亭,号荫轩。椿寿早夭,周家上下悲伤。周母尤其难过,请人画像,一直带在身边。

② 周作人日记“辛丑年附录”说:“戛剑生杂记四则,从戊戌日录中录出。”

2月

21日 矿路学堂开学。[①] 学校与仿英国的水师学堂不同，采用德国体制。鲁迅后来回忆说，课程中有格致、地学（地质学）、金石学（矿物学），还要画铁轨横断面图。学校管理者具有开放意识，学校用的课本，是洋务派官员组织人翻译的西方科学书籍。由于书籍数量有限，有些科目，教师把整本书写在黑板上，让学生抄录，插图也要照样描摹。鲁迅在全班年龄最小，但抄录速度最快，有的同学课堂上来不及抄完，课后就托他代为补充。现在保存的鲁迅当时的手抄课本，有4本数学，分别是几何、开方、八线、开方提要；6本《金石识别》。

3月

16日 与同城丁家弄朱家女朱安议婚，朱宅应允。[②]

10月

中旬 托人捎给家中一张自绘的江南陆师学堂俯瞰图及书

---

① 据《陆师学堂开学》《陆师兼课矿务》，分别见1898年2月27日、3月27日《中外日报》。因矿路学堂是陆师学堂附设的，故都以陆师的名义对外报道。鲁迅在填写《学业履历书》时，也用的是陆师学堂的名称。因此本谱以陆师学堂开学日期为矿路学堂开学日期。

② 周作人日记本日记载“朱宅出口”，“托惠叔备席，约洋五菜”。所谓“出口”，应先由男方出“求帖”送到女家求婚，女家收下“求帖”，以“允帖”送还男家，表示应允。可见在此之前，周家已经向朱家求婚，最早可能在1899年春。本年5月14、15日，母亲鲁瑞、二弟作人和玉田叔祖母姑姑及其胞兄朱小云同舟看社戏，说明两家已经比较熟悉。但婚期一直未定，可能因为鲁迅不愿意。1901年4月3日，鲁瑞才让周作人“遣人往丁家衖朱宅请庚”（请示女方的生辰八字），以便与鲁迅的八字排算。

籍若干种，其中有新买的石印《芥子园全集》3 函 12 本。鲁迅在课外爱看《红楼梦》《西厢记》等小说、戏曲。课余爱好之一是骑马，“每天总要跑它一两点钟的”。①

12 月

19 日　列本日《游戏报》发表的征诗得奖名单甲等第 7 名，受赠购书券 1 元。征诗题为《花好月圆》，诗不存。

1900 年（庚子，清光绪二十六年）　20 岁

▲1 月，兴中会机关报《中国日报》（又名《中国报》）创刊，社址在香港士丹港丹利街 27 号。报名为孙中山所定，取“中国者，中国人之中国”之意。

▲6 月 10 日，各国决定将在津的 8 国兵力组成联军，进攻北京。

▲6 月 21 日，清政府宣布对各国开战。同时还通告各省督抚招集“义民”组团，借御外侮。

▲夏，在京津地区义和团运动的影响下，各地爆发了义和团运动，掀起了“灭洋”高潮。义和团在廊坊、老龙头车站、紫竹林租界、北仓等地抗击联军，并围攻北京东交民巷使馆和西什库教堂。

▲9 月，由杜亚泉编辑出版的《亚泉杂志》在上海创刊，介绍近代理化博物等自然科学知识，是近代中国第一个由中国人自

---

① 鲁迅 1935 年 1 月 29 日致萧军、萧红信。

办而没有外国传教士参与的中文科学期刊。

1月

31日 旧历大年初一，拜祖先，并向诸位尊长叩岁，与周作人去祖宅拜岁，又去三味书屋向寿镜吾先生贺年。鲁迅在南京读书期间，假期回乡总要去探望少年时的塾师，年节期间还会到开元寺数罗汉。

2月

4日 与章运水同去观看油画。

6日 乘船拜坟。路上章运水去算命，鲁迅与二弟前往观看，鲁迅觉得算命的胡说八道，十分可笑。

19日 离家赴南京，继续在矿路学堂学习。作诗3首寄周作人（周作人将之录入本年4月12日日记，署“豫才未是草”）：“谋生无奈日奔驰，有弟偏教各别离。最是令人凄绝处，孤檠长夜雨来时。 还家未久又离家，日暮新愁分外加。夹道万株杨柳树，望中都化断肠花。 从来一别又经年，万里长风送客船。我有一言应记取，文章得失不由天。”

6月

13日 致家信。据周作人日记，信中说，义和团“滋事是实，并无妖术”。当时，清政府宣传义和团有了不得的法术，误导和利用民众与外国军队对抗。鲁迅从家信中得知绍兴也有此类谣言，故写信纠正。随着战事进展，南京形势紧张，传闻长江沿岸可能有战事。鲁迅与堂叔祖周椒生等甚至还有回乡避难的打算。

8月

4日 托返乡亲戚捎书给两个弟弟，计有王渔洋辑的《唐人万首绝句选》1部2本，张伯行刻的《周濂溪集》1部。

本年 矿路学堂前景不明。鲁迅在《朝花夕拾·琐记》中回忆："我们也曾经有过一个很不平安的时期。那是第二年，听说学校就要裁撤了。……既然开矿无利，矿路学堂自然也就无须乎开了，但是不知怎的，却又并不裁撤。"

本年 作《莲蓬人》诗1首，署名戛剑生。周作人将之录入1901年日记所附《柑酒听鹂笔记》："芰裳荇带处仙乡，风定犹闻碧玉香。鹭影不来秋瑟瑟，苇花伴宿露瀼瀼。扫除腻粉呈风骨，褪却红衣学淡妆。好向濂溪称净植，莫随残叶堕寒塘！"诗中"净植"的意象出自周濂溪《爱莲说》。

1901年(辛丑，光绪二十七年) 21岁

▲1月29日，慈禧太后下诏，强调"取外国之长""去中国之短"，实行"新政"。此后，清政府下令设立督办政务处，以为推行新政的办事机关。

▲5月10日，由留日学生编辑的《国民报》(月刊)在日本东京创刊，设社说、时论、丛谈、外论、译编、纪事、答问等栏目，除所译原著者外，撰稿人一律不署名。总编辑秦力山，主要编辑者和撰稿人张继等。《国民报》本"唤起国民精神"宗旨，以"廉悍不

羁，峻削锋利”的文风，在留日学生早期创办的刊物中，最早宣传“革命排满”的思想。

▲8月，两江总督刘坤一、湖广总督张之洞会奏变法，提出兴办学堂，先行设局编译教科书等办法。

▲9月7日，清政府与英、美、俄、德、日、法、意、奥、西、荷、比11国在北京签订《辛丑条约》。

1月

20日　从南京回到绍兴。据周建人回忆：“为了学习的需要，鲁迅还采集了不少矿石标本，每次放假都要带回一些来，放在一个木匣里。记得有铁矿石，石英石，三叶中心化石，还有象石榴子一样的矿石。”周作人3月28日寄给鲁迅矿石一包，可能是鲁迅遗忘在家的。

2月

11日　旧俗送灶日，参与祭灶，作《庚子送灶即事》诗1首，署名戛剑生，录入周作人1901年日记所附《柑酒听鹂笔记》：“只鸡胶牙糖，典衣供瓣香。家中无长物，岂独少黄羊！”周作人和诗：“角黍杂猊糖，一尊腊酒香。返嗤求富者，岁岁供黄羊。”

18日　旧俗本日下午接神，夜拜祖先像，并向诸尊长辞岁。饭后与两个弟弟祭祀书神，作《祭书神文》，署名戛剑生，录入周作人1901年日记所附《柑酒听鹂笔记》。文中表示在世人多崇拜金钱而冷落读书的当下，自己仍坚持读书求学。

25日　晚乘船去绍兴乡下亲戚处拜年，并拜祖坟，深夜在船舱中睡。次日午后在拜年途中，乘船去寺东社庙看戏，晚上又去看《更鸡》一剧，27 日下午回家。3 月 13 日看社戏《盗草》《蔡庄》《四杰村》等。

本月 作《〈徐霞客游记〉题跋》："戊戌正月二十九日晨购于武林中昌书画室，原八册重订为四。庚子冬杪重阅一过，拟以'独'、'鹤'、'於'、'飞'四字为次。稽山戛剑生挑灯志。"这是现存的唯一一幅鲁迅自署"戛剑生"手迹。

3 月

15 日 离绍兴回南京，继续在矿路学堂学习。

19 日 所抄刑部尚书薛允升奏清廷赦免周福清的附片寄达绍兴家中。薛允升是鲁迅祖父的同年进士，他奏请朝廷依照庚子年乱中出狱的犯人事定后前来投案悉予免罪例，周福清应被释放，朝廷准奏。4 月 9 日周福清从杭州回到绍兴家中，前后被监禁 8 年。

4 月

2 日 致绍兴家信，附所作诗 3 首并跋，署"辛丑仲春戛剑生拟删草"。周作人将之录入 4 月 12 日日记："梦魂常向故乡驰，始信人间苦别离。夜半倚床忆诸弟，残灯如豆月明时。 日暮舟停老圃家，棘篱绕屋树交加。怅然回忆家乡乐，抱瓮何时共养花？ 春风容易送韶年，一棹烟波夜驶船。何事脊令偏傲我，时随帆顶过长天！"跋中写道："仲弟次予去春留别元韵三章，即以送别，并索和。予每把笔，辄黯然而止。越十余日，客窗偶暇；潦草成句，即邮寄之。嗟乎！登楼陨涕，英雄未必忘家；执手消魂，兄弟竟居异地！深秋明月，照游子而更明；寒夜怨笳，遇羁人而增怨。此情此景，盖未有不悄然以悲者矣。”

14日 致绍兴家信，附寄批改过的周作人旧体诗《惜花四律步藏春园主人元韵》。[①] 周作人日记收录该诗，署名“汉真将军后裔”，并加眉批“都六先生原本，戛剑生删改，圈点悉遵戛剑生改本”。

8月

19日 寄家信，告知周作人，椒生叔祖已同意他投考江南水师学堂。周作人于9月18日抵南京。

11月

7日 随矿路学堂同学去青龙山煤矿实习。本月19日回校，带回矿石一包，共六块：“铁三，铜二，煤一”。1903年与顾琅合撰《中国矿产志》，在第6章“江苏矿产”中记录：青龙山煤矿，有井二，产煤较多，今废。

---

① 藏春园主人，即林步青，湖南长沙人，寓居上海。他写的《惜花四律》刊于当时的《海上文社日录》。周作人日记中录有原诗：“夜来风雨苦相萦，早起欣看画阁晴。软白轻黄无限思，嫣红柔绿可怜生。浅深秀媚如含恨，浓淡风姿若有情。鹦鹉帘前能解事，呼僮灌溉报声声。　东皇酝酿半开时，彳亍行来有所思。清影月移犹爱护，修芽风动费扶持。参天蘸汉窥云壑，大抵阳春泛酒卮。属咐小环须有意，莫教偷折最新枝。　枝头簇簇暗香飘，小雨如酥分外娇。休使狂蜂伤嫩蕊，不教浪蝶绕柔条。青埃碧汉三千界，绿意红情廿四桥。愿祝十分春永驻，封绔珍重莫轻摇。千红万紫各争妍，好鸟瞒人叶底眠。精卫亦难堪恨海，娲皇不肯补情天。金铃弥护赢憔悴，玉树征歌自适然。三十六宫春日丽，满城风雨艳无边。”据周作人在《鲁迅的故家·惜花诗》中回忆，当时鲁迅看见这首诗，依原韵拟作，不一定是应征作品。从周作人的眉批看来，应是周作人的拟作，寄给鲁迅，鲁迅加以删改后寄回。“都六先生”是周作人早年的别号。诗最初由周作人从日记中抄录，提供给《鲁迅全集补遗续编》的编者，作为鲁迅的作品发表，发表时第2、3首颠倒。

本年　阅读严复[①]译述的《天演论》[②]等新书刊。据1902年2月2日周作人日记，当天下午，兄弟两人一起外出游玩后回到各自学校，“晚饭后大哥忽至，携来赫胥黎《天演论》一本，译笔甚好”。可见是鲁迅急切与二弟分享。鲁迅到日本后，经常同好友许寿裳谈论《天演论》，甚至能背诵其中一些篇章。他很欣赏严复的译笔，严译每出一部，都要购读。

1902年(壬寅，清光绪二十八年)　22岁

▲2月8日，《新民丛报》在日本横滨创刊，梁启超任主编。

▲4月8日，俄国驻华公使雷萨尔与清外务部总理大臣奕劻、会办大臣王文韶在北京签订《交收东三省条约》。

▲11月14日，由梁启超主编的《新小说》月刊在日本横滨创刊，编辑者有韩文举、蒋智由、马君武等，以发表小说为主，兼发诗歌、戏曲、笔记和文论。创刊号上发表了梁启超的《论小说与群治之关系》。

---

① 严复(1853—1921)，字又陵，又字几道，晚年号愈野老人，福建闽侯人，中国近代资产阶级启蒙思想家。他致力于西方的自然科学与经济学等的介绍。1895年他根据中国现状，“取便发挥”，“达诣”而成《天演论》，译文先在1897年天津《国闻汇编》上陆续发表，1898年出版木刻本，译本宣传了达尔文主义关于“物竞天择，适者生存”的生物进化规律，阐述了人类历史的普遍进化的观点，“且于自强保种之事，反复三致意焉”，对当时顽固派的“天不变，道亦不变”的保守思想形成冲击，向民众敲响了国家危亡的警钟，产生了巨大的影响。严复在晚年坚持改良主义道路，主张尊孔复辟，1915年参与筹安会，拥护袁世凯称帝。

② 《天演论》是英国生物学家赫胥黎(1825—1895)在1894年出版的论文集《进化论与伦理学及其他论文》的前两篇，严复译。

▲本年，严复翻译《原富》出版，这是近代中国译介的第一本西方古典政治经济学著作。

1 月

12 日　往水师学堂访周作人，告知矿路学堂的同班好友、同乡丁耀卿于 1 月 5 日病逝。撰写“挽辞”：“男儿死耳，恨壮志未酬，何日令威来华表？魂兮归去，知夜台难瞑，深更幽魄绕萱帏。”

15 日　致周作人信，告以 17 日矿路学堂毕业大考，并附外国书单，嘱代为寻找。

22 日　往水师学堂访周作人，带书四部：罗振玉[①]编印《农学丛刊》石印 4 册，英国柯南·道尔《包探案》（按：即《福尔摩斯侦探案》），英国哈葛德的蛮荒小说《长生术》，冷红生（林纾）翻译的法国小仲马《巴黎茶花女遗事》。鲁迅读过《巴黎茶花女遗事》后，很关注林译小说，随出随买，大约购买了二三十种。

27 日　从矿路学堂毕业，获得文凭，成绩列一等第 3 名。[②]

---

①　罗振玉（1866—1940），字叔言，号雪堂，浙江上虞人。清末秀才。1896 年与徐树兰等组织“务农会”于上海，出版《农学报》，译刊农学书。曾出任湖北农务局总理兼农务学堂监督等。辛亥革命后流亡日本，先后著录《殷虚书契》前后编及《殷虚书契菁华》等书，并由王国维协助，撰成《殷虚书契考释》与《流沙坠简考释》。1919 年回国。1924 年受清逊帝溥仪之召，检理宫中器物。晚年曾任伪满洲国总理大臣。

②　鲁迅获得的矿务铁路学堂毕业执照上填写的日期是光绪二十七年十二月十八日。按：1904 年鲁迅自书的日文“学业履历书”填写的毕业时间是光绪二十七年九月（1901 年 10 月 12 日至 11 月 10 日），这是按陆师学堂的学制填写的，不是实际的毕业日期。本谱以发毕业文凭的时间入谱。

2月

19日 往水师学堂访周作人，告以自己下月将随陆师学堂总办俞明震去日本留学①，次日回绍兴探亲。

20日 离南京回绍兴，做出国前的准备。

3月

9日 托回南京的堂叔祖椒生和叔父伯升带给周作人书籍，其中新购译本有：日本加藤弘之《物竞论》、涩江保《波兰衰亡战史》以及严复翻译的英国斯密·亚丹《原富》②3册。

17日 从绍兴抵南京，带给周作人书籍多种：《汉魏丛书》2函16本，《仁学》《日本新政考》《和文汉读法》，另有准备带出国的《科学丛书》第1集10本。

21日 往水师学堂，告知周作人：留学生于本日集中，24日动身往日本。

23日 晚往水师学堂，赴堂叔祖周椒生的饯行宴。

24日 乘日轮"大贞丸"号离南京，经上海转赴日本，由矿路学堂总办俞明震带领。据《清国留学生会场馆第一次报告》中的同学录载，与鲁迅同时抵东京入弘文学院的官费留学生有：张邦华（燮和）、徐庆铸（甄才）、刘乃弼（济舟）、顾琅（石臣）、伍崇学（仲文）。同船的还有俞明震的两个外甥陈衡恪和陈寅恪。

---

① 据1902年2月18日《中外日报》的《记江宁兴学事宜》："陆师学堂俞恪士观察前奉江督札，委赴日本考察各学堂章程，现闻定于二月初旬首途，并携带学生若干名出洋游学。"

② 斯密·亚丹（1723—1790），通译亚当·斯密，英国经济学家，所著《原富》全名为《国民财富的本性和原因》，中译简称《国富论》。

4月

4日 抵日本横滨。

7日 自东京致周作人信。告诉他住在东京麴町区平河町四丁目三桥旅馆,不日进成城学校,[①]并介绍一些日本风俗。周作人在《鲁迅小说里的人物》中记:“傍晚接大哥二月底自东京来信云,已于二十六日抵横滨,现住东京市……”当时,凡进入成城学校的中国学生,均需经中国留学生陆军监督审批。鲁迅因清政府的规定所限未能进入成城学校。在4月13日致周作人的信中附《扶桑记行》1卷,记述沿途事情。胡韵仙在周作人处阅后借去抄录;周作人抄录后,附在家信中寄往绍兴,供亲友阅览。稿已佚。

30日 给周作人的信寄达水师学堂。鲁迅在信中说自已改进弘文学院[②]学习。班次以学生的省籍编排,鲁迅因来自南京,被编入普通江南班。学院章程规定学生起床后和就寝前都要行礼,“学生必须尊重本国的国体和本院的体面”,“凡逢孔圣诞辰,晚餐予以敬酒”。

6月

8日 致周作人信,附近照3张,嘱其分赠亲友。其中给周作人的一张背面题写:“会稽山下之平民,日出国中之游子。弘

---

① 成城学校是日本为留学生开设的一所陆军士官预备学校。该校1898年开始接纳中国留学生,1937年停办。

② 弘文学院也称“宏文学院”,是日本1902年专为中国留学生兴办的一所速成学校,校长是嘉纳治五郎。学校以教授普通科为主,学习日语和普通科学知识,为升入高等专门学校打基础。

文学院之制服，铃木真一之摄影。二十余龄之青年，四月中旬之吉日。走五千余里之邮筒，达星杓仲弟之英盼。兄树人顿首。”周作人将这张照片装入镜框，置于案头，已佚。

7月

10日 用白话文写信给周作人，称严复新译英国约翰·穆勒《名学》[①]甚好，嘱其购阅。当时在日本的中国文士，颇多提倡白话文。周作人对鲁迅用白话文写信很感新奇。在次日日记中写道：“作日本信，得五张，亦白话，至午始竟。”两信均佚。

9月

本月 与同乡许寿裳[②]相识，很快成为朋友，友情终生不渝。许寿裳以浙江官费生派往日本留学，于本月到达东京，入弘文学院浙江班。许寿裳在《我所认识的鲁迅》中回忆这个时期他们常常聚谈的情景说：“一九〇二年我和鲁迅同在东京弘文学院预备日语。……见面时每每谈中国民族性的缺点。……我们又常常谈着三个相连的问题：(一）怎样才是理想的人性？(二）中国民族中最缺乏的是什么？(三）它的病根何在？……惟一的救济方

---

① 约翰·穆勒，19世纪英国思想家，所著《名学》是关于形式逻辑的书。严复于1902年译完它的前半部，由南京金粟斋木刻出版，但只出两册，后又重新刻印，共8册。1905年铅印出版上半部，名《穆勒名学》。此书后半部始终没有译出。1902年出版的木刻本《名学(部甲)》是该书前半部的首册。

② 许寿裳(1882—1948)，字季茀，又作季黻、季市，号上遂，浙江绍兴人，日本东京高等师范毕业。1909年回国，历任浙江两级师范学堂教务长、北京高等师范学校教授、北京女子高等师范学校校长等职。1946年赴台湾，先后任台湾省编译馆馆长、台湾大学国文系主任。1948年2月18日遭入室偷窃者杀害。著有《亡友鲁迅印象记》《我所认识的鲁迅》等。

法是革命。我们两人聚谈每每忘了时刻。”他们课余经常结伴到神田一带的旧书铺和南江堂书店、丸善书店购书，每次从书店回来，总是钱袋空空，相对苦笑，说一声“又穷落了！”

10 月

20 日 致周作人信并寄书 4 本:《最近清国疆域分图》两本(其中一本赠叔祖)、《清国留学生会馆第一次报告》[①]《摩西传》。

11 月

本月 与许寿裳、陶成章[②]、厉绥之[③]、张邦华等浙江籍留日学生 101 人在东京共同组成浙江同乡会。该会为浙江籍留学生及在东京游历和在日侨居者所组织，会上决定出版月刊《浙江潮》。会后合影留念。《浙江潮》于次年 2 月 17 日在东京创刊。发刊词中说:“岁十月，浙江人之留学于东京者百有一人，组织一同乡会，既成，眷念故国，其心恻以动，乃谋集众出一杂志，题曰

---

① 《清国留学生会馆第一次报告》是清国留学生会馆发行的内部刊物，半年左右出一次，按时刊载“会馆大事记”“留学生同瀛录”以及录存会馆的图书杂志目录等，仅见 5 册。清国留学生会馆在东京骏河台铃木町十八番地，鲁迅有时前往阅读书报，参加集会。

② 陶成章(1878—1912)，字焕卿，别署会稽山人，浙江绍兴人，光复会领袖之一。1912 年 1 月，被陈英士、蒋介石暗杀于上海广慈医院。著有《中国民族权利消长史》《浙案纪略》等。

③ 厉绥之(1885－1975)，名家福，浙江钱塘人。与鲁迅同时在日本弘文学院学习，毕业后同时改学医学。

《浙江潮》。"该刊初由孙江东、蒋百里[①]等主编,自第5期开始由许寿裳接编,共出10期。鲁迅自创刊号起即订阅保存,并从第5期起撰稿支持。

1903年(癸卯,清光绪二十九年) 23岁

▲本年,章炳麟的《驳康有为论革命书》》在《苏报》发表。

1月

月底 与陶成章、许寿裳等29名绍兴籍留日学生在东京牛込区清风亭召开绍兴同乡恳亲会,并联名发出《绍兴同乡公函》[②],劝导绍兴乡人出国留学,学习外国先进的文化科学技术,以挽救危亡的祖国。

3月

3日 致周作人信,由胡韵仙转交,并寄《新小说》第1号、德国伊耶陵《权利竞争论》各1册。

9日 致周作人、周建人信,叮嘱周作人水师学堂毕业后,争

---

① 孙江东(?—1919),名翼中,笔名独头山人,浙江杭县人。1900年赴日留学,曾主编《浙江潮》主张排满革命。著有《地学问答》等。蒋百里(1882—1938),名方震,号澹宁,以字行,浙江海宁人。1901年入读清华学校,后赴日本留学,先后入成城学校、陆军士官学校学习。期间组织浙籍留日学生成立同乡会,编印刊物《浙江潮》,任首届主编,多次参加留日学生的学生运动。1918年底随梁启超赴欧洲考察,1920年回国,投入新文化运动。著有《国防论》《日本人》及《抗战的基本观念》等。

② 《绍兴同乡公函》现藏绍兴鲁迅纪念馆。

取赴日留学，附寄《浙江潮》1 本，并告知三弟将寄去《卫生学》1 本。

10 日 与许寿裳等 31 名留学生参加弘文学院举办的柔道术入门学习班。弘文学院于本年 3 月在学院内创设了讲道馆牛込柔道分场，招收清国留学生。弘文学院“牛込分场”的入门名簿显示鲁迅、许寿裳等 31 人是牛込分场接纳的第一批门生。[①]

29 日 与许寿裳等 50 余名同学集体退学，对弘文学院提出的无理要求表示抗议。[②] 按：由于院方对于学生改革普通科课程的请求屡屡拖延不答，反强行颁布增收学生学业及医药卫生费用的新条例 12 则，中国学生先派代表向院方提出修改条例的意见，但院方坚持不改，并声称如有人为此退学，“决不强留”。中国学生忍无可忍，决定集体罢课，在报告总监督后，52 人携带行李退学出院。校长嘉纳见此情景，始致函总监督，称将改良课程，以图挽回。经再三交涉，院方接受了中国学生的要求，宣布新条例作废，并答应改良课程。全体学生于 4 月 16 日晨 10 时返校。[③]

本月 与浙江大学堂派往日本进修的教习沈瓞民[④]相识。据沈瓞民回忆，他当时被指定入弘文学院速成师范科学习一年，

---

① 细野浩二《鲁迅的境界——追溯鲁迅留学日本的经历》，见日本《朝日亚洲评论》1976 年冬季号。

② 据 1903 年 4 月 10 日至 28 日《苏报》和 1903 年《浙江潮》第 3 期。又细野浩二《鲁迅的境界——追溯鲁迅留学日本的经历》载：1.《弘文学院沿革》明治三十六年三月条目列举集体离校学生中有：张邦华、顾琅、伍崇学、周树人和许寿裳等；2. 1903 年 3 月 28 日至 4 月 15 日弘文学院学生大举离校，宣布集体罢课。

③ 参见《清国留学生会馆第三次报告》及周作人日记。

④ 沈瓞民（1879—1969），名祖绵，浙江钱塘人，时任浙江大学堂教习，1903 年 3 月到日本弘文学院速成师范科进修一年，为光复会骨干。归国后曾任县知事、中国科学院历史研究所特约研究员等职。

编在鲁迅住的寝室，同室的还有刘乃弼、顾琅、张邦华、伍崇学和陈衡恪。此时，浙江班很多同学已经剪发。鲁迅在江南班中第一个剪掉辫子，并拍摄照片寄赠亲友。学生监督扬言要停止剪辫者的官费，把他们遣返回国。

4 月

2 日 致二弟信，由胡韵仙转交，告知已托谢西园自日本带回书箱一只，其中有：《清议报》8 册、《新小说》第 3 号 1 册、《雷笑余声》《林和靖集》《真山民集》《朝鲜名家诗集》《天籁阁》《西方东侵史》《世界十女杰》《日本名所》《新民丛报》各 2 册、《译书汇编》4 册。此外，还有与弘文学院同学合影一张，剪辫后照相一张、玻璃笔两支及衣服数件。鲁迅还陆续寄回一些外文书刊。在他的影响下，周作人也向往去日本留学。

28 日 致周作人信，嘱他坚持学习，不要退学。此前，周作人来信说，水师学监听到校内学生传说日本留学生在弘文学院闹学潮，大为恐慌，对议论此事的学生加以训斥。他恐怕将来会“被阻不能东游”，因此打算退学返里，另谋出路。

6 月

15 日 在《浙江潮》第 5 期发表译作历史小说《斯巴达之魂》的前部分，后部分载第 9 期，署名“自树”，收入《集外集》。由于俄国违反条约，妄图吞并我东三省，留日学生于 4 月底在东京召开全体大会表示抗议，决定成立“拒俄义勇队”，并发电报和派人员回国向清政府请愿，要求出兵拒俄。《浙江潮》第 4 期上刊载了留学生给清政府的请愿书，其中提到了斯巴达勇士的故事：

"昔波斯王泽耳士以十万之众，图吞希腊，而留尼达士亲率丁壮数百，扼险据守，突阵死战，全军歼焉。至今德摩比勒之役，荣名震于列国，泰西三尺之童无不知之。夫以区区半岛之希腊，犹有义不辱国之士，可以吾数百万里之帝国而无之乎?!"鲁迅呼应这篇请愿文，对该故事进行译述。鲁迅认为，斯巴达战士们遵循"一履战地，不胜则死"的国法，血战到底的精神，正是遭受列强入侵和欺凌的中国人应该效法的。

在同期《浙江潮》上发表所译法国雨果[①]短篇小说《哀尘》，并作《〈哀尘〉译者附言》，署名庚辰。原作是雨果《随见录》中的《芳梯的来历》，自叙其在 1841 年亲见的一个女子遭受迫害事件。鲁迅在译文后的评语中对小说主人公"转辗苦痛于社会之陷阱"的遭遇寄予同情。此为鲁迅翻译的第一篇外国文学作品。

8 月

暑假 回国探亲。第一次从国外回来，随俗装上假辫子。鲁迅在《病后杂谈之余》中记述:"我的辫子留在日本，一半送给客店里的一位使女做了假发，一半给了理发匠，人是在宣统初年回到故乡来了，一到上海，首先得装假辫子。这时上海有一个专装假辫子的专家，定价每条大洋四元，不折不扣，他的大名，大约那时的留学生都知道。做也真做得巧妙，只要别人不留心，是很可以不出岔子的，但如果人知道你原是留学生，留心研究起来，那就漏洞百出。夏天不能戴帽，也不大行;人堆里要防挤掉或挤歪，也不行。装了一个多月，我想，如果在路上掉了下来或者被

---

① 雨果(1802—1885)，旧译作嚣俄，法国作家。因其作品揭露法国专制政权和教会的黑暗，被长期流放。主要作品有《欧那尼》《巴黎圣母院》《悲惨世界》等。

人拉下来，不是比原没有辫子更不好看么？索性不装了。”

在绍兴期间，致函东京同班同学伍习之，托他在东京代购新出版的雨果中篇小说《怀旧》日译本，并嘱寄来绍兴。当时鲁迅和周作人喜欢雨果作品，购买《嚣俄作品选集》8卷。

9月

7日 假期结束，启程赴日本，与赴南京的周作人同行，乘船先往杭州。

8日 抵杭州旅行社，并访问白话报馆，见到《杭州白话报》创办人汪素民①等。午后往城头巷医牙疾。鲁迅抵杭州即改装，路人见他剪发并穿学生装，十分惊异。

10日 抵上海。购上海文明编译书局新版严复译、英国斯宾塞著《群学肄言》②1册，晚间应友人邀往剧场观剧。

13日 自上海虹口码头乘船往日本。

10月

10日 在《浙江潮》第8期发表两篇文章。其一为《说鈤》，署名自树，后收入《集外集》，鈤，即“镭”。该文是我国最早介绍“镭”的发现的论文，介绍了居里夫人十九世纪末叶发现放射性元素“镭”的经过及其科学价值。其一为《中国地质略论》，署名索子。《浙江潮》从第6期起连续刊登浙江民众批评本省官方与

---

① 汪素民，名希，字淑明，浙江杭州人。1902年自费往日本留学，1903年因病回国，1904秋再赴日学习政法。

② 《群学肄言》，又名《社会学研究法》，是一本研究社会学的入门书，出版于1872年。严复于1897年为《国闻报》翻译了该书的前两篇，1903年将全书译完，由上海文明编译书局出版。

外国资本签订矿路权协议的言论。文章论述了全国地质分布、地质发育和地下矿藏，意在让读者了解“中国大陆里面之情状”，“以备后日开采之计”，认为官吏出卖矿产开采权是“为外人伥”，丧失主权，使中国从“矿藏之主”沦为“采掘之奴”。

本月 所译法国儒勒·凡尔纳的科学幻想小说《月界旅行》由东京进化书社出版，书前有弁言，未署名，扉页上署“中国教育普及社译印”，由日本井上勤日译本转译，原题《自地球至月球在九十七小时二十分间》。鲁迅将原作者误写为“美国倍仑”。原书共 28 章，鲁迅改为 14 回，并将书中“措辞无谓，不适于我国人者，删易少许”。作品描写科学家制造巨炮，将 3 个旅行者发射至月球，希望以此打开地球至月球的通路。鲁迅在弁言中说：“我国说部，若言情谈故刺时志怪者，架栋汗牛，而独于科学小说，乃如麟角。智识荒隘，此实一端。故苟欲弥今日译界之缺点，导中国人群以进行，必自科学小说始。”他翻译科学小说的目的，是让读者“获一斑之智识，破遗传之迷信，改良思想，补助文明”。

12 月

8 日 所译法国儒勒·凡尔纳的科幻小说《地底旅行》的第一、二回发表，载《浙江潮》第 10 期，署名索子，此后未继续刊载，全书于 1906 年 3 月由南京启新书局出版。鲁迅 1934 年 5 月 6 日致杨霁云信中说：“《地底旅行》，也为我所译，虽说译，其实乃是改作。”鲁迅参考了日本三木爱华、高须墨甫的日译本，[①]但将该书原作者误作“英国威男”。《地底旅行》叙述一个科学家从火山口深入地府，探索地球奥秘的过程。

① 南云智《关于鲁迅所译〈地底旅行〉》，载《季节》1976 年第 6 号。

本年 赠照片给好友许寿裳。照片背面题七绝诗一首:"灵台无计逃神矢,风雨如磐黯故园。寄意寒星荃不察,我以我血荐轩辕。"收入《集外集拾遗》时,许寿裳为其题名《自题小像》。周作人认为该诗作于 1903 年:"这大概是题在癸卯(1903)二月所照的'断发'照相上面的,而不是前一年壬寅四月的弘文学院制服的照相,两者的区别只在一是脱帽露顶,一则戴着学生制帽,因为顶上还留着'富士山',不大雅观。"

本年 购买了一些西方名著的日译本,如拜伦的诗、尼采的传记以及希腊、罗马神话等。中国古典文学中,鲁迅喜欢《楚辞》,藏有一部日本印行的线装《离骚》,十分珍爱。当时学校发给每人每月 3 元生活补贴,鲁迅除了买些廉价香烟之外,大部分用来购买书刊。当时各省留学生倾向革命者,纷纷出版刊物以为宣传阵地,如《浙江潮》《新湖南》《江苏》《湖北学生界》《译书汇编》等。鲁迅对梁启超等人创办的《清议报》《新民丛报》等也十分关注。当时,民主派和保皇派正在论战。康有为作《辨革命书》,章太炎作《驳康有为论革命书》,就立宪与革命展开辩论。这场辩论在留学生中产生很大影响。鲁迅后来回忆说,章太炎的文字"所向披靡,令人神旺"。此外,章太炎的诗文如《狱中赠邹容》《狱中闻沈禹希见杀》《狱中闻湘人某被捕有感》《张苍水集后序》[①]也为鲁迅所爱颂。

本年 撰写地质学文章,未完。[②] 文章阐述了岩石、地层、构造及生物作用的成因及特点,分析了中国黄土高原和黄河的成

---

① 许寿裳《看佛经》:"这《狱中诗》四首,本系先生在狱中写寄蒋观云的。我由观云处索得,登入《浙江潮》,手迹则由我收藏,弥足宝贵。"

② 手稿共 9 页,现存北京鲁迅博物馆。

因：黄土高原为第四级初由中亚沙漠藉风力扬沙东进而形成，并引起河水变黄，成为黄河。

1904年（甲辰，清光绪三十年）　24岁

▲3月11日，由商务印书馆编辑的《东方杂志》创刊。

▲本年，日俄战争在华爆发。12月27日，清政府外务部宣布中国严守局外中立，并将辽河以东地区划为“交战区”。

▲本年，反清革命团体华兴会、光复会成立。陈天华著《猛回头》和《警世钟》。

2月

与同学陈师曾在东京日比谷公园，为即将回国的沈瓞民设茶点叙别，畅谈国事。① 沈回国后有诗寄赠：

柬豫才兼示师曾

东亚风云起，吾曹效力时。
救亡纾上策，游说竭微辞。
难醒人间醉，空劳别后思。
栽培芳草绿，原上看离离！

16日至3月15日　寄给周作人书刊杂志11册及相片1张。其中有《生理学粹》《新小说》《浙江潮》《旧学》，自译《月界旅行》及林琴南（林纾）译亚孟查登的《战血余腥录》等。鲁迅爱读林琴南早期所译小说，特别喜爱林琴南所译司各得描写萨克逊

① 沈瓞民《鲁迅早年的活动点滴》，见《上海文学》1961年10月号。

遗民反抗诺曼人统治的《撒克逊劫后英雄略》。不过，后来他渐渐对林琴南多译西欧二流作品及其译风产生反感，开始把兴趣转向东欧和俄国的文学作品。

4 月

30 日 在弘文学院结业。按规定，鲁迅应入大学采矿冶金科学习，但他决定改学医学。“待到在东京的预备学校毕业，我已经决意要学医了，原因之一是因为我确知道了新的医学对于日本的维新有很大的助力。”“我的梦很美满，预备卒业回来，救治像我父亲似的被误的病人的疾苦，战争时候便去当军医，一面又促进了国人对于维新的信仰。”此外，鲁迅自幼牙齿不好，在国内试尽中医验方，未能见效，所以想学医是也“挟带些切肤之痛”的。当时，有的留学生把出国当作博取功名的手段，不安心读书，在会馆里“咚咚咚”学跳舞，或关起门来炖牛肉吃。鲁迅为了避开这些学生，决定就读远离东京的仙台医学专门学校。

5 月

20 日 清驻日公使兼任留日学生监督处总监督杨枢向仙台医专校长山形仲艺发出照会，介绍鲁迅入校。仙台医专对第一个中国留学生入学表示欢迎，接到照会 3 天后（5 月 23 日）即由校长复函许可。①

---

① 据日本平凡社 1978 年 2 月出版的《鲁迅在仙台的记录》第 2 章“周树人入学前后的仙台医学专门学校”。文中附有杨枢给山形仲艺校长的照会原文影印件，原件无标点。鲁迅在日事迹多参见此书及许寿裳所著《亡友鲁迅印象记》（峨嵋出版社 1947 年版）、《我所认识的鲁迅》（中国青年出版社 1961 年版），许书还有鲁迅婚礼等相关事迹记载，后不一一出注。

本月 与同学刘乃弼、顾琅、陈衡恪、张邦华、伍崇学联名给沈瓞民回信，介绍了留东京诸同学近况。据沈瓞民回忆，他当时给同学们写信介绍了上海官绅对于国难当头无动于衷，黄浦江畔依然灯红酒绿，醉生梦死的景象。①

6月

1日 向仙台医学专门学校递交入学申请书及学业履历书。

7月

13日 祖父病逝于绍兴，享年68岁。鲁迅未回国参加丧仪。

8月

本月 往仙台前向许寿裳告别，以自己珍藏的线装《离骚》相赠。

9月

1日 仙台医专向鲁迅发出关于许可入学和免交学费、入学金的正式通知。

10日 仙台《东北新闻》本日第七版登载《医专新入学的中国留学生》消息，报道鲁迅已来到仙台，正在寻找住所的情况，并说："周树人操着流畅的日语，是一位愉快的人物"。该报9月13日第7版又报道了鲁迅与另一位刚从东京转来仙台第二高等学

---

① 沈瓞民《回忆鲁迅早年在弘文学院的片断》，载1961年9月23日《文汇报》。

校的施霖[1]的消息，提到他们暂住在片平丁五十四番地的田中宅旅店。

13日 开始上课。鲁迅后来回忆说："仙台是一个镇，并不大；冬天冷得利害；还没有中国的学生。"他因此受到了优待，"不但学校不收学费，几个职员还为我的食宿操心"。在这所"乡间的医学专门学校"，他"看见许多陌生的先生，听到许多新鲜的讲义"。鲁迅在解剖学课上见到藤野严九郎先生[2]。学校的各种课程大多没有教科书，靠听讲记笔记。据同班同学薄场实说：如果不到场听课记笔记，以后再补记那就很困难，尤其是敷波教授经常用拉丁文和德文讲骨骼名称，很难背记，所以鲁迅拼命记笔记。藤野先生平日教学严肃认真，对学生管理严格，一到上课时间就把教室门关闭，使迟到的学生不能进门。藤野看到鲁迅作为学校唯一的中国留学生，"尽管身在异乡，却不以为苦"，勤奋努力，甚为感动，给予鲁迅悉心指导。除了学业，藤野先生对鲁迅的生活也很关心，例如对他的公寓生活、与同学的关系，甚至连说话的方式也给予热心指导。

本月中旬 由田中旅店迁往片平丁五十二番地"佐藤屋"公寓住宿。按：这是一座两层木质楼房，坐落在宫城监狱旁边的高

---

① 施霖，字雨若，浙江仁和人。1902年官费留日，先入弘文学院学习，1903年进入正则学校学习，1904年转学到仙台第二高等学校二部工科二年级学习，研学工兵火药。他是进入仙台第二高等学校的第一个中国留学生。按该校与仙台医专紧邻，故鲁迅与施霖相识并同租公寓。

② 藤野严九郎(1874—1945)，日本福井县人，爱知县立医学专门学校毕业后留校任教。1901年任仙台医学专门学校讲师，1904年升任教授，1915年退职。1917年返乡自设诊所。藤野平日不修边幅，鲁迅也有印象。他后来回忆说："这藤野先生，据说是穿衣服太模胡了，有时竟会忘记带领结；冬天是一件旧外套，寒颤颤的，有一回上火车去，致使管车的疑心他是扒手，叫车里的客人大家小心些。他们的话大概是真的，我就亲见他有一次上讲堂没有带领结。"

岗地上，庭院的西端面临广濑川[①]，广濑川河道对面有青叶城旧址和天守台的高岗。房主佐藤喜东治用二楼经营公寓，把一楼的一部分房屋租给一个专营宫城监狱中未判决的犯人和探监人伙食的人使用。鲁迅住在二楼一间面临广濑川的10叠大的房间里（叠，日本计算房间面积的单位。长2米、宽1米为1叠，10叠相当于20平方米）。鲁迅和住在公寓的其他几个学生的日常生活，由房主的夫人照顾，每人每月食宿费8元。开学后不久，班长铃木逸太郎曾到公寓来看望鲁迅。

10月

7日 收到友人任克任[②]寄赠的《黑奴吁天录》[③]1部及手录的《释人》[④]1篇，对前者很喜欢，“穷日读之，竟毕”。[⑤] 鲁迅平日有阅报习惯，经常利用午饭时间，到学校附近的牛奶店“晚翠轩”，边吃饭边看报。他特别注意关于日俄战争消息及“公使馆”一栏中关于中国政局的报道。

---

① 广濑川，是名取川的最大支流，流经宫城县。仙台市，是宫城县的县府所在地，位于广濑川左岩的高丘上。宫城县是日本东北部一个紧靠太平洋海岸的县城。

② 任克任（1876—1909），名允，字克任，浙江杭州人。与鲁迅同时留学日本，自费入清华学校学习，不久因病回国。后在第二次赴日留学期间病逝。

③ 《黑奴吁天录》，美国女作家斯托（1811—1896）的长篇小说，原名《汤姆叔叔的小屋》，最早由林纾译成中文，题为《黑奴吁天录》，1901年由魏易家刻木板印刷成小卷本。书中描写美国黑人在奴隶主残暴压迫下的悲惨生活，揭露了贩卖黑奴和种族压迫的罪恶。

④ 《释人》是清代孙星衍所著论文，内容是对“人”字和对人体各部位汉语称谓的考释。

⑤ 鲁迅1904年10月8日致蒋抑卮信。

8日 致蒋抑卮[①]信，述说自己读了《黑奴吁天录》中美洲黑奴悲惨遭遇的感受，“载悲黑奴前车如是，弥益感喟”，并说自己孤身一人来到仙台已满一月，人地生疏，切盼旧友们的“笔音”。通过与日本学生的接触，他“敢决言其思想行为决不居我震旦青年上”。信中还说：“校中功课大忙，日不得息。以七时始，午后二时始竣。”[②]“校中功课只求记忆，不须思索，修习未久，脑力顿锢。四年而后，恐如木偶人矣。”鲁迅很想利用业余时间做些译著，但却“不暇握管”。

冬 从“佐藤屋”迁居“宫川宅”。[③] 佐藤屋的食宿虽然也不坏，“但一位先生却以为这客店也包办囚人的饭食，我住在那里不相宜，几次三番，几次三番地说。我虽然觉得客店兼办囚人的饭食和我不相干，然而好意难却，也只得别寻相宜的住处了。于是搬到别一家，离监狱也很远，可惜每天总要喝难以下咽的芋梗汤。”[④]原公寓主人佐藤喜东治赠给鲁迅一把“白壳短刀”作纪念。[⑤]

本年 译《世界史》《北极探险记》以及《物理新诠》中的《世

---

① 蒋抑卮(1874—1940)，浙江杭县人。1902年赴日留学，1904年6月因患耳病回国，1909年又赴日本医治耳病，曾资助鲁迅出版书刊。

② 据《鲁迅在仙台的记录》，仙台医专每天6节课，自早7点开始上第1节课，每节60分钟，节与节之间没有休息时间，直至12点钟结束上午的5节课。下午1点钟开始第6节课，午饭休息时间只有1小时。

③ 据鲁迅1904年10月8日致蒋抑卮信。按：鲁迅迁往土樋町宫川宅的具体地址，是土樋町一百五十八番地。鲁迅致蒋抑卮信中写的地址“百五十四番地”，应为误记。

④ 芋梗汤是日本民间一种用大酱和地瓜秧等做的菜汤。

⑤ 佐藤喜东治原是幕府时代的藩士，家藏有许多剑刀。他当时60岁，身体魁梧，灰白色胡须直垂胸前，热心邻里公益，乐于照顾中国的留学生。

界进化论》《原素周期则》两章，均未发表，稿佚。

1905年（乙巳，清光绪三十一年） 25岁

▲8月20日，孙中山和黄兴等人在东京成立中国同盟会，并创办《民报》月刊。11月26日，《民报》在东京创刊，后来改为不定期出版，每期约6至8万字。

▲本年，清政府接受袁世凯等呈请，停止科举，延续了1300多年的科举制度结束。

4月

本月 从仙台往东京度春假，与许寿裳等友人同游日本名胜箱根温泉。他们结伴登山，浏览了“芦之湖”，远眺富士山，围坐谈天至深夜。

春 所译美国路易斯·托仑的科学幻想小说《造人术》，载《女子世界》[①]第16、17期合刊，署名“索子”。作品描写一位化学教授坚持人造生命实验，终于获得成功。

9月

11日 第二学年学习开始。自东京度假返校时，第一学年

① 《女子世界》月刊，丁初我主编。1904年1月创刊于上海，主张男女平等，反对封建礼教，是当时影响较大的一种以妇女为主要对象的刊物，共出18期，1906年初停刊。

考试总成绩已发表，鲁迅排在全班140名同学中的第68名，准予进级二年级。学校考试十分严格，全班有30人因成绩不及格而不能升级；因此，鲁迅遭到几个日本学生的猜忌。学生会干事检查了鲁迅的讲义。鲁迅随后收到一封匿名信，污蔑他能有这样的成绩是因为藤野先生在解剖学讲义上为考试题目做了记号。鲁迅把这事告诉了藤野先生，班长铃木逸太郎也向藤野先生做了汇报。藤野先生说："没有那样的事！"有几个和鲁迅熟识的同学也很不平，同去责问干事托辞检查的无礼。流言虽然消灭了，但鲁迅所受的刺激是强烈的。他后来回忆说："中国是弱国，所以中国人当然是低能儿，分数在六十分以上，便不是自己的能力了：也无怪他们疑惑。"

本月 第二学年学习解剖学、组织学实习及病理学等新科目。鲁迅在假期往东京时曾告诉许寿裳，自己通过解剖尸体切实明白了"胎儿在母体中的如何巧妙，矿工的炭肺如何墨黑，两亲花柳病的贻害于小儿如何残酷"。许寿裳认为，"他的学医，是出于一种尊重生命和爱护生命的宏愿，以便学成之后，能够博施于众"。

秋 与同住在"宫川宅"公寓的5名住宿学生（大家武夫、三宅、矶部浩策、吉田林十郎和施霖）在东一番丁照像馆合影，赠给公寓主人宫川信哉留念。6人均穿学生制服、脱帽。①

---

① 10年后，宫川信哉在家藏的这张"六人照"正面用墨笔在鲁迅等3人的像上画了胡须，想象照片中人10年以后的模样，并在照片的后面写："明治三十八年×月影，拾年后想象发，大正二年现在，大家君在美国，周君不明，三宅君在大学小儿科，矶部君在米泽县，吉田君在朝鲜，施君不明。""想象发"当为"想象髭"（胡须）的误笔。"施君"即施霖。

11 月

6 日 参加医学科二年级同学欢送敷波重次郎教授往德国留学集会并在讲堂前合影留念。当时出国学习是写学位论文的重要条件,没有论文,不能获得学位,就很难有晋升的机会。藤野先生也曾有留学德国撰写学位论文的愿望,但未能实现。

12 月

患重感冒,未能到校上课。班长铃木逸太郎和同学杉村宅郎来公寓看望。据铃木逸太郎回忆:"当登上公寓二楼看到鲁迅一个人盖着日本式的被子躺在那里,他见我们来了,马上端端正正地坐起来,担心地询问讲了什么新课。他一边听我们说一边记下来。"

冬 应陈子英①之约,同往横滨迎接新来日本留学的浙江同

① 陈子英(1885—1950),名濬,光复会成员,曾与徐锡麟参加反清活动。徐锡麟在安庆起事被害后,他逃往日本,与鲁迅、许寿裳相识,并同在东京学习俄文。归国后,于 1901 年与鲁迅同时在绍兴府中学堂任教,任该校的监督。

乡徐锡麟、范爱农、龚宝铨、陈伯平、马宗汉等。[①]

年底 自仙台往东京度寒假。11月2日，日本政府应清政府要求，颁布《清国留学生取缔规则》，限制留日学生的政治活动，引发留日学生8000余人于12月4日开始总罢课。[②] 陈天华于8日以投海自杀抗议。鲁迅和许寿裳等主张继续留在日本学习，并参加了留学界维持会。秋瑾[③]等则愤然回国。由于留学生进行了坚决的斗争，《取缔规则》未能实行。

本年 利用课余及假日和日本同学浏览松岛名胜，与同学

---

① 徐锡麟(1873—1907)，字伯荪。1904年在上海加入"光复会"，次年偕妻及友人赴日本学陆军，计划学成后回国捐官掌握兵权，以便进行反清革命活动。1906年底回国捐官(道员)，在安庆任军警事务。原计划与秋瑾共谋浙皖同时起义，事泄，于1907年7月6日提前率巡警学堂学生刺杀安徽巡抚恩铭，被捕后惨遭剖腹挖心，于安庆抚院门前就义。范爱农(？—1912)，名肇基，又名斯年。徐锡麟的学生，1905年留学日本，入成城学校。回国后曾任绍兴府中学"舍监"，鲁迅在山会初级师范学堂任校长时，他任该校教务长；鲁迅去南京教育部任职后不久，他即被排挤离校。1912年7月10日与友人游湖时落水身死。龚宝铨(1886－1922)，字未生。章太炎的长婿，为"光复会"创立人之一。1907年春与陶成章同赴日本。1908年(光绪三十四年)秋，民报馆被查封，宝铨将其掌握的浙籍党人名册销毁，保全了同志。民国初年任浙江图书馆馆长。陈伯平(1881—1907)，名渊，别字墨峰。为徐锡麟创办的大通学堂的学生，两次赴日留学，学习警务、火药制造等。1907年6月和马宗汉同赴安徽，参加徐锡麟的起义准备活动；起事时他在据守军械所的战斗中阵亡。马宗汉(1883—1907)，字子畦。1905年赴日留学，入早稻田大学预备科。1907年3月回国，6月和陈伯平同赴安徽，参加徐锡麟的起义准备活动，起事时在据守军械所被捕杀。

② 实藤惠秀《中国人留学日本史》第8章"留日学生的革命运动"。又据何香凝《我的回忆》，见《辛亥革命回忆录(一)》。《清国留学生取缔规则》是日本政府徇清政府要求，于1905年11月2日颁布的规则，共15条，其中规定取缔中国留学生的爱国活动，剥夺言论自由，禁止集会结社，检查书信，强迫学生严格遵守清政府法令。原定次年1月1日开始实行，但遭到留日学生的坚决反对。

③ 秋瑾(1877—1907)，字濬卿，号竞雄，又名鉴湖女侠，浙江绍兴人。1904年4月赴日本留学，先入中国留学生会馆日语讲习会学习日语，先后参加"光复会"和"同盟会"。1905年底因反对日本发布《清国留学生取缔规则》回国。1907年在绍兴主持大通学堂，与徐锡麟共谋起义，事泄被捕，当年7月15日就义于绍兴轩亭口。

一起在松岛上拍摄松林雪景照片。鲁迅还喜欢观看日本民间传统小戏,常到“森德座”剧场①,花八分钱买站票看戏。他看过日本的古装戏“歌舞伎”《牡丹灯笼》《御岩》等传统剧目。

本年 校阅周作人所译美国亚伦·坡的侦探小说《黄金虫》及《天方夜谭》中的一篇故事《侠女奴》。② 两书由上海小说林③社出版。周作人翻译所用的原书都是鲁迅寄回的。

本年 从仙台乘车往东京度假途中,曾在水户④下车,专程拜谒反清爱国志士朱舜水⑤流寓日本的遗迹。据许寿裳《我所认识的鲁迅》:“鲁迅一向崇拜他的人格,所以亟亟乎去凭吊。下车在夜里,当然要投旅店……他经过这夜的纷扰,终于访了舜水的遗迹而回。”

1906年(丙午,清光绪三十二年) 26岁

▲年初,日知会召开成立大会,由刘静庵主持,到会的有孙武、张难先、何季达、冯牧民等百余人。日知会十分注重在学生、新军和会党中进行革命宣传,每星期日开演讲会,阐述世界大势

① “森德座”是一座木制二层楼的西式建筑物,门前挂着写有“森德座”的旗子。

② 《黄金虫》一译《黄金甲虫》,是描写发现海盗埋藏大量珍宝的侦探小说。《侠女奴》又名《阿里巴巴和四十大盗》,是《天方夜谭》中的一篇故事。

③ 《小说林》,月刊,1907年1月于上海创刊,黄摩西主编,内容以翻译外国文艺作品为主,1908年停刊,共出12期。小说林社同时也印行出版一些外国翻译小说。

④ 水户,日本东北部茨城县的一个城市,距东京约120公里,旧为户藩的都城。

⑤ 朱舜水(1600—1682),名之瑜,字鲁屿,号舜水,浙江余姚人。明亡后力图复兴明室,随郑成功攻取南京失败后流寓日本,长期在日本讲学,终老异乡,在水户逝世。

及中国面临的危机，启发爱国革命意识。

▲9月，《云南》杂志创刊。杂志社设在东京神田区三崎町一丁目。杂志为月刊，设有论著、译述、时评、传记、小说、文苑、调查、大事月表、图画等栏目。该刊初创时由李根源、赵伸负责，以“开通风气，鼓舞国民精神”为宗旨。

1月

8日 第2学年的第2学期开学。本学期新增加的细菌学由中川爱咲教授担任，课上使用幻灯片让学生看细菌的形态。鲁迅弃医从文与此有关。据鲁迅回忆：“第二年添教霉菌学，细菌的形状是全用电影来显示的，一段落已完而还没有到下课的时候，便影几片时事的片子，自然都是日本战胜俄国的情形。但偏有中国人夹在里边：给俄国人做侦探，被日本军捕获，要枪毙了，围着看的也是一群中国人；在讲堂里的还有一个我。‘万岁！’他们都拍掌欢呼起来。”这些画面强烈地刺激了鲁迅，从那以后，鲁迅“觉得医学并非一件紧要事，凡是愚弱的国民，即使体格如何健全，如何茁壮，也只能做毫无意义的示众的材料和看客，病死多少是不必以为不幸的。所以我们的第一要着，是在改变他们的精神，而善于改变精神的是，我那时以为当然要推文艺，于是想提倡文艺运动了”。鲁迅在自传中也说到自己弃医从文的原因：“因此又觉得在中国医好几个人也无用，还应该有较为广大的运动——先提倡新文艺。”另据许寿裳回忆，鲁迅弃医从文，“这影片不过是一种刺激，并不是惟一的刺激”，还有，“（一）恨中医耽误了他的父亲的病。（二）确知日本明治维新是大半发端于西医的事实。以上两点，参阅《呐喊》序文和《朝花夕拾·父亲的病》便知。但是据我所知，除此以外，还对于一件具体的事实起了弘愿,也可以说是一种痴想,就是(三)救济中国女子的小脚,要想解放那些所谓'三寸金莲',恢复到天足模样。后来,实地经过了人体解剖,悟到已断的筋骨没有法子可想。这样由热望而苦心研究,终至于断念绝望,使他对于缠足女子的同情,比普通人特别来得大,更由绝望而愤怒,痛恨赵宋以后历代摧残女子者无心肝,所以他的著作里写到小脚都是字中含泪的”。有日本学者提出,藤野先生的教学水平不高,没能把日本的近代学术思想全部传授给鲁迅。而鲁迅想要得到的,不只是知识的灌输,还有欧洲意义上的近代学术思想和科学精神及方法。藤野先生笔记修改的主要是些语法修辞问题,而且可能有些过于严苛,引起了鲁迅的反感。[①] 鲁迅觉得在仙台医专不能掌握科学方法,他在给蒋抑卮的信中曾表示对医专的教学方法难以适应。

2 月

本月 把自己要离开仙台的决定告诉平时要好的同学杉村宅郎。杉村宅郎和铃木逸太、青木今朝雄、山崎喜山等与鲁迅比较接近的年级干部为他举行话别会,并合影留念。

3 月

6 日 申请退学,15 日获校方批准。

本月 辞别藤野先生。藤野先生以照片相赠作为纪念,并在照片背后题辞:“惜别　藤野　谨呈周君”。鲁迅把藤野先生

---

① 泉彪之助《藤野教授鲁迅的医学笔记》,《鲁迅仙台留学九十周年纪念国际学术、文化讨论会报告论集》,日本东北大学出版部 1994 年版。

亲笔改正的讲义装订成 6 册珍藏，在《藤野先生》一文结尾说不幸在搬家途中丢失。实际上是寄存在绍兴亲友家中，后经保存人交还鲁迅亲属，入藏博物馆。6 册笔记是：脉管学、有机化学、五官学、组织学、病变学、解剖学。其中有机化学、五官学、病变学虽然不是藤野先生所讲课程，但也有他的修改笔迹。藤野先生批改最多的是他亲自讲授的脉管学。鲁迅把藤野先生所赠的照片挂在北京西城宫门口西三条胡同 21 号寓所“老虎尾巴”的东墙上，以激励自己勤奋工作。

鲁迅离开仙台即赴东京，住在东京本乡区汤岛二丁目“伏见馆”公寓。

4 月

30 日　与顾琅合作编撰的《中国矿产志》由上海普及书局出版，署“江宁顾琅、会稽周树人合纂”，5 月 4 日由南京启新书局、上海普及书局和东京留学生会馆发行。书前有“例言”，书后附录该书和《中国矿产全图》广告。全书讲述中国地质状况及矿产分布情况。次年 1 月 14 日增订再版。清政府农工商部认为此书对中国地质源流言之甚详，绘图精审，通饬各省矿务、商务界购阅。与《中国矿产志》配套的《中国矿产全图》于本年 6 月 6 日印刷，11 日发行。该图以日本调查者的资料为基础，绘制了 20 个省的矿产分布图：东北至盛京省奉天，西北至甘肃玉门县，西南至中缅边境，东南至福建泉州湾、漳浦湾、广东省南澳镇、浙江省海门湾一线。该图中辽宁、内蒙、青海、甘肃、西藏、广东等省区的矿产图不全，而黑龙江、吉林、新疆、台湾等省区没有绘入。

5月

本月 将学籍列入东京独逸语学会所设的德语学校，但主要时间用于搜集和阅读外国文学作品，以便有选择地进行翻译和介绍。

据周作人回忆，鲁迅学德语是为了译介“弱小民族的文学”，即“匈牙利、芬兰、波兰、保加利亚、波希米亚(德文也称捷克)、塞尔维亚、新希腊，都是在殖民主义下挣扎着的民族，俄国虽是独立强国，因为人民正在力争自由，发动革命，所以成为重点，预备着力介绍”。鲁迅后来回忆说，他当时“不是自己想创作，注重的倒是在绍介，在翻译，而尤其注重于短篇，特别是被压迫的民族中的作者的作品”。“所以‘小说作法’之类，我一部都没有看过，看短篇小说却不少，小半是自己也爱看，大半则因了搜寻绍介的材料。也看文学史和批评，这是因为想知道作者的为人和思想，以便决定应否绍介给中国，和学问之类，是决不相干的。”“因为所求的作品是叫喊和反抗，势必至于倾向了东欧，因此所看的俄国、波兰以及巴尔干诸小国作家的东西就特别多。也曾热心的搜求印度、埃及的作品，但是得不到。记得当时最爱看的作者，是俄国的果戈理和波兰的显克维支。日本的，是夏目漱石和森鸥外。”

7月

22日　从东京回到绍兴举办婚礼。[①] 新娘朱安(1878—1947)是绍兴城内丁家弄人。鲁迅母亲很中意这门婚事,但订婚时间已过五六年,母亲为此着急担忧,便以自己病重为由要鲁迅回家,有时一天来两封信催促。鲁迅因为生气和烦躁,神经衰弱。鲁迅到家后才知道是要和朱安结婚,不满又无奈。鲁迅后来在《随感录》四十中说:"但在女性一方面,本来也没有罪,现在是做了旧习惯的牺牲。我们既然自觉着人类的道德,良心上不肯犯他们少的老的罪,又不能责备异性,也只好陪着做一世的牺牲,完结了四千年的旧账。"

鲁迅在家停留了约半个月。[②]

8月

本月　与周作人、邵明之[③]等一起回日本。

---

① 鲁迅与朱安婚事,参见如下各人叙述:周建人《鲁迅故家的败落》,湖南人民出版社1984年版;周冠五《鲁迅家庭和当年绍兴民俗》,上海文化出版社2006年版;周作人《知堂回想录·家里的改变》;王鹤照《回忆鲁迅先生》,载《鲁迅回忆录》,北京出版社1999年版;许寿裳《亡友鲁迅印象记·西三条胡同住屋》。

② 按照绍兴的婚礼习俗,男家和女家要在婚礼前3天举行潲浴、在婚前一天祝喜福,因此鲁迅到家时间应在7月22日前。另,鲁迅曾对日本朋友鹿地亘说,他在婚礼后的一周启程赴日。参见蒙树宏《鲁迅史实研究·鲁迅旧式婚姻探微》,云南教育出版社1989年版。

③ 邵明之(1877—1942),名文熔,字铭之,又作明之,浙江绍兴人。1902年赴日本留学,先在东京清华预备学校学习日语,后来在北海道札幌地方工业专门学校学习土木工程,因体胖多须,鲁迅为他起绰号"熊"。归国后在浙江杭州、江苏等地任土木工程师,在盐业公司工作过,一直与鲁迅保持联系。

秋末 访问日本学者宫崎寅藏[①]。鲁迅与宫崎寅藏相谈甚欢，并相约于10月1日在神田小川町日本社会党人堺利彦[②]等创办的《平民新闻》社会晤。[③] 据周作人回忆：鲁迅当时购买了堺利彦主编的《社会主义研究》杂志1套5册。这是日本最早的专门研究社会主义的理论杂志。1931年宫崎寅藏长子龙介和夫人白莲在上海拜访鲁迅时，鲁迅书赠自作诗，表达对宫崎寅藏的怀念。

本年 在日本购买了嵩山堂木板新印的《北斋画谱》数册。[④]

喜爱阅读章太炎主编的《民报》。鲁迅回忆说："我爱看这《民报》，但并非为了先生的文笔古奥，索解为难，或说佛法，谈'俱分进化'，是为了他和主张保皇的梁启超斗争，和'××'的×××斗争，和'以《红楼梦》为成佛之道'的×××斗争，真是所向披靡，令人神旺。"[⑤]

---

① 宫崎寅藏（1870—1922），又名宫崎滔天，号白浪庵滔天，曾赞助孙中山领导的民主革命运动，并以此经历写成自传体小说《三十三年落花梦》。宫崎寅藏当时为了与日本社会主义运动相配合而创办了《革命评论》杂志，提倡土地公有，反对军国主义，要求世界和平 。

② 堺利彦（1870——1933），日本社会党领袖之一。曾与幸德秋水组织"平民社"，出版《平民新闻》周刊并主编《社会主义研究》杂志，积极进行反对日俄战争的宣传活动。主要译著有《共产党宣言》《马克思传》等。

③ 《宫崎滔天全集》第5卷《宫崎滔天年谱》记载："一九零六年十月一日，'矶风'、野奇某、周树人来社。"

④ 《北斋画谱》是日本江户后期著名的"浮世绘"画家葛饰北斋创作的画谱。葛饰北斋擅长以美女和演员为题材的画作，也擅长用西画手法创作风景画。

⑤ 按："××"应是"献策"二字；第一个"×××"指吴稚晖（字敬恒），第二个"×××"指蓝公武。

1907年(丁未,清光绪三十三年)　27岁

▲年初,《小说林》(月刊)杂志在上海创刊,以刊登翻译作品为主,兼载创作小说、戏曲、杂著,也发表关于小说理论的文章。主编是黄人(摩西),主要编辑和撰稿人有徐念慈等。

▲6月1日,话剧《黑奴吁天录》在日本东京公演。

▲7月6日,"光复会"在安庆起义,徐锡麟牺牲。15日,因起义计划泄漏,秋瑾在绍兴被捕,旋遭杀害。

3月

本月　与周作人合作翻译英国哈葛德、安特路朗合著的小说《世界欲》(*The World's Desire*),译名为《红星佚史》,署名周逴。书中的16节诗由周作人口述、鲁迅用离骚体翻译,其余由周作人翻译。商务印书馆本年10月出版单行本。

春　由"伏见馆"公寓迁居附近的"中越馆"。据周作人回忆,在伏见馆,因同住的伙伴"目的是专在升官发财的","语言很是无味",所以鲁迅"决心移到别处去了"。"中越馆"住处则较为安静,交通也较为方便,"光复会"的首领陶成章以及龚宝铨、陈子英、陶望潮[①]等人经常来访。鲁迅虽然与光复会成员熟悉,但并未加入该组织。他专心读书写作,晚上看书"要到什么时候睡

---

① 陶望潮(1886—1962),名铸,字冶公,浙江绍兴人,光复会会员。曾与鲁迅一起在日本东京学习俄文。回国后曾在国民革命军及北伐军中工作。

觉，别人不大晓得，因为大抵都先睡了，到了明天早晨，房东来拿洋灯，整理炭盆，只见盆里插满了烟蒂头，像是一个大马蜂窠，就这上面估计起来，也约略可以想见那夜是相当的深了”。

6 月

本月　与许寿裳、邵明之等到本乡座观看欧阳予倩[①]等演出的《黑奴吁天录》。鲁迅对美国斯托夫人所著的小说《黑奴吁天录》很感兴趣。周作人回忆：“来看的人实在不少，但是鲁迅似乎不很满意，关于这件事，他自己不曾说什么。他那时最喜欢伊勃生（《新青年》上称呼为‘易卜生’，为他所反对）的著作，或者比较起来以为差一点，也未可知吧。新剧中有时不免有旧戏的作风，这当然也是他所不赞成的。”

7 月

某日，参加同乡会举行的追悼徐锡麟、秋瑾两烈士大会。

因政见不同，与蒋智由[②]断绝来往。据周作人《鲁迅的故家》：徐锡麟、秋瑾两烈士被杀后，“绍兴属的留学生开了一个会议，本来没有什么善后办法，大抵只是愤慨罢了，不料蒋观云已与梁任公组‘政闻社’，主张君主立宪了，会中便主张发电报给清

---

① 欧阳予倩（1889—1962），湖南浏阳人。1907 年在日本组织“春柳社”，在东京演出《黑奴吁天录》。著有《黑奴恨》《梁红玉》等剧本。

② 蒋智由（1866—1929），字观云，号因明子，浙江诸暨人，清末新党中国教育会发起人之一，曾任爱国女校校长，著有《居东集》《蒋观云先生遗诗》等。梁启超在《饮冰室诗话》中曾把蒋智由与黄遵宪、夏曾佑并称为“近世诗界三杰”。甲午战争后，蒋智由力言变法，1902 年后因主张革命而长期避居日本。曾参加《新民丛报》的编辑工作，后来思想转变，主张君主立宪，反对同盟会的革命主张，1907 年与梁启超在东京组织“政闻社”。

廷，要求不再滥杀党人，主张排满的青年们大为反对。蒋辩说猪被杀也要叫几声，又以狗为例，鲁迅答说，猪才只好叫叫，人不能只是这样便罢。当初蒋观云有赠陶焕卿诗，中云‘敢云吾发短，要使此心存’，鲁迅常传诵之，至此乃仿作打油诗云：‘敢云猪狗叫，要使狗心存’，原有八句，现在只记得这两句而已”。另一次，当蒋智由赞美清朝的红缨帽有威仪时，鲁迅对许寿裳说“观云的思想变了”，此后就不再与蒋智由来往。

夏　与许寿裳、周作人、袁文薮[①]、苏曼殊等人积极筹办《新生》杂志。鲁迅《〈呐喊〉自序》：“在东京的留学生很有学法政理化以至警察工业的，但没有人治文学和美术；可是在冷淡的空气中，也幸而寻到几个同志了，此外又邀集了必须的几个人，商量之后，第一步当然是出杂志，名目是取‘新的生命’的意思，因为我们那时大抵带些复古的倾向，所以只谓之《新生》。”他们在刊名、封面设计、书内插图等方面都做了细致安排，但是《新生》最后未能出版。鲁迅回忆说：“《新生》的出版之期接近了，但最先就隐去了若干担当文字的人，接着又逃走了资本，结果只剩下不名一钱的三个人。创始时候既已背时，失败时候当然无可告语，而其后却连这三个人也都为各自的命运所驱策，不能在一处纵谈将来的好梦了，这就是我们的并未产生的《新生》的结局。”鲁迅为《新生》准备的《摩罗诗力说》《科学史教篇》《文化偏至论》等

---

① 袁文薮（1873—1950），名太虚、毓麟，字文漱、文薮，浙江杭州人。曾留学日本和英国，回国后任浙江省视学、甘肃省财政厅厅长等职，擅长诗词和绘画。周作人在《鲁迅的青年时代》中谈到：“这本（《新生》）是同人杂志，预定写稿的除我们（鲁迅和周作人）自己外，只有许寿裳和袁文薮二人。”“鲁迅当时很看重袁文薮，他们在东京谈得很好，袁就要往英国去，答应以后一定要寄稿回来，可是一去无消息，有如断线的风筝了。”袁与鲁迅后来仍有交往，1912 年 9 月 24 日，曾到绍兴会馆看望鲁迅。

文章，后来发表在《河南》杂志上。[①]

秋 因佩服俄罗斯的"求自由的革命精神及其文学"，与许寿裳、陈子英、陶望潮、罗黑芷、汪公权、周作人一起，向居住在神田的俄国人玛丽娅·孔特夫人学习俄文，每人每月学费5元，不到半年因学费负担过重而终止。

冬 与周作人合作翻译俄国阿历克赛·托尔斯泰的历史小说《克虐支绥勒勃良尼》（英译本名为《可怕的伊凡》），约十余万字。周作人译初稿，鲁迅修改誊正并作序言，改书名为《劲草》。但因当时该书已经有中译本，没有出版社接受，遂未能出版。民国初年，鲁迅把稿本带到北京，计划交报刊发表，未能实现，稿本遗失。

12月

本月 发表《人之历史》，原题为《人间之历史——德国黑格尔氏种族发生学之一元研究解释》，载《河南》杂志创刊号，署名令飞，收入《坟》。文章介绍达尔文生物进化理论，以解释德国生物学家海克尔（鲁迅译为黑格尔）的《人类发生学》为中心，系统介绍了达尔文的生物进化学说及其发展历史，赞赏达尔文等在生物科学研究领域的重要成就以及敢于坚持真理的精神。这篇文章中的进化论思想影响已较为明显。

本年 作《摩罗诗力说》，发表于1908年2月5日和3月5日出版的《河南》杂志第2、3号，署名令飞，收入《坟》。文章系统

---

① 《河南》杂志，河南留东同学会于1907年12月创刊于日本东京，宗旨是鼓吹革命。鲁迅在其上发表了6篇文章。杂志于1908年12月出版第9期后停刊。

介绍欧洲文学流派，特别是拜伦、雪莱、普希金、莱蒙托夫、密茨凯维支、斯洛伐支奇、克拉辛斯基和裴多菲8位浪漫派诗人，把这些“立意在反抗，指归在动作，而为世所不甚愉悦”的诗人称为“摩罗诗派”、“精神界之战士”，并呼唤中国的“精神界之战士”早日出现，希望他们能打破中国的“萧条”，掀起一个能真正改造中国社会的革新运动。鲁迅为撰写《摩罗诗力说》，参考了很多外文资料，包括请周作人从英文翻译的资料。据周作人《知堂回想录》，鲁迅曾托丸善书店买来一本丹麦勃阑兑斯《波兰印象记》英译本，后来鲁迅“替《河南》杂志写《摩罗诗力说》的时候，里边讲到波兰诗人，尤其是密克维支与斯洛伐齐所谓‘复仇诗人’的事，都是根据《波兰印象记》所说，是由我口译转述的”。

本年 作《科学史教篇》[①]，发表于1908年6月5日出版的《河南》杂志第5号，署名令飞，收入《坟》。文章意在探讨西方科学发展规律，针对当时顽固派极力反对科学的“崇古”思潮和维新派舍本逐末的“蔑古”思潮，介绍了欧洲的自然科学从古希腊、罗马到十九世纪的发展历程，赞扬了科学家们的刻苦钻研、敢于创新的精神，并分析了一些科学研究方法，主张历史地对待科学文化遗产和历史人物，强调科学对社会发展的重要推动作用。文章从欧洲科学发展史中总结出“世界不常进，常曲折如螺旋，大波小波，起伏万状，进退久之而达水裔”的发展规律，指出科学与社会的发展道路同样不平坦，但是无论遇到何种阻力，科学与社会的发展总是“无有纪极”。文章提出，在重视自然科学发展的同时也要重视人文教育，“以致人性于全，不使之偏移”，否则

---

① 此文系鲁迅根据日文资料编译缀合而成。参见宋声泉《〈科学史教篇〉来源考略》，《中国现代文学丛刊》2019年第1期。

就会使“社会入于偏，日趋而之一极，精神渐失，则破灭亦随之”。

本年 作《文化偏至论》，发表于1908年8月5日出版的《河南》杂志第7号，署名迅行，收入《坟》。文章批评洋务派和改良派盲目崇拜西方“物质”和“众治”，阻碍了中国的革新与进步，是不能“兴国”的。鲁迅认为吸收西方文化首先应洞悉世界大势，然后再根据中国实情“去其偏颇，得其神明，施之国中，翕合无间”，如此才能“外之既不后于世界之思潮，内之仍弗失固有之血脉”，为此提出“掊物质而张灵明，任个人而排众数”作为民族独立和社会解放的途径。

1908年(戊申，清光绪三十四年) 28岁

▲11月14日，光绪皇帝死于瀛台涵元殿，慈禧太后颁旨以溥仪为嗣皇帝。翌日，慈禧太后薨。

4月

8日 应许寿裳之邀由“中越馆”迁居本乡区西片町十番地乙字7号(日本著名作家夏目漱石的故居)，因同周作人、钱钧甫[①]、朱谋宣等五人合住，故取名“伍舍”。在“伍舍”居住期间，鲁迅与许寿裳经常同往书店购书。鲁迅为了弥补用度不足，担任图书校对获得一点微薄的报酬。据周作人回忆，鲁迅平日生活

① 钱钧甫(1882—1969)，名家治，字钧甫，又作钧夫，浙江杭县人，与鲁迅同在日本弘文学院留学，归国后，又与鲁迅在杭州浙江两级师范学堂同事，后任教育部视学。

极为简朴，自仙台返回东京后就改穿和服，只有单、夹、棉 3 套布制的和服和一件夹外衣，冬天也只穿短衬裤对付。

7月

本月 每星期日上午，同许寿裳、周作人、钱钧甫、龚未生、钱玄同、朱蓬仙、朱希祖等赴“民报社”听章太炎讲文字学。本年3月，章太炎在东京举办“国学讲习会”，吸引了不少留学生。周作人回忆说：“伍舍方面去了四人，即许季茀和钱家治，还有我们两人，未生和钱夏(后改名玄同)，朱希祖，朱宗莱，都是原来在大成的，也跑来参加，一总是八个听讲的人。”鲁迅参加的小班课程安排是先讲《说文》，次讲《汉书》，兼讲《文心雕龙》《诗经》《文史通义》等。后来因《民报》被日本政府查封，国学讲习班不得不停止。鲁迅当时的笔记现存者尚有《说文解字札记第一篇》上、下两册。

8月

5日 笔录的匈牙利籁息《裴彖飞诗论》在《河南》杂志第7号发表，署名令飞，系周作人口述。鲁迅从籁息的英文著作《匈牙利文章史》中发现有《裴彖飞诗论》专章，认为可以“考见其国之风土景物，诗人性情”，便与周作人合作翻译成中文。本次发表的只是文章的上半部分，下半部分因《河南》杂志被日本当局查封停刊而未能刊出，稿佚。[①]

---

① 这个时期，鲁迅和周作人有很多翻译上的合作。周作人翻译了《神盖记》，文言译文，约 12000 余字。鲁迅在译稿上以细小的字迹作校改，拟将其收入《域外小说集》第 3 册。

12 月

5 日 《破恶声论》第一部分在《河南》杂志第 8 号发表，署名迅行，未写完。当时，洋务派和维新派大力鼓吹“破迷信、崇侵略、尽义务”以及“同文学、弃祖国、尚齐一”的观点。文章对“破迷信、崇侵略”两种“恶声”进行了批判，指出“破迷信”的人正是奉圣旨来制定所谓正宗宗教的奴仆，而“崇侵略”的人则是为帝国主义者作辩护的“兽性爱国之士”，这些打着科学文明幌子的“伪士”所制造的“恶声”必须“荡涤”，而发挥“心声者”和“内曜者”的作用，提倡“人各有己”、个性解放，从而唤醒人心，使“人之大觉近矣”，最终打破中国“缄口无言”的“寂寞”。

本年 业余担任图书校对。周作人《鲁迅的故家·校对》：“鲁迅那时的学费是年额四百元，每月只能领到三十三元。在伍舍居住时就很感到不足，须得设法来补充了。译书因为有上海大书局的过去经验，不想再尝试，游历官不再来了，也没有当舌人的机会，不得已只好来做校对。”

本年 大约年底，鲁迅将自己及章太炎、陶成章、刘师培、黄侃、汤增壁、周作人等 12 位作者于 1903 至 1908 年间发表在《民报》《浙江潮》《河南》和《天义报》上的 60 篇诗文分类汇编，装订成册。原件现存北京鲁迅博物馆，系钱玄同后人捐赠，可能剪报为鲁迅和周作人共有，周作人后来将其借给钱玄同参考。[①]

① 参看部元宝《北京鲁迅博物馆藏“周氏兄弟”中文剪报校改考释》，《鲁迅研究月刊》2018 年第 11 期。

1909年(己酉,清宣统元年)　29岁

▲11月13日,南社在苏州虎丘成立。起名南社,有反对北方清政府之意。发起人为陈去病、高旭、柳亚子,主要活动中心在上海,定下宗旨:直接配合孙中山领导的资产阶级民主革命,以诗文"鼓吹新学思潮,标榜爱国主义",宣传推翻封建专制的清王朝,为建立民主共和国而斗争。

2月

5日　作《〈域外小说集〉序言》,载《域外小说集》初版第一集。序言指出集内所介绍的"异域文术新宗"都是经过精心选择的,译文"弗失(原文)文情"。鲁迅1932年1月16日致增田涉信中回忆:"我与周作人还在日本东京。当时中国流行林琴南用古文翻译的外国小说,文章确实很好,但误译很多。我们对此感到不满,想加以纠正,才干起来的。"

本月　与周作人、许寿裳一起从"伍舍"搬到西片町十番地丙字19号居住。据许寿裳《我所认识的鲁迅》:"可惜好景不常,盛会难再,到冬时,荷池枯了,菊畦残败了,我们的伍舍也不能支持了——因为同住的朱钱两人先退,我明春要去德国,所以只好退租。鲁迅就在西片町,觅得一所小小的赁屋,预备我们三个人暂时同住,我走之后,则他们兄弟二人同住。"不久,鲁迅的朋友蒋抑卮由夫人陪同来到东京治疗耳病,暂住鲁迅寓所,后来,许寿裳为蒋抑卮在西片町10号找到了住处。因为两处相距不远,蒋抑卮在去医院治疗之余常来拜访鲁迅,鲁迅也在蒋抑卮出院

之后常去探望他。蒋抑卮听说周氏兄弟想出版翻译小说集但缺少资金,答应资助印费。

3 月

2 日　与周作人合译的《域外小说集》第 1 集由东京神田印刷所印刷,东京群益书店和上海广兴隆绸缎庄承担发行,署名为"会稽周氏兄弟纂译",封面由鲁迅采用希腊艺术图案设计,书名由陈师曾题篆,用纸颇佳,毛边不切。《域外小说集》第 1 集收录了鲁迅所写的《序言》《略例》,《杂识》中的"安特来夫"[①]和"迦尔洵"[②]的第 1 段文字,以及由他翻译的俄国安特来夫的两篇小说《谩》和《默》。

3 日　章太炎因交不出《民报》罚金而被小石川警察署拘留。龚未生来找许寿裳、鲁迅等人商量营救办法。最终决定用《中国经济全书》的部分印刷费缴纳了罚金,使章太炎在关押一天之后即得释放。

4 月

17 日　在上海《时报》发表为《域外小说集》第 1 集所写的广告:"是集所录率皆近世名家短篇。结构缜密,情思幽眇。各国竞先选译,斐然为文学之新宗,我国独阙如焉。因慎为译述,抽意以期于信,绎辞以求其达。先成第一册,凡波兰一篇,美一篇,俄五篇。新纪文潮,灌注华夏,此其滥觞也! 至若装订新异,纸

---

① 安特来夫(1871—1919),通译为安德烈耶夫,俄国作家,著有《红笑》《七个被绞死的人》等。

② 迦尔洵(1855—1888),俄国作家,著有《四月》《懦夫》《艺术家》等。

张精致，亦近日小说所未睹也。”装订新异，指毛边不切。

本月 开始翻译安特来夫的短篇小说《红笑》，预告登在出版的《域外小说集》上，但只译了几页，译稿佚。

5月

1日 《日本及日本人》杂志第50期刊登一则关于《域外小说集》的消息：“在日本等地，欧洲小说是大量被人们购买的。中国人好像并不受此影响，但在青年中还是常常有人在读着。住在本乡的周某，年近二十五六岁的中国人兄弟俩，大量的阅读英、德两国语言的欧洲作品。而且他们计划在东京完成一本名叫《域外小说集》、约卖三十钱的书，寄回本国出售。现已出版了第一册，当然，译文是汉语。一般中国留学生爱读的是俄国的革命虚无主义的作品，其次是德国、波兰的作品，单纯的法国作品之类好像不太受欢迎。”①

4日 收到章太炎5月3日来信。信中邀请他和周作人5月5日到智度寺随梵师密史逻学习梵文，并已为他们垫付了学费。次日，鲁迅没有去，周作人去过几次后觉得太难学而终止。

本月 作《〈劲草〉译本序》，未发表，现存残稿。周作人从英文译本转译了俄国托尔斯泰小说《银公爵》，鲁迅对小说中描写的紧张或幽默的场面和人物很赞赏，并表彰主人公的品格乃“坚杰之操，不挠于浊世，故译称《劲草》云”。

7月

27日 《域外小说集》第2集出版，收入鲁迅翻译的俄国迦

① 藤井省三《日本介绍鲁迅文学活动最早的文字》，《复旦学报》1980年第2期。

尔洵《四日》、波兰显克微支《镫台守》中的诗歌部分及《杂识》中的“迦尔洵”的第5段。《域外小说集》两集共收外国小说16篇，大部分是被压迫民族的作品：英国、美国、法国只有3人3篇，俄国4人7篇，波兰1人3篇，捷克1人2篇，芬兰1人1篇。第1集印了1000册，第2集只印了500册，销路不佳。鲁迅《〈域外小说集〉序》回忆说：“半年过去了，先在就近的东京寄售处结了帐。计第一册卖去了二十一本，第二册是二十本，以后可再也没有人买了。”原计划“待到卖回本钱再印第三第四，以至第X册的。如此继续下去，积少成多，也可以约略介绍了各国各家的著作了”。因此，在第2册的末页还预告了今后将要出版的小说篇目。当时两兄弟为小说集准备了不少材料，如周作人完成了《神盖记》[①]的翻译，约12000余字。鲁迅在译稿上，做了校改(手稿今存)。1920年上海群益书社将《域外小说集》两册合印出版，署名周作人，增添了篇目，对原来译本中较为生僻的文字也加以修改，并附有“作家略传”和“说明”，鲁迅写了新序。1936年中华书局将《域外小说集》列入《现代文学丛刊》重印出版。钱玄同在《我对周树人君之回忆和略评》中说，这两本小说集“志在灌输俄罗斯波兰等国之崇高的人道主义，以药我国人卑劣、阴险、自私等等龌龊心理”，而周氏兄弟“思想超卓，文章渊懿，取材谨严，翻译忠实，故造句选辞，十分矜慎”。他谈到鲁迅为使文章更符合汉字的训释，特意向章太炎先生请教，译文中多用古字，因此，“《域外小说集》不仅文笔雅训，且多古言古字，与林纾所译之小说绝异”。

① 《神盖记》，通译《圣彼得的伞》，是匈牙利作家米克沙特·卡尔曼写的乡土小说，分为5部，周作人翻译的是第1部《传奇》(写作“第一分故事”)。

8 月

本月 月底回国。[①] 鲁迅后来在自传中说:“因为我的母亲和几个别的人很希望我有经济上的帮助,我便回到中国来。”此前,许寿裳在五六月间回国,担任浙江两级师范学堂监学,他向学堂监督沈钧儒[②]举荐了鲁迅。浙江两级师范学堂“教员薪水为通省冠,而功课最少”,如图画教员担任课程“不过一星期六点钟,而月薪有七八十金、百二十金者”。

9 月

本月 到杭州担任浙江两级师范学堂的初级化学和优级生理学教员,并兼任日本教员铃木珪寿的植物学翻译。浙江两级师范学堂建立于 1908 年 4 月 15 日,是浙江省的最高学府,在省城贡院的旧址上改建而成,建筑格局和学制基本仿照日本东京高等师范学校,教员多系留日归国。鲁迅多次对学生讲述自己在日本学习医学时解剖尸体的经验,还应学生的要求在一次讲课时讲解人体的生殖系统。他在校期间编写了生理学讲义《人生象斆》及附录《生理实验术要略》,附录经修订发表在 1914 年 10 月 14 日《教育周报》。这些讲义介绍了人体的构造、成分、各系统的生理机能、保养方法及个人与公共卫生常识。

---

① 《官报》第 34 期“阳历八月分活支款项清单”记载:“支官费生周树人辍学回国川资五十元。”

② 沈钧儒(1875—1963),字衡山,浙江嘉兴人。清末进士,后肄业于日本东京法政大学。早年参加辛亥革命和反对北洋军阀的斗争,1936 年发起组织“全国各界救国联合会”,同年 11 月 23 日被国民党政府逮捕,为“七君子”之一,后曾担任中国民主同盟主席。鲁迅逝世后,担任鲁迅先生治丧委员会成员。

12 月

22 日 参加反对校长夏震武[①]的斗争。因沈钧儒辞职，浙江教育总会会长夏震武被任命为浙江两级师范学堂新任监督。夏震武滥用官长权威，藐视教员。部分教员决定罢教，向各界散发了声讨夏震武罪行的檄文，致其辞职。参加斗争的 25 名教员为此举行了“木瓜纪念会”，在湖州会馆摄影留念。此事称为“木瓜之役”。[②]

本年 手写拟购德文书目。大约是在东京时所列，除文学艺术外，多为自然科学书籍，或为回国之前购买的教学参考书。其中文学艺术类含德、英、俄、西班牙、葡萄牙、希腊、意大利等国文学史和北欧、罗马、斯拉夫文学史，以及小说、诗歌、童话集等。因书目中一些德文图书出版时间为 1908 年，故书目写成当在 1909 年。[③]

1910 年(庚戌，清宣统二年) 30 岁

春 按教学计划，与植物学教员铃木珪寿一起带领学生到

---

① 夏震武(1853—1930)，字伯庭、涤庵，号灵峰，浙江富阳人，清末工部主事。1909 年秋担任浙江省教育总会会长，提倡“廉耻教育”，同年 12 月兼任浙江两级师范学堂监督，不久被迫辞职，后任京师大学堂教席，辛亥革命后回故乡富阳讲经学，仍然穿戴古衣冠。著有《灵峰先生集》。

② “木瓜之役”发生的时间据《全浙师范大风潮纪详》，载 1909 年 12 月 25 日《申报》。

③ 吴晓樵《鲁迅〈拟购德文书目〉正误与考释》，《鲁迅研究月刊》2020 年第 3 期。

孤山、葛岭、北高峰、钱塘门一带采集植物标本。现存鲁迅在本年3月采集植物标本并记录的手稿，以及本年8月制作的部分蓼科植物标本。鲁迅与生物教员张柳如一起按照法国恩格勒的分类法进行植物分类和定名。[①]

7月

本月 因为不满学堂新任监督徐定超[②]的作为，加之许寿裳等一些同事陆续离开，鲁迅也在本学期结束后辞职回绍兴，在绍兴府中学堂任教。

8月

15日 致许寿裳信，谈到自己在绍兴任教时的状况和心境，并表达离开故乡的愿望。本月下旬，绍兴府中学堂掀起反对新任代理监督杜海生[③]的学潮。

---

① 据马青云《一个湖州人的历史天空——杨莘耜传略》，载《鲁迅研究月刊》2006年第4期。

② 徐定超(1845—1918)，字班侯，浙江永嘉枫林人，人称永嘉先生。清末曾任御史，1899年任京师大学堂医学馆教习，1902年任京师医局司诊，见证了清末的学制改革，特别是医学教育改革，对中医教育有重要贡献。编有中医讲义《内经注》《灵枢素问讲义》《伤寒论讲义》等。自1901年起兼任浙江两级师范学堂监督，浙江光复后辞职。

③ 杜海生(1876—1955)，名子楙，字海生。清末邑庠生。曾被选为浙江省咨议局议员，并任咨议局教育组审查员。1909年创办山会师范学堂，任监督，1910年兼任绍兴府中学堂代理监督。辛亥后担任浙江省教育科长、教育部教育会议议员等职。1928年担任上海开明书店的董事兼经理，和鲁迅时有往来。

9 月

本月 任绍兴府中学堂监学，陈子英接替杜海生担任学堂监督。

10 月

15 日 率领绍兴府中学堂学生经过杭州、嘉兴、苏州到南京参观南洋劝业会。该会展示各地手工业特产、名胜古迹的模型和古代器物等。

11 月

15 日 致许寿裳信，谈及府学堂的学生风潮和自己当时的心境，还提到自己搜集植物和古书的情况。

12 月

21 日 致许寿裳信，谈到绍兴府中学堂的近况，并邀请老友回乡执教。但次年 1 月 2 日在致许寿裳信中诉说工作困难和内心苦闷，并表达辞职的决心。

本月 抄录《燕子春秋》和《蜂衙小记》各 1 卷。[①]

本年 开始辑录唐以前的小说佚文以及越中历史和地理类书籍。写成《绍兴八县乡人著作》目录，列出原绍兴府所辖的山阴、会稽、余姚、上虞、嵊县、诸暨、萧山和新昌等 8 县作者所著书

---

① 现存《燕子春秋》和《蜂衙小记》抄稿，藏国家图书馆。

78种。[1]

1911年(辛亥,清宣统三年)　31岁

▲10月10日,武昌起义爆发。11月,各省代表在南京集会,推举孙中山为临时大总统,改国号为中华民国。

1月

1日至19日　纂辑、校勘唐朝刘恂所著《岭表录异》,并写《拾遗》18条和校勘记。[2] 该书记载岭南地区的草木虫鱼、地理气候和风俗人情等。鲁迅在离开绍兴赴南京教育部任职前手抄校定了该书。1932年,鲁迅将其列入自编的《鲁迅译著书目》,并注明"以唐宋类书索引校《永乐大典》本,并补遗。未印。"同时,还抄录清朝郝懿行所著《记海错》1卷,内容为介绍山东登州、莱州两地的水产。抄稿均存。[3]

2月

6日　致许寿裳信,告知自己将参与朱逷先发起的集资刊刻章太炎文字学著作《小学答问》,并介绍自己的现状和今后的打算:"今年仍无所之,子英令续任,因诺暂理,然不受约束,图可随

---

① 周作人在《关于鲁迅手拟目录的说明》一文指出:"当是回国后所记,其时当在民国以前。"

② 该书现存抄稿记有时间:"庚戌十二月录。"

③ 该书现存抄稿,末记"庚戌十二月录"。

时逭遁”。

18 日 绍兴府中学堂开学，鲁迅继续担任监学，兼任博物学教员。上学期末，绍兴府中学堂学生中出现了剪辫子的风潮，本学期一开学，省提学司就对剪辫子的学生下达了“限期蓄发”的命令。鲁迅对剪辫子招致的麻烦和危险有深切体会：“我所受的无辫之灾，以在故乡为第一。尤其应该小心的是满洲人的绍兴知府的眼睛，他每到学校来，总喜欢注视我的短头发，和我多说话。”因此，他曾对学生剪辫加以劝阻。

本月 抄录晋朝稽含撰写的《南方草木状》3 卷，该书将南方的植物分“草、木、果、竹”4 类介绍。据现存手稿所记时间为“辛亥正月录”。

3 月

7 日 致许寿裳信，谈到自己离开绍兴的想法，又因为家中的经济困难，打算催促想在日本继续学习的周作人回国：“卖田之举去年已实行，资亦早罄，迩方析分公田……缘法文不能变米肉也，使两年前而作此语，当自击，然今兹思想转变实已如是，颇自闵叹也”。

4 月

12 日 致许寿裳信。再次表达了离开绍兴的想法：“越校甚不易治，人人心中存一界域……希冀既亡，居此何事？”虽然如此，自己仍然在做学术工作，即将成立越社[①]。越社是在南社影

---

① 越社系南社分支，约成立于 1911 年春夏间，成员约数百人。鲁迅参加了越社，为社员。

响下成立的，鲁迅曾应越社发起人宋紫佩[①]之约，协助编辑《越社丛刊》第1集，后参与越社创办的《越铎日报》，在该报发表了多篇文章。

20日　致许寿裳信，答应编辑整理心学论著。又谈到教学工作的繁杂琐碎："今年在校，卒卒鲜暇，事皆琐末猥杂，足浊脑海，然以饭故，不能立时绝去。"

本月　从《说郛》中抄录出王方庆《园林草木疏》1卷，李翱《何首乌录》1卷，杨天惠《彰明坿子记》1卷，戴凯之《竹谱》2卷，赞宁《筍谱》2卷，陈仁玉《菌谱》1卷，傅肱《蟹谱》2卷。这些手稿和别人所抄录的阙名《魏王花木志》等19种合订为《说郛录要》2册。鲁迅还以明代抄本《说郛》原本，批校过其中的周氏《洛阳花木记》1卷，赵时庚《金彰兰谱》1卷，周氏《洛阳牡丹记》1卷，陈翥《桐谱》1卷以及戴凯之《竹谱》1卷。

5月

本月　赴日本催促周作人夫妇回国。鲁迅在杭州任教时，每月寄给二弟生活费60元，回绍兴后，府中每月的薪水只有30多元，不足以提供此项资助。鲁迅随后写信给许寿裳说，他此次去日本，"居半月而返，不访一友，亦不一游览，廑一看丸善所陈书，咸非故有，所欲得者极多，遂索性不购一书"。日本之

---

① 宋紫佩(1887—1952)，一作子佩，原字子培，名琳，浙江绍兴人。1907年从大通学堂转入绍兴府中学堂学习，其间由陈去病介绍加入同盟会，并与陈去病一起组织匡社。后来进入浙江两级师范学堂学习，并参加南社，其间曾因驱逐夏震武而与鲁迅等教员发生矛盾。1910年毕业后，担任山阴师范学堂教员。次年，应鲁迅之邀，担任绍兴府中学堂教务兼庶务。其间，发起组织越社，创办《越铎日报》《天觉报》等。1913年，经鲁迅介绍，在北京京师图书分馆任职。鲁迅离开北京后，委托他照顾在北京的家。

行使鲁迅痛感“闭居越中,与新颢气久不相接,未二载遽成村人”。

春 带领学生游览禹陵,并在百步禁阶上摄影留念。据当年同游的学生回忆:“先生是领队,还带着一只从日本带回来的标本箱和一把日本式的洋桑剪,沿路采集标本。”[1]鲁迅任教期间多次带领学生郊游,先后到过绍兴的兰亭、快阁、宋六陵、柯桥、七星岩和杭州西湖等地。

7 月

31 日 致许寿裳信,告以辞职的决定,并请其代为介绍工作:“越中学事,惟纵横家乃大得法,不才如仆,例当沙汰。中学事难财绌,子英方力辞,仆亦决拟不就,而家食既难,它处又无可设法。京华人才多于鲫鱼,自不可入,仆颇拟在它处得一地位,虽远无害,有机会时,尚希代为图之。”

夏 在暑假中辞去绍兴府中学堂的所有职务。辞职后想到上海一个书店去做编译员,但未被录用。后来准备翻译一些介绍新知识的外文书籍,也未能完成。在家期间继续辑录《会稽郡故书杂集》和《古小说钩沉》,到本年底,基本完成。

10 月

本月 应学生之邀,回到绍兴府中学堂任原职。因为辛亥

---

① 《吴耕民先生谈话》,载鲁迅研究室编《鲁迅研究资料》第 4 辑。

革命爆发后，学堂监督辞职，校务无人负责，学生便推选10位代表坚请陈子英和鲁迅回校主持。

11月

7日 与范爱农一起上街观看刚刚光复的绍兴城，“走了一通，满眼是白旗。然而貌虽如此，内骨子是依旧的，因为还是几个旧乡绅所组织的军政府”。绍兴虽于11月6日宣布独立，但新任绍兴军政分府民政长是原绍兴知府程赞清，新任治安科长是原浙江巡抚衙门刑名师爷章介眉。①

9日 绍兴全县光复。3天后，王金发改组绍兴军政府，自任都督，采取措施，安定民心。

21日至12月19日 抄录宋朝范成大所著《桂海虞衡志》1卷，该书分为13门，记述广西的岩洞、金石、香、酒、器、禽、兽、虫鱼、花、果、草木、杂物和少数民族等方面的内容。手抄本后记有“辛亥十月录”。

约11、12月间 接受王金发的委任，担任浙江山会师范学堂监督，范爱农担任监学。他到任后第一次讲话的内容就是鼓励学生剪辫子：“剪辫子，自由剪，不强迫，但以后总是要剪的。”

12月

本月 支持越社创办《越铎日报》。绍兴光复后不久，王金

---

① 章介眉(1855—1925)，名恩寿，字介眉，浙江绍兴人。他在秋瑾女士被捕时担任浙江巡抚衙门的刑名师爷。绍兴光复后，以“平毁秋墓”的罪名被军政府逮捕。他以“毁家纾难”的名义捐献若干财产后获释，随即到袁世凯政府任财政咨议、财政部秘书，其间，向内政部控告王金发，要求发还充公的财产。1916年后，在北京闲住，曾负责绍兴县馆事务。

发和绍兴军政分府的官员就作威作福。鉴于此，宋紫佩向鲁迅等提出办一份报纸来监督军政府，以鲁迅和陈子英、孙德卿[①] 3人为报纸的发起人。鲁迅应允并建议报纸由越社发起，名为《越铎日报》，还亲自校改报纸的招股简章，担任报纸的名誉总编辑。

本年 抄录了《搜神记》《搜神后记》《十州记》《神异经》《异苑》《王子年拾遗记》《洞冥记》7种古代小说，并摘录了类书所引的内容，以备校订，题名为《小说备校》。

本年 作文言短篇小说《怀旧》，署周作人的笔名周逴，发表于1913年4月25日《小说月报》[②]第4卷第1号。作品通过私塾学生的视角，描写了在风传革命军即将来到时小镇上各种人物的反应。

1912年(壬子，中华民国元年) 32岁

▲1月1日晚10时，孙中山在南京宣誓就任中华民国临时大总统，发表《临时大总统就职宣言》。此后，南京临时政府颁布

---

① 孙德卿(1866—1934)，亦名德清、德钦，浙江绍兴人。1904赴日本留学，结识孙中山、陶成章等人，先后参加光复会、同盟会。回国后，资助徐锡麟创办绍兴大通学堂，出任庶务。另与秋瑾等创办孙端小学和竞成女学。徐锡麟、秋瑾起义失败后，孙德卿也被清政府逮捕。1911年绍兴光复后，出任民团局副局长。1912年成立陶社并担任社长。后担任《越铎日报》经理。1916年接待孙中山视察绍兴，陪同至孙端参观，孙中山亲题“大同”横幅相赠。

② 《小说月报》，1910年8月由商务印书馆创立于上海，最初由王蕴章主编，1912年改由恽铁樵主编，1918年2月，再度改由王蕴章主编，初期是“鸳鸯蝴蝶派”的主要刊物之一。1921年由沈雁冰主编，经过沈雁冰的大力改革，该刊成为文学研究会的机关刊物。1932年，商务印书馆被日寇炸毁，该刊因此停刊。

了一系列以民主共和为宗旨的制度和措施。

▲2月，清帝退位。孙中山辞职，袁世凯接任中华民国临时大总统。

1月

1日 午饭后召集学生开会，介绍了阴历、阳历的区别，以及民国政府采用阳历的规定及其原因。

3日 发表《〈越铎〉出世辞》，载《越铎日报》创刊号，署名黄棘，收入《集外集拾遗》。说明办报的原因是鉴于专制“桎梏顿解，卷挛尚多”，“专制永长，昭苏非易”；报纸旨在“纾自由之言议，尽个人之天权，促共和之进行，发社会之蒙覆，振勇毅之精神”。

19日 与周建人联名发表《维持小学之意见》，载《越铎日报》。文章实为周作人所写，鲁迅修改一些字句。文中申述小学教育的重要性：“共和之事，重在自治，而治之良否，则以公民程度为差。故国民教育，实其本柢”，“今之所急，唯在能造成人民，为国柱石，即小学及通俗之教育也”，因此建议议会“组织区学，简任高明，速日开学”。绍兴军政分府回复：“通令各县自治会，立予筹备。”

21日 被选举为绍兴新教育会副会长。但该会刚成立不久即行解散，鲁迅没有正式任职。

2月

本月 月初，因坚持拒绝接受王金发送给《越铎日报》的500元，与报社部分成员产生分歧。这时有传说王金发要杀死鲁迅，鲁迅认为王金发不会轻易杀人，所以依然独自出门，仍然写信向王金发索要军政分府所欠的办学经费。适值南京临时政府教育部成立，许寿裳向教育总长蔡元培推荐鲁迅，得到同意，许寿裳连写两信催鲁迅到南京临时政府教育部工作。

13日 辞去山会师范学堂校长一职，并向绍兴军政分府民事署学务科长办理移交手续，交出账目及余款一角又两个铜板。

19日 在《越铎日报》上发表《周豫才告白》："山会师范学堂内的诸事业于本月十三日已交接清楚，以后不再负责。"

2月中旬 离开绍兴到南京临时政府教育部担任部员，月薪30元，膳宿由部中提供。

本月 参与编辑的《越社丛刊》第1辑出版。该书收录陈去病撰写的《越社序》和《越社修改第二次章程》及"文录"和"诗录"，刊登了柳亚子等15位作者的诗文，其中有鲁迅的《辛亥游录》和《〈古小说钩沉〉序》两篇文章。《辛亥游录》署名"会稽周乔峰"，《〈古小说钩沉〉序》署名"周作人"，后分别收入《集外集拾遗》和《鲁迅全集补遗》。《辛亥游录》共两则，一则记载1911年3月18日登稽山采集植物的经历，另一则记载1911年8月17日晨采集植物标本的情景。《〈古小说钩沉〉序》述说该书编辑缘起："惜此旧籍，弥益零落，又虑后此闲暇者鲜，爰更比辑，并校定昔人集本，合得如干种，名曰《古小说钩沉》。归魂古书，即以自求说释"，并指出书中所录36种佚文，可以"观风俗，知得失"。

3月

22日 蔡元培主持的南京临时政府教育部将鲁迅推荐到中华民国政府教育部，以备任用。据许寿裳回忆："后来蔡先生被命北上，迎接袁世凯去了，次长景耀月来代理部务。此人好大喜功，只知扩充自己势力，引用私人，忽然开会议要办杂志了，鲁迅不很睬他，他也太不识人，据说暗中开了一大张名单，送请大总统府任命，竟把周树人的姓名无端除去。幸而蔡先生就回来了，赶快把这件事情撤销，否则闹成大笑话了。”

4月

5日 开始抄录从江南图书馆借来的清朝孙志祖增订的姚之骃辑本《谢氏后汉书补逸》，到9日抄完，并作抄录说明。鲁迅在南京临时政府教育部工作期间，常与许寿裳一起去图书馆看书，或借江南图书馆的珍贵版本钞校古籍。江南图书馆是在“八千卷楼”的基础上建立起来的，珍本甚多，鲁迅曾以这里的钞本校勘了唐沈亚之的《沈下贤文集》。

4月中旬 因为参议院在本月5日议决临时政府迁往北京，所以与许寿裳一起返回绍兴，准备安顿家事后赴北京就职。鲁迅在家中见到范爱农从杭州寄来的诉说心中愤懑的信：“听说南京一切措施与杭绍鲁卫，如此世界，实何生为？盖吾辈生成傲骨，未能随波逐流，惟死而已，端无生理。”①

5月

本月 月初，与许寿裳等人一起从绍兴赴北京就职。据许寿裳《亡友鲁迅印象记》，鲁迅在上海登船之前买了一部有正书局出版的《红楼梦》，以备船中翻阅。

3日 被任命为教育部社会教育司第二科科员。②

---

① 范爱农书信手稿，现藏北京鲁迅博物馆。

② 据《教育部编纂处月刊》第1卷第1册。

5 日 开始记日记:“五日上午十一时舟抵天津。下午三时半车发,途中弥望黄土,间有草木,无可观览。约七时抵北京,宿长发店。夜至山会邑馆访许铭伯①先生,得《越中先贤祠目》一册。”

6 日 上午搬入绍兴会馆居住,后乘骡车到教育部报到。从本日起开始办理公务。

10 日 到教育部坐班。本日日记载:“晨九时至下午四时半至教育部视事,枯坐终日,极无聊赖。”

12 日 与许寿裳等到琉璃厂旧书店访书,购买傅氏《纂喜庐丛书》一部。鲁迅经常利用假日或工余时间到琉璃厂买书。

14 日 因看到昨日北京报纸报道绍兴发生兵乱的消息,致周作人快信,询问情况。

15 日 收到范爱农 5 月 9 日来信,得知范爱农遭到何几仲②的排挤,已经离开绍兴到杭州。在此信之后,范爱农在 5 月 13 日、30 日又从杭州寄给鲁迅两封信,说自己“生成傲骨,不肯钻营,又不善钻营”③,因此受到排挤,并托鲁迅帮他在北京谋职。

---

① 许铭伯(1867—1921),名寿昌,浙江绍兴人,是许寿裳的长兄,时任财政部主事。曾经与鲁迅同住在绍兴会馆。

② 何几仲(? —1937),名揆,字寄重,又作几仲,绍兴人,早年留学日本,绍兴光复后,鲁迅被绍兴军政分府都督王金发委任为山会初级师范学堂监督,范爱农任监学,何几仲也被录用为职员。何几仲趋炎附势,投机钻营,为鲁迅、范爱农等所不齿。辛亥革命后,何几仲加入中华自由党并成为该党绍兴分部骨干。鲁迅北上到教育部任职后不久,何几仲等把范爱农赶出校门。范爱农曾致函鲁迅诉说遭受何几仲辈迫害情形:“几仲遂于午后令诸生将弟物件搬出门房,几仲亦来(并令大白登报)”,导致范爱农失去工作,生存艰难。

③ 范爱农书信手稿,现藏北京鲁迅博物馆。

6月

6日 晚补绘《明于越三不朽名贤图赞》缺页3张。该书为明朝张岱著，清光绪十四年重刻。鲁迅此次补绘的缺页是明朝朱东武、胡幼恒和余岸修的像赞和跋文。次年7月17日，鲁迅回绍省亲期间，又手绘此书3页，并请周建人抄录像赞和跋文一页。

10日至12日 与同事齐宗颐①到天津广和楼考察新剧（即现代话剧）。因雨停演，遂到丹桂园观看旧剧。次日晚，又到广和楼观新剧，但上演剧目多为旧剧，新剧唯有《江北水灾记》，观众130多人。鲁迅评价演出“勇可嘉而识与技均不足”。

14日 与梅光羲②、胡玉缙③等到天坛和先农坛，考察两处能否辟为公园。1915年6月17日，先农坛改建为公园对公众开放。

21日 赴教育部主办的夏期讲演会讲授《美术略论》。计划6月21日、28日，7月5日、10日、17日共讲5次，其中第3次未讲。讲稿均佚。

---

① 齐宗颐（1881—1965），字寿山，河北高阳人。曾留学德国。1912年担任教育部社会教育司第三科科员，后改任视学。1925年，与许寿裳共同发出《反对教育总长章士钊之宣言》，反对章士钊借故免去鲁迅在教育部的职务，1926年，曾协助鲁迅翻译《小约翰》一书。

② 梅光羲（1880—1947），字撷云，江西南昌人。1899年中举人，23岁任湖北武备学堂监督。1903年至1907年先后在日本振武学堂学习军事，在早稻田大学学习经济。时任教育部秘书。是中国佛教会和中国佛学会会员。著有《相宗纲要》《相宗纲要续编》《相宗史传略录》《法苑义林章唯识章注》《大乘相宗十胜论》等书。

③ 胡玉缙（1859—1940），字绥之，江苏吴县人。时任历史博物馆筹备处处长。曾任学部员外郎、京师大学堂文科教授。著有《四库全书总目提要补正》《许庼学林》《许庼经籍题跋〈古今图书集成〉书后》等。

25日　为筹建历史博物馆，视察国子监及学宫。“见古铜器十事及石鼓，文多剥落，其一曾剜以为臼”，鲁迅在当天日记中感叹“中国人之于古物，大率尔尔”。

27日　借阅《庚子日记》2册，读后认为该书“文不雅驯，又多讹夺，皆记‘拳匪’事，其举止思想直无异于斐、澳野人”，对义和团运动中一些人的愚昧和恶行极为反感。鲁迅到北京后，听到同事齐宗颐等人讲述义和团运动期间的亲身经历，“为之瞿然”。

7月

2日　得到教育总长蔡元培第2次辞职的消息。蔡元培、宋教仁等革命党人虽在中央政府内阁中担任部长，但因办事掣肘甚多，愤而辞职。袁世凯于本月14日批准蔡元培等辞职。

5日　赴夏期讲演会，因没有听众而回。

9日　出席临时教育会在教育部迤东教育会会场召开的茶话会。蔡元培在会上介绍了临时教育会的性质，与会者推举代表挽留蔡元培，劝其不要辞职。①

11日　晚读皋庚(即法国画家戈庚)所著 *Noa Noa* 一书，认为很好。鲁迅曾用罗怃的笔名翻译过此书，但未出版，译稿佚。

12日　听说临时教育会决定删除美育，很气愤，在日记中感叹“此种豚犬，可怜可怜”。按：临时教育会议并没有删除美育的议案，鲁迅听闻的消息不准确。

15日　参加教育部召开的临时教育会议，“旁听少顷”。临时教育会议在7月10日开幕，为期一个月，鲁迅因为当日去夏期演讲会讲《美术略论》而未能出席开幕式，8月5日，鲁迅又到

① 《临时教育会茶话会纪事》，载1912年7月11日《北京新报》。

临时教育会议“听各地教育会员说各地教育状况”。本日下午教育部部员举行蔡元培送别会,鲁迅未出席,但于本月22日出席了在陈公猛家举行的饯别宴会。

19日 收到周作人信,得知范爱农于7月10日落水身亡。在日记中感叹:“悲夫悲夫,君子无终,越之不幸也,于是何几仲辈为群大蠹。”

22日 作《哀范君三章》,次日抄寄周作人。附信中说:“我于爱农之死,为之不怡累日,至今未能释然。昨忽成诗三章,随手写之,而忽将鸡虫做入,真是奇绝妙绝,辟历一声,群小之大狼狈。”三首诗刊登于1912年8月21日的《民兴日报》,署名黄棘。1934年,鲁迅凭记忆抄录其中的第3首交杨霁云编入《集外集》时,改题为《哭范爱农》,抄录诗句与原作略有出入。诗中“华颠萎寥落,白眼看鸡虫”一联赞扬了范爱农的傲骨,“故里寒云恶,炎天凛夜长”表达了对人情冷漠和社会丑恶的不满。

8月

6日 因对社会教育司同事伍博纯的劝说“却之不得”,同意加入通俗教育研究会①。

21日 被任命为教育部佥事。佥事在部员中的地位介于参事与主事之间,职责是“承长官之命分掌总务厅及各司事务”。

26日 被任命为教育部社会教育司第一科科长。鲁迅初到

---

① 通俗教育研究会“以研究通俗教育设施方法,为普通人民灌输常识,培养公德,并启发有关社会教育各事物为宗旨”,发起人为于右任、章太炎、黄炎培等38人,赞成人为宋教仁、蔡元培、熊希龄等36人。1912年4月18日,该会在上海召开第一次谈话会,推举黄韧之、伍伯纯等5人为理事。政府北迁后,该会部分理事和会员也来到北京,在教育部设立分支机构,由在教育部社会教育司任职的伍博纯主持工作。

教育部任职时在社会教育司第二科，但不久，社会教育司第一科主管的宗教、礼俗等工作移交内务部，第二科遂变成第一科。

28日 与钱稻孙[①]、许寿裳共同完成中华民国国徽草图设计，"一为十二章，一为旗鉴，并简章二，共四图"。国务院会议决定选用其中的嘉禾龙凤图。鲁迅执笔撰写了《致国务院国徽拟图说明书》[②]，载1913年2月出版的《教育部编纂处月刊》第1卷第1期，未署名。

9月

6日 上午，参加教育部召开的职员会，认为总长范源濂的讲话"其词甚怪"。下午，受邀参加大学专门课程讨论会，讨论美术学校的课程。中华民国成立不久，教育部尚多沿袭清朝旧制，需重新确定各专门学校的课程设置。

12日 参与教育部在本日成立的美术调查处的工作。据《教育杂志》第4卷第9期所载《教育部附设美术调查处简章》，美术调查处主要工作是："调查本国美术之事项如左：甲、历史。乙、古代美术作品之存佚。丙、现存美术品之所在。丁、现在美术家之制作品。戊、搜集现在美术家之意见。调查外国美术事项如左：甲、历史。乙、中国必备之美术复制品目录。丙、中国必备之现存美术家制品目录。丁、搜集之次第及方法。"

---

① 钱稻孙（1887—1962），字介眉，浙江吴兴人。曾留学日本、意大利，时任教育部主事，后任视学及京师图书馆分馆馆长。

② 据钱稻孙在1961年5月17日至19日与鲁迅博物馆工作人员的谈话记录："总统府要定国徽，由陈任中传达，让鲁迅、许寿裳和我共拟。我们三人其实都是外行。起草由我负责，国徽的说明是鲁迅写的。"

10 月

4 日　接待季自求[①]来访。季自求在当天日记中记载："访周豫才君于山会邑馆，遇之。其人静穆……斗室中一榻、一案、一椅。书架上列古书数种，尚足自乐者。"

8 日　捐北通州兵祸救济金 1 元。本年 8 月 24 日晚，北通州发生士兵哗变，一夜之间数千商家遭抢掠，数万人困苦流离，饥寒交迫。本月 24 日捐北京贫儿院 1 元，11 月 12 日捐浙江温州和处州（今丽水）东南一带水灾赈济款 2 元。

10 日　与许寿裳等到琉璃厂参观中华民国首届共和纪念会，瞻仰辛亥革命烈士的遗像和遗物。观者约 10 万人，拥挤不堪，不久离去。

12 日　收到周作人寄来的《古小说钩沉》草稿。鲁迅本年 2 月之前基本完成该书的辑录和校定工作。

11 月

28 日　从绍兴会馆内的藤花馆的西屋移居院中南向的两间小北屋。

---

① 季自求（1887—1944），名天复，江苏南通人，1902 年在南京水师学堂与周作人同学，辛亥革命后，曾在孙中山的参谋本部第三局负责军事课报工作，后在袁世凯总统府任侍从副官、参谋部参谋。

12 月

12 日 听取许季上、戴芦舲[①]、齐寿山 3 人所作的关于沈阳清宫古物情况的调查汇报。11 月 8 日，上述 3 人受教育部附设美术调查处的委派，前往沈阳考察清故宫所藏美术品。他们把藏品古器 800 件、书画 400 余件、瓷器 10 万件编成目录十余册带回。

14 日 收到地学协会来信。该会成立于 1909 年 8 月，由傅增湘担任总理，顾琅等担任评议员，1912 年 2 月 10 日，改由蔡元培担任总裁，顾琅仍担任评议员。同年冬，该会多方联络，发展会员。顾琅是鲁迅南京矿路学堂同学，两人在日本合作著书，故邀鲁迅参会，但鲁迅并不积极。

22 日 与许寿裳一同前往贤良寺看望即将赴满洲任职的章太炎。鲁迅后来在《华盖集·补白》一文中写道："民国元年章太炎先生在北京，好发议论，而且毫无顾忌的褒贬"，使"袁政府欲其远离"，就以"专使"的名义将其排挤到满洲。

26 日 在教育总长的带领下与教育部同事一起到中南海谒

---

① 许季上（1891—1953），名丹，浙江杭县人，早年曾从佛教耆宿杨仁山先生学佛，后又从天台宗谛闲法师，通晓英、德、法、日等文，兼习梵文，先后担任过教育部主事、视学、通俗教育研究会编审员等职。鲁迅于 1914 年出资刻印《百喻经》即通过他办理。戴芦舲（1874—?），名克让，又作芦林、芦苓、螺舲，浙江杭县人，时任教育部主事，曾几次赠画给鲁迅。

见袁世凯总统，聆听训示。[①]

31日 结算来到北京之后的书账，共花费160多元。在书账后写道："京师视古籍为骨董，唯大力者能致之耳。今人处世不必读书，而我辈复无购书之力，尚复月掷二十余金，收拾破书数册以自怡悦，亦可笑叹人也。"

本年 撰写《古小说钩沉》一书中32篇小说的序言，总题为《说目》，另有6篇小说的序言存目待写。序言记录了32篇小说在各代志书、类书中的记载情况，介绍了小说作者以及作品的卷数等。部分序言含注文和按语，有对前人之说的存疑，也发挥自己的见解。[②]

1913年（癸丑，中华民国二年） 33岁

▲3月，宋教仁在上海火车站遇刺身亡。

▲7月，"二次革命"爆发。

▲10月10日，袁世凯宣誓就任中华民国大总统。

---

① 据参加本次谒见的同事林冰骨回忆：袁世凯"对于教育事业自然是漠不关心的，但为了装腔作态，他在1912年在总统府召集教育部同人讲话，袁贼那天的说辞虽然空洞冗长，但除去反复说以前在北洋大臣任内曾编辑教科书数种来自我夸耀外，对于民国的新教育的方针和宗旨便毫无认识，在座的我和鲁迅先生他们也只好相视一笑。"林冰骨（1877—1960），名启一，四川资中人。1902年留学日本，1905年加入同盟会。后随蔡元培到北京，担任教育部审查处处员、本部佥事。按袁世凯当日讲话今不存，无法核实。

② 赵英《未曾发表过的鲁迅撰〈说目〉》，载《鲁迅研究月刊》1991年第2期。

1月

1日 下午和许寿裳一同游览先农坛。当天是“共和大纪念日”,内务部礼俗司在先农坛内庆元宫设立的古物保存所免费接待观众,该所除陈列北京旧藏古物外,还设有评古社、古艺游习社、古物保质处、古学研究会、琴剑俱乐部、古物杂志社、古物萃卖场以及秋千圃、蹴鞠场等。

7日 作《汪辑本谢承后汉书》校记。4日至今日,参考《事类赋》注校一过。据日记,6日患感冒,仍不间断。

13日 收到1月5日的《越铎日报》,看到有人把孙德卿视为革命元老,将其照片和徐锡麟、陶成章等先烈的遗像刊登在一起,认为很可笑,感叹“近人之妄亦可怖也”。

2月

2日 在琉璃厂“购北邙所出明器五具,银六元,凡人一、豕一、羊一、鹜一、又独角人面兽身物一”。次日,在琉璃厂“又购明器二事:女子立像一、碓一,共一元半”。鲁迅后来为这些土偶绘制了两幅图并撰写说明:赞扬豕偶“叫三声而有威仪,妙极妙极”;评价经过自己修饰过的偶人像,“其眉目经我描而略增美”;描述独角人面兽身物“独角有翼,高约一尺,疑所以辟邪者,如现在之泰山石敢当及瓦将军也。……此须翘起如洋鬼子,亦奇”。

5日 听新任教育总长刘冠雄讲演,日记评曰“不知所云”。

8日 在赴教育部途中看到巡警殴打误碾马路上橡皮水管的人力车夫,感叹“季世人性都如野狗,可叹”。

13 日 下午，陪同教育部次长董鸿祎会见美国学者海端生[①]，但对海端生的“卫生救国”主张不感兴趣。日记记载：“同坐甚倦。”

15 日 被任命为教育部读音统一会会员。《读音统一会章程》规定，读音统一会的任务是：“一、审定一切字音为法定国音。二、将所有国音均析为至单至纯之音素。三、采定字母，每一因素均以一字母表之”。据同年 2 月 17 日的《评报》所刊登的《读音统一会加派会员》一文报道：80 多名会员，只有 44 人出席会议，教育部因此加派鲁迅、许寿裳等 12 人为该会会员，并催各省速派会员参加会议。

17 日 与同事沈商耆一起拜访即将调任的京师图书馆馆长江叔海（即江翰），商量交接事宜。江叔海调任后，教育部不再设图书馆馆长一职，由社会教育司司长夏曾佑[②]兼管图书馆，具体工作实际上由鲁迅和沈商耆负责。3 月 7 日，鲁迅和沈商耆再次到京师图书馆协商。此后，鲁迅对于该馆的迁址和建设做了很多的工作。

本月 发表《拟播布美术意见书》，载《教育部编纂处月刊》第 1 卷第 1 期，署名周树人。意见书阐述艺术与现实的关系，将

---

① 海端生，美国芝加哥大学教员，万国监狱改良会长。他于 1913 年 2 月 8 日应中美同盟会的邀请来到中国访问，先后访问了上海、汉口和北京。海端生到中国后大力宣传卫生救国的主张，认为“共和国根本固在保护国民，而国民真精神首宜讲求卫生，卫生有术，人人得康健身体，何患百废不能俱举”。

② 夏曾佑（1864—1924），字遂卿，一作穗卿，号碎佛，笔名别士，浙江杭县人。甲午战争后参加维新运动，1896 年和汪康年、梁启超等在上海创办《时务报》，宣传“变法图存”。同年年底，在天津与严复等创办《国闻报》，宣传新学，鼓吹变法维新。提倡“诗界革命”和“小说界革命”。时任教育部社会教育司司长，后任京师图书馆馆长。著有《中国历史教科书》等。

文学列为“声之美术”的一种。

3月

5日 开始第3次纂辑《谢承后汉书》，至27日完成全书6卷的纂辑工作。魏晋之际，以纪传体编写汉朝历史者共有8家，其中以谢承所编的《后汉书》（共130卷）成书最早。到宋朝时，该书已经失传。鲁迅对该书作了纂辑校勘工作，并计划出版。3月27日作《〈谢承后汉书〉序》，介绍谢承的生平及《后汉书》的散佚和辑校经过；3月28日第二次辑录完成《谢沈后汉书》1卷；随后作《〈谢沈后汉书〉序》，介绍了谢沈的生平及其著作的流传情况；又作《汪辑本〈谢承后汉书〉校记》，说明自己从1912年12月11日至1913年1月7日先后10次校阅该书的经过。

12日 下午参加读音统一会会议，与朱希祖、许寿裳、马幼渔、钱稻孙等人提议采用注音字母，获得通过。此次提议的注音字母在章太炎1908年所拟标音符号的基础上斟酌增减，共有39个注音字母，包含声母24个、韵母12个，介母3个，字母的形式采用笔画最简单而读音与声母、韵母最相近的古字。这套注音字母在1918年底始由教育部正式颁布推行。

13日 寄周建人《埤雅》和《尔雅翼》两书，支持其研究植物学，周建人来信称自己“欲定中国植物之名”。

4月

1日 与夏曾佑、齐寿山、戴芦舲到前青厂视察京师图书馆分馆新租房屋。教育部接管京师图书馆后，因该馆位置偏僻，交通不便，读者较少，加上房屋破旧、地面潮湿，不宜保存书籍，决定另外择址建设新馆，同时在城南的前青厂设立分馆。本年6月，分馆开馆，为京师图书馆设立分馆之始。

17日 得知教育部参事钟观光、蒋维乔、汤中、王桐龄等为抗议总长陈振先在中央学会选举中的徇私舞弊行为而辞职的消息。随后，教育部全体成员辞职抗议。①

5月

3日 与同事十余人一起到代理总长董鸿祎家，请其尽快到部维持。本月1日，袁世凯任命董鸿祎代理总长，但董鸿祎因教育部经费紧张及中央学会选举舞弊在社会上引起的不良反应，不愿就职。经同事们劝说，本月7日始到教育部主持工作。②

同日 下午到牙医徐景文诊所治疗牙病。徐景文在美国获得医科大学博士学位，此时每周六至周一在北京、周二至周五在天津出诊。1913—1916年间，鲁迅19次在其北京诊所看牙。

8日 发表所译日本学者上野阳一③的《艺术玩赏之教育》，载《教育部编纂处月刊》第1卷第4和第7册，未署名。

6月

2日 与夏曾佑、胡梓方、戴芦舲到历史博物馆视察该馆所购明器。1912年7月，教育部决定由社会教育司第一科负责在国子监筹建历史博物馆，鲁迅为此多次到国子监视察筹建工作

① 《教育部全体辞职之风潮》，载1913年4月23日《平报》。

② 《教育次长之谦德与实心》，载1913年5月7日《平报》。

③ 上野阳一（1883—1957），日本心理学家，毕业于东京帝国大学心理学专业，著有《心理学建议》等。

进展。

18日　请假归省。[①] 19日启程，经天津、南京、杭州，24日到绍兴。此次回乡路途坎坷，日记记录较为详细。在绍期间，参观了成章女校，访问了绍兴教育会，游览了大禹陵。原拟7月22日返京，因士兵封城搜捕土匪而推迟至27日启程，经西兴、嘉兴、上海、青岛、大连、天津，于8月7日傍晚到京。

8月

本月　发表《〈艺术玩赏之教育〉译后记》，载《教育部编纂处月刊》第1卷第7期，未署名。译后记说："近者国人方欲有为于美育，则此论极资参考。"

9月

10日　收到周作人寄来的小说译稿3种《炭画》《黄蔷薇》《劲草》及文稿《童话略论》。在鲁迅的帮助下，《炭画》由文明书局出版，《童话略论》在《教育部编纂处月刊》第1卷第8期发表。

28日　对总长汪大燮命教育部部员到国子监跪拜孔子的行为表示愤慨。日记载，他当天早上7点到达国子监时，"至者仅

---

① 1913年《教育部编纂处月刊》第一卷第七期发布通告："佥事周树人请假，派沈彭年暂行代理社会教育司第一科科长。"沈彭年(1877—1929)，字商耆，上海青浦人，曾任上海龙门师范学校教师，一度赴日考察教育，回国后提倡体育。他是中华民国第一首国歌拟稿的曲作者。1924年任江苏教育厅长，1925年创办文治学院。后又在上海担任暨南、光华、正风，东亚诸大学文科教授，兼任上海音乐学院教授，讲授中国礼制和乐律，又兼任中国银行总裁张公权的秘书。

三四十人;或跪或立,或旁立而笑。钱念劬[①]又从旁大声而骂。顷刻间便草率了事”。

10月

1日 在抄写《石屏集》时头晕手颤,自己怀疑患了神经疾病。当日日记载:“无日不处忧患中,可哀也。”一年多时间里,他先后抄录了《谢承后汉书》《谢沈后汉书》《虞预晋书》《云谷杂记》《易林》《石屏集》等书,还陆续抄校《嵇康集》《谢氏后汉书补逸》《沈下贤文集》《出三藏记集》《法显传》等书。

18日 译完上野阳一的论文《儿童之好奇心》,载《教育部编纂处月刊》第1卷第10册,未署名。

20日 本日校完《嵇康集》,并作《〈嵇康集〉跋》,署名周树人,未发表,后收入1938年出版的《鲁迅全集》第9卷。鲁迅此次校录《嵇康集》,从本月15日开始,以明朝吴宽的丛书堂抄本为底本,与明朝黄省曾等五家的刻本进行校勘,并考辨吴宽丛书堂抄本与《〈三国志〉注》《晋书》等书中所引嵇康文章之异同。鲁迅在跋文中指出吴宽丛书堂抄本“颇多讹夺”而黄省曾刻本“率意妄改”。

25日 收到周作人寄来的5本《绍兴教育会月刊》。鲁迅从本日起至次年7月2日陆续收到该刊的第1到第9期,并分送给许寿裳、钱稻孙等友人和通俗图书馆。

29日 在教育部编制明年预算,并讨论改组京师图书馆的

---

① 钱念劬(1853—1927),字念劬,名恂,浙江吴兴人,钱玄同长兄,钱稻孙之父。清末曾任驻日、法、意、俄、荷等国参赞和公使,光复会会员。1913年任袁世凯总统府顾问。

事宜。教育部决定扩充京师图书馆，指派鲁迅等人和图书馆人员一起清理图书、账目，以备扩充。

本月 发表所译日本上野阳一《社会教育与趣味》并“译后记”，载《教育部编纂处月刊》第1卷第9、10册，未署名。译后记指出：“顾以我国美育之论，方洋洋盈耳，而抑扬皆未得其真，甚且误解美谊。此篇立说浅近，颇为今日吾情近合，爰为逐译，以供参鉴。”

11月

20日 接收历史博物馆送来的中国参加莱比锡雕刻展览会文物13件，这些文物将由教育部转托德国人米和伯博士护送至德国展览。下午回家取毡两块，晚住教育部守护文物，“不眠至晓”。鉴于中国在书籍印刷方面历史悠久，德国莱比锡“万国书业雕刻及他种专艺赛会”(1914年)组委会特别委托会员米和伯博士在北京设立“筹办处”，米和伯通过中国外交部和教育部向历史博物馆商借参展文物。这些文物后来被安排在显著位置展出。

1914年(甲寅，中华民国三年) 34岁

▲12月23日，袁世凯在天坛举行祀天典礼。

▲本年，孙中山在日本成立中华革命党。

1月

6日 参加教育部讨论接收文津阁《四库全书》事宜的会议。

教育部为了充实京师图书馆馆藏，不仅从河北、河南、辽宁、吉林、黑龙江、山西、云南等省调来大批官书，还特别调来文津阁《四库全书》，并指定鲁迅等人负责接收。鲁迅次日日记载：“遂赴部，议暂储大学校，遂往大学校，待久不至，询以德律风，则云已为内务部员运入文华殿，遂回部。”经交涉，内务部于本年 8 月同意将该书移交给教育部，9 月 1 日，鲁迅与戴芦舲一同到内务部协商移交《四库全书》办法，10 月 12 日完成移交工作。

12 日 将周作人所译《劲草》稿寄往上海中华书局。本月 27 日收到退稿。鲁迅为促成该书的出版花费了很多精力，直到 5 月 21 日还在修改润色。据周作人回忆：“这部小说很长，总有十多万字吧，阴冷的冬天，在中越馆的空洞的大架间里，我专管翻译起草，鲁迅修改誊正……改名《劲草》，寄了出去。可是这一回却是失败了，不久收到书店的回信，说此书已经译出付印，原稿送还……过了几时那译本果然出来了，上下两册，书名《不测之威》。看了并不觉得怎不对，但敝帚自珍，稿本一直也保存着，到了民国初年，鲁迅把它带到北京，送给杂志或报社，计划发表，但是没有成功，后来辗转交付，终于连原稿也遗失了。”

16 日 与北京文明书局总纂商量出版周作人所译《炭画》书并达成口头协议。《炭画》是周作人 1908 年至 1909 年在东京翻译的波兰显克微支的中篇小说，原稿经过鲁迅的修改誊正。周作人曾向几家杂志投稿，但未被采纳。1913 年 9 月，周作人把译稿寄给鲁迅。3 月 1 日，鲁迅与文明书局签订合同，3 月 6 日，将《炭画》译稿寄给书局。4 月 27 日，收到该书封面设计者钱稻孙带来的样书 30 本。鲁迅赠送钱稻孙 6 本，6 月 28 日将出版合同寄给周作人。

25 日 上午与来访的季自求讨论古画问题。季自求在当天日记中记述:“途中过一地摊,见画一轴,写释迦像甚奇,异于常画:一青面红发状貌狰狞之神乘一白马,两旁二神作护持状。青面神之顶际则群云缭绕,上有文佛,法相庄严。其创古拙,疑是明人手笔。问其价,亦不昂。乃见豫才,因具道之。豫才言,此当是喇嘛庙中物,断非明代之物。盖明以前佛像无作青面狰狞状者。余深叹服,遂不作购置之想。”

2月

1日 发表译文《Heine[①] 的诗》,载《中华小说界》第2期。鲁迅喜欢海涅诗,直到晚年兴趣不衰。增田涉回忆说:“在他死前的三个月,经过数年隔别在访问他的时候,他的书房里,排列着崭新的《海涅全集》原文本。……他说,想重读一下海涅。从前读过日文译本,也读过单行本,全集还没有读过。”[②]

同日 将收集到的北京、河北、江西、安徽等地的6首儿歌及注文寄给当时正在收集儿歌和童谣的周作人。信中提醒周作人,其中来自安徽的一首思想和内容不像儿歌。[③]

5日 应许寿裳之请为其子许世瑛“开蒙”。据许寿裳回忆:“吾越乡风,儿子上学,必定替他选一位品学兼优的作开蒙先生,给他认方块字,把笔写字,并在教本面上替他写姓名,希望他能够得到这位老师品学的熏陶和传授。一九一四年,我的儿子世瑛年五岁,我便替他买了《文字蒙求》,敦请鲁迅做开蒙先生。鲁迅只给他认识了二个方块字:一个是‘天’字,一个是‘人’字,和

---

① Heine,即海涅(1779—1856),德国诗人,著有《歌集》《时代诗歌》《德国——一个冬天的童话》等。

② 增田涉《鲁迅的印象》,湖南人民出版社1980年版。

③ 手迹影印件,初刊《民间文学》1956年10月号。

在书面上写了'许世瑛'三个字。我们想一想,这天人两个字的含义实在广大的很,举凡一切现象(自然和人文),一切道德(天道和人道)都包括无遗了。"

3月

2日 与徐吉轩[①]一同出席孔教会在国子监举行的丁祭,认为参加丁祭的孔教会成员"举止颇荒陋,可悼叹"。鲁迅后来在《从胡须说到牙齿》一文中对此有更详细的评论:"袁世凯也如一切儒者一样,最主张尊孔。做了离奇的古衣冠,盛行祭孔的时候,大概是要做皇帝以前的一两年。自此以来,相承不废,但也因秉政者的变换,仪式上,尤其是行礼之状有些不同:大概自以为维新者出则西装而鞠躬,尊古者兴则古装而顿首。"

11日 作《〈云谷杂记〉序》,署名周作人。序言介绍了该书著者南宋张淏的生平和著述,说明自己的抄本对原抄本作了校补,并考证出各刻本的错误。同时还评价了张淏的另一部著作《会稽续志》的史料价值:"越中故实,往往赖以考见。"本月16日至22日,鲁迅利用晚上时间将《云谷杂记》[②]一书抄写誊正,共41页,约14000字。

---

① 徐吉轩(1870—?),名协贞,湖北钟祥人。金石、甲骨文字学者。曾留学日本,1912年后任教育部佥事、历史博物馆馆长、通俗教育研究会庶务干事兼历史博物馆馆长。1914年至1925年间与鲁迅来往密切,除公务外,常一起逛小市,买书籍,互赠金石拓片。

② 《云谷杂记》,南宋张淏著,是宋人笔记中较有名的一种,其考证史实的文章有一定参考价值。

4月

6日 开始抄录唐沈亚之《沈下贤文集》，至5月24日抄完。《沈下贤文集》12卷，包括诗赋1卷，杂文11卷。

18日 购买《选佛谱》《三教平心论》《法句经》《释迦如来应化事迹》《阅藏知津》等。次日又购买了《华严经合论》《决疑论》《维摩诘所说经注》《宝藏论》。许寿裳回忆说："民三以后，鲁迅开始看佛经，用功很猛，别人赶不上。……他对我说：'释迦牟尼真是大哲，我平常对人生有许多难以解决的问题，而他居然大部分早已明白启示了，真是大哲！'但是后来鲁迅说：'佛教和孔教一样，都已经死亡，永不会复活了。'所以他对于佛经只当作人类思想发达的史料看，借以研究其人生观罢了。"

21日 出席由社会教育司第一科负责筹办的全国儿童艺术展览会开幕式。本次展览会共征集到展品数十万件，分"文章、字、画、手工、编织、针黹"6大类。1912年9月，教育部决定次年夏天在北京举办展览会，并指定鲁迅所在的社会教育司第一科负责筹备。后因"二次革命"爆发、时局动荡而延期。1913年冬，教育部确定把展览会的会场设在教育部礼堂，鲁迅从11月6日开始与钱稻孙参加布置，1914年4月完成全部的布展工作。

5月

23日 出席教育部召开的儿童艺术展览会展品审查会。会议决定由鲁迅和陈师曾等负责挑选送往巴拿马万国博览会的展品。鲁迅等人从5月25日至6月24日共选出104种125件展品送交巴拿马赛会事务局。[①]

6月

3日 完成《异域文谈》,全文约4000字,次日寄许寿裳请转交《庸言》报馆,未发表,手稿佚。

7月

29日 寄金陵刻经处[②]50元,请刻印《百喻经》[③]百部。本年9月雕板刻成,次年1月成书,1915年7月20日,鲁迅曾以高丽本《百喻经》校阅了该刻本,校本今存[④]。1926年,王品青重新

---

① 为庆祝巴拿马运河建成,美国政府决定于1915年2月20日在旧金山市举办"巴拿马太平洋万国博览会",邀请中国、古巴、加拿大等十多个国家参加。中国馆于1915年3月9日开馆。

② 该处由杨仁山(1837—1911)于1866年创建,除刻印佛经外,还刻印各种图像,因刻印佛经精确,在亚洲各信仰佛教国家中享有盛誉。该处保存了大量经版和画版。鲁迅后又补寄10元。但50元已足敷使用,补寄款拨刻《地藏十轮经》。《百喻经》刻板今存刻经处。

③ 《百喻经》又称《百句譬喻经》《百句譬喻集经》《百譬经》《百喻集》。著者是天竺僧迦斯那,南朝齐时来华的天竺僧人求那毗地于永明十年(429)秋译为汉文。这是一部通过善恶罪福报应的譬喻故事来宣讲大乘佛法的经书。其中故事大多以一般民众为教化对象,也有针对外道、出家众、国王者。

④ 鲁迅捐刻《百喻经》的目的,有人说是为祝母亲六十大寿。但经书尾页说明并未提及祝寿事,鲁迅日记也未提及。此事的经办人许季上精通多国文字尤其是印度古梵文,佛学造诣深厚,致力于佛经流通。鲁迅大量阅读佛经,受他的影响甚大,捐资刻经,有跟随许季上做功德之意。鲁迅母亲鲁瑞生于1858年,60岁生日是1917年1月3日,鲁迅1914年捐刻《百喻经》,时间不符。周作人在《鲁迅的国学与西学》一文中说:"鲁迅在一个时期很看些佛经,这在了解思想之外,重要还是在看它文章,因为六朝译本的佛经实在即是六朝文,一样值得看。……此外他又捐资翻刻了两卷的《百喻经》,因为这可以算得是六朝人所写的一部小说。"此说符合鲁迅学问和思想的实际。

校点《百喻经》，以该书原名《痴华鬘》出版，鲁迅为之作序。

8 月

22 日　与许寿裳、朱逖先一同到东城钱粮胡同探望被袁世凯软禁的章太炎。次年的 1 月 31 日、2 月 14 日、5 月 29 日又前往探望。章太炎在 1913 年因办理共和党事务到北京，后即被软禁，先后被禁在一所废弃的军校、龙泉寺和钱粮胡同等处。章太炎曾于本年 1 月 2 日试图南下，被军警截留后到总统府大骂袁世凯。本年 6 月，章太炎在龙泉寺绝食多天，迫使袁世凯让步，得以在东城钱粮胡同赁屋居住，但仍在军警监视之下，直到 1916 年袁世凯死去才获释。

9 月

23 日　收到文官高等委员会依法甄别的教育部佥事合格证书。

27 日　上午参加章门弟子的聚会。因章太炎被囚禁，弟子们开会或为营救和照顾事宜。下午购买了《说文发疑》。当晚："抄写《出三藏记集》至卷第五竟，拟暂休止。"《出三藏记集》是佛经目录，鲁迅本年集中精力抄录，似有全部抄录的计划。次日决定停止抄录，似有集中精力研究国学的想法。

29 日　下午出席京师公立第四中学开校纪念会，"小立便返"。该校筹办于 1906 年，1912 年 9 月更名为京师公立第四中学，校址在西安门内大街西什库后库四号。

10月

24日 与许寿裳等人一同到北京故宫武英殿参观内务部古物陈列所在该处举办的展览，展品是清廷热河行宫及奉天大内所藏的文物古玩。鲁迅日记所记观感是“殆如骨董店耳”。

11月

3日 作《〈会稽郡故书杂集〉序》，载本年12月《绍兴教育杂志》第2期，署名周作人。收入1915年绍兴刻本《会稽郡故书杂集》，后收入1938年出版的《鲁迅全集》第8卷。该文介绍了编辑本书的意图、经过以及8种书的版本和作者情况，申明集录的目的是“叙述名德，著其贤能，记注陵泉，传其典实，使后人穆然有思古之情”。“书中贤俊之名，言行之迹，风土之美，多有方志所遗，舍此更不可见。用遗邦人，庶几供其景行。”所收录的会稽先贤8种著作逸文包括：三国吴谢承《会稽先贤传》、东晋虞预《会稽典录》、钟离岫《会稽后贤传记》、贺氏《会稽显现像赞》、三国吴朱与《会稽土地记》、东晋贺循《会稽记》、刘宋孔灵符《会稽记》、夏侯曾先《会稽地志》。前4种记载人物事迹，后4种记载山川地理和名胜传说。鲁迅在幼年时看到甘肃武威人张澍编辑的凉州地区文献资料，很感兴趣，开始收集散失的会稽先贤的著作，后因留学等原因暂停。1910年，鲁迅在绍兴府中学堂任教时又继续这项工作。

12日 寄周作人《会稽郡故书杂集》初稿3册，嘱其在绍兴刻印。据周作人回忆：“刻书以后，木板一直在刻字铺，不曾取回，直至丙辰年的九月二十八日始从徐广记取来刻板，放在楼上堆放书籍杂物的一间屋里。到得民国八年己未(一九一九)冬天,全家预备搬到北京来住,鲁迅一个人回家整理,那时看见一堆木板,以为那些都是先代的试草硃卷的板片,不曾细看,便一裹脑儿付之一炬,结果这杂集算是绝版了,只有一百印本,留存在世间罢了。”

27日 晚,译完日本人高岛平三郎的论文《儿童观念界之研究》,载1915年3月出版的《全国儿童艺术展览会纪要》,未署名。

12月

10日 收到陈师曾所赠的山水画4幅。1933年,鲁迅在他与郑振铎合编的《北平笺谱》中收录了陈师曾所画的“梅花笺”“花果笺”“山水笺”等32幅,并在该书的序言中对陈师曾的艺术成就做出了高度评价:“及中华民国立,义宁陈君师曾入北京,初为镌铜者合作墨盒、镇纸画稿,俾其雕镂;既成拓墨,雅趣盎然。不久复廓其技于笺纸,才华蓬勃,笔简意饶,且又顾及刻工,省其奏刀之困,而诗笺乃开一新境。”

本年 开始收集古钱。1月1日、1月10日、3月1日、6月6日、12月5日、12月6日日记中均载购古钱事。

1915年(乙卯,中华民国四年)　35岁

▲5月9日,袁世凯政府承认日本提出的“二十一条”。

▲9月15日,陈独秀主编的《青年杂志》在上海创刊(从第2

卷起改名《新青年》),提倡科学与民主。

▲12月12日,袁世凯通电全国,宣布接受帝位,改国号为“中华帝国”,以1916年为洪宪元年。袁世凯事先已与清室达成协议,用优待条件换取清室声明拥护。蔡锷随即在云南组织护国军,讨伐袁世凯。

1月

1日　晚与许寿裳一起到第一舞台看戏。鲁迅后来在《社戏》中记述这次看戏的经历,对剧场环境等颇为不满。

11日　请工人将历年来购买的石印名人手书和石刻小册装订成30本。本年起开始大量搜集古砖、造像、墓志的拓本和瓦当文字等,后陆续辑成《汉画象目录》《六朝造象目录》《唐造象目录》《六朝墓志目录》和《俟堂专文杂集》等书,但生前均未能出版。鲁迅《〈呐喊〉自序》:“许多年,我便寓在这屋里钞古碑。客中少有人来,古碑中也遇不到什么问题和主义。”

同日　日记载:“《百喻经》刻印成,午后寄来卅册,分贻许季上十册,季市四册,夏司长、戴芦舲各一册。”从赠书名单看,鲁迅周围有一个“读经小组”。结合许季上不久前赠给他木刻印释迦立像和梵书“唵”字,他捐资刻印《百喻经》,可视为对年来受赠佛经的一种报答。

26日　收到同事杨莘士所赠的《大秦景教流行中国碑》碑额拓本1枚。鲁迅收集金石拓本,除到书店购买或委托友人在外地代购外,还经常得到友人的赠送。杨莘士在任教育部视学期间经常到各地视察,为鲁迅代购或代拓碑文,有时也赠送给鲁迅一些他搜集到的碑刻拓本。

30日　在琉璃厂购买《随轩金石文字》一部4册。本年购买了《吉金所见录》《金石契》《越中金石记》《两汉金石记》《金石萃编》《流沙坠简》《求古精舍金石图》《筠清馆金文》《四朝宝钞图录》《遁庵秦汉瓦当存》等24种金石文字类图书。

2月

23日　受五等嘉禾章。10天后，政事堂铨叙局发出"凭单"："四年二月二十一日奉大总统令，周树人准给五等嘉禾章。照章应缴费贰拾元。合行发给凭单，由受勋人持赴政事堂印铸局领取须至凭单者。中华民国四年三月三日发。"

3月

19日　从钱稻孙处借得《秦汉瓦当文字》1卷2册，并开始抄写。该书系罗振玉编，1914年影印出版，因为清代以前还没有专门著录瓦当文字的著作，所以该书被视为"最精"之作。鲁迅耗时22天摹写完毕：本月29日完成上册，历时10天；4月10日写完下册，历时12天。

4月

25日　在琉璃厂购得《射阳石门画像》等拓本5枚、《曹望憘造像》拓本2枚。鲁迅从本月开始大量搜集汉代画像和六朝造像。如5月1日，在琉璃厂购买了汉画像拓本4枚，武梁祠画像并题记等51枚；10月4日，富华阁送来汉画像拓本137枚。后编辑《汉画像目录》(未完成)和《六朝造像目录》[①]等，准备出版。

---

① 《鲁迅译著书目续编》，载1938年版《鲁迅全集》第20卷。

6月

5日 晚上修补《汉碑篆额》一书。鲁迅爱惜书籍和金石拓本，专门备有修书工具，遇到残破的书籍或拓本，除请工人修裱外，有时还自己动手修补。6月8日晚又修补装订了《金石萃编》。

17日 收到许寿裳送来的章太炎所赠手迹一幅，所写为《庄子·天运》语："变化齐一，不主故常。在谷满谷，在阬满阬。涂郤守神，以物为量。"同时收到龚未生所赠章太炎《齐物论释》新刻本。

7月

19日 晚抄《百砖考》毕，共24页，约7000字。

8月

3日 被教育部指派为通俗教育研究会会员。通俗教育研究会以"研究通俗教育、改良社会、普及教育"为宗旨，设小说、戏曲、讲演3股。同日，该会设会址于京师通俗图书馆内。

20日 到京师图书馆筹备处视察工作。教育部本年6月决定在方家胡同前国子监南学旧址设立京师图书馆筹备处，筹备京师图书馆改组和迁址的工作。

9月

1日 被教育部任命为通俗教育研究会小说股主任。小说股主要职责是对新旧小说进行调查、审核、编译。设主任一名主持股内事务，设调查、审核、编译干事3人负责具体事务。

6日 参加通俗教育研究会在京师图书馆召开的成立大会。

12日 收到订购的《流沙坠简》3册，该书系罗振玉和王国维合编，分为《小学术数方技书》《屯戍丛残》《简牍遗文》3卷。鲁迅对其评价甚高："中国有一部《流沙坠简》，印了将有十年了。要谈国学，那才可以算一种研究国学的书。"

15日 主持召开通俗教育研究会小说股第一次会议，讨论"本股办事细则""例会日期"及"进行方法"。小说股成员包括主任、干事、职员共19人，另有5位名誉股员。股员中有教育部的佥事、主事、视学、秘书、办事员、编审员等，也有京师警察厅、北京通俗教育会、北京高等师范学校、化石桥法政学校、京汉铁路局总管理处等单位的代表，经常出席会议并担任实际工作的是教育部的15人。鲁迅10月6日主持召开小说股第4次会议，讨论审核小说的标准。13日主持召开小说股第5次会议，修改审核小说标准。

26日 到钱粮胡同章太炎寓所吊唁其女章叕。本月8日，来京照顾被软禁的父亲的章叕自杀身亡。19日，鲁迅收到章叕讣告和章太炎撰写的《亡女叕事略》。

10月

本月 购入《李显族造像碑颂》《潞州舍利塔下铭》《常岳造像》《凝禅寺三级浮图碑》《北齐等慈寺残碑》《北魏石渠造像》《同州舍利塔额》《青州舍利塔下铭》《张荣千(迁)造像记》《刘碑》《马天祥造像记》《岐州舍利塔下铭》《高伏德等造像》《居士廉富等造像》《垣周等修塔像记》等。本年初开始，购书费用较多花在搜集佛教造像上。

11 月

10 日　主持召开小说股第 7 次会议，讨论编译小说的标准。会上，经理干事高步瀛传达新任会长袁希涛的指示："本会如从事编译，可就妇孺皆晓者编译之，以期普及。"鲁迅对此的意见是："此项编译亦须备有参考书方可着手。本会有无此书可供参考亦一问题，不如先从事审核。"而"审核时间暂不规定，惟于事实上力求敏速可也"。[①] 11 月 17 日，鲁迅主持召开小说股第 8 次会议，讨论查禁小说宜预先通饬的方案。11 月 24 日第 9 次会议讨论查禁小说及改良小说的方案。12 月 1 日第 10 次会议继续讨论两方案，股员均无异议。

12 月

3 日　得知三味书屋塾师寿镜吾先生的夫人辞世，送一呢幛作为丧礼。5 日到三圣庵吊唁。

6 日　到通俗教育会会场听余日章[②]作题为《各国教育之比较》的演讲。本次演讲由教育部举办，教育部总长、次长以下部员及教育部之下机关全体人员均出席。

---

① 《小说股第七次会记事》。

② 余日章(1882—1936)，湖北蒲圻人，毕业于美国哈佛大学研究院教育科。1913 年起担任中华基督教青年会全国协会演讲部主任干事，1915 年参加"实业考察团"赴美考察，后成为中国基督教的领袖人物。

16日 出席教育部为招待黄炎培[①]演讲而举行的茶话会。本年春天，黄炎培参加“实业考察团”赴美考察，教育总长汤化龙委托他调查美国职业教育的状况及其与普通教育衔接的方法。黄炎培于本月15、16、17日连续在教育部报告赴美考察情形。

27日 出席通俗教育研究会第3次大会。本次会议主要征求全体会员对小说股制定的《劝导改良及查禁小说办法案》和《公布良好小说目录案》的意见。两方案均获通过。鲁迅还在会上介绍了小说股已经完成的审核工作：“现经本股审核完毕者，已有数十本，大概以中等者居多。”

1916年（丙辰，中华民国五年） 36岁

▲6月，袁世凯死，黎元洪继任总统。总理段祺瑞掌握北京政府实权。

▲12月26日，民国政府任命蔡元培为北京大学校长。

---

① 黄炎培（1878—1965），字楚南（一作号），改字训之，后又改为韧之、任之，别号观我生，笔名抱一，上海川沙人。毕业于上海南洋大学，后赴日本学习教育学。回国后任江苏都督府教育科长、江苏省教育司司长。1917年发起成立中华职业学校。1941年，与张澜等人发起组织中国民主政治同盟。1945年又与胡厥文等人发起成立中国民主建国会。1945年7月和褚辅成等人访问延安。1949年2月，离沪经香港转赴北平。中华人民共和国成立后，历任中央人民政府委员，国务院副总理兼工业部部长，政协一届全国委员会常委，第二、三、四届政协副主席，一、二、三届全国人大常委会副委员长，中国民主建国会主任委员等职。著有《黄炎培考察教育日记》《新大陆之教育》《东南洋之新教育》《中国商战失败史》《中国教育史要》《延安归来》等。

1月

2日 夜,整理《寰宇贞石图》并作题记。该书原为清末学者杨守敬[①]汇编的碑刻拓片集,收入从先秦至唐五代石刻拓片约300余种,分6册。经多次修改和再版,不同版本颇有出入。鲁迅对比校勘,于每尊石刻名称下,注明石刻的朝代年月、收藏处以及金石学家的考证成果。

17日 参观北京医学专门学校,该校成立于1912年,是中国第一所专门传授西医的国立医学校。曾与鲁迅在浙江两级师范学堂同事的汤尔和担任第一任校长。

19日 主持召开通俗教育研究会小说股第12次会议,修正《劝导改良及查禁小说办法案》。鲁迅首先说明:"《劝导改良及查禁小说办法案》与《公布良好小说目录案》,后者已交通俗教育研究会第三次大会通过;唯前者因会长对此案尚有斟酌,故未提交大会。今日本股开会,可请会长莅会再行讨论。"袁希涛到会后说:"对于本议案非有何等意见,惟事不厌详,故欲出席与诸君共同讨论。"他认为"此议案多从消极方面着手",不能达到查禁的目的,但目前也拿不出更好的办法。这是鲁迅在小说股主持的最后一次会议。

2月

14日 请辞通俗教育研究会小说股主任职务事获准。[②]

① 杨守敬(1839—1915),字惺吾,号邻苏,湖北宜都人,清末学者。

② 教育部饬令:"为饬知事,本部佥事周树人请免去通俗教育研究会小说股主任兼职,应即照准。改派编审员王章祜兼充通俗教育研究会小说股主任。此饬,教育总长张一麐。右饬佥事周树人 准此。"

18 日 被任命为全国专门以上学校成绩展览会干事。

3 月

3 日 夜抄《法显传》，至本月 16 日夜讫，得 40 页，12900 余字。该书记载东晋高僧法显于隆安三年(399)偕慧景、道整等赴中印度寻求戒律的经历。

6 日 据本日《鲁迅日记》记载："董恂士五日卒，下午讣来，乃赴之。"董恂士(鸿祎)与鲁迅关系较好，他访问鲁迅，有时谈至深夜，不能归家，就"宿于邑馆，以桌卧之"。鲁迅日记本月 21 日记载"赙董恂士家十元"，并于 26 日前往吊唁。

15 日 出席全国专门以上学校成绩展览会开幕式。全国共 68 所学校参加。展出期间，鲁迅于 3 月 19 日、4 月 2 日前往会场查看情况。

22 日 出席通俗教育研究会小说股第 17 次会议，讨论奖励小说的褒状形式及复核小说手续。鲁迅主张"用颜色区别"奖状的等次。

4 月

16 日 应许铭伯之邀，午后同游西直门外农事试验场。实验场是清农工商部开办的研究实验并推广普及农事的场所，其前身是"三贝子花园""万牲园"，1908 年向市民开放，是当时北京唯一的公园。

26 日 陈师曾赠其所刻"周树所藏"印 1 枚。下午与陈师曾赴琉璃厂购买拓片，购得《造交龙象残碑》等。鲁迅搜集了许多龙图案拓片。孙福熙回忆说："我于民国十四年回国后，想用法文写一部‘中国故事’，第一篇是关于龙的，大先生说：‘我有中国最原始的龙’，于是找出他所藏汉碑拓片来看。”①

5 月

6 日 为避喧闹移入会馆内的补树书屋。原住的藤花馆环境嘈杂，鲁迅不胜其扰，1914、1915 年日记多有记载。而“补树书屋是一个独院，左右全没有邻居，只有前面是仰蕺堂，后边是希贤阁……原是够偏僻冷静的”（周作人）。鲁迅在《〈呐喊〉自序》中说：“S 会馆里有三间屋，相传是往昔曾在院子里的槐树上缢死过一个女人的，现在槐树已经高不可攀了，而这屋还没有人住；许多年，我便寓在这屋里钞古碑。”鲁迅 1918 开始为《新青年》撰稿，小说《狂人日记》《孔乙己》《药》等即在此写成。

7 日 买得《朱鲔室画像》15 枚。《朱鲔室画像》即《朱鲔石室画像》。鲁迅对这批画像极为重视，在 1934 年 3 月 6 日致姚克的信中说：“汉画像中，有所谓‘朱鲔石室画像’者，我看实是晋石，上绘宴会之状，非常生动，与一般汉石不同，但极难得，我有一点而不全，先生倘能遇到，万不可放过也。”

17 日 下午自教育部归，钱夹落车中，车夫还给，鲁迅赠与 1 元酬谢。鲁迅去教育部上班常乘人力车，后来以乘车经历为素材写成《一件小事》。

6 月

6 日 袁世凯逝世。本月 15 日鲁迅被教育部“派赴总统府

① 孙福熙《鲁迅·艺术家》，《孙氏兄弟谈鲁迅》，新星出版社 2006 年版，第 116 页。

吊祭”。鲁迅本月 28 日日记载:“袁项城出殡,停止办事。”

21 日 将《蜕龛印存序》定稿寄周作人。此前,张梓生将《蜕龛印存》两册交周作人请求作序。周作人草拟序文后,于本月 7 日寄给鲁迅修改。原稿署“会稽周树”,1917 年《叒社丛刊》第 4 期发表时改署“启明”。序文称杜泽卿作品“用心出手,并追汉制”。“蜕龛”是杜泽卿的斋号。

7 月

1 日 入夏,教育部改为半日上班。鲁迅得以更频繁赴琉璃厂购置拓片,本月共去 12 次。访古斋等帖店有时还将拓片送至寓所请其选购。

5 日 出席通俗教育研究会小说股第 21 次会议,讨论禁止小说杂志发行问题。鲁迅在会上主张,凡应禁止的不良小说,无论停版与否,都应宣布禁止。但鉴于各人见解不同,对于同一小说,有人认为当禁,有人则认为可不禁,甚至有人认为应当受奖,所以需要通过讨论慎重处理,不能匆忙决定。

18 日 给周作人夫妇及羽太信子娘家写信至夜半。日记中写道:“可闵!”鲁迅除负担绍兴家用外,还常接济两位弟媳娘家。

28 日 在琉璃厂购买端方[1]藏石拓本 1 包,计汉魏六朝碑碣 14 种 17 枚,六朝墓志 21 种 27 枚,六朝造像 40 种 41 枚,总 75 种 85 枚。

本月 在反对“祭孔读经”的信上签名。杨莘士回忆:“范源

---

[1] 端方(1861—1911),托忒克氏,字午桥,号匋斋,满洲正白旗人。1906 年任两江总督,大肆捕捉革命党人,1911 年任粤汉、川汉铁路督办大臣。因镇压四川保路运动,后被响应武昌起义之部下所杀。

濂第二次做教育总长时(1916 年 7 月),他提出要‘祭孔读经’,引起了我和鲁迅、许寿裳、钱家治、张协和、张宗祥等从浙江同来教育部任职的六人的愤慨,当即议定由我执笔联名写信,坚决反对,据理驳斥,信写好后,鲁迅等人都亲笔签了名。该信一式两份,一份送范源濂,一份摊放在办公桌上,让大家观看。为此范源濂恼羞成怒,陆续把反对他的人排挤出外,名义上是外放厅长,实际上明升暗降。鲁迅因为是社会教育司的,所以无法把他弄到外地去。”①

本月 在关于废止《教育纲要》的报告上签注。1915 年初,袁世凯任总统期间制订《教育纲要》,凡 5 项 25 款,以“尊孔尚孟”为宗旨,提倡设立经学会,规定中小学校均加读经一科。鲁迅在签注中认为,《纲要》规定“多与旧式思想相合”,应“明文废止”,“根本取消”。

9 月

3 日 裱糊房屋,为迎接三弟周建人。5 日夜,建人由绍兴抵京,至 10 月 12 日启程返绍。在京期间,鲁迅曾陪他游览中央公园、故宫博物馆及万牲园,并多次观看影戏。

10 月

4 日 通俗教育研究会小说股举行第 27 次会议,宣布:推定鲁迅为小说股审核干事,“已呈奉部令照准”。

30 日 往警署看望因神经错乱由山西逃来的大姨母之子阮

① 上海师大访杨莘士谈话记录,载《文教资料简报》1977 年 9 月总第 69 期。

久荪，将其接回寓所。次日鲁迅日记记载：“下午久荪病颇恶，至夜愈甚，急延池田医士诊视，付资五元。旋雇车送之入池田医院，并别雇工一人守视。”此后数日，鲁迅多次到医院探视，并购买药品。11月6日，请人将病人送回绍兴老家。周作人认为，此事为鲁迅《狂人日记》提供了素材：“这人乃是鲁迅的表兄弟……鲁迅给他找妥人护送回乡，这病后来就好了。因为亲自见过‘迫害狂’的病人，又加了书本上的知识，所以才能写出这篇来，否则是很不容易下笔的。”阮久荪在京期间曾写有两份绝命书，一份给其母，一份给其姐，均有诉说他将被迫害致死的内容。[①]

11月

30日 得陈师曾所赠印章一方，文曰“俟堂”。陈师曾擅长篆刻，与鲁迅过从甚密，曾多次为鲁迅刻名印和闲章。鲁迅还请他为周作人刻过印章。周作人认为：“师曾给鲁迅刻过好几块印章，其中刻‘俟堂’二字的白文石章最佳。”关于“俟堂”的含义有几种解释。许寿裳在《亡友鲁迅印象记》中说，他曾就此印章问询鲁迅。鲁迅说：“因为陈师曾（衡恪）那时送我一方石章，并问刻作何字，我想了一想，对他说，你叫做槐堂，我就叫俟堂罢。”许寿裳因此解释“俟”字的涵义道：“那时部里的长官某颇想挤掉鲁迅，他就安静地等着，所谓‘君子居易以俟命’也。”周作人在《鲁迅的故家》中说：“洪宪发作以前，北京空气恶劣，知识阶级多已预感危险，鲁迅那时自号‘俟堂’，本来也就是古人的待死堂的意思，或者要引经传，说出于‘君子居易以伺命’亦无不可，实在却没有那样曲折，只是说：‘我等着，任凭什么都请来吧。’”钱玄同

① 原件存北京鲁迅博物馆。

有时在信中称鲁迅为“待斋兄”，自从此号化出。还有人根据风物和谐音演绎：“老友陈师曾请鲁迅也起一个(号)。鲁迅说，你叫‘槐堂’，我就叫‘俟堂’吧。这个‘俟’可能原来是‘柿子’的‘柿’，北京民宅多有此种果树，鲁迅居住的绍兴会馆里自也不会缺乏。柿树与槐树相对，符合两人谈话的语境。但或许因为用柿树做斋号听起来不够雅致吧，就写成了‘俟’，意思是‘等着’。鲁迅在《新青年》上发表作品，有时署名‘唐俟’，就是这个堂号的倒置，不过把‘堂’换为同音的姓氏‘唐’。唐俟，字面上有‘空等’的意思。”①

12 月

3 日　因母亲六十寿辰，启程回绍省亲。这是鲁迅到京后第二次返乡。5 日途经上海短暂停留，到神州国光社、商务印书馆、中华书局及西冷印社购买拓片和书籍。7 日晨抵绍兴。9 日致许寿裳信，告以回乡途中“所见事状，时不惬意”。并告以有关章太炎先生的事：“浙江图书馆原议以六千金雇匠刻《章氏丛书》，字皆仿宋。物美而价廉。比来两遭议会质问，谓此书何以当刻?”13 日为庆祝母亲六十生辰，“上午祀神，午祭祖。夜唱‘平湖调’”。

1917 年(丁巳，中华民国六年)　37 岁

▲1 月 1 日，胡适在《新青年》第 2 卷第 5 号发表《文学改良

① 黄乔生《度尽劫波——周氏三兄弟》，人民出版社 2019 年版。

刍议》，倡导文学革命，提出系统理论主张。

▲2月，《新青年》发表陈独秀的《文学革命论》，举起文学革命的旗帜。此文和胡适的《文学改良刍议》，成为新文化运动的檄文。2月1日《新青年》刊载胡适白话诗8首，是中国报刊第一次发表白话诗。

▲本年中，张勋复辟，旋告失败。

▲本年，中国政府对德宣战。北京政府宣布不再恢复《临时约法》和国会。孙中山在广州发动护法运动。

1月

3日　夜离绍兴北上。5日途经上海，购买《国学丛刊》12册；往访老友蒋抑卮，蒋以唐代《杜山感兄弟造像》拓本1枚相赠，号称价值“数千金”。7日抵京。此次回乡历时33天。

19日　寄给周作人《青年杂志》10本。

22日　旧历除夕，“夜独坐录碑，殊无换岁之感”。鲁迅单身住在绍兴会馆，颇感孤寂。

26日　参加京师图书馆开馆式。该馆原在什刹海广化寺，现迁至安定门内大街方家胡同。鲁迅参加了选择新馆址及规划布置等工作。该馆藏文津阁《四库全书》6000多函，敦煌石室唐人写经8000卷，宋元精刊及旧抄本12000册，普通书8000余册。次日开始售券阅览。①

---

①　《京师图书馆开幕广告》，见1917年3月13日《北京日报》；《京师图书馆开幕》，见同年2月1日《北京日报》。

2 月

5 日　为设置京师图书馆事，与部员一行 6 人到午门看屋。教育部拟在端门、午门一带开辟京师图书馆，本年 1 月 12 日，大总统黎元洪批准此请。但后来只在午门上建成一个小型图书馆。鲁迅此后又多次前往查看进度

22 日　午后赴孔庙。鲁迅虽然反对祭孔，但作为教育部工作人员，必须参加祭孔典礼。鲁迅本日参加典礼演习，23 日祭祀前夜宿于国子监，24 日"晨丁祭，在崇圣祠执事"。

3 月

8 日　致蔡元培信，为周作人来北大任教事。蔡元培有意请周作人教授言语学、美学科目。周作人得知，托大哥转告"二学均非所能，略无心得，实不足以教人，若勉强敷说，反有辱殷殷之意"，请蔡元培"别行物色"教员。

4 月

1 日　夜，周作人从绍兴到北京。从本年 2 月起，鲁迅即为周作人多方谋职，后向蔡元培推荐成功。3 月 7 日寄去旅费 60 元。周作人到京后，鲁迅将补树书屋南头的一间让其居住，自己住在较阴暗的北边一间。

5 月

16 日　请德国医生狄博尔为周作人看病。周作人回忆，他于本月 8 日发烧，13 日经德国医生格林确诊为麻疹。由于成人

“生这种病是颇有危险”的，“鲁迅也似乎有点张惶了，决定请德国医生来看，其时狄博尔(Diper)是北京外国医生最有权威的人”。病愈后，“鲁迅有一天说起，长到那么大了，却还没有出过疹子，觉得很是可笑；随后又说，可是那时真把我急坏了”。又许寿裳回忆：“那时候北京正在流行着猩红热，上年教育部有一位同事且因此致死。这使鲁迅非常担忧。”这些素材后来被鲁迅写进小说《弟兄》中。

21日　得蔡元培函并《赞三宝福业碑》《高归彦造像》《丰乐七帝二寺邑义等造像》《苏轼等访象老题记》拓片各两份。

6月

30日　上午得东京堂所寄《露国现代之思潮及文学》初版1册，后又购改订本1册。作者昇曙梦是日本研究和翻译苏俄文学的学者。

约本月　撰《会稽禹庙窆石考》，考证会稽山下禹庙中“窆石”的由来及文字刻凿的年代。

7月

3日　宣布脱离教育部。本月1日，张勋、康有为等拥溥仪复辟。鲁迅不满张勋复辟，停止在教育部的工作。

7日　为避难，同周作人移寓东城船板胡同新华旅馆，遇到不少熟人。据周作人回忆：“从六日起，城内的人开始往来避难，怕的不是巷战的波及，实在还是怕辫子兵的抢劫罢了。”上午10时，北京南苑航空学校的航空队反对张勋复辟，派飞机1架，向皇宫投掷炸弹 3 枚。[①]

12 日　日记记载："晨四时半闻战声甚烈，午后二时许止。事平，但多谣言耳，觅食甚难。"本日，复辟军失败，张勋躲入荷兰使馆，段祺瑞再掌北京政府大权。14 日，鲁迅与周作人同回绍兴会馆，16 日回部复职。

8 月

7 日　日记载："寄蔡先生信并所拟大学徽章。"徽章即鲁迅为北京大学设计的校徽，圆形，白地黑字，篆书"北大"二字，形似三人，上二下一，下大上小。"大"字象形两腿弯曲，显得吃力，因其肩膀上坐着两人。鲁迅或意在表示师生关系：老师用肩膀托起下一代，劳心竭力培育青年。

9 日　钱玄同[②]来访，至夜深离去。自本日起，钱玄同多次拜访周氏兄弟，并向鲁迅约稿。周作人《鲁迅的故家》："有一位疑古先生，即是《呐喊》序中的金心异，常来谈天，总在傍晚主人下班时走来，靠在唯一的藤躺椅上，古今中外的谈起来，照例去从有名的广和居叫蹩脚的菜来，炸丸子，木犀肉，酸辣汤之类，用猫饭碗似的器具盛了来，吃过了直谈至十一点钟，回到后孙公园的师大教员宿舍去。"鲁迅在《〈呐喊〉自序》中回忆，钱玄同鼓励他"做点文章"，参加《新青年》正提倡的文学革命。但他对这场

---

① 《飞机投下炸弹汇闻》，见 1917 年 7 月 8 日《北京日报》。

② 钱玄同(1887—1939)，原名夏，字中季，号德潜，又号玄同，自称疑古玄同。浙江吴兴(今湖州)人。早年留日，和鲁迅同时从章太炎学《说文解字》。回国后历任北京大学教授、北京师范大学教授及中文系主任，积极从事国语运动和语文改革。五四运动前参与《新青年》编务，发表大量文章，成为新文化运动的猛将。后与周氏兄弟创办《语丝》，鲁迅南下后，逐渐与鲁迅疏远。

运动的效果颇有疑虑:“假如一间铁屋子,是绝无窗户而万难破毁的,里面有许多熟睡的人,不久就要闷死了,然而是从昏睡入死灭,并不感到就死的悲哀。现在你大嚷起来,惊醒了较为清醒的几个人,使这不幸的少数者来受无克挽救的苦楚,你倒以为对得起他们么?”钱玄同的意思是:“然而几个人既然起来,你不能说决没有毁坏这铁屋的希望。”于是,鲁迅为了“慰藉那在寂寞里奔驰的猛士,使他不惮于前驱”,决定加入他们的队伍:“我虽然自有我的确信,然而说到希望,却是不能抹杀的,因为希望是在于将来。于是我终于答应他也做文章了。这便是最初的一篇《狂人日记》,从此以后,便一发而不可收。”钱玄同在《我对于周豫才君之追忆与略评》一文中说:“我认为周氏兄弟的思想,是国内数一数二的。所以竭力怂恿他们给《新青年》写文章。民国七年一月起,就有启明的文章……但豫才则尚无文章送来。我常常到绍兴会馆去催促,于是他的《狂人日记》小说居然做成而登在第四卷第五号里了。”

21日 赴中央公园图书阅览所。该所本日开放,鲁迅前往视事。1916年9月21日,教育部据该部社会教育司关于通俗图书馆搬迁的建议,与内务部商洽:“拟就中央公园社稷坛大殿二重,附设通俗图书馆及教育博物馆,购买通俗图书,并陈设教育上简易物品,专备游人观览。”后决定将中央公园社稷坛之戟殿辟为阅览室及书库,并于戟殿东北空地盖北房7间为办公室,阅览所就此对外开放。1925年12月更名为京师第三普通图书馆。

10月

5日 鲁迅日记载:“季市持来专拓片一枚,‘龙凤’二字,云是仲书先生所赠,审为东魏物,字刻而非印。”鲁迅所收碑拓不少，具一定的鉴定能力，有同好的朋友有时向他请教。

11月

30日 与周作人合拟的《〈欧美名家短篇小说丛刊〉评语》发表于《教育公报》第4年第15期。该文曾于同年9月22日以教育部指令名义发出。《欧美名家短篇小说丛刊》原名《欧美名家小说丛刊》，周瘦鹃译，同年3月由中华书局出版，全书分上、中、下3卷，共收欧美14个国家47位作家的50篇小说。当时通俗教育研究会第41次会议议决给该书颁发乙种褒状。据周作人回忆："因为所译的《欧美小说丛刊》3册中，有1册是专收英美法以外各国（指俄、德、意、匈、西、瑞士、瑞典、丹麦、荷兰、塞尔维亚、芬兰等）的作品的。出版时，中华书局呈送教育部审查注册，鲁迅看了大为惊异，认为这是'空谷足音'，带回会馆来，同我合拟了一条称赞的评语，用部的名义发表了出去。"评语颇多褒奖："其中意、西、瑞典、荷兰、塞尔维亚，在中国皆属创见，所选亦多佳作。又每一篇署著者名氏，并附小像略传，用心颇为恳挚，不仅志在娱悦俗人之耳目，足为近来译事之光。"又说："当此淫佚文字充塞坊肆时，得此一书，俾读者知所谓哀情惨情之外，尚有更纯洁之作，则固亦昏夜之微光，鸡群之鸣鹤矣。"

1918年（戊午，中华民国七年） 38岁

▲6月30日，王光祈等发起筹组"少年中国学会"。

▲7月1日，李大钊发表《法俄革命之比较观》，介绍俄国十月革命。

▲10月，陈独秀、李大钊组织社会主义研究会。

▲11月11日，第一次世界大战结束。李大钊发表《庶民的胜利》和《布尔什维主义的胜利》，歌颂十月社会主义革命。

▲本年，周作人在《新青年》上发表《人的文学》。

1月

4日 致许寿裳信，告以教育部本日举行的新年茶话会的情况，对新上任的教育总长傅增湘①印象不佳，还谈到如何启发民众诚爱之心、治疗社会疾病的问题。谈到《新青年》时说："《新青年》以不能广行，书肆拟中止；独秀辈与之交涉，已允续刊，于本月十五出版云。"

13日 与周作人一道赴北京浙江省第五中学同学会举办的茶话会并拍摄合影。浙江省第五中学的前身是绍兴府中学堂。

23日 将新出版的《新青年》杂志分送许寿裳、齐寿山、钱家治等人，并赠给通俗图书馆1册。此后一段时期，鲁迅常将《新青年》杂志分送友人。

2月

10日 旧历除夕，刘半农来访，与鲁迅、周作人一起守岁，并商议在《新青年》上增设"新书刊介绍"栏目。

22日 将在东京丸善书店所购兑乎理斯《物种变化论》1册寄给三弟周建人。鲁迅建议三弟研究生物、植物等学科，常为其

① 傅增湘(1872—1950)，字沅叔，四川江安人，学者，藏书家。1898年中进士，选庶吉士，授翰林院编修。1914年任"约法会议"议员，1917年12月任教育部总长，1919年5月辞职。后曾任故宫博物院图书馆馆长。著有《藏园群书题记》等。

购买图书。

3月

10日 致许寿裳信，痛斥社会上的迷信活动。1917年10月，俞复、陆费伯鸿等人于上海设立盛德坛扶乩，组织“灵学会”，1918年1月又创办《灵学丛志》，宣传迷信，反对科学。信中还说：“仆审现在所出书，无不大害青年，其十恶不赦之思想，令人肉颤。沪上一班昏虫，又大捣鬼……人事不修，群趋鬼道，所谓国将亡听命于神者哉！”

4月

2日 作成《狂人日记》，载5月15日《新青年》第4卷第5号，署名鲁迅，收入《呐喊》。此为中国现代文学史上第一篇白话短篇小说。鲁迅在谈到这篇小说的成因和创作意图时说：“偶阅《通鉴》乃悟中国人尚是食人民族，因成此篇。此种发见，关系亦甚大，而知者尚寥寥也。”又指出：“《狂人日记》意在暴露家族制度和礼教的弊害，却比果戈理的忧愤深广，也不如尼采的超人的渺茫。”作品揭露了专制社会礼教的吃人罪恶，不是一时现象，而是贯穿了几千年的历史本质；不是个别现象，而是普遍存在；甚至连青年、孩子也受到了“吃人”思想的影响；无论关系的亲疏远近，都在“吃人”或“被吃”。作品借主人公狂人之口呼吁：救救孩子！《狂人日记》显示了文学革命的实绩，在读者中引起强烈反响。吴虞在《吃人与礼教》[①]一文中说：“那些戴着礼教假面具吃

① 载《新青年》第6卷第6号。

人的滑头伎俩，都被他把黑幕揭破了。”《狂人日记》第一次使用了笔名“鲁迅”。鲁迅对许寿裳解释说，取此笔名是因为“从前用过迅行的别号”，同时又因为“（一）母亲姓鲁，（二）周鲁是同姓之国，（三）取愚鲁而迅速之意”。他一生用鲁迅之名发表著译约500余篇。

5月

15日 发表白话新诗《梦》《爱之神》和《桃花》，载《新青年》第4卷第5号，署名唐俟，收入《集外集》。当时，写新诗的人还不多，鲁迅为打破“诗坛寂寞”，推动新诗创作，写了6首新诗。《梦》含蓄地讽刺脱离中国现实的改革方案；《爱之神》鼓励青年要敢于摆脱旧婚姻制度的束缚，做自己命运的主人；《桃花》对新文学蓬勃发展的景象表示欣慰，但也批评了新文学界的自以为是。从此，《新青年》大量刊登鲁迅的作品。至1921年8月1日，3年多时间，鲁迅在《新青年》共发表作品54篇，计小说5篇，新诗6首，杂文29篇（其中随感录27篇），通讯3篇，译文4篇，其他（附记、正误）7篇。

本月 帮助周作人整理、修改《欧洲文学史》讲义。据周作人回忆：“课程上规定，我所担任的欧洲文学史是三单位，希腊罗马文学史三单位，计一星期只要上六小时的课，可是事先却须得预备六小时用的讲义，这大约需要写稿纸至少二十张，再加上看参考书的时间，实在是够忙的了。于是在白天里把草稿起好，到晚上等鲁迅修正字句之后，第二天再来誊正并起草，如是继续下去，在六天里总可以完成所需要的稿件，交到学校里油印备用。这样经过一年的光阴，计草成希腊文学要略一卷，罗马一卷，欧洲中古至十八世纪一卷，合成一册《欧洲文学史》，作为《北京大学丛书》之三，由商务印书馆出版。”

7 月

5 日　致钱玄同信，商量为《新青年》写稿事，并痛骂提倡国粹者：“中国国粹，虽然等于放屁，而一群坏种要刊丛编，却也毫不足怪。该坏种等，不过还想吃人，而竟奉卖过人肉的侦心探龙做祭酒，大有自觉之意。”①

9 日　上午收周作人信并译稿一篇，即开始抄录，至“夜录二弟译稿竟”。周作人 6 月 20 日回乡探亲，9 月 10 日返京。两个多月中与鲁迅通信、邮寄稿件频繁，每两三天通信一次。信中所说“译稿”是《新青年》第 5 卷 2 号刊载的瑞典斯特林堡的短篇小说《不自然淘汰》。

15 日　发表新诗《他们的花园》和《人与时》，均载《新青年》第 5 卷第 1 号，署名唐俟，收入《集外集》。前者表达了对外来的新思想、新事物的热烈支持，对保守势力的憎恶。后者赞颂一种既执着现在又不断跟随时代前进的进取精神。

20 日　作《我之节烈观》，载《新青年》第 5 卷第 2 号，署名唐俟，收入《坟》。文章为响应周作人翻译的日本作家与谢也晶子的《贞操问题》而作，是鲁迅在《新青年》上发表的第一篇长篇议论文。当时政府大力“表彰节烈”，社会上旧道德观念占据很大

---

①　丛编指当时刘师培等计划复刊的《国粹学报》和《国粹汇编》。此事后未实现，1919 年 3 月他们另创办《国故》月刊，鼓吹“昌明中国固有之学术”。刘师培(1884—1919)，又名光汉，字申叔，江苏仪征人。清末曾参加同盟会的活动。1909 年投靠两江总督端方，出卖反清人士。辛亥革命后投靠袁世凯，与杨度、孙毓筠等组织筹安会，为袁世凯称帝效劳。“奉卖过人肉的侦心探龙做祭酒”，指推出刘师培做头目。因南朝梁刘勰著有《文心雕龙》一书，鲁迅用“侦心探龙”(取“侦探”二字)代指刘师培。

势力。文章指出，专制统治越衰败，“皇帝要臣子尽忠，男人便愈要女人守节”的畸形道德便愈发达，“而且日渐精密苛酷”。“社会上多数古人模模糊糊传下来的道理，实在无理可讲；能用历史和数目的力量，挤死不合意的人。这一类无主名无意识的杀人团里，古来不晓得死了多少人物。”文章号召要“除去于人生毫无意义的苦痛”，“除去制造并赏玩别人苦痛的昏迷和强暴”。

29日 收到周作人从绍兴寄来的“吴郡郑蔓镜拓片二纸”，随即依据古代文献及其他实物写成跋文。郑蔓镜是吕超墓中出土的一面铜镜，铭文多达40字。鲁迅对一些词语作了精确的考释。

同日 收到钱玄同持赠《新青年》第4卷第6号“易卜生号”10册，即分寄友人。挪威剧作家易卜生①的作品表现出的个性解放思想对中国青年产生了很大影响。

8月

20日 致许寿裳信，详述自己对中国社会吃人本质的认识：“《狂人日记》实为拙作，又有白话诗署‘唐俟’者，亦仆所为。前曾言中国根柢全在道教，此说近颇广行。以此读史，有多种问题可以迎刃而解。”但对前途表示乐观：“历观国内无一佳象，而仆则思想颇变迁，毫不悲观。盖国之观念，其愚亦与省界相类。若以人类为着眼点，则中国若改良，固足为人类进步之验（以如此国而尚能改良故）；若其灭亡，亦是人类向上之验，缘如此国人竟

① 易卜生（1828—1906），挪威戏剧家。早年参加民族独立运动，1848年开始写作，创作了不少社会问题剧如《娜拉》《国民之敌》《群鬼》等，揭露社会问题。其剧作对欧洲戏剧发展产生了重大影响。

不能生存，正是人类进步之故也。大约将来人道主义终当胜利，中国虽不改进，欲为奴隶，而他人更不欲用奴隶；则虽渴想请安，亦是不得主顾，止能侘傺而死。如是数代，则请安磕头之瘾渐淡，终必难免于进步矣。”信中还表示支持许寿裳在江西实行教育改革。

9月

15日 发表《随感录》二十五，载《新青年》第5卷第3号，署名唐俟，收入《热风》。文章针对当时中国普遍存在的儿童“随便辗转，没人管他”的现象，指出：“生了孩子，还要想怎样教育，才能使这生下来的孩子，将来成一个完全的人。”鲁迅在《我们现在怎样做父亲》中说：“对于家庭问题，我在《新青年》的《随感录》（二五，四十，四九）中曾经略略说及，总括大意，便只是从我们起，解放了后来的人。”《新青年》杂志从4卷4号起发表短小精悍的社会评论，称“随感录”，可以不拟题目，执笔者多人，以发表先后顺序编号。

26日 作《随感录》三十三，载《新青年》第5卷第4号，署名唐俟，收入《热风》。文章批评蒋维乔、俞复等人“好讲鬼话”、迷惑人心，提出社会需要“不是皮毛的真正的科学”：“现在儒道诸公，却径把历史上一味捣鬼不治人事的恶果，都移到科学身上，也不问什么叫道德，怎样是科学，只是信口开河、造谣生事；使国人格外惑乱，社会上罩满了妖气。”鲁迅认为：“要救治这‘几至国亡种灭’的中国……只有这鬼话的对头的科学！”

11月

1日 作《随感录》三十五和三十六，载《新青年》第5卷第5

号，署名唐俟，收入《热风》。前者将“国粹”比作脸上的瘤、额上的疮，主张将其“割去”，因为“要我们保存国粹，也须国粹能保存我们”，“保存我们，的确是第一义”。后者指出如果一味保存所谓“国粹”，不愿改革，恐怕中国人要被从“世界人”中挤出。中国要自立于世界民族之林，必须批判“国粹主义”。

4日　作《渡河与引路》，载《新青年》第5卷第5号，署名唐俟，收入《集外集》。钱玄同在《新青年》第5卷第2号的通信栏以记者名义表示希望鲁迅也能参加世界语的讨论。《渡河与引路》即以与钱玄同通信的形式发表。鲁迅认为，在人类形成共同语言之前，世界语可以是一种暂时的过渡形式，正像渡河，“未有汽船，便只好坐独木小舟”。又指出：在“空气闭塞污浊”的旧社会，“灌输正当的学术文艺，改良思想，是第一事；讨论 Esperanto，尚在其次；至于辨难驳诘，更可一笔勾消”。

15日　发表《随感录》三十七和三十八[①]，载《新青年》第5卷第5号，署名鲁迅，收入《热风》。前者认为当时某些“民国的教育家”所谓“新武术”，是国粹保存者们自身的愚昧和对人民的欺骗。鲁迅后来说：“在五六年前，我对于中国人之发‘打拳热’，确曾反对过，那是因为恐怕大家忘却了枪炮，以为拳脚可以救国，而后来终于吃亏。”后者指出这样一种现象：国粹派“把国里的习惯制度抬得很高，赞美的了不得”，在他们看来国粹“既然这样有荣光，他们自然也有荣光了”。文章批判了这种以“丑恶骄

---

① 周作人在《关于鲁迅》中说：鲁迅“所作随感录大抵署名‘唐俟’，我也有几篇是用这个署名的，都登在《新青年》上，后来这些随感编入《热风》，我的几篇也收入在内，特别是三十七、八，四十二、三皆是。整本的书籍署名彼此都不在乎，难道二三小文章上头要来争名么？这当然不是的了。”以往的确有过鲁迅著译署名周作人的情况，周作人在鲁迅逝世后指出，“归还”给鲁迅了。但周作人此说尚未定论。

人”、甘居落后的荒谬言论，指出医治这种“思想上的病”的药只有“科学”一味。

12 月

25 日　钱玄同来信(致鲁迅、周作人)，商量公宴吴稚晖事：“昨晤摆伦，知道你们弟兄二位也要花几个钱请该老头儿吃饭。但是现在要请他的已有四人，连你们二位，共有六人。即半农、逖先、玄同、豫才、启明、幼渔也。我听说幼渔要另外请他，不与刘、朱、钱三人同请(因为可以多听他几句说话也)。我想以马、周、周三人为一组，刘、钱、朱三人为一组，你道好不好？还有一法，我们本来要请尹默、颂平、世诸人配享，你们两个人也在配享之列，好不好呢？”“摆伦”指胡适[①]，“世”指蔡元培。26 日的马幼渔宴请，鲁迅和钱玄同均出席。

29 日　发表《〈美术杂志〉第一期》，载《每周评论》第 2 号“新刊批评”，署名庚言，收入《集外集拾遗补编》。文章肯定了上海图画美术学校出版的《美术》杂志第 1 期的成绩与特色，也批评其维护国粹、对西洋美术缺乏了解等错误，表示：“我希望从此能够引出许多创造的大才，结得极好的果实”。

冬　作小说《孔乙己》，载《新青年》第 6 卷第 4 号，署名鲁迅，收入《呐喊》。作品塑造了一个科举制度牺牲品的形象。孔乙己想通过科举考试进入士大夫阶层，但结果是“连半个秀才也

---

① 胡适(1891—1962)，字适之，安徽绩溪人。留学美国，回国后任北京大学教授，参加《新青年》编辑工作，提倡白话文，主张文学革命。曾任北京大学文学院院长、校长，中国驻美国大使等职。

捞不到”，反落到“不会营生”“穷途潦倒”的地步，最后在人们的冷眼中死去。鲁迅曾对孙伏园说，这篇小说用意“是在描写一般社会对于苦人的凉薄”，并说《孔乙己》是他自己最喜欢的作品。

年底 对周作人的一些著译做校对和增删修改，如白话诗《小河》。

本年 以文言译尼采《察罗堵斯德罗绪言》1 至 3 节，未发表，后收入《鲁迅译文集》第 10 卷附录。

本年 作《随感录》一篇，未发表，后收入《集外集拾遗补编》。文章以当时世界上被压迫民族的历史教训为例，认为有两种不同的爱国者，“专重在现世以及将来”的人是真正的爱国者；而“只是悲叹那过去，而且称赞着所以亡的病根的”人是“爱亡国者”。

1919 年（己未，中华民国八年） 39 岁

▲1 月，《新潮》创刊。

▲1 月 5 日，李大钊在《每周评论》上发表文章《新纪元》，称俄国革命是世界革命和人类觉醒的新纪元。

▲1 月 18 日，巴黎和会开幕。英、美、法 3 国元首主持和会，未能满足中国的要求，而将德国在山东的权益让与日本。

▲5 月 4 日，北京学生 3000 余人举行爱国游行示威，抗议巴黎和会的强权和中国政府的外交失败。

▲5 月 15 日《新青年》发表李大钊《我的马克思主义观》一文。

▲7 月 20 日，胡适在《每周评论》上发表《多研究些问题，少

谈些主义》，胡、李双方展开"问题与主义"的论争。

▲本年，林纾发表《致蔡鹤卿书》及影射小说《荆生》等，攻击白话文和文学革命思想；李大钊发表《新旧思潮之激战》，蔡元培发表《致林君琴南函》，批驳林纾。蔡元培在文中申述了"思想自由原则"和"兼容并包主义"。

1月

4日 刘半农和钱玄同来访，与鲁迅和周作人谈天。据钱玄同日记："豫才说：如其大东海国大皇帝竟下了吃孔教的上谕，我们唯有逃入耶稣教之一法。豫才说用耶教来抵御中国旧教。我本来是不赞成的，但彼等如竟要叫大家吃孔教，来研究那狗屁三纲五常，则我们为自卫计惟有此法而已。"可见《新青年》同人对尊孔复古的抵触情绪。

15日 发表《随感录》三十九至四十三，载《新青年》第6卷第1号，署名唐俟，收入《热风》。三十九针对当时一些官僚政客以"经验"作资本并鼓吹"保存国粹"而发。四十针对"一位不相识的少年"所写的《爱情》一文抒发感想，《爱情》控诉了包办婚姻的罪恶，鲁迅认为"这是血的蒸气，醒过来的人的真声音"。四十一以生物进化的事实，驳斥旧势力对改革者的嘲讽，号召青年蔑视他们的"冷笑和暗箭"，"摆脱冷气，只是向上走"，"能做事的做事，能发声的发声。有一分热，发一分光"，执着于现实，为未来的光明奋斗。本篇还表现了鲁迅对前途充满信心："尼采式的超人，虽然太觉渺茫，但就世界现有人种的事实看来，却可以确信将来总有尤为高尚尤近圆满的人类出现。"四十二痛惜有五千年文明的中国人的种种野蛮和落后，讽刺中国文化腐朽性的一面，揭露帝国主义往往利用"国粹"作为侵略弱国的手段。四十三针对上海《时报》星期增刊《泼克》上“皮毛改新，心思仍旧”的美术作品，指出：“美术家固然须有精熟的技工，但尤须有进步的思想与高尚的人格。他的制作，表面上是一张画或一个雕像，其实是他的思想与人格的表现。令我们看了，不但欢喜赏玩，尤能发生感动，造成精神上的影响。”文章以美国讽刺画家勃拉特来关于欧战的《秋收时之月》为例，称赞“这才算得真的进步的美术家的讽刺画”。

16日 复许寿裳信，回答中国少年应该读什么书的问题：“少年可读之书，中国绝少。”而教育少年，应以“养成适应时代之思想为第一谊”，“思想能自由，则将来无论大潮如何，必能与为沆瀣矣”。信中激烈批评中国传统文化，还谈到了文化界的新旧斗争：“主张用白话者，近来似亦日多，但敌亦群起，四面八方攻击者众，而应援者则甚少。”认为新出版的《新潮》杂志“颇强人意”，对其主编傅斯年、编辑罗家伦的文章表示赞赏。

2月

1日 《新潮》第1卷第2号发表署名“记者”的文章《……》，评论近期《新青年》，赞扬鲁迅的小说：“就文章而论，唐俟君的《狂人日记》用写实笔法，达寄托的(Symbolism)旨趣，诚然是中国近来第一篇好小说。”也许是笔误，也许是有意，记者把《狂人日记》的作者写作唐俟，透露鲁迅和唐俟实为同一人。

15日 发表《随感录》四十六至四十九，载《新青年》第6卷第2号，均收入《热风》。四十六署名唐俟，从几幅讽刺废除汉文主张的图画切入，指出：“旧象愈摧破，人类便愈进步”。肯定“达尔文、易卜生、托尔斯泰、尼采诸人”“都是近来偶像破坏的大人物”。“因为他们都有确固不拔的自信，所以决不理会偶像保护者的嘲骂和恭维。”当时，钱玄同、鲁迅等坚决主张废除汉字，因为担心繁难的汉字短时间内难以解决广大人民群众识字的问题，拖住中国走向现代化的步伐。四十七署名俟，表达对微雕技术的意见，认为这种“国粹”家的本领与用古文记述现在的事一样，对实际的人生没有什么大用处。四十八署名俟，批判复古派、改良派的折衷主义思想。四十九署名俟，用进化论观点批判阻碍社会前进、妨害青年一代健康成长的保守势力，指出：“进化的途中总须新陈代谢”，“新的应该欢天喜地的向前走去，这便是壮，旧的也应该欢天喜地的向前走去，这便是死；各各如此走去，便是进化的路”。

《新青年》第 6 卷第 2 号还发表《什么话（三）》和《拳术与拳匪》，署名鲁迅。前者辑录了林传甲、林纾等复古派的言论 5 则，不加评论，直接暴露言论本身的荒谬之处。其中唐熊关于中国画的看法，虽然称西方人不懂中国绘画稍显过分，但认为学习中国文化除语言文字外，更需了解其他艺术的思路却是不错的。后者回答陈铁生对《随感录》三十七的质疑，认为这条《随感录》“仍然完全成立”。

3 月

15 日　发表《随感录》五十三和五十四，载《新青年》第 6 卷第 3 号，收入《热风》。前者署名鲁迅，从“五种同业的内讧”的混乱现象谈起，重点指出“泼克”论者满口“新艺术真艺术”，其实对新艺术一无所知，其作品“多是攻击新文艺新思想的”，期盼社会上这些混乱现象能结束，“中国有新兴美术出现”。后者署名唐俟，针对政局混乱和社会上旧势力的顽固造成的种种新旧并存现象，揭示了中国人历来标榜的折衷主义的虚伪性。“要想进步，要想太平，总得连根的拔去了‘二重思想’。因为世界虽然不小，但彷徨的人种，是终竟寻不出位置的。”

26 日　作《〈孔乙己〉附记》，载《新青年》第 6 卷第 4 号。附记声明《孔乙己》“单在描写社会上的或一种生活”，而“没有别的深意”。因上个月林琴南以《荆生》《妖梦》一类的小说对提倡新文化运动的人施行人身攻击，鲁迅特地说明自己并不像林纾那样将小说作为“泼秽水的器具”。

30 日　发表《随感录》3 则，载《每周评论》第 15 号，署名庚言，收入《集外集拾遗补编》。第 1 则《敬告遗老》指出林纾以“清室举人”自居，却来“维护中华民国的名教纲常”，自相矛盾，并“敬告”林纾，“你老既不是敝国的人”，以后便“不要再干涉敝国的事情罢”。第 2 则《孔教与皇帝》针对孔丘嫡裔孔令贻被赐在北京紫禁城“骑朝马”、上折谢恩等行为，揭示了“孔教与帝制及复辟，都极有关系”。第 3 则《旧戏的威力》批评张厚载投靠林纾，维护旧戏，造谣生事的“鬼蜮”伎俩。

4 月

1 日　孟真（傅斯年）在《新潮》第 1 卷第 4 号发表《一段疯话》，认为“疯话”有时是真话，“真个可爱”，并以《狂人日记》为例：“又譬如鲁迅先生所作《狂人日记》的狂人，对于人世的见解，真个透彻极了，但是世人总不能不说他是狂人”。

15 日　发表新诗《他》，载《新青年》第 6 卷第 4 号，署名唐俟，收入《集外集拾遗补编》。诗中的“他”系指女性，用中国古代诗歌香草美人比喻美好理想的手法，写出对“他”的寻求和失望，既表现了对美好生活的憧憬，又谴责了外部世界对美好事物的扼杀。

17 日 复傅孟真[①]信，5 月 1 日以《对于〈新潮〉一部分的意见》为题，发表在《新潮》1 卷 5 期，收入《集外集拾遗补编》。傅来信征求对《新潮》的意见，鲁迅回答：《新潮》固然应当讲科学，但更应发议论。“最好是无论如何总要对于中国的老病刺他几针”，而且“还是毒重的好”，以便使“鼓吹少年专讲科学，不要议论”的“老先生”们“不得安稳”。批评《新潮》发表的诗作“有点单调”，并指出应提倡诗歌风格多样化，同时把翻译外国的诗歌当成“一种要事”。赞扬了《新潮》上发表的一些作品如叶圣陶的小说《这也是一个人？》，认为“这样下去，创作很有点希望”。也谈到自己的创作动机：“我自己知道实在不是作家，现在的乱嚷，是想闹出几个新的创作家来……破破中国的寂寞。”

19 日 致周作人信。报告北京文坛的争论：“新旧冲突事，已见于路透电，大有化为‘世界的’之意。”“新旧冲突事”是指本年 3 月 18 日林纾先在《公言报》发表《致蔡鹤卿太史书》，随后蔡元培以《答林琴南书》应答的事件。当时路透社报道了这场论争。

25 日 作小说《药》，载《新青年》第 6 卷第 5 号，署名鲁迅，收入《呐喊》。作品以辛亥革命前夕的社会为背景，反映反清革命者得不到群众理解的困境。作品有两条线索：明线写穷苦愚昧的华老栓夫妇用蘸了革命者鲜血的馒头治疗儿子的痨病；暗线写革命者夏瑜（暗喻秋瑾）的英勇牺牲，连接两条线索的是“药”即“人血馒头”。虽然通篇是昏暗悲惨的氛围，但在结尾，如

---

① 傅孟真（1896—1950），名斯年，山东聊城人。时为北京大学学生、《新潮》杂志编辑，在 1919 年的学生运动中发挥了领导作用。后留学英、德，回国后先后任中山大学教授、文科主任，中央研究院历史语言研究所所长等职。1949 年赴台，任台湾大学校长，1950 年病逝。

鲁迅《呐喊》自序中所说："因为那时的主将是不主张消极的"，所以便"在《药》的瑜儿的坟上平空添上一个花环"——为作品增添了一点光明。

5月

1日 傅斯年在《新潮》第1卷第5号上发表《通信(给鲁迅先生)》，讨论《新潮》的办刊方针，并提到："《狂人日记》是真好的，先生自己过谦了。我们同社某君看见先生这篇文章，和安得莱夫的《红笑》，也做了一篇《新婚前后七日记》。"同期还发表傅斯年《随感录(四)》，声援鲁迅："《新青年》里有一位鲁迅先生和一位唐俟先生是能做内涵的文章的。我固不能说他们的文章就是逼真托尔斯泰、尼采的调头，北欧、中欧式的文学，然而实在是《新青年》里一位健者。至于有人不能领略他的意思和文辞，是当然不必怪。果然我今天在上海一家报的什么'泼克'上，看见骂他的《新教训》，'说他头脑不清楚，可怜！'"

4日 北京爆发学生运动。下午接待刘半农、孙伏园来访。孙伏园参加了本日上午天安门和东交民巷的示威游行。他后来回忆说："游行完了，我便到南半截胡同找鲁迅先生去了……鲁迅详细问我天安门大会场的情形，还详细问我游行时大街上的情形。"

23日 与周作人一同出席胡适东兴楼邀宴，同座10人。

本月 发表《随感录》五十六至五十九，载《新青年》第6卷第5号，署名唐俟，均收入《热风》。五十六《来了》，指出社会上一种现象：俄国十月革命及马克思主义向中国的传播引发惊叹："过激主义者来了！"。鲁迅指出：'过激主义'不会来，不必怕他；只有'来了'是要来的，应该怕的。"因为中国如一潭死水，无论什么主义“全扰乱不了中国”，都会被“扑灭”。五十七《现在的屠杀者》指出，复古派指斥白话“鄙俚浅陋”“不值识者一哂”，是“勒派腐朽的名教，僵死的语言，侮蔑尽现在，这都是‘现在的屠杀者’；杀了‘现在’，也便杀了‘将来’。”五十八《人心很古》针对复古派“人心不古，国粹将亡”的哀叹，援引史实，揭露他们与古代反改革者的颂古非今、鼓吹倒退“丝毫无异”，而复古只能是一种梦想。五十九《圣武》是对五十六的增补，指出历代专制统治者用“刀与火”残酷镇压人民，是造成中国社会长期落后的根本原因。文章歌颂十月革命，称苏联是有“主义”的国家，苏联人民是有“信仰”的人民。该期《新青年》出版时间标为 1919 年 5 月，因受学生运动影响，实际出版时间为本年 9 月。

6 月

19 日　至第一舞台观看北大学生演出的独幕剧《终身大事》和四幕话剧《新村正》。这次演出是为北京中等以上学校学生联合会筹募经费。[①]

28 日　参股国货制造所，出资 10 元。鲁迅 1925 年 6 月 13 日给许广平信中说：“那时候，是连这种万年糊也不会做的，排货

---

① 《北京中等以上学校学生联合会启事》，见 1919 年 6 月 17 日《国民公报》。《终身大事》为胡适所作独幕剧，原为应朋友之约用英文写成，中译文发表于 1919 年 3 月《新青年》第 6 卷第 3 号。剧本描写一个中产家庭的独生女田亚梅为争取婚姻自主而离家出走。亚梅留学归来，倾心于曾经交往多年的朋友陈先生。但她的母亲求签算命，因两人命相不合、八字相克，反对他们成婚。最后，亚梅趁父母离屋吃饭，留下字条说：“这是孩儿的终身大事，孩儿该自己决断，孩儿现在坐了陈先生的汽车去了，暂时告辞了。”《新村正》系南开学校新剧团编剧，通过天津周家庄地主恶霸吴绅在辛亥革命后摇身变为新村正的故事，表现了中国社会各种势力盘根错节，反映了变革的艰巨性和复杂性。原剧五幕，北大新剧团改编为四幕。

事起，有三四个学生组织了一个小团体来制造，我还是小股东，但是每瓶卖八枚铜子的糊，成本要十枚，而且货色总敌不过日本品。后来，折本，闹架，关门。……因此获利的却是美法商人。我们不过将送给英日的钱，改送美法，归根结蒂，二五等于一十。但英日却究竟受损，为报复计，亦足快意而已。可是据我看来，要防一个不好的结果，就是白用了许多牺牲，而反为巧人取得自利的机会，这种在中国是常有的。"

7月

8日 作小说《明天》[①]毕，晚托钱玄同交罗家伦，载10月30日《新潮》月刊第2卷第1号，署名鲁迅，收入《呐喊》。作品描述了寡妇单四嫂子对"明天"的幻想：丈夫死了，她寄希望于儿子；儿子病了，她寄希望于医生；儿子因庸医误诊身亡，她又寄希望于梦中与儿子重见。全篇以阴郁的氛围，揭示下层妇女精神绝望的状态。鲁迅后来说，当时的前驱者是"不主张消极的"，所以便"不恤用了曲笔"，"在《明天》里也不叙单四嫂子竟没有做到看见儿子的梦"。

23日 拟购买新街口八道湾十一号罗氏屋，与原房主一起赴警察厅报告。鲁迅为接家眷来京，从本年2月11日起开始四处看屋，先后在报子街、铁匠胡同、鲍家街、广宁伯街、辟才胡同、新街口、护国寺等处寻找，至本日选定。11月4日付款讫，共计3500元，中保人酬金175元，修缮费不计在内。鲁迅选定此处的

---

① 本篇文末注明的写作日期为"一九二〇年六月"，但发表该文的《新潮》第2卷第1号系1919年10月出版，显然错了一年。鲁迅7月8日日记载："晚钱玄同来，夜去，托其寄交罗志希信并稿一篇。"罗志希（家伦）即《新潮》第2卷第1号的编辑，鲁迅托交的文稿应即《明天》。

一个原因是不但房间多，而且屋外空地大，适宜于儿童游玩——两个弟弟均有子女。

8月

1日 接待孙伏园来访。孙伏园向鲁迅约稿，鲁迅表示文章做不出，但可以翻译《一个青年的梦》。

2日 开始翻译日本武者小路实笃[①]的剧作《一个青年的梦》，至次年1月28日译完。本年8月3日至10月25日在北京《国民公报》上连载，署名鲁迅。刊至第3幕第2场时，该报被禁，所余部分移于次年1至4月《新青年》第7卷第2号至5号上。后收入《鲁迅译文集》第2卷。同日作《〈一个青年的梦〉译者序》，载1920年1月1日《新青年》第7卷第2号，署名鲁迅，收入《集外集拾遗补编》。序言赞赏武者小路实笃的反战精神，并感叹"日本已有人在半夜里大叫了，中国还没有"。

10日 周作人夫妇携3个儿女及妻弟羽太重久自东京来，暂住绍兴会馆隔壁王姓寓所。

12日 发表杂感《寸铁》4则，载《国民公报》"寸铁"栏，署名黄棘。前两则针对署名"思孟"的文章而写。8月6日至13日，北京《公言报》刊登了思孟的《息邪》一文，取孟子的"我亦欲正人心息邪说"之意，用为蔡元培、陈独秀、胡适、沈尹默等人作传的方式，攻击新文化运动的代表人物，指斥《新青年》"引过激派学说，昌共产主义"以蛊惑人心，文学革命是"覆孔孟，蔑伦常"的大逆不道，而蔡元培、陈独秀诸人为"祸首"。鲁迅指出：思孟以鬼

---

① 武者小路实笃(1885—1976)，日本作家。曾建立新村，实行耕读主义，并创办《白桦》杂志，创立白桦派。1936年曾到中国游历。著有《武者小路实笃全集》。

蜮伎俩,“做些鬼祟的事”,也只不过是“小邪”,“算不得大邪”;虽然“造谣说谎诬陷中伤也都是中国的大宗国粹”,但随着历史的发展,这类“鬼祟著作却都消灭了”。第3则针对北京某大学讲师刘少少著书撰文维护“国粹”、咒骂白话文学是“马太福音体”而作,讽刺刘少少对文化史一无所知,连福音书是革新体都不懂,却用来作为骂白话文的例证。第4则总结说,历史的前进是不能阻挡的,虽然“先觉的人”历来被“小人”所不容,虽然“喜欢暗夜的妖怪多”,但“光明却总要来”的。

19日 开始发表《自言自语》散文诗7篇,均载《国民公报》“新文艺”栏,署名神飞。本日发表其一《序》和其二《火的冰》。《序》假托《自言自语》是从一个“眼花耳聋”而又喜“说三话四”的陶老头子那里采来的“略有意思的段落”。《火的冰》是对先觉者的歌颂,“熔化的珊瑚”一样通红的“流动的火”,可视为鲁迅心目中的先觉者形象,虽遇冷而结冰,却依然保持着珊瑚一样的美;人们对它“没奈何”,因为它具有不可征服的品格。此篇是《死火》的雏形。

20日 发表《自言自语》之三《古城》,描写在一个将被黄沙埋没的古城里,“少年”为了解救孩子而同“老头子”展开的一场斗争,歌颂了为下一代的幸福而战斗的先觉者。

21日 发表《自言自语》之四《螃蟹》,用寓言的形式描写饱经沧桑的老螃蟹揭穿那个口口声声给予“帮助”而实则想“吃掉”它的同种的伪善面目,提醒人们警惕口蜜腹剑的人。

9月

7日 发表《自言自语〉之五《波儿》,从波儿种花急于求成的事例得到启示:美好的新事物的出现需要经过长期艰苦努力。

9日 发表《自言自语》之六《我的父亲》和之七《我的兄弟》，前者表达了对逝世多年的父亲无法释怀的歉疚，后者表达了对自己欺凌幼小弟弟的悔恨。前者所写的情形，后来在《父亲的病》中重现，后者是《风筝》的雏形。

25日 署名“狂人”者在北京《国民公报》副刊《寸铁》上发表文章，谈阅读《狂人日记》的感想：以前“以为中国虽不甚开化，然而人吃人的事也未必还有。这位鲁君的文章，未免有些过火了”。后来在报纸上读到一篇诅咒“五四”青年的文章，说爱国青年如同横行无忌的螃蟹，“恨不能尽持而为吾嚼也”。因此感叹：“我看了这段话，才知道鲁君所说尚未能尽。他的小说里，是说许多人想吃一个人。现在竟有一个人(?)想吃尽爱国少年了。呵呀！我也要做‘狂人’了。”

10月

本月 作《我们现在怎样做父亲》，载《新青年》第6卷第6号，署名唐俟，收入《坟》。文章呼唤人与人之间的全新关系，批判传统伦理道德观念中“神圣”的“父权”思想，抨击了中国旧的家庭制度，回应了保守主义对新文化运动“覆孔孟，铲伦常”的攻击。文章认为，夫妇之间的关系“是伴侣，是共同劳动者，又是新生命的创造者”。父母对于子女应负教育责任，帮助他们发展，而不应存有“施恩”而让幼者做牺牲来报答的念头，号召“觉醒的人”，“各自解放了自己的孩子。自己背着因袭的重担，肩住了黑暗的闸门，放他们到宽阔光明的地方去；此后幸福的度日，合理的做人”。

本月 翻译日本小说家有岛武郎的小说《与幼小者》，署名鲁迅，编入1923年6月商务印书馆出版的《现代日本小说集》。[①]

11月

1日 发表《随感录》六十一至六十六，载《新青年》第6卷第6号，署名唐俟，均收入《热风》。六十一《不满》，针对巴黎和会后，中国一些人单是"不满"于帝国主义国家的不人道，而不敢正视本国的黑暗现实的现象，强调如果"不满"能引起自省，让人们正视本国的缺点，"不满"就成了"向上的车轮，能够载着不自满的人类，向人道前进"。六十二《恨恨而死》，批评中国人中有一部分浑浑噩噩，缺乏生活目的，一面放纵自己一面却责备他人，指出"不平还是改造的引线，但必须先改造了自己，再改造社会，改造世界；万不可单是不平"。六十三《与幼者》，引用日本作家有岛武郎的小说《与幼者》中的几段话，鼓励"幼者"，将父辈做一个"踏脚"，并"超越"前人，"向着高的远的地方"走去。六十四《有无相通》讥讽北方的"拳师"和南方的文人，表达了对当时社会现象的看法。六十五题为《暴君的臣民》，揭露"暴君的臣民"，"只愿暴政暴在他人的头上，他却看着高兴，拿'残酷'做娱乐，拿'他人的苦'做赏玩，做慰安"。因此，他们"大抵比暴君更暴"。六十六《生命的路》，指出"生命的路是进步的，总是沿着无限的精神三角形的斜面向上走"，"什么是路？就是从没路的地方践

---

① 有岛武郎(1878—1923)，日本作家。早年宣传资产阶级人道主义，后接触社会主义思想，同情工人和农民运动，将田产分给佃户。因思想矛盾，终于自杀。鲁迅在《热风·随感录六十三"与幼者"》中说："做了《我们现在怎样做父亲》的后两日，在有岛武郎《著作集》里看到《与幼者》这一篇小说，觉得很有许多好的话。"《与幼者》即鲁迅翻译的《与幼小者》。《我们现在怎样做父亲》作于1919年10月，据此可知翻译《与幼小者》的时间上限为1919年10月。

踏出来的，从只有荆棘的地方开辟出来的”。

从1918年9月15日至是日，鲁迅在《新青年》上发表的《随感录》共28篇。

同日 吴虞在《新青年》第6卷第6号上发表《吃人与礼教》，称赞鲁迅的《狂人日记》，并对“礼教吃人”的观念做了进一步阐发：“我读《新青年》里鲁迅君的《狂人日记》，不觉得发生了许多感想。我们中国人，最妙是一面会吃人，一面又能够讲礼教。吃人与礼教，本来是极相矛盾的事，然而他们在当时历史上，却认为并行不悖的，这真正是奇怪了。”

21日 离开绍兴会馆，与周作人全家移入八道湾宅。本年1月16日鲁迅在给许寿裳的信中说：“在绍之屋为族人所迫，必须卖去，便拟挈眷居于北京，不复有越人安越之想。”春节一过，鲁迅即为此事奔忙，终于买下八道湾宅院并做修缮。周作人本年4月先将家眷送至日本探亲，5月初学生运动发生后只身返京，7月再去日本接回家眷。鲁迅日记本年8月10日载：“午后二弟、二弟妇、丰(周作人之长子)、谧(周作人之长女)，蒙(周作人之二女)及重久(周作人之妻弟)自东京来。”八道湾十一号宅院前后3进，有20多间房子。前院坐北朝南的罩房，用作门房、会客室，鲁迅曾暂居其中两间，《阿Q正传》即在此写成；中院有北房3间，鲁瑞同朱安分住两头，中间堂屋可作饭厅，堂屋后面接出的小间，北京人称之为“老虎尾巴”，冬天为节省煤炭，鲁迅就搬到“老虎尾巴”来住。后院很宽敞，北房9间，每3间一套，周作人一家住西边一套，建人一家住中间一套，东边一套作为客房。

24日 作《〈一个青年的梦〉译者序二》，载次年1月1日《新青年》第7卷第2号，署名迅。序文说明“全剧的宗旨”，“是在反对战争”，而“翻成中文的意义”，则是因为“这剧本很可以医许多中国旧思想上的痼疾”。

12 月

1 日 发表《一件小事》[①]，载《晨报周年纪念增刊》，署名鲁迅，收入《呐喊》。作品描写一个老妇人被人力车撞倒后，乘车者“我”疑其讹诈而车夫勇于担负责任、尽心照顾，凸显了作为知识阶级的“我”那皮袍下藏着的“小”。

同日 离京回乡，2 日抵上海，3 日抵杭州，4 日抵绍兴。在家期间与族人共同卖掉新台门祖宅。鲁迅将家中什物“可送的送，可卖的卖”，3 只书箱寄存亲友家中(中有鲁迅手抄《二树山人写梅歌》，南京读书时的《几何》《开方》等笔记，以及在日本读书时的《医学笔记》等)。24 日举家北上。离家前几天，少年时代的朋友章运水前来送行。29 日到京。因为举家北迁，鲁迅此次回乡还祭扫了家坟，将父亲的灵柩入土，并将四弟的遗骸迁葬。这些活动后来成了小说《在酒楼上》的素材。

10 日 被教育部指派为国歌研究会干事。教育部于本年 11 月发布第 107 号通令，设立国歌研究会，制定国歌。该会几经研究，于 1920 年 4 月定《卿云歌》为国歌，同年 7 月 1 日起在全国施行。1920 年 1 月 6 日、4 月 16 日、6 月 7 日和 10 月 10 日鲁迅日记中都有参加国歌研究会活动的记载。《卿云歌》，古歌名，见

---

① 文末所注写作日期为“一九二〇年七月”，但作品发表于 1919 年 12 月 1 日，鲁迅自注日期有误。

《尚书大传》。[①] 卿云即庆云,祥瑞之云。新定国歌由汪荣宝作词,萧友梅作曲。1927 年国民党执政后停用。

1920 年(庚申,中华民国九年)　40 岁

▲3 月,李大钊、邓中夏、高君宇、罗章龙等在北京大学秘密组织马克思学说研究会。

▲3 月,胡适《尝试集》由上海亚东图书馆出版,为中国现代文学史上的第一部白话诗集。

▲5 月,陈独秀等在上海成立马克思主义研究会,并同北方的李大钊相约筹建中国共产党。

▲8 月至次年春,北京、武汉、长沙、济南、广州以及法国巴黎、日本东京均建立了共产主义小组。上海共产主义小组出版《共产党宣言》第一个中文全译本(陈望道译,陈独秀、李汉俊校)。

1 月

3 日　与周建人联名致信祖叔周心梅,报告平安到达北京,感谢他在搬家过程中给予的帮助,并委托代为处理家中田产收租事宜。

---

① 原文为:"卿云烂兮,糺缦缦兮。日月光华,旦复旦兮。明明上天,烂然星陈。日月光华,弘于一人。日月有常,星辰有行。四时从经,万姓允诚。于予论乐,配天之灵。迁于圣贤,莫不咸听。鼚乎鼓之,轩乎舞之。菁华已竭,褰裳去之。"教育部征集国歌,众议院议员汪荣宝(衮甫)据此歌作《卿云歌》入选。歌词为:"卿云烂兮,糺缦缦兮,日月光华,旦复旦兮。时哉夫,天下非一人之天下也。"后两句为汪荣宝添加。

3月

20日 作《〈域外小说集〉序》,载1921年上海群益书社重印本《域外小说集》卷首,发表时署名周作人,后收入《鲁迅译文集》第1卷附录。周作人说:“一九二〇年的三月群益书社重印域外小说集的时候,有一篇署我名字的序文,也是他(按指鲁迅)做的。”序言回顾了《域外小说集》印行的经过,强调文艺应发挥“转移性情,改造社会”的作用。又谈到重印《域外小说集》的两个原因:一是“他的本质,却在现在还有存在的价值,便在将来也该有存在的价值”,二是因为几个友人“劝告重印,以及想法张罗”。这里所说的几个友人,指陈独秀[①]等《新青年》同人。该书由群益书社重印,就是经陈独秀几度接洽的。陈独秀1920年3月11日致周作人信说:“重印《域外小说集》的事,群益很感谢你的好意。”[②]

4月

17日 受教育部指派,前往故宫午门清理德文图书。本年日记中多有“往午门”的记载。1926年,鲁迅在《谈所谓“大内档案”》中回忆:“十二年前,欧洲大混战开始了,后来我们中国也参加战事,就是所谓‘对德宣战’;派了许多工人到欧洲去帮忙;以

---

① 陈独秀(1879—1942),字仲甫,安徽怀宁人。《新青年》杂志的创办人,1918年与李大钊创办《每周评论》杂志,是五四运动前后新文化运动的主要领导人。曾任北京大学文科学长。1921年发起成立中国共产党,任总书记,连任多届。因观点与共产国际与党内一些成员不一致,于1929年11月被开除出党。1942年病逝于四川江津。

② 《中国现代文艺资料丛刊》第5集,上海文艺出版社1980年版。

后就打胜，就是所谓‘公理战胜’。中国自然也要分得战利品，——有一种是在上海的德国商人的俱乐部里的德文书，总数很不少，文学居多，都搬来放在午门的门楼上。教育部得到这些书，便要整理一下，分类一下……当时派了许多人，我也是其中的一个。……对德和约成立了，后来德国来取还，便仍由点收的我们全盘交付。”

5月

4日　致宋知方①信。评价五四运动发生以来的影响道："然由仆观之，则于中国实无何种影响，仅是一时之现象而已；谓之志士固过誉，谓之乱萌，亦甚冤也。"对新文化运动中一些人"行不顾言"的倾向表示不满："近来所谓新思潮者，在外国已是普遍之理，一入中国，便大吓人；提倡者思想不彻底，言行不一致，故每每发生流弊，而新思潮之本身，固不任其咎也。"认为："中国一切旧物，无论如何，定必崩溃；倘能采用新说，助其变迁，则改革较有秩序。"针对有人不赞成共和体制，则表示："中国学共和不像，谈者多以为共和于中国不宜；其实以前之专制，何尝相宜？专制之时，亦无忠臣，亦非强国也。"

19日　侄子沛患肺炎，鲁迅为之延医，彻夜不眠，并于次日送入同仁医院。从本月20日起至7月13日，鲁迅几乎天天往医院，有时夜间住在病院。与此同时，母亲生病，鲁迅请山本医生到家中诊视。

---

① 宋知方(1883—1942)，名崇义，浙江上虞人，是鲁迅在浙江两级师范学堂任教时的学生。后在浙江台州中学、杭州艺术专科学校任教。

6月

26日　午后同周作人赴北京大学。周作人1920年6月26日日记:"同大哥至大学出版部,得陈望道[①]君二十二日函。"陈望道还寄来其所译《共产党宣言》。信的大意是,因为在《新潮》上看到鲁迅主张"现在偏要发议论,而且讲科学"的意见,极表赞同,所以特地寄赠《共产党宣言》译本求教。鲁迅复信并赠以《域外小说集》。

7月

18日　夜送母亲以下妇孺至同仁医院暂避战乱。本月12日,曹锟、张作霖等联名通电讨段,并任命吴佩孚为"讨贼军前敌总司令"。14日直奉联军与皖军在琉璃河、杨村一线交战。17日,吴佩孚部袭击涿州、松林店、大破皖军。18日凌晨,皖系第15师乘4列火车抵永定门站,有溃军百余人抢掠铺户。为维持治安,北京城城门均闭,巡警加岗,军士戒严,一时人心惶惶,谣言四起,居民纷纷避匿。在段祺瑞"自请免职"后,19日,京汉、京奉线战事停息。[②]

---

① 陈望道(1890—1977),原名参一,浙江义乌人。1912年赴日本留学,1919年5月回国,任杭州第一师范文科教员,因参加新文化运动遭受迫害,遂回乡翻译《共产党宣言》。1920年春,应陈独秀之邀到上海编辑《新青年》。后任上海大学、复旦大学中文系系主任等职。1934年在鲁迅支持下创办《太白》半月刊。著有《修辞学发凡》等。

② 《战事晚讯》,1920年7月19日《新京报》。

8月

2日　被北京大学聘为讲师。[①] 据蔡元培《我在教育界的经验》[②]回忆："自陈独秀君来任学长，胡适之，刘半农，周豫才，周岂明诸君来任教员，而文学革命，思想自由的风气，遂大流行。"

5日　作《风波》，载《新青年》第8卷第1号，署名鲁迅，收入《呐喊》。陈独秀在本年3月11日致函周作人表示："我们很盼望豫才先生为《新青年》创作小说，请先生转告他。"鲁迅本日写完《风波》，7日寄给陈独秀。作品以张勋复辟为背景，描写了这场政治风波在江南水乡七斤家中引起的恐慌：船工七斤革命后被人剪去了辫子，张勋复辟的消息传来，土绅赵七爷以没有辫子理当杀头恫吓七斤，使七斤夫妇极为惊恐。《风波》很快刊载出来。陈独秀给周作人写信说："鲁迅兄做的小说，我实在五体投地的佩服。"[③]

10日　译完德国尼采的《察拉图斯忒拉的序言》并作"译者附记"，均载9月《新潮》第2卷第5期，署名唐俟。附记指出，这篇序言"并不能包括尼采思想的全体"，"里面又免不了矛盾和参差"。

13日　收到陈独秀信（致鲁迅、周作人），谈《新青年》稿件事："两先生的文章今天都收到了。《风波》在这号报上印出，启明先生译的那篇，打算印在二号报上：一是因印刷来不及；二是因为节省一点，免得暑天要启明先生多作文章。倘两位先生高

---

① 北大聘书："敬聘周树人先生为本校讲师，此订。国立北京大学校长蔡元培，中华民国九年八月二日，第一百六十一号。"当时北大规定，兼职教员不能聘为教授。

② 载《宇宙风》1937年12月第55期。

③ 陈独秀1920年8月22日致周作人信。

兴要再做一篇在二号报上发表，不用说更是好极了。玄同兄总无信来，他何以如此无兴致？‘无兴致’是我们不应该取的态度；我无论如何挫折，总觉得很有兴致。”

16日 致蔡元培信，为三弟建人谋职：“比闻里昂华法大学成立在迩，想来当用若干办事之人，因此不揣冒昧，拟请先生量予设法，俾得藉此略求学问，副其素怀，实为至幸。”

21日 致蔡元培信，仍为周建人谋职事。鲁迅介绍三弟教育经历说：“舍弟建人，未入学校。初治小学后习英文，现在可看颇深之专门书籍。其所谓研究者为生物学，曾在绍兴为师范学校及女子师范学校博物学教员三年。此次志愿专在赴中法大学留学，以备继续研究。第以经费为难，故私愿即在该校任一教科以外之事务，足以自给也。”

26日 受北京高等师范学校之聘，为该校讲师。教授《中国小说史略》，次年1月12日开始直到1926年8月离京赴厦门大学止。北京高等师范学校前身是京师大学堂附设的师范馆，1912年改为北京高等师范学校，1922年改为北京师范大学。

本月 参与索薪活动。据教育部员陈诒先回忆：“那时北洋政府已在闹穷，部薪不能按月发放，教育部次长傅岳棻代部，弄得焦头烂额，部中有一次组织索薪团，职员200余人全体参加，到财政部包围李思浩，从下午起至翌日天明，我们轮流换班，带面包及水，每班约二三十人，盘踞在财政部总长室外，直至李思浩签发支票，始散（然而我们仍然受骗，因为支票不能兑现），我与鲁迅也分派在索薪团内。”[1]索薪经历后被作为小说《端午节》的素材。

---

① 陈诒先《在北京教育部时代的鲁迅》，见《四十年来之北京》第2辑。

9月

29日　作《头发的故事》,载10月10日上海《时事新报》副刊《学灯》,署名鲁迅,收入《呐喊》。作品通过"我"对中国人头发的变迁的思考,抨击统治者对民众身体和精神的凌辱。《头发的故事》中的N先生说:"现在不是已经有剪掉头发的女人,因此考不进学校去,或者被学校除了名么?"这里提到的因剪发被学校除名的女生,系以北京女子高等师范学校的缪伯英、张挹兰、甘睿昌和许羡苏为原型。许羡苏是许钦文的妹妹,1921年入女高师数理系学习。据她回忆,女高师校长毛邦伟命令他们4名短发女生立即把头发留长,否则除名,她们都不遵命。鲁迅《从胡须说到牙齿》:"到民国九年,寄住在我的寓里的一位小姐考进高等女子师范学校去了,而她是剪了头发的,再没有法可梳盘龙髻或S髻。到这时,我才知道虽然已是民国九年,而有些人之嫉视剪发的女子,竟和清朝末年之嫉视剪发的男子相同;校长M先生虽被天夺其魄,自己的头顶秃到近乎精光了,却偏以为女子的头发可系千钧,示意要她留起。设法去疏通了几回,没有效,连我也听得麻烦起来,于是乎'感慨系之矣'了,随口呻吟了一篇《头发的故事》。"许羡苏的入学保证人周作人那时也在学校任教,曾以退还聘书表示抗议。

10 月

22 日 译完俄国阿尔志跋绥夫[①]的中篇小说《工人绥惠略夫》,载次年《小说月报》第 12 卷第 7 至 9、11、12 号,署名鲁迅。从德国 S. 布果夫和 A. 比拉尔特合译的《革命的故事》转译。鲁迅谈翻译本篇的动机说:“大概,觉得民国以前,以后,我们也有许多改革者,境遇和绥惠略夫很相像,所以借借他人的酒杯罢。”1921 年 4 月 15 日鲁迅又作《译了〈工人绥惠略夫〉之后》,载 7 月 10 日《小说月报》第 12 卷第 7 号译文前,介绍了原书作者阿尔志跋绥夫的生平、思想和文学活动,指出《工人绥惠略夫》是一部“被绝望所包围”然而是“愤激的书”,称赞作者“表现之深刻”,“显示俄国人民的伟大”,并指出作者的另一部作品《赛宁》表现了厌世的个人主义思想。

30 日 译完俄国阿尔志跋绥夫的短篇小说《幸福》并作“译者附记”,均载《新青年》第 8 卷第 4 号,署名鲁迅。附记说,阿尔志跋绥夫是“俄国新兴文学的典型的代表作家”,属于“写实派”,这篇作品揭示两个方面的情形:一方面,沦落的妓女“供人残酷的娱乐”却不认为自己不幸,另一方面,娱乐她的人“也并非幸福者,别有将他作为娱乐资料的人”。鲁迅认为,作品对麻木者有惊醒的作用,也针砭了那些“很说写实主义可厌”的批评家,这些批评家不厌恶黑暗的社会,却反对暴露它,“实在是一件万分古怪的事”。

---

① 阿尔志跋绥夫(1878—1927),俄国作家。他在革命高涨的年代,以自由主义者的立场揭露沙皇统治的专横,创作的基本倾向是宣扬个人主义和无政府主义。代表作品除本篇外,还有《沙宁》等。十月革命胜利后逃亡国外。

12 月

14 日　复青木正儿[①]信，感谢他“怀着同情和希望”对中国文学革命所做的“公正评论”，并谦称自己的小说是“只因哀本国如同隆冬，没有歌唱，也没有花朵，为冲破这寂寞才写成的”。信中对《新青年》发表意见说：“最近《新青年》也颇倾向于社会问题，文学方面的东西减少了。”“中国的文学艺术界实有不胜寂寞之感，创作的新芽似略见吐露，但能否成长，殊不可知。”谈到白话文说：“我以为目前研究中国的白话文，实在困难。因刚提倡，并无一定规则，用词、造句皆各随其便。钱玄同君等虽早就提倡编纂字典，但尚未着手。倘编成，当方便多了。”

24 日　赴北京大学授课，讲授中国小说史，至 1926 年 8 月离开北京为止。本年下半年，北大拟开设中国小说史课，系主任马幼渔本拟请周作人担任，周作人觉得自己不能胜任，推荐鲁迅担任。[②] 鲁迅先是自编讲义讲授小说史，后以日本厨川白村的《苦闷的象征》为教材，讲授文艺理论。在北大任教期间，鲁迅还曾兼任研究所国学门委员会委员。

1921 年(辛酉，中华民国十年)　41 岁

▲1 月，文学研究会成立于北京，主要发起人有沈雁冰、叶绍

---

① 青木正儿(1887—1964)，日本的中国文学研究者，著有《中国近代戏曲史》《中国古代文艺思潮论》等。

② 知堂《关于鲁迅》，载《宇宙风》1936 年 11 月第 29 期。

钧、郑振铎、王统照、周作人、许地山等12人，其宗旨是“为人生而艺术”。

▲5月5日，孙中山在广州就任中华民国非常大总统。

▲6月16日，胡适在给《吴虞文录》作的序中，提出要打倒孔子、儒学、后儒和礼教。

▲7月，郭沫若、郁达夫、田汉等组织的创造社成立。

▲10月，郁达夫小说集《沉沦》出版，为中国现代文学史上第一部白话小说集。

▲9月16日，各驻外公使联名电请南北政府停止对峙，派代表参加太平洋会议。北京政府决定允派南方代表。10月6日，正式委派施肇基、顾维钧、王宠惠及广州方面之伍朝枢为出席太平洋会议之全权代表，并于同日启程赴美。

1月

3日　复胡适之信。胡适来信是本年1月2日写给陈独秀的。这封关系到《新青年》前途的信件，在寄给陈独秀之前(当时陈独秀由上海赴广州)，给在京的鲁迅、李大钊[①]、钱玄同等人传阅，征求意见。胡适说：“《新青年》‘色彩过于鲜明’……今虽有意抹淡，似亦非易事。北京同人抹淡的工夫决赶不上上海同人染浓的手段之神速。”胡适接着提出改变《新青年》性质的三种办

---

① 李大钊(1889—1927)，字守常，河北乐亭人。中国共产党的创始人之一。1913年留学日本，1916年回国，历任北京《晨钟报》总编辑，后任北京大学教授兼图书馆主任以及《新青年》杂志编辑。十月革命后，最早接受并积极传播马列主义。创办《每周评论》，领导五四运动。1920年建立北京共产主义小组。中国共产党成立后，负责地方区的工作。1922年中共二大当选为中央委员。1927年4月6日被逮捕，4月28日被杀害。

法：一、听《新青年》流为一种有特别色彩之杂志，而另创一个哲学文学的杂志；二、将《新青年》编辑的事，自九卷一号移到北京来。由北京同人……发表新宣言……注重学术思想艺文的改造，声明不谈政治；三、暂时停办。鲁迅复信表示不同意《新青年》宣言不谈政治，同时也希望《新青年》今后"学术思想艺术的气息浓厚起来"，不愿看到《新青年》转变为一种纯粹的政治读物。本月 25 日，鲁迅又"得胡适之信"。这封信是胡适 1 月 22 日写给李大钊、鲁迅等 8 人传阅的。信中说："今《新青年》差不多成了 *Soviet Russia*（按：《苏俄》，一种杂志）的汉译本，故我想另创一个专关学术艺文的杂志。"鲁迅看后认为"《新青年》的趋势是倾于分裂的，不容易勉强调合统一"，"所以索性任它分裂"倒还好一点。《新青年》的团体终于解散。胡适于 1922 年另办《努力周报》。《新青年》编辑陈望道 1 月 28 日致函周作人索稿："胡适先生口说不谈政治，却自己争过自由：我们颇不大敢请教他了。但稿颇为难，在京一方面，只有希望先生与豫才、守常、玄同诸先生努力维持了。"

4 日　文学研究会在北京中央公园来今雨轩召开成立会，与会者共 21 人。《文学研究会简章》说，该会"以研究介绍世界文学、整理中国旧文学、创造新文学为宗旨"，反对"将文艺当作高兴时的游戏或失意时的消遣"。茅盾回忆说："文学研究会"成立前，是郑振铎写信给我征求我做发起人。当时我同郑振铎并不相识，北京方面有周作人等，但没有鲁迅。那时鲁迅在教育部工作。据说有一个'文官法'规定：凡政府官员不能和社团发生关系。鲁迅虽不参加，但对'文学研究会'是支持的，据郑振铎讲，周作人起草《文学研究会宣言》，就经鲁迅看过。他还为改革后我负责编辑的《小说月报》撰稿。”①

11 日　钱玄同来信(给鲁迅和周作人),转交李大钊信和陈独秀从广州寄来的关于《新青年》编辑事务的信件,钱玄同来信中谈自己对批评政府的看法,倾向认同胡适的意见,不赞成过激的革命行动。信中还说,自己“近来‘国故’得厉害,颇有罗遗老王遗少之风,对于匣文(按即甲骨文),颇想研究。不知待斋兄近来又有新义发明否?”可见鲁迅当时对甲骨文也感兴趣。

25 日　复胡适信,就《尝试集》再版时删改篇目发表意见,认为《江上》等可删,并称赞胡适近作《十一月二十四夜》“实在好”。

本月　作《故乡》,载 5 月 1 日《新青年》第 9 卷第 1 号,署名鲁迅,收入《呐喊》。作品用第一人称手法展现故乡的今昔对比和人物命运的变迁。“我”幼年时的玩伴闰土从少年到中年,在“多子,饥荒,苛税,兵,匪,官,绅”的重重压迫下苦苦挣扎,艰难求生。“我”在对其命运表示深切同情的同时,也对其精神的麻木感到忧虑和悲哀,并把改变现状的希望寄托在下一代身上。郑振铎 9 月 3 日给周作人的信中说:“近来创作界产品虽多,好的却极少,鲁迅君的《故乡》可以算是最好的作品。”②

---

① 茅盾《我和鲁迅的接触》,《上海鲁迅研究》1983 年第 1 期。

② 郑振铎(1898—1958),原籍福建长乐,生于浙江温州,作家、文学史家,字西谛,有幽芳阁主、纫秋馆主、纫秋、幼舫、友荒、宾芬、郭源新等多个笔名。1917 年入北京铁路管理传习所(今北京交通大学)学习。五四运动期间,与瞿秋白、耿济之创办《新社会》杂志,倡导新文化运动。1920 年与沈雁冰、叶绍钧等人发起成立文学研究会,创办《文学周刊》与《小说月报》。四一二政变后,与胡愈之等人致信国民党当局,抗议屠杀革命群众,为此险遭逮捕。5 月乘船到欧洲避难和游学。1931 年,到北平任燕京大学和清华大学两校中文系教授。1935 年春到上海任暨南大学文学院院长兼中文系主任。1937 年参加文化界救亡协会,与胡愈之等人组织复社,出版《鲁迅全集》,主编《民主周刊》。著有《插图本中国文学史》《中国文学论集》《佝偻集》《取火者的逮捕》等。其 1921 年 9 月 3 日致周作人信见《中国现代文艺资料丛刊》第 5 辑。

3 月

30 日　赴山本医院探视周作人。周作人于上年 12 月 24 日发病，29 日诊断为肋膜炎，本年 3 月 29 日起住院，5 月 31 日出院，6 月 2 日到西山碧云寺般若堂养病，至 9 月 21 日返家。住院期间，鲁迅频繁前去探视。5 月 24、27 日亲往西山碧云寺为周作人租屋，以供疗养。6 月 2 日又亲“送二弟往碧云寺”。4 月 7 日以 60 元卖掉所藏《四十种曲》筹措医疗费和家庭日用。他替二弟处理事务，如代其回信、修订稿件、购买书籍用品等，互相通信也很频繁。现存这个时期鲁迅给周作人信 17 封，报告家中情况和文界消息。此时三兄弟正在共同翻译日本及东欧的短篇小说，因此很多内容是通报工作进展。

4 月

2 日　午后往山本医院探视二弟，取回《佛本行经》两册。周作人患病期间，为了寻求精神慰安，开始阅读佛经。在随后几个月中，鲁迅经常为他带去佛教书籍，自己也购买阅读。如《出曜经》《起世经》《四阿含暮抄解》《楼炭经》《当来变经》《梵网经疏》《立世阿昆昙论》等。

11 日　收到沈雁冰[①]、郑振铎来信。沈雁冰时任商务印书

---

① 沈雁冰(1896—1981)，原名沈德鸿，笔名茅盾，浙江桐乡人。1920 年参加了《小说月报》的革新工作并担任主编。1921 年与郑振铎、叶圣陶等发起成立文学研究会。1923 年到共产党领导的上海大学教授小说研究课。1927 年大革命时期任《汉口国民日报》主笔。大革命失败后，东渡日本。1930 年春返回上海，随即参加中国左翼作家联盟并与鲁迅等参与领导工作。著译甚多，代表作有短篇小说《春蚕》《林家铺子》，长篇小说《子夜》等。

馆《小说月报》编辑,来信为约稿。鲁迅13日复沈雁冰信,18日将译稿《工人绥惠略夫》寄去。

同日 译完日本森鸥外[①]的短篇小说《沉默之塔》,次日作“译后记”,均载4月21至24日《晨报》第7版“小说栏”,署名鲁迅。译文收入《现代日本小说集》。作品讲述派希族内部分裂,信仰自然主义和社会主义的青年被杀后,尸体被运往沉默之塔喂乌鸦的故事,反映了俄国社会的残暴。译后记说:“我们现在也正可借来比照中国,发一大笑。只是中国用的是一个过激主义的符牒,而以为危险的意思也没有派希族那样分明罢了。”

28日 译俄国阿尔志跋绥夫的短篇小说《医生》并作“译者附记”,均载9月《小说月报》第12卷俄国文学研究号,署名鲁迅,收入《现代小说译丛》。鲁迅认为这篇作品是对于“非人类行为的一个猛烈的抗争”,并说,“在自己这中国”,同样有上层统治者对异民族的压迫,但却找不出“一篇这样为弱民族主张正义的文章来”。

30日 译日本芥川龙之介[②]的短篇小说《鼻子》并作“译者识”,载5月11至13日《晨报》第7版“小说栏”,署名鲁迅,收入《现代日本小说集》。译者识指出:“内道场供奉禅智和尚的长鼻子的事,是日本的旧传说,作者只是给他换上了新装,篇中的谐味,虽不免有才气太露的地方,但和中国的所谓滑稽小说比较起来,也就十分雅淡了。”

---

① 森鸥外(1862—1922),日本作家、文学评论家、翻译家,著有小说《舞姬》《阿部一族》等。曾翻译歌德、莱辛、易卜生等人的作品。

② 芥川龙之介(1892—1927),日本小说家。曾参加新思潮派,创作上有怀疑主义和唯美主义色彩,后因精神苦闷自杀。著有短篇小说《鼻子》《罗生门》和随笔《点心》《百草》等。

5月

5日 作《"生降死不降"》，载5月6日《晨报副刊》，署名风声。文章指出，辛亥革命时汉族"怎样的不愿意做奴隶，怎样的日夜想光复，这志愿，便到现在也铭心刻骨的"，但现在却有人死去后讣告上大写特写"清封朝议大夫""清封恭人"之类头衔，因此讽刺"汉人有一种'生降死不降'的怪脾气"。

31日 校完《人间的生活》。该书为日本武者小路实笃所著，李宗武和毛咏裳译出后请鲁迅校阅，1922年1月由中华书局出版。李宗武是鲁迅在绍兴府中学堂任教时的学生李遐卿之弟。

6月

8日 译完日本芥川龙之介的短篇小说《罗生门》并作"译者记"，译文载6月14至17日《晨报》第7版"小说栏"，署名鲁迅，收入《现代日本小说集》，译者记载6月14日译文标题之下。芥川龙之介在1925年写的《日本小说的中国翻译》中称赞鲁迅的译文道："仅以我自己的作品为证，翻译非常正确。其中，地名、官名、用品等作了非常之好的注释。"

13日 上午寄汪静之[①]信。汪静之时为杭州第一师范学校学生，寄诗稿《蕙的风》向周作人求教。周作人在北京西山养病，故由鲁迅代收代复。汪静之在《蕙的风自序》中回忆："《蕙的风》原稿在一九二一年鲁迅先生曾看过，有不少请他曾略加修改，并

---

① 汪静之(1902—1996)，安徽绩溪人，诗人，"晨光文学社""湖畔诗社"创始人之一，著有诗集《蕙的风》等。

在来信里指导我应该怎样努力，特别举出拜伦、雪莱、海涅三个人的诗要我学习。”

30日 译完日本作家菊池宽[①]的短篇小说《三浦右卫门的最后》并作“译后记”，均载7月1日《新青年》第9卷第3号，署名鲁迅，收入《现代日本小说集》。译后记对作品揭露和讥讽日本武士道精神表示赞赏，同时慨叹中国缺少抨击“名教”的作品。

同日 寄周作人信，问候病情并报告家中情形，还谈到自己打算翻译夏目漱石的小说。

7月

11日 译完芬兰亚勒吉阿的短篇小说《父亲在亚美利加》并作“译后记”，载7月17、18日《晨报》第7版“小说栏”，署名鲁迅，收入《现代小说译丛》。本篇从德国评论家勃劳绥惠德尔所编《在他的诗和他的诗人的影象里的芬兰》中译出。译后记介绍了原作者生平，并引用勃劳绥惠德尔的话，指出作品以“一种优美的讥讽的诙谐”衬托了“悲惨”。

13日 致周作人信，讨论波兰作品的翻译问题，并摘译了凯拉绥克[②]所著《斯拉夫文学史》第2卷第16节“最新的波兰的诗”。7月16日又摘译第2卷第17节“最新的波兰的散文”。此前，周建人翻译了波兰什曼斯奇的《犹太人》，周作人拟为之写译后附记，却感到资料不足。鲁迅两次摘译即为周作人提供参考

---

① 菊池宽(1888—1948)，日本作家，曾主编新思潮派的杂志《新思潮》。第一次世界大战末期的作品竭力掘人性真实。二战期间赞成日本军国主义，为日本军国主义服务。

② 凯拉绥克(1871—1951)，通译卡拉塞克，捷克诗人，文学评论家。著有诗集《死的对话》《流浪者之岛》等和《斯拉夫文学史》等。

资料。信中说:“《犹太人》略抄好了,今带上。”“作者的事实,只有《斯拉夫文学史》中的几行(且无诞生年代)别纸抄上。”鲁迅将周建人所译《犹太人》校订后,又写了一段文字供周作人作跋语使用。于此略见三兄弟合作翻译的情况。

27 日　致周作人信,告知其所译日本诗人《一茶的诗》已寄给《小说月报》。随信转交宫竹心[①]致周作人的信,并建议赠送宫竹心《域外小说集》《欧洲文学史》各 1 册。信中还说打算购买爱罗先珂的著作《天明前之歌》日文版。

29 日　代周作人复宫竹心信,并寄赠《域外小说集》《欧洲文学史》各一册及杜威的演讲集。

31 日　致周作人信,交流关于翻译方面的意见,并附勃劳绥惠德尔在其所著《北方名家小说》中关于芬兰作家阿霍的论述的译文。

8 月

6 日　致周作人信。7 月 20 日,沈雁冰在给周作人的信中请鲁迅作《犹太新兴文学概观》,供《小说月报》刊登。鲁迅告知周作人,自己已婉拒。又告知已接到周作人 5 日所寄信和稿子,日内改定并寄给上海《小说月报》。

10 日　郎损(沈雁冰)在《小说月报》第 12 卷第 8 期上发表《评四五六月的创作》,对《故乡》给予高度评价。

17 日　致周作人信,告知收到其所译英国作家劳斯的《在希腊岛》,建议投寄《小说月报》,并建议他继续为《新青年》写稿。

---

① 宫竹心(1899—1966),笔名白羽,山东东阿人。曾任北京《国民晚报》、天津《世界日报》《北洋画报》记者、编辑。当时在北京邮政局任职,后成为武侠小说作者。

同日 译完芬兰女作家明那·亢德[①]的短篇小说《疯姑娘》，次日作"译后附记"，均载10月10日《小说月报》第13卷第10号被损害民族的文学号，署名鲁迅，11月10日、11日，上海《民国日报》副刊《觉悟》分两次选载，收入《现代小说译丛》。附记认为："亢德写这为社会和自己的虚荣所误的一生的径路，颇为细微，但几乎过于深刻了，而又是无可补救的绝望。"

同日 译完保加利亚伐佐夫[②]的短篇小说《战争中的威尔珂——一件实事》，22日作"译后附记"，均载10月10日《小说月报》第12卷第10号被损害民族的文学号，署名鲁迅，收入《现代小说译丛》。从札典斯加女士的德译本《勃尔格利亚女子与其他小说》译出。附记介绍了作者伐佐夫的生平、思想与创作成就，认为这篇作品是1885年保加利亚和塞尔维亚的战争引发的"悲愤的叫唤"。当时，《小说月报》编辑茅盾原无刊登保加利亚作品的计划，但因"一时想不出何处有短篇"，听说鲁迅准备翻译此篇，便在7月30日致周作人信中表示"再好也没有"了。

25日 致周作人信，谈及自己翻译凯拉绥克的《斯拉夫文学史》的辛苦，附寄《新青年》第9卷第2号，并评价说，内容无甚可观，只有陈独秀的随感"究竟爽快"。信中还谈到对张定璜[③]的看法："此人神经颇好。"

---

① 明那·亢德(1844—1897)，芬兰女作家。曾积极参加资产阶级民主改革运动，作品多揭露资本主义社会的罪恶，表现知识分子与小资产阶级的日常生活。著有短篇小说《女小贩洛鲍》等。

② 伐佐夫(1850—1921)，保加利亚作家。曾因参加民族革命斗争，被迫流亡国外。作品充满爱国热情，歌颂人民斗争，揭露反动统治和异族侵略。著有诗集《旗帜与古琴》、长篇小说《轭下》和短篇小说集多部。

③ 张定璜，字凤举，江西南昌人。曾留学日本，后任北京大学、北京女子师范大学等校教授。

26日 致宫竹心信，对宫竹心兄妹的作品给予指导。又就青年人学业和职业的关系谈了看法："其实以文笔作生活，是世上最苦的职业。"

30日 致周作人信，告知"盲诗人[①]的著作已到"，"我或将来译之"。"著作"系指爱罗先珂的童话集《天明前之歌》（又译作《夜明前的歌》，1921年日本丛文阁印行，鲁迅于该年7月订购）。信中说："如此著作，我亦不觉其危险之至，何至于兴师动众而驱逐之乎。"

9月

4日 译完捷克凯拉绥克的《近代捷克文学概观》，次日作"译后记"，均载10月10日《小说月报》第12卷第10号被损害民族的文学号，署名唐俟。《近代捷克文学概观》系凯拉绥克所作《斯拉夫文学史》第2册第11、12两节及第19节的一部分，论述自1848年欧洲革命到19世纪末捷克民族文学的发展及著名作家的创作。译后记指出："捷克人在斯拉夫民族中是最古的人民，也有着最富的文学。"

同日 致周作人信，转交胡适的来信。胡适正为商务印书馆编辑《世界丛书》，向周氏兄弟约译作品。后鲁迅和周作人合译的《现代日本小说集》，鲁迅、周作人和周建人合译的《现代小

---

① "盲诗人"即俄国诗人、童话作家爱罗先珂（1889—1952），幼时因患麻疹致使双目失明。1914年4月到日本，1916年至1918年曾流浪于泰国、缅甸、印度等国，1919年被英国殖民当局驱逐出印度，再到日本。他同情这些国家被压迫的人民，多次受到当地政府迫害。1921年被日本以"宣传危险思想"的罪名驱逐出境，即来中国，先后在北京大学、北京世界语专门学校讲学。1922年2月24日起借住八道湾十一号周宅，1923年4月回国。他在日本以日语创作了两部童话集《天明前之歌》《最后之叹息》。

说译丛》均列入《世界丛书》出版。信中还谈到沈雁冰邀请鲁迅介绍小俄罗斯(乌克兰)文学。

8日 译完俄国安特莱夫的短篇小说《黯淡的烟霞里》并作“译后记”,均收入《现代小说译丛》。译后记引述捷克诗人、文艺评论家克拉绥克的评价:“这篇的主人公大约是革命党。用了分明的字句来说,在俄国的检查上是不许的。这篇故事的价值,在有许多部分都很高妙的写出一个俄国的革命党来。”并补充道:“但这是俄国的革命党,所以他那坚决猛烈冷静的态度,从我们中国人的眼睛看起来,未免觉得很异样。”

同日 致周作人信,建议其译笔还可以“随便流畅一点”,并称自己的文章“有点好讲声调的弊病”。

9日 译完德国凯尔沛来斯的论文《小俄罗斯文学略说》并作“译后附记”,均载10月10日《小说月报》第10卷第10号被损害民族的文学号,署名唐俟。附记称赞乌克兰德拉戈玛罗夫、弗兰柯、斯杰法尼克、科贝梁斯卡娅、卡布连斯卡娅等是近代“铮铮的作家”。

10日 译完俄国爱罗先珂的童话《池边》并作“译后附记”,均载9月24日至26日《晨报》第7版,署名鲁迅,同年10月3日,上海《民国日报》副刊《觉悟》转载,收入《爱罗先珂童话集》。鲁迅在8月底得到童话集《天明前之歌》,《池边》即收在其中。这是鲁迅翻译的第一篇爱罗先珂的童话。原作描写两只蝴蝶目睹黑夜降临,为追回沉没的太阳,使世界恢复光明,不惜牺牲生命。鲁迅在附记中说:“五月初,日本为治安起见”,驱逐了盲诗人,但他的童话“含有美的感情与纯朴的心”,“看不出什么危险思想来”。为了使人们不忘掉这位诗人,自己“由不得要绍介他的心给中国人看”。

11日 译完俄国安特莱夫的短篇小说《书籍》并作“译后附记”，收入《现代小说译丛》。作品写一个患心脏病生命垂危的作家，写了一本《为了不幸的人们》的书，但在沙皇统治下这本书反为不幸者带来灾难：一个不识字的孩子因送书被警官抓去。附记说，这小说“意义很明显，是颜色黯澹的铅一般的滑稽”。

同日 致周作人信，告知周作人所作《病中的诗》和《山中杂诗》及所译小说已投寄《新青年》杂志。又告打算将自己所译《狭的笼》寄《新青年》，但报载陈独秀出走，不知去向。

16日 译完俄国爱罗先珂的童话《狭的笼》并作“译后附记”，均载同年8月1日《新青年》第9卷第4期，署名鲁迅，[①]译文收入《爱罗先珂童话集》。本篇是《天明前之歌》的首篇，写一只不愿被囚于笼中的老虎为同类获得自由而奋斗的故事，表达了追求自由的思想。鲁迅在附记中谴责了英日等国政府对爱罗先珂的迫害，指出：这篇作品反映了作者“漂流印度时候的感想和愤激”。又说：“我爱这攻击别国的‘撒提’之幼稚的俄国盲人埃罗先珂，实在远过于赞美本国的‘撒提’，受过诺贝尔奖金的印度诗圣泰戈尔；我诅咒美而有毒的曼陀罗华。”撒提，印度习俗，男人死后，妻子随丈夫尸体自焚。[②]

17日 致周作人信，商定《现代日本小说集》所收作品目录，并就自己所译《狭的笼》中一些词语的翻译征求意见。此外还谈了对几位年轻作者作品的看法。

---

① 《新青年》发表的《〈狭的笼〉译后记》文末署“1921年8月16日”，误。此处据鲁迅1921年9月17日致周作人信订正。

② 鲁迅记述有误，泰戈尔并没有赞美过这种野蛮的习俗。参见王燕《从“撒提”说开去——鲁迅的泰戈尔评价刍议》，《苏州科技学院学报》(社会科学版)2011年3月第28卷第2期。

10 月

14 日　译完俄国爱罗先珂的童话《春夜的梦》并作"译后附记",载《晨报副刊》,上海《民国日报》副刊《觉悟》于 25 日、27 日、28 日分 3 次转载,署名鲁迅,收入《爱罗先珂童话集》。

16 日　译日本中根弘所作报告《盲诗人最近时的踪迹》并作"译后附记",载 10 月 22 日《晨报副刊》爱罗先珂号,署名风声。报告记叙爱罗先珂被日本政府驱逐出境后在哈尔滨的生活片断。

同日　作《〈坏孩子〉附记》。载 10 月 27 日《晨报副刊》,署名鲁迅,收入《集外集拾遗》。《坏孩子》是俄国契诃夫的短篇小说,由宫竹心据英译本译出,鲁迅对照德文译本校改并撰"附记"。

23 日　发表《智识即罪恶》,载《晨报副刊》"开心话"栏,署名风声,收入《热风》。

24 日　下午往午门索薪。因中央政府财政困难,教育经费紧张,教育部机关及国立各校自 1920 年年初开始经常欠薪,鲁迅本年日记经常有借款的记载。10 月 16 日鲁迅与教育部 15 名科长、主任因薪金被拖欠半载联合呈文府院。21 日,教育部开全体职员大会,决定一面通电全国,申明政府摧残教育之罪;一面上呈府、院,全体辞职并索还欠薪。

27 日　译完俄国爱罗先珂的童话《雕的心》,载 11 月 25 日《东方杂志》第 18 卷 22 号,署名鲁迅,12 月 11 日上海《民国日报》副刊《觉悟》选载,收入《爱罗先珂童话集》。作品将雕和人类的世界做了对比,歌颂了雕热爱自由,为追求光明而自强不息的坚强意志与战斗精神,抨击人类"借了自己的下属的力量和智慧，来争权夺利”，欺侮和压迫弱者的恶行。

11月

2日 译完俄国契里珂夫[①]的短篇小说《连翘》并作“译后附记”，收入《现代小说译丛》。作品以抒情的笔调，描写了一个爱情场景：青年同少女去旷野散步，归途中为少女爬上高墙采摘连翘花。两人依依不舍告别时，门丁突然出现，将少女叫进门去。附记说契里珂夫的作品“虽然稍缺深沉的思想，然而率直，生动，清新。他又有善于心理描写之称，纵不及别人的复杂，而大抵取自实生活，颇富于讽刺和诙谐。这篇《连翘》也是一个小标本”。还指出，契里珂夫“是艺术家，又是革命家；而他又是民众教导者”。

4日 发表《事实胜于雄辩》，载《晨报副刊》“杂感”栏，署名风声，收入《热风》。文章借用鞋店伙计不顾事实地推销商品的事例，说明西方思想家所谓“事实胜于雄辩”在中国往往行不通，意在批评打着“爱国”旗号粉饰落后现实的“爱国大家”。

10日 译完俄国爱罗先珂的童话《鱼的悲哀》并作“译后附记”，载次年1月1日《妇女杂志》第8卷第1号，署名鲁迅，收入《爱罗先珂童话集》。作品描写鲫儿追求“人家个个相爱”，动物们都能幸福过活的理想，而终于失败，表达了“对于将一切物，作为人类的食物和玩物而创造的神明”的愤慨和对虚伪宗教的怀疑。附记说：“这一篇对于一切的同情，和荷兰人蔼覃的《小约翰》颇相类。至于‘看见别个捉去被杀的事，在我，是比自己被杀

---

① 契里珂夫（1864—1932），俄国作家。早期多写反映俄国小市民生活的小说，后在高尔基的影响下，参加作家团体“知识”社，写作剧本。1905年革命失败后，创作中出现了颓废倾向和沙文主义思想。1914年写作自传体三部曲《塔尔哈诺夫的一生》，1917年移居巴黎，后死于布拉格。

更苦恼’，则便是我们在俄国作家的作品中常能遇到的，那边的伟大的精神。”

15日 译完俄国迦尔洵的短篇小说《一篇很短的传奇》并作“译后附记”，载次年2月1日《妇女杂志》第8卷第2号，署名鲁迅，均收入《译丛补》。作品写一位青年遵从恋人的劝说上前线作战，负伤截肢，装了木脚回来，发现爱人已和他人恋爱，遵从“与其三人不幸，倒不如一人不幸”的自我牺牲精神，离开恋人。附记说：“这篇在迦尔洵的著作中是很富于滑稽的之一，但仍然是辛酸的谐笑。他那非战与自我牺牲的思想，也写得非常之分明”。“至于‘与其三人不幸，不如一人——自己——不幸’这精神，却往往只见于斯拉夫文人的著作，则实在不能不惊异于这民族的伟大了。”鲁迅赞赏和肯定俄国作品中的人道主义和牺牲精神，隐含着对本国文化的批判。

12月

3日 午后寄沈雁冰信并爱罗先珂文稿及译文。“文稿”系爱罗先珂日文原作手稿，“译文”指鲁迅“照着作者的希望而译的”童话《世界的火灾》，载次年1月10日《小说月报》第13卷第1号，署名鲁迅，收入《爱罗先珂童话集》。作品描写一个亚美利亚的无政府主义者叙述他想在全世界点起大火，驱走寒冷与黑暗的故事，表达了作者对人间“无所不爱，然而不得所爱的悲哀”。

4日 《阿Q正传》开始在《晨报副刊》连载。第1章载该刊“开心话”栏，第2章起移载“新文艺”栏，至1922年2月12日刊完，共9期，署名巴人，收入《呐喊》。作品通过流浪雇农阿Q的命运，批判了以“精神胜利法”为核心的变态性格和心理。关于阿Q的原型,有几种说法。周作人《鲁迅小说中的人物》举出绍兴老家附近的阿桂:“阿桂有一个胞兄,名叫阿有,住在我们一族的大门内西边的大书房里,专门给人舂米,勤苦度日,人很诚实,大家多喜欢用他,主妇们也不叫他阿有,却呼为有老官,以表示客气之意。阿桂穷极无聊,常去找他老兄借钱,有一回老兄不肯再给,他央求着说,这几天实在运气不好,偷不着东西,务必请给一点,得手时即可奉还。”蒋梦麟《西潮》从历史的角度谈到其与绍兴的师爷文化的渊源:“因为熟谙法令律例故知追求事实,辨别是非;亦善于歪曲事实,使是非混淆。因此养成了一种尖锐锋利的目光,精密深刻的头脑,舞文弄墨的习惯,相沿而成一种锋利、深刻、含幽默、好挖苦的士风,便产生了一部《阿Q正传》。”1922年4月,沈雁冰在《小说月报》上答复读者的《通信》中说:“《阿Q正传》虽只登到第四章,但以我看来,实是一部杰作。”他在1923年10月发表的《读〈呐喊〉》一文中又说:“现在差不多没有一个爱好文艺的青年口里不曾说过‘阿Q’这两个字,我们几乎到处应用这两个字,在接触灰色人物的时候,或听到了他们的什么‘故事’的时候,《阿Q正传》里的片断的图画,便浮现在眼前了。”而那些灰色的人物,对于《阿Q正传》的问世,“都栗栗危惧”,以为作品“就是骂他自己”,待到知道作者同他们素不相识,并不知道他们的阴私的时候,“又逢人声明说不是骂他”。

16日 作《〈一个青年的梦〉后记》,收入《一个青年的梦》。后记叙述自1919年8月2日以来翻译、印行该剧的过程,“给大家知道这本书两年以来在中国怎样枝枝节节的,好容易才成为一册书的小历史”。

22日 译完俄国契里珂夫的小说《省会》,收入《现代小说译丛》。作品描写一个离开故乡20多年的作家重返故乡途中对往事的怀念和追忆。

26日 得胡愈之[①]信，并收到爱罗先珂所赠《最后的叹息》1册。

29日 译完爱罗先珂《为人类》并作“译者记”，载次年2月10日《东方杂志》半月刊第19卷第3号，署名鲁迅，收入《爱罗先珂童话集》。作品描写解剖学者K使用动物进行科学实验，并以“为人类”的名义，计划在活人身上实行脑髓研究。K的儿子得知，表示愿意为人类牺牲自己。随着K的儿子、夫人以及家中小狗L先后失踪，K的试验获得成功。

30日 译完《两个小小的死》并作“译者附记”，载次年1月25日《东方杂志》第19卷第2号。作品描写病房里两个不同阶级的孩子等待死神的到来。穷人的孩子愿意以自己的生命换得富人孩子活下去；而富人的孩子却想以一切心爱的事物包括穷孩子朋友的生命换取生机。最终，死神把他们两个孩子全都带走。

本月 译完俄国爱罗先珂的童话《古怪的猫》[②]，载1922年1月上海《民国日报》副刊《觉悟》新年号第3张，收入《爱罗先珂童话集》。作品叙述一只“古怪的猫”因为同情老鼠而不捉拿它们，先被主人指责为游手好闲，进而又被视为发疯，最后惨遭屠杀。“我”在目睹这一切后，开始同情猫和老鼠。

---

① 胡愈之(1896—1986)，浙江上虞人，时任商务印书馆编辑，主编《东方杂志》。他最早译介爱罗先珂的作品《我底学校生活底一断片》《枯叶杂记》等。1933年与鲁迅、杨杏佛、蔡元培、宋庆龄等发起组织中国民权保障同盟。著有《莫斯科印象记》等。

② 译文未注明翻译日期，参照《〈爱罗先珂童话集〉序》的内容推算，约译于本月内。

1922年(壬戌,中华民国十一年)　42岁

▲1月,《学衡》(月刊)创刊于南京,由上海中华书局出版发行,吴宓主编,主要撰稿人有梅光迪、胡先骕等,以反对新文化运动、坚持中国传统文化为宗旨。该刊出至1933年7月第79期停刊。

▲5月5日,中国社会主义青年团第一次全国代表大会在广州举行。

▲5月13日,胡适等16人在北京《努力周刊》上发表《我们的政治主张》。

▲6月2日,徐世昌辞总统职,黎元洪复任大总统。直系军阀为制造"合法"假象,在直奉战争胜负已定之时,鼓吹恢复"法统",要求广州政府孙中山和北京政府徐世昌同时下台,恢复旧国会职权,推黎元洪复职。

1月

27日　从许寿裳处借得石印南星精舍本《嵇中散集》。鲁迅曾对照多种版本校勘《嵇康集》,此为明嘉靖乙酉黄省曾仿宋本。黄省曾于明嘉靖乙丑(1525)重辑《嵇康集》10卷并做序言,被认为是传世的《嵇康集》的较好刻本,众本大抵从该本出,是鲁迅据以校勘的主要参考版本之一。鲁迅从1913年开始校勘《嵇康集》,到1924年写定,11年间抄校多次。

28日　编定《爱罗先珂童话集》并作序。该书包括鲁迅选译的《狭的笼》等9篇,加上胡愈之译爱罗先珂《我底学校生活底一

断片》(自传散文)和《为跌下而造的塔》,以及汪馥泉译《虹之国》,列为《文学研究会丛书》之一。

2月

2日 寄《晨报副刊》编辑何作霖信并稿一篇,稿即《阿Q正传》第9章“大团圆”,发表于2月12日《晨报副刊》。鲁迅在《〈阿Q正传〉的成因》中说:“《阿Q正传》大约做了两个月,我实在很想收束了,但我已经记不大清楚,似乎伏园不赞成,或者是我疑心倘一收束,他会来抗议,所以将‘大团圆’藏在心里,而阿Q却已经渐渐向死路上走。到最末的一章,伏园倘在,也许会压下,而要求放阿Q多活几星期的罢。但是,‘会逢其适’,他回去了,代庖的是何作霖君,于阿Q素无爱憎,我便将‘大团圆’送去,他便登出来。待到伏园回京,阿Q已经枪毙了一个多月了。”

9日 发表《估〈学衡〉》,载《晨报副刊》,署名风声,收入《热风》。文章用几个例证批评学衡派虽竭力“掊击新文化而张皇旧学问”,但词句不通,文理荒谬,“夫所谓《学衡》者,据我看来,实不过聚在‘聚宝之门’左近的几个假古董所放的假毫光”,“‘衡’了一顿,仅仅‘衡’出了自己的铢两来,于新文化无伤,于国粹也差得远”。

10日 《小说月报》第13卷第2号发表谭国棠与茅盾关于当前文学创作的通信,谈及《阿Q正传》。谭国棠写道:“《晨报》上连登了四期的《阿Q正传》,作者一支笔真正锋芒得很,但是又似是太锋芒了,稍伤真实。讽刺过分,易流入矫揉造作,令人起不真实之感,则是《阿Q正传》也算不得完善的了。创作坛真贫乏之极了!贵报目下隐然是小说界的木铎,介绍西洋文学一方,差可满意,创作一方却未能见胜。”茅盾复信表示不同意见,认为

《阿 Q 正传》是一部杰作:“先生以为是一部讽刺小说,实未为至论。阿 Q 这人,要在现社会中去实指出来,是办不到的,但是我读这篇小说的时候,总觉得阿 Q 这人很是面熟,是呵,他是中国人品性的结晶呀!”

16 日 复宫竹心信。鲁迅曾将宫竹心的小说介绍到《晨报》发表。宫为投考高等师范学校,辞去邮局职员的工作,因未考取,请求鲁迅为他谋职。但鲁迅“问来问去”没有结果。大约来信表示了埋怨的意思。鲁迅复信说:“现在的学校只有减人,毫不能说到荐人的事,所以已没有什么头路”,“先生来信说互助,这实在很有道理。但所谓互助者,也须有能助的力量,倘没有,也就无法了。而现在的时势,是并不是一个在教育界的人说一句话做一点事能有效验的”。

24 日 爱罗先珂由郑振铎、耿济之陪同,自上海抵京,应北京大学之聘,前来教授世界语,住进八道湾十一号周氏宅院。在北京期间,爱罗先珂除在北大讲授世界语外,还积极参加各种社会活动,常往一些高校讲演,谈论中国社会问题,介绍俄国文学。周氏兄弟对其悉心照顾,尽了地主之谊。

3 月

5 日 陪同爱罗先珂到北京大学三院讲演,讲题为《世界语与其文学》。演讲后陪同蔡元培宴请爱罗先珂,同座有周作人、胡适、钱玄同、孙国章、马幼渔、沈士远等。

10 日 《小说月报》第 13 卷第 3 号发表汪敬熙的《为什么中国今日没有好小说出现?》,对时下小说创作贫弱表示不满,但对鲁迅的创作给予表扬:“小说的杰作不过只有鲁迅先生的《药》《明天》《一件小事》,及谢冰心先生的《一个兵丁》几篇短篇小说而已”。

19日 周作人在《晨报副刊》上发表《〈阿Q正传〉》，署名仲密。文章指出“阿Q这人是中国一切的‘谱’——新名词称作‘传统’的结晶”，“是一个民族的类型”。“他像希腊神话里‘众赐’一样，承受了恶梦似的四千年来的经验所造成的一切‘谱’上的规则，包括对于生命幸福名誉道德的意见，提炼精粹，凝为固体，所以实在是一副中国人坏品行的‘混合照相’。其中写中国人的缺乏求生意志，不尊重生命，尤为痛切，因为我相信这是中国的最大的病根。”周作人认为这是一篇讽刺小说，其主旨是“憎”，精神是“负”的，并特别指出小说作者所使用的讽刺方法在中国历代文学中很少见，是反语，是冷的讽刺——也就是“冷嘲”，“是从外国短篇小说而来的，其中以俄国的果戈理与波兰的显克微支最为显著，日本的夏目漱石、森鸥外两人的著作也留下不少的影响”。周作人还透露说，自己“约略知道一些作者的事”，而《阿Q正传》的作者巴人和鲁迅是同一人。

24日 接待胡适来访。据胡适日记：“豫才深感现在创作文学的人太少，劝我多作文学，我没有文学的野心，只有偶然的文学冲动。我这几年太忙了，往往把许多文学的冲动错过了，很是可惜。将来必要在这一方面努一点力，不要把我自己的事业丢了来替人家做不相干的事。”

26日 陪爱罗先珂往俄文法政专门学校讲演《现代问题》。会前，警厅以爱罗先珂有“危险言论”为由加以干涉，后“经该校外国教员调停，学生多方辩诘，始得勉强开会”。

本月 胡适发表《五十年来之中国文学》，收入本月出版的《申报五十周年纪念册》。在谈到五年来白话文学中小说创作的成绩时说：“短篇小说也渐渐的成立了。这一年多的《小说月报》

已成了一个提倡'创作'的小说的重要机关,内中也曾有几篇很好的创作。但成绩最大的却是一位托名'鲁迅'的。他的短篇小说,从四年前的《狂人日记》到最近的《阿Q正传》,虽然不多,差不多没有不好的。"

4月

2日 发表爱罗先珂口述的《俄国的豪杰》诗的译文,载同日《晨报副刊》,未署名。这是鲁迅与爱罗先珂出席北大第二平民夜校游艺会时,爱罗先珂在演唱俄国歌曲之前叙讲的歌中故事的笔录稿。故事歌颂俄国17世纪哥萨克农民起义领袖斯钦·拉莘(通译斯捷潘·拉莘)的英雄事迹。文前有"记者识":"爱罗先珂先生今晚在北大第二平民夜校游艺会唱歌,有恐听众不易了解,特为述说歌中故事,由鲁迅先生笔录……"

9日 发表《为"俄国歌剧团"》[①],载《晨报副刊》,署名鲁迅,收入《热风》。俄国歌剧团十月革命后逃离苏联,经哈尔滨、长春等地,1922年春到达北京。从4月3日起在北京第一舞台演出,至6月10日结束。4月4日晚,鲁迅与爱罗先珂一同观看了《游牧情》[②]。文章根据在剧场的所见所感,描绘北洋军阀统治下的社会是"比沙漠更可怕的人世","没有花,没有诗,没有光,没有热。没有艺术,而且没有趣味,而且至于没有好奇心"。

12日 发表《无题》,载《晨报副刊》,署名鲁迅,收入《热风》。文章写"我"因买黄枚朱古律三文治和店员发生误会的过程,反

---

① 文末署"四月九日",疑不确。

② 《星期一二三俄剧豫志》,见1922年4月3日《顺天时报》;《介绍俄国歌剧团》,见同年4月15日《晨报》;《俄罗斯戏剧的真精神》,见同年4月16日《北京晚报》。

思人与人之间的猜疑和不信任;也从店员表现“惭愧”的态度中,渐渐觉得周围“又远远地包着人类的希望”。

13日　作《将译〈桃色的云〉之前的几句话》,载5月13日《晨报副刊》,署名译者。介绍自己翻译《桃色的云》的背景,即爱罗先珂想“从速赠与中国的青年”。还说,因为原作是爱罗先珂用日语写成的,而“日本语实在比中国语更优婉”,自己的翻译“至少当损失原作的好处的一半”。

同日　译完日本秋田雨雀《读了童话剧〈桃色的云〉》,载5月13日《晨报副刊》,未署名,收入《桃色的云》。

5月

1日　译完日本江口涣《忆爱罗先珂华希理君》并作“附记”,均载5月14日《晨报副刊》,署名鲁迅。文章曾作为“代序”收入日文版爱罗先珂童话集《最后的叹息》。鲁迅后来在《坟·杂忆》中说:“当爱罗先珂君在日本未被驱逐之前,我并不知道他的姓名。直到已被放逐,这才看起他的作品来;所以知道那迫辱放逐的情形的,是由于登在《读卖新闻》上的一篇江口涣氏的文字。于是将这译出,还译他的童话,还译他的剧本《桃色的云》。”附记介绍,江口涣的文章由于揭露了日本当局的暴行,在日本出版时“被抹杀了六处,一共二十六行”,译文据原作补齐。

4日　作《记剧中人物的译名》,载5月15日《晨报副刊》,未署名。7月1日作修改,收入同年7月新潮社出版的《桃色的云》。文章记述自己在剧中动植物名称的翻译中字斟句酌、循名责实的甘苦。

25日　译完爱罗先珂的《桃色的云》。《桃色的云》是爱罗先珂在日本期间以日语创作的三幕童话剧,收入其第二本童话集

《最后的叹息》(1921 年 12 月初日本东京丛文阁出版)。剧中写了两个世界,在"上面的世界"里,自然母亲第一王女冬女王给春女王施了魔法,让其沉睡不醒;在"地下的世界"里,土拨鼠带领着花草昆虫要打开春宫殿大门,冬女王乘机诱惑了春女王的助手桃色的云,将其带走。在"上面的世界"里还有人类,春子的心上人金儿贪图金钱,攀附上男爵的女儿。春女王终于醒来,世界恢复温暖。土拨鼠来到"上面的世界",不幸眼睛被太阳刺瞎而死,而痴情的春子也带着对春的希望死去。爱罗先珂对鲁迅说,"这一篇更胜于先前的作品","想从速赠与中国的青年"。鲁迅从 4 月 30 日起在爱罗先珂的帮助下翻译此书,本日开始至 6 月 25 日连载于《晨报副刊》,译文又连载于本年 6 至 7 月上海《民国日报》副刊《觉悟》,1923 年 7 月由新潮社出版单行本。

6 月

4 日 《孔乙己》日译文发表于日文报纸《北京周报》[①],译者署名"仲密"(周作人)。本年 5 月 29 日《周作人日记》载,应丸山昏迷之约,"译孔乙己,为北京周报,晚始了"。译文前有鲁迅以"记者"名义写的一段著者简介。

本月 作《白光》,载 7 月 10 日《东方杂志》第 19 卷第 13 号,署名鲁迅,又被同年 9 月 22 日上海《民国日报》副刊《觉悟》转载,后收入《呐喊》。作品描写塾师陈士成醉心于功名,在第 16 次县试落第后,感到自己"平日安排停当的前程"已经绝望,于是转而沉溺于寻找虚幻的"白光"——希图掘出祖埋金银而致富,

① 《北京周报》,由日本人藤原镰兄创办编辑,1922 年 1 月创办,至 1927 年 11 月止。此后由燕尘社接办,至 1930 年 9 月终刊,共出 418 期。

结果一无所获，还受了惊吓，疯癫落水而死。作品讽刺了科举时代知识分子追求功名利禄，揭露了科举制度“吃人”的罪恶。鲁迅后来在《花边文学·正是时候》中说：这种人“如果是穷极无聊了，那就更要修破书，擦古瓶，读家谱，怀祖德，甚而至于翻肮脏的墙根，开空虚的抽屉，想发见连他自己也莫名其妙的宝贝，来救这无法可想的贫穷”。

本月　作《端午节》，载 9 月 10 日《小说月报》第 13 卷第 9 号，署名鲁迅，收入《呐喊》。作品描写职员兼教员方玄绰，因政府长期欠发教薪和官俸，以致到了端午节“节根”，窘得口袋里只有六角钱，无法度日。方玄绰对社会不良现象强烈不满，却又“没有和恶社会奋斗的勇气”，常常找出种种借口，以“差不多”思想瞒人昧己、调和矛盾、逃避斗争、随遇而安，是北京政界、学界索薪斗争中一些教员和职员的写照。

7 月

2 日　作《〈桃色的云〉序》，收入《桃色的云》。系根据《将译〈桃色的云〉以前的几句话》和《〈桃色的云〉第二幕第三节中译者附白》两文补充改写而成，介绍了该书翻译经过，指出：“无论何人，在风雪的呼号中，花卉的议论中，虫鸟的歌舞中，谅必都能够更洪亮的听得自然母的言辞，更锋利的看见土拨鼠和春子的运命”。

5 日　译爱罗先珂童话《小鸡的悲剧》并作“译后附记”，均载 9 月 1 日《妇女杂志》第 8 卷第 9 号，署名鲁迅。译文收入《爱罗先珂童话集》。作品叙述一只小鸡不想与同类相处，只想与小鸭相伴，为了能像小鸭一样游泳，不幸投水溺亡。附记介绍：“这一篇小品，是作者在六月底写出的，所以可以说是最近的创作。”

8 月

11 日　胡适来访，值鲁迅外出，先与周作人谈天，午饭后鲁迅回来，又同鲁迅长谈。据胡适当天日记："周氏兄弟最可爱，他们的天才都很高，豫才兼有赏鉴力与创造力，而启明的赏鉴力虽佳，创作较少。"

14 日　致胡适信。胡适正致力于《水浒传》《西游记》等古小说考证。关于《西游记》的作者，他在《〈西游记〉序》中说是"明朝中叶以后一位无名的小说家"。鲁迅信中向胡适提供自己掌握的资料："关于《西游记》作者事迹的材料，现在录奉五纸，可以不必寄还。《山阳志遗》末段论断甚误，大约吴山夫未见长春真人《西游记》也。"胡适将"五纸"连同此信存入日记，并在《〈西游记〉考证》中引用。

21 日　致胡适信："大稿已经读讫，警辟之至，大快人心。"大稿即胡适本年 3 月为纪念上海《申报》50 周年所写《五十年来中国之文学》一文，概述了 1872 年以来中国"新旧文学过渡时期"的变迁。鲁迅认为"这种历史的提示，胜于许多空理论"，并指出，"白话的生长，总当以《新青年》主张以后为大关键"。

27 日　夜抄《遂初堂书目》，至 9 月 3 日毕，共 64 页。南宋尤袤编《遂初堂书目》是一部记载家藏图书的简目，其中杂艺、谱录等类目为尤袤所创，对中国目录学的发展有相当影响。

9 月

12 日　夜以明抄《说郛》校《桂海虞衡志》。明陶宗仪编《说郛》100 卷，系采摭明以前之小说史志汇编而成，清初陶埏增订的120 卷本已非旧貌。鲁迅所用的是明抄残本。《桂海虞衡志》，宋范成大撰，是研究宋代广南地区风物和民俗的重要著作。

14 日 夜抄《隋遗录》，收入《唐宋传奇集》。该书所附《稗边小缀》中说明《隋遗录》上下卷是“据原本《说郛》七十八录出”，并对照《百川学海》校订。《隋遗录》叙述隋炀帝南巡江都前后事迹。

18 日 日本早稻田大学教授片上伸由《北京周报》记者丸山昏迷陪同到八道湾十一号周宅访问。片上伸此次访华，系受沪汉两地日本人之邀，在北京期间与周作人过从甚密。是日来访，目的是拜访周作人，但周作人不在家，遂与鲁迅会见。6 年后，鲁迅在翻译出版片上伸本月在北京大学的演讲稿时，附了一句话：“这是六年以前，片上先生赴俄国游学，路过北京，在北京大学所讲的一场演讲。”实际上，片上伸这次到中国访问，并未前往苏联，也许是有此打算而未实现。

19 日 往北京大学，听日本文艺评论家片上伸讲《北欧文学的原理》。

20 日 发表《“以震其艰深”》，载《晨报副刊》，署名某生者，收入《热风》。文章讽刺上海租界的“国学家”缺乏真才实学，以古董欺骗和吓唬青年的做法。

10 月

4 日 发表《所谓“国学”》，载《晨报副刊》，署名某生者，收入《热风》。文章批判“暴发的‘国学家’”即“商人遗老”与洋场上作鸳鸯蝴蝶体小说[1]的"文豪",称前者是将旧书当古董的奸商,后者是"以拆白饷阅者的文士",都在用拙劣的货色来骗取学生的钱财,腐蚀青年的灵魂。

9日 作《儿歌的"反动"》,载同日《晨报副刊》,署名某生者,收入《热风》。鸳鸯蝴蝶派作家胡怀琛[2]本年9月致信郑振铎[3],攻击新文学运动:"提倡新文学的人,意思是要改造中国的文学,但是这几年来,不但没收效,而且有些反动。"鲁迅以胡怀琛的一首"儿歌"为靶子,指出谬误,并影射其"夙擅改削"的行为,因为胡曾改削胡适《尝试集》中的诗重新发表。

本月 发表《兔和猫》,载10日《晨报副刊》,署名鲁迅,收入《呐喊》。作品以弱小可爱的白兔为贪婪凶狠的黑猫所吞噬比喻现实社会强者肆意践踏弱者,"将生命""毁得太滥",表达了对弱者的同情。

本月 作《鸭的喜剧》,载同年11月29日上海《民国日报》副刊《妇女评论》,署名鲁迅,后又发表于12月《妇女杂志》第8卷第12号,收入《呐喊》。本篇曾被山上正义译成日文,载新潮社出版的《文章俱乐部》杂志。作品以爱罗先珂在周家的一段生活为素材,记叙一家人与爱罗先珂的友情。本年7月3日,爱罗先珂启程赴芬兰参加在赫尔辛基召开的第14次国际世界语大会。据周作人《鲁迅小说里的人物》,本文"正是他预定的期日已

---

① 鲁迅在《热风·"一是之学说"》中说,本年鸳鸯蝴蝶派文学"风起云涌"。除已有《礼拜六》《半月》等刊物外,《快活》《星期》《红杂志》《紫兰花》《心心相印》《游戏世界》等又相继出现。此外《长青》《晶报》《小时报》《小申报》等亦为该派之喉舌。又据秋生所撰《青灯琐话》(1921年9月24日起连载于《时事新报》)一文,"《红杂志》起初四期的销数竟达五万册"之多。

② 胡怀琛(1886—1938),字寄尘,安徽泾县人。曾编有《儿童诗歌》两册。

③ 原信载《长青》1922年第3期。

过，大家疑心他不再来了的时候”写的，有作纪念的意思。

本月 作《社戏》，载12月10日《小说月报》第13卷第12号，署名鲁迅，收入《呐喊》。作品从北京戏园里的恶浊空气和京剧的陈腐无味，引出童年时代在水乡与小伙伴们同看社戏的美好回忆，刻画并赞美了孩童世界的纯真。

11月

4日 爱罗先珂返回北京，仍居周宅。为尽居停主人之谊，鲁迅热情赞扬爱罗先珂，竭力为他辩护。沈尹默《鲁迅生活中的一节》回忆：“鲁迅陪着苏联盲诗人爱罗先珂，娓娓清谈，平易近人，若使当年北半截胡同会馆中同住的老乡们遇见，会疑心这不是他们所接触过的那位周大先生。那时这位盲诗人就住在周家，我记得盲诗人吃过饭后，休息了一会，鲁迅便把他没有做完的手工，递到他手中，那是一个用粗线织的袋子，盲诗人接了过去，一面讲着话，一面继续不停地编织，他们仿佛是用日语交谈的。”

9日 发表《对于批评家的希望》，载《晨报副刊》，署名风声，收入《热风》。当时，一些“道学家”诋毁郁达夫[①]的小说《沉沦》和汪静之的新诗集《蕙的风》为“不道德的文学”，文坛上因此发生了关于“文艺与道德”问题的论争。文章分析了中国文艺批评的现状，认为凡是善意地批评新文学不完善的，应该欢迎；但如学

① 郁达夫(1896—1945)，浙江富阳人，小说和散文作家，创造社主要成员。先后编辑《创造季刊》《创造周报》《创造日》《创造月刊》《洪水》，1927年与鲁迅合编《奔流》。后与鲁迅一起参加中国自由运动同盟、中国左翼作家同盟、民权保障同盟。抗日战争期间在香港、南洋群岛一带从事爱国宣传活动，1945年9月17日被日本宪兵杀害于苏门答腊。

衡派吴宓等人“靠了一两本‘西方’的旧批评论，或则捞一点头脑板滞的先生们的唾余，或则仗着中国固有的什么天经地义之类的，也到文坛上来践踏”，则“委实太滥用了批评的权威”。鲁迅还希望批评家至少要“有一点常识”，不可信口胡说。对于那种把翻译诋为不足齿数，而责怪译者为何不去创作的“批评家”，鲁迅认为这就等于吃菜的不去品尝菜的味道，却责怪厨子“何以不去做裁缝或造房子”一样是“痰迷心窍”。

17日 作《反对“含泪”的批评家》，载本日《晨报副刊》，署名风声。收入《热风》。本年8月，汪静之出版新诗集《蕙的风》，多为要求“自由恋爱”的情诗，反映了青年人反抗旧礼教的心声。东南大学学生胡梦华先后写了《读了〈蕙的风〉以后》和《悲哀的青年——答章鸿熙君》[①]等文章，认为《蕙的风》与“《金瓶梅》一样”“堕落轻薄”，“应当严格取缔”。鲁迅对此驳斥曰：“我以为中国之所谓道德家的神经，自古以来，未免过敏而又过敏了，看见一句‘意中人’，便即想到《金瓶梅》，看见一个‘瞟’字，便即穿凿到别的事情上去。然而一切青年的心，却未必都如此不净。”后来，鲁迅又在《不周山》（后改名《补天》）、《〈故事新编〉序言》和《我怎样做起小说来》等文章中影射或驳斥胡梦华。

22日 午后赴北京人艺戏剧专门学校开学式。“人艺戏剧学校”是北京第一所新戏剧专门学校，提倡“爱美的”艺术，主要成员有陈大悲、蒲伯英等，校址设在南横街。

24日 下午往女子高等师范学校听爱罗先珂讲演，讲题为《女子与其使命》。

同日 晚，孙伏园来取走小说稿、译稿各一篇。“小说稿”即

---

① 分别见10月24日《时事新报》副刊《学灯》和11月3日《民国日报》副刊《觉悟》。

《不周山》。“译稿”当指爱罗先珂的童话《时光老人》，载12月1日《晨报》四周年纪念增刊，后转载于同年12月4日上海《民国日报》副刊《觉悟》，署名鲁迅，收入1924年12月上海商务印书馆“小说月报丛刊”第2种《世界的火灾》。作品叙述居住于北京的“我”，从时钟“滴答滴答”的音响中，听到时光老人对“我”的训斥：人是蠢才，且在不停繁衍着蠢才。时光老人还告诉“我”，无论年老还是年轻的人们都在拜着古老寺院里的诸神，紧闭着寺门。

同日及25、27日 清水安三以“如石生”的笔名在日本《读卖新闻》连载《周三人》一文，介绍鲁迅、周作人、周建人三兄弟。其中对鲁迅的评价是：“盲诗人爱罗先珂(Eroshenko)推崇周树人为中国作家第一人，我也持这种观点。正当上海文士青社的每个人都在就《聊斋》中那些未写好的故事随随便便写文章的时候，发表了唯一称得上是创作作品的人，实际上就是周树人。”

12月

1日 发表《不周山》，载《晨报》四周年纪念增刊，署名鲁迅，同年12月5日上海《民国日报》副刊《觉悟》予以转载。原收入1923年8月北京新潮社版《呐喊》，后鲁迅不满于成仿吾“砍杀了《呐喊》，只推《不周山》为佳作”，“当《呐喊》印行第二版时，即将这一篇删除”。1935年编定《故事新编》时，将《不周山》改名《补天》，收入其中。这是鲁迅采取古代神话、传说来做小说的第一次尝试。作品通过对女娲炼石补天的描绘，赞颂其崇高的献身精神与旺盛的劳动热情，塑造了一个有神异力量的创造者的艺术形象。鲁迅自述创作意图道：这是“取了弗罗特说，来解释创造——人和文学的——缘起”。写作中途，他在报纸上看见了胡梦华对汪静之《蕙的风》的批评，便“止不住有一个古衣冠的小丈夫，在女娲的两腿之间出现了”，嘲讽了那些攻击爱情诗为“堕落轻薄”的假道学。

3日 作《〈呐喊〉自序》，发表于1923年8月21日《晨报》的《文学旬刊》，署名鲁迅，同年8月28日上海《民国日报》副刊《觉悟》转载，收入《呐喊》。自序回顾了自己从19世纪末到“五四”时代的思想发展过程，表明自己从事文艺运动的目的和态度，阐述了《呐喊》的创作意图是为唤醒民众起来毁坏旧中国这座“铁屋”，以“呐喊”之声，“慰藉那在寂寞里奔驰的猛士，使他不惮于前驱”。

6日 夜以日文译完自作小说《兔和猫》，载1923年1月1日《北京周报》第47期新年特别号，署鲁迅作，同人译。

17日 赴北大成立25周年校庆纪念会并观看北大实验剧社演出的托尔斯泰[①]剧作《黑暗之势力》。该剧一方面揭露和批判旧俄的社会现实，表现了农民对农奴制的仇恨和对日益发展的资本主义的恐惧，另一方面又宣扬“勿以暴力抗恶”和“道德的自我完善”等所谓“救世新术”，幻想建立一种“自由平等”的小农社会来代替皇权政治和农奴制。

26日 夜往东城观看燕京女校学生演莎士比亚[②]喜剧《无风起浪》(或译作《无事烦恼》《捕风捉影》)。爱罗先珂同往。关于这两次演出，爱罗先珂写有《观北京大学学生演剧和燕京女校

---

① 托尔斯泰(1828—1910)，俄国作家。出身于贵族地主家庭。代表作有《战争与和平》《安娜·卡列尼娜》《复活》等。

② 莎士比亚(1564—1616)，英国戏剧家和诗人。生于商人家庭，做过剧场杂役，演员和编剧。他的作品，塑造了许多性格鲜明的典型形象，对欧洲戏剧的发展产生了巨大影响。代表作有《威尼斯商人》《哈姆雷特》《奥赛罗》等。

学生演剧的记》,鲁迅译为中文发表。

1923年(癸亥,中华民国十二年)　43岁

▲2月,胡适《五十年来中国之文学》由申报馆出版。

▲6月12日,中国共产党第三次全国代表大会在广州举行,会议决定全体共产党员以个人名义加入国民党,以建立统一战线。

▲6月15日,中共理论刊物《新青年》季刊在广州创刊,瞿秋白任主编。《国际歌》中文词曲在创刊号首次刊出。

▲12月徐志摩、胡适、梁实秋、陈源、闻一多等在北京成立新月社。

▲本年开始,邓中夏、恽代英、沈泽民等共产党人倡导革命文学。

1月

1日　发表《关于猪八戒(与本年的干支的关系)》的谈话,日文记录稿载《北京周报》第47期新年特别号,署"周树人氏谈"。谈话介绍了中国文学史上关于猪的描写,认为东晋干宝《搜神记》第18卷中母猪变少女的故事,是中国小说最早对猪的描写,还谈到《西游记》中猪八戒的来历和有关唐三藏西天取经的诗话、杂剧等。

3日　译爱罗先珂《观北京大学学生演剧和燕京女校学生演剧的记》一文,载1月6日《晨报副刊》"剧评"栏,署名鲁迅。爱罗先珂抨击中国的旧戏和旧道德,批评北大学生仍受旧道德的

束缚,不能男女同台演戏,在表演上则受旧戏影响,“模仿优伶”,因此不能真正表现人物思想感情。

5日 与蔡元培、许寿裳等赴永持德一招宴,同席9人。永持是北京税务专门学校日籍教员。席间还有在北京游学的日本学者藤塚鄰,曾在《北京周报》发表《礼之研究》等文章。宴会是为了请蔡元培等中方人士对文部省官费留学生竹田复加以关照而设。[①] 永持德一请中方人士题词,鲁迅为书《诗经》句:昔我往矣,杨柳依依,今我来思,雨雪霏霏。

7日 下午接待日本记者丸山昏迷和橘朴来访。丸山昏迷,原名丸山幸一郎,又名昏迷生,1919年到北京,曾任《北京周报》记者。橘朴[②],中国研究家,时任《京津日日新闻》主笔。

11日 作《关于〈小说世界〉》,载1月15日《晨报副刊》,原题为《唐俟君来信——关于〈小说世界〉》。1921年文学研究会取代鸳鸯蝴蝶派编辑《小说月报》,使其成为新文学阵地。1923年1月,一些文人创办《小说世界》(周刊,后为季刊,叶劲风、胡怀琛先后主编,1929年12月停刊),由上海商务印书馆出版,专刊鸳鸯蝴蝶派作家的作品,与《小说月报》对抗。文章总结了历史上新旧文化斗争的规律,指出:“凡当中国自身烂着的时候,倘有什

---

① 《北京周报》第49期(1923年1月21日)“卷头语”写道:“日前,永持氏以竹田复文学士为主宾,邀请蔡元培、周树人、陈傅贤、藤塚鄰等中日两国学者、记者等,于陶园设晚宴款待。席上日方一客谈及中国艺术之精美,同时对北京贵重建筑等频遭毁坏而感惋惜时,中方周树人氏对此指出,这是日本方面的看法,但我们不同,我们认为这样的东西不完全破坏,就创造不出真正好的东西来。听后令人感到中日两国人士间有一种类似相对性原理的东西在起作用。日本学习研究社版《鲁迅全集》(1986)第19卷卷首有当晚拍摄的照片。

② 橘朴后来撰文《与周氏兄弟的对话》,记述了这场会见,较为详细地介绍了鲁迅对中国社会的“极度悲观”的看法。文载1923年1月12日和13日《京津日日新闻》,赵京华中译版见《新文学史料》2013年第4期。

么新的进来，旧的便照例有一种异样的挣扎。”这是因为旧文化的社会基础尚在。文章还嘲讽了《小说世界》“要以中国文明统一世界”的妄想。

13日 作《看了魏建功君的〈不敢盲从〉以后的几句声明》，载1月17日《晨报副刊》，署名鲁迅。1月6日，《晨报副刊》刊出鲁迅翻译的爱罗先珂《观北京大学学生演剧和燕京女校学生演剧的记》一文后，北大实验剧社成员魏建功①大为不满，写了《不敢盲从》一文，用“盲”字对爱罗先珂进行人身攻击。声明斥责了这种“轻薄嘲弄”的态度，赞扬爱罗先珂的评论是对中国青年的真正的“爱”。据魏建功《回忆三十年代的鲁迅先生》，他后来认识到自己以“尖刻失态的语言对爱罗先珂进行了人身攻击”的不妥，深感内疚。

15日 接待许钦文②来访。据许钦文《鲁迅先生在砖塔胡同》：“这件事我还记得很清楚，当时我还没有找到‘法律评论’社的书记职位，许寿裳先生在做女子高等师范的校长，孙伏园先生想通过鲁迅先生给我去找个位置，所以给我写信介绍。我到教育部里去见鲁迅先生，他很快地就说没有位置，只轻轻地向我点了个头就回到办公室里去了。当时我有些觉得他是冷冰冰的。可是在砖塔胡同会见以后，我感觉到他的温暖了。现在看他的日记，也可以想见他对我的热情，我到后来才这样体会到：鲁迅

---

① 魏建功（1901—1980），字天行，江苏如皋人，语言文字学家。当时为北京大学学生，毕业后创办黎明中学，曾邀鲁迅为该校讲授小说。后任辅仁大学讲师，北京大学教授等职。

② 许钦文（1897—1984），原名绳尧，笔名钦文，浙江绍兴人，1920年代初在北京大学旁听时开始写小说，得到鲁迅的帮助和指导。1926年，他的短篇小说集《故乡》由鲁迅选定、校阅并编入《乌合丛书》出版，鲁迅将其列入青年乡土作家之列。著有回忆鲁迅和分析鲁迅作品的著作多种。

先生在教育部里接见我时显得冷冰冰的，可能是因为他不能使得一个求助的青年不失望而在暗自难过的缘故。”

2月

11日 贺慈章陪同今关天彭[①]来访。今关赠其所著《北京的顾亭林祠》一册。

17日 与郁达夫等共进午餐，“谈至下午”。这是两人交往的最早记录。本年，郁达夫来北大任教，与鲁迅同事。此后，两人互相邀饮，互赠书刊，过从甚密。

3月

10日 发表所译爱罗先珂童话《“爱”字的疮》，载《小说月报》第14卷第3号，署名鲁迅，收入《爱罗先珂童话集》。作品描写一个具有狂热气质的少年哥儿白杨的孩子，为制造更多的光和热，温暖和照亮世界，在胸膛上刻了一个“爱”字，让自己烧得更多和更亮。

25日 黎明到孔庙参加祀孔大典，归途坠车碰落两颗牙齿。

---

① 今关1918年秋到北京，从事传统学术的整理工作，出版《宋元明清儒学年表》《东洋学术的整理》《颜李之学风》，还有《汗漫游诗》《续汗漫游诗》《燕京画家感旧录》《清代文章概论》《北京的顾亭林祠》等。

后来有传言却说他因参加示威游行被打落了门牙。[①]

4月

19日 自1920年秋季在北大讲授《中国小说史》以来，自编讲义，陆续印发给学生。至本日，将《中国小说史略》上卷编完。

21日 译爱罗先珂童话《红的花》，载7月10日《小说月报》第14卷第7号，署名鲁迅，收入1924年商务印书馆版《世界的火灾》。作品中的"我"向哥儿讲述了一个"红的花"的故事，"红的花"象征着幸福，牺牲者的热血和生命的供养，才能让它开放。哥儿在梦中苦苦寻求"红的花"，在现实中也对"红的花"殷殷期待。

5月

20日 编定《呐喊》，托孙伏园持交新潮社排印，并自付印资200元。所垫款至1924年1月《呐喊》售出后始收回。

6月

3日 与周作人应《北京周报》约请作《"面子"与"门钱"》的

---

① 鲁迅《从胡须说到牙齿》："民国十一年秋，我'执事'后坐车回寓去，既是北京，又是秋，又是清早，天气很冷，所以我穿着厚外套，带了手套的手是插在衣袋里的。那车夫，我相信他是因为磕睡，胡涂，决非章士钊党；但他却在中途用了所谓"非常处分"，以'迅雷不及掩耳之手段'，自己跌倒了，并将我从车上摔出。我手在袋里，来不及抵按，结果便自然只好和地母接吻，以门牙为牺牲了。""中华民国十四年十月二十七日，即夏历之重九，国民因为主张关税自主，游行示威了。但巡警却断绝交通，至于发生冲突，据说两面'互有死伤'。次日，几种报章（《社会日报》，《世界日报》，《舆论报》，《益世报》，《顺天时报》等）的新闻中就有这样的话：'学生被打伤者，有吴兴身（第一英文学校），头部刀伤甚重……周树人（北大教员）齿受伤，脱门牙二。其他尚未接有报告。……'这样还不够，第二天，《社会日报》，《舆论报》，《黄报》，《顺天时报》又道：'……游行群众方面，北大教授周树人（即鲁迅）门牙确落二个。'"

谈话，日文记录稿载该报第 67 期。鲁迅谈“面子”一词的来源道：“‘面子’一词初见于小说”，“大抵上和文言的‘体统’一词含义相同。我想恐怕先是‘体统’变成‘体面’之类的词，然后在社会上又变成了‘面子’一词。”又说：“由于‘面子’一词以表面的虚饰为主，其中就包含着伪善的意思。把自己的过错加以隐瞒而勉强作出一派正经的面孔，即是伪善。”

7 日　午后赴东安门外真光剧场参加世界语学校筹款游艺会，内容有新剧、旧剧、歌舞、世界语歌、世界语剧等。[①] 蔡元培与李石曾等于本年创办了北京世界语专门学校，鲁迅为该校的董事之一，因而与该校负责人陈空三、陈声树和冯省三来往密切。本月，鲁迅将一笔捐款送给该校。后来，学校聘请他讲授中国小说史，到 1925 年学校停办为止。

12 日　以书信形式作《关于爱情定则讨论的意见》，载 6 月 16 日《晨报副刊》“通信”栏，署名迅。当时孙伏园主编的《晨报副刊》正在开展关于爱情定则的讨论，讨论发端于张竞生所写《爱情的定则与陈淑君女士事的研究》[②]一文。本年 3 月，北大教授谭熙鸿丧妻不久又与妻妹陈淑君结婚。因陈在广东已与沈某定婚，此举遂被视为“不道德”之举。沈某赴京吵骂，也引来舆论谴责。《晨报副刊》发表了张竞生抨击旧道德、支持谭陈的文章，并希望引起“青年读者出来讨论”，不料“讨论者”“里面有大半是代表旧礼教说话。此类议论连续刊出 20 余篇。有“钟孟公”者来信反对，认为这“除了足为中国人没有讨论资格的佐证之外，毫无别的价值”，主张停止讨论，以“体惜读者免得自费精神，也是

① 《北京世界语专校游艺会启事》，见 1923 年 6 月 5 日《晨报》。

② 载 1923 年 4 月 29 日《晨报副刊》。

体惜作者省得献丑”。[1] 鲁迅对此表示不同意:“钟先生也还是脱不了旧思想,他以为丑,他就想遮盖住,殊不知外面遮上了,里面依然还在腐烂,倒不如不论好歹,一齐揭开来,大家看看好。”鲁迅指出,唯有彻底暴露黑暗,“给改革家看看,略为惊醒他们黄金色的好梦”,才可望社会的改革。

7月

19日 收周作人亲自送来短信:“鲁迅先生:我昨天才知道,——但过去的事不必再说了。我不是基督徒,却幸而尚能担受得起,也不想责谁,——大家都是可怜的人间。我以前的蔷薇的梦原来都是虚幻,现在所见的或者才是真的人生。我想订正我的思想,重新入新的生活。以后请不要再到后边院子里来。没有别的话。愿你安心,自重。七月十八日,作人。”本月14日鲁迅日记载:“是夜始改在自室吃饭,自具一肴,此可记也。”大约已经与周作人夫妇产生矛盾。鲁迅收到信后,倩人询问周作人原因,作人不理。据许羡苏《忆鲁迅先生》:“一九二三年的一个星期日我又去看老太太,她告诉我们:‘大先生和二先生忽然闹起来了,也不知道是什么事情,头天还好的,弟兄二人把书抱进抱出的商量写文章。现在大先生决定找房子搬出去。’”

8月

2日 下午迁居砖塔胡同61号。鲁迅收到周作人决裂信后,即考虑搬出八道湾,通过许钦文、许羡苏兄妹联系到砖塔胡

① 《钟孟公来信》,见1923年6月16日《晨报副刊》。

同同乡俞氏所租屋，7 月 26 日亲自看房确定。经过几天的准备，本日迁居，与俞芬、俞芳和俞藻三姐妹作了邻居。鲁迅在砖塔胡同居住 9 个月，创作了《祝福》《在酒楼上》《幸福的家庭》《肥皂》4 篇小说，完成了《中国小说史略》的编印和《嵇康集》的校勘工作，写了《宋民间之所谓小说及其后来》《娜拉走后怎样》《未有天才之前》等文章，还翻译了一些外国作品。

12 日 为孙福熙[①]校订散文集《山野掇拾》，次日夜校讫。此书 1925 年由北京新潮社出版，列为新潮社文艺丛书之一。

22 日 晚孙伏园持《呐喊》20 册来。《呐喊》是鲁迅第一本小说集，1923 年 8 月由北京新潮社出版，列为新潮社文艺丛书之一。早在 1920 年 9 月 28 日，陈独秀在给周作人的信中就说："豫才兄做的小说实在有集拢来重印的价值，请你问他倘若以为然，可就《新潮》《新青年》剪下自加订正，寄来付印。"但当时并未出版。初版收入 1918 年至 1922 年所作小说 15 篇，封面为鲁迅亲自设计。1926 年 10 月改由北新书局出版，列入鲁迅主编的《乌合丛书》。1930 年 1 月第 13 次印刷时，将《不周山》（后改为《补天》，收入《故事新编》）一篇抽去，以后各版均依此，只收 14 篇。《呐喊》中的作品描绘了从辛亥革命到"五四"时期旧中国的社会风貌，对中国政治制度及其意识形态进行了深刻的揭露和批判，鲁迅十来年后自评道，"显示了'文学革命'的实绩"，当时

---

① 孙福熙（1898—1962），笔名丁一、春苔，浙江绍兴人。1915 年毕业于浙江省省立第五师范，1919 年任北京大学图书馆管理员，并在北大选课旁听，与其兄孙伏园一起结识鲁迅。1920 年由蔡元培介绍，赴法国工读，先在里昂中法大学任秘书，后入法国国立里昂美术专科学校学习，开始写作散文。1925 年回国，在鲁迅帮助下，散文集《山野掇拾》由开明书店出版。1928 年任杭州任国立西湖艺术学院教授。主编《艺风》杂志。1930 年，赴法国巴黎大学选听文学和艺术理论讲座。擅绘画，曾为鲁迅《野草》作封面。

"颇激动了一部分青年读者的心"。

24日 本日钱玄同日记载:"鲁迅送我一本《呐喊》。"日记第一次将"豫才"等字号改为"鲁迅",可能是为了纪念《呐喊》的第一篇小说《狂人日记》发表前他们在绍兴会馆聚谈的时光,《狂人日记》和《呐喊》全书正是以"鲁迅"的名义发表和出版的。

9月

8日 上午往琉璃厂买积木两合,分送给俞芳姐妹。俞芳《我记忆中的鲁迅先生》:"鲁迅先生搬来不久,就送给我和三妹各一合积木玩具。平时也常买糖果、点心给我们吃。逐渐我们觉得鲁迅先生非但不'凶',而且是很可亲近的。"

12日 午后往女师大附中为俞芬作保。

14日 发表《"两个桃子杀了三个读书人"》,载《晨报副刊》,署名雪之。章士钊[①]在《评新文化运动》一文中以"二桃杀三士"为例证明文言胜于白话,说这句话"谱之于诗,节奏甚美",如用白话表达则成了"两个桃子杀了三个读书人",把本来作"勇士"的"士"误释为"读书人"。鲁迅嘲讽说:"旧文化也实在太难解,古典也诚然太难记,而那两个旧桃子也未免太作怪:不但那时使三个读书人因此送命,到现在还使一个读书人因此出丑。"1925年9月,章士钊在《甲寅》周刊重新发表《评新文化运动》,鲁迅1926年5月24日作《再来一次》,将本文全文引录,再次抨击章

---

① 章士钊(1881—1973),字行严,笔名孤桐,湖南长沙人。辛亥革命前,曾参加资产阶级民主革命。1914年5月在日本东京主编《甲寅》月刊,两年后停刊。他反对新文化运动,主张尊孔读经。1924至1926年任北洋军阀段祺瑞政府司法总长兼教育总长,参与镇压学生运动和反帝爱国斗争,并重出《甲寅》周刊,作为舆论阵地。后来思想有较大进步,成为爱国民主人士。著有《柳文指要》等。

士钊。

17日 午后往世界语专门学校讲课。鲁迅认为学习世界语可以促进各国文化的交流，因此赞成世界语运动。世界语学校成立后，便接受该校邀请，担任讲师，讲授中国小说史。是日为鲁迅第一次去讲课。据本年出版的《北京世界语专门学校计画书》载：鲁迅与蔡元培、爱罗先珂等11人为该校董事会成员；学生200人，分为5个班。考虑到该校经费困难，鲁迅还曾多次退还学校送来的薪金。

10月

1日 上午在大风中到多个地方看房，下午到世界语学校讲课。晚发高烧，系肺病。鲁迅在1936年9月致母亲信中，谈到自己的肺病"被八道湾赶出后的一回，和章士钊闹后的一回，躺倒过的"。本月2日、3日、6日、8日、11日、15日、17日日记均有往医院看病的记载。

7日 夜作《中国小说史略》序言，收入本年12月北京新潮社版《中国小说史略》。序言指出学术界对中国小说史研究的不足："中国之小说自来无史；有之，则先见于外国人所作之中国文学史中，而后中国人所作者中亦有之，然其量皆不及全书之什一，故于小说仍不详。此稿虽专史，亦粗略也。"并解释该书用文言撰写的原因："又虑钞者之劳也，乃复缩为文言，省其举例以成要略，至今用之。"次日将上卷稿寄孙伏园付印。

8日 雁冰（茅盾）在《学灯》上发表《读〈呐喊〉》，谈对其中几篇作品的感想。结尾总评道："在中国新文坛上，鲁迅君常常是创造'新形式'的先锋；《呐喊》里的十多篇小说几乎一篇有一篇新形式，而这些新形式又莫不给青年作者以极大的影响，必然有多数人跟上去试验。”

16 日　Y 生发表《读〈呐喊〉》，载《学灯》。文章从教育角度申述《呐喊》对国民基础教育的指导意义。关于鲁迅的描写艺术，作者以《风波》为例，强调对于不同人物语言、行动和性格的生动描绘，并节选了七斤嫂遭遇八一嫂的揭穿，因而恼羞成怒，“恨棒打人”地辱骂女儿六斤的情节，盛赞鲁迅用精炼的文字将人物刻画得生动传神的功夫。Y 生即叶圣陶。

28 日　与许钦文、孙伏园同往新民大戏院观看北京人艺戏剧专门学校演出的新剧《平民的恩人》《良心》。陈大悲等参加演出。

30 日　至阜成门内西三条胡同看屋，买定 21 号旧屋 6 间，议价 800 元。12 月 2 日，在西长安街龙海轩订立买房契约，当即付款 500 元。鲁迅几个月来经常外出看屋，本日始买定，购房资金多向朋友筹借，如本月 9 日日记有借钱的记载。购买房子的一个主要原因是母亲住惯自己的房屋，不愿租赁。

11 月

8 日　自 10 月 1 日肺病复发至今日，始废粥进饭，但未痊愈，此后又多次往医院就诊。

12 月

11 日　《中国小说史略》（上卷）印成草本。《中国小说史略》以 1920 年起在北京大学等高等学校讲授中国小说史课程的讲义为基础修订而成的。1920 年北京大学曾出过四号字排印本讲义，称《中国小说史大略》。此书上卷（第 1 篇至第 15 篇）和下卷

(第16篇至28篇)分别于1923年12月、1924年6月由新潮社出版。1925年9月由北京北新书局合为一本印行,内增加第1、第17两节,并作“再版附识”。1930年、1932年、1934年又有修改。1924年1月13日,该书日译版开始刊登于《北京周报》,此后连载于该报第96至102期、104至129期、131至133期、137期。该书对中国小说由上古的神话传说、鬼神志怪,到唐宋传奇、宋元话本、明清小说的演变过程作了系统的梳理,勾勒出中国小说发展的基本轮廓,为小说史作为一门独立的学科奠定了基础。鲁迅把小说及其发展放在当时的社会条件下进行考察,对一些重要作品提出了自己独到的见解。胡适评价说:“在小说的史料方面,我自己也颇有一点点贡献。但最大的成绩自然是鲁迅先生的《中国小说史略》;这是一部开山的创作,搜集甚勤,取材甚精,断制也甚谨严,可以替我们研究文学史的人节省无数精力。”

26日 晚,赴女高师文艺研究会[①]讲演半小时,题为《娜拉走后怎样》,记录稿载1924年女高师《文艺会刊》第6期,后经鲁迅校正定稿,发表于同年8月1日《妇女杂志》第10卷第8号,署名鲁迅,收入《坟》。本年5月,该校公演了挪威剧作家易卜生的《傀儡家庭》(通译《玩偶之家》),在社会上引起反响。鲁迅指出,社会问题不解决,娜拉走出家庭以后,“实在只有两条路:不是堕落,就是回来”。他强调,“为准备不做傀儡起见,在目下社会里,经济权就见得最要紧了”,“自由固不是钱所能买到的,但能够为钱而卖掉”。所以妇女要自由,必须有经济权,而经济权的取得,

---

① 女高师文艺研究会以研究文艺为宗旨,分编辑,讲演,庶务3部。每周举行“定期讲演”,由会员报告研究心得;不定期举行“特别讲演”,请校外名人或本校教师作报告。

必须要经过“深沉的韧性的战斗”。鲁迅更进一步指出,“在经济方面得到自由,就不是傀儡了么?也还是傀儡”,要不做傀儡,“决不是几个女人取得经济权所能救的”,还要改革全社会的经济制度,妇女才能真正获得自由解放。

28日 致胡适信。此前,鲁迅将《中国小说史略》(上卷)寄赠胡适征求意见,胡“通读一遍”,认为“论断太少”。鲁迅接受这一批评,并分析原因:“我自省太易流于感情之论,所以力避此事,其实正是一个缺点”。该书下卷有意增加了论断。信中还谈及重刊古典白话小说问题,建议再印《水浒传》《三侠五义》《西游补》《海上花列传》。

1924年(甲子,中华民国十三年) 44岁

▲5月31日,北京政府与苏俄政府建交。

▲6月17日,李大钊代表中国共产党赴莫斯科出席共产国际第五次代表大会,并就中国民族革命问题发表声明。

1月

2日 至西三条胡同接收所买房屋。10日取得凭单并图,12日纳屋税,15日决定修缮旧房。鲁迅亲自拟定修缮方案,手绘草图,今存。

5日 致胡适信,谈对《水浒后传》的看法。又认为《海上花》“大有重印之价值”:“自从《海上繁华梦》出而《海上花》遂名声顿落,其实《繁华梦》之度量技术,去《海上花》远甚。”

17日 应北京师范大学附属中学校友会之邀作讲演《未有

天才之前》。讲演稿经校订后，载1924年北京师范大学附属中学《校友会刊》第1期；1924年12月27日《京报副刊》第21号转载时，鲁迅在文章前面加了一段小引，后收入《坟》。当时，文艺界要求天才产生的呼声很高。鲁迅认为："天才并不是自生自长在深林荒野里的怪物，是由可以使天才生长的民众产生，长育出来的，所以没有这种民众，就没有天才。"演讲批判了"一面固然要求天才，一面却要他灭亡，连预备的土也想扫尽"的错误倾向：其一是以"整理国故"为名，妄图抵制新的思潮在中国传播；其二是以"崇拜创作"为名"排斥异流，抬上国粹"，"使中国和世界潮流隔绝"；其三是"在嫩苗的地上驰马"的"恶意的批评"。鲁迅指出，必须有"培养天才的泥土"，"否则，纵有成千成百的天才，也因为没有泥土，不能发达，要象一碟子绿豆芽"。这"培养天才的泥土"，是"大家都可以做"的，"然而不是坚苦卓绝者，也怕不容易做；不过事在人为，比空等天赋的天才有把握"。至于如何做"泥土"，鲁迅认为"就是收纳新潮，脱离旧套，能够容纳，了解那将来产生的天才；又要不怕做小事业"。

2月

7日　作《祝福》，载3月25日《东方杂志》第21卷第6号，署名鲁迅，收入《彷徨》。作品描写农村妇女祥林嫂在政权、族权、神权、夫权的束缚和压迫下，无法生存，终至精神毁灭的悲剧，反映了旧礼教统治下妇女的悲惨命运。

16日　作《在酒楼上》，载5月10日《小说月报》第15卷第5号，署名鲁迅，收入《彷徨》。作品塑造了在黑暗现实的不断打击下，失去了生活理想的知识分子吕纬甫形象。十年前的吕纬甫"敏捷精悍"，是个奋发向前的青年志士，他和同伴们曾经"到城隍庙里去拔掉神像的胡子”,“连日议论些改革中国的方法”。由于接连的挫折,渐渐“沉静”而且“颓唐”,变得对一切都“敷敷衍衍,模模胡胡”,“随随便便”,做一些明知是无聊的事,甚至给学生教读他反对过的《孟子》和《女儿经》。

18日 作《幸福的家庭》,载3月1日《妇女杂志》第10卷第3号,副题为“拟许钦文”,署名鲁迅,收入《彷徨》。1920年代初的旧中国,军阀混战,社会混乱,但耽于幻想的文人却竭力宣扬个人至上的恋爱观和幸福观,借以逃避现实。作品以讽刺的笔触,描写一个家庭并不富裕和幸福的青年作者,为“捞几文稿费维持生活”而闭门撰写小说《幸福的家庭》,结果在家庭杂务和孩子哭声的干扰下,连稿纸也给女儿揩了鼻涕。揭露了一些文人宣传的“幸福观”的虚伪性。

同日 作《〈幸福的家庭〉附记》,载3月1日《妇女杂志》第10卷第3号《幸福的家庭》篇末。附记说明这篇小说构思的过程和副题的由来:“我于去年在《晨报副刊》上看见许钦文君的《理想的伴侣》的时候,就忽而想到这一篇的大意,且以为倘用了他的笔法来写,倒是很合式的。”许钦文认为:“《理想的伴侣》里的讽刺手段主要是用反话,鲁迅说的‘他的笔法’,可能就是指反话。可是我的讽刺手法,主要是从鲁迅先生(那)里学来的;所谓‘拟’,无非是鲁迅先生谦逊,实在是‘给青年作家做广告的’罢!”①

3月

1日 往山本医院看病。本月4日、6日、8日、11日、13日、

① 许钦文《〈彷徨〉分析·幸福的家庭》,中国青年出版社1958年版,第39页。

15 日、18 日、20 日、22 日，25 日、27 日、29 日、31 日日记，都有到该院就诊的记载。在此期间，仍带病坚持工作，有时一天上下午都讲课（7 日、14 日、21 日），有时同一天又看病、又讲课、又创作（22 日）。此外，还要监修西三条 21 号房屋。

15 日　为常维钧《歌谣周刊》封面设计图案两幅。常维钧当时是北京大学法文系学生，1924 年毕业后任北京大学出版部干事，主编《歌谣周刊》。因为本期“歌谣纪念增刊”内辑录了有关月亮的歌谣，所以鲁迅设计的封面呈天蓝色，上有云彩、月亮和星星。封面题字由鲁迅建议请沈尹默书写。

22 日　作《肥皂》，载 3 月 27 日、28 日《晨报副刊》，署名鲁迅，收入《彷徨》。作品叙述了尊奉道学的四铭对新文化恨之入骨，咒骂青年学生，主张学堂“应该统统关掉”，义正辞严，但在大街上看到一个行乞少女后，却产生了肮脏的心理活动。他从商店买回一块香皂后的心理活动，暴露了灵魂的龌龊。

4 月

8 日　往东亚公司买《苦闷的象征》等书籍，随后翻译了《苦闷的象征》（日本厨川白村著）。同年暑假后的学期，将《苦闷的象征》译稿油印活页发给北京大学国文系学生。

5 月

2 日　往中央公园观看中日绘画展览。

7 日　自本日起往集成国际语言学校讲课，每周 1 次，至本年6月底止。晚7时应新月社之请往协和学校礼堂参加泰戈尔[①]64岁生日及其中文名“竺震旦”命名庆祝会。本年4月12日，泰戈尔抵上海，23日晚由天津抵北京，住北京饭店。在京期间，泰戈尔多次举行讲演，与文艺界人士广泛接触，游览名胜古迹。5月20日离京赴太原，30日由上海赴日本。鲁迅在《马上日记之二》中谈到两年间到中国的4个外国文学名家说：“第一个自然是那最有名的泰戈尔即‘竺震旦’，可惜被戴印度帽子的震旦人弄得一榻胡涂，终于莫名其妙而去。”另外3个是西班牙的伊本纳兹、俄国的斯吉泰烈支和毕力涅克。

21日　应女师大学生邀请，出席调解该校学潮的会议。杨荫榆担任校长后，采取一些行政管理措施，引起教职员的不满。4月28日，女高师15名教员辞职。学生自治会为维持学生学业，于5月14日开会，决定邀请其他教职员出面调解，挽留辞职教员。

25日　移居阜成门内宫门口西三条胡同新屋。这是一所三开间四合院，朝南三间正中的一间后接出一小间，作为鲁迅的卧室兼工作室，俗称“老虎尾巴”。“老虎尾巴”的后墙上部全是玻璃窗，光线不错；东面的墙上挂着藤野先生的相片，有一时还挂过俄国作家安德莱夫的照片。鲁迅在“老虎尾巴”写了很多文学作品和论辩文字，被称为“学匪”“土匪”，鲁迅因此戏称这间“老虎尾巴”为“绿林书屋”。

---

① 泰戈尔(1861—1941)，印度作家和诗人。其作品对英帝国主义统治下的下层人民的悲惨生活以及妇女的痛苦处境表示同情，谴责封建和种姓制度，充满爱国主义感情。他的诗歌格调清新，具有民族风格，但也有神秘色彩和宗教气氛。1913年获诺贝尔文学奖。著有《飞鸟集》《园丁集》等诗集和《沉船》等小说。

6月

10日　作《〈嵇康集〉序》，载1938年4月23日《华美周刊》第1卷第1期，署名鲁迅，收入《嵇康集》。本月1日开始校勘《嵇康集》，3日夜、6日全天、7日夜续校，至8日夜校毕。序言介绍《嵇康集》版本流传情况及自己校正《嵇康集》所依据的版本。6月11日作《〈嵇康集〉逸文考》，辑录了散见于古籍中的《嵇康集》逸文，有些加了按语；又作《〈嵇康集〉著录考》，辑录散见于历代书籍中关于《嵇康集》的著录、嵇康生平资料以及前人对《嵇康集》所作的题解和提要。

11日　上午往山本医院为母亲取药，下午往八道湾宅取书物。据日记："比进西厢，启孟及其妻突出骂詈殴打，又以电话招重久及张凤举、徐耀辰来，其妻向之述我罪状，多秽语，凡捏造未圆之处，则启孟救正之，然终取书、器而出。"鲁迅取走了部分书物，而以"十余年之勤"收集的古砖和拓本以及一些书籍，则未取出。[①] 周作人日记当日记载："下午，L来闹。"

12日　列名致绍兴县教育会电，反对停办女子师范学校。《越铎日报》发表的《绍兴旅京学界关心女师校，电县教育会鼎力维持》说："吾绍女子教育犹未发达，为造就全县师资计，正待扩充，遽议停办，诚骇听闻。树人等谊切桑梓，不忍袖手，务望鼎力

---

① 许寿裳《亡友鲁迅印象记·西三条胡同住屋》回忆："这所小屋（指西三条南屋藏书室）既成以后，他就独自个回到八道湾大宅取书籍去了。据说作人和信子大起恐慌，信子急忙打电话，唤救兵，欲假借外力以抗拒；作人则用一本书远远的掷入，鲁迅置之不理，专心检书。一忽而外宾来了，正欲开口说话，鲁迅从容辞却，说这是家里的事，无烦外宾费心。到者也无话可说，只好退了。这是在取回书籍的翌日，鲁迅说给我听的。我问他：'你的书全部都已取出了吗？'他答道：'未必。'我问他我所赠的《越缦堂日记》拿出了吗？他答道：'不，被没收了。'"

维持，以安众心，无任企盼。”署名的旅京学界同人，除鲁迅外，还有孙伏园、李宗裕、宋紫佩、孙世优、孙席珍、许钦文、陈政、金公亮、陶元庆、李芝香、董秋芳、章廷谦、许羡苏、王顺亲、顾斯铭、陈朴成。

28日 下午“赴西北大学办事人之宴”，接受该校赴陕作夏期讲演的邀请。西北大学与陕西省教育厅合办暑期学校，陕西省长驻京代表、众议院议员郭光麟宴请学者一行。主办方原未拟邀请鲁迅，因为原定一人不能成行，经孙伏园推荐，主办方向鲁迅发出了邀请。鲁迅想趁讲学机会到西安、临潼等地游览和考察，为创作关于杨贵妃的历史小说收集材料。

7月

7至14日 7日晚10时乘火车向西安，同行十余人。途经郑州、陕州，稍作游览。在陕州改水路，途中风雨大作。13日下午3时抵潼关，借宿潼关汽车站。14日晨换乘汽车向西安，午抵临潼，游览华清宫故址，并在温泉沐浴。下午2时抵西安，寓居西北大学教员宿舍。晚至附近街市散步。

15日 游览碑林，并在市场购得石刻拓片和古董多种。西安多古迹、古物，鲁迅同孙伏园等游碑林，看孔庙，观赏荐福寺及大小雁塔，还观赏了曲江灞桥和昭陵石刻。他后来在《看镜有感》一文中说：“遥想汉人多少闳放，新来的动植物，即毫不拘忌，来充装饰的花纹。唐人也还不算弱，例如汉人的墓前石兽，多是羊，虎，天禄，辟邪，而长安的昭陵上，却刻着带箭的骏马，还有一匹驼鸟，则办法简直前无古人。”在西安孔庙的见闻，使他想起一般昏昧顽固的人，连本国历史也毫无所知，却偏要保存国粹，后据此撰写《说胡须》一文，批判盲目崇信国粹者。鲁迅还从古董铺中收购了一些出土文物与碑帖。除15日买到的几种外，20日买造像拓片4种10枚。因不谙陕西方言，在购物等日常活动中颇有不便，常靠猜测和手势比划。张辛南《追忆鲁迅先生在西安》一文回忆，孙伏园曾写信给他说："当年与鲁迅先生到西安街上所买音同'卤鸡'之物，乃是'弩机'。此为一种黄铜器，看去机械性十足，鲁迅先生爱其有近代军器之风，故颇收藏了好几具（自北京古董铺购得），形似今日之手枪，铜绿斑斑，极饶古味。惟用法则始终未明。据鲁迅先生云：当时必有若干皮带与铜连系，今已腐朽，无可辨认，即'弩机'之名亦为鉴赏家所定云。"鲁迅后来创作小说《奔月》，在羿的堂屋墙壁上挂了一只"弩机"。

16日　应易俗社之邀前往观剧，是日上演《双锦衣》前本。17日、18日、26日，又观看了该社演出的《双锦衣》后本、《大孝传》和《人月圆》。易俗社宗旨是"编演新戏曲，改造旧社会"，十余年间编出大小二三百个新剧，多以反旧俗、反迷信、提倡读书认字、婚姻自由和揭露社会黑暗等为主题。鲁迅关心易俗社的戏剧演出，在来西安前就对这个剧社有相当了解，到西安后更注意到其在以地方戏改良社会风气方面的努力。离西安前，适逢易俗社成立12周年，鲁迅和同行几位赠以"古调独弹"匾额作为纪念；另外，还以此次讲学的酬金50元相赠。

20日　出席暑期学校开学式并摄影。

21日　开始在暑期学校讲课，到29日止，共8天11次12小时。讲稿经鲁迅整理后，题作《中国小说的历史的变迁》（以下简称《变迁》），载1925年3月29日西北大学出版部《国立西北大学、陕西教育厅合办暑期学校讲演集》（二），署名鲁迅。后来编为《中国小说史略》的附录。《变迁》是《中国小说史略》的缩编，但补充了一些《史略》没有提及的观点与例证。还修正了《史略》的某些说法。

30 日 在讲武堂讲演约半小时。内容仍为中国小说史，听讲者多为陆军学生。

8 月

3 日 参加以刘镇华省长名义在陕西易俗社举办的演出饯行宴，曲目《春秋笔》，是此行所看的唯一一部由易俗社同人改编过的旧剧目，讲述刘宋王朝时主战派将领檀道济与主和派徐羡之之间的斗争。

4 日 离西安返京。8 月 12 日夜半抵京，为期 36 天的陕西之行结束。原拟为撰写长篇历史小说《杨贵妃》做准备的计划落空。1934 年 1 月 11 日致山本初枝的信中还说："五六年前我为了写关于唐朝的小说，去过长安。到那里一看，想不到连天空都不像唐朝的天空，费尽心机用幻想描绘出的计划完全打破了，至今一个字也未能写出。原来还是凭书本来摹想的好。"

13 日 寄还女师大聘书。杨荫榆继任女师大校长之后，一些教员因为不满她的作为而辞职。因学生热切挽留，鲁迅辞职未果。

9 月

8 日 自集《离骚》句"望崦嵫而勿迫，恐鹈鴂之先鸣"为联，请教育部编审员乔大壮[①]书写，挂在"老虎尾巴"的西壁，今存。

15 日 作《秋夜》，载 12 月 1 日《语丝》周刊第 3 期，题为《野草·秋夜》，署名鲁迅，收入《野草》。鲁迅拟以《野草》为总题，写

---

① 乔大壮(1892—1948)，名曾劬，四川华阳人。1913 年任京师第二初级审判厅书记官。当时任教育部编审员。后到台湾。

作一系列散文诗。本文为第一篇。作品借秋夜的景物，以象征的手法书写夜的天空、星星、繁霜、月亮以及夜游的恶鸟，构成黑暗现实的种种形象；而挺然耸立的枣树，则是久经考验的刚强不屈的战斗者的象征。本篇开头的几句“在我的后园，可以看见墙外有两株树，一株是枣树，还有一株也是枣树”，颇为别致，反映了无聊、苦闷的心境。

20日 收张目寒交来李霁野[①]《往星中》译稿。《往星中》是俄国安特莱夫的剧本，在鲁迅的关怀下于1926年出版。张目寒是鲁迅在世界语学校的学生，李霁野是张的小学同学。

21日 作《〈俟堂专文杂集〉题记》。自本月18日起，鲁迅整理自来收藏的砖拓，编成此集。题记说：“曩尝欲著《越中专录》，颇锐意蒐集乡邦专甓及拓本，而资力薄劣，俱不易致，以十余年之勤，所得仅古专二十余及杙本少许而已。迁徙以后，忽遭寇劫，孑身逭遁，止携大同十一年者一枚出，余悉委盗窟中。日月除矣，意兴亦尽，纂述之事，渺焉何期？聊集燹余，以为永念哉！甲子八月二十三日，宴之敖者手记。”据许广平介绍，鲁迅取名“宴之敖者”，因宴从宀、从日、从女，意为“家里的日本女人”，敖从出、从放，意为“驱逐”，“宴之敖者”意思就是“被家里的日本女人驱逐出来的人”。鲁迅晚年曾用宴之敖为笔名，小说《眉间尺》（后更名《铸剑》）的主人公“黑色人”也叫宴之敖者。《俟堂专文杂集》鲁迅生前未能出版。

---

① 李霁野（1904—1997），又作季野、寄野，安徽霍邱人，1924年冬结识鲁迅，与鲁迅、韦素园、韦丛芜等共同创立未名社，在求学和翻译方面得到鲁迅的鼓励和帮助。译有《往星中》《黑假面人》《简爱》等，著有《回忆鲁迅先生》《鲁迅先生与未名社》。

22日　开译日本厨川白村[①]的文艺论文集《苦闷的象征》，至10月10日译完，载10月1日至31日《晨报副刊》，署名鲁迅。《苦闷的象征》分“创作论”“鉴赏论”“关于文艺的根本问题的考察”和“文艺的起源”4个部分，旨在阐述“生命力受了压抑而生的苦闷懊恼乃是文艺的根柢，而其表现法乃是广义的象征主义”的文艺观。

24日　作《影的告别》和《求乞者》，载12月8日《语丝》周刊第4期，署名鲁迅，收入《野草》。前者以“影”向“人”告别的形式，表现了鲁迅当时常觉得“惟黑暗与虚无乃是实有”而又不能证实的思想矛盾，和执着现实、与黑暗抗争的精神。后者通过“我”在黑暗社会中，既不肯作布施者而受人“尊敬”，也不愿作求乞者而得人布施的孤绝态度。

同日　致李秉中信，述说自己生活中和思想上的一些矛盾：“我很憎恶我自己，因为有若干人，或则愿我有钱，有名，有势，或则愿我陨灭，死亡，而我偏偏无钱无名无势，又不灭不亡，对于各方面，都无以报答盛意，年纪已经如此，恐将遂以如此终。我也常常想到自杀，也常想杀人，然而都不实行，我大约不是一个勇士。现在仍然只好对于愿我得意的便拉几个钱来给他看，对于愿我灭亡的避开些，以免他再费机谋。我不大愿意使人失望，所以对于爱人和仇人，都愿意有以骗之，亦即所以慰之，然而仍然各处都弄不好。我自己总觉得我的灵魂里有毒气和鬼气，我极憎恶他，想除去他，而不能。我虽然竭力遮蔽着，总还恐怕传染给别人，我之所以对于和我往来较多的人有时不免觉到悲哀者

---

① 厨川白村(1880—1923)，本名辰夫，号白村，留学美国，研究英美文学，曾任东京大学教授。1923年在日本大地震中遇难。著有《近代文学十讲》《苦闷的象征》《出了象牙之塔》《文艺思潮论》等。

以此。”这诚挚的内心剖白让李秉中读后一夜未眠，鲁迅于 28 日写信安慰李秉中，并同意他随时可来寓所见面。

10 月

1 日 为所译《自己发见的欢喜》作“译者附记”，载本月 26 日《晨报副刊》，收入《苦闷的象征》。附记讨论波德莱尔散文诗的翻译问题，并希望懂法文的朋友订正自己的译文。

2 日 发表《文学救国法》，载《晨报副刊》，署名风声。文章讽刺一些人的“文人亡国”论调。

3 日 作《我的失恋》，署名某生者，副题为“拟古的新打油诗”，收入《野草》。“拟古”指摹仿汉代张衡《四愁诗》的形式。原诗 3 节，在《晨报副刊》排印时，被代理总编辑刘勉己抽去。为此，孙伏园愤而辞去《晨报副刊》编辑之职，与鲁迅、周作人等另创《语丝》周刊。鲁迅又增写 1 节，与《影的告别》和《求乞者》一同发表于 12 月 8 日《语丝》周刊第 4 期，题为《野草》(二至四)。在《语丝》发表时，改署鲁迅。鲁迅自述意在“讽刺当时盛行的失恋诗”，“是看见当时‘阿呀阿唷，我要死了’之类的失恋诗盛行，故意做一首用‘由她去罢’收场的东西，开开玩笑的”。

8 日 玉郎(胡梦华)在《学灯》上发表《鲁迅的〈呐喊〉》，称赞“鲁迅的《呐喊》令人太觉得深刻，而兴念不已了”。文章还指出《呐喊》的两个特异之处：“(一)讽刺性质。(二)地方色彩。”

27 日 《文学周报》第 145 期发表朱湘《呐喊——桌话之六》，对《呐喊》中的一些作品做了批评。如：“《阿 Q 正传》虽然最出名，可我觉得它有点自觉的流露。并且它刻画乡绅的地方作《儒林外史》的人也可以写的出来，虽然写赵太太要阿 Q 买皮背心的一段与阿 Q 斗王胡的一段可以与《故乡》中的闰土的描写同为前无古人之笔。”“《故乡》是我意思中的《呐喊》的压卷。我所以如此说，不仅是因为在这篇小说里鲁迅君创造出了一个不死的闰土，也是因为这篇的艺术较其他各篇胜过多多。”

28日 作《论雷峰塔的倒掉》，载11月17日《语丝》周刊第1期，署名鲁迅，收入《坟》。杭州西湖的雷峰塔于本年9月间倒塌，引发舆论关注。文章从这一事件出发，联系民间神话故事，赞扬了白蛇娘娘勇于反抗、敢于斗争的精神，得出结论：禁锢和压迫人民的权力，像雷峰塔一样，“是终究要倒的”。

30日 作《说胡须》，载12月15日《语丝》周刊第5期，署名鲁迅，收入《坟》。文章从在西安游览孔庙时所看到的中国古代帝王像的胡子谈起，追述自己的胡子屡受“国粹家”攻击，揭穿了国粹保存者反对改革的本质，嘲讽了国粹家们所持的连胡须样式也关系着国家兴亡的荒唐“逻辑”。本文日译版载于12月21日《北京周报》第141期，署东方生译。

11月

2日 与钱玄同、江绍原、川岛、林语堂、周作人等16人列名《语丝》撰稿人。本日下午，孙伏园、周作人、钱玄同、李小峰、章川岛、江绍原、顾颉刚等在北京东安市场开成素餐馆聚餐，商议创办《语丝》周刊。本月17日，《语丝》创刊于北京。周作人撰写的《发刊辞》说明创刊的目的是想“冲破一点中国的生活和思想的昏浊停滞的空气”，要以“简短的感想和批评”，“发表自己所要说的话”，反抗“一切专断与卑劣”，“提倡自由思想，独立判断，和美的生活”；“也兼采文艺创作以及关于文学美术和一般思想的介绍与研究”，也可“发表学术上的重要论文”。因撰稿人思想观念并不相同，后来只剩下五六人。《语丝》最初没有社址，借用北京大学第一院“新潮社”地方。1927 年冬，从第 4 卷第 1 期开始，由鲁迅在上海接编，版式改为 25 开，篇幅增加为 96 页。1929 年 1 月，鲁迅推荐柔石接编，至 1929 年 9 月，编完第 5 卷第 26 期后交李小峰编辑。1930 年 3 月 10 日出至第 5 卷第 52 期后停刊，共出265 期。

11 日 作《论照相之类》，载次年 1 月 12 日《语丝》周刊第 9 期，署名鲁迅，收入《坟》。文章结合中国照相发展史，通过对一些愚昧的民间传说的批评，剖析了中国国民的心理状态和审美趣味。

13 日 作《记“杨树达”君的袭来》，载 11 月 24 日《语丝》周刊第 2 期，署名鲁迅，收入《集外集》。据鲁迅日记：“上午有一少年约二十余岁，操山东音，托名闯入索钱，似狂似犷，意似在侮辱恫吓，使我不敢作文，良久察出其狂乃伪作，遂去。”文章即因此事而作。闯入鲁迅寓所的青年是北京师范大学学生杨鄂生。他因精神病发作，托名北师大国文系主任杨树达来寓骚扰。鲁迅以为他是装疯讹诈，怀疑其为他人所指使，所以撰文揭露，痛斥道：“我历来对于中国的情形，本来多已不舒服的了，但我还没有预料到学界和文界对于他的敌手竟至于用了疯子来做武器，而这疯子又是假的，而装这假疯子的又是青年的学生。”

17 日 发表《“说不出”》，载《语丝》周刊第 3 期。文章批评一些评论家眼高手低：“我以为批评家最平稳的是不要兼做创作。假如提起一支屠城的笔，扫荡了文坛上一切野草，那自然是快意的。但扫荡之后，倘以为天下已没有诗，就动手来创作，便每不免做出这样的东西来：——‘说不出’。”

21 日 作《关于杨君袭来事件的辩正（一）》，载 12 月 1 日《语丝》周刊第 3 期，署名鲁迅，收入《集外集》。文章对《记“杨树达”君的袭来》一文与事实不符做了更正和自我批评。经北师大几位同学证实，冒名杨树达的杨鄂生“确是神经错乱的”。文章“希望他从速回复健康”。次日又作《关于杨君袭来事件的辩正（二）》，载《语丝》周刊第 3 期，署名鲁迅。收入《集外集》时与《关于杨君袭来事件的辩正（一）》合为一篇。鲁迅在第二次辩正中说，第一次所作的“一点辩正”是“不够”的，原因是“今天接到一封信和一篇文稿，是杨君的朋友，也是我的学生做的，真挚而悲哀，使我看了很觉得惨然，自己感到太易于猜疑，太易于愤怒”。他建议《语丝》周刊增刊两版发表说明真相的文稿，但“不必增价，其责任即由我负担”，“由我造出来的酸酒，当然应该由我自己来喝干”。这里说的“一封信”即李遇安给鲁迅的信；“一篇文稿”即李遇安写的《读了〈记“杨树达”君的袭来〉》，发表在《语丝》周刊第 3 期。关于到鲁迅家的“杨生”，杨旭生在《关于鲁迅先生〈记“杨树达”的袭来〉的补充》中说：“杨鄂生是河北人，大约出生于湖北，所以叫鄂生。那年暑假杨鄂生新结婚，花钱较多，经济上相当困难，于是得了精神病，得病后他的下意识里还存在尊敬鲁迅先生的心，于是想法去拜访鲁迅先生，以遂平生之愿，但又怕鲁迅先生不见他，于是到国文系研究室，偷了一张国文系主任杨树达的名片，拿上去见鲁迅先生。”

24 日　发表《烽话五则》，载《语丝》周刊第 2 期。文章用箴言的形式，对社会文化现象发表看法，如“伶俐人叹‘人心不古’时，大抵是他的巧计失败了；但老太爷叹‘人心不古’时，则无非因为受了儿子或姨太太的气”。

12 月

5 日　译完日本厨川白村的文艺论文《观照享乐的生活》并

作“译后附记”。译文载12月9日至13日《京报副刊》，收入《出了象牙之塔》。附记指出：“作者对于他的本国的缺点的猛烈的攻击法，真是一个霹雳手。但大约因为同是立国于亚东，情形大抵相象之故罢，他所狙击的要害，我觉得往往也就是中国的病痛的要害；这是我们大可以借此深思，反省的。”

14日　译日本厨川白村的文艺论文《从灵向肉和从肉向灵》并作“译后记”。译文共5节，分别载1925年1月9日、10日、12日、13日、14日《京报副刊》，署名鲁迅，收入《出了象牙之塔》。译后记载1月9日《京报副刊》，指出《从灵向肉和从肉向灵》“主旨是专在指摘他最爱的母国——日本——的缺陷的”，但“却多半切中我们现在大家隐蔽着的痼疾，尤其是很自负的精神文明。现在我就再来输入，作为从外国药房贩来的一帖泻药罢”。

15日　发表《“音乐”？》，载12月15日《语丝》周刊第5期，署名鲁迅，收入《集外集》。12月1日《语丝》周刊第3期上发表了徐志摩[①]译的法国波德莱尔《恶之花》诗集中的《死尸》一首。诗前有徐志摩的题解：“我不仅会听有音的乐，我也会听无音的乐（其实也有音就是你听不见），我直认我是一个甘脆的Mystic（神秘主义者）。”鲁迅批评了徐志摩的神秘主义论调，希望能有“一叫而人们大抵震悚”的文艺作品出现，以唤醒黑暗统治下的人们的迷惘和沉醉。鲁迅后来在《〈集外集〉序言》中说：“我更不喜欢徐志摩那样的诗，而他偏爱到各处投稿，《语丝》一出版，他也就来了，有人赞成他，登了出来，我就做了一篇杂感，和他开一通玩笑，使他不能来，他也果然不来了。这是我和后来的‘新月

① 徐志摩（1896—1931），浙江海宁人，诗人，现代评论派和新月社的主要成员。留学欧美，归国后先后在北京、上海等地大学任教并主编《诗刊》《新月》等刊物。著有《志摩的诗》《猛虎集》等。

派’积仇的第一步，语丝社同人中有几位也因此很不高兴我。”

20日 作《复仇》和《复仇(其二)》，载《语丝》周刊第7期，副题为“野草之五”和“野草之六”，署名鲁迅，收入《野草》。前者对当时落后民众的精神麻木状态作了批判。鲁迅在《〈野草〉英文译本序》中说：“因为憎恶社会上旁观者之多，作《复仇》第一篇。”1934年5月16日致郑振铎的信中又说：“我在《野草》中，曾记一男一女，持刀对立旷野中，无聊人竟随而往，以为必有事件，慰其无聊，而二人从此毫无动作，以致无聊人仍然无聊，至于老死，题曰《复仇》，亦是此意。”后者以耶稣被钉十字架为素材，塑造了一个为民众谋福祉反而受到侮辱和迫害的圣者形象。作品描述耶稣被钉十字架濒临死亡，毫不畏惧，反而“沉酣于大欢喜和大悲悯中”，以此为向人们“复仇”的方式，反映了鲁迅对黑暗势力的憎恶和对民众麻木落后的悲悯。

同日 被聘为清室善后委员会顾问。该会由李石曾任委员长，蔡元培等14人任委员，负责清点、登记、整理、保管故宫文物。

1925年(乙丑，中华民国十四年) 45岁

▲3月12日，孙中山在北京逝世。

▲5月30日，上海发生五卅惨案，全国掀起反对帝国主义的浪潮。

▲7月1日，中华民国国民政府在广州成立，与北京政府对立。

▲10月，冯至等组织的沉钟社在北京成立，出版《沉钟》

周刊。

▲本年，溥仪在日本保护下秘密离京赴天津。

1月

1日 作《希望》，载1月19日《语丝》第40期，副题为“野草之七”，署名鲁迅，收入《野草》。鲁迅在《〈野草〉英文译本序》中说：“因为惊异于青年之消沉，作《希望》”。文章说，自己的心“也曾充满过血腥的歌声”，但现在非常寂寞，因而感叹道：“难道连身外的青春也都逝去，世上的青年也多衰老了么？”不过，他仍然希望寻求“身外的青春”，即使“寻不到身外的青春，也总得自己来一掷我身中的迟暮”，继续同“暗夜”搏斗，并由此体会出，希望固然渺茫，但绝望也是虚妄。

3日 作《诗歌之敌》，载1月17日《文学周刊》第5期，署名鲁迅，收入《集外集拾遗》。文章针对中外“反诗歌党”的一些言论，认为“情感已经冰结的思想家，即对于诗人往往有谬误的判断和隔膜的揶揄”，“在普通社会上，历来就骂杀了不少的诗人”。但“豢养文士仿佛是赞助文艺似的，而其实也是敌。宋玉司马相如之流，就受着这样的待遇，和后来的权门的‘清客’略同，都是位在声色狗马之间的玩物”。该文文末注明的写作日期是“一九二五年一月一日”，本谱采鲁迅日记中所写时间。

4日 译匈牙利裴多菲诗3首，题为《Petöfi Sándor 的诗》，加上此前所译两首，鲁迅共译出裴多菲诗5首：《太阳酷热地照临……》《坟墓里休息着……》《我的爱——并不是……》《我的父亲和我的手艺》《愿我是树，倘使你……》，分别载1月12日、26日《语丝》周刊第9、11期，署名L·S，收入《集外集》。

15日 作《忽然想到(一)》和附记，均载1月17日《京报副刊》，署名鲁迅，收入《华盖集》。文章列举了几件“天下奇事”：一、将“没有细考校”“有不少胡说”的古医书当作“宝典”和“检验的南针”；二、“牙痛了二千年，敷敷衍衍的不想一个好方法，别人想出来了，却又不肯好好地学”；三、到了二十世纪，居然还有人主张“跪拜”和“杀头”。文章以此为例，抨击复古派的顽固保守和倒行逆施。附记指出：“我所指摘的中国古今人，乃是一部分，别有许多很好的古今人不在内”；如果杂感要“面面顾到”，就变成毫无价值的东西了。

17日　作《忽然想到（二）》，载1月20日《京报副刊》，署名鲁迅，收入《华盖集》。文章分析当时出版的一些书籍少留空白，天地头很短，“使人发生一种压迫和窘促之感”，以及翻译作品删去原作中的“闲话或笑谈”，使文章的活气“灭尽”等现象，认为这些事虽细小，“但究竟是时代精神表现之一端”，由此可以“类推更大的事”。如果这种精神状态不改变，“这民族的将来恐怕就可虑”。

18日　作《雪》，载1月26日《语丝》周刊第11期，副题为“野草之八”，署名鲁迅，收入《野草》。1924年12月30日北京下了大雪，地上积雪甚深。31日鲁迅日记有“大风吹雪盈空际”的记述。文章对南国雪的柔美和北方雪的壮美做了艺术描绘和对比，赞美后者蓬勃奋飞的壮丽景象。

24日　作《风筝》，载2月2日《语丝》周刊第12期，副题“野草之九”，署名鲁迅，收入《野草》。文章回忆“我”少时对喜爱风筝的小弟弟的“精神的虐杀”，批判长尊幼卑的旧伦理道德和摧残儿童天性的家庭教育。

同日　《现代评论》第7期发表张定璜作《鲁迅先生》前半部分，30日第8期发表后半部分。张文谈到鲁迅学医经历与小说创作的关系，称赞鲁迅小说是中国文学史上的创新制作。又从新文学历史发展的角度评价鲁迅："鲁迅先生也是新文学的第一个开拓者。事实是在一切意义上他是文学革命后我们所得了的第一个作家。是他在中国文学史上用实力给我们划了一个新时代，虽然他并没有高唱文学革命论。"

28 日 作《好的故事》，载 2 月 9 日《语丝》周刊第 13 期，副题"野草之十"，署名鲁迅，收入《野草》。文章描写"我"在"昏沉的夜"里，看见一个"美丽，幽雅，有趣"的"好的故事"，表现了对理想世界的追求。

2 月

6 日 作《再论雷峰塔的倒掉》，载 2 月 23 日《语丝》周刊第 15 期，署名鲁迅，收入《坟》。文章借评雷峰塔的倒掉，批判普遍存在的所谓"十景病"，指出"无破坏即无新建设"，但"有破坏却未必即有新建设"，因此要区分"寇盗式的破坏"、"奴才式的破坏"和"革新的破坏"，倡导要做"革新的破坏者，因为他内心有理想的光"。

9 日 作《看镜有感》，载 3 月 2 日《语丝》周刊第 16 期，署名鲁迅，收入《坟》。文章从自己收藏的几面汉代铜镜上的装饰图案谈起，比较汉、唐、宋、清等朝代对待外来事物和外国文化的态度，批判了保守主义者，提出"要进步或不退步，总须时时自出新裁，至少也必取材异域"；现代中国人必须"放开度量，大胆地，无畏地，将新文化尽量地吸收"。本文与后期杂文《拿来主义》一样，表现了开放的、兼收并蓄的文化观。

10 日 作《青年必读书》，载 2 月 21 日《京报副刊》，署"鲁迅先生选"，收入《华盖集》。1925 年 1 月 4 日《京报副刊》请当时学术界、教育界知名人士为青年推荐必读书。鲁迅回答道:“从来没有留心过,所以现在说不出。”随后又具体谈了意见:“我以为要少——或者竟不——看中国书,多看外国书。”其原因是:“我看中国书时,总觉得就沉静下去,与实人生离开;读外国书——但除了印度——时,往往就与人生接触,想做点事。中国书虽有劝人入世的话,也多是僵尸的乐观;外国书即使是颓唐和厌世的,但却是活人的颓唐和厌世。”最后归结为青年人要诉诸行动:“少看中国书,其结果不过不能作文而已。但现在的青年最要紧的是‘行’,不是‘言’。”鲁迅在《写在〈坟〉后面》中说:“去年我主张青年少读,或者简直不读中国书,乃是用许多苦痛换来的真话,决不是聊且快意,或什么玩笑,愤激之辞。”

12 日　作《忽然想到(三)》,载 2 月 14 日《京报副刊》,署名鲁迅,收入《华盖集》。文章对中华民国成立十几年来的局面深表痛心:“我觉得仿佛久没有所谓中华民国。”“我觉得革命以前,我是做奴隶;革命以后不多久,就受了奴隶的骗,变成他们的奴隶了。”“希望有人好好地做一部民国的建国史给少年看。”

16 日　作《忽然想到(四)》,载 2 月 20 日《京报副刊》,署名鲁迅,收入《华盖集》。文章认为现代人应该注重历史经验的总结:“历史上都写着中国的灵魂,指示着将来的命运。”指出,如果用野史杂记的记述与现实社会对照,就会发现,“现在的中华民国也还是五代,是宋末,是明季”。因为中国即使有一点“破例的复生的希望”,“也会勾消在许多自诩古文明者流的笔上,淹死在许多诬告新文明者流的嘴上,扑灭在许多假冒新文明者流的言动上”。

28 日　作《长明灯》,载 3 月 5 日至 8 日北京《民国日报》,署名鲁迅,收入《彷徨》时,对文字和标点作了 100 多处修改。作品描写“疯子”因坚持“吹熄”代表旧文明的“长明灯”而遭到迫害，表现了觉醒者的叛逆和旧势力的保守。

3 月

2 日 作《过客》，载 3 月 9 日《语丝》周刊第 17 期，副题为“野草之十一”，署名鲁迅，收入《野草》。文章以短剧形式，塑造一个不停地往前走，但不知道前途如何的过客形象。老翁对他说前面是“坟”，劝他“不如回转去”，但“过客”总觉得前面有声音在催促和召唤他，使他停息不下。最终，过客不听“老翁”的劝告，也不要“女孩”的布施，执着地向前走去。

5 日 发表《聊答“……”》，载《京报副刊》，收入《集外集拾遗》。文章回答报刊上对自己《青年必读书》的攻击，认为少读中国书并不一定就卖国，因为清朝割地赔款之前，孔老孟荀的著作“早经行世”了。

8 日 发表《报〈奇哉所谓……〉》，载《京报副刊》，署名鲁迅，收入《集外集拾遗》。《青年必读书》发表后，中国大学学生熊以谦发表《奇哉！所谓鲁迅先生的话》，称鲁迅主张少读或不读中国书是贻误青年。鲁迅反击道：“国的存亡是在政权，不在语言文字……如果外国人来灭中国，是只教你略能说几句外国话，却不至于劝你多读外国书，因为那书是来灭的人们所读的。但是还要奖励你多读中国书，孔子也还要更加崇奉，象元朝和清朝一样。”

9 日 发表《论辩的魂灵》，载《语丝》周刊第 17 期，署名鲁迅，收入《华盖集》。文章从“青年必读书”等问题的多次论辩中取材，概括了保守派的各种诡辩手法和逻辑，指出他们的奇谈怪论，目的是保存旧事物，阻止社会前进。

11日 复许广平信。此为致许广平的第一封信。许广平在来信中说自己“有许多怀疑而愤懑不平的久蓄于中的话,这时许是按抑不住吧,所以向先生陈诉”,请求鲁迅给她“一个真切的明白的引导”。鲁迅回信说:“假使我真有指导青年的本领——无论指导得错不错——我决不藏匿起来,但可惜我连自己也没有指南针,到现在还是乱闯,倘若闯入深坑,自己有自己负责,领着别人又怎么好呢,我之怕上讲台讲空话者就为此。”鲁迅指出,“学风如何”“是和政治状态及社会情形相关的”;教育界“和别的什么界都一样”,“不会在这样的民国里特别清高”。关于如何与黑暗社会抗争,鲁迅认为最好是“壕堑战”:“战士伏在壕中,有时吸烟,也唱歌,打纸牌,喝酒,也在壕内开美术展览会,但有时忽向敌人开他几枪。中国多暗箭,挺身而出的勇士容易丧命,这种战法是必要的罢。但恐怕也有时会迫到非短兵相接不可的,这时候,没有法子,就短兵相接。”

12日 作《通讯(一)》,载1925年3月20日《猛进》周刊第3期,署名鲁迅,收入《华盖集》。这是写给北京大学哲学系教授、《猛进》周刊主编徐炳昶的一封信。信中说:“看看报章上的论坛,‘反改革’的空气浓厚透顶了,满车的‘祖传’,‘老例’,‘国粹’等等,都想来堆在道路上……有些人们——甚至于竟是青年——的论调,简直和‘戊戌政变’时候的反对改革者的论调一模一样。”对此,鲁迅认为:“现在的办法,首先还得用……‘思想革命’……除此没有别的法。”

15日 致梁绳玮信。谈及茅盾研究中国神话的文章,提出应加紧搜集整理中国神话。

16日 作《〈陶元庆[1]氏西洋绘画展览会目录〉序》,载3月18日《京报副刊》,署名鲁迅,收入《集外集拾遗》。序言指出陶元庆的作品"满显出作者个人的主观和情绪,尤可以看见他对于笔触,色采和趣味,是怎样的尽力与经心","于是固有的东方情调,又自然而然地从作品中渗出,融成特别的丰神了,然而又并不由于故意的",肯定其将西洋画技法融入中国画的尝试。

同日 发表《牺牲谟》,载《语丝》周刊第18期,署名鲁迅,收入《华盖集》。当时,有论者鼓吹"牺牲精神",如汪精卫在《对于妇女界的感想》[2]中说,牺牲精神"是一切道德的根源","孔孟的所谓'忠恕',佛教的所谓'慈悲',耶教的所谓'博爱',都是这种精神"。鲁迅文章讲述一个巧言饰辩的富贵人伪装成穷人的"同志",劝说一个9天没有吃饭的人把身上仅有的一条破裤子送给人以换得"铜像巍巍,高入云表",揭露了牺牲精神鼓吹者的无耻。

18日 作《示众》,载4月13日《语丝》周刊第22期,署名鲁迅,收入《彷徨》。作品以北洋军阀统治下的北京社会为背景,描写巡警押犯人"示众"引来很多人围观的场景,表现了群众麻木无聊、相互漠不关心的精神状态。

同日 致许广平信,批评一些社会现象:"中国大约太老了,社会里事无大小,都恶劣不堪,像一只黑色的染缸,无论加进什么新东西去,都变成漆黑,可是除了再想法子来改革之外,也再没有别的路。我看一切理想家,不是怀念'过去',就是希望'将

① 陶元庆(1893—1929),字璇卿,浙江绍兴人,先后在浙江台州第六中学、上海立达学园、国立杭州艺术院任教。曾为鲁迅画肖像并为《坟》《彷徨》《苦闷的象征》等书作封面,深得鲁迅赞赏。

② 载1924年10月《妇女杂志》第10卷第1号。

来’，对于‘现在’这一个题目，都交了白卷，因为谁也开不出药方。其中最好的药方，即所谓‘希望将来’的就是。”申明自己采取的态度是“偏要向这些作绝望的抗战，所以很多着偏激的声音”。信中对青年人如何应对社会环境提出建议：“有不平而不悲观，常抗战而亦自卫，荆棘非践不可，固然不得不践，但若无须必践，即不必随便去践，这就是我所以主张‘壕堑战’的原因，其实也无非想多留下几个战士，以得更多的战绩。”

19 日 午后同陶元庆、许钦文往北京西四帝王庙参观陶元庆绘画展览会，下午又同许寿裳再次参观展览会，对《大红袍》和《农女》两幅作品尤为欣赏。

21 日 作《战士和苍蝇》，载 3 月 24 日《民众文艺周刊》(《京报》副刊之一)第 14 号，署名鲁迅，收入《华盖集》。文章为回击一些人对孙中山的污蔑而作，指出“有缺点的战士终竟是战士，完美的苍蝇也终竟不过是苍蝇”。鲁迅后来在《这是这么一个意思》中解释说：“所谓战士者，是指中山先生和民国元年前后殉国而反受奴才们讥笑糟蹋的先烈；苍蝇则当然是指奴才们。”

23 日 致许广平信，把中国社会比作“漆黑的染缸”。“这种漆黑的染缸不打破，中国即无希望，但正在准备毁坏者，目下也仿佛有人，只可惜数目太少。然而既然已有，即可望多起来，一多，就好玩了，——但是这自然还在将来；现在呢，就是准备。”但信的末尾又自嘲说：“这种满纸‘将来’和‘准备’的‘教训’，其实不过是空言，恐怕于‘小鬼’无甚好处。”

29 日 作《通讯(二)》，载 4 月 3 日《猛进》周刊第 5 期，署名鲁迅，收入《华盖集》。这是给徐炳昶的复信。徐在来信中提议将《语丝》和他主编的《猛进》和《现代评论》集合起来，办一个专讲文学思想的月刊。鲁迅反对跟“现代评论”派合作，而建议增加新的小周刊以及创办通俗的科学杂志。信的末尾揭穿“中庸之道”的实质:“中国人倘有权力”,“多是凶残横恣,宛然一个暴君,做事并不中庸;待到满口‘中庸’时,乃是势力已失,早非‘中庸’不可的时候了”。

31日 致许广平信,分析辛亥革命以来中国社会的演变轨迹说:“最初的革命是排满,容易做到的,其次的改革是要国民改革自己的坏根性,于是就不肯了。所以此后最要紧的是改革国民性,否则,无论是专制,是共和,是什么什么,招牌虽换,货色照旧,全不行的。”鲁迅主张“对于根深蒂固的所谓旧文明,施行袭击,令其动摇,冀于将来有万一之希望”,并表示“我现在还要找寻生力军,加多破坏论者”。同时也向许广平坦白地说:“我又无拳无勇,真没有法,在手头的只有笔墨,能写这封信一类的不得要领的东西而已。”

4月

3日 发表《这是这么一个意思》,载《京报副刊》,署名鲁迅,收入《集外集拾遗》。有一位学者对《青年必读书》一文发出质问:“(鲁迅)读得中国书非常的多。……如今偏不让人家读,……这是什么意思呢?”鲁迅在本文中仍然坚持“要少——或者竟不——看中国书,多看外国书”的主张,并以自己因喝酒“害了肠胃”而劝人不喝酒作比,申明自己是读中国书受了毒害而不想让青年再受害。

4日 作《夏三虫》,载4月7日《民众文艺》周刊第16号,署名鲁迅,收入《华盖集》。文章把帮闲文人比作吸人血之前还“要哼哼地发一篇大议论”的蚊子和喜欢“舐一点油汗”又要在“无论怎么好的,美的,干净的东西”上拉一点屎的苍蝇。

7日 作《一个"罪犯"的自述》,载5月5日《民众文艺》第20号。文章对一位罪犯将自己的犯罪归咎于老师和社会,而"关于抢劫的事,却一字不提"的言行提出批评。

8日 致许广平信,认为改革是社会进步的唯一途径,而"改革最快的还是火与剑,孙中山奔波一世,而中国还是如此者,最大原因还在他没有党军,因此不能不迁就有武力的别人。近几年似乎他们也觉悟了,开起军官学校来,惜已太晚"。还谈到中国国民性的堕落,表示自己仍有继续攻打"这些病根"的志愿。

同日 致赵其文、刘策奇信,奉劝青年人不要总是"心存感激":"你说'青年的热情大部分还在',这使我高兴。但我们已经通信了好几回了,我敢赠送你一句真实的话,你的善于感激,是于自己有害的,使自己不能高飞远走。我的百无所成,就是受了这癖气的害,《语丝》上《过客》中说:'这于你没有什么好处',那'这'字就是指'感激'。"

12日 接待许广平、林卓凤来访。这是许广平第一次到北京宫门口西三条胡同21号探访鲁迅。4月16日许广平写信给鲁迅,谈对其居所的观感。

同日 作《〈苏俄的文艺论战〉前记》,印入本年8月北新书局出版的《未名丛刊》之一《苏俄的文艺论战》,署名鲁迅,收入《集外集拾遗》。1923年至1924年间,苏联文艺界曾就文艺政策等问题展开过激烈的论争,任国桢[①]将部分论争材料辑成《苏俄的文艺论战》一书,请鲁迅校订并作序。前记指出:"中国至今于

---

① 任国桢(1898—1931),又名鸿锡,字子清,亦作子卿,辽宁丹东人。北京大学俄文专修科毕业。1920年冬曾听鲁迅讲授中国小说史,1924年加入中国共产党,1925年至1931年历任中共哈尔滨市委书记、奉天(辽宁)省委书记、山东省委书记、唐山市委书记、河北省委驻山西特派员等职,多次被捕,1931年牺牲于太原。

苏俄的新文化都不了然,但间或有人欣幸他资本制度的复活。任国桢君独能就俄国的杂志中选译文论三篇,使我们借此稍稍知道他们文坛上论辩的大概,实在是最为有益的事。"

14 日 复许广平信,认为改革中国社会需要韧性的战斗,正确的办法"就是'韧',也就是'锲而不舍'。逐渐的做一点,总不肯休"。又谈到自己文章的风格:"我因为自己爱作短文,爱用反语,每遇辩论,辄不管三七二十一,就迎头一击,所以每见和我的办法不同者便以为缺点。……我的东西却常招误解,有时竟出于意料之外,可见意在简练,稍一不慎,即易流于晦涩,而其弊有至于不可究诘者焉。"

同日 作《忽然想到(五)》,载 4 月 18 日《京报副刊》,署名鲁迅,收入《华盖集》。文章以自己的生活感受,揭示旧式教育"使人们变成死相",指出"世上如果还有真要活下去的人们,就先该敢说,敢笑,敢哭,敢怒,敢骂,敢打,在这可诅咒的地方击退了可诅咒的时代"。

同日 发表所译日本鹤见祐辅[①]《沾沾自喜》,载《京报副刊》,收入 1928 年 5 月上海北新书局《思想·山水·人物》时改为《自以为是》。

18 日 作《忽然想到(六)》,载 4 月 22 日《京报副刊》,署名鲁迅,收入《华盖集》。文章剖析封建复古派的"保古"和侵华列强在中国的"帮同保古"对中国的危害,表示:"我们目下的当务之急,是:一要生存,二要温饱,三要发展。苟有阻碍这前途者,无论是古是今,是人是鬼,是《三坟》《五典》,百宋千元,天球河

---

① 鹤见祐辅(1885—1973),日本评论家。曾留学美国,并多次赴美讲学。著有《思想·山水·人物》《欧美名士之印象》等。

图，金人玉佛，祖传丸散，秘制膏丹，全都踏倒他。”

20日 午后带领女师大学生参观故宫午门历史博物馆。据许广平回忆：“原来这个博物馆是教育部直辖的，不大能够走进去，那时先生在教育部当佥事，所以那面的管事人都很客气的招待我们参观各种陈列：有大鲸鱼的全躯骨骼，各种标本，和古时用的石刀石斧，泥人，泥屋，有从外国飞到中国来的飞机，也保存在一间大房子里。有各种铜器，有一个还是鲁迅先生用周豫才名捐出的。其他平常看不到的东西真不少，胜过我们读多少书，因为有先生随处给我们很简明的指示。”

21日 发布《莽原》出版预告，载《京报》广告栏。预告称《莽原》是《京报》第5种周刊，每星期五随《京报》附送一张，其内容“是思想及文艺之类，文字则或撰述，或翻译，或稗贩，或窃取，来日之事，无从预知。但总期率性而言，凭心立论，忠于现世，望彼将来云。”鲁迅为周刊编辑。

22日 作《春末闲谈》，载4月24日《莽原》周刊第1期，署名冥昭，收入《坟》。文章从细腰蜂用毒针麻痹小青虫做成幼蜂的食料谈起，揭露统治者及其御用的“特殊知识阶级”企图把人民治成“不死不活”，“甘心永远去做服役和战争的机器”的用心，讽刺历代的统治者终究“无法禁止人们的思想”，“阔人的天下一时总怕难得太平”。

23日 作《死火》和《狗的驳诘》，载5月4日《语丝》周刊第25期，副题“野草之十三、十四”，署名鲁迅，收入《野草》。前者写“我”梦中坠入冰谷，遇见“死火”，“死火”不愿冻灭，情愿烧完，于是随“我”跃出冰谷。结果，“我”被碾死在大石车底下，“死火”也将很快烧完。后者通过狗对人的反驳，辛辣地讽刺了比狗更为势利的人们。

同日 复信给高歌、吕蕴儒，对社会上一种现象评论道："'以为自己抢人是好的，抢我就有点不乐意'，你以为这是变坏了的性质么？我想这是不好不坏，平平常常。所以你终于还不能证明自己是坏人。看看许多中国人罢，反对抢人，说自己愿意施舍；我们也毫不见他去抢，而他家里有许许多多别人的东西。"

24 日 发表《杂语》，载《莽原》周刊第 1 期，署名鲁迅，收入《集外集》。文章指出当时的军阀混战不过是争夺"地狱的统治权"，"所以无论谁胜，地狱至今也还是照样的地狱"。

27 日 致孙伏园信，以《来信》为题载 5 月 4 日《京报副刊》，收入《集外集拾遗》时改题为《通讯(致孙伏园)》。信中介绍了向培良从开封寄来的有关女学生被强奸的假新闻，评论道："其实，中国本来是撒谎国和造谣国的联邦，这些新闻并不足怪。即在北京，也层出不穷：什么'南下洼的大老妖'，什么'借尸还魂'，什么'拍花'，等等。非'用刺刀割开'他们的魂灵，用净水来好好地洗一洗，这病症是医不好的。"

28 日 致许广平信，回答关于《莽原》作者的询问。介绍其中的一位高长虹："长虹不是我，乃是我今年新认识的。意见也有一部分和我相合，而是安那其主义者。他很能做文章，但大约因为受了尼采的作品的影响之故罢，常有太晦涩难解处；第二期登出的署著 C. H. 的，也是他的作品。"信中还介绍《莽原》来稿情况道："最缺少的是'文明批评'和'社会批评'，我之以《莽原》起哄，大半也就为得想引出些新的这样的批评者来，虽在割去敝舌之后，也还有人说话，继续撕去旧社会的假面。可惜现在所收的稿子，也还是小说多。"

29 日 作《灯下漫笔》，载 5 月 1 日、22 日《莽原》周刊第 2、5 期，署名鲁迅，收入《坟》。文章由互有联系而又相对独立的两部分组成。第一部分说几千年的中国历史,可以简单地分成两个时代,相互更替,即人民"想做奴隶而不得的时代"和"暂时做稳了奴隶的时代",进而呼吁创造出"中国历史上未曾有过的第三样时代";第二部分指出中国的古圣先贤极力保存的、使外国人陶醉的中国固有文明"其实不过是安排给阔人享用的人肉的筵宴",中国不过是"安排这人肉的筵宴的厨房",呼吁现代的青年们"扫荡这些食人者,掀掉这筵席,毁坏这厨房"。

5 月

1 日　作《高老夫子》,载 5 月 11 日《语丝》周刊第 26 期,署名鲁迅,收入《彷徨》。作品用漫画笔调,塑造一个卑鄙无耻、不学无术而去女子学校招摇撞骗的无聊文人,同时讽刺了"整理国故"的复古思潮。

5 日　作《杂感》,载本月 8 日《莽原》周刊第 3 期,署名鲁迅,收入《华盖集》。文章指出"死于不知何来的暗器"比"死于敌手的锋刃"更加悲苦;认为生者应当"抽刃向更强者",而不应"向更弱者";提倡韧性战斗精神,反对把变革现实的希望单纯寄托于和平请愿。

8 日　与吕蕴儒、向培良通信,以《北京通信》为题发表于 5 月 14 日《豫报副刊》,署名鲁迅,收入《华盖集》。信中对自己提出的"一要生存,二温饱,三要发展"做了解释:"我之所谓生存,并不是苟活;所谓温饱,并不是奢侈;所谓发展,也不是放纵。"信中还抨击政府 5 月 7 日出动军警镇压学生运动的恶行:"加了强力的迫压,遂闹出开会以上的事来。俄国的革命,不就是从这样的路径出发的么。"

9日 复曹靖华[①]5月8日来信并附致王希礼[②]笺。据曹靖华《飞花集·好似春燕第一只》回忆:1925年春,他在开封结识了参加中国革命的苏联人王希礼。王希礼向往中国的新文学,经曹靖华推荐阅读了鲁迅的《阿Q正传》,很为佩服,译为俄文。曹靖华将译稿转寄给鲁迅,请求写序并提供自传和近照。鲁迅复信应允并解答了疑难。

10日 作《忽然想到(七)》,载5月12日《京报副刊》,署名鲁迅,收入《华盖集》。文章揭露了女师大校长杨荫榆等的恶劣作为,怒斥其"雇用了'掠袖擦掌'的打手似的男人,来威吓毫无武力的同性的学生们",表示支持女师大学生的斗争。鲁迅在《〈华盖集〉后记》中说这篇文章是他"对于女师大风潮说话"的"第一回"。

11日 作《导师》和《长城》,载5月15日《莽原》周刊第4期,署名鲁迅,收入《华盖集》。原题《编完写起》,共4段,鲁迅后来将其中第1、2段合并,题为《导师》。针对胡适等人以"导师"身份引导青年脱离现实斗争的现象。指出:"青年又何须寻那挂着金字招牌的导师呢?不如寻朋友,联合起来,同向着似乎可以生存的方向走。"并对当时青年的状况做了分析:"青年又何能一

① 曹靖华(1897—1987),字联亚,曾化名亚丹、郑汝珍等,河南卢氏人,未名社成员。1921年夏赴苏联学习,毕业于莫斯科东方大学。1923年回国后,经韦素园介绍认识鲁迅。国共合作期间参加北伐,合作破裂后再赴苏联,在莫斯科中山大学列宁格勒东方学院任教并研究苏联文学,其间与鲁迅多有通信,并为鲁迅收集苏俄木刻作品。1933年回国,先后在北平大学女子文理学院和中国大学任讲师,与鲁迅保持密切联系。译有《铁流》《苏联作家七人集》等,著有散文集《花》等。

② 王希礼(1899—1946),苏联人,时任河南国民军第二军俄国顾问团成员。归国后在列宁格勒大学和东方语言学校教授中国语言和文学,编辑中国语文教科书,翻译中国古典和现代文学作品,写过研究中国戏剧的文章。被斯大林政权杀害。

概而论？有醒着的，有睡着的，有昏着的，有躺着的，有玩着的，此外还多。但是，自然也有要前进的。”第 4 段单独成文，题为《长城》，认为长城“从来不过徒然役死许多工人而已，胡人何尝挡得住”。并以长城比喻中国旧的思想文化：“我总觉得周围有长城围绕。这长城的构成材料，是旧有的古砖和补添的新砖。两种东西联为一气造成了城壁，将人们包围。何时才不给长城添新砖呢？这伟大而可诅咒的长城！”

12 日　出席女师大学生自治会召开的师生联席会议。会上报告了驱杨经过，并宣布开除学生应作无效。同日，作《为北京女师大学生拟呈教育部文》，说明女师大学潮的真相，斥责杨荫榆“视学生如土芥，以大罚为儿戏”。24 日，又代学生作呈文，恳请教育部从速更换校长。

14 日　作《忽然想到(九)》，载 5 月 19 日《京报副刊》，署名鲁迅，收入《华盖集》。文章借回答批评者关于《阿 Q 正传》“写捉拿一个无聊的阿 Q 而用机关枪，是太远于事理”的疑问，以当今政府用机关枪对付徒手请愿的学生的暴行，提醒读者“不要用普通的眼光看中国”。

18 日　致许广平信，谈女师大的斗争，虽然感慨文字之无用，但表示要继续抗争：“我现在愈加相信说话和弄笔的都是不中用的人，无论你说话如何有理，文章如何动人，都是空的。他们即使怎样无理，事实上却著著得胜。然而，世界岂真不过如此而已么？我还要反抗，试他一试。”

21 日　往女师大学生会，对学生表示支持。女师大学生自治会为扩大反杨力量，邀请部分教职员开会。晚作《“碰壁”之后》，载 6 月 1 日《语丝》周刊第 29 期，记述近期参与女师大斗争情况，对学生表示同情。

26 日 作《俄文译本〈阿 Q 正传〉序》，载 6 月 15 日《语丝》周刊第 31 期，署名鲁迅，译成俄文收入 1929 年出版俄文版《鲁迅短篇小说选集》。这是《俄文译本〈阿 Q 正传〉序及著者自叙传略》的第 1 部分。第 2 部分为《著者自叙传略》，本月 29 日写讫，与第 1 部分同时在《语丝》发表，后一起收入《集外集》。序言说明《阿 Q 正传》的创作意图是“写出一个现代的我们国人的魂灵来”，但“在将来，围在高墙里面的一切人众，该会自己觉醒，走出，都来开口的”。文末批评了当时文坛对《阿 Q 正传》的一些错误看法，说明“看人生是因作者而不同，看作品又因读者而不同”，并期望这篇小说在“俄国读者的眼中”，“会照见别样的情景”。

27 日 在《京报》发表与马裕藻、沈尹默、李泰棻、钱玄同、沈兼士、周作人共同签署的《对于北京女子师范大学风潮的宣言》，同月 31 日《女师大周刊》第 109 期转载。宣言揭露了杨荫榆的家长式的学校管理，批驳了杨荫榆在《对于本校暴烈学生之感言》中的种种诬蔑，指出：“可知公论尚在人心，曲直早经显现，偏私谬戾之举，究非空言曲说能掩饰也。”鲁迅在《女校长的男女的梦》一文中说：“为了‘品性’二字问题，曾有六个教员（按：应为七人）发过宣言，证明杨氏之诬妄。这似乎很触着他的致命伤了。”

30 日 作《并非闲话》，载 6 月 1 日《京报副刊》，署名鲁迅，收入《华盖集》。陈西滢在 5 月 30 日出版的《现代评论》第 1 卷第 25 期“闲话”栏发表《粉刷毛厕》，说“女师大的风潮，有在北京教育界占最大势力的某籍某系的人在暗中鼓动”，影射攻击鲁迅等“挑剔风潮”。鲁迅反驳道：“所谓‘挑剔风潮’的‘流言’，说不定就是这些伏在暗中，轻易不大露面的东西所制造的”，而陈西滢等人“自在黑幕中，偏说不知道；替暴君奔走，却以局外人自居，满肚子怀着鬼胎，而装出公允的笑脸”。同日致许广平信，指出自己之骂杨荫榆是在女师大风潮爆发之后，陈西滢却诬赖他“挑剔风潮”。

6月

2日 作《我的“籍”和“系”》，载6月5日《莽原》周刊第7期，署名鲁迅，收入《华盖集》。文章批驳陈西滢《粉刷毛厕》一文对自己的攻击：“我常常要‘挑剔’文字是确的，至于‘挑剔风潮’这一种连字面都不通的阴谋，我至今还不知道是怎样的做法。”

6日 作《咬文嚼字(三)》，载6月7日《京报副刊》，收入《华盖集》。文章指出女师大及教育当局将师生视为“家人”“婆媳”“兄弟”关系的荒谬。

11日 作《忽然想到(十)》，载6月16日《民众文艺》周刊第24号，署名鲁迅，收入《华盖集》。五卅运动后，《京报》主编邵飘萍在该报发表社论和时评，反对英日帝国主义为屠杀中国人民而炮制的中国“赤化”论。鲁迅给予声援，揭露帝国主义的侵略本质：“我不解为什么中国人如果真使中国赤化，真在中国暴动，就得听英捕来处死刑?”认为应该增长国民的实力，对帝国主义者要“以血偿血”。

14日 得梁社乾信并誊印本《阿Q正传》两本。梁社乾是《阿Q正传》的第一个英译者。“誊印本”应是他用英文翻译《阿Q正传》的打字稿或复写本。

16日 作《杂忆》，载6月19日《莽原》周刊第9期，署名鲁迅，收入《坟》。文章第1部分回忆清末翻印记叙外族入侵中国历史及介绍西方进步文艺的书籍的情况，认为这些活动“使忘却的旧恨复活，助革命成功”;第2部分指出辛亥革命后由于“服了‘文明’的药”，“复仇思想可是减退了”而导致失败的教训;第3

部分剖析了所谓“宽恕”的实质为怯懦;第 4 部分讽刺了“不很向强者反抗,而反在弱者身上发泄”的卑怯行为。

同日 作《失掉的好地狱》,载 6 月 20 日《语丝》周刊第 23 期,副题“野草之十五”,署名鲁迅,收入《野草》。文章描写神、魔、人轮流执掌地狱统治权,使鬼魂们日益不幸,揭露各派军阀争权夺势,而无论谁胜,地狱也还是照样的地狱。他在《〈野草〉英文译本序》中说:“但这地狱也必须失掉。这是由几个有雄辩和辣手,而那时还未得志的英雄们的脸色和语气所告诉我的。我于是作《失掉的好地狱》。”

同日 《京报》副刊《民众文艺》以《一个俄国的中国文学研究者对于呐喊的观察》为题,发表了王希礼本年 4 月 17 日给曹靖华的信。其中有对《呐喊》的评价:“我现在在中国的新的作品里边,读了鲁迅先生的《呐喊》以后,我很佩服你们中国的这一位很大真诚的‘国民作家’!他是社会心灵的照相师,是民众生活的记录者!……他的取材——事实都很平常,都是从前的作家所不注意的,待到他描写出来,却十分的深刻生动,一个个人物的个性都活跃在纸上了!他写得又非常诙谐,可是那般痛的热泪,已经在那纸的背后透过来了!他不只是一个中国的作家,他是一个世界的作家!”

17 日 作《墓碣文》,载 6 月 22 日《语丝》周刊第 32 期,副题为“野草之十六”,署名鲁迅,收入《野草》。文章以“我”梦中读墓碣文和听墓中死者说话的形式,凸显了“我”作为“游魂”想要“抉心自食,欲知本味”而不得的苦恼与困顿。

18 日 作《忽然想到(十一)》,载 6 月 23 日《民众周刊》第 25 号,署名鲁迅,收入《华盖集》。前 7 段就五卅运动后社会的种种反应进行评论。第 8 段《还是一无所有》总结道:“人必须从此有记性，观四向而听八方，将先前一切自欺欺人的希望之谈全都扫除，将无论是谁的自欺欺人的假面全都撕掉，将无论是谁的自欺欺人的手段全都排斥，总而言之，就是将华夏传统的所有小巧的玩艺儿全都放掉，倒去屈尊学学枪击我们的洋鬼子，这才可望有新的希望的萌芽。”

28日　致许广平信。针对“五卅”以后报刊上“常有极锋利肃杀的诗”，指出：“极锋利肃杀的诗，其实是没有意思的，情随事迁，即味如嚼蜡。我以为感情正烈的时候，不宜做诗，否则锋铓太露，能将‘诗美’杀掉。”还就许广平的一首意气颇盛的诗评论道：“此种猛烈的攻击，只宜用散文，如‘杂感’之类，而造语还须曲折，否，即容易引起反感。”信中还有一篇“训词”，语气颇幽默滑稽，说明他们的关系已非同一般。

29日　作《颓败线的颤动》，载7月13日《语丝》周刊第35期，副题“野草之十七”，署名鲁迅，收入《野草》。写一个老妇人年轻时以出卖肉体抚养女儿长大，但女儿成婚后，老妇人却遭到女儿全家冷骂，在深夜中独自走向“无边的荒野”。为别人做牺牲，而所得的却是怨恨；自己耗尽了气力，受惠者反加嘲骂，鲁迅借老妇人的遭遇，抒发自己的感慨。

7月

8日　作《立论》，载7月13日《语丝》周刊第35期，副题为“野草之十七”，收入《野草》。文章通过写梦中学生向先生请教作文如何立论，揭示现实生活中“说谎的得好报，说必然的遭打”的荒谬，批判圆滑敷衍、明哲保身的市侩哲学。

同日　作杂感数则，以《补白》为题载7月10日《莽原》第12期，收入《华盖集》。其中一则结尾谈到学生爱国运动存在的问题和应采取的方针:“开首太自以为有非常的神力,有如意的成功,幻想飞得太高,堕在现实上的时候,伤就格外沉重了;力气用得太骤,歇下来的时候,身体就难于动弹了。为一般计;或者不如知道自己所有的不过是‘人力’,倒较为切实可靠罢。”

9日 致许广平信。谈及《莽原》周刊的稿件:“我所要多登的是议论,而寄来的偏多小说,诗。先前是虚伪的‘花呀’‘爱呀’的诗,现在是虚伪的‘死呀’‘血呀’的诗。呜呼,头痛极了!”希望青年们注意做社会评论,写文章不要脱离现实。

12日 作《死后》,载7月20日《语丝》周刊第36期,副题为“野草之十八”,署名鲁迅,收入《野草》。文章写“我”死后的种种遭遇,如看客们的冷淡和议论、虫豸的寻衅、巡警的蛮横责骂、书商的兜售明刻古籍以及“六面碰壁”等,揭示出知识分子在现实社会中受剥削欺压的窘境。

19日 作《论“他妈的!”》,载7月27日《语丝》周刊第37期,署名鲁迅,收入《坟》。文章分析了产生“他妈的”这一“国骂”的社会根源,认为是国人讲究阀阅的结果,认为这种“国骂”一方面表示了劳苦大众对于等级制度的憎恨,但另一方面却“硬要去做别人的祖宗,无论如何,总是卑劣的事”,因而不足取。10天后,鲁迅在给许广平的信中说:“看目下有些批评文字,表面上虽然没有什么,而骨子里却还是‘他妈的’思想,对于这样批评的批评,倒不如直捷爽快的骂出来,就是‘即以其人之道,还治其人之身’,于人我均属合适。”

22日 作《论睁了眼看》,载8月3日《语丝》周刊第38期,署名鲁迅,收入《坟》。文章揭露中国的“瞒和骗的文艺”,批判深受压迫而不敢正视现实的国民的卑怯。

24日 发表所译日本金子筑水《新时代与文艺》,载《莽原》

周刊第 14 期，收入《壁下译丛》。该文申述文艺应该走在时代的前列，文艺家要做“闯头阵的雄赳赳的勇士”。

8 月

5 日 作《流言和谎话》，载 8 月 7 日《莽原》周刊第 16 期，署名鲁迅，收入《集外集》。8 月 1 日晨 7 时许，杨荫榆带武装军警 100 余人突然包围女师大，驱逐学生，一个理由是“以免男女学生混杂”。部分教员应学生请求，在该校教务处值夜，替学生作证。女师大学生自治会也在《京报》上发表了《紧要启事》，揭露真相。文章将为杨辩护的两则启事与京师警察厅行政处的“布告”相对照，证明杨荫榆确是先期准备了“武装入校”，用断绝饮食等手段迫害学生，在事件发生后却“撒谎造谣”。

8 日 下午赴女师大维持会。学生委员出席者 10 人，教职员委员出席者 8 人。与马幼渔等五名教员联名向女师大全体教员发出“倡议信”，“冀中国唯一之女子最高学府不至陷于绝境”。10 日午后又往女师大维持会。自本日起到月底止，鲁迅到女师大维持会十多次。

14 日 被免除教育部佥事职。教育部总长章士钊于 8 月 12 日呈请国务院：“兹有本部佥事周树人，兼任国立女子师范大学教员，于本部下令停办该校以后，结合党徒，附合女生，倡设校务维持会，充任委员。似此违抗法令，殊属不合，应请明令免去本职，以示惩戒(并请补交高等文官惩戒委员会核议，以完法律手续)。”13 日，国务院照准。14 日，免职令发表。《京报》15 日刊出的《周树人免职之里面》称：“教育部佥事周树人，系浙江绍兴籍，现兼任北大及女师大教授，自女师大风潮发生，周颇为学生出力，章士钊甚为不满，故用迅雷不及掩耳手段，秘密呈请执政准予免职，闻周在浙系中甚负清望，马叙伦、汤尔和、蔡元培均系彼之老友，意气用事，徒资口实。闻周已预备控诉书，日内即可向平政院呈递云。”8月25日，许寿裳(教育部常任编译员)、齐宗颐(教育部视学)在《京报》发表《反章士钊宣言》，谴责章“秘密行事，如纵横家，群情骇然，以为妖异”，表示“今则道揆沦丧，政令倒行，虽在部中，义难合作。自此章士钊一日不去，即一日不到部，以明素心而彰公道”。

15日 草拟控告章士钊的起诉书。起诉书原件今已不存，但1926年3月23日平政院的裁决书中录有概要：“树人充教育部佥事已十有四载，恪恭将事，故任职以来屡获奖叙。讵教育总长章士钊竟无故将树人呈请免职。查文官免职，系属惩戒处分之一。依《文官惩戒条例》第十八条之规定，须先交付惩戒，始能依法执行。乃滥用职权，擅自处分，无故将树人免职，显违《文官惩戒条例》第一条及《文官保障法草案》第二条之规定。此种违法处分，实难自甘缄默。”

同日 下午，赴女师大校务维持会。该会举行招待会，向社会各界揭发教育部迫害女师大的真相，并讨论组织驱章大同盟。

20日 作《答KS君》，载8月28日《莽原》周刊第19期，署名鲁迅，收入《华盖集》。文章指出章士钊主办的《甲寅》周刊鼓吹复古的本质和命运：“倘说这是复古运动的代表，那可是只见得复古派的可怜，不过以此当作讣闻，公布文言文的气绝罢了。”同时反对胡适、陈源等人鼓吹学校努力向学问的路上走。

22日 赴平政院投递控告章士钊的诉状。在次日给台静农的信中说：“这次章士钊的举动，我倒并不为奇，其实我也太不像官，本该早被免职的了。但这是就我自己一方而言。至于就法律方面讲，自然非控诉不可，昨天已经在平政院投了诉状了。”

25 日 上午赴女师大校务维持会，研究继续维持女师大的办法，决定另赁房屋，开辟新校址；自 27 日起暂设临时办事处于报子街女师大附设补习科，通函各地在籍学生从速返京上课；所有教员义务授课；校中费用通过募捐解决。①

26 日 与多位北大教员联名发表《反对章士钊的宣言》，指斥章士钊不仅禁止学生开会纪念国耻日，提倡荒谬绝伦的复古运动，而且借整顿学风名义摧残教育，还使用武装警察强迫解散女师大。

同日 往东亚公司买日文版《革命和文学》一册，此书为苏联托洛斯基著，茂森唯士译，1925 年日本改造社出版。

30 日 上午赴女师大校务维持会。开会结果“异常圆满”。校务维持会四处奔走，谋得社会各界援助，所募经费已足敷半年之用。新校舍设于西城南小街宗帽胡同，即日着手整修。②

夏 与韦素园③、李霁野、台静农④、韦丛芜⑤、曹靖华发起未

① 《女师大学生被逐后余闻》《国立北京女子师范大学校务维持会、学生自治会启事》，见 1925 年 8 月 27 日《京报》。

② 1925 年 8 月 31 日《京报》。

③ 韦素园(1902—1932)，又名漱园，安徽霍丘人，未名社社员。早年参加学生运动，为安徽省学联的领导人之一。1921 年春，作为上海社会主义青年团代表赴莫斯科出席第三国际会议，后入莫斯科东方劳动大学学习。1922 年夏回国，入北京法政专门学校，继续学习俄文。1924 年冬，他在北大旁听鲁迅讲课，由李霁野介绍与鲁迅相识，来往密切。1932 年韦素园病逝，鲁迅作《忆韦素园君》并书写墓碑文。

④ 台静农(1903—1990)，字伯简，安徽霍丘人，未名社社员。当时在北京大学国学研究所一边工作，一边学习，经常得到鲁迅的帮助。后在北京辅仁大学、青岛大学、厦门大学、台湾大学等校任教。著有小说集《地之子》《建塔者》，编有《关于鲁迅及其著作》。

⑤ 韦丛芜(1904—1978)，又名立人，安徽霍丘人，韦素园之弟，未名社成员。著有诗集《君山》，译有陀思妥耶夫斯基的小说《穷人》《罪与罚》等，鲁迅曾为他的《穷人》译本做小引。

名社，译介、出版外国文学，尤“以介绍苏联文学作为努力的重心”[①]。筹集最初的一笔印费时，鲁迅承诺了350元。为了办好未名社，鲁迅不顾与旧教育当局交锋的紧张、疲劳和讲课、写作、编杂志等大量的工作负担，总是亲自动手做各种事情，如为青年们编改译稿、校阅印稿、设计书面装潢、写发行广告等等。1926年8月南下厦门后，仍不断寄稿并写信指导社务。在鲁迅的关怀和指导下，未名社以《未名丛刊》为名，印行外国文学译著20多种；同时还以《未名新集》为名，出版鲁迅及其他成员的创作集。1926年1月《京报副刊》停刊后，未名社又将《莽原》周刊改为半月刊，接过来继续出版。1928年1月10日又创办《未名》半月刊。由于经济亏损和社员思想逐渐分歧，未名社于1931年5月解散。未名社出版的鲁迅著译计有：《出了象牙之塔》（1925年12月）、《坟》（1927年3月）、《小约翰》（1928年1月）、《朝花夕拾》（1928年9月）。鲁迅日记中关于未名社的记事约700则，寄未名社成员的书信300多封。

9月

1日　上午往山本医院诊病。这一时期因卷入女师大斗争并遭到撤职，鲁迅心情不好，“喝酒太多，吸烟太多，睡觉太少”[②]，致使肺病复发。从即日起，至次年1月5日，往山本医院诊治达23次。病重仍坚持写作、编刊、讲课，为青年作者改稿、选稿、编稿。本日接待了李霁野、赵赤坪、韦素园、韦丛芜、台静农等。

20日　午后往外国语专门学校为女师大入学考试监考。女

---

① 李霁野《厄于短年的韦素园》，见《天津师院学报》1977年第6期。

② 鲁迅1925年9月30日致许钦文信。

师大自8月底设临时办事处以来，一面通知原有学生返京上课，一面招收新生。至本月，已招文理预科一年级生各1班。[①] 18日开始举行新生入学考试，考场设在西城东斜街外国语专门学校内。[②] 本日为考试第3天，鲁迅出博物试题并监考阅卷。[③]

21日 晨赴女师大参加开学典礼。本日上午9时，女师大在西城宫门口里南小街宗帽胡同新校址举行开学典礼，教员、学生及社会各团体代表、学生家长、保证人等共200余人出席。下午，与许寿裳、马幼渔、郑奠[④]等商谈校务至5时归寓。

29日 致许钦文信，谈未名社的运营情况，并委托其请陶元庆为几种译作设计封面。次日又致许钦文信并安特来夫4幕戏剧《往星中》剧情介绍，托转陶元庆参考。

10月

12日 译完俄国拉斐勒·开培尔的论文《小说的浏览和选择》并作"译者附记"，载10月19、26日《语丝》周刊第49、50期，收入《壁下译丛》。附记提到本文的原题是《论小说的浏览，我以为最好的小说》，作者的意见根底是古典和避世的，但有些地方"确切中肯"。

17日 作《孤独者》，未另发表，收入《彷徨》。作品通过中学教员魏连殳反抗社会，受到重压，长期失业，走投无路，不得不充

---

① 《女师大开学盛况》，见1925年9月22日《京报》。

② 《女师大考试昨闻》，见1925年9月19日《京报》。

③ 郑奠《鲁迅先生与女师大》，见1951年《文艺新地》第9期。

④ 郑奠（1896—1968），字介石，又字石君，浙江诸暨人，北京大学国文系毕业，1923至1926年与鲁迅同在北京女子高等师范学校、北京女子师范大学任教。1927年任浙江教育厅科长，后任教于杭州大学。

当军阀幕僚，最终绝望而死，展示了一部分知识分子的坎坷道路和复杂性格：他们一方面信奉进化论，同情民众的疾苦，勇敢地向旧礼教挑战；另一面又缺乏明确目标，成为失败的“孤独者”。

21日 作《伤逝——涓生的手记》，收入《彷徨》。作品以男主人公涓生自述的形式，叙述涓生和子君的恋爱悲剧。两人自由恋爱建立了小家庭，但同居后的艰难生活，使他们孤立无援，涓生失业，经济拮据，导致两人感情破裂，子君回家，抑郁而死。《彷徨》出版后，曾有人议论《伤逝》有作者自叙的成分。鲁迅在1926年12月29日致韦素园的信中回应道：“我还听到一种传说，说《伤逝》是我自己的事，因为没有经验，是写不出这样的小说的。哈哈，做人真愈做愈难了。”周作人《知堂回想录》则认为这篇作品是用男女的分手暗喻兄弟的诀别：“《伤逝》不是普通恋爱小说，乃是假借了男女的死亡来哀悼兄弟恩情的断绝的。”

30日 作《从胡须说到牙齿》，载11月9日《语丝》第52期，署名鲁迅，收入《坟》。文章记述自己从小患牙病，在国内不但得不到正确医治，反而落得坏名声，而到了日本却很快治好的过程。还驳斥了《社会日报》等散布的“周树人齿受伤，脱门牙二”的谣言。

11月

3日 作小说《弟兄》，载次年5月10日《莽原》半月刊第3期，署名鲁迅，收入《彷徨》。作品描写公益局办事员张沛君为弟弟靖甫延医治病，虽想“将钱财两字不放在心上”，但当因治病迫于经济重负时，又抑制不住地产生了种种强烈自私欲。小说所写情节与1917年周作人生病颇为相像。

同日 作《热风》题记，回顾自1918年以来为《新青年》写作

“随感录”的经历，对现在“和那时并没有大两样”的现状深感悲哀，并解释文集名的含义：“我却觉得周围的空气太寒冽了，我自说我的话，所以反而称之曰《热风》”。

6日 作《离婚》，载11月23日《语丝》周刊第54期，署名鲁迅，收入《彷徨》。作品描写经历两年多离婚波折的农村妇女爱姑，又一次与父亲庄木三一起到夫家接受调解。这次调解的主角是城里来的七大人，爱姑一路上下定决心要抗争到底，绝不轻易放过一心要与她离婚的丈夫；然而及至亲眼见到七大人，爱姑却与父亲一样，被其“威严”的外表和言语所震慑，放弃抗争，接受离婚。作品反映了中国民众处于新风尚与旧奴性之间的矛盾，揭示了国民精神劣根性的根深蒂固和难以变革。

8日 致许钦文信，讨论其小说集《故乡》出版及《未名丛刊》和《乌合丛书》封面设计事。关于自己的病情说：“我病已渐愈，或者可以说全愈了罢，现已教书了。但仍吃药。医生禁喝酒，那倒没有什么；禁劳作，但还只得做一点；禁吸烟，则苦极矣，我觉得如此，倒还不如生病。”

18日 作《十四年的“读经”》，载11月27日《猛进》周刊第39期，署名鲁迅，收入《华盖集》。文章针对章士钊任教育总长后大力鼓吹“尊孔读经”、“读经救国”，指出，在衰老的中国，每当有人提倡读经时，说明“大部分的组织被太多的古习惯教养得硬化了”，而一些被坏经验教养得“聪明了”的家伙，便在这“硬化的社会里”妄行；而“唯一的疗救”办法，便是用“强酸剂”来将他们“扑灭”。

同日 作《评心雕龙》，载27日《莽原》周刊第32期，署名鲁迅。文章用对话体，讽刺了“爱国者”、“道德家”的谬论。

22日 作《并非闲话（三）》，载12月7日《语丝》周刊第56

期，署名鲁迅，收入《华盖集》。陈源在《闲话》中同情鲁迅作品被书商擅自选印，但鲁迅并不领情，申明陈源的诬陷对自己的损害更大。

同日 作《坚壁清野主义》，载次年1月1日《新女性》月刊创刊号，署名鲁迅，收入《坟》。文章抨击古圣人对女子所做的“慢藏诲盗，冶容诲淫”教训，批评女子师大当局对女学生的禁锢和压制。

23日 作《寡妇主义》，载12月20日《妇女周刊》周年纪念特号，署名鲁迅，收入《坟》。文章抨击杨荫榆推行的“寡妇主义”教育：“在寡妇或拟寡妇所办的学校里，正当的青年是不能生活的。青年应当天真烂漫，非如她们的阴沉，她们却以为中邪了；青年应当有朝气，敢作为，非如她们的萎缩，她们却以为不安本分了：都有罪。”

30日 与许寿裳同至女师大教育维持会送学生复校。本日，女子大学学生推举10位代表，到宗帽胡同欢迎女师大同学复校。下午5时，鲁迅同女师大师生百余人一起步行回石驸马大街。12月24日，段祺瑞总理明令恢复女师大。12月31日，段祺瑞改组国务院，教育总长章士钊辞职，易培基继任。

本月 《热风》由北京北新书局出版，是鲁迅编定的第一本杂感集。全书除《题记》外，收文41篇，其中1918年至1919年所写的27篇，均发表于《新青年》；1921年以后的14篇，刊登在《晨报副刊》上。除最后一篇《望勿“纠正”》写于1924年外，均为五四前后所做。

12月

2日 往《国民新报》[1]报馆。应主编邓飞黄邀请，鲁迅自本日起与张定璜同任该报乙刊编辑，至1926年4月《国民新报》停刊止。

3日 作《〈出了象牙之塔〉后记》，载12月14日《语丝》周刊第57期，署名鲁迅，收入《出了象牙之塔》。后记介绍厨川白村《出了象牙之塔》的创作思想，自己翻译该书的目的，“并非想揭邻人的缺失，来聊博国人的快意”，而是希望“陈腐的古国的人们”亦由此悟到自身的“肿痛”和割除“肿痛”的“痛快”，起来“扫荡废物”，促使中国“彻底地改革”。

8日 作《这个与那个(一)——读经与读史》，载12月10日《国民新报副刊》，署名鲁迅，收入《华盖集》。文章批判“读经救国论”，认为与其读经，“倒不如去读史，尤其是宋朝明朝史，而且尤须是野史；或者看杂说”，以便“知道我们现在的情形，和那时的何其神似，而现在的昏妄举动，胡涂思想，那时也早已有过，并且都闹糟了”，如此“就愈可以觉悟中国改革之不可缓了”。

10日 作《这个与那个(二)——捧与挖》，载12月12日《国民新报副刊》，署名鲁迅，收入《华盖集》。文章批评了一些人以“捧”来求苟安的祖传老法，认为对于压迫人民的恶势力尤其不能“捧”，而要“挖”，才能免除灾难。最后指出：“中国人的自讨苦吃的根苗在于捧，‘自求多福’之道却在于挖。”

---

① 《国民新报》系国民党左翼在北京创办，本年8月25日创刊，“以主张国民救国，宣传民族自决，打倒帝国主义，锄除黑暗势力为宗旨”(见1924年8月23日《晨报》广告栏所刊《国民新报》广告》)。该报副刊分甲乙两种，轮流出版。甲刊登载社会科学方面的稿件，乙刊登载文艺稿件。

13 日　应北京大学学生会邀请，为纪念北大成立 27 周年作《我观北大》，载 12 月 17 日《北大学生会周刊》创刊号，署名鲁迅，收入《华盖集》。文章以自己被流言家“指为北大派”而自豪，赞扬北大从“五四”以来坚持民主科学方向。

14 日　作《这样的战士》，载 12 月 21 日《语丝》周刊第 58 期，副题“野草之十九”，署名鲁迅，收入《野草》。鲁迅《〈野草〉英文译本序》自述，文章“是有感于文人学士们帮助军阀而作”，揭露了文人学士们手持“杀人不见血的武器”，玩弄“好花样”，唱着公允、慈善的烂调，来设下“无物之阵”诱杀改革者；而英勇的战士目光敏锐，不为敌人的花招所欺骗，始终“举起了投枪”。

20 日　作《这个与那个(三)——最先与最后》和《这个与那个(四)——流产与断种》，载 12 月 22 日《国民新报副刊》，署名鲁迅，收入《华盖集》。前者批判凡事既“不为最先”，也“耻最后”的中庸思想和市侩心理；认为坚持到底的人们，“正是中国将来的脊梁”。后者批判徐志摩一类“名流学者”攻击、贬低青年创作的高傲态度；反对他们对青年的创作求全责备。

26 日　作《聪明人和傻子和奴才》和《腊叶》，载 1926 年 1 月 4 日《语丝》周刊第 60 期，副题“《野草》之二十、二十一”，署名鲁迅，收入《野草》。前者揭露“聪明人”以虚假的同情和伪善的面目麻痹人们斗志的帮闲术；批判“奴才”不满于奴隶地位却又一心奉迎主子，毫无反抗意识；赞扬勇于抗争，不尚空谈的“傻子”精神。后者为恋人许广平而作。他在《〈野草〉英文译本序》中说：“《腊叶》，是为爱我者的想要保存我而作的。”许广平《关于鲁迅的生活·因校对〈三十年集〉而引起的旧话》、孙伏园《鲁迅先生二三事·腊叶》中亦有提及。

29 日　作《论“费厄泼赖”应该缓行》，载次年 1 月 10 日《莽原》半月刊第1期，署名鲁迅，收入《坟》。文章提出“痛打落水狗”的斗争原则。自11月以来，全国民众因反对关税会议掀起了声势浩大的“反奉倒段”运动，段祺瑞、章士钊等纷纷逃匿。吴稚晖提出，此时攻击章士钊“似乎是打死老虎”。[①] 周作人也主张勿追穷寇，学习“费厄泼赖”(Fair Play)精神，[②]林语堂[③]对周作人的观点大加赞赏。鲁迅不同意，以“落水狗”比喻暂时“塌台”的反动人物，指出“狗性总不大会改变的”，“倘是咬人之狗，我觉得都在可打之列，无论它在岸上或在水中”。而对于“叭儿狗”式的帮闲文人，则尤应“先行打它落水，又从而打之”，因为它“虽然是狗，又很象猫”，更阴险狡猾，具有欺骗性。鲁迅在《写在〈坟〉后面》中谈到这篇文章说：“这虽然不是我的血所写，却是见了我的同辈和比我年幼的青年们的血而写的。”

31日　编定《华盖集》并作“题记”，载1926年1月25日《莽原》半月刊第2期，署名鲁迅。题记回顾一年来在军阀官僚、帮闲文人的围攻下度过的“悲苦愤激”的生活，阐明自己写作杂感不是为了进“艺术之宫”，而是为了斗争的需要，还解释了“华盖”的意思。

本月　作广告“《未名丛刊》是什么，要怎样？（二）”，载本月未名社出版《出了象牙之塔》版权页后。广告说明丛书的名目

---

① 吴稚晖《官欤——共产党欤——吴稚晖欤》，1925年12月1日《京报副刊》。

② 周作人《答伏园论“语丝的文体”》，见1925年11月23日《语丝》第45期。

③ 林语堂(1895—1976)，原名和乐，鲁迅日记又作玉堂，福建龙溪人，作家，翻译家。1925年任北京大学教授、北京女子师范大学教务长，与鲁迅同事。后与鲁迅同为《语丝》撰稿人，因攻击政府而被通缉，于1926年5月，回福建任厦门大学文科主任兼国学院秘书，曾邀鲁迅赴厦门大学任教。1927年到上海。1932年创办《论语》，1934年创办《人间世》，1935年创办《宇宙风》。著有《吾国与吾民》《苏东坡传》《京华烟云》等，译有《易卜生评传及其情书》等。

“并非无名丛书的意思，乃是还未想定名目，然而这就作为名字，不再去苦想他了”。又说：“这也并非学者们精选的宝书，凡国民都非看不可。只要有稿子，有印费，便即付印，想使萧索的读者，作者，译者，大家稍微感到一点热闹。”

本年 任教女师大国文系四年级小说史课（每周 1 节）及本科一年级和四年级选文课（每周各 2 节）。①

1926 年（丙寅，中华民国十五年） 46 岁

▲3 月 18 日，段祺瑞下令屠杀请愿要求政府拒绝 8 国通牒的民众，死 47 人，伤 150 多人。

▲4 月 26 日，新闻记者邵飘萍被奉军枪杀。邵飘萍倾向国民革命，曾被冯玉祥聘为高级顾问。他主持的《京报》大胆披露张作霖的罪状，遭到张的忌恨。张作霖打败国民军进入北京后，以宣传赤化为名，查封《京报》，枪杀了邵飘萍。

▲7 月 9 日，蒋介石就任国民革命军总司令职，主持北伐。北伐军分 3 路，西路克长沙、武汉；中路克南昌、九江；东路夺取了江、浙、赣，不到一年即推进到长江流域。

1 月

1 日 夜往北大第三院观看于是剧社的《不忠实的爱情》。于是剧社是北大一部分喜好话剧，“反对侮辱、玩弄、糟踏戏剧”

---

① 1925 年 12 月 21 日《女师大周刊》第 14 期公布“文科课程表”。

的学生于1925年底结成的团体。该剧是于是剧社公演的第一个剧目,由朋其等主演,当晚观众约400人。

3日 作《杂论管闲事·做学问·灰色等》,载1月18日《语丝》周刊第62期,署名鲁迅,收入《华盖集续编》。1925年11月,全国爆发反奉倒段运动,段政府处于风雨飘摇之中。11月28日,章士钊寓所受到民众冲击,章次日作《寒家再毁记》一文,称示威群众为"暴民"。1926年1月1日陈西滢在《现代评论》一周年纪念增刊上发表《做学问的工具》,呼应章士钊说:"从《寒家再毁记》看来,好象他们夫妇两位的藏书都散失了。这真是很可惜的。"陈西滢还在1月2日《现代评论》第3卷56期的《闲话》中,把自己评论社会现象称为"管闲事"。鲁迅对此议论道:"天下本无所谓闲事,只因为没有这许多遍管的精神和力量,于是便只好抓一点来管。为什么独抓这一点呢?自然是最和自己相关的",所谓"不管闲事",其实是"故意装痴作傻"。文章对现代评论派的政治特色作了概括,指出其虽然"光怪陆离",但"不免要显出灰色来"。

13日 上午赴女师大校长欢迎会。本日,易培基[①]正式到女师大任校长职,女师大全体师生及女师大教育维持会、国立各校校长、各校学生会代表500余人开会欢迎。1月19日出版的《女师大周刊》第118期报道了欢迎会情况:许寿裳主持大会,鲁迅代替马幼渔代表校务维持会致欢迎词,回顾了女师大风潮的艰难斗争历程,阐明了这一斗争胜利的意义。当晚,鲁迅到女师大纪念会观看学生自治会演剧。

---

① 易培基(1880—1937),字寅村,号鹿山,湖南善化人。曾任北洋军阀政府教育总长,北京女子师范大学校长,上海劳动大学校长等职。

14日　作《有趣的消息》，载19日《国民新报副刊》，署名鲁迅，收入《华盖集续编》。文章认为对一些丑恶的行径应该进行针锋相对的斗争，而不能幻想将来，等待报应。

16日　上午往北大与多人同赴国务院索学校欠薪，要求国务院在阴历十二月廿四日前发4个月欠薪，当天须发两个月现银。但交涉一天，才由易培基出面，答允至阴历初十日发一个月欠薪，廿日再发一个月。[①] 鲁迅在《〈学界的三魂〉附记》中曾谈到这次政学两界人士索薪的情况。

同日　教育部发布第七十六号令"周树人复职令"："被告呈请免职之处分系属违法，应予取消……兹派周树人暂署本部佥事，在秘书处办事，此令。"

24日　作《学界的三魂》，载2月1日《语丝》周刊第64期，署名鲁迅，收入《华盖集续编》。文章针对现代评论派诬蔑鲁迅等人为"土匪""学匪"，结合"官魂""匪魂""民魂"等，做了综合分析，强调打倒黑暗现状的希望在于"民魂"，"惟有民魂是值得宝贵的，惟有他发扬起来，中国才有真进步"。25日又作《〈学界的三魂〉附记》，与原文一同发表。附记说明该文批判的对象是"陈源等辈"，他们仍在依仗官势，"慷慨激昂"地诬陷别人。文章重申自己的态度："我要'以眼还眼以牙还牙'，或者以半牙，以两牙还一牙，因为我是人，难于上帝似的铢两悉称。如果我没有做，那是我无力，并非我大度，宽恕了加害于我的敌人。还有，有些下贱东西，每以秽物掷人，以为人必不屑较，一计较，倒是你自己失了人格。我可要照样的掷过去，要是他掷来。"

25日　作《古书与白话》，载2月2日《国民新报副刊》，署名

① 《国校代表昨日赴院索薪结果》，见1926年1月17日《京报》。

鲁迅，收入《华盖集续编》。文章针对“不读古书，白话是做不好的”的观点，指出：“菲薄古书者，惟读过古书者最有力，这是的确的。因为他洞知弊病，能‘以子之矛攻子之盾’，”而改革的目的不是保存古书，而是完善白话。

同日　作《一点比喻》，载2月25日《莽原》半月刊第4期，署名鲁迅，收入《华盖集续编》。文章把一些被誉为青年导师的文人教授比作领路的山羊，“脖子上还挂着一个小铃铎，作为智识阶级的徽章”，他们竭力将人们尤其是青年引向循规蹈矩的死路；又把统治阶级比作豪猪，对于他们鼓吹的安于命运、“中庸”、“礼让”等论调进行了讽刺和批判，指出，人民必须“用牙角或棍棒”来抵御“豪猪”的进攻。

同日　发表所译厨川白村《东西之自然诗观》，载《莽原》半月刊第2期，署名鲁迅，收入《壁下译丛》。

2月

1日　收到北京女子师范大学聘书：“兹聘请　周树人先生为本大学国文系教授　此订　国立北京女子师范大学校长易培基　中华民国十五年二月一日。”随后当选为教职员代表。3月4日，在北京女子师范大学选举评议会上以12票当选评议会成员。

3日　作《我还不能“带住”》，载2月7日《京报副刊》，署名鲁迅，收入《华盖集续编》。陈源在本日《晨报副刊》以《结束闲话，结束废话！》为题，发表了徐志摩等人的通信，并说大学的教授们是负有指导青年重责的前辈，不该如此“混斗”，“让我们对着混斗的双方猛喝一声，带住”。鲁迅揭露他们至今还在“用绅士服将‘丑’层层包裹，装着好面孔”，冒充青年的导师，表示要无情地将他们的假面撕下来，“撕得鲜血淋漓，臭架子打得粉碎”，决不“带住”。

5日 作《送灶日漫笔》，载2月11日《国民新报副刊》，未署名，收入《华盖集续编》。文章指出，现代评论派在女师大风潮中，既叨光酒饭，又讳言酒饭，既充当政府的帮凶，又装出公正的姿态，他们的许多“公论”都是从酒宴席上产生的，“在现今的世上，要有不偏不倚的公论，本来是一种梦想”，如果把“饭后的公评，酒后的宏议”看作是“真正老牌的公论”，是一定要上当的。

10日 张申府在《京报副刊》发表《终于投一票》，选“新中国柱石十人”。①但张申府只选出一半：一徐谦（号李龙），二蒋介石（名中正），三吴稚晖（名敬恒），四鲁迅（本名周树人，号豫才），五蔡孑民（名元培，本号鹤卿）。

15日 校毕《华盖集》并作后记。后记补充说明了关于《华盖集》的几个具体问题；强调青年学生要有斗争精神，不要“长袍大袖，温文尔雅”；并指出陈西滢等人“捏造事实传布流言”。

17日 作《谈皇帝》，载3月9日《国民新报副刊》，署名鲁迅，收入《华盖集续编》。文章认为中国对待皇帝，就像对待鬼神，“凶恶的是奉承，如瘟神和火神之类，老实一点的就要欺侮，例如对于土地或灶君”。但皇帝终于不安分，最终都将国家闹完，使靠天吃饭的圣贤君子们，哭不得，也笑不得，其结果，是历代的书上“至多就止记着‘愚民政策’和‘愚君政策’全都不成

---

① 1926年1月4日，《京报副刊》在新年第一期头版刊登了主编孙伏园向读者征求关于“新中国柱石十人”的倡议书。活动进行了55天，投票者791人。投票结果显示，冯玉祥、李烈钧等新式军人得票高于段祺瑞、张作霖等旧军阀。在评选出的前10位“柱石”中，国民党员或亲国民党人士占了7位，显示了国民党的重新崛起。同时也反映了科学救国、白话文学、国语运动等理念在民众中发生了积极影响。

功。"揭示了中国政治历史循环重复的特点。

21日 作《狗·猫·鼠》,载3月10日《莽原》半月刊第5期,副题"旧事重提之一",署名鲁迅,收入《朝花夕拾》。文章忆述了幼时豢养隐鼠的经历及因为隐鼠被害而向猫复仇的故事:"最先不过是追赶,袭击;后来却愈加巧妙了,能飞石击中它们的头,或诱入空屋里面,打得它垂头丧气。"针对那些对弱者"幸灾乐祸",对强者"一幅媚态"却高唱"公理""正义"的人们说:"虫蛆也许是不干净的,但它们并没有自鸣清高,鸷禽猛兽以较弱的动物为饵,不妨说是凶残的罢,但它们从来就没有竖过'公理''正义'的旗子,使牺牲者直到被吃的时候为止,还是一味佩服赞叹它们。"

同日 《京报副刊》刊出朱岳峙的"新中国的柱石"第619票,所选10人是:吴稚晖、汪精卫、蒋介石、徐季龙、易寅村、黎锦熙、钱玄同、陈独秀、于右任和鲁迅。对鲁迅的评价是:"文学界的大元帅。他先生的文锋,足以杀进一般醉生梦死的人们底祖宗坟内去。"①

27日 作《无花的蔷薇》,载3月8日《语丝》周刊第69期,署名鲁迅,收入《华盖集续编》。这组小杂感通过列举陈西滢、徐志摩等人互相吹捧的言辞,批评其散布流言的行为。题作"无花的蔷薇",用没有花、都是刺的蔷薇来比喻讽刺文风。

3月

2日 《京报副刊》发表柏生的《罗曼·罗兰评鲁迅》,介绍敬隐渔翻译的《阿Q正传》赢得法国作家罗曼·罗兰好评。文中写

① 评选结果,鲁迅虽未当选"柱石",但得票率较高。

道:“敬君同时翻一篇郭沫若的东西,罗曼·罗兰谦虚的说他不晓得好处,或者好处在中文里边吧。”该文引起作为创造社成员的敬隐渔的不满。此前,敬隐渔给罗曼·罗兰看了自己翻译的《阿Q正传》,罗曼·罗兰很欣赏,写信介绍给巴黎《欧罗巴》杂志。译文在《欧罗巴》1926年5月和6月出版的第41、42期上发表。敬隐渔曾与鲁迅通信谈到此事。

7日 同王品青、李小峰等9人骑驴同游钓鱼台。据川岛回忆:“还记得那个时候,城内的青年学生们,到了春秋佳日,每逢星期天,常常到西直门外来骑驴玩,我就是一个最爱骑驴的人。有一年的春天,我们有八九个人跑去要鲁迅先生和我们一起骑驴去玩,鲁迅先生就和我们一起出来,骑驴到钓鱼台。一路上还和我们讲了好些骑术。”①

10日 作《中山先生逝世后一周年》,载3月12日《国民新报》的《孙中山先生逝世周年纪念特刊》,署名鲁迅,收入《集外集拾遗》。孙中山逝世后,一些政客和文人散布种种污蔑他的言论。文章驳斥了这些说“风凉话”的论客,赞扬了孙中山的革命精神:“中山先生的一生历史具在,站出世间来就是革命,失败了还是革命,中华民国成立之后,也没有满足过,没有安逸过,仍然继续着进向近于完全的革命的工作。直到临终之际,他说道:革命尚未成功,同志仍须努力!”“他是一个全体,永远的革命者。”

同日 作《阿长与〈山海经〉》,载3月25日《莽原》半月刊第6期,副题“旧事重提之二”,署名鲁迅,收入《朝花夕拾》。文章追述童年时期与女工长妈妈共处的生活片断,赞扬她勤劳、善良、纯朴的性格,表达了对她的怀念之情。

---

① 川岛《大师和园丁》,《北京文艺》1956年10月号。

16日 译完日本中泽临川、生田长江《罗曼罗兰的真勇主义》并作"译者记",载4月25日《莽原》半月刊第7、8期合刊"罗曼罗兰专号"。

18日 作《无花的蔷薇之二》,载3月29日《语丝》周刊第72期,署名鲁迅,收入《华盖集续编》。3月18日下午,女师大学生许羡苏到鲁迅的西三条寓所,报告了卫队开枪屠杀群众,刘和珍等遇害的情形。当时鲁迅正在写《无花的蔷薇之二》,已经写了前3节,听到政府对请愿群众施行杀戮的消息,极为愤怒,感到"已不是写什么'无花的蔷薇'的时候了",后6节便直斥政府当局。末尾特意写上:"三月十八日,民国以来最黑暗的一天。"

23日 收到平政院裁决书。鲁迅去年8月22日对章士钊将自己非法免职一事提起诉讼,9月12日,平政院决定由该院第一庭审理。10月13日平政院给鲁迅送来章士钊的答辩副本,要求鲁迅在文到5日内答复。针对章士钊的答辩,鲁迅于16日与之进行了互辩。互辩后,平政院做出裁决:"教育部之处分取消之。"①这时,章士钊已经辞职3个多月,段祺瑞也即将下台。平政院裁决结束后,依法律程序尚须呈请最高当局批令主管官署执行。3月31日,国务总理贾德耀签署了给教育总长易培基的训令。诉讼以鲁迅获胜告终。

25日 作《"死地"》,载3月30日《国民新报副刊》,署名鲁迅,收入《华盖集续编》。"三一八"惨案发生后,一些论者认为青年和爱国群众到政府门前请愿是"自蹈死地",鲁迅认为这种论调"比刀枪更可以惊心动魄",指出,人们决不会被统治者制造的"死之恐怖"所吓倒。同时,鲁迅还告诫青年要从这次流血事件

---

① 1926年3月23日平政院裁决书,现存北京鲁迅博物馆。

中吸取教训，认清专制政府的凶残本质，“知道死尸的沉重”，从此停止请愿。

26日 作《可惨与可笑》，载3月28日《京报副刊》，署名鲁迅，收入《华盖集续编》。段祺瑞执政府为了开脱在“三一八”惨案中的罪责，捏造说请愿是共产党煽动的“暴动”。文章指出，伪造证据，强加罪名，是清末以来当政者屠杀人民、陷害改革者的惯用手法。“三月十八日的惨杀事件，在事后看来，分明是政府布成的罗网，纯洁的青年们竟不幸而陷下去了，死伤至于三百多人。这罗网之所以布成，其关键就全在于‘流言’的奏了功效。”

同日 下午避居西城莽原社。“三一八”惨案后，段祺瑞政府在密令严拿李大钊等5人的同时，还列了一份50人（一说48人）的黑名单，密令军警缉捕。北京《京报》登载的《三一八惨案之内幕种种》一文也有此类内容。在友人敦促下，鲁迅决定暂时离寓避难，第一个去处是北京西城锦什坊街96号莽原社。当时莽原社仅有两间房子，荆有麟[①]住一间，另外一间作会客、办事、吃饭之用。鲁迅来到，荆有麟便将自己住的一间让给鲁迅。

29日 入山本医院继续避难。因28日傍晚有几个青年突然到莽原社，称对《莽原》很崇拜，特来拜访，问收不收外稿。鲁迅疑心他们是侦探，怕再来找麻烦，便于本日凌晨转移到山本医院。

---

① 荆有麟（1903—1951），又名织芳，有林，化名金林，林安等，山西猗县人。1924年在北京世界语专门学校听过鲁迅讲《苦闷的象征》。因给《火球周刊》撰文而请求鲁迅指导。曾编辑《民众文艺周刊》。后加入国民党政府特务组织。1951年被杀。著有《回忆鲁迅》。

4月

1日 作《记念刘和珍君》,载12日《语丝》周刊第74期,署名鲁迅,收入《华盖集续编》。文章悼念"三一八"惨案死难烈士刘和珍等,揭露和痛斥专制政府的凶残及帮闲文人的卑劣;赞颂女大学生的英勇无畏、互相救助的精神,激励后继者更加勇猛地战斗。

2日 作《空谈》,载10日《国民新报副刊》,署名鲁迅,收入《华盖集续编》。文章针对学生请愿遭到屠杀事件说:"请愿的事,我一向就不以为然的,但并非因为怕有三月十八日那样的惨杀。……我以为倘要锻炼群众领袖的错处,只有两点:一是还以请愿为有用;二是将对手看得太好了。"希望青年人进行韧性的改革:"改革自然常不免于流血,但流血非即等于改革。血的应用,正如金钱一般,吝啬固然是不行的,浪费也大大的失算。"

6日 作《如此"讨赤"》,载10日《京报副刊》,署名鲁迅,收入《华盖集续编》。文章抨击军阀政府打着"讨赤"的旗号压制正当言论的行径。

8日 作《淡淡的血痕中》,载4月19日《语丝》周刊第75期,副题"野草之二十二",署名鲁迅,收入《野草》。鲁迅在《〈野草〉英文译本序》中说:"段祺瑞政府枪击徒手民众后,作《淡淡的血痕中》。"文章描述面对死难烈士的血痕,两种人的不同的态度:"造物主的良民"们不敢正视现实,在淡红的血色和微漠的悲哀中暂得偷生,维持着如醒如醉、欲死欲生的似人非人的世界;"叛逆的猛士"则敢于面对黑暗的现实,正视淋漓的鲜血,继续投入使天地为之变色的战斗。

10日 作《一觉》,载4月19日《语丝》周刊75期,副题为

"野草之二十三",署名鲁迅,收入《野草》。鲁迅在《〈野草〉英文译本序》中说:"奉天派和直隶派军阀战争的时候,作《一觉》。"本年4月,奉系张作霖、李景林部与冯玉祥所率的国民军在华北地区交战,奉军飞机多次飞临北京轰炸。鲁迅在险恶的环境中仍坚持写作和编校青年作者的文稿,对青年们的热情和勇敢深表赞美:"青年的魂灵屹立在我眼前,他们已经粗暴了,或者将要粗暴了,然而我爱这些流血和隐痛的魂灵,因为他使我觉得是在人间,是在人间活着。"

13日 致章廷谦信,托查询《京报》有关50人被通缉的报道,希望得到所列人士的籍贯和任职之所,为撰写文章的参考。13日作《大衍发微》,载16日《京报副刊》,署名鲁迅,后收入《而已集》为附录。

15日 在友人齐宗颐(寿山)、许寿裳的帮助下,由山本医院移住东交民巷德国医院。因冯玉祥国民军于本日撤出北京,形势更加紧张。在德国医院,鲁迅和许寿裳及其他相识者十余人聚居在"一间破旧什物的堆积房"中,"夜晚在水门汀地面上睡觉,白天用面包和罐头食品充饥"。

26日 因德国医生们不允许无病人员在医院长住,本日由德国医院移居法国医院。鲁迅在《朝花夕拾·小引》中说:"中三篇(按:指《二十四孝图》《五猖会》《无常》)是流离中所作,地方是医院和木匠房。"还有一些友人的回忆文章讲到鲁迅在此次避难期间“写作不止”。[①]

5月

1日 致韦素园信，谈到一位友人对韦译陀思妥耶夫斯基小说《穷人》的意见：“昨看见张凤举，他说 Dostojewski 的《穷人》，不如译作‘可怜人’之确切。未知原文中是否也含‘穷’与‘可怜’二义。倘也如英文一样，则似乎可改，请与霁野一商，改定为荷。”

3日 收到陶元庆所作木炭素描画肖像。鲁迅本月 11 日致陶元庆信中说：“画得很好。我很感谢。”该画现仍挂在北京鲁迅故居南房会客室。

6日 作《无花的蔷薇之三》，载 17 日《语丝》周刊第 79 期，署名鲁迅，收入《华盖集续编》。文章列举陈西滢攻击鲁迅杂文“没有一读之价值”的言论，痛斥了“流言家”制造谣言的卑劣伎俩，指出：“谣言这东西，却确是造谣者本心所希望的事实，我们可以借此看看一部分人的思想和行为。”

10日 作《二十四孝图》，载 25 日《莽原》半月刊第 10 期，副题“旧事重提之三”，署名鲁迅，收入《朝花夕拾》。文章记述自己儿童时代阅读《二十四孝图》的感受，揭露传统伦理观念所倡的孝道的虚伪残忍本质。

---

① 鲁迅日记记载不详，作品具体写作日期存疑。据鲁迅日记，此次避难由 3 月 26 日始，至 5 月 2 日结束。但期间日记中出现多次“回家的记录”，可能有时在家读书写作。据现存的《朝花夕拾》手稿，《二十四孝图》作于“五月十日”，《五猖会》作于“五月二十六日”，《无常》作于“六月二十三日”，均在避难结束后，故与鲁迅和一些友人所说矛盾。可能是此 3 篇仅在“医院和木匠房”构思；也可能是在那里写成草稿，后来回家誊写；本谱对此 3 篇暂以现存手稿上的写作日期标注。

同日　发表所译日本有岛武郎《生艺术的胎》，载《莽原》半月刊第9期，署名鲁迅，收入《壁下译丛》。

12日　作《〈痴华鬘〉题记》，载北新书局1926年6月出版的《痴华鬘》，署名鲁迅，收入《集外集》。《痴华鬘》是《百喻经》的原名，用寓言故事来宣讲佛教大乘法。王品青校点《痴华鬘》一书，请鲁迅为之题记。题记简要说明《痴华鬘》的编纂、移译、校点过程及文体性质，并对该书"除去教诫，独留寓言"的编译方法给予肯定。

24日　作《再来一次》，载6月10日《莽原》半月刊第11期，署名鲁迅，收入《华盖集续编》。再次提到章士钊对"二桃杀三士"典故的误解，讽刺其"国学"的浅薄和不通。

25日　作《五猖会》，载6月《莽原》半月刊第11期，副题为"旧事重提之四"，署名鲁迅，收入《朝花夕拾》。文章追述儿时对迎神赛会的向往和父亲在他去赛会之前强迫他背诵《鉴略》的情形，对旧式教育摧残儿童身心健康表示不满。

同日　为刘半农标点本《何典》[①]作"题记"，载本年6月北新书局出版的《何典》，署名鲁迅，收入《集外集拾遗》。题记对《何典》的思想和艺术作了评价，指出其可取之处在于内容上有批儒精神，艺术上善于运用方言成语，"谈鬼物正象人间，用新典一如古典"。

同日　作《为半农题记〈何典〉后，作》，载6月7日《语丝》周刊第82期，署名鲁迅，收入《华盖集续编》。1926年，政府长期拖欠教育经费，教职员生活无法维持。刘半农将《何典》校点出版，

---

① 《何典》是一部带有讽刺性的章回体小说，共十回。作者"过路人"，即张南庄，系清代乾隆、嘉庆年间上海人；评者"缠夹二先生"，即陈得仁，清代长洲人。1878年由申报馆印行。刘半农标点本于1926年6月由北新书局出版。

并依傍名人，登了一个《吴稚晖先生的老师〈何典〉出版》的广告，被一些“文士”攻击为“大学教授而竟堕落至于斯”。题记由当时教育工作者的窘困，联系到辛亥革命时代一些革命者的不幸遭遇，揭露了从清朝到民国统治者的倒行逆施和一些文人学者的伪善面目。

6月

1日　在东亚公司购买《无产阶级艺术论》。鲁迅在北京时期，经常到东亚公司购买书籍，其中有一些苏联的马克思列宁主义文论著作。

2日　为韦素园所译《穷人》[①]作小引，载6月14日《语丝》周刊第83期，署名鲁迅，收入《集外集》。小引对陀思妥耶夫斯基[②]的生平和《穷人》作了介绍，肯定了作者敢于反映社会现实，善于解剖社会下层穷苦人们的痛苦心理，“将人的灵魂的深，显示于人”。同时指出，作者对自己作品中的人物“有时也委实太置之万难忍受的，没有活路的，不堪设想的境地，使他们什么事都做不出来。用了精神的苦刑，送他们到那犯罪，痴呆，酗酒，发狂，自杀的路上去”。

3日　《华盖集》由北新书局出版。这是鲁迅的第2本杂文集，全书除《题记》和《后记》外，共收1925年所作杂文31篇。鲁

---

① 《穷人》，是俄国作家陀思妥耶夫斯基的第一部小说，发表于1846年。韦丛芜于1926年间译为中文，鲁迅为之校订。

② 陀思妥耶夫斯基(1821—1881)，俄国作家。1849年因参加反对沙皇政府的政治团体，被流放达10年之久。后对革命失去信心，宗教意识抬头。其作品同情下层人民，揭露沙皇政府暴政的罪恶，同时又进行宗教思想和不抵抗主义的宣传。著有《被侮辱与被损害的》《罪与罚》《白痴》等。

迅 1934 年 5 月 22 日致杨霁云信中说:“我的杂感集中,《华盖集》及续编中文,虽大抵和个人斗争,但实为公仇,决非私怨,而销数独少,足见读者的判断,亦幼稚者居多也。”

6 日 往中央公园观看司徒乔[1]绘画展览会。司徒乔在中央公园水榭举行画展,展出了 70 多件作品。鲁迅购买了两幅,其一是《馒店门前》,其一是《五个警察和一个〇》。鲁迅把《五个警察和一个〇》挂在“老虎尾巴”东壁上。这幅炭笔画中的“〇”指一个孕妇,她因为在施粥棚为自己的孩子讨了一碗粥之后,还想为自己再讨一碗而遭到 5 个警察的殴打。

9 日 作《复未名信》,以《通信(复未名)》为题载 25 日《莽原》第 12 期,署名鲁迅,收入《集外集》。回复对《莽原》不谈社会主义的质疑。

10 日 景宋(许广平)“写讫”《鲁迅先生撰译书录》,介绍了《野草》《华盖集续编》和《坟》的性质与完成情况,应是在鲁迅指导下完成的。收入台静农编《关于鲁迅及其著作》(1926 年 7 月未名社出版)。

11 日 接待美国巴特勒特(Battlet)来访。巴特勒特后来发表《新中国思想界的领袖》,记述鲁迅谈话内容。鲁迅特别谈及俄国文学:“我觉得俄国文化比其他外洋文化都要丰富。”“中俄两国间好像有一种不期然的关系,他们的文化和经验好象有一种共同的关系。……俄国文学作品已经译成中文的,比任何其他外国作品都多,并且对于现代中国的影响最大。中国现实社

---

① 司徒乔(1902—1958),广东开平人,画家,时为燕京大学学生,1928 年赴法国留学,1931 年 5 月回国。鲁迅曾先后两次参观他的画展,并作《看司徒乔的画》一文介绍他的作品。鲁迅去世后,司徒乔以竹笔画成鲁迅遗容一幅,后又为鲁迅葬礼绘制鲁迅像一幅。

会里的奋斗，正是以前俄国小说家所遇着的奋斗。”

17日 致李秉中信，概述了一年多来经历的斗争和今后的打算，抨击“上等人”的“卑鄙阴险”：“从去年以来，我因为喜欢在报上毫无顾忌地发议论，就树敌很多……今年春间，又有一般人大用阴谋，想加谋害……今年秋天，也许要到别的地方去，地方还未定，大约是南边。……此后我还想仍到热闹地方，照例捣乱。”

23日 作《无常》，载7月10日《莽原》半月刊第13期，副题“旧事重提之五”，署名鲁迅，收入《朝花夕拾》。文章介绍绍兴民间戏曲中公正、爽直而通情达理的无常形象，认为劳苦大众之所以喜爱这一形象，是由于他们长期遭受统治阶级的压迫，神往“公正的裁判”，“期待着恶人的没落”。作品结合现实，夹叙夹议，讽刺了“现代评论派”文人打着“维持公理”的幌子，为政府效劳的行径。

25日 开始写作《马上日记》，载7月5日、8日、10日、12日《世界日报副刊》第1卷第5、8、10、12期，署名鲁迅，收入《华盖集续编》。正文前的“豫序”说：“四五天以前看见半农，说是要编《世界日报》的副刊去，你得寄一点稿。”“于是乎我就决计：一想到，就马上写下来，马上寄出去，算作我的画到簿。”至本月28日共写4篇。这些日记体杂感揭露了当时医药界的腐败、出版界的胡乱标点古书等现象。

同日 发表所译日本有岛武郎的《小儿的睡相》和武者小路实笃的《论诗》。

29日 作《马上支日记》，至7月6日写成7篇，载7月12日、26日、8月2日、16日《语丝》周刊第87、89、90、92期，署名鲁迅。收入《华盖集续编》。文章揭露当时社会上的种种落后黑暗现象，剖析中国所谓上等人善于做戏骗人的本质，抨击统治者一面制礼作乐，尊孔读经，一面杀人放火、奸淫掠掳的恶行。

本月 为高长虹的散文及诗集《心的探险》作封面。此书由鲁迅选定，分8辑，同月由北新书局出版。封面用青灰色发丝纸，印赭色图案，绘群鬼腾云作跳舞状。目录后有注："鲁迅掠取六朝人墓门画像作书面。"

7月

6日 下午往中央公园，与齐寿山会合，开始从德译本转译荷兰作家望·蔼覃[①]所作长篇童话《小约翰》。因为觉得疑难之处不少，鲁迅约曾留学德国、德文较好的齐寿山同译。

7日 作《马上日记之二》两篇，载7月19日、23日《世界日报副刊》，署名鲁迅，收入《华盖集续编》。第一篇通过分析苏联文艺界的一些现象，论述文艺与革命的关系，指出只有经受革命锻炼与考验的文艺家，才能写出新的革命的文艺；中国辛亥革命以后，文艺界所以没有更为重大的变化，就在于中国没有像十月革命那样的"山崩地塌般"的革命。第二篇讽刺"现代评论派"文人借欧美名作家抬高自己的做法。

21日 作《记"发薪"》，载8月10日《莽原》半月刊第15期，署名鲁迅，收入《华盖集续编》。文章描述教育部偶尔发放欠薪时有些办事人员趾高气扬的丑态，揭露其狐假虎威的可憎面目。

同日 作《〈十二个〉后记》，载1926年8月北新书局出版的

---

① 望·蔼覃(1860—1932)，荷兰作家，青年时代研究医学，当过医生。后从事创作，曾与友人合办《新前导》等期刊。主要著作有长篇童话《小约翰》及其续篇《约翰跋妥尔》，诗歌《爱伦，苦痛之歌》，戏剧《兄弟》等。

胡教译《十二个》，署名鲁迅，收入《集外集拾遗》。《十二个》是苏联诗人勃洛克[①]所作的长诗，以在风雪中前进的12位赤卫军战士为主体，描写了十月革命大风暴中旧世界的崩溃。作品也反映了诗人世界观的矛盾，及无政府主义色彩和宗教因素，说明诗人对十月革命的本质缺乏真正的理解。后记热烈歌颂十月革命是"一个大风暴，怒吼着，震荡着，枯朽的都拉杂崩坏"，并联系俄国十月革命后作家的各种表现，指出，勃洛克虽然不是新兴的革命诗人，但倾向革命；《十二个》虽然不是革命的诗，然而反映了十月革命。

28日 收厦门大学[②]薪水400元，旅费100元，接受厦门大学国文系教授兼国学院研究教授之聘。

8月

1日 校完《小说旧闻钞》并作序言。序言说明本书辑录经过，材料取舍情况及刊行原因。该书本月12日由北新书局出版，1935年7月由联华书局重排再版时增加两节，并作新序。该书是鲁迅在北京大学讲《中国小说史》时将旧笔记、旧集子以及其他古书里有关中国古代小说的记载、史料、考证等摘录编纂而成，收录了从《大宋宣和遗事》到《二十年目睹之怪现状》共41本古代小说的有关资料，另有关于小说的"源流"、"评刻"、"禁黜"、"杂说"的资料及其"引用书目"等，材料翔实，体例严谨，凡传闻

---

① 勃洛克(1S80—1921)，俄国早期象征派诗人。受1905年革命影响，开始接触现实，十月革命时倾向革命。

② 厦门大学，1920年8月由陈嘉庚捐资创办，邀蔡元培、汪精卫、黄炎培、邓萃英诸人为筹备员，聘邓萃英为校长，1921年4月6日举行开学式。1921年5月邓萃英辞职，由林文庆任校长。

之辞全都剔除，正如再版序言所说："皆摭自本书，未尝转贩"；"废寝辍食，锐意穷搜"，表现出谨严的治学态度。

13 日 上午到女子师范大学，参加该校学生为自己举行的送别会。午赴吕云章、许广平、陆晶清 3 人午餐之邀，同坐有徐旭生、朱遏先、沈士远、沈尹默、许季市。从 8 日起，友人为鲁迅赴厦多次举办饯行宴会。如 8 日"晚幼渔、尹默、凤举在德国饭店饯行，坐中又有兼士及幼渔令郎"，9 日"上午得黄鹏基、石珉、仲芸、有麟信，约今晚在漪澜堂饯行"，21 日"午赴中央公园来今雨轩应季市午餐之约，同席云章、品卿、广平、淑卿、寿山、诗英"。

15 日 向吕云章、陆晶清、许广平发出宴会邀请。次日中午与 3 人餐叙。

21 日 《现代评论》第 4 卷第 89 期发表涵庐（高一涵）的《闲话》，讨论文学作品与现实的关系及用文字进行人身攻击的现象，记述了鲁迅《阿 Q 正传》发表后一些读者的反应。

22 日 上午赴女师大毁校周年纪念会并发表演说，由向培良记录，题为《记谈话》，载 8 月 28 日《语丝》周刊第 94 期，收入《华盖集续编》。演说从介绍自己翻译《工人绥惠略夫》说起，抨击了政府迫害改革者之举。

24 日 荆有麟在《世界日报副刊》发表《送鲁迅先生》，记述几位青年朋友对鲁迅南下的议论。

25 日 发表所译日本武者小路实笃《在一切艺术》，载《莽原》半月刊第 16 期，署名鲁迅，收入《壁下译丛》。

26 日 下午启程赴厦门，许广平同行。27 日下午 1 时乘特别快车从天津往浦口。29 日途经上海，寓沪宁旅馆，当日移住孟渊旅社。晚许广平移寓其族人家。30 日晚至消闲别墅用饭，同座有刘大白、夏丏尊、陈望道、沈雁冰、郑振铎、胡愈之、朱自清、叶圣陶等。

30日 作《上海通信》致李小峰,载10月2日《语丝》周刊第99期,署名鲁迅,收入《华盖集续编》。以书信的形式描述南下旅途见闻,记述种种奇异和有趣的现象。

本月 小说集《彷徨》由北京北新书局出版,内收1924年所作小说4篇,1925年所作小说7篇,列为《乌合丛书》之一。除《孤独者》《伤逝》两篇直接编入本书外,其余9篇都曾在刊物上发表过。鲁迅在《自选集》自序中回忆《彷徨》的创作经过说:"后来《新青年》的团体散掉了,有的高升,有的退隐,有的前进,我又经验了一回同一战阵中的伙伴还是会这么变化,并且落得一个'作家'的头衔,依然在沙漠中走来走去,不过已经逃不出在散漫的刊物上做文字……得到较整齐的材料,则还是做短篇小说,只因为成了游勇,布不成阵了,所以技术虽然比先前好一些,思路也似乎较无拘束,而战斗的意气却冷得不少。新的战友在那里呢?我想,这是很不好的。于是集印了这时期的十一篇作品,谓之《彷徨》,愿以后不再这模样。"他在《彷徨》的扉页上摘引了《离骚》的诗句"路漫漫其修远兮,吾将上下而求索"作为题辞。封面由陶元庆设计,左半画靠着椅背而坐的三个人形图案,右上方是一轮光芒四射的太阳。三个人形图案用长方形、三角形、圆锥形等构建,不画眉目鼻口,下方只画三只足。鲁迅1926年10月29日给陶元庆信中说:"《彷徨》的书面实在非常有力,看了使人感动。"同年11月22日给陶元庆信又说:"这里有一个德国人,叫Ecke,是研究美学的,一个学生给他看《故乡》和《彷徨》的封面,他说好的。《故乡》是剑的地方很好。《彷徨》只是椅背和坐上的图线,和全部的直线有些不调和。太阳画得极好。"

本月 发表所译苏联托洛茨基[①]《文学与革命》第3章《勃洛克论》,未署名,收入勃洛克的长诗《十二个》中译本之前作为译序。译文从日本茂森唯士的日译本重译。韦素园依据俄文对译文作了修改。鲁迅在《〈十二个〉后记》中指出:"在中国人的心目中,大概还以为托罗兹基是一个喑呜叱咤的革命家和武人,但看他这篇,便知道他也是一个深解文艺的批评者。"鲁迅关注托洛茨基的文艺思想,1927年购买了英文本的《文学与革命》。韦素园、李霁野翻译该书,可能得到鲁迅的建议和帮助。

本月 发表所译俄国阿尔志跋绥夫《巴什庚之死》,载9月10日《莽原》半月刊第17期,署名鲁迅。

9月

1日 夜12时登新宁轮,次日晨7时离上海赴厦门。

4日 抵厦门,寓中和旅馆。林语堂、沈兼士、孙伏园来访,即雇船移入厦门大学,暂住生物学院大楼3层。这座楼位于海边的小山岗上,石阶高达96级,楼前地面比楼后地面高,前后看层级有差,因而鲁迅有时又称"住在四层楼"。

7日 致许寿裳信。鲁迅南下后,许寿裳因时局不稳,急于离京南下,托鲁迅代寻职位。鲁迅报告了到厦大后的观感:"今稍观察,知与我辈所推测者甚为悬殊,玉堂极被掣肘,校长有秘书姓孙,无锡人,可憎之至,鬼祟似皆此人所为。"并说明谋职不易:"兄事曾商量数次,皆不得要领,据我看去,是没有结果的。"

---

① 托洛茨基(1879—1940),早年曾参加俄国革命运动,在十月革命中和苏俄初期曾参加过领导机关,1927年因反对苏维埃政权被联共(布)开除党籍,1929年被驱逐出境。1940年在墨西哥被刺杀。

10 日　发表所译日本武者小路实笃《凡有艺术品》，载《莽原》半月刊第 17 期，署名鲁迅，收入《壁下译丛》。

13 日　寄明信片给许广平，背面为厦门大学全景照片。

14 日　致许广平信，对北京政府武装接管女师大表示愤慨，对北伐的顺利进军表示欢欣。信中还谈到三弟建人在上海有了女友，又要照顾北京的家眷，生活过得艰难。

16 日　致韦素园信，报告自己的生活状态。关于写稿，说："我自然想做，但二十开学，要忙起来，伏处孤岛，又无刺激，竟什么意思也没有，但或译或作，我总当寄稿。"

18 日　作《从百草园到三味书屋》，载 10 月 10 日《莽原》半月刊第 19 期，副题为《旧事重提之六》，署名鲁迅，收入《朝花夕拾》。文章通过童年时代在百草园玩耍和在三味书屋学习的对照描写，表现了学堂生活的枯燥和课外生活的乐趣，批判旧教育制度对儿童身心健康的不良影响。

19 日　应戴锡樟、宋文翰、庄奎章之邀，至南普陀午餐，林语堂、沈兼士、孙伏园作陪。鲁迅在给许广平的信中报告说："集美中学内有师大旧学生五人，都是先前的国文系，昨天他们请我们吃饭，算作欢迎，他们是主张白话的，在此似乎有点孤立，吃苦。"①

20 日　厦门大学开学。鲁迅原准备开设 3 门课程：一、声韵文字训诂专书研究，每周 1 节；二、小说选及小说史，每周 2 节；三、文学史纲要，每周 2 节。② 本月 14 日给许广平的信中说："我的功课，大约每周当有六小时，因为玉堂希望我多讲，情不可却。

---

① 鲁迅 1926 年 9 月 20 日致许广平信。

② 1926 年 12 月 18 日《厦大周刊》第 168 期

其中两点是小说史，无须豫备；两点是专书研究，须豫备；两点是中国文学史，须编讲义。看看这里旧存的讲义，则我随便讲讲就很够了，但我还想认真一点，编成一本较好的文学史。”22日的信中又说：“专书研究二小时无人选，只剩了文学史，小说史各二小时了。”

同日 致许广平信，报告自己在厦门大学的工作安排：“我的薪水不可谓不多，教科〔课〕是五或六小时，也可以算很少，但所谓别的‘相当职务’，却太繁，有本校季刊的作文，有本院季刊的作文，有指导研究员的事（将来还有审查），合计起来，很够做做了。学校当局又急于事功，问履历，问著作，问计画，问年底有什么成绩发表，令人看得心烦。其实我只要将《古小说钩沉》拿出去，就可以作为研究教授三四年的成绩了，其余都可以置之不理……”

23日 作《厦门通信》，载北新书局出版的《波艇》第1期，署名鲁迅，收入《华盖集续编》。通信记述对厦门风景的观感，抒发了对抗清英雄郑成功的怀念之情。又说，“我想编我今年的杂感”，因为这些杂感“刺得……正人君子们不大舒服”。关于自己的状态，说：“我还同先前一样；不过太静了，倒是什么也不想写。”

25日 从国学院迁居集美楼，在集美楼2楼西侧住到离校。

27日 开始编写中国文学史讲义，次日编好第一章。[①]

30日 致许广平信，对北伐战况表示关心。对现代评论派在厦大扩展羽翼表示不满：“此地所请的教授，我和兼士之外，还有顾颉刚。这人是陈源，我是早知道的，现在一调查，则他所荐

---

① 鲁迅1926年9月28日致许广平信。

引之人，在此竟有七人之多，玉堂与兼士，真可谓胡涂之至。此人颇阴险，先前所谓不管外事，专看书云云的舆论，乃是全都为其所欺。他颇注意我，说我是名士派，可笑。好在我并不想在此挣子孙帝王万世之业，不管他了。”①

10 月

4 日　致许寿裳信，表示对在厦门生活的厌烦：“此间功课并不多，只六小时，二小时须编讲义，但无人可谈，寂寞极矣。为求生活之费，仆仆奔波，在北京固无费，尚有生活，今乃有费而失了生活，亦殊无聊。或者在此至多不过一年可敷衍欤？”

同日　致许广平信，谈到自己的教学工作：“我现在专取闭关主义，一切教职员，少与往来，也少说话。此地之学生似尚佳，清早便运动，晚亦常有；阅报室中也常有人。对我之感情似亦好，多说文科今年有生气了，我自省自己之懒惰，殊为内愧。小说史有成书；所以我对于编文学史讲义，不愿草率，现已有两章付印了，可惜此地藏书不多，编起来很不便。”

7 日　作《父亲的病》，载 11 月 10 日《莽原》半月刊第 21 期，副题为“旧事重提之七”，署名鲁迅，收入《朝花夕拾》。文章记叙少年时为父亲延医治病被庸医敷衍，费力寻找药引，诊费药费高昂而终于无效的过程，揭露了所谓“名医”的故弄玄虚和草菅人命。

8 日　作《琐记》，载 11 月 25 日《莽原》半月刊第 22 期，副题为“旧事重提之八”，署名鲁迅，收入《朝花夕拾》。文章回忆自己离开故乡到南京求学的过程特别是在南京求学时接触《天演

---

① 鲁迅 1926 年 9 月 30 日致许广平信。

论》、受维新思想影响的经历。

10日 参加国学研究院成立会，各界来宾约300余人。为配合成立大会，在陈列室举办了鲁迅收集石刻拓片展，多为六朝隋唐造象。[①] 鲁迅为举办这次展览，颇费周折。本日致许广平信中谈及此事，对学校当局对待教员的态度表示不满。

12日 作《藤野先生》，载12月10日《莽原》半月刊第13期，副题为“旧事重提之九”，署名鲁迅，收入《朝花夕拾》。文章记叙了在日本留学时受到藤野先生关心和帮助的经历，热情赞扬了藤野先生朴实、热诚、没有民族偏见的高尚品质，表达了对这位异国老师的深挚的怀念。

14日 上午往厦大周会演讲30分钟，内容为：一、少读中国书；二、做“好事之徒”。鲁迅在给许广平的信中说：“这里的校长是尊孔的，上星期日（按：应为星期四）他们请我到周会演说，我仍说我的‘少读中国书’主义，并且说学生应该做‘好事之徒’。他忽而大以为然，说陈嘉庚也正是‘好事之徒’，所以肯兴学，而不悟和他的尊孔冲突。”[②]1926年10月23日出版的《厦大周刊》第160期，曾以《鲁迅先生演讲》为题记载了“做‘好事之徒’”部分讲词大要，但关于“少读中国书”部分，因与校长林文庆[③]的见解不一致被删去。

同日 作《〈华盖集续编〉小引》，载11月6日《语丝》周刊第104期，署名鲁迅，收入《华盖集续编》。小引说明自己写文章是

---

① 见1926年10月《厦大周刊》第159期。

② 鲁迅1926年10月16日致许广平信。

③ 林文庆（1869—1957），字梦琴，福建海澄人，生于新加坡，英国爱丁堡大学医学院毕业后返回新加坡行医。1912年2月任南京临时政府内务部卫生局局长。1921年5月任厦门大学校长，至1937年因年迈而辞职。1938年回新加坡定居。著有《孔教大纲》《孔教精神》等。

为了“释愤抒情”，“将我所遇到的，所想到的，所要说的，一任它怎样浅薄，怎样偏激，有时便都用笔写了下来。……你要那样，我偏要这样是有的；偏不遵命，偏不磕头是有的；偏要在庄严高尚的假面上拨它一拨也是有的”。

同日 作《〈华盖集续编〉校讫记》，收入《华盖集续编》，1928年10月30日又用作《而已集》的“题辞”。

15日 致许广平信，谈到自己在厦门大学的“不合群”：“其实我在这里不大高兴的原因，首先是在周围多是语言无味的人，不足与语，令我觉得无聊。他们倘让我独自躲在房里看书，倒也罢了，偏又常常给我小刺戟。我也未尝不自己在设法消遣，例如大家集资看影戏，我也加入的，在这里要看影戏，也非请来做不可，一晚六十元。”

18日 董秋芳在《世界日报》副刊发表批评《彷徨》的文章(次日连载)，说：“《彷徨》里面十一篇作品，我最喜欢《祝福》《孤独者》《伤逝》《示众》《离婚》这五篇……里面所含的 the truth of feeling 和作者的表现力，最能使我体味到人生的究竟。”“是的，中国现在已有许多青年在那里努力，中国的艺术界，将来定可以收得丰盛的花果，想来是无疑的吧？无论将来如何，我们这《彷徨》的作者，有着特别的情调，特别的风格，尤其是特别的经验，在短篇写实的小说方面，终站着第一一个地位。如果中国将来真有批评家，不才敢斗胆说一句，不能将这位作者抹煞。”

20日 致许广平信，谈到学校对名人的逢迎：“马寅初博士到厦门来演说，所谓‘北大同人’，正在发昏章第十一，排班欢迎。我固然是‘北大同人’之一，也非不知银行之可以发财，然而于‘铜子换毛钱，毛钱换大洋’学说，实在没有什么趣味，所以都不加入，一切由它去罢。”后来，校方邀他出席招待马寅初的宴会，他在通知单上签了个“知”字，但并没有去参加。事后他解释签字的意思是“不去可知矣”。

21 日 应邀参加南普陀寺及闽南佛学院公宴太虚和尚[①]的晚餐，同席 30 余人。当日给许广平的信中说：“不料下午便接到请柬，是南普陀寺和闽南佛学院公宴太虚，并请我作陪，自然也还有别的人。我决计不去，而本校的职员硬邀我去，说否则他们以为本校看不起他们。个人的行动，会涉及全校，真是窘极了，我只得去，只穿一件蓝洋布大衫而不戴帽，乃敝人近日之服饰也。罗庸说太虚‘如初日芙蓉’，我实在看不出这样，只是平平常常。入席，他们要我与太虚并排上坐，我终于推掉，将一个哲学教员供上完事。太虚倒并不专讲佛事，常论世俗事情，而作陪之教员们，偏好问他佛法，真是其愚不可及，此所以只配作陪也欤。”

29 日 致陶元庆信，对陶元庆为自己的书设计封面表示感谢，并请陶元庆为《卷葹》（淦女士即冯沅君作）、《黑假面人》（李霁野译安特来夫剧本）和自己的论文集《坟》设计封面。

30 日 为论文集《坟》作题记，载 11 月 20 日《语丝》周刊第 106 期，署名鲁迅，收入《坟》。题记说明编集《坟》的原因是“还有人要看，但尤其是因为又有人憎恶着我的文章”，因此偏要“给他们放一点可恶的东西在眼前，使他有时小不舒服，知道原来自己的世界也不容易十分美满”；“我就要专指斥那些自称‘无枪阶级’而其实是拿着软刀子的妖魔”。说明将文集命名为《坟》，是因为这些文章“总算是生活的一部分的痕迹”，“造成一座小小的

① 太虚和尚（1889—1947），本姓吕，浙江崇德人。曾任世界佛教联合会会长、中国佛教总会会长，厦门南普陀寺住持等职。1926 年 10 月从美国回国讲佛学，在厦门停留。

新坟，一面是埋藏，一面也是留恋。至于不远的踏成平地，那是不想管，也无从管了”。

11月

1日 致许广平信，谈今后的打算：“如果中大定要我去，我到后于学校有益，那我就于开学之前到那边去。”“但我对于此后的方针，实在很有些徘徊不决，就是：做文章呢，还是教书？因为这两件事，是势不两立的。作文要热情，教书要冷静。……或者还不如做些有益于目前的文章，至于研究，则于余暇时做，不过如应酬一多，可又不行了。”

7日 作《厦门通信（二）》，载27日《语丝》周刊第107期，署名鲁迅，收入《华盖集续编》。谈到《语丝》杂志及自己的写作说：“我看了这两期的《语丝》特别喜欢，恐怕是因为他们已经超出了一百期之故罢。在中国，几个人组织的刊物要出到一百期，实在是不容易的。我虽然在这里，也常想投稿给《语丝》，但是一句也写不出，连‘野草’也没有一茎半叶。”“这里却没有霜，也没有雪，凡萎黄的都是‘寿终正寝’，怪不得别个。呜呼，牢骚材料既被减少，则又有何话之可说哉！现在是连无从发牢骚的牢骚，也都发完了。”

9日 致许广平信，对到广州教书“很有些踌躇”：“中大的薪水比厦大少，这我倒并不在意。所虑的是功课多，听说每周最多可至十二小时，而作文章一定也万不能免，即如伏园所办的副刊，我一定也就是被用的器具之一，倘再加别的事情，我就又须吃药做文章了。”但对广州之行也怀着憧憬，除与许广平相会外，“其实我也还有一点野心，也想到广州后，对于研究系加以打击，至多无非我不能到北京去，并不在意；第二是同创造社连络，造一条战线，更向旧社会进攻，我再勉力做一点文章……”

11 日　作《写在〈坟〉后面》，载 12 月 4 日《语丝》周刊第 108 期，署名鲁迅，收入《坟》。文章对编印《坟》的目的和自己当前的心境做了说明。

同日　收饶超华信及其所作长诗《致母》等稿，看后写信给正在编辑《莽原》的韦素园说：“饶超华的《致母》，我以为并不坏，可以给他登上，今寄回；其余的已直接寄还他了。”《致母》于 12 月 10 日发表在《莽原》半月刊第 1 卷第 23 期。饶超华是中山大学学生，创造社的小伙计。[①]

14 日　作《〈争自由的波浪〉小引》，载 1927 年 1 月 1 日《语丝》周刊第 112 期和 1927 年 1 月北京北新书局出版的《争自由的波浪》，署名鲁迅，收入《集外集拾遗》。《争自由的波浪》是俄国短篇小说和散文集，内收高尔基《争自由的波浪》《人的生命》、但兼珂[②]《大心》、托尔斯泰《尼古拉之棍》4 篇小说和托尔斯泰《致瑞典和平会的一封信》《在教堂里》《梭斐亚・卑罗夫斯凯娅的生命的片断》3 篇散文。原名《专制国家之自由语》，英译本改名《大心》，董秋芳[③]从英译本转译，鲁迅对译文加以校订，列为《未名丛刊》之一。小引驳斥了当时中外一些报纸对十月革命和苏联政权的污蔑与攻击，说明压迫阶级的残暴的镇压必然要导致被压迫阶级的反抗斗争，并联系中国革命的前景，指出中国革

---

① 1927 年 1 月 18 日，鲁迅到中山大学任教。1 月 22 日，饶超华与钟敬文、梁式一起拜访鲁迅。从饶超华与鲁迅的通信时间来看，当时与鲁迅同处一校，可以说是师生关系。参见黄艳芬《青年诗人、创造社小伙计及“素人作者”——现代文坛失踪者饶超华》，《鲁迅研究月刊》2019 年第 3 期。

② 但兼珂（1844—1936），通译聂米罗维奇・丹钦科，俄国小说家，诗人。

③ 董秋芳（1897—1977），笔名冬芬，浙江绍兴人，翻译工作者。1919 年绍兴第五师范学校毕业，后入北京大学英语系学习。

命的发展也将是“上等人”的失势和苦恼，因为“平民总未必会舍命改革以后，倒给上等人安排鱼翅席，是显而易见的。因为上等人从来就没有给他们安排过杂合面”。

同日　作成《〈嵇康集〉考》。据《厦大周刊》第164期记载，此文原拟刊载厦大《国学季刊》第1期，后因该校发生了反对校长林文庆的风潮，季刊未能出版。文章分3部分：“一、考卷数及名称”，“二、考目录及阙失”，“三、考逸文然否”，对《嵇康集》版本流传情况进行了详细的考证。在撰写考证文章的过程中，鲁迅又对《嵇康集》进行了校勘。

15日　广州《民国日报》刊登消息《中大聘鲁迅担任教授》：“（中央社）著名文学家鲁迅，即周树人，久为国内青年所倾倒，现在厦门大学担任教席。中山大学委员会特电促其来粤担任该校文科教授，闻鲁氏已应允就聘，不日来粤云。”

17日　参加厦门大学教职员照相，又赴恳亲会。会上“林玉霖妄语，缪子才痛斥”。林玉霖系林语堂之兄，时任厦门大学学生指导长。他在“恳亲会”上吹捧林文庆说：“我们的老校长，好比家长父亲，教员好比年长的大哥，同学好比年幼的弟妹，整个学校，就象一个大家庭。”哲学系教授缪子才驳斥说：“我们都不是妇人孩子，怎么可以这样比喻呢？”鲁迅次日给许广平的信中说：“我才知道在金钱下的人们是这样的，我决定要走了，但为玉堂面子计，决不以这一事作口实，且须于学期之类作一结束。至于到何处，一时难定，总之无论如何，年假中我总要到广州走一遭，即使无啖饭处，厦门也决不居住的了。又我近来忽然对于做教员发生厌恶，于学生也不愿意亲近起来，接见这里的学生时，自己觉得很不热心，不诚恳。”

18日　作《范爱农》，载12月25日《莽原》半月刊第24期，副题为“旧事重提之十”，署名鲁迅，收入《朝花夕拾》。文章回忆辛亥革命前后与范爱农的交往情况，对其不幸遭遇表示深切同情。辛亥前的范爱农，“受着轻蔑，排斥，迫害，几乎无地可容”；革命后，“他办事，兼教书，实在勤快得可以”，但受到地方帮派势力的打击与迫害，流离失所，不幸夭亡。

19日 作《所谓“思想界先驱者”鲁迅启事》，载12月10日《莽原》半月刊第23期，同时又载《语丝》《北新》《新女性》等期刊，收入《华盖集续编》。启事揭露了高长虹对自己的背叛行为和污蔑言论。高长虹曾很受鲁迅赏识，得到鲁迅帮助，后转而攻击鲁迅。本月，《狂飙》周刊第5期刊出的高长虹《1925，北京出版界形势指掌图》一文说：“鲁迅去年不过四十五岁……如自谓老人，是精神的堕落！”“鲁迅是一个直觉力很好的人，但不能持论。如他对自己不主张批评，我不反对。但如因为自己不能批评，便根本反对批评，那便不应该了。”鲁迅看后十分气愤，决定反击。

25日 在校长林文庆主持的“谈话会”上，就削减国学院预算经费的动议提出反对意见，迫使林文庆取消前议。[①]

同日 致许广平信，对北伐军的胜利消息感到鼓舞，对厦大的学生运动给予关注。当时厦大学生自治会主席和厦大国民党区分部书记均由加入国民党的共产党人罗扬才担任。鲁迅说：“本校学生民党不过三十左右，其中不少是新加入者，昨夜开会，我觉他们都不经训练，不深沉，甚至于连暗暗取得学生会以供我用的事情都不知道，真是奈何奈何。开一回会，徒令当局者注意，那夜反民党的职员却在门外窃听。”

---

① 鲁迅1926年11月26日致许广平信。

27日 往集美学校演讲30分钟。鲁迅在《海上通信》中曾说及这次演讲。鲁迅12月2日把讲演稿寄集美学校,但未能登出。

28日 致许广平信,对厦门文化氛围表示不满:“此地无甚可为,近来组织了一种期刊,而作者不过寥寥数人,或则受创造社影响,过于颓唐(比我颓唐得多),或则太大言无实;又在日报上添了一种文艺周刊,恐怕不见得有什么好结果。大学生都很沉静,本地人文章,则‘之乎者也’居多,他们一面请马寅初写字,一面请我做序,真是殊属胡涂。”

30日 收到商务印书馆寄来的梁社乾英译《阿Q正传》3册。此为《阿Q正传》的第一个英译本。12月11日,又收到译者寄赠该书6册。鲁迅12月3日给许广平的信中说:“《阿Q正传》的英译本已经出版了,译得似乎并不坏,但也有几个小错处。”

本月 指导厦门大学爱好文艺的青年创办的文艺团体“泱泱社”和“鼓浪社”。“泱泱社”曾出版过《波艇》月刊两期;“鼓浪社”主编《鼓浪》周刊,附于鼓浪屿《民钟报》发行,共出6期。

12月

2日 致许广平信,谈到对一些文学青年的看法:“我现在对于做文章的青年,实在有些失望,我想有希望的青年似乎大抵打仗去了,至于弄弄笔墨的,却还未看见一个真有几分为社会的,他们多是挂新招牌的利己主义者;而他们却以为他们比我新一二十年,我真觉得他们无自知之明,这也就是他们之所以‘小’的地方。”

3日 作《〈阿Q正传〉的成因》,载12月18日《北新》周刊第18期，署名鲁迅，收入《华盖集续编》。本年11月21日，西谛(郑振铎)在《文学周报》第251期上发表《〈呐喊〉》一文，批评《阿Q正传》的人物性格塑造："像阿Q那样的一个人，终于要做起革命党来，终于受到那样大团圆的结局，似乎连作者他自己在最初写作时也是料不到的。至少在人格上似乎是两个。"鲁迅对此应答说："据我的意思，中国倘不革命，阿Q便不做，既然革命，就会做的。我的阿Q的运命，也只能如此，人格也恐怕并不是两个。民国元年已经过去，无可追踪了，但此后倘再有改革，我相信还会有阿Q似的革命党出现。我也很愿意如人们所说，我只写出了现在以前的或一时期，但我还恐怕我所看见的并非现代的前身，而是其后，或者竟是二三十年之后。"至于结局的"大团圆"，鲁迅说："其实'大团圆'倒不是'随意'给他的；至于初写时可曾料到，那倒确乎也是一个疑问。我仿佛记得：没有料到。不过这也无法，谁能开首就料到人们的'大团圆'？"

同日　致许广平信，谈到自己未来的计划说："我明年的事，自然是教一点书；但我觉得教书和创作，是不能并立的，郭沫若郁达夫之不大有文章发表，其故盖亦由于此。所以我此后的路还当选择，研究而教书呢，还是仍作游民而创作？倘须兼顾，即两皆没有好成绩。或者研究一两年，将文学史编好，此后教书无须豫备，则有余暇，再从事于创作之类也可以。"

5日　致韦素园信，对"未名社"的工作提出建议："对于《莽原》……我想，如果大家有兴致，就办下去罢。当初我说改名，原为避免纠纷，现在长虹既挑战，无须改了……退步须两面退，倘我退一步而他进一步，就只好拔出拳头来。"还对"未名社"的成员提出批评意见："在未名社的你们几位，是小心有余，泼辣不足。所以作文，办事，都太小心，遇见一点事，精神上即很受影响，其实是小小是非，成什么问题，不足介意的。但我也并非说小心不好，中国人的眼睛倘此后渐渐亮起来，无论创作翻译，自然只有坚实者站得住，《狂飙》式的恫吓，只能欺骗一时。”

8日 致韦素园信，告知《旧事重提》(《朝花夕拾》)写完。鲁迅原拟还要写一篇，但至此决定不作，遂以《范爱农》“作一结束”。

12日 参加平民学校成立会，演说5分钟。平民学校于本日借厦大群贤楼大礼堂开成立大会，并邀请鲁迅演讲。参加开学典礼的有200多人，校长林文庆及学生指导长林玉霖出席并发表演说。

同日 致许广平信，谈到自己离开厦门大学造成的影响：“对于学生，我已经说明了学期末要离开。有几个因我在此而来的，大约也要走。”“我离厦门后，恐怕有几个学生要随我转学，还有一个助教也想同我走，因为我的金石的研究于他有帮助。”并预测自己未来的遭遇，认为被逼无奈时，“走外国也行”。①

16日 致许广平信，谈到为他人做事而影响了自己，还有人先来利用，看到没有利用价值就施行攻击。

19日 致沈兼士信，谈到自己编写的中国文学史讲义：“文学史稿编制太草率，至正月末约可至汉末，挂漏滋多，可否免其献丑，稍积岁月，倘得修正，当奉览也。”大约沈兼士来信索要其

---

① 许广平12月7日来信中谈及到外国去的计划：“我想没有被人打倒，或自己倒下之前，教书是好的，倒下后则创作似乎闭户可做，但中国人心理，倒下后的著作，是否还一样保持原有地位？也很难说。对付社会一般人，要用一般方法，过于自我，就受攻击，真是讨厌的事，但党内似乎好些，我想如国民党不容，则跑到俄国去，在广东，去俄很容易设法得政府一笔款，挟着什么名目，领着公费就可去，但这自然要改变教书生涯，才易活动，你看郭沫若有什么，现时是政治主任，又改为……了。人一迫就可以转行，你说是不是？启修先生说俄国也不十分冷，屋内比北京屋还暖云。”

文学史讲义稿。

20日 致许广平信，对厦门大学对待教员之随便态度表示不满："其实教员的薪水，少一点倒不妨的，只是必须顾到他的居住饮食，并给以相当的尊敬。可怜他们全不知道，看人如一把椅子或一个箱子，搬来搬去，弄不完。于是凡有能忍受而留下的便只有坏种，别有所图，或者是奄奄无生气之辈。"

21日 得中山大学委员会信，催促尽快前往中大就职。鲁迅本月23日给许广平的信中说："言所定'正教授'只我一人，催我速往。那么，恐怕是主任了。"表示自己"想不做主任，只教书"。

22日 作《〈走到出版界〉的"战略"》，载1927年1月8日《语丝》周刊第113期，文末署鲁迅摘，收入《集外集拾遗》。《走到出版界》是高长虹在他主编的《狂飙》周刊上连续发表的批评文字的总题，对鲁迅进行攻击，后来印有单行本。鲁迅摘录了高长虹对自己从吹捧到诽谤、从利用到漫骂的文字，揭露了高长虹别有用心的"战略"。

26日 《往施》(周刊)第12期发表高长虹《走到出版界的路——自画自赞自广告》，说到鲁迅为他删定文集的事："已出版的《心的探险》一书，也并非如以虚无为实有云云者，此鲁迅批评其自己的《野草》也。反之，这里的却是现实的，也是时代的，也是未来的，也不妨说是'永久的'。也是我自作自编的，并非如坊间所传由何人所选定者。鲁迅倒同我商量过说想去掉几篇，我因无大关系，所以便由他去。去排的有几篇是他所不能领会的作品，中间有几篇是不好的，我是实行——并非主张——宽容的人，当然无甚不满意。况且好作品我仍可以收到别处去。"

29日 致韦素园信，谈到高长虹对自己的攻击："《狂飙》也没有细看，今天才将那诗看了一回。我想原因不外三种：一，是别人神经过敏的推测，因为长虹的痛哭流涕的做《给——》的诗，似乎已很久了；二，是《狂飙》社中人故意附会宣传，作为攻击我的别一法；三，是他真疑心我破坏了他的梦，——其实我并没有注意到他做什么梦，何况破坏——因为景宋在京时，确是常来我寓，并替我校对，抄写过不少稿子，《坟》的一部分，即她抄的，这回又同车离京，到沪后她回故乡，我来厦门，而长虹遂以为我带她到了厦门了。倘这推测是真的，则长虹大约在京时，对她有过各种计划，而不成功，因疑我从中作梗。其实是我虽然也许是'黑夜'，但并没有吞没这'月儿'。如果真属于末一说，则太可恶，使我愤怒。我竟一向在闷胡卢中，以为骂我只因为《莽原》的事。我从此倒要细心研究他究竟是怎样的梦，或者简直动手撕碎它，给他更其痛哭流涕。只要我敢于捣乱，什么'太阳'之类都不行的。"高长虹在 11 月 9 日所写的《时代的命运》一文里说："我对于鲁迅先生曾献过最大的让步，不只是思想上，而是在生活上，这倒是我最大的遗憾呢！"①

---

① 据川岛《和鲁迅先生在厦门相处的日子》回忆，许广平是"月亮"的"流言"当时至少先后流布于北京、上海、厦门，先在北京、后在上海的高长虹应该知道该"流言"，因此，"月亮诗"中的"月亮"有可能指许广平。有学者认为，高长虹的诗《给——》并非攻击鲁迅。根据高长虹写于 1940 年 7 月的《一点回忆——关于鲁迅和我》，他的诗集《精神与爱的宣言》于 1925 年 3 月出版后，许广平邮购过该诗集，两人因此通信多次。回忆中还说，"青年时代的狂想，人是必须加以原谅的"，大约，高长虹对许广平有过追求之意。不过，"后来我问了有麟，景宋在鲁迅家里的厮熟情形，我决定了停止与景宋通信"。"高长虹所说的在'生活上'对鲁迅'曾献过最大的让步'，很可能就是指将许广平'献'给了鲁迅。""在创作'月亮诗'时，高长虹对因'退稿事件'而导致的高鲁冲突的爆发是感到遗憾、伤感的，高长虹创作'月亮诗'，只是他深深的失落感的自然流露，与成心攻击实在是风马牛不相及。"（廖久明《高长虹与鲁迅及许广平》，东方出版社 2005 年版，第 185、193、202 页）

同日 致许广平信，针对社会上关于他们之间关系的流言和攻击表示："用这样的手段，想来征服我，是不行的。我先前的不甚竞争，乃是退让，何尝是无力战斗。现在就偏出来做点事，而且索性在广州，住得更近点，看他们卑劣诸公其奈我何？然而这也是将计就计，其实是即使并无他们的闲话，也还是到广州的。"

30日 作《奔月》，载1927年1月25日《莽原》半月刊第2卷第2期，署名鲁迅，收入《故事新编》。作品根据嫦娥奔月的神话传说，描写神射手羿英雄末路的窘境。羿在封豕长蛇射光之后，整天只能猎获乌鸦麻雀。他虽然有时感到孤寂，但仍勤勉狩猎。而嫦娥却不耐贫苦生活，偷吃了长生药奔向月亮。作品还塑造了惯于暗箭伤人、招摇撞骗的逢蒙的形象，意在讥讽高长虹。鲁迅后来编辑《两地书》，特意改写了1927年1月11日给许广平信中的一段话："长虹的拚命攻击我是为了一个女性，《狂飙》上有一首诗，太阳是自比，我是夜，月是她……我这才明白长虹原来在害'单相思病'，以及川流不息的到我这里来的原因，他并不是为《莽原》，却在等月亮。但对我竟毫不表示一些敌对的态度，直待我到了厦门，才从背后骂得我一个莫名其妙，真是卑怯得可以。我是夜，则当然要有月亮的，还要做什么诗，也低能得很。那时就做了一篇小说，和他开了些小玩笑，寄到未名社去了。"

31日 辞去厦门大学一切职务。

同日 作《厦门通信(三)》，载次年1月15日《语丝》周刊第114期，署名鲁迅，收入《华盖集续编》。通信说明自己所以到厦门而又坚决离去的原因："我最初的主意，倒的确想在这里住两年，除教书之外，还希望将先前所集成的《汉画象考》和《古小说钩沈》印出。”结果都不成。对自己离开让学生失望表示愧疚。

9月至12月

编写中国文学史课程的讲义《中国文学史略》(《汉文学史纲要》),共10篇,从文字的起源讲到汉代的司马迁、司马相如。前3篇刻印本每页中缝的题名为“中国文学史略”(或简称“文学史”),第4至第10篇题为“汉文学史纲要”。该书在鲁迅生前未出版,最早收入1938年由鲁迅先生纪念委员会编辑、“鲁迅全集出版社”编辑的《鲁迅全集》第10卷,定名为《汉文学史纲要》。

1927年(丁卯,中华民国十六年)　47岁

▲4月12日,蒋介石于上海发动政变。4月18日,蒋介石在南京成立国民政府。

▲4月28日,李大钊在北京被张作霖政府杀害。

▲6月2日,王国维自沉于颐和园昆明湖。

▲8月19日,武汉政府通电宣布迁都南京,并发表《迁都南京宣言》。

1月

1日　晚赴泱泱社饯行宴,林语堂、章川岛作陪。

2日　致许广平信,告知自己辞去厦大一切职务。还说:“今天照了一个照相,是在草木丛中,坐在一个洋灰的坟的祭桌上。”这张照片拍摄于南普陀西南小山岗上,鲁迅身旁的墓碑上写着

一个“许”字。同日还与泱泱社几位青年照了合影，林语堂陪同。

3日　接待刘树杞[①]来访。刘挽留鲁迅并送来聘书，但鲁迅去意已决。随后几天是接连不断的公私宴会。本月6日在给许广平的信中说：“这几天‘名人’做得太苦了，赴了几处送别会，都有我那照例的古怪演说。这真奇怪，我的辞职消息一传出，竟惹起了不小的波动……然而于学校，是仍然无益的，这学校除彻底扫荡之外，没有良法。”

4日　在学生会召开的送别大会上，收到“送鲁迅先生大会致语”。本月6日给许广平的信中感叹道：“前天学生送别会上，为厦大未有之盛举，有唱歌，有颂词，忽然将我造成一个连自己也想不到的大人物。”

5日　译日本武者小路实笃的论文《文学者的一生》，载2月10日《莽原》半月刊第2卷第3期，署名鲁迅，收入《壁下译丛》。

6日　译日本铃木虎雄论文《运用口语的填词》，载2月25日《莽原》半月刊第2卷第4期，署名鲁迅，收入《译丛补》。

同日　致许广平信，商量聘请其为助教，打消许广平对替自己上课的担忧。

8日　应泱泱社成员、厦大文科学生兼中山中学教员谢玉生之邀，赴中山中学午餐，午后演说。据该校教员黄玉斋回忆，讲题是《革命可以在后方，但不要忘记前线》。大意为：“中山中学，顾名思义，是为纪念孙中山。中山先生致力国民革命四十年，创造了中华民国。但是现在军阀跋扈，民生凋敝，只有‘民国’的名目，没有‘民国’的实际。因此，中山先生遗嘱：‘革命尚未成功’。

---

① 刘树杞（1890—1935），字楚青，湖北新埔人，美国哥伦比亚大学博士，时任厦门大学教务长，大学秘书兼理科主任。

大家纪念中山先生，在这学校读书，就要依照他的遗嘱为国民革命事业继续奋斗！”①

9日　赴林文庆饯行宴。鲁迅后来在《海上通信》中说：“校长林文庆博士是英国籍的中国人，开口闭口，不离孔子，曾经做过一本讲孔教的书，可惜名目我忘记了。听说还有一本英文的自传，将在商务印书馆出版；现在正做着《人种问题》。他待我实在是很隆重，请我吃过几回饭；单是饯行，就有两回，不过现在‘排挤说’倒衰退了；前天所听到的是他在宣传，我到厦门，原是来捣乱，并非豫备在厦门教书的，所以北京的位置都没有辞掉。”

11日　致许广平信，谈到自己竭力为青年做事但却不得好报的委屈：“这是你知道的，我这三四年来，怎样地为学生，为青年拚命，并无一点坏心思，只要可给与的便给与。然而男的呢，他们互相嫉妒，争起来了，一方面不满足，就想打杀我，给那方面也无所得。看见我有女生在坐，他们便造流言。这些流言，无论事之有无，他们是在所必造的，除非我和女人不见面。他们貌作新思想，其实都是暴君酷吏，侦探，小人。倘使顾忌他们，他们更要得步进步。我蔑视他们了。我有时自己惭愧，怕不配爱那一个人；但看看他们的言行思想，便觉得我也并不算坏人，我可以爱。”并鼓励许广平道：“不过不必连助教都怕做，对话都避忌，倘如此，那真成了流言的囚人了。”

12日　致翟永坤信，谈到自己在厦门的生活情况：“来信问我在此地的生活，我可以回答：没有生活。学校是一个秘密世界，外面谁也不明白内情。据我所觉得的，中枢是‘钱’，绕着这东西的是争夺，骗取，斗宠，献媚，叩头。没有希望的。近来因我

---

① 参见陈梦韶《鲁迅在厦门的五次演讲》，载1960年10月19日《福建日报》。

的辞职，学生们发生了一个改良运动，但必无望，因为这样的运动，三年前已经失败过一次了。这学校是不能改良，也不能改坏。”

14日 作《〈绛洞花主〉小引》，收录于上海北新书局1928年出版的《绛洞花主》剧本之前，署名鲁迅，收入《集外集拾遗》。剧本由厦大教育系四年级学生陈梦韶根据《红楼梦》改编。小引首先指出《红楼梦》的命意：“因读者的眼光而有种种：经学家看见《易》，道学家看见淫，才子看见缠绵，革命家看见排满，流言家看见宫闱秘事。”进而分析《红楼梦》的人物塑造：“在我的眼下的宝玉，却看见他看见许多死亡；证成多所爱者，当大苦恼，因为世上，不幸人多。惟憎人者，幸灾乐祸，于一生中，得小欢喜，少有罣碍。然而憎人却不过是爱人者的败亡的逃路，与宝玉之终于出家，同一小器。但在作《红楼梦》时的思想，大约也止能如此；即使出于续作，想来未必与作者本意大相悬殊。惟被了大红猩猩斗篷来拜他的父亲，却令人觉得诧异。”认为改编者“熟于情节，妙于剪裁”，“销熔一切，铸入十四幕中，百余回的一部大书，一览可尽，而神情依然具在，如果排演，当然会更可观”。

15日 致林文庆信，再还聘书，坚辞厦大一切职务。午后坐小船登苏州轮，准备赴广州，王方仁、崔真吾、章川岛等20余人送行。16日轮船离厦赴穗。

16日 夜作致李小峰《海上通信》，载1927年2月12日《语丝》周刊第118期，署名鲁迅，收入《华盖集续编》。通信讲述自己在厦门的感受：现实使他“更懂了一些新的世故”，“中国向来就是‘当面输心背面笑’，正不必‘新的时代’的青年才这样。对面是‘吾师’和‘先生’，背后是毒药和暗箭”，并表示，“我已经管不得许多，只好从退让到无可退避之地，进而和他们冲突，蔑视他们，并且蔑视他们的蔑视了”。

17日 午抵香港，18日午后到广州，暂寓宾兴旅馆，晚访许广平。1月19日晨孙伏园、许广平来帮助搬进中山大学，寓大钟楼。中共广东区委在鲁迅来粤前，早已布置好迎接工作，除写文章营造舆论氛围外，专派毕磊等与鲁迅联系，并赠送党团刊物《人民周刊》《少年先锋》《做什么？》等，让鲁迅了解广州的政治形势和中山大学的情况。

24日 中山大学委员会委员朱家骅、广州《民国日报》和《国民新闻》社社长甘乃光、以及中山大学学生代表李秀然、中共中山大学总支部书记兼文科支部书记徐文雅等先后来访。

25日 往中大礼堂参加中山大学学生会欢迎会，演说约20分钟。鲁迅首先声明："我不是什么'战士'，'革命家'。倘若是的，就应该在北京、厦门奋斗；但我躲到'革命后方'的广州来了，这就是并非'战士'的证据。"谈到对广州的看法说，"广州地方实在太沉寂了"，青年们"有声音的，应该喊出来了"。①

26日 午后往医科欢迎会讲演半小时，讲题及内容未详。

同日 致韦素园信，告知："旧历年一过，北新拟在学校附近设一售书处，我想；未名社书亦可在此出售，所以望即寄《坟》五十本，别的书各二十本，《莽原》合本五六部，二卷一号以下各十本来。"

27日 应邀赴社会科学研究会演说，讲题及内容不详。中山大学社会科学研究会于1926年12月24日成立，以研究社会科学为宗旨，由中共中大支部领导，毕磊为主要负责人之一。陈延年、肖楚女、李求实等曾在此作报告。据日记，鲁迅从2月到4

---

① 毕磊《欢迎了鲁迅以后》，1927年2月7日《做什么？》第1期。

月间 3 次为社会科学研究会捐款。

29 日 致许寿裳信，邀其到中山大学任教："现校中只缺豫科教授，大家俱愿以此微职相屈，望兄不弃，束装即来。"又说："弟现住校中，来访者太多，殊不便。"31 日又去信说，已经为他准备好了预科教授的聘书，月薪 240 元。

31 日 接待徐文雅、毕磊、陈辅国来访并接受所赠《少年先锋》12 本。通过与中共广东区委人员的接触，鲁迅了解到党组织的一些基本情况。他后来说："我在厦门，还只知道一个共产党的总名，到此以后，才知道有 CP 和 CY 之分。"

2 月

7 日 致李霁野信，询问韦素园病情，并告："兄所需学费，已在厦门汇出，想已到了？"据李霁野《回忆鲁迅先生》："因为要换取自己的学费，我想将所译的《黑假面人》卖出去。素园在给先生的信中顺便提了一下，先生于是回信说：'《黑假面人》费了如许功夫，我想卖掉也不合算。……所以此书仍不如自己印。霁野寒假后不知需款若干，可通知我，我当于一月十日以前将此款寄出，二十左右便可到北京，作为借他的；俟《黑假面人》印成，卖去，除掉付印之本钱后，然后再以收来的钱还我就好了。'"

同日 中共广东区委员会领导下的学生运动委员会机关刊物《做什么？》第 1 期发表《欢迎了鲁迅以后——广州青年的同学(尤其是中大的)负起文艺的使命来》，署名"坚如"。文章转达了鲁迅对革命青年的期望，并号召广州文艺青年联合起来，在鲁迅的帮助指导下，打破万籁无声的局面，使南国的文苑开放出灿烂的鲜花。

9 日 收徐文雅持赠《做什么？》3 册。鲁迅在《三闲集·怎么写》中记述:“现在还记得《做什么?》出版后,曾经送给我五本。我觉得这团体是共产青年主持的,因为其中有‘坚如’,‘三石’等署名,该是毕磊,通信处也是他。”

10日 任中山大学文学系主任兼教务主任,主持召开第一次教务会议。

11日 接待日本人山上正义[①]。

12日 上午召开文科教授会议,决定教授每周授课12小时及认定所授科目。鲁迅每周授文艺论、中国文学史、中国小说史、中国字体变迁史共4科,每科3小时。

17日 接待叶少泉[②]来访。叶邀请鲁迅赴香港青年会演讲。此次活动是由香港《大光报》的社外编辑赵今声[③]发起促成,委托在广州工作的叶少泉邀请鲁迅。鲁迅当时脚伤未愈,但欣然应邀。演讲地点在青年会礼堂,以《大光报》的名义印发了入场券,由赵今声主持。[④]

18日 由叶少泉,苏秋宝、许广平等陪同,午后抵香港,寓青年会。晚9时演说,题为《无声之中国》,由许广平译成粤语。讲

---

① 山上正义(1896—1938),中文笔名林守仁,日本文学家和新闻记者。1926年以日本新闻联合社特派记者身份来广州采访,与鲁迅结识。他曾将《阿Q正传》译成日文,翻译过程中得到鲁迅帮助。后发表过《谈鲁迅》《鲁迅的死和广州的回忆》等文章。

② 叶少泉为广州市国民党总部交通员。鲁迅1927年日记中有10次关于他的记载。

③ 赵今声(1903—2000),1926年毕业于香港大学,毕业后住在学校主楼对面教会所建宿舍圣约瑟堂,被《大光报》聘为社外编辑员。他是著名港口工程专家,从事高教工作60余载,历任河北工学院院长、天津大学副校长、全国人大代表、天津市政协副主席。

④ 刘蜀永《赵今声教授谈鲁迅访港经过》,《香港文学》1993年第10期,《鲁迅研究月刊》1993年第11期转载。

稿初载香港报纸，同年3月23日由汉口《中央日报》副刊转载，改题《无声的中国》，署名鲁迅，收入《三闲集》。鲁迅批评港英当局提倡尊孔，崇尚“国粹”，指出，中国的统治阶级“将文章当作古董”，实行文化专制主义，终使中国寂然无声，主张“现在的人们大可以不必看古书”，“我们要活过来，首先就须由青年们不再说孔子孟子和韩愈柳宗元们的话”。他呼吁青年不但要进行文学改革，更重要的是进行社会革新，“青年们先可以将中国变成一个有声的中国。大胆地说话，勇敢地进行，忘掉了一切利害”，只有这样，“才能感动中国的人和世界的人”，“才能和世界的人同在世界上生活”。

19日　下午演说，题为《老调子已经唱完》，由许广平口译为粤语。记录稿经鲁迅审阅，曾载于《国民新闻》副刊《新时代》，同年5月11日武汉《中央日报》副刊第48号转载，原拟编入《集外集》，被检查机关抽去，后收入《集外集拾遗》。鲁迅剖析了中国传统文化糟粕的危害性，指出以孔孟之道为核心的传统文化是“将中国唱完”的“老调子”，是杀人不觉死的“软刀子”。古今中外的统治者都提倡保存旧文化，“是要中国人永远做侍奉主子的材料，苦下去，苦下去”。现今的青年要冲破旧文化的精神桎梏，去开辟新的道路，寻找真理。鲁迅在《而已集·略谈香港》中谈及两次演讲说：“我去演讲的时候，主持其事的人大约很受了许多困难，但我都不大清楚。单知道先是颇遭干涉，中途又有反对者派人索取入场券，收藏起来，使别人不能去听；后来又不许将讲稿登报，经交涉的结果，是削去和改窜了许多。”孙伏园在《鲁迅先生脱离广东中大》中说，本来香港方面是邀请他和鲁迅一起去演讲的。鲁迅当时写信跟他说：“我似乎还没有告诉你我到香港的情形。讲演原定是两天，第二天是你。你没有到，便由我代替了，题目是《老调子已经唱完》。这一篇在香港不准登出来，我只得在《新时代》上发表，今附上。”但原信不存。

20日 与许广平乘小汽船由香港回到中大。在广州一景酒家为许寿裳接风。

同日 得成仿吾信。据成仿吾回忆：“1927年春天，有些创造社成员先后离开了广州，但我却仍然在广州，根据当时北伐斗争的需要，由我发起约定由何畏（即何思敬）同志起草了《中国文学家对于英国知识阶级及一般民众宣言》。……这个《宣言》写成后，我首先签了名，当时曾准备请郭沫若第二个签名，考虑到郭沫若那时已经担任了北伐军政治部的领导工作，由他签名恐怕会在国际、国内产生削弱《宣言》客观效果的影响，因此不请他出面了。那么还有谁能代表中国无产阶级文学家呢？我首先想到的是鲁迅先生。于是我出面写信，请何畏同志转给鲁迅，请他在《宣言》上面签名。鲁迅欣然在《宣言》定稿后，第二个在上面签了名，下面的有何畏、王独清等。”

21日 致李霁野信，谈到外国人翻译自己的作品事：“柏烈威先生要译《阿Q正传》及其它，我是当然可以的。”柏烈威是俄国人，时任北京大学俄语系教授，准备翻译鲁迅的《阿Q正传》等作品。柏烈威后来离开中国，一直未见他的译本出版。

同日 《少年先锋》旬刊第2卷第15期发表一声的《第三样世界的创造——我们所应当欢迎的鲁迅》。认为鲁迅的杂文“所攻击的对象都是所谓礼教，所谓国粹，精神文明，东方文化等等一类的封建思想，除了以推翻整个旧制度为专业的共产主义者而外，在中国的思想界中，像鲁迅一般的坚决彻底反抗封建文化的理论，是很少的”。据说该文是经中共广州地委研究，委托作者写的。

24 日　接待中山大学法科政治系学生张秀哲、张死光、郭德金来访。他们是从台湾来中大插班入学的学生，也是中大“广东台湾学生联合会”(后改为“广东台湾革命青年团”)成员，自是日至 3 月底，他们 5 次访问鲁迅，请求支持该会保送台湾学生转入中大学习并为他们创办的《台湾先锋》刊物写稿。在广州期间，鲁迅还为张秀哲译《国际劳动问题》一书写序。

25 日　主持召开第 4 次教务会议。会议决定对台湾籍学生入学考试适当从宽，并免除学费。3 月 11 日主持召开的第 5 次教务会议批准“台湾学生联合会”保送 4 名台湾籍学生转入法科二年级的请求。

同日　致章廷谦信。谈及中山大学：“里面的情形，非常曲折，真是一言难尽。”又说：“我在这里，被抬得太高，苦极。作文演说的债，欠了许多。”“十七日到香港去演说，被英国人禁止在报上揭载了。真是钉子之多，不胜枚举。”

3 月

1 日　在中山大学开学典礼演说，记录稿初载同年 3 月出版的《国立中山大学开学纪念册》，题为《本校教务主任周树人(鲁迅)演讲辞》，后载于同年 4 月 1 日《广东青年》第 3 期，改题为《读书与革命》，编者称经过鲁迅校阅。演说希望中大青年“读书不忘革命，革命不忘读书”，做中山先生事业的继承者。

11 日　晚出席中大召开的广州各界纪念孙中山逝世二周年大会并发表演说，讲题及内容不详。次日，参加孙中山先生逝世二周年纪念典礼。

14 日　赴惠东楼太白厅参加南中国文学会成立座谈会。由大家提问，鲁迅解答。据当时报载，鲁迅对“研究文学之经过，文学途径，研究方法及国内文坛近况，详为解述。同座至为欢洽，多方问难，得益甚丰。”鲁迅特别谈到自己的小说《阿Q正传》。[①]

16日 午后同许寿裳、许广平往白云路26号2楼看屋，付定钱10元。搬出中大的原因，据许寿裳回忆：“有一天，傅孟真(其时为文学院长)来谈，说及顾某可来任教，鲁迅听了就勃然大怒，说道：‘他来，我就走’，态度异常坚决。后来搬出学校，租了白云楼的一组，我和鲁迅、景宋三人合居。”29日移居白云楼，这里远望青山，前临小港，甚为清幽。

17日 致李霁野信，谈到自己的著作在广州的销行情况：“我所做的东西，买者甚多，前几天至涨到照定价加五成，近已卖断。而无书，遂有真笔版之《呐喊》出现，千本以一星期卖完(《坟》如出版，可寄百本来)。”

24日 作《黄花节的杂感》，载29日中山大学政治训育部编《政治训育》第7期“黄花节特号”，署名鲁迅，收入《而已集》。文章追念创造中华民国的革命先烈的丰功伟绩，告诫人们牢记革命先行者的教导，继续奋斗。

29日 上午为纪念黄花节往岭南大学讲演10分钟，讲题佚。内容“略谓先烈的牺牲，是为革命奋斗，为中国全体人民谋幸福。但最怕先烈苦心，后继无人。现在革命还未成功，所以我们要继续他们的志向，努力奋斗”[②]。孔祥熙也出席了演讲会。中午，应孔的邀请至其宅邸餐叙。

---

① 《南中国文学会之组织》，1927年3月16日广州《民国日报》。参见《本校同志发起组织南中国文学会》，1927年3月28日《国立中山大学校报》第7期；欧阳山《光明的探索》，《人民文学》1979年第2期。

② 《纪念黄花节的经过情形》，见1927年4月3日广州《南大青年》第15卷第21期。

本月 《坟》由北京未名社出版。除题记和《写在〈坟〉后面》外，收集从1907至1925年近20年的“论文及随笔”23篇，记录了自己开始从事著述到当前的思想发展历程。题记解释集名的含义说：“在我自己，还有一点小意义，就是这总算是生活的一部分的痕迹。所以虽然明知道过去已经过去，神魂是无法追蹑的，但总不能那么决绝，还想将糟粕收敛起来，造成一座小小的新坟，一面是埋藏，一面也是留恋。至于不远的踏成平地，那是不想管，也无从管了。”《坟》由陶元庆作封面，扉页前有鲁迅自作的小画。1930年4月第3版起改由上海北新书局发行。

春 由毕磊陪同，与中共广东区委负责人陈延年会晤。据徐文雅回忆，“有一回鲁迅和我谈起党的事情，问陈延年是否负责广东党的工作，还说陈延年是他的‘老仁侄’，人很聪明。这件事我向陈延年谈了，陈延年也说鲁迅是他的父执。不久，鲁迅向毕磊表示希望与陈延年见面，陈延年听到毕磊的反映，立即同意了，后来鲁迅和陈延年就作了一次秘密会见。这事是由毕磊和陈延年的秘书任旭（此人后是托派，改名任曙）安排的，所以他们在什么地方（不知是在区委机关还是在陆园茶室）见的面，谈了些什么，我都不清楚。”①

4月

3日 作《眉间尺》讫，载1927年4月25日、5月10日《莽

① 徐文雅《鲁迅在广州·回忆鲁迅一九二七年在广州的情况》。陈延年与鲁迅会晤的准确时间不详。但陈于3月底离开广州，参加4月下旬在武汉召开的中共五大，因此会见时间的下限当为3月。

原》半月刊第2卷第8、9期，副题为“新编的故事之一”，署名鲁迅。本篇手稿未署写作日期，鲁迅在《故事新编》序言中说完成于厦门。很可能是在厦门动笔完成初稿，而在广州改定誊抄。1932年3月收入《鲁迅自选集》时改名《铸剑》，后收入《故事新编》。作品叙述神秘的“黑色人”宴之敖不惜牺牲自己为眉间尺报仇的故事，歌颂了被压迫者不畏强暴、刚毅果决的英雄气概。

6日 作《略论中国人的脸》，载11月25日《莽原》半月刊第2卷第21、22期合刊，署名鲁迅，收入《而已集》。文章从相人术谈起，以“人＋兽性＝西洋人”，“人＋家畜性＝某一种人”的生动比喻，揭示“中国一部分人们”身上的奴性，意在唤醒中国人起而斗争，摆脱奴才思想。

8日 晚在共产党人应修人等陪同下，赴黄埔军校演讲，题为《革命时代的文学》，讲稿载6月12日黄埔军校出版的《黄埔生活》周刊第4期，署名鲁迅，经修改后收入《而已集》。演讲强调文学家改造世界观的重要性。在阐明文学与革命的关系时说：“现在的文学家都是读书人，如果工人农民不解放，工人农民的思想，仍然是读书人的思想，必待工人农民得到真正的解放，然后才有真正的平民文学。”鲁迅还指出，改变中国社会面貌需要“实地的革命战争”——革命的武装斗争。演讲期间，梁鼎铭为绘速写肖像。

10日 作《庆祝沪宁克复的那一边》，载1927年5月5日广州《国民新闻》副刊《新出路》第11号，署名鲁迅。北伐军攻占上海、南京的消息传到广州后，群情振奋。鲁迅清醒地看到北伐胜利潜伏着失败的危机，希望人们发扬“痛打落水狗”的精神，不断进击，彻底革命，同时警惕伪装革命的投机者。

11日 作《写在〈劳动问题〉之前》，载1927年广州国际社会问题研究社出版的《国际劳动问题》一书，原题为《〈国际劳动问题〉小引》，署名鲁迅，收入《而已集》时改题《写在〈劳动问题〉之前》。系为岭南大学台湾籍学生张秀哲所译日本浅利顺次郎《国际劳动问题》一书作的序，赞扬了台湾人民的爱国精神。

15日　下午冒雨赴中大各主任紧急会议。国民党政权继“四一二”政变后，又策划了广州“四一五”大屠杀，中大一些学生因共党嫌疑被捕。紧急会议商讨解救办法，鲁迅看出事无可为，即宣布辞职。他后来在《〈三闲集〉序言》中说：“我一向是相信进化论的，总以为将来必胜于过去，青年必胜于老人，对于青年，我敬重之不暇，往往给我十刀，我只还他一箭。然而后来我明白我倒是错了，这并非唯物史观的理论或革命文艺的作品蛊惑我的，我在广东，就目睹了同是青年，而分成两大阵营，或则投书告密，或则助官捕人的事实！我的思路因此轰毁。”

16日　捐款慰问被捕学生，对学生被捕十分焦虑。

20日　致李霁野信，谈打算辞去中大职务及其原因。

同日　辞去中山大学一切职务。[①]中大当局为了挽留，选举鲁迅为该校“组织委员会委员”，在校刊上登载《挽留周树人教授》的消息，并多次致函或登门拜访，朱家骅甚至亲自出面，均遭鲁迅拒绝。

26日　作《〈野草〉题辞》，载7月2日《语丝》周刊第138期，署名鲁迅，收入《野草》。题辞对散文诗的写作过程做了诗意的形象化的描述，表现了毫不退缩、继续战斗的昂扬情绪：“地火在地下运行，奔突；熔岩一旦喷出，将烧尽一切野草，以及乔木，于

---

①　鲁迅的学生谢玉生4月25日致孙伏园信说：“迅师本月二十号，已将中大所任各职，完全辞卸矣。”4月20日为星期三，与鲁迅致孙伏园信中“星期四辞去一切职务”大致相近。

是并且无可朽腐。”1931 年 5 月上海北新书局印《野草》第 7 版时，该文被国民党书报检查机关删去。

同日　致孙伏园信，谈自己辞职的经过：“我真想不到，在厦门那么反对民党，使兼士愤愤的顾颉刚，竟到这里来做教授了，那么，这里的情形，难免要变成厦大，硬直者逐，改革者开除。而且据我看来，或者会比不上厦大，这是我新得的感觉。我已于上星期四辞去一切职务，脱离中大了。”该信手稿不存，载 5 月 11 日《中央日报》副刊孙伏园《鲁迅先生脱离广州中大》的报道中。

5 月

1 日　作《〈朝花夕拾〉小引》，载《莽原》半月刊第 2 卷第 10 期，署名鲁迅，收入《朝花夕拾》。小引说明这本书是自己的“回忆录”。

2 日　开始整理荷兰作家望·蔼覃的童话《小约翰》的译稿。据日记，5 月 26 日整理完毕，6 月 14 日全书定稿。该书 1928 年 1 月由未名社出版，为《未名丛刊》之一。

6 日　第 2 次接待日本友人山上正义。山上正义描绘他在“四一五”事变后访问鲁迅的情形：“在鲁迅潜伏的一家民房的二楼上同鲁迅对坐着，我找不出安慰他的言语。刚好有一群工人纠察队举着工会旗和纠察队旗，吹着号从窗子里望得见的大路上走过去……鲁迅望着走过的纠察队说：‘真是无耻之徒！直到昨天还高喊共产主义万岁，今天就到处去搜索共产主义系统的工人了。’给他这么一说，那倒确是些右派工会工人，充当公安局的走狗，干着搜索、逮捕左派工人的勾当。”[①]

15日 致章廷谦信，表明坚辞中大一切职务的决心。信中还谈到广东的政治形势：“广东也没有什么事，先前戒严，常听到捕人等事。现在似乎(解)严了，我不大出门，所以不知其详。”当时有鲁迅离开广州是因为清党的传言。鲁迅本月30日致章廷谦信中解释道：“也许有人疑我之滚，和政治有关，实则我之‘鼻来我走’与鼻不两立，大似梅毒菌，真是倒楣之至之宣言，远在四月初上也。然而顾傅为攻击我起见，当有说我关于政治而走之宣传，闻香港《工商报》，即曾说我因‘亲共’而逃避云云，兄所闻之流言，或亦此类也欤。然而‘管他妈的’可也。”

31日 作《〈小约翰〉引言》毕[②]，载6月26日《语丝》周刊第137期，题作《小约翰》序，收入1928年1月北京未名社版《小约翰》(《未名丛刊》之一)。引言叙述翻译该书的过程，认为作品诚如批评家所言“是一篇象征底散文诗，其中并非叙述或描写，而是号哭和欢呼”。

同日 发表所译日本鹤见祐辅《读的文章和听的文字》，载7月10日《莽原》半月刊第2卷第13期。

本月 《华盖集续编》由北新书局出版。收集1926年在北京和厦门两地所写的杂文，最后一篇是1927年1月16日在由厦门开往广州的轮船上写的，除《小引》外，共33篇，内容大都与《华盖集》相关。

本月 译荷兰波勒·兑·蒙德《拂来特力克·望·蔼覃》，

---

① 《谈鲁迅》，原载日本《新潮》杂志1928年3月号，译文载《鲁迅研究资料》第2辑。

② 手稿落款为“一九二七年五月三十日，鲁迅于广州东堤寓楼之西窗下记。”但5月31日日记有“下午作《小约翰》序文讫”的记载。

收入《小约翰》。鲁迅在该书引言中解释翻译此篇的原因:“拂来特力克望藹覃的评传,载在《文学的反响》一卷二十一期上的。评传的作者波勒兑蒙德,是那时荷兰著名的诗人,赉赫的序文上就说及他,但于他的诗颇致不满。他的文字也奇特,使我译得很有些害怕,想中止了,但因为究竟可以知道一点望藹覃的那时为止的经历和作品,便索性将它译完,算是一种徒劳的工作。”

6月

1日 译日本鹤见祐辅的杂文《书斋生活与其危险》并作“译者附记”,译文载6月25日《莽原》半月刊第2卷第12期,署名鲁迅,收入《思想·山水·人物》。附记认为鹤见此文是“有所为而发的”,因为统治者的高压下,“对于实社会实生活略有言动的青年”往往会遭到“意外的灾祸”。批评了鹤见对“世评”不作分析的错误:“假如是一个腐败的社会,则从他所发生的当然只有腐败的舆论,如果引以为鉴,来改正自己,则其结果,既非同流合污,亦必变成圆滑。”

5日 送别许寿裳。据许广平回忆:“许寿裳先生是一个老好人,执正不苟,在与章士钊斗争的时候,鲁迅被非法撤职,他就和齐宗颐(寿山)先生,毅然辞去教育部工作以示抗议,凛然有古代义士风格。这回在中山大学,又一次表示他对拘捕学生的愤慨,和鲁迅一同辞职……与鲁迅同进退,正是凛然大义所在的又一次表示。”

6日 中大委员会来信,允辞职。从此与中大断绝一切关系。针对他逃离广州的传言,在12日给章廷谦的信表示:“我竟不离粤,否则,无人质证,此地便流言蜂起了,他们只在香港的报上造一点小谣言,一回是说我因亲共而躲避,今天是说我已往汉口(此人是现代派,我疑是鼻之同党),我已寄了一封信,开了一点小玩笑,但不知可能登出,因为这里言论界之暗,实在过于北京。”23 日致章廷谦信又说:“我在此,须编须译的事,大抵已做完了,明日起,便做《唐宋传奇集考证》。”

12 日　作《〈小约翰〉动植物译名小记》,收入《小约翰》。文章对该书动植物名称的翻译做了详细的解说。

同日　致香港《循环日报》信,对该报 6 月 10 日转载徐丹甫(按:即梁实秋)6 月 4 日在上海《学灯》上发表的《北京文艺界之分门别户》一文表示异议,并要求更正文中讹误。因该报未予刊登,鲁迅在 7 月 11 日发表的《略谈香港》一文中,披露了此信的主要内容:“但其中有关于我的三点,我自已比较的清楚些,可以请为更正,即:一,我从来没有做过《晨报副刊》的‘特约撰述员’。二,陈大悲被攻击后,我并未停止投稿。三,我现仍在广州,并没有‘到了汉口’。”[①]

同日　致章廷谦信,表示对顾颉刚的轻蔑,以及对蔡元培的不满。

21 日　译日本鹤见祐辅《专门以外的工作》,载 7 月 30 日、8 月 6 日《语丝》周刊第 142、143 期。

27 日　译完日本鹤见祐辅《断想》,载 9 月 1 日、11 月 1 日、12 月 16 日,1928 年 1 月 1 日《北新》半月刊第 1 卷第 45、46 合刊,第 2 卷第 1、3、4、5 期,署名鲁迅,收入《思想·山水·人物》。

---

① 《北京文艺界之分门别户》一文认为 1923 年底陈西滢针对陈大悲的戏剧翻译的批评是“北京文艺界分门别户之导火线”,这件事的后果“是孙伏园先生飘然引去,另办京报副刊,周氏兄弟也随之脱离晨报关系。晨报社改聘了徐志摩先生为副刊编辑”。但根据孙伏园和鲁迅的回忆,孙伏园离开《晨报》的原因主要是他未能刊载鲁迅的打油诗《我的失恋》和未能继续刊载周作人编辑的绍兴民间传说《徐文长的故事》。

本月 译鹤见祐辅《善政与恶政》《人生的转向》《闲谈》，收入《思想·山水·人物》。

7月

7日 作《〈游仙窟〉序言》，载1929年2月北新书局出版的《游仙窟》，署名鲁迅，收入《集外集拾遗》。序言介绍了《游仙窟》的作者和内容，指出其文学价值在于“以骈丽之语作传奇，前于陈球之《燕山外史》者千载，亦为治文学史者所不能废矣”。鲁迅次日致章廷谦信中说：“我国文已日见其不通，昨作了一点《游仙窟》序，自觉不好，姑且‘手写’寄上……其本文，则校正了一些，当与此信同时寄出。前闻坚士说，日本有影印之旧本一卷，寄赠北大，此当是刻本之祖，我想将来可借那一本来照样石印，或并注而印成阔气之本子，那时我倘不至于更加不通，当作一较为顺当之序或跋也。”鲁迅为《游仙窟》的校对和印刷出力甚多。《游仙窟》，唐代张鷟作传奇小说，后传入日本。1926年后，章廷谦根据日本保存的通行本《游仙窟抄》、醍醐本《游仙窟》以及流传于朝鲜的另一日本刻本重新校订标点出版。

11日 作《〈朝花夕拾〉后记》，载8月10日《莽原》半月刊第2卷第15期，署名鲁迅，收入《朝花夕拾》。后记考证书中几篇文章的本事，继续揭露礼教的残酷、虚伪和丑恶。其中第3张插图上方的“活无常”为鲁迅所绘。

同日 作《略谈香港》，载8月13日《语丝》周刊第144期，署名鲁迅，收入《而已集》。文章叙述自己去香港讲演途中的遭遇，揭露香港当局压制言论的恶行。

16日 午后往知用中学[①]讲演，讲题《读书杂谈》，许广平口译为粤语，记录稿经修改载8月18—22日广州《民国日报》副刊《现代青年》第179至181期，后又载9月16日《北新》周刊第47和48期合刊，署名鲁迅，收入《而已集》。演讲提醒学生们："爱读书的青年，大可以看看本分以外的书，即课外的书，不要只将课内的书抱住。"建议学生不要轻信胡适、梁启超、吴宓等人开的"一大篇书目"，而要独立思考，自己思索，自己观察，而且要将书本知识与实际结合起来，号召青年要"用自己的眼睛去读世间这部活书"。

23日 赴广州市夏期学术讲演会演讲，讲题为《魏晋风度及文章与药及酒之关系》，许广平译为粤语，记录稿（邱桂英、罗西记）经鲁迅审订后载1927年8月11、12、13、15、16、17日广州《民国日报》副刊《现代青年》，11月16日重载《北新》半月刊第2卷第2号，署名鲁迅，收入《而已集》。本月26日又前往讲演2小时。该会于本月18日在市立师范礼堂开幕，聘请学术界"名人"担任讲师。演讲分析了魏晋时代的曹操、"建安七子"、"竹林七贤"等的文学风格和文人的生活态度，重点讨论了魏晋时期文学与政治的关系，指出一切文学都是社会的产物，超时代的文学是不存在的。鲁迅借古例今，以曹操及司马氏捏造罪状、铲除异己的行为暗讽当时统治者以"莫须有"罪名屠杀反对派的暴行。鲁迅1928年12月30日致陈濬信说："弟在广州之谈魏晋事，盖实有慨而言。"

28日 致章廷谦信，从浙江的不能容纳人才谈到中国社会

---

① 私立广州知用中学成立于1924年9月14日，校址在广州市西门纸行街。当时，该校语文教师参化也在中山大学附中教书，由他出面邀请鲁迅讲演。

历史文化特点。谈到今后去向说:“北京我本想去……而西三条屋中,似乎已经增添了人,如‘大太太’的兄弟之类,我回去,亦无处可住也。至于赴杭与否,那时再看。……南京也有人来叫我去编什么期刊,我已谢绝了。”

30日 整理《关于小说目录两件》,载8月27日、9月3日《语丝》周刊第146、147期,署名鲁迅。

31日 上午得顾颉刚信。顾在杭州看到5月11日武汉《中央日报》副刊发表的鲁迅和谢玉生给该刊编者孙伏园的两封信,认为鲁迅诽谤了自己,于7月24日写信给鲁迅,告知“拟于9月中回粤后提起诉讼,听候法律解决”,要鲁迅“暂勿离粤,以俟开审”。鲁迅同日在致章廷谦信中说:“鼻在杭盖已探得我八月中当离粤,今日得其来信,阅之不禁失笑,即作一复,给他小开玩笑。”鲁迅答复说:“我意早决,八月中仍当行,九月已在沪。江浙俱属党国所治,法律当与粤不异,且先生尚未启行,无须特别函挽听审,良不如请即就近在浙起诉,尔时仆必到杭,以负应负之责。倘其典书卖裤,居此生活费綦昂之广州,以俟月余后或将提起之诉讼,天下那易有如此十足笨伯哉!”

本月 散文诗集《野草》由北京北新书局出版,为《乌合丛书》之一。除《题辞》外,所收23篇均写于1924年至1926年,陆续发表在《语丝》周刊上。《野草》曲折隐晦地表达了鲁迅人生某阶段的苦闷、悲观情绪及艰苦探索过程。

8月

1日 发表所译日本鹤见祐辅的杂文《人生的转向》,载《北新》周刊第41、42期合刊,署名鲁迅,收入《思想·山水·人物》。

2日 致江绍原信,又谈到对江浙的看法,劝说江绍原到广州工作。

8日 作《书苑折枝》,载9月1日《北新》周刊第1卷第45、46期合刊,署名楮冠。文章引述书中一些段落并加以评论,以影射现实。此后又作多篇此类文字。

同日 致章廷谦信,告以自己即将离开广州往上海,以及可能与顾颉刚打官司事。信中又谈到对浙江的看法:"江浙是不能容人才的,三国时孙氏即如此,我们只要将吴魏人才一比,即可知曹操也杀人,但那是因为和他开玩笑。孙氏却不这样的也杀,全由嫉妒。我之不主张绍原在浙,即根据《三国志演义》也。"

17日 致章廷谦信,讽刺顾颉刚的学问人品。

22日 编辑《唐宋传奇集》并撰札记。据日记,23日"仍作《传奇集》札记",24日"仍作《传奇集》札记,大旨粗具"。"札记"即《稗边小缀》,考证《唐宋传奇集》中每篇取材的来源及版本沿革,收入《唐宋传奇集》。

9月

3日 作《辞大义》,载10月1日《语丝》周刊第151期,署名鲁迅,收入《而已集》。文章认为新月书店广告中将自己称为《语丝》派首领并仗着"大义",是一种卑鄙的伎俩。

同日 作《通信(致小峰)》,载10月1日《语丝》周刊第151期,署名鲁迅,收入《而已集》。信中谈到自己在广州得到被称为战士的隆重"待遇",还谈到自己被"架高"的苦楚。

4日 作《答有恒[①]先生》,载10月1日《北新》周刊第49、50

---

① 有恒,即时有恒(1906—1982),江苏徐州人。曾参加北伐军,并担任过上海总工会纠察队武装教练。"四一二"后一度失业,后从事文化教育工作。

期合刊，署名鲁迅，收入《而已集》。本年8月16日，时有恒在《北新》周刊第43、44期合刊上发表《这时节》一文，希望鲁迅不要沉默，不断写出攻击时弊的文字，继续进行"思想革命"。鲁迅在答信中阐述了自己在广州的遭遇和思想变化："现在沉默的原因，却不是先前决定的原因，因为我离开厦门的时候，思想已经有些改变。"鲁迅认识到青年隶属于不同阶级，分成不同营垒，因此深感过去用进化论观点看待青年的不足。

同日 作《反"漫谈"》，载10月8日《语丝》周刊第152期，署名鲁迅，收入《而已集》。文章批评了"对教育当局去谈教育"的迂阔言论。

同日 作《忧"天乳"》，载10月8日《语丝》周刊第152期，署名鲁迅，收入《而已集》。"四一二"政变后，广东省政府打着"强种""强国"的旗号，提倡所谓"天乳运动"。7月7日，国民党广东省政府第33次会议通过了代理民政厅长朱家骅提议的禁止束胸案。鲁迅从《顺天时报》8月7日刊载《女附中拒绝剪发女生入校》的新闻谈起，揭露国民党当权者和北洋军阀"招牌旗帜，尽管不同"，但性质相同。进而指出，社会的革新，关键是"要改良社会思想"。

9日 作《革"首领"》，载10月15日《语丝》周刊第153期，署名鲁迅，收入《而已集》。文章揭露陈西滢、徐志摩借封鲁迅为"语丝派首领"为自己做广告的手法："最可怕的是广告底恭维和广告底嘲骂。简直是膏药摊上挂着的死蛇皮一般。所以这回虽然蒙现代派追封，但对于这'首领'的荣名，还只得再来公开辞退。"

11日　作《谈"激烈"》[1]，载10月8日《语丝》周刊第152期，署名鲁迅，收入《而已集》。文章从清党的砍头谈到古代的文字狱，以古书中被改字句的例证说明："原文带些愤激，是'激烈'，改本不过'可叹也夫'，是'循规蹈矩'的。何以故呢？愤激便有揭竿而起的可能，而'可叹也夫'则瘟头瘟脑，即使全国一同叹气，其结果也不过是叹气，于'治安'毫无妨碍的。"并指出一种可悲的现象：在现在中国，即便是做"可叹也夫"的文章，也还是不安全的。

同日　作《唐宋传奇集》序例，印入《唐宋传奇集》。序言回顾自己研究中国小说史的过程和编纂缘起。在凡例之后，还发了几句感慨："时大夜弥天，璧月澄照，饕蚊遥叹，余在广州。"饕蚊，或指顾颉刚，或指高长虹，或兼指两者。

14日　作《可恶罪》，载10月22日《语丝》周刊第154期，署名鲁迅，收入《而已集》。文章抨击国民党当局不尊重法律，为巩固政权，以"可恶罪"残杀民众的恶行。

同日　作《新时代的放债法》，在10月22日《语丝》周刊154期，发表时题作《随感录七十　新时代的避债法》，收入《而已集》。文章讽刺一些青年文学家自视甚高，睥睨一切，并对高长虹等人攻击自己进行了反击。

15日　作《扣丝杂感》，载10月22日《语丝》周刊第154期，署名鲁迅，收入《而已集》。《语丝》第141期因刊载《吴公如何》一文，抨击吴稚晖提议"清党"，屠杀共产党人，导致《语丝》在南方被扣。鲁迅据此揭露国民党政府在"四一二"政变之后实行邮

---

① 本文所注写作时间是9月11日。但文章结尾写道："今日中秋，璧月澄彻，叹气既完，还不想睡。"当年中秋节为公历9月10日，故所注"九月十一日"有误。

件检查制度，扣压书刊，实行文化专制的恶行，讽刺说，“世事也还是像螺旋”一样发展的，曾经高喊“革命！革命!”的如今却在鼓吹“严办！严办!”

同日 作《“公理”之所在》，载10月22日《语丝》周刊第154期，署名鲁迅，收入《而已集》。文章对一些人自以为占有“公理”，不准别人发言的行径给予讽刺。

同日 作《“意表之外”》，载10月22日《语丝》周刊第154期，署名鲁迅，收入《而已集》。文章指出有人靠攻击自己的杂感而结伙的现象：“有一个被我所骂的人要去运动一个以我为可恶的人，只要摊出我的杂感来，便可以做他们的‘兰谱’，‘相视而笑，莫逆于心’了。”并表示，这些不能阻止自己写杂感。

18日 开始整理行囊，准备离粤赴沪。

19日 致翟永坤信，谈自己离开广州后的打算：“我先到上海，无非想寻一点饭，但政，教两界，我想不涉足，因为实在外行，莫名其妙。也许翻译一点东西卖卖罢。”

同日 致章廷谦信，谈到文化界的乱象：“这里的一部分青年已将郁达夫看作危险人物，大奇。广西禁《洪水》与《独秀文存》。汕头之创造社被封。北新出了一本《鲁迅在广东》，好些人向我来要，而我一向不知道。”

22日 作《怎么写(夜记之一)》，载10月10日《莽原》半月刊第18、19期合刊，署名鲁迅，收入《三闲集》。文章强调文艺创作应以真实的生活为基础，以求真为宗旨，表示赞同郁达夫说的“凡文学家的作品，多少总带点自叙传的色彩”的观点，并以“散文作品中最便当的体裁”日记体和书简体为例，强调了真实、不做作的重要性。

23日 作《述香港恭祝圣诞》，对香港举办纪念孔子活动给予讽刺。

24日　往创造社选取《磨坊文札》1本、《创造月刊》《洪水》《沉钟》《莽原》各1本、《新消息》2本，社方坚不收钱。鲁迅次日给李霁野信中说："创造社和我们，现在感情似乎很好。他们在南方颇受压迫了，可叹。看现在文艺方面用力的，仍只有创造，未名，沉钟三社，别的没有，这三社若沉默，中国全国真成了沙漠了。南方没有希望。"

同日　作《小杂感》，载1927年12月17日《语丝》周刊第4卷第1期，署名鲁迅，收入《而已集》。文章以格言警句形式，总结了这一时期的遭遇和感受，揭露国民党统治下的黑暗现实，抨击名为"共和"实则专制的政治"使人们变成沉默"，甚至连"冷嘲"也没有了，比皇权专制更为残酷。文章告诫人们要"防被欺"："自称盗贼的无须防，得其反倒是好人；自称正人君子的必须防，得其反则是盗贼。"

25日　致台静农信，拒绝被提名为诺贝尔文学奖候选人。瑞典人斯文赫定与当时参加西北科学考察团的刘半农商定，由刘半农托台静农写信征询鲁迅意见。

27日　下午同许广平乘"山东"轮离穗赴沪，次日到香港，30日到汕头。

29日　作《再谈香港》，载11月19日《语丝》第155期，署名鲁迅，收入《而已集》。文章记述第三次途经香港时行李被抄查的经过，揭露港英当局及其爪牙查禁书刊，欺压民众的恶行。

10月

2日　午后抵上海，暂寓爱多亚路长耕里（今延安东路158弄）的共和旅馆。下午同许广平前往北新书局访李小峰、蔡漱六夫妇，并邀三弟周建人同至陶乐春夜餐。归途在北新书局门市部取书刊数种。晚林语堂、孙伏园、孙福熙来访，谈至午夜。

4日 与周建人、许广平、孙伏园、孙福熙、林语堂合影留念。

5日 第1次往内山书店买书。该书店经营者是日本人内山完造[①]，地点在北四川路魏盛里（现四川路181弄内），1929年迁到北四川路底施高塔路（现山阴路）。内山完造在《花甲录·昭和丁卯二年追加事项》中说，他能与鲁迅有着十年亲密的交往，是他"一生的幸福"。不足一个月，鲁迅就9次光顾内山书店，购买图书25本。

同日 晚，同许广平往全家福赴李小峰夫妇邀宴，同席还有周建人、郁达夫、王映霞、潘梓年、许钦文、孙伏园、孙福熙等7人。

6日 往周建人寓，与其同往附近看屋，租定寓所一处。8日，从共和旅店迁往景云里，与许广平同居。鲁迅居住景云里期间多次调换房屋，据许广平《景云深处是吾家》回忆，"一九二七年的十月八日，从共和旅店迁入景云里第二弄的最末一家二十三号居住"；"一九二八年九月九日移居到十八号内，并约建人先生全家从一弄原来的住处搬在一起"；居住了5个多月后，"听说隔邻十七号又空起来了，鲁迅欢喜它朝南又兼朝东，因为它两面见到太阳，是在弄内的第一家，于是商议结果又租了下来"。

---

① 内山完造（1885—1959），日本社会活动家。1913年来上海经销药品。1917年先由其妻内山美喜在寓所兼营书店。1919年结束药品经营，专营内山书店，至1945年抗日战争胜利后停业。1947年返回日本。鲁迅在上海期间在该书店购买了大量书籍，通过书店收发信件，委托书店代售书籍，在书店会友和座谈，还曾到书店避难。鲁迅结识的日本友人中，经内山引荐者超过160人。中华人民共和国成立后，内山完造多次访华，致力于中日友好活动。1959年应邀到北京参加建国10周年庆典时病逝。著有《活中国的姿态》《上海漫语》《上海风语》《花甲录》等。

10日　由周建人陪同往访茅盾。据茅盾回忆，他于8月中旬由牯岭回沪，寓景云里，为躲避国民党政府通缉，蛰居写作整整10个月。

14日　致台静农、李霁野信，并汇去经办的广州北新书屋代销未名社书刊余款80元，结清了该项书帐。信中谈到自己在沪情况："到此已将十日，不料熟人很多，应酬忙得很。邀我做事的地方也很有，但我想关起门来，专事译著。"

19日　晚间往兴华酒楼赴"中国济难会"工作人员王望平（王弼）便宴，同席十余人，席间研究筹办文艺刊物。据冯雪峰《谈有关鲁迅的一些事情》回忆："中国济难会（也称互济会）是国际总会的分会，是党领导和支持的，最广泛地同社会上一切同情者联系，因白色恐怖，它的组织和活动都成为秘密的了。总会（国际分会的总会）设在上海，各地区都有分会。鲁迅一九二七年到上海后，上海济难会就派人同他联系，他并且捐过几次数目不小的款子。"

21日　致廖立峨信，对其学习表示关怀："广州中大今年下半年大约不见得比上半年好。我想，你最好是自己多看看书。靠教员，是不行的，即使将他们的学问都学了来，也不过是'瞠目呆然'。倘遇有可看的书，我当寄上。"谈到自己的打算，待"周围清静一些之后，再看情形，倘可以用功，我仍想读书和作文章"。

同日　发表《革命文学》，载上海《民众旬刊》第5期，署名鲁迅，收入《而已集》。文章针对当时广州报纸宣传吴稚晖等人为"革命文学的法师"一事，指出国民党当局所谓的"革命文学"不过是"在一方的指挥刀的掩护之下，斥骂他的敌手"的法西斯文学，同时也批评那种标语口号式作品，虽然故作激烈英勇，实际上是"前面无敌军，后面无我军，终于不过是一面鼓而已"，绝不是什么“革命文学”。鲁迅强调:“根本问题是在作者可是一个‘革命人’,倘是的,则无论写的是什么事件,用的是什么材料,即都是‘革命文学’。从喷泉里出来的都是水,从血管里出来的都是血。”

25日 应易培基邀请,往劳动大学演讲约1小时,讲题为《关于知识阶级》,黄河清(源)记录稿经鲁迅修改后,载1927年11月该校《劳大周刊》,收入《集外集拾遗》。演讲剖析了一些知识分子脱离现实斗争,动摇徘徊的弱点,指出这种“衰弱的知识阶级是必定要灭亡的”,而“真正的知识阶级是不顾利害”的。鲁迅号召劳动大学的贫苦学生要做敢于反抗黑暗现实的知识分子,“不要再爬进象牙之塔和知识阶级里去了”,“我们穷人唯一的资本就是生命,以生命来投资,为社会做一点事”。

28日 往立达学园①演讲,讲题为《伟人的化石》(稿佚)。据王任叔回忆,这次演讲“大意是说,一个伟人在生前总多挫折,处处受人反对;但一到死后,就无不圆通广大,受人欢迎。佛说一声‘唵’,弟子皆有所悟,而所悟无不异”②。

11月

2日 应陈望道之约往复旦大学讲演1小时,讲述关于革命文学问题,萧立记录,稿载1928年5月9日上海《新闻报》副刊《学海》,题为《革命文学》,未收集。

3日 致李霁野信,评论“狂飙社”成员:“尚钺坏极,听说在

---

① 立达学园为上海一所美术学校,校长匡互生。1925年由浙江省上虞县春晖中学部分教员募捐筹资创办,原名“立达中学”,下半年改称“立达学园”,内分初中部、高中部和艺术专科部。

② 王任叔《一二感想》,1936年10月23日《申报》文艺专刊。

河南，培良在湖南，高歌长虹似乎在上海。这一班人，除培良外，都是极坏的骗子。”

6日　应暨南大学国文系主任夏丏尊[①]之邀，至华兴楼为暨南大学国文系“同级会”演讲并午餐。演讲内容关于文学创作和读书方法等，讲稿佚。

7日　应邀为劳动大学开设的文学讲座讲课，讲题为《关于文学与革命问题》。据当时听讲人回忆，鲁迅讲道：“真正的革命家也是革命文学家，但现在顾不着做文艺，而现在的文艺家呢，只能喊喊、叫叫，还不能作出革命文学来。革命文学只能在革命以后出现。有了苏俄十月革命，才有无产者革命文学。革命以前的好文学，也只能揭露社会黑暗，诉说民众苦楚，鸣鸣不平。……至于说到创作方法，是写什么，怎样写的问题。我看还是首先写人生、为人生、为改造这人生……怎样写？是复杂的问题，说起来也简单。你有苦闷，就发牢骚；有希望，就去幻想；你痛苦了，就叫唤；看见可哭的，就写可哭的；有可笑的，就写可笑的；可恨的，就写可恨的！”[②]本月14日又往该校讲课1次，讲稿佚。

9日　会晤创造社成员郑伯奇、蒋光慈、段可情[③]，商议组织

---

① 夏丏尊(1885—1946)，浙江绍兴人，翻译家、散文家。曾与鲁迅同在杭州浙江两级师范学堂任教。1927年后任立达学园教员、暨南大学国文系主任，为开明书店创办人之一。曾主编《中学生》杂志。1934年鲁迅为印《十竹斋笺谱》，曾托他通过开明书店代为寻购纸张。

② 杜力夫《永不磨灭的印象》，1961年10月19日《人民日报》。

③ 郑伯奇(1895—1979)，原名隆谨，笔名东山、何大白、郑君平、虚舟等，陕西长安人，作家，创造社成员。曾留学日本。左联成立后曾任常委，主编《文艺生活》等刊物。1932至1935年在上海良友图书印刷公司工作，编辑《新小说》月刊，鲁迅常向他推荐青年作家的文稿。蒋光慈(1901—1931)，原名光赤，一名光慈，安徽六安人，太阳社成员，曾留学苏联。作品有诗集《新梦》，小说《短裤党》《田野的风》等。段可情(1899—1995)，四川达县人，创造社成员。

联合战线，恢复《创造周报》事宜。

16 日　应邀往光华大学[①]演讲。据当时该校学生郭子雄的记录，鲁迅主要讲了文学与社会的关系，分析了文学界存在的种种不良倾向：逃避现实而专造象牙之塔的“为艺术而艺术”的文学、止于叫苦和鸣不平的消极文学以及歌颂杀人的帮凶文艺。[②]

26 日　译苏联作家毕勒涅克杂文《信州杂记》并作“译后记”，载12月24日《语丝》周刊第4卷第2期，署名鲁迅，收入《译丛补》。译后记指出，《信州杂记》“凡有叙述和讽刺，大抵是很为轻妙的，然而也感到一种不足。就是：欠深刻，我所见到的几位新俄作家的书，常常使我发生这一类觖望。但我又想，所谓‘深刻’者，莫非真是‘世纪末’的一种时症么？倘使社会淳朴笃厚，当然不会有隐情。便也不至于有深刻。如果我的所想并不错，则这些‘幼稚’的作品，或者倒是走向‘新生’的正路的开步罢”。

27 日　接待丰子恺[③]来访，系首次与丰子恺晤面。

12 月

3 日　与郭沫若、成仿吾、郑伯奇、蒋光慈等在上海《时事新报》联名发表《创造周报》复刊广告及编辑委员、特约撰述员名单：编辑委员是成仿吾、王独清、郑伯奇、段可情。特约撰述员有

---

① 光华大学是上海的一所私立大学。1925年五卅惨案发生后，上海圣约翰大学美籍校长不许中国教授和学生参加抗议活动，部分师生另立光华大学，取“光复华夏”之意。

② 洪绍统、郭子雄《鲁迅在光华大学演讲记录稿》，1927年11月28日《光华周刊》第2卷第7期。

③ 丰子恺（1898—1975），浙江桐乡人，时为上海立达学园西洋画科主任。

鲁迅、麦克昂[①]、蒋光慈、冯乃超、张资平、陶晶孙、赵伯颜等30余人。次年1月1日《创造月刊》第1卷第8期刊登了"创造周报复活了"的预告。

4日 作《吊与贺》,载《语丝》。文章对《语丝》在北京被禁、《狂飙》在上海停刊及其他文坛事件发表评论。

6日 致李小峰信,向北新书局建议翻译出版日本板垣鹰穗作的《近代美术史潮论》。鲁迅认为"以'民族底色彩'为主的《近代美术史潮论》,从法国革命后直讲到现在,是一种新的试验,简单明了,殊可观。我以为中国正须有这一类的书,应该介绍。"并建议以译文与插图相结合的方式在《北新》半月刊上连载。李小峰接纳了鲁迅的建议。鲁迅译文于次年初开始在《北新》半月刊上连载。全书于次年2月11日译毕。

7日 作《〈尘影〉题辞》,印入1927年12月上海开明书店版《尘影》,载1928年1月1日《文学周报》第297期,署名鲁迅,收入《而已集》。黎锦明的中篇小说《尘影》描写1927年"四一二"政变前后南方某县城时局骤变,革命者遭受镇压的故事。题辞肯定了这篇反映农村生活的作品,并指出,当今中国是"常为受机关枪拥护的仁义所治理"的社会,中国正在进向"不是死,就是生"的阶级搏斗的"大时代"。

9日 致章廷谦信,商议章廷谦新年来沪面谈《游仙窟》的校印问题。据章廷谦回忆:原决定于次年1月去上海,后因家里遭了丧事,回绍兴耽搁了一个多月,遂将此事拖延。恰巧在这期间,鲁迅在上海找到了《游仙窟》的另一个日本刻本。"我想借来

---

① 郭沫若在《跨着东海》中说:"我这'麦克'是英文Maker(作者)的音译,'昂'者我也,所以麦克昂就是'作者是我'的意思。"见《郭沫若选集》第1卷下册,四川人民出版社1979年版,第27页。

校了再付印，写信给先生。谁知过了不久，鲁迅先生亲笔正楷给我抄了一本寄来，说是供我校对。原来先生也是从别处借抄的。这一本鲁迅先生手写的‘游仙窟’，到如今我还保存着。”“这书虽说由我校点，但在印出之前，实际鲁迅先生为此所化费的劳动，不比我为少。”

同日 致江绍原信，解答关于古代传说中拖鞍寻亡亲骸骨的问题，并据《百卅孝图》绘出明代高氏孝女拖鞍寻亡父遗骨图。

10日 致易培基信，辞去劳动大学教职。1928年1月10日再致信易培基坚示辞意，并退回薪水60元。[①]

13日 作《当陶元庆君的绘画展览时——我所要说的几句话》，载1927年12月19日上海《时事新报》副刊《青光》，署名鲁迅，收入1928年5月北新书局出版的《陶元庆的出品》，收入《而已集》。上海立达学园美术院西画系于本月举行“第二届绘画展览会”，中有陶元庆作品30幅。鲁迅赞扬陶元庆严肃认真的绘画态度与艺术成就，指出他的绘画“和世界的时代思潮合流，而并未梏亡中国的民族性”。因为他“用新的形和新的色”，冲破中外传统的“两重桎梏”，认为中国文学艺术既要有民族的特色，又不受旧的传统思想和手法的“桎梏”；既要吸收外国文学艺术的

---

① 据许广平回忆：“每周学校从江湾派车到景云里寓里来接。易培基生怕此事发生变化，赶着说：‘那好办，到时派我的车子接好了’，就这样算是说妥了。”“鲁迅到劳动大学讲课，每次我都跟着去听讲的，目的是得便领教一些。记得曾经去过两次：头一次是用易培基的专车来接的；第二次也来了，但稍为迟了些，令鲁迅好焦急地等待了一番；到第三周，车子干脆不来了，易培基也一直没向鲁迅查问一下为什么不来，鲁迅从此也再没有到劳动大学教书。”这可能是因为这个时期易培基的工作不断变动。1928年2月，易培基兼任国民政府建设委员会委员，4月任外交委员会委员，6月任故宫博物院理事、院长兼古物馆馆长。易培基诸事缠身，对派车接送鲁迅讲课的事可能就无暇过问了。

精华，适应时代的潮流，又不能全盘照搬西方。

同日 下午在寓所会晤潘汉年，并往“中有天”共进晚餐。潘汉年是共产党人，当时在上海从事宣传工作。

15日 接待陶元庆与立达学园学生，表示支持立达学园筹办绘画展览会，并将自己集藏的中国古代石刻拓本供他们选取和参考。

17日 所编《语丝》第4卷第1期在上海出版发行。鲁迅后来回忆说：“《语丝》在北京虽然逃过了段祺瑞及其叭儿狗们的撕裂，但终究被‘张大元帅’所禁止了，发行的北新书局，且同时遭了封禁，其时是一九二七年。这一年，小峰有一回到我的上海的寓居，提议《语丝》就要在上海印行，且嘱我担任编辑。以关系而论，我是不应该推托的。于是担任了。”鲁迅在本期《语丝》的封里登载了“启事”，向读者说明该刊的变动情况。“启事”连登3期。1929年1月，该刊由柔石接编。

同日 发表《在钟楼上(夜记之二)》，载《语丝》周刊第4卷第1期，署名鲁迅，收入《三闲集》。文章回顾了自己在广州中山大学任教期间的生活环境及思想变化。还告诫抱着“革命文学”理想的作家：“凡有革命以前的幻想或理想的革命诗人，很可有碰死在自己所讴歌希望的现实上的命运；而现实的革命倘不粉碎了这类诗人的幻想或理想，则这革命也还是布告上的空谈。”主张知识分子应该投身到革命洪流中去：“在一个最大的社会改变的时代，文学家不能做旁观者！”

18日 受聘为国民政府大学院的第一批特约撰述员。据蔡元培《我在教育界的经验》：“大学院时代，设特约著作员，聘国内在学术上有贡献而不兼有给职家充之，听其自由著作，每月酌送补助费。”当天日记：“晚收大学院聘书并本月份薪水泉三百。”鲁迅一直领取补助费，但并未提交学术研究成果，1931 年 1 月被解聘。

19 日 作《补救世道文件四种》，列举读者来信及所寄文件，讽刺提倡国粹者的种种荒谬言论。

21 日 应邀往暨南大学演讲，讲题为《文艺与政治的歧途》，载 1928 年 1 月 29、30 日上海《新闻报》副刊《学海》第 182、183 期，署周鲁迅讲、刘率真记，收入《集外集》。[①] 讲演论述了文艺与政治革命的关系，以俄国革命为例，说明文艺家在革命前后命运的变化。对于当前流行的所谓“革命文学”，鲁迅评论道：“所以以革命文学自命的，一定不是革命文学，世间那有满意现状的革命文学？除了吃麻醉药！”

同日 作《卢梭与胃口》，载次年 1 月 7 日《语丝》周刊第 4 卷第 4 期，署名鲁迅，收入《而已集》。文章批评了《复旦旬刊》创刊号上梁实秋发表的“普遍人性”的观点，指出人是有差别分阶级的。

23 日 作《文学和出汗》，载次年 1 月 14 日《语丝》周刊第 4 卷第 5 期，署名鲁迅，收入《而已集》。文章批评了梁实秋等主张的“文学当描写永远不变的人性，否则便不久长”的观点，以“出汗”为例，申明社会阶层的不同会导致文学描写的异样。

24 日 作《文艺和革命》，载 1928 年 1 月 28 日《语丝》周刊第 4 卷第 7 期，署名鲁迅，收入《而已集》。文章以幽默的笔调，讽刺有些文学家在大革命高潮中躲在大后方空喊口号，提倡各种名目的“文学”，吹嘘“文艺是革命的先驱”，借以欺世盗名。

---

① 曹聚仁在《鲁迅年谱》中说，《集外集》所收讲稿系他所笔记。此次讲演尚存另一稿，载 1928 年 2 月出版的暨南大学秋野社的《秋野》第 3 期，章铁民记录，题为《文学与政治的歧途》。

同日 作《谈所谓“大内档案”》，载 1928 年 1 月 28 日《语丝》周刊第 4 卷第 7 期。文章回忆自己在北京教育部任职期间受命参与整理清宫档案的经历，对一些官员和管理者的假公济私、偷窃替换的行为予以谴责。

26 日 致章廷谦信，谈及北新书局经理李小峰与孙伏园之间的经济纠纷。尽管北新书局一直拖欠鲁迅的版税，鲁迅仍感念李小峰对自己的帮助。信中还谈了对新月派开设的新月书店的看法：“新月书店我怕不大开得好，内容太薄弱了。虽然作者多是教授，但他们发表的论文，我看不过日本的中学生程度。”

本月 译日本青野季吉论文《关于知识阶级》，载 1928 年 1 月 7 日《语丝》周刊第 4 卷第 4 期，署名鲁迅，收入《壁下译丛》。

本月 开始教许广平学习日文，起初自编教材，后用《尼罗河之草》和《马克思读本》教读，到了一定程度，让许广平翻译一些浅易的文学作品，如《小彼得》。

1928 年(戊辰，中华民国十七年)　48 岁

▲4 月 28 日，朱德、陈毅率南昌起义军余部与毛泽东会师井冈山，组成红军第四军，朱德任军长，毛泽东任党代表。

▲6 月 4 日，张作霖的专列在沈阳皇姑屯被日本关东军预埋的炸药炸毁，张作霖伤重死亡。

▲本年，创造社、太阳社倡导无产阶级革命文学，并与鲁迅、茅盾等开展论争。

1月

1日 与麦克昂(郭沫若)、成仿吾、蒋光慈、张资平等合署发表宣言《〈创造周报〉复活了》,载本日出版的《创造月刊》第1卷第8期。第1部分为预告,第2部分为编辑委员名单。

4日 在商务印书馆购法国作家法朗士的长篇小说《泰绮丝》[①]。鲁迅1927年11月20日致江绍原信中称赞该书"实在是一部好书。但我的注意并不在飨宴的情形,而在这位修士的内心的苦痛。非法朗士,真是作不出来。"

8日 晚冒雨与周建人往旅馆迎廖立峨及其亲友来寓。廖立峨原是鲁迅在厦门大学任教时的学生,后追随鲁迅转到中山大学读书。他这次带来妻子及妻兄,对外自称是鲁迅的"干儿子"。鲁迅和许广平腾出景云里寓所楼下房间给他们住,供给膳食和津贴零用,并为他和他的亲友介绍工作。后来廖失望于上海的生活,嫌鲁迅对他照顾不周,于8月24日辞别回乡。廖临行前向鲁迅提出很多要求,最终"索去泉一百二十,并攫去衣被什器十余事"。

10日 《未名》半月刊第1期由北京未名社出版。该刊由《莽原》半月刊改名而来,主要撰稿人有韦素园、李霁野、曹靖华等,仍以翻译和介绍外国文学特别是俄苏文学为主,同时也发表一些文学创作。1930年4月30日出完第2卷停刊。

22日 作《〈行路难〉按语》,载1月28日《语丝》周刊第4卷

---

① 《泰绮丝》又译作《达绮丝》《黛依丝》,叙巴甫努斯圣僧为了感化世俗人心,前往亚历山大城超度名妓泰绮丝。泰绮丝受感化皈依,巴甫努斯却爱上泰绮丝,陷入情网不能自拔。信徒们不知隐情,仍向巴甫努斯虔诚礼拜,使他痛苦万分。

第7期，署名鲁迅，收入《集外集拾遗补编》。《行路难》系陈仙泉自香港来稿，揭露港英当局无视人权，对中国人进行搜身、查禁书报等恶政。按语联系中国政府的书刊检查政策说："至于报纸，何尝不检查，删去的处所有几处还不准留空白，因为一留空白便可以看出他们的压制来。香港还留空白，我不能不说英国人有时还不及同胞的细密。所以要别人承认是人，总须在自己本国里先争得人格。否则，此后是洋人和军阀联合的吸吮，各处都将和香港一样，或更甚的。"

2月

1日　成仿吾在《创造月刊》第1卷第9期发表《从文学革命到革命文学》，提出要对鲁迅及"五四"以来的新文学进行"全面的批判"。

同日出版的《太阳月刊》2月号发表蒋光慈的《关于革命文学》一文，批评鲁迅虽然也攻击社会的不良，虽然有时也发几声反抗呼喊，但是始终在彷徨，彷徨，寻不出什么出路。该刊的"编后"预告说："第三号将有杏邨的《死去了的阿Q时代》，是一篇很值得注意的鲁迅论。"

同日出版的《文化批判》月刊第2号发表李初梨的《怎样地建设革命文学》，认为反帝反封建的文学已过时，中国的革命文学必然地是无产阶级文学，作品应该是"机关枪，迫击炮"。他质问道：鲁迅"究竟是第几阶级的人"？写的是"第几阶级的文学"？"第几阶级的人民的痛苦"？成仿吾也在该刊发表《打发他们去》，主张把包括鲁迅在内的非无产文学家们"打包"，"打发他们去"。

5日　在内山书店购书时遇见郁达夫，交谈1个多小时，向郁达夫借阅挪威作家汉姆生的长篇小说《饥饿》的德译本。本日，鲁迅在书店购买了恩格斯《社会主义从空想到科学》（日文版）。鲁迅本年内购买了一些马列主义的经典著作及解说书籍，如列宁《论中国革命问题》、马克思恩格斯《共产党宣言》、恩格斯《婚姻及家庭的发展过程》，此外还有《俄国工人党史》《阶级斗争理论》《唯物论与辩证法的基本概念》《唯物史观解说》《文学与革命》《阶级斗争理论》《历史唯物论略解》（日文）、《辩证唯物论入门》《马克思的辩证法》（日文）、《无产阶级文学理论》《苏俄的文艺政策》《新俄国文化的研究》等。[①] 郁达夫在当天日记中说，他与鲁迅会面后，兴奋不已，彻夜未眠。次日上午，他冒雨将《饥饿》送给鲁迅。

23日 作《"醉眼"中的朦胧》，载3月12日《语丝》第4卷第11期，署名鲁迅，收入《三闲集》。创造社、太阳社部分成员偏执外来理论，脱离实际，错误估计中国革命的形势和任务，出现了主观主义和宗派主义倾向，把"五四"以来的中国作家判定为"醉生梦死之中"的过时落伍者，提出要对"中国混沌的艺术界的现象作全面的批判"。他们特别指责鲁迅的作品是"以趣味为中心的生活基调"，"矜持的是闲暇、闲暇、第三个闲暇"，是"代表着有闲的资产阶级，或者睡在鼓里的小资产阶级"。鲁迅对这些攻击予以反击，指出，他们只空谈无产阶级文学口号，却不去揭露和打击当前的真正敌人，对于主要的革命对象表现了各色各样的朦胧；针对他们脱离工农和不敢正视现实，空谈"获得无产阶级意识"，"获得大众"以"保障最后的胜利"的高论，劝告说："倘要将自己从没落救出，当然应该向工农大众去"，革命文学家只有

① 北京鲁迅博物馆编《鲁迅手稿及藏书目录》（内部资料），1959年。

参加革命斗争实践，才能写出真正的无产阶级革命文学。

同日 在内山书店与日本汉学研究者盐谷温教授会面，接受盐谷温所赠《三国志平话》，杂剧《西游记》及辛岛骁转赠的旧刻小说词曲影印件 74 张。鲁迅回赠以《唐宋传奇集》1 部。

24 日 致台静农信，表示支持未名社出版曹靖华所译苏联短篇小说集《烟袋》："曹译《烟袋》已收到，日内寄回，就付印罢，中国正缺少这一类书。"26 日致李霁野信说："《烟袋》已于昨夜看完了，我以为很好，应即出版。但第一篇内有几名词似有碍。不知在京印无妨否？倘改去，又失了精神。倘你以为能付印（因我不明那边的情形），望即来函，到后当即将稿寄回。否则在此印，而仍说未名社出版，（文艺书籍，本来不必如此，但中国又作别论。）以一部分寄京发卖。如此，则此地既无法干涉，而倘京中有麻烦，也可以推说别人冒名，本社并不知道的。"《烟袋》于本年 12 月由北京未名社出版，列为《未名丛刊》之一。

25 日 接待画家司徒乔、《良友》画报主编梁得所，约定司徒乔本月 28 日来画肖像，梁得所 3 月来摄影，画像和照片拟编成一组在《良友画报》4 月号上刊载。该计划如期完成。

3 月

1 日 成仿吾在《创造月刊》第 1 卷第 10 期发表《全部的批判之必要》，号召革命文艺理论进行"全部的批判"，以促使"文艺方向的转换"。文章指责"《语丝》等早已固结而反动"。周伯超本年 2 月写信给鲁迅报告，郭沫若当月离沪赴日后不久，成仿吾与冯乃超在一次宴席上，议论鲁迅"讨姨太太，弃北京之正妻而与女学生发生关系，实为思想落伍者”[1]。

同日出版的《太阳月刊》3 月号发表钱杏邨的《死去了的阿 Q 时代》一文。认为鲁迅的著作没有抓住时代，是“无意义的类似消遣的依附于资产阶级的滥废的文学”。该刊“编后记”称钱文是“一篇估定所谓现代大作家鲁迅的真价的文字。很多人总以为鲁迅是时代的表现者，其实他根本没有认清十年来中国新生命的原素，尽在自己狭窄的周遭中彷徨呐喊；利用中国人的病态的性格，把阴险刻毒的精神和俏皮的语句，来淆乱青年的耳目；这篇论文实足澄清一般的混乱的鲁迅论，是新时代青年第一次给鲁迅的回音”[2]。

6 日　致章廷谦信，谈到自己近期所受各方面的攻击：“有几种刊物（如创造社出版的东西），近来亦大肆攻击了。我倒觉得有趣起来，想试试我究竟能够挨得多少刀箭。”

同日　接待王映霞、郁达夫来访，与郁达夫商议合办《奔流》月刊。据郁达夫日记，当天夜里“过鲁迅处闲谈，他约我共出一杂志，我也有这样的想法，就和他约定于 4 月 6 日回上海后，具体来进行”。《奔流》月刊于 6 月 20 日在上海创刊。

14 日　作《看司徒乔君的画》，载 4 月 2 日《语丝》周刊第 4

---

① 周伯超 1928 年 2 月 9 日致鲁迅信，《鲁迅藏同时代人书信》，郑州，大象出版社 2011 年版，第 401 页。

② 1980 年，成仿吾在与来访者谈话中透露创造社、太阳社攻击鲁迅的原因：“不久鲁迅回到上海，太阳社年轻的党员多，当时对他很不满意，认为共产党把他请到广州，国民党反共还任职，当时大家对此都很气愤，连我们也气愤。太阳社曾经邀我们参加对鲁迅的辩论，因为当时我们和太阳社接近。我们虽然对鲁迅也不满，但不赞成采取这种方式。后来听太阳社的人讲，他们在北四川路的一个小饭馆里要鲁迅来，讲清楚，鲁迅就来了。他们叫鲁迅回答，指问鲁迅留在广州的原因，结果双方吵了起来。这些都是后来听说的。”见宋彬玉、张傲卉《成仿吾和创造社》，《新文学史料》1985 年第 2 期。

卷第 14 期，署名鲁迅，收入《三闲集》。前一日，鲁迅到司徒乔住处观看其作品。文章肯定了司徒乔扎根中国北方，描绘现实中的人民的创作态度，称赞其作品表现了中国人的“对于天然的倔强的灵魂”。21 日，鲁迅到四川路虬江路口参观了司徒乔的“乔小画室春季展览会”。展览会展出作品 70 余幅，鲁迅订购 2 幅。

27 日　作《在上海的鲁迅启事》，载 4 月 2 日《语丝》周刊第 4 卷第 14 期，收入《三闲集》。启事对杭州有人冒名鲁迅行骗一事做了说明。

31 日　作《〈思想・山水・人物〉题记》，载本年 5 月 28 日《语丝》周刊第 4 卷第 22 期，题为《关于〈思想・山水・人物〉》，署名鲁迅，收入《思想・山水・人物》时改为“题记”。题记指出，“作者的专门是法学；这书的归趣是政治，所提倡的是自由主义，我对于这些都不了然。只以为其中关于英美现势和国民性的观察，关于几个人物，都很有明快切中的地方”，而且，书中一些篇章里“分明可见中国的影子”。

4 月

1 日　华希理（蒋光慈）在《太阳月刊》4 月号发表《论新旧作家与革命文学》，主张新作家“用自己的心灵去参加社会的斗争”，认为旧作家“像衰颓的树木总不会重生出鲜艳的果实来”，因而否认旧作家有参加革命文学战线的可能性，并反驳方璧（茅盾）《欢迎〈太阳〉！》一文中关于革命文学的观点。同期发表的钱杏邨《批评与抄书》中说：“有署名敬夫的写信给我们说，鲁迅先生是很革命的，我们就把他最近的自白抄在这里，请问敬夫先生：鲁迅是很革命的么？手腕比贪污豪绅还要卑劣！”

4 日　作《文艺与革命（复冬芬）》，载 4 月 16 日《语丝》周刊

第4卷第16期，署名鲁迅，收入《三闲集》。董秋芳不满于创造社和太阳社部分成员对鲁迅的攻击，化名“冬芬”，写信给鲁迅，鲁迅以复信的形式对文艺与革命、文艺与宣传，以及文艺的内容与形式等问题发表意见，并对“新月派”宣扬的普遍人性论给予反驳。

9日　致李秉中信，谈到上海的所谓革命文学家：“此地有人拾‘彼间’牙慧，大讲‘革命文学’，令人发笑。专挂招牌，不讲货色，中国大抵如斯。”“彼间”指日本。

10日　作《扁》和《路》，载4月23日《语丝》周刊第4卷第17期，署名鲁迅，收入《三闲集》。前者用近视眼看匾的故事，嘲讽文学界空喊口号、不做切实工作的不良风气。后者提出，只是“口头不说‘无产’便是‘非革命’还好”，假若“‘非革命’即是‘反革命’，可就险了”，就真的没有出路了。

同日　作《头》，载4月23日《语丝》周刊第4卷第17期，署名鲁迅，收入《三闲集》。文章从国民党当局在长沙杀害共产党员郭亮后以头示众的法西斯暴行说起，对梁实秋借攻击卢梭来宣扬“借头示众”表示不满。

同日　作《通信(复Y先生)》，载4月23日《语丝》周刊第4卷第17期，署名鲁迅，收入《三闲集》。这是答复一个自说受了鲁迅作品毒害、对革命前途悲观失望的青年的公开信，简略介绍了自己的经历和思想，对来信者作了婉转的批评和劝告，并对近年来所受到的攻击予以嘲讽和反驳。

同日　作《太平歌诀》，载4月30日《语丝》周刊第4卷第18期，署名鲁迅，收入《三闲集》。借用报载的一段民谣，讽刺“革命文学家”不正视现实的态度和所谓“超时代”的空喊。

同日　作《铲共大观》，载4月30日《语丝》周刊第4卷第18

期，署名鲁迅，收入《三闲集》。文章引用报载的国民党当局屠杀共产党人的新闻记事，抨击其法西斯暴行。

12日 作《通信（复张孟闻）》，载4月23日《语丝》周刊第4卷第17期，署名鲁迅，收入《集外集拾遗》。宁波中学教员张孟闻（署名西屏）将其所作的《偶像与奴才（白露之什第六）》投寄《语丝》，并写信给鲁迅，说明此稿原是自办《山雨》杂志中的一篇，因印刷所认为“违碍”时政而拒绝印刷，希望在《语丝》刊登。鲁迅即将文稿和来信一并刊出，同时复信表达对当局扼杀言论出版自由的愤慨，并对张孟闻来稿中介绍外国进步文艺与偶像崇拜的关系的观点提出了不同看法。文章发表后，张孟闻却在同年10月出版的《山雨》第1卷第4期发表了《联想三则》一文，指责鲁迅。1929年鲁迅在《我和〈语丝〉的始终》一文中提及此事：“去年，非骂鲁迅便不足以自救其没落的时候，我曾蒙匿名氏寄给我两本中途的《山雨》，打开一看，其中有一篇短文，大意是说我和孙伏园君在北京因被晨报馆所压迫，创办《语丝》，现在自己一做编辑，便在投稿后面乱加按语，曲解原意，压迫别的作者了，孙伏园君却有绝好的议论，所以此后鲁迅应该听命于伏园。这听说是张孟闻先生的大文，虽然署名是另外二个字。看来好像一群人，其实不过一两个，这种事现在是常有的。”

14日 接待蔡元培来访。国民党中央政治会议决议设立中央研究院，任命蔡元培为国立中央研究院院长。蔡元培与总干事杨铨同在上海亚尔培路该院驻沪办事处办公。此后，3人间的交往日渐增多。

15日 《文化批判》第4期发表李初梨《请看中国的唐·吉珂德的乱舞》、冯乃超《人道主义者怎样地防卫着自己？》、彭康《“除掉”鲁迅的“除掉”》等文，对鲁迅《“醉眼”中的朦胧》一文进行反批评。他们把鲁迅比作唐·吉珂德，认为鲁迅是“讲趣味的有闲阶级”，资产阶级的“人道主义者”，布尔乔亚的“代言人”等。该期“编辑杂记”向读者推荐以上三文，称鲁迅是“反动的煽动家”、“自鸣得意的智识阶级”。

20日 作《我的态度气量和年纪》，载5月17日《语丝》周刊第4卷第19期，署名鲁迅，收入《三闲集》。鲁迅的《“醉眼”中的朦胧》系为批驳弱水（潘梓年）的《谈现在中国的文学界》而作，发表后，创造社、太阳社部分成员撰文反击。弱水（潘梓年）在4月出版的《战线》创刊号发表《谈中国现在的文学界》，把鲁迅比作五四时期的林琴南。鲁迅批评了以人身攻击代替思想交流的不良作风，指出这种现象若继续下去，将会重蹈林琴南当年“因为反对白话，不能论战，便从横道儿来做一篇影射小说，使一个武人痛打改革者”的复辙。

5月

1日 阿英（钱杏邨）在《太阳月刊》5月号发表《批评与建设》，认为资产阶级在政治方面已是“空无所有”，其“文艺也是如此”；革命文学的新作家“是早已无产化了，早已不是唯心的主观的个人主义的了……他们从没有进过象牙之塔，他们也不必再从象牙之塔里走将出来”。否定青年作家的世界观有改造的必要。

同日 石厚生（成仿吾）在《创造月刊》第1卷11期发表《毕竟是醉眼陶然罢了》，把鲁迅比作中国的唐·吉诃德，把鲁迅学习马克思主义说成是“涂抹色彩，粉饰自己的没落”，是“掩耳盗铃式的行为”。该刊“编辑后记”说，要消除鲁迅的“无理取闹”给运动造成的“不良影响”。麦克昂（郭沫若）发表《桌子的跳舞》，说，“普罗列塔利亚文艺”的目的就是“消灭布尔乔亚阶级，乃至消灭阶级”；“拜金主义派的群小是我们当前的敌人”；并判定文学家的“小资产阶级的根性太浓重了，所以一般的文学家大多数是反革命派”。

15日 往江湾实验中学讲演，题为《老而不死论》，稿佚。本月3日，陈望道来访，为实验中学的“火曜讲话”邀请名家演讲，鲁迅为该讲座第一位演讲人。关于此次讲演，鲁迅后来在《〈毁灭〉第二部一至三章译后附记》中说：“欧洲的有一些‘文明人’，以为蛮族的杀害婴孩和老人，是因为残忍野蛮，没有人心之故，但现在的实地考察的人类学者已经证明其误了：他们的杀害，是因为食物所逼，强敌所逼，出于万不得已，两相比较，与其委给虎狼，委之敌手，倒不如自己杀了去之较为妥当的缘故。所以这杀害里，仍有‘爱’存。西洋教士常说中国人的‘溺女’‘溺婴’，是由于残忍，也可以由之推知其谬，其实，他们是因为万不得已：穷。前年我在一个学校里讲演《老而不死论》，所发挥的也是这意思。但一个青年革命文学家将这胡乱记出，上加一段嘲笑的冒头，投给日报登载的时候，却将我的讲演全然变了模样了。”演讲中有些议论针对创造社而发，“老而不死”即是创造社攻击鲁迅用语。

20日 林伯修(杜国庠)、洪灵菲等主编的《我们月刊》在上海创刊，由我们社出版，上海晓山书店发行。创刊号上的“祝词”说：现在文学运动中的两派人，一派是“自尊狂的人物和代表无聊的智识阶级的文人底联合”，一派是“明目张胆地反对革命文学”。“这些不能和我们联合战线的就是我们底敌人！当然我们须先把这些敌人打倒！”钱杏邨发表《“朦胧”以后——三论鲁迅》，认为鲁迅在《语丝》第4卷第16至18期上发表的几篇文章“不仅朦胧而且糊涂”，要鲁迅“接受批评，抛弃“死去了的阿Q时代”，转换新方向。该刊“编后”语称该文是“给鲁迅先生最后一个致命的打击”。

30日 致章廷谦信，谈到革命文学团体对自己的攻击说：“革命文学家的一些言论行动，我近来觉得不足道了。一切伎俩，都已用出，不过是政客和商人的杂种法术，将‘口号’‘标语’之类，贴上了杂志而已。”

本月 叶灵凤主编的《戈壁》半月刊在上海创刊。第1卷第2期发表攻击鲁迅的漫画一幅，所附说明为：“鲁迅先生，阴阳脸的老人，挂着他已往的战绩，躲在酒缸的后面，挥着他‘艺术的武器’在抵御着纷然而来的外侮。”该刊出至第4期后停刊。

本月 因过度劳累，肺病复发，日记中有多次“往福民医院诊”的记载。本月底给章廷谦的信中说：“我并不‘做’，也不‘编’，不过忙是真的。(一)者，《思想·山水·人物》才校完，现在正校着月刊《奔流》，北新的校对者靠不住，——你看《语丝》上的错字，缺字有多少——连这些事都要自己做。(二)者，有些生病，而且肺病也说不定，所以做工不像先前那么多了。”

6月

1日 接待陶元庆、钱君匋[①]来访，接受陶元庆赠送画册4本。钱君匋由陶元庆介绍首次与鲁迅相识。

2日 译俄国尼古拉·布哈林的论文《苏维埃联邦从Maxim Gorky期待着什么？——为Maxim Gorky的诞生六十年纪

① 钱君匋(1907—1998)，浙江海宁人，美术家。曾在上海澄衷中学任教，当时任上海开明书店编辑，担任美术方面的工作。曾经手印制鲁迅《朝花夕拾》封面和设计其它书刊封面多种。

念》，载7月20日《奔流》月刊第1卷第2期。论文对高尔基过去的业绩给予肯定，并期待其在新社会发挥更大的作用。

20日 与郁达夫合编的《奔流》月刊在上海创刊，由上海北新书局印行。主要撰稿人有鲁迅、郁达夫、柔石、杨骚、白薇、梁遇春等。鲁迅亲自主持《奔流》的编辑工作，自己设计封面并书写刊名。该刊以介绍欧美及日本等国具有进步倾向的作家作品为主，曾先后出版了专题增刊，如《H·伊孛生诞生一百年纪念增刊》(第1卷第3期)、《莱夫·N·托尔斯泰诞生百年纪念增刊》(第1卷第7期)。鲁迅特别注重介绍有关苏联文艺理论的译作，在第1卷第1—5期上连续刊载了自己翻译的《苏俄的文艺政策》等论著。鲁迅为该刊撰写《编校后记》12篇。据许广平回忆："鲁迅初到上海，以编《奔流》花的力量为最多……目的无非是为了把新鲜的血液灌输到旧中国去，希望从翻译里补充点新鲜力量。"该刊出至次年12月20日第2卷第5期停刊，每卷10期，共出15本。郁达夫说："《奔流》的出版并不是想和创造社对抗，用意在想介绍些真正的革命文艺理论和作品，把犯幼稚病的左倾青年纠正一点过来。"他极力反对创造社作家把鲁迅作为对立面加以围攻的错误作法："对于鲁迅的人格，我是素来知道的，对他的作品我也有一定的见解。我总认为就作品的深刻老练而论，他总是中国作家中的第一人者。我从前是这样想，现在也是这样想，将来总也是不会变的。"①

鲁迅亲自为《奔流》设计的封面，为浅米黄底色，"奔流"两字为黑色手写变体美术字，两字勾有很细的边线，两字距离左右边缘很近，有奔流无边的气势；封面中央印有醒目的红色卷数期

① 郁达夫《对于社会的态度》，1928年8月16日《北新》半月刊第2卷第19号。

数，封面下方是出版年代。创刊号上有“凡例”5 则，其四说：“本刊亦选登来稿，凡有出自心裁，非奉命执笔，如明清八股者，极望惠寄。”

创刊号上发表所译西班牙巴罗哈的《跋司珂族的人们》，收入 1929 年 9 月上海朝花社版《近代世界短篇小说集(2)在沙漠上及其他》。

创刊号开始发表所译《苏俄的文艺政策》，连载于第 1 卷第 1 至 5 期，署名鲁迅，收入《文艺政策》一书时，改题为《关于对文艺的党的政策——二九二四年五月九日关于文艺政策评议会的议事速记》。由从日本外村史郎和藏原惟人辑译的《苏俄的文艺政策》日文本转译，这是苏共中央召开的一次关于党的文艺政策讨论会的记录。鲁迅于 1930 年将全书译完，题为《文艺政策》。其中包括：1924 年至 1925 年俄共(布)中央关于文艺政策的两个文件(《关于对文艺的党的政策》,《关于文艺领域上的党的政策》)和全俄无产阶级作家协会第一次大会的决议》。当时苏共党内对于文艺政策有种种不同意见，鲁迅在《〈奔流〉编校后记(一)》中说：“俄国的关于文艺的争执，曾有《苏俄的文艺论战》介绍过，这里的《苏俄的文艺政策》，实在可以看作那一部的续编。如果看过前一书，则看起这篇来便更为明了。”《苏俄的文艺论战》，任国桢编译，1925 年由北新书局出版。书中收有褚沙克的《文学与艺术》、阿匹巴赫等 8 人的《文学与艺术》、瓦浪斯基的《认识生活的艺术与今代》、瓦勒夫松的《蒲列汉诺夫与艺术之问题》等 4 篇论文。鲁迅对该书作了校订并撰写“前记”，收入《集外集拾遗》。前记指出：“从这记录中，可以看见在劳动阶级文学大本营的俄国的文学的理论和实际，于现在的中国，恐怕是不为无益的。”鲁迅介绍苏俄的文艺理论和政策的目的，如在《“硬译”与“文学的阶级性”》中所说：虽然有“解剖自己”的动机，但“也愿意于社会上有些用处，看客所见的结果仍是火和光”。

7月

4日 作《〈奔流〉编校后记(二)》，载7月20日《奔流》月刊第1卷第2期，署名鲁迅，收入《集外集》附录。后记谈到介绍外国作家作品时说：“一切事物，虽说以独创为贵，但中国既然是世界上的一国，则受点别国的影响，即自然难免，似乎倒也无须如此娇嫩，因而脸红。单就文艺而言，我们实在知道得太少，吸收得太少。然而一向迁延，现在单是绍介也来不及了……那就只好挑几个于中国较熟悉，或者较有意义的来说说了。”本期为纪念高尔基六十寿辰，译载了高尔基的一篇小说及相关评论并印制了高尔基画像插图。

6日 接待章廷谦来访。章廷谦利用学校暑假自杭州来上海看望鲁迅，在上海住了一个礼拜，与许钦文共同邀请鲁迅和许广平同去杭州西湖游息几天。经他们再三恳请，鲁迅才答应下来。他们担心鲁迅再变计划，决定章廷谦先回杭州打点，许钦文留沪，届时陪同前往。章此次来沪，还将《游仙窟》校点稿交给鲁迅，准备出版。

8日 致袁柱常信。据袁柱常回忆：“(这是)鲁迅先生接到我的诗稿以后给我写的回信，信里退回了我的一首诗，并提了意见。把其他的三首，以《这样的时节及其它》的篇名，刊载在《奔流》的《伊孛生号》里的。过了几天，我又寄了三首诗稿给鲁迅先生，其中两首是小诗，一首比较长的题目是《卖歌的老者》，后者发表在《奔流》的《托尔斯泰号》里，两首小诗由鲁迅先生转给《朝华》发表。”[①]

10日 致翟永坤信，谈及自己近况说：“我这一年多，毫无成绩而总没空闲，第一是因为跑来跑去，静不下。……现在只译一些东西，一是应酬，二是糊口。至于创作，却一字也做不出来。近来编印一种月刊叫《奔流》，也是译文多。”关于是否回北京的问题，信中说：“北京我很想回去看一看，但不知何时。至于住呢，恐怕未必能久住。我于各处的前途，大概可以援老例知道的。”[②]

12日 由许钦文陪同，与许广平前往杭州，夜寓清泰第二旅馆。次日往西湖游览。中午，友人邀饮于西湖楼外楼，饭后同至西泠印社品茶。据章廷谦回忆，那天“一直谈到傍晚，主要是谈萧伯纳和高尔基的作品，也谈了一些中国的绘画雕刻和别的”。“还在西泠印社买了一些拓本，内中有一种是三国贯休画的罗汉象石刻影印本”。7月14日因患肠胃病未出游，在客栈中服药休息。7月15日病愈，邀友人至楼外楼午饭，饭后同游虎跑泉。据章廷谦回忆：“我们到了那里，喝茶，聊天，舀泉水洗头濯足，这时节看不出鲁迅先生的年龄比我们大来，说笑，嘻闹，到院中泉眼和一个小方池前去丢铜元，他都来参加，尽情地玩。累了，渴了，大家再坐下来。喝茶，谈天，茶淡了，一次再一次地重泡，也不知喝了多少碗。”在杭期间，与川岛同往书店购书，往茶庄买龙井茶和白菊等。

---

① 裘柱常(1906—1990)，浙江余姚人，当时在南京电报局任报务员，因向《奔流》投稿，开始与鲁迅通信。其回忆文字见《有关鲁迅给我的信》，1979年4月15日《文汇报》。

② 据许广平回忆：“鲁迅在广东遭遇一九二七年的‘清党’之后，惊魂甫定，来到了上海，原没有定居下来的念头的。”

17 日　清晨离杭，许钦文送至车站，午抵沪。此次旅行让鲁迅很愉快。后来与杭州友人见面时，总是说起。虽然如此，他却又说“西湖风景，虽然宜人，有吃的地方，也有玩的地方，如果流连忘返，湖光山色，也会消磨人的志气的”。如果长期“过着飘飘然的生活，也就无聊了”。

同日　收钱君匋信及托其印制的《朝花夕拾》封面 2000 张。据钱君匋回忆：“元庆为鲁迅《朝花夕拾》作了书面，他把原稿代鲁迅交给我进行制版印刷，我接受了这个任务，就想起了鲁迅对《彷徨》书面印制的严格态度，使我对于《朝花夕拾》的印刷，也必须要求严格，务使成品和原稿不爽毫厘。”[①]

22 日　致韦素园信，谈到自己学习唯物论的心得：“以史底唯物论批评文艺的书，我也曾看了一点，以为那是极直捷爽快的，有许多暧昧难解的问题，都可说明。但近来创造社一派却主张一切都非依这史观来著作不可，自己又不懂，弄得一塌胡涂，但他们近来忽然都又不响了，胆小而要革命。”后在《〈三闲集〉序言》中说：在上海遇到“文豪们的笔尖的围剿”中，“有一件事要感谢创造社的，是他们‘挤’我看了几种科学底文艺论，明白了先前的文学史家们说了一大堆还是纠缠不清的疑问”。

8 月

1 日　《创造月刊》第 2 卷第 1 期出版，继续攻击鲁迅。杜荃（郭沫若）的《文艺战线上的封建余孽——批评鲁迅的〈我的态度气量和年纪〉》，说鲁迅是“资产阶级以前的一个封建余孽”，因为“资本主义对于社会主义是反革命，封建余孽对于社会主义是二

---

① 钱君匋《我对鲁迅的回忆》，绍兴《教学参考资料》1977 年第 9、10 期合刊。

重的反革命”，因此“鲁迅是二重性的反革命人物”；还把鲁迅称为“一位不得志的Fascist(法西斯谛)”。何大白的《文坛的五月》则称鲁迅是革命文学的“敌人”。梁自强的《文艺界的反动势力》认为鲁迅应该“忏悔”和“改邪归正”，如果再“依老卖老”，就要替鲁迅“发讣了”。

6日 晚同周建人往寓所附近看屋。据许广平回忆：“住在景云里二弄末尾二十三号时……声喧嘈闹，颇以为苦。……这时，刚好弄内十八号有空屋，九日同周建人又往看。并于九月九日移居到十八号内，并约建人先生全家从一弄原来的住处搬在一起。古人云：择邻相处，但当时在上海，无论如何择法，也很难达到自己的愿望。”当时住在附近的茅盾也深有体会：“景云里不是一个写作的好环境……对于习惯在夜间写作的鲁迅却是个大问题。”①

10日 作《革命咖啡店》，载8月13日《语丝》周刊第4卷第33期，原题“鲁迅附记”，刊于郁达夫所作《革命广告》之后，收入《三闲集》时改题。文章驳斥“革命文学家”散布自己与郁达夫在咖啡店“高谈”取乐的流言，批评他们自己脱离工农大众，只坐在咖啡店那个“理想的乐园”里空谈革命。鲁迅1928年8月15日致章廷谦信中说：“创造社开了咖啡店，宣传‘在那里可以遇见鲁迅郁达夫’，不远在《语丝》上，我们要订正。”

同日 作《文坛的掌故(复徐匀)》，载8月20日《语丝》周刊第4卷第34期，原题《〈通讯〉其一》，署名鲁迅，收入《三闲集》时改题。文章以对徐匀来信做答的形式，批评一些革命文学提倡者“含混地只讲‘革命文学’，当然不能彻底”。

---

① 茅盾《创作生涯的开始——回忆录(十)》，《新文学史料》1981年第1期。

同日　作《文学的阶级性（复恺良）》，载8月20日《语丝》周刊第4卷第34期，原题为《〈通讯〉其二》，署名鲁迅，收入《三闲集》时改题。文章批驳了文学创作可以“超时代、超阶级”的主张。

11日　作《〈奔流〉编校后记（三）》，载8月20日《奔流》月刊第1卷第3期，署名鲁迅，收入《集外集》。该期《奔流》为易卜生诞生100周年纪念增刊。后记简述易卜生及其作品在中国的影响，认为五四时期《新青年》杂志大力介绍易卜生，不但为了要建设西洋式的新剧，高扬戏剧到真的文学地位，并以白话来兴散文剧，而且还因为易卜生“敢于攻击社会，敢于独战多数，那时的绍介者，恐怕是颇有以孤军而被包围于旧垒中之感的罢，现在细看墓碣，还可以觉到悲凉，然而意气是壮盛的”。不过，鲁迅也指出易卜生热后来沉寂下去了。

15日　柳亚子[①]邀饮于功德林。此为与柳亚子初次相见。

9月

9日　由景云里23号移居18号。原住所由柔石[②]迁入。鲁

① 柳亚子（1887—1958），名慰高，后改名弃疾，字安如，号亚子，江苏吴江人，诗人，南社创始人之一。时任上海通志馆馆长。1932年与鲁迅、宋庆龄等发起营救被国民党政府拘捕的牛兰夫妇。1933年参加中国民权保障同盟。著有《磨剑室诗集·词集·文集》《柳亚子诗词选》等。

② 柔石（1902—1931），原名赵平复，浙江海宁人，作家。1925年春曾在北京大学旁听鲁迅讲课，次年因病返乡。1928年因海宁农民暴动失败而逃亡上海，与鲁迅结识，交往甚密。年底与鲁迅等组织“朝花社”，出版《朝花》《艺苑朝华》等刊物。1929年初由鲁迅推荐一度接编《语丝》周刊。为中国自由运动大同盟、中国左翼作家联盟发起人之一。1931年2月7日被国民党政府杀害于上海龙华。著有小说《旧时代之死》《三姊妹》《二月》《希望》，译有《浮士德与城》等。鲁迅先后发表了《中国无产阶级革命文学和前驱的血》《柔石小传》《为了忘却的记念》等文纪念柔石及其战友。

迅在《为了忘却的记念》中说："我和柔石最初的相见，不知道是何时，在那里。他仿佛说过，曾在北京听过我的讲义，那么，当在八、九年之前了。我也忘记了在上海怎么来往起来，总之，他那时住在景云里，离我的寓所不过四五家门面，不知怎么一来，就来往起来了。"

10日 《创造月刊》第2卷第2期出版，刊发傅克兴的《评驳甘人的"拉杂一篇"——革命文学底根本问题底考察》一文，攻击鲁迅的作品是"站在支配阶级底立场注射人道主义底麻醉药，幻想永久不变的仁爱，教支配阶级怎样去巧妙地施行剥削欺骗"。

15日 作《〈奔流〉编校后记(四)》，载9月20日《奔流》月刊第1卷第4期，署名鲁迅，收入《集外集》附录。该期《奔流》重点介绍法国著名雕刻家罗丹的作品。后记评介了本期登载的金溟若所译日本有岛武郎的论文《〈叛逆者〉(关于罗丹的考察)》，并说："要讲罗丹的艺术，必须看罗丹的作品，——至少，是作品的影片。"为帮助读者理解，该期配发了4幅罗丹的作品。

20日 发表所译苏联左琴科的短篇小说《贵家妇女》及"译者附记"，均载《大众文艺》月刊第1卷第2期，署名鲁迅，收入《译丛补》。附记说明译文从日本尾濑敬止编译的《艺术战线》译出，其底本出于俄国理丁编《文学的俄罗斯》。

同日 译法国查理一路易·腓立普小说《食人人种的话》并作"译者附记"，载本年10月20日《大众文艺》月刊第1卷第2期，署名鲁迅，收入《译丛补》。从堀口大学日译本转译。附记说明翻译这篇作品主要是取它描写野蛮部落举行人肉宴的"深刻讽喻"，而对作家的宗教思想并不认同。

25日 画室(冯雪峰)在《无轨列车》半月刊第2期发表《革命与知识阶级》，批评"革命文学家"攻击鲁迅的错误。文章把鲁迅视为“同路人”，引起鲁迅的不满。

10月

1日 发表所译苏联卢那卡尔斯基[①]文艺论文《艺术与阶级》，载《语丝》周刊第4卷第40期，署名鲁迅，收入《艺术论》。从昇曙梦的日译本转译，是卢那卡尔斯基《艺术论》的第3章。

2日 译日本黑田辰男《关于绥蒙诺夫及其代表作〈饥饿〉》并作“译者识”，载10月6日《北新》半月刊第2卷第23期，署名鲁迅，后收入《译丛补》。《饥饿》是苏联绥蒙诺夫所著的日记体小说，讲述1919年彼得堡一个工人家庭的生活，反映俄国十月革命后因国内外敌人围困，民众所遭受的饥荒情况。

20日 作《〈大衍发微〉附记》，收入《而已集》。《大衍发微》是鲁迅1926年4月所写的揭露段祺瑞政府迫害文教界人士的文章，收入《而已集》时补写了这则附记，揭露国民党政府继承北洋政府衣钵，而文化界一些人助纣为虐。

27日 译苏联雅各武莱夫[②]小说《农夫》并作“译者附记”，载11月20日《大众文艺》月刊第1卷第3期，署名鲁迅。附记说明译文从冈泽秀虎的日译本转译，并对原作者所宣扬的人道主义作了分析，指出雅各武莱夫是苏联“同路人”作家，是诚实的作者。附记还批评文艺界一些人空喊革命口号、排斥非无产阶级

---

① 卢那卡尔斯基(1875—1933)，通译卢那察尔斯基，苏联文艺评论家。十月革命后担任苏联第一任教育人民委员。主要著作有《艺术论》《实证美学的基础》和剧本《解放了的吉诃德先生》等。

② 雅各武莱夫(1886—1953)，通译雅柯夫列夫，苏联作家。十月革命前夕开始文学创作。作品有《自由民》《十月》《人和沙漠》《穷人》等。鲁迅翻译他的《农夫》后，又译了《十月》和《穷人》。

作家作品的倾向。

11 月

10 日 《创造月刊》第 2 卷第 4 期发表彭康《革命文艺与大众文艺》，攻击郁达夫等主编的《大众文艺》是“反动的东西”，并将鲁迅、梁实秋等一律斥为反动文学阵营中的成员。

同日 应许德珩[①]之邀，往大陆大学讲演，稿佚。演讲主要表达对无产阶级文学的意见。

15 日 译苏联理定[②]小说《竖琴》并作“译后附记”，均载 1929 年 1 月 10 日《小说月报》第 20 卷第 1 期，署名鲁迅，收入《竖琴》。从日本树田春海的日译本转译。

20 日 译苏联斐定[③]小说《果树园》并作“译后附记”，均载 12 月 20 日《大众文艺》月刊第 1 卷第 4 期，署名鲁迅，后收入《竖琴》。附记对原作者作了简略介绍，同时说明译文从日本米川正夫《劳农露西亚小说集》日译本转译，并参考横泽芳人译本作了校订。

30 日 发表所译苏联尼可莱·叶夫雷诺夫论文《关于剧本的考察》，载《奔流》月刊第 1 卷第 6 期，署名葛何德，后收入《译丛补》。

同日 发表所译日本蕗谷虹儿《坦波林之歌》及“译者附

---

① 许德珩（1890－1990），名楚生，字德珩，江西九江人，时为大陆大学教授。1930 年该校被封闭后，与友人创办“社会科学院”，曾得到鲁迅的支持。

② 理定（1894－1979），苏联作家。作品有短篇小说《北方》，长篇小说《无名战士墓》《流亡》及回忆录《人们和会见》。

③ 斐定（1892—1977），通译费定，苏联作家，著有长篇小说《城与年》《初欢》《不平凡的夏天》等。

记”,载《奔流》月刊第 1 卷第 6 期,署名鲁迅,后均收入《译丛补》。发表所译法国亚波里耐尔的讽刺诗《跳蚤》及“译者附记”,载《奔流》月刊第 1 卷第 6 期,署名封余,后均收入《译丛补》。附记对原作者作了简略介绍,说明原作是亚波里耐尔诗集《禽虫吟》中的一首,从日本堀口大学《动物诗集》日译本转译。

本月 与柔石、崔真吾、王方仁等青年创办“朝花社”。“朝花社”是在鲁迅直接资助下组成的一个介绍外国版画的文艺团体,也是鲁迅提倡木刻艺术的平台。该社先后出版了《朝花》周刊、《朝花》旬刊和《艺苑朝花》版画丛刊,翻译出版了《近代世界短篇小说集》两册。1930 年春解散。

12 月

6 日 《朝花》周刊在上海创刊,由朝花社编印发行,鲁迅为刊物设计封面并手书“朝花”两个美术字,封面选用英国阿瑟·拉克哈姆的画。1929 年 5 月出至 20 期改为《朝花》旬刊。

9 日 经柔石介绍,与冯雪峰[①](日记作“画室”)结识。据冯雪峰回忆:“我那时候正在从日本文译本转译马克思主义的文艺理论作品,碰到的疑难,没有地方可以求教,知道鲁迅先生也在从事马克思主义文艺理论的翻译工作,所根据的也是日本文译本,所以我去见他,是想请他指教,并且同他商量编一个马克思主义文艺理论译丛。”“译丛”指后来出版的《科学的艺术论丛

---

① 冯雪峰(1903—1976),笔名画室、洛扬、成文英等,浙江义乌人,诗人、文艺理论家。湖畔诗社发起人之一。1925 年在北京大学旁听鲁迅讲课。1926 年开始从事马克思主义文艺理论的介绍与传播工作。与鲁迅相识后,逐渐建立了深厚的友谊。为“左联”领导成员之一。后参加长征,1936 年自陕北回上海工作,任务之一是接近鲁迅、做鲁迅的工作。

书》,曾改名《马克思主义文艺论丛》,未出完即被查禁。冯雪峰当时正在从日本藏原惟人的日文译本转译普列汉诺夫的《艺术与社会生活》,当晚鲁迅解答了他提出的疑问。次年初冯雪峰迁居景云里鲁迅寓所对门。

12 日 致郁达夫信,讨论郁达夫译《托尔斯泰回忆杂记》中的几个问题并指出郁达夫译文中的不妥之处。本年 1 月,冯乃超在《艺术与社会生活》一文中说鲁迅"反映的只是社会变革期中的落伍者的悲哀,无聊赖地跟他弟弟说几句人道主义的美丽的说话。隐遁主义! 好在他不效 L. Tolstoy 变作卑污的说教人。"鲁迅写了《"醉眼"中的朦胧》等反击文章,却一直没有弄清是谁在什么地方把托尔斯泰称为"卑污的说教人"。本月,郁达夫在翻译《托尔斯泰回忆杂记》时发现了这句话的出处,写信告知鲁迅,鲁迅遂写此信表达了感谢之意:"这回总算找到了'卑污的说教人'的出典,实在关系非轻。"

23 日 作《〈奔流〉编校后记(七)》,载 12 月 30 日《奔流》月刊第 1 卷第 7 期,署名鲁迅,收入《集外集》。该期《奔流》为托尔斯泰诞生百年纪念增刊,印有 10 幅插图。后记扼要介绍了专刊内容及托尔斯泰生平业绩,批评一些文人对托尔斯泰的不切实际的指责:"所以这回是意在介绍几篇外国人——真正看过托尔斯泰的作品,明白那历史背景的外国人——的文字,可以看看先前和现在,中国和外国,对于托尔斯泰的评价是怎样的不同。"

25 日 接待《春潮》月刊编辑张友松、夏康农[①]来访。据许

---

① 张友松(1903—1995),原名张鹏,笔名木公,湖南醴陵人。1927 年任北新书局编辑,不久辞职。1928 年在鲁迅支持下与夏康农等合办春潮书局,出版《春潮》杂志。夏康农(1903—1970),原名夏检,字亢康,湖北武昌人。他和张友松在鲁迅支持下创办春潮书局,并任《春潮》月刊编辑。

广平回忆：有一次张友松曾对鲁迅“说明他的姐姐是在北京做社会活动遇害的。家里很困难，想印些书，请先生帮忙。为正义，为文化运动，为同情心所驱使，于是先生又有所忙了，义务的写稿，经常给刊物帮忙”，并以500元帮助春潮书局打开局面。据张友松回忆：鲁迅曾不惜花费大量时间和精力帮助组稿和拟定编辑一套文艺小丛书的计划，但不久，春潮书局由于种种原因停办。[①]

27日　发表所译法国让·科克多《〈雄鸡和杂馔〉抄》和“译者附记”，载本日出版的《朝花》周刊第4期，署名鲁迅，收入《译丛补》。原作是《雄鸡和小丑》一书的一部分，从日译本转译。附记说明原书是讲音乐理论的，译者只摘译了其中有关文艺的章节；同时还借用原书中告诫文艺青年“莫买稳当的股票”的话，嘲讽“革命文学”论争中一些人的言行。

30日　发表所译苏联迈斯基的*Leo Tolstoi*、苏联李沃夫·罗加切夫斯基的*Leo Tolstoi*、日本藏原惟人的《访革命后的托尔斯泰故乡》《观念形态战线和文学——第一回无产阶级作家全联邦大会的决议》、苏联卢那卡尔斯基演讲《托尔斯泰与马克思》，载本日出版的《奔流》月刊第1卷第7期，均从日文转译，除第3篇署名许霞外，均署鲁迅，收入《译丛补》。

本年　译日本画家蕗谷虹儿的诗歌《岸呀柳呀——新泻港》。鲁迅在选编《蕗谷虹儿画选》时，一度选中虹儿的《岸呀柳呀》，同时翻译了路谷虹儿为画配作的同名诗歌。后《蕗谷虹儿画选》未收此画，所配的译诗也未发表。

---

① 张友松《鲁迅和春潮书局及其他》，鲁迅研究室编《鲁迅研究资料》第7辑。

1929年(己巳,中华民国十八年)　49岁

▲2月10日(旧历正月初一),国民政府决定从1929年起,中国旧历新年正式改名春节。

▲3月29日,蒋介石同桂系军阀李宗仁、白崇禧战争(史称蒋桂战争)爆发,桂系败退。

1月

2日　译苏联雅各武莱夫中篇小说《十月》前3节并作首2节"译者附记",译文首2节与"译者附记"载1月20日《大众文艺》月刊第1卷第5期;第3节载同刊第1卷第6期,署名鲁迅。从日本井田孝平日译本转译。附记指出:这篇小说的"观念"比雅各武莱夫的另一篇《农夫》"是前进一点,但还是'非革命'的,我想,它的生命,是在照着所能写的写:真实。"《十月》的翻译因郁达夫中止编辑《大众文艺》而中断,直到1930年8月30日才译完全部。

18日　作《〈奔流〉编校后记(八)》,载1月30日《奔流》月刊第1卷第8期,署名鲁迅,收入《集外集》附录。后记针对中外文化交流的现状说:"在中国的外(国)人,很少有认真地将现在的文化生活——无论高低,总还是文化生活——绍介给世界。有些学者,还要在载籍里竭力寻出食人风俗的证据来。这一层,日本比中国幸福得多了,他们常有外客将日本的好的东西宣扬出去,一面又将外国的好的东西,循循善诱地输运进来。"鲁迅还引用一位苏联友人批评中国文化发展落后的话提醒读者:"在变

动，进展的地方，十年的确可以抵得我们的一世纪或者还要多。”

20日 作《〈近代木刻选集(1)〉小引》，载1月24日《朝花》周刊第8期，署名鲁迅，收入1月26日朝花社出版的《艺苑朝华》第1期第1辑《近代木刻选集(1)》，收入《集外集拾遗》。小引概述了木刻最早从中国传入欧洲，发展成为新兴艺术，然后传回中国的历程，期望“回国”木刻的命运不至于像火药和指南针。

同日 译苏联卢那察尔斯基的论文《托尔斯泰之死与少年欧罗巴》并作“译后附记”，载2月15日《春潮》月刊第1卷第3期，署名鲁迅。译文从日本杉本良吉的日译本转译，后收入《文艺与批评》，译后附记的后3段文字录入《文艺与批评》的“译者附记”中。附记说明转译此篇的目的之一，是“借此可以知道时局不同，立论便往往不免于转变。豫知的事，是非常之难的”，并指出作者对托尔斯泰的态度和观点前后不一致。

24日 作《〈蕗谷虹儿画选〉小引》，载1月26日朝花社出版的《艺苑朝华》第1期第2辑《蕗谷虹儿画选》，署名鲁迅，收入《集外集拾遗》。小引认为，日本现代画家蕗谷虹儿“锋利而幽婉”的艺术特色合乎中国现代青年的口味，因此他的模仿者至今不绝；“但可惜的是将他的形和线任意的破坏”了，自己编辑画选的目的就是为了让读者“窥见他的真面目”，促使中国画家“认真起来”，进行“真的创作”。鲁迅在《为了忘却的记念》一文中也说《画选》“是为了扫荡上海滩上的‘艺术家’即戳穿叶灵凤这纸老虎而印的”。

2月

14日 译完日本片上伸的《现代新兴文学的诸问题》(原书题为《现代无产阶级文学的诸问题》)并作“小引”，均未另发表，本年4月由大江书铺出版，为《文艺理论小丛书》之一，署名鲁迅。小引介绍原作的主旨是向读者解释现今新兴的无产阶级文学“诸问题的性质和方向，以及和时代的交涉等”，而翻译该文是有感于外国文艺“新潮之进中国，往往只有几个名词，主张者以为可以咒死敌人，敌对者也以为将被咒死；喧嚷一年半载，终于火灭烟消。如什么罗曼主义、自然主义、表现主义、未来主义……仿佛都已过去了，其实又何尝出现。现在借这一篇，看看理论和事实，知道势所必至，平平常常，空嚷力禁，两皆无用，必先使外国的新兴文学在中国脱离‘符咒’气味，而跟着的中国文学才有新兴的希望”。

17日　作《“革命军马前卒”和“落伍者”》，载3月18日《语丝》周刊第5卷第3期，署名鲁迅，收入《三闲集》。当时浙江省建设厅正筹办西湖博览会，其中的革命纪念馆在征求文物时，竟将为民族解放牺牲的邹容的事迹列入所谓“落伍者的丑史”中。文章对此予以辛辣的讽刺：“后烈实在前进得快，二十五年前的事，就已经茫然了，可谓美史也已。”

21日　自景云里第2排第2幢18号迁往同排第1幢17号。但作息仍受邻人干扰。鲁迅3月22日致韦素园信中说：“晚上是打牌声，睡不着，所以又很想变换变换了，不过也无处可走，大约总在上海。”

3 月

3 日　作《哈谟生[①]的几句话》，载 3 月 14 日《朝华旬刊》第 11 期，署名鲁迅，收入《集外集拾遗》。哈谟生被称为挪威的左翼作家，但本文认为其作品中“贵族的处所却不少”。文章引用哈谟生对托尔斯泰和易卜生的评论，批评当时中国文艺界存在的对外国作家认识模糊笼统的现象。

5 日　通夜校《奔流》稿。本月 22 日致韦素园信谈到《奔流》编辑情况：“近来总是忙着看来稿，翻译，校对，见客，一天都被零碎事化去了”；“我的‘新生活’却实在并非忙于和爱人接吻，游公园，而苦于终日伏案写字”，而且许广平也帮着“做点校对之类的事”。

10 日　作《〈近代木刻选集（2）〉小引》，载 3 月 21 日《朝花》周刊第 12 期，署名鲁迅，收入 2 月 26 日朝花社出版的《艺苑朝华》第 1 期第 3 辑《近代木刻选集（2）》（实际出版日期应在 3 月），收入《集外集拾遗》。小引认为本辑中的版画除了逼真、精细之外，还“有美，有力”，而“有精力弥满的作家和观者，才会生出‘力’的艺术来。‘放笔直干’的图画，恐怕难以生存于颓唐，小巧的社会里的。”

22 日　致李霁野信，谈及未名社的前途，不满于社中“办事

---

① 哈谟生（1859—1952，Knut Hamsun），又译汉姆生，挪威小说家、剧作家。出身于农民家庭，青年时期到处流浪，曾两次漫游美国。1890 年秋发表文章，提倡心理文学，主张描写精神世界和思想活动，是对以易卜生为代表的挪威文学界的挑战。1892 年，他把这些理论写进了小说《神秘》，攻击易卜生等“大人物”。1917 年创作《大地的成长》，赞美农村，于 1920 年获得诺贝尔文学奖。早年具有尼采思想，20 世纪 30 年代公开赞扬纳粹主义。

的头绪有些纷歧”。据李霁野回忆，未名社自1928年10月恢复经营以来，一是因为缺乏经验，“很吃了书商的亏”；二是因为主持未名社事务的韦丛芜热衷政治活动，使社务面临难以维持的局面，另一社务主持者李霁野“为了照顾素园的病体”，觉得“不能公开揭露”内部的矛盾，因此给鲁迅的信中每谈及未名社，均只就稿件问题征求意见。本年5月，《未名》半月刊出完第2卷即终刊。翌年，韦丛芜因个人需要屡屡从社中借款，李霁野等遂决定结束社务。1931年5月1日，鲁迅收到韦丛芜来信，在日记中写道：“即复，并声明退出未名社。”

23日 致许寿裳信，回答受托搜集中国儿童观材料的结果：“关于儿童观，我竟一无所知。在北京见嘱以来，亦曾随时留心，而竟无所得。类书中记得《太平御览》有《幼慧》一门，但不中用。中国似向未尝想到小儿也。”

25日 作《〈奔流〉编校后记（九）》，载4月20日《奔流》月刊第1卷第10期，署名鲁迅，收入《集外集》附录。《文艺政策》各篇译文自1928年6月20日《奔流》创刊号开始连载，至本期全部登完。后记声明，翻译这部书，是为了让读者对苏联社会主义文学理论与实践“知道得更清楚”，而且计划将另外几篇关于文艺政策的文章译出，作为全书的附录。后记还回应创造社的一些人讥讽他翻译此书是不甘“落伍”：“其实我译这书，倒并非救‘落’，也不在争先，倘若译一部书便免于‘落伍’，那么，先驱倒也是轻松的玩意。我的翻译这书不过是使大家看看各种议论，可以和中国的新的批评家的批评和主张相比较。与翻刻王羲之真迹，给人们可以和自称王派的草书来比一比，免得胡里胡涂的意思，是相仿佛的。”

31日 同柔石、崔真吾、周建人及许广平参观金子光晴[①]的浮世绘展览会,选购作品两幅,价二十元。浮世绘是日本古代民间绘画艺术,鲁迅从日本留学时即感兴趣,到上海后陆续购藏《浮世绘版画名作集》《浮世绘大成》等。鲁迅1935年2月4日致李桦信中说:"日本的浮世绘,何尝有什么大题目,但它的艺术价值却在的。"

本月 参加编选的美术丛刊《艺苑朝华》第1期第3辑《近代木刻选集(2)》出版,署名朝花社选印。本辑作品包括英国(6幅)、法国(2幅)、德国(1幅)、俄国(1幅)、美国(1幅)、日本(1幅),共14幅。鲁迅作"小引"和"附记"。附记简略介绍了本辑所收木刻的作者的生平及作品的艺术特色。

4月

4日 发表所译西班牙巴罗哈[②]小说《往诊之夜》,载《朝花》周刊第14期,署名鲁迅。此系短篇小说《山民牧唱》中的一节,从日本笠井镇夫的日译本转译。1934年鲁迅将《山民牧唱》全篇译出,连同此节一起载《文学》月刊第2卷第3号,题作《山中笛韵》,收入短篇小说集《山民牧唱》。

20日 校完所译文艺理论文集《壁下译丛》并作"小引",本月由北新书局出版,署名鲁迅。该书收入译文25篇,其中有17

---

① 金子光晴(1895—1975),日本诗人、画家,无政府主义者。1923年出版诗集《金龟子》,受到诗坛青睐。1926年和1929年间,金子光晴多次来沪,经内山完造介绍与鲁迅结识。鲁迅1928年4月2日日记记载与她和郁达夫等聚餐。

② 巴罗哈(1872—1956),西班牙小说家。作品多反映西班牙下层人民的生活,带有无政府主义和虚无主义倾向。他写了近百部小说和十多本论文集,主要有《为了生活而奋斗》《香蒂·安地亚的不安》等。

篇曾在《小说月报》《莽原》《语丝》《奔流》《大江月刊》等杂志发表；8 篇未另发表。原作者有日本片山孤村、厨川白村、岛崎藤村、有岛武郎、武者小路实笃、金子筑水、片上伸、青野秀吉、昇曙梦以及俄国拉斐勒・开培尔 10 人。小引指出，文集中一些论文是“依照着较旧的论据，连《新时代与文艺》这一个新题目，也还是属于这一流。近一年来中国应着‘革命文学’的呼声而起的许多论文，就还未能啄破这一层老壳，甚至于踏了‘文学是宣传’的梯子而爬进唯心的城堡里去了。看这些篇，是很可以借镜的。”另一些论文和无产阶级新兴文艺有关，其中有的主张“坚实而热烈”，有的同旧派展开“论争”，读者借此还“可以看看固守本阶级和相反的两派的主意之所在”。小引最后说：“我是向来不想译世界上已有定评的杰作，附以不朽的。倘读者从这一本杂书中，于绍介文字得一点参考，于主张文字得一点领会，于愿就十分满足了。”

同日　发表所译俄共中央委员会的决议《关于文艺领域上的党的政策》，载《奔流》第 1 卷第 10 期，署名鲁迅，收入《文艺政策》。原文载 1925 年 7 月 1 日苏联《真理报》，从藏原惟人日译本转译。

22 日　译完苏联卢那察尔斯基论文集《艺术论》，并作“小序”，署名鲁迅。从昇曙梦日译本转译，6 月由大江书铺出版。除《艺术与阶级》曾载 1928 年 10 月 1 日《语丝》周刊第 4 卷第 40 期外，其他各篇和《小序》均未另发表。《艺术论》原书 1926 年由苏联俄罗斯美术家协会编印出版。鲁迅在小序和 1929 年 4 月 7 日致韦素园信中都说明，原书是从作者的《实证美学的基础》及《艺术与革命》中各取几篇组合而成，并非新作，也不很有系统，“要知道作者的主张，只要看《实证美学的基础》就很够的。但这个书名，恐怕就可以使现在的读者望而却步，所以我取了这一部”，但从《实证美学的基础》中选译了《美学是什么?》。小序还指出：本书“所论艺术与产业之合一，理性与感情之合一，真善美之合一，战斗之必要，现实底的理想之必要，执着现实之必要，甚至于以君主为贤于高蹈者，都是极为警辟的。”该书出版后，8 月 19 日上海《真报》发表署名尚文的《鲁迅与北新书局决裂》一文，认为鲁迅翻译《艺术论》是向创造社“投降”，鲁迅在《二心集·“硬译”与“文学的阶级性”》中予以回应。

25 日　译完日本片上伸的论文《新时代的豫感》并作“附记”，均载 5 月 15 日《春潮》月刊第 1 卷第 6 期，署名鲁迅，收入《译丛补》。原作对俄国象征派代表作家巴里蒙德、梭罗古勃和苏联作家高尔基十月革命前的创作做了评价。附记说翻译此文是想“借此来看看他们的时代的背景，和他们各个的差异的”精神；可以借此了解卢那察尔斯基竭力批判俄国超现实作家的唯美主义的原因；“又可以借此知道中国的创造社之流先前鼓吹‘为艺术的艺术’而现在大谈革命文学，是怎样的永是看不见现实而本身又并无理想的空嚷嚷。”还指出：“超现实底的文艺家，虽然回避现实，或也憎恶现实，甚至于反抗现实，但和革命底的文学者，我以为是大不相同的。”

同日　发表所译西班牙巴罗哈的《面包店时代》及“译者附记”，载 4 月 25 日《朝花》周刊第 17 期，署名鲁迅，收入《山民牧唱》附录。从冈田忠一日译本转译。附记称“巴罗哈同伊本涅支一样，也是西班牙现代的伟大的作家”。

26 日　作《〈近代世界短篇小说集〉小引》，载 4 月出版的该集第 1 册《奇剑及其他》和 9 月出版的第 2 册《在沙漠上及其他》，署名“朝花社同人识”，收入《三闲集》。小引强调了短篇小说这一体裁的美学价值："在巍峨灿烂的巨大的纪念碑底的文学之旁，短篇小说也依然有着存在的充足的权利。不但巨细高低，相依为命，也譬如身入大伽蓝中，但见全体非常宏丽，眩人眼睛，令观者心神飞越，而细看一雕阑一画础，虽然细小，所得却更为分明，再以此推及全体，感受遂愈加切实"；读者读短篇小说，"只顷刻间，而仍可借一斑略知全豹，以一目尽传精神，用数顷刻，遂知种种作风，种种作者，种种所写的人和物和事状，所得也颇不少的。"并申明编译本书是本着"只要能培一朵花，就不妨做做会朽的腐草"的态度，以促进短篇小说创作的繁荣。

同日 参与编选的美术丛刊《艺苑朝华》第1期第4辑《比亚兹莱画选》出版，署朝花社选印。

本月 重作《〈一篇很短的传奇〉译者附记》。《一篇很短的传奇》是俄国迦尔洵的短篇小说，鲁迅于1921年11月15日译讫并作"附记"，均载1922年2月1日《妇女杂志》第8卷第2期。本月将译文收入朝花社编印的《近代世界短篇小说集(1)·奇剑及其他》时，删去原附记，重写。译文及两个附记均收入《译丛补》。新附记着重说明迦尔洵"是在俄皇亚历山大三世政府的压迫之下，首先绝叫，以一身来担人间苦的小说家"，而这篇小说"虽然并无显名，但颇可见作者的博爱和人道底彩色，和南欧的但农契阿(D' Annunzio)[1]所作《死之胜利》，以杀死可疑的爱人为永久的占有，思想是截然两路的"。

本月 出版《近代世界短篇小说集》，分《奇剑及其他》和《在沙漠上》两部分，署上海朝花社编印。书前收录本月26日所作

---

① 但农契阿(1863—1938)，通译邓南遮，意大利作家，作品宣传唯美主义，晚年服膺民族主义，鼓吹帝国主义战争，深受墨索里尼赏识。墨索里尼曾悬赏征募他的传记。著有诗集《赞歌》、小说《死的胜利》等。

的“小引”。该书收入比利时、捷克、法国、匈牙利、俄国、苏联、犹太、南斯拉夫、西班牙等国家和民族的10位作家的短篇小说13篇。译者鲁迅、柔石、梅川、真吾皆为朝花社成员。书中有鲁迅翻译的法国菲立普的《捕狮》和《食人人种的话》、俄国迦尔洵的《一篇很短的传奇》、苏联淑雪兼珂的《贵家妇女》和《波兰姑娘》5篇作品。

5月

4日　致舒新城[①]信，告以《故乡》中的“猹”字是自己“据乡下人所说的声音，生造出来的，读如‘查’。但我自己也不知道究竟是怎样的动物，因为这乃是闰土所说，别人不知其详。现在想起来，也许是獾罢”。

10日　作《〈奔流〉编校后记（十）》，载6月20日《奔流》月刊第2卷第2期，署名鲁迅，收入《集外集》附录。后记谈到现代文化与古典文化的关系，认为继承中外文学遗产是借鉴，而不能用遗产来代替创作，这和“中国复古的两派——遗老的神往唐虞，遗少的归心元代”——毫无共同之点。还指出：“倘若先前并无可以师法的东西，就只好自己来开创。拉旧来帮新，结果往往只差一个名目。”

13日　晨启程赴北平探亲，“柔石、真吾、三弟相送”。15日午后抵北平，即发电回沪报告平安。15日给许广平的信中谈及到家的见闻：“家里一切如旧，母亲精神形貌仍如三年前。”“家中“平常似常常有客来住，多至四五个月，连我的日记本子也都打开过了，这非常可恶，大约是姓车的男人所为。”还说：“不过这种

---

① 舒新城（1893—1960），湖南溆浦人，教育家，时任上海中华书局编辑所所长。

情形，我倒并不气，也不高兴，久说必须回家一趟，现在是回来了，了却一件事，总是好的。”这次省亲，本拟6月20日前后结束，实际提前到6月3日，只住了19天。

20日　发表所译卢那察尔斯基有关苏联文艺政策的论文《苏维埃作家与艺术》，载《奔流》第2卷第1期和12月20日第2卷第5期，副题为《〈文艺政策〉附录（一）·〈苏维埃国家与艺术〉》，署名鲁迅。从日本茂森唯士日译本转译。

22日　傍晚往燕京大学国文学会讲演1小时，题为《现今的新文学的概观》，吴世昌记录稿经鲁迅改定，载4月25日《未名》半月刊第2卷第8期（实际出版日期延迟），署名鲁迅，收入《三闲集》。另有“鲁迅在燕大讲、郭亦华记”的《评所谓革命文学》载5月26、27日《北平日报》副刊。据李霁野回忆：“一九二九年鲁迅先生回京，在青年学生中引起了极热烈的反应，他不得不答应他们的要求，先后到燕京大学和北京大学去讲演。”鲁迅在给许广平的信中谈到这次演讲说：“我这回本来不想多说话，但因为在那边是现代派太出风头了，所以想去讲几句。”“照例说些成仿吾徐志摩之类，听的人颇不少——不过也不是都为了来听讲演的。”[①]演讲分析中国新文学的现状，认为“各种文学，都是应环境而产生的”，“政治先行，文艺后变。倘以为文艺可以改变环境，那是‘唯心’之谈”。中国“文学并不变化和兴旺，所反映的便是并无革命和进步”。“旧社会将近崩坏之际，是常常会有近似带革命性的文学作品出现的，然而其实并非真的革命文学”，因为这些文学家或者并无理想，或者只有脱离实际的空想，所以“革命一到，反而沉默下去”。最后强调要“多看外国书”：“多看

① 鲁迅1929年5月21、22日致许广平信。

些别国的理论和作品之后，再来估量中国的新文艺，便可以清楚得多了。更好是绍介到中国来；翻译并不比随便的创作容易，然而于新文学的发展却更有功，于大家更有益。”

24日 上午沉钟社杨晦、冯至、陈炜谟等来访，同去中山公园来今雨轩午餐，一直谈到下午五时。谈话的内容很大部分“是在这大动荡的时代，一些青年人使他感到失望”[①]

25日 为韩侍桁找工作，在孔德学校偶遇钱玄同和顾颉刚。本日致许广平信说：“我今天的出门，是为侍桁寻地方去的，和幼渔接洽，已有头绪，访凤举却未遇。途次往孔德学校，去看旧书，遇钱玄同，恶其噜苏，给碰了一个钉子，遂逡巡避去；少顷，则顾颉刚叩门而入，见我即踟蹰不前，目光如鼠，终即退出，状极可笑也。他此来是为觅饭碗而来的，志在燕大，但未必请他，因燕大颇想请我；闻又在钻营清华，倘罗家伦不走，或有希望也。”

同日 在未名社遇朝鲜青年金九经[②]，应请在金九经的扇子上题句。鲁迅向他了解日本帝国主义统治下的朝鲜的情况。据5月31日、6月2、3日鲁迅日记记载，在北平期间，金九经两次来访，回上海时又至车站相送，并赠《改造》杂志1本。

29日 应北京大学国文学会邀清，晚至北大第二院演讲1小时，“听者有千余人”。稿佚。鲁迅本日晚致许广平信说：“大礼堂为之满，大约北平寂寞已久，所以学生们很以这类事为新鲜了。”

30日 与李霁野等专程往西山疗养院探望青年朋友韦素园。本日给许广平的信中叙述了会见的情形：“今天我是早晨八

---

① 冯至《鲁迅与沉钟社》，《中国现代文艺资料丛刊》第4辑。

② 金九经(1899—1950)，朝鲜人。原任职于日本人所办的汉城帝国大学，因不满日本殖民统治，逃至中国。初寄居未名社，后任北京大学讲师，教授日文和朝鲜文。

点钟上山的，用的是摩托车，并霁野等共五人。素园还不准起坐，也很瘦，但精神却好，他很喜欢，谈了许多闲天。”后来在《且介亭杂文·忆韦素园君》中写道：“一九二九年五月末，我最以为侥幸的是自己到西山病院去，和素园谈了天。他为了日光浴，皮肤被晒得很黑了，精神却并不萎顿。我们和几个朋友都很高兴。但我在高兴中，又时时夹着悲哀。”1930 年 1 月 20 日，鲁迅得知素园病转重，立即函告北京，从家用中借李霁野 100 元，为之治病。

31 日　接待由金九经陪同来访的 3 位日本友人，分别是京都大学文学研究所教授冢本善隆、在北京大学研究考古学的水野清和京都大学文学教授仓石武四郎。鲁迅在当晚写给许广平的信中说：“下午有三个日本人来看我所藏的关于佛教石刻拓本，颇诧异于收集之多，力劝我作目录。这自然也是我所能为之一，我以外，大约别人也未必做的了，然而我此刻也并无此意。”此次北上，鲁迅本想顺便去北京大学将该校收藏而自己所缺的汉画像石拓片翻照保存，但未能实现。

6 月

1 日　与柔石等朝花社成员合编的《朝花旬刊》创刊于上海。编辑宗旨与本年 5 月 16 日停刊的《朝花》周刊相同。据《朝花》周刊终刊号第 27 期“编辑后记”：“《朝花》周刊自本期以后改为旬刊了。页数，字数比周刊增加一倍，内容也当尽力所能使之更为充实”。

2 日　上午应邀往第二师范学院演讲，稿佚。第二师范学院的前身即鲁迅曾任教的北京女子师范大学。据于一回忆，这次讲演主要是围绕青年的出路问题。鲁迅指出：“现在青年们一般的错误是观察不广，往往只在一个很小的圈子里打转。喜欢文学的往往不看科学一类的书"，还认为"现在的青年们还有一个弱点，就是理想太高"，主张"把眼光放大些放远些，更要放平些放低些。"还希望青年人不要"专门牺牲他人以满足自己"，而"要抱有牺牲的精神"。[①]

晚应邀往琉璃厂第一师范学院演讲，稿佚。第一师范学院即前北京师范大学。据陈楚桥回忆，外来听讲者甚多。演讲首先指出，原来投靠北洋军阀的"'正人君子'已和党国英雄(按：指国民党新军阀)'咸与维新'了，到处已由五颜六色的国旗换上了青天白日旗，而且为了清一色计，他们正在防止赤化和排除异端，甚至从红皮书到红嘴唇都被禁止了。自然这也是洋大人所希望的"。讲到文艺界，指出，新月派对左翼文学的诽谤固然是为的取媚于当局；太阳社、创造社等对他的错误的围攻"也是官大人所希望的"。又说："我以为革命文学家，必须首先是一个革命家，且不忙于挂招牌。"[②]

19日 译完俄国普列汉诺夫的《论文集〈二十年间〉第三版序》并作"译者附记"，均载7月15日《春潮》月刊第1卷第7期，署名鲁迅，译文收入《艺术论》，译者附记收入《鲁迅译文集》第6卷附录。从日本藏原惟人的日译本转译。附记介绍了普列汉诺夫的政治倾向，说"他的著作，则至于称为科学底社会主义的宝库，无论为仇为友，读者很多。在治文艺的人尤当注意的，是他又是用马克思主义的锄锹，掘通了文艺领域的第一个"。同年10月12日，鲁迅译完普列汉诺夫的《艺术论》一书后，考虑到序文

---

① 于一《追记鲁迅先生女师大讲演》，见1929年12月18日《世界日报》周刊《骆驼》第117期。

② 陈楚桥《记鲁迅先生的一次讲演》，见1961年10月22日《西安日报》。

中有作者“自叙对于文艺的见解,可作本书(按:指《艺术论》)第一篇的互证,便也附在卷尾了”。

20日　所译日本野口米次郎的论文《爱尔兰文学之回顾》,载《奔流》月刊第2卷第2期,署名鲁迅,收入《译丛补》。鲁迅在为该期所作编辑后记中认为该文“于爱尔兰文学运动的来因去果,是说得了了分明的”,而其所强调的“无论那一国的文学,都必须知道古代的文化和天才,和近代的时代精神有怎样的关系,而从这处所,来培养真生命”,是和中国遗老遗少的复古思想绝然不同的。

25日　致白莽[①]信并附赠所藏德文版 Petöfi(裴多菲)集。鲁迅此前从《奔流》来稿中,看到白莽译自德文的裴多菲传,为要核对原文,请白莽寄来附有原文的《裴多菲诗集》,两人由此开始交往。白莽对匈牙利诗人裴多菲热烈的景仰和深沉的爱,引发鲁迅对自己青年时的回忆,鲁迅把自己年青时从德国买来的裴多菲散文集和诗集“送给这也如我的那时,热爱彼得斐的诗的青年”,还郑重地托柔石亲自送去。鲁迅为白莽校对了译文,在复信中鼓励他“再寄十诗,一同发表”。鲁迅说明赠送白莽裴多菲集的目的,是希望他能“索性绍介他一本诗到中国来”。据鲁迅的日记和回忆文章《为了忘却的记念》,4日,白莽“果然译一首,自己拿来了,我们谈得比第一回多。传和诗,后来就都登载《奔流》第二卷第五本,即最末的一本里”。同年9月中旬白莽入狱,鲁迅赠送的书被没收。

---

① 白莽(1909—1931),即殷夫,原名徐柏斑,又名徐祖华、徐白、绦文雄,浙江象山人,太阳社、“左联”成员,中共党员。曾编辑共产主义青年团中央机关刊物《列宁青年》。1931年2月7日,被国民党政府杀害。著有诗集《孩儿塔》《伏尔加的黑浪》等。

7月

3日 收到曹靖华由苏联列宁格勒寄赠的《阿Q正传》俄译本、理定编《作家传——当代俄罗斯散文作家自传及画像》以及新俄画片。《阿Q正传》本年由莫斯科青年近卫军出版社出版，译者科金。1933年11月5日鲁迅答姚克信中所说《阿Q正传》俄译本有两种，一种无译者，实为此译本。

8日 复李霁野信。李霁野6月27日来信说，《未名》月刊出至4月25日第2卷第8期，因缺款而停刊。鲁迅的态度是："《未名》忽停，似可惜，倘能销至一千以上，似以不停为宜，但内容应较生动才好。"对李来信提出把刊物转到上海编印的想法，表示，"倘由我在沪编印，转为攻击态度(对于文学界)，不知在京诸友，以为妥当否？因为文坛大须一扫，但多造敌人，则亦势所必至。"后经两人反复通信商量，鉴于印行等方面的实际困难，确定仍由北平同人主持。鲁迅于本月20日信中，答应继续每期寄稿。但因未名社社务问题较多，《未名》续刊后，仅于1930年4月30日编印第2卷第9—12期合刊1册。

28日 作《"皇汉医学"》和《〈吾国征俄战史之一页〉》，均载8月5日《语丝》周刊第5卷第20期，署名鲁迅，收入《三闲集》。前者借当时报纸上称颂日本《皇汉医学》的广告，痛斥复古思潮。后者剖析报刊宣传的《吾国征俄战史之一页》，批评国民党政府的"反俄运动"。

同日 作《〈小小十年〉小引》，载8月15日《春潮》月刊第1

卷第 8 期，署名鲁迅，收入《三闲集》时改题为《叶永蓁[①]作〈小小十年〉小引》。长篇小说《小小十年》的作者叶永蓁参加过北伐，鲁迅应邀为他校改了这部作品，7 月 8 日改讫。小引认为，该书的生命就在于“他描出了背着传统，又为世界思潮所激荡的一部分的青年的心，逐渐写来，并无遮瞒，也不装点，虽然间或有若干辩解，而这些辩解，却又正是脱去了自己的衣裳。至少，将为现在作一面明镜，为将来留一种记录”。针对当时文坛上空挂“伟大的招牌”而无实际创作的现状，指出：“中国如果还会有文艺，当然先要以这样直说自己所本有的内容的著作，来打退骗局以后的空虚。因为文艺家至少是须有直抒已见的诚心和勇气的，倘不肯吐露本心，就更谈不到什么意识。”

8 月

11 日　作《〈奔流〉编校后记（十一）》，载 8 月 24 日《奔流》月刊第 2 卷第 4 期，署名鲁迅，后收入《集外集》附录。着重介绍自本期起连载的冯雪峰所译《现代欧洲艺术及文学底诸流派》，系匈牙利流亡国外的革命者马察的名著《现代欧洲的艺术》中的一篇。认为这篇论文中“所举的新流派，在欧洲虽然多已成为陈迹，但在中国，有的却不过徒闻其名，有的则连名目也未经介绍”，译者翻译这篇文章，“可以‘打发’掉只偷一些新名目，以自夸耀，而其实毫无实际的‘文豪’，因为其中所举的各主义，倘不用科学之光照破，则可借以藏拙者还是不少的”。

---

① 叶永蓁（1908—1976），原名会西，笔名叶榛，浙江乐清人。1926 年毕业于省立第十中学。因反对包办婚姻，向往自由恋爱，离家出走，考入黄埔军校第五期，毕业后参加北伐。其后到上海居住，因给《奔流》投稿，认识鲁迅。

同日 致李小峰信,“告以停编《奔流》。”自次日至15日,鲁迅接连托春潮书店张友松及其友党家斌代为聘请杨铿律师,“委以向北新书局索取版税之权”。关于北新的种种传闻,鲁迅在本年6月25日和7月21日致章廷谦信中曾谈到,8月7日致韦丛芜信中也表示对北新书局的强烈不满,自己在忍无可忍之下,乃请律师。8月17日致章廷谦信中说,这次“打官司”,是“给他们开了一点玩笑,也许并不算小,后事如何,此刻也难说。老板今天来访我,然已无及,因为我的箭已经射出了”。8月23日,经《奔流》另一主编郁达夫从中排解,鲁迅答应于25日双方往律师寓所开议。最后议定:北新所欠全部版税20000元,由律师见证分4期陆续拨还;以后出书,每本贴版权印花,并通过律师,每月支付版税400元;鲁迅的《奔流》编辑工作,在李小峰将各投稿者的稿费送来前,暂停进行。本年11月11日,北新所欠杂志稿酬全部还清,鲁迅即着手编《奔流》第2卷第5期,于12月20日出版。此后,却因北新未再委托编辑而停刊。12月23日,杨律师交来最后一期版税。“至此旧欠俱讫。”

16日 编译卢那察尔斯基论文选集《文艺与批评》并作“译者附记”,附记末署“鲁迅于上海的风雨,啼哭,歌笑声中记”,本年10月由水沫书店出版,为《科学的艺术论丛书》之一,收论文7篇,包括已发表过的《托尔斯泰与马克斯》《托尔斯泰之死与少年欧罗巴》和《苏维埃国家与艺术》,以及未另发表的《艺术是怎样地发生的》《今日的艺术与明日的艺术》和《关于马克斯主义文艺批评之任务的提要》,并以日本尾濑敬止的《为批评家的卢那卡尔斯基》为代序。附记除重申“硬译”主张外,还指出文集中有关苏联社会主义文艺的两篇论文,对“新月派”和“革命文学家”,“实在是一帖喝得会出汗的苦口的良药。”附记强调,文集“虽然不过是一些杂摘的花果枝柯，但或许也能够由此推见若干花果枝柯之所由发生的根柢。但我又想，要豁然贯通，是仍须致力于社会科学这大源泉的”。

18日 接待出狱不久的白莽，即付以稿费20元。白莽因参加罢工被捕入狱，遭到毒打，释放后前来探望。

20日 作《〈二月〉小引》，载9月1日《朝花旬刊》第1卷第10期，署名鲁迅，收入《三闲集》时，改题《柔石作〈二月〉小引》。小引指出革命时代有三种人：“站在山冈上者和飞沫不相干，弄潮儿则于涛头且不在意，惟有衣履尚整，徘徊海滨的人，一溅水花，便觉得有所沾湿，狼狈起来。”《二月》中的主人公肖涧秋就是后一种人，“他其实并不能成为一小齿轮，跟着大齿轮转动，他仅是外来的一粒石子，所以轧了几下，发几声响，便被挤到女佛山——上海去了”，“他幸而还坚硬，没有变成泽齿轮的油”。

21日 作《关于〈子见南子〉》，载本月19日《语丝》周刊第5卷第20期（实际出版日期延迟），署名鲁迅，收入《集外集拾遗》。本年6月，山东曲阜第二师范部分师生因演出林语堂所作独幕剧《子见南子》，受到当地孔氏“圣裔”和政府迫害。文章汇辑与此案有关的“公私文字”11篇，并加“结语”道：“待到教育部训令（九）一下，表面上似乎已经无事，而宋校长偏还强项，提出种种问题（十），于是只得调厅，另有任用（十一），其实就是‘撤差’也矣。这即所谓‘息事宁人’之举，也还是‘强宗大姓’的完全胜利也。”

28日 应李小峰之邀，与郁达夫、章廷谦赴南云楼晚餐，同席还有杨骚、林语堂及其夫人、衣萍，曙天。日记记载：“席将终，林语堂语含讥刺，斥之，彼亦争持，鄙相悉现”。据同宴者章廷谦说，那天李小峰请客，意在与鲁迅和解。席间有人说起关于北新书局开纱厂的传闻是“造谣”，林语堂也说有“奸人”在跟他捣乱，暗指张友松传播他在汉口发了笔洋财一事。鲁迅当即抗议，与林语堂激烈争吵。两人自此交恶，不相来往，直至 1933 年才恢复联系。

30 日 译俄国 Lvov-Rogachevski 论文《人性的天才——迦尔洵》并作“附记”，载 9 月 15 日《春潮》月刊第 1 卷第 9 期，署名鲁迅，均收入《译丛补》。译者附记说明翻译此文的用意：“无非因为其中所提起的迦尔洵的作品，有些是廿余年前已经绍介（《四日》，《邂逅》），有的是五六年前已经绍介（《红花》），读者可以更易了然，不至于但有评论而无译出的作品以资参观，只在暗中摸索。”

9 月

8 日 致郁达夫信，告以得到李小峰来信，《奔流》稿费会于本月 16 日付给，希望立即开始第 5 期稿件编辑，并且编成“翻译的增大号”。但 11 日又致信郁达夫说：“那‘拟于十六’，改为‘十五以后’了。虽然从本月十六起到地球末日，都可以算作‘十五以后’，然而，也许不至于怎样辽远罢。”言下仍对李小峰不太信任。10 月 2 日又致信郁达夫，商量出版一本“类似奔流之杂志，而稍稍驳杂一点，似于读者不无小补。因为奔流即使能出，亦必断断续续，毫无生气，至多不过出完第二卷也”。①

15 日 校译《小彼得》毕并作序，载 11 月春潮书局版《小彼得》，署名鲁迅，收入《三闲集》。本书系许广平从日文转译的匈

---

① 信函影印件收入黄世中编《王映霞：关于郁达夫的心声——王映霞致黄世中书简（165 封）笺注》，河南文艺出版社 2013 年版。另参见葛涛《新发现鲁迅致郁达夫三封书简考释——兼为〈新发现的鲁迅致郁达夫书简〉一文补正》，《鲁迅研究月刊》2014 年第 2 期。

牙利作家至尔·妙伦[①]的童话，署名许遐。序言认为至尔·妙伦的“致密的观察，坚实的文章，足够成为社会主义作家之一人，而使她有世界底的名声者，则大概由于那独创底的童话云”。还说这些童话“是写给劳动者的孩子们看的，输入中国，结果却又不如此。首先的缘故，是劳动者的孩子们轮不到受教育”。

27 日　晨八时，许广平生一男婴。次日买文竹 1 盆赠许广平。10 月 1 日，“与广平商定名孩子曰海婴”。

10 月

2 日　译完苏联毕力涅克的短篇小说《苦蓬》并作“译者附记”，载 1930 年 2 月 10 日《东方杂志》第 27 卷第 3 号，署名鲁迅，收入《一天的工作》。从平冈雅英日译本转译。附记介绍作者“虽然在革命的漩涡中长大，却并不是无产作家，是以‘同路人’的地位而得到很利害的攻击者之一”，鲁迅认为这篇小说写作时正值苏联“‘战时共产时代’，革命初起，情形很混沌，自然便不免有看不分明之处，这样的文人，那时也还多——他们以‘革命为自然对文明的反抗，村落对于都会的反抗，惟在俄罗斯的平野和森林深处，过着千年前的生活的农民，乃是革命的成就者”。鲁迅后来在《〈一天的工作〉后记》中也谈到：“毕力涅克所写的革命，其实不过是暴动，是叛乱，是原始的自然力的跳梁，革命后的农村，也只有嫌恶和绝望。他于是渐渐成为反动作家的渠魁，为苏联批评界所攻击了。”

12 日　译完俄国普列汉诺夫的《艺术论》，从外村史郎日译

---

①　至尔·妙伦（1883—1951），德籍匈牙利女作家，原为奥地利人，后和一位生活在德国的匈牙利翻译家结婚。主要作品有《小彼得》《真理之城》《帅市民》等。

本转译，1930 年 7 月光华书店出版，为《科学的艺术论丛书》之一。在次年为译本所作序言中，说明该书已有林柏的中译本，“但因为丛书的目录早经决定，只得仍来做这一番很近徒劳的工夫。当翻译之际，也常常参考林译的书，采用了些比日译更好的名词，有时句法也大约受些影响，而且前车可鉴，使我屡免于误译，这是应当十分感谢的”。

31 日 请律师来寓所，援助家中女佣王阿花。王阿花是浙江上虞人，在家因“被男人虐待，将被出售”，而逃出做工。阿花被丈夫追踪，十分惊恐。鲁迅 1929 年 11 月 8 日致章廷谦信谈及此事说，当时“果有许多流氓，前来生擒，而俱为不佞所御退，于是女佣在内而不敢出，流氓在外而不敢入者四五天，上虞同乡会本为无赖所把持，出面索人，又为不佞所御退”。后经人从中斡旋，于 1930 年 1 月 9 日按议定办法，由鲁迅“代女工王阿花付赎身钱百五十元”，后由王阿花以工资陆续归还。后来，王阿花因另有所爱离去。

11 月

6 日 得孙用[①]投寄《奔流》译稿《勇敢的约翰》，译者用一年左右工余时间从世界语译本转译。鲁迅 8 日复信，赞扬“译文极好，可以诵读”，表示愿“为张罗出版”。19 日又函告，“此书已和春潮书局说妥，将印入《近代文艺丛书》中了。”次日所作《奔流》第 2 卷第 5 期“编辑后记”即向读者预告。但后来书局变卦，鲁

① 孙用(1902—1983)，原名卜成中，浙江杭州人，翻译家。当时是杭州邮局职员，业余用世界语从事翻译，经常向《奔流》投稿，1929 年 1 月始与鲁迅通信联系，现存鲁迅给他的信 14 封，其中有 10 封是关于《勇敢的约翰》的。但两人始终未见过面。

迅又“跑遍了许多书店，看了人家的好多冷面孔”，没有成功。鲁迅认为作者的“译文是很费力的，为赌气起见，想自行设法，印一千部给大家看看。但既将自主印刷，则又颇想插以更好的图，于是托在德之友人，转托匈牙利留学生，买一插画本”。① 最后，译者从匈牙利搜集到12幅难得的画片。为了把书出得像样，鲁迅个人筹款，代为付印，又亲自校订，修改近40处，精心选择插图，设计版式，还代书店提前垫付稿费，终于1931年11月由湖风书店出版。②

12月

3日 译完苏联高尔基的短篇小说《恶魔》并作“译者附记”，均载1930年1月16日《北新》半月刊第4卷第1、2期合刊，署名鲁迅，收入《译丛补》。从川本正良日译本转译。附记认为，高尔基创作此篇时，已“是社会主义信者了，而尼采色还很浓厚”。附记从资本主义社会作家的命运，联想到中国作者遭受的盘剥：“译完这篇，觉得俄国人真无怪被人比之为‘熊’，连著作家死了也还是笨鬼。倘如我们这里的有些著作家那样，自开书店，自印著作，自办流行杂志，自做流行杂志贩卖人，商人抱着著作家的太太，就是著作家抱着自己的太太，也就是资本家抱着‘革命文学家’的太太，而又就是‘革命文学家’抱着资本家的太太，即使‘周围都昏暗，在下雨。空中罩着沉重的云’罢，戈理基的‘恶魔’也无从玩这把戏，只好死心塌地去苦熬他的‘倦怠’罢了。”

---

① 鲁迅1930年9月3日致孙用信。

② 孙用《鲁迅先生是怎样替〈勇敢的约翰〉“校字”的？》，见《新港》1961年第9、10期。

4日 往上海暨南大学演讲，讲题为《离骚与反离骚》，记录稿载1930年1月18日《暨南校刊》第28、29、30、31、32期合刊，署周鲁迅演讲，郭博如（策）记。讲稿是否经鲁迅审定，不详。演讲从中国古代诗人的发牢骚谈起，对现实中小报上的发牢骚，以及新月派反发牢骚作了剖析："这两派——牢骚与反牢骚都不是社会的叛徒。发牢骚也绝不至扰乱社会，不过发牢骚的也都为一己利禄而已，整个的社会问题仍是不会涉及的！"鲁迅1934年12月11日致杨霁云信曾说。"在暨南的演讲，即使检得，恐怕也通不过的。"通不过，是指不能通过国民党图书审查机关的审核而收入《集外集》（杨霁云当时正在编辑该集）。

20日 发表所译俄国Lvov-Rogachevski（李沃夫·罗加切夫斯基）的论文《契诃夫与新文艺》，载《奔流》月刊第2卷第5期，署名鲁迅。可能从日译本转译，日译本版本及译者信息均不详，收入《译丛补》。鲁迅在该期编辑后记中说，此文是专为纪念契诃夫逝世25周年而译的，并将11月6日曹靖华寄来的苏联《契诃夫死后二十五年纪念册》中的像片作为本期的插图，以志纪念。

22日 作《我和〈语丝〉的始终》，载1930年2月1日《萌芽月刊》第1卷第2期，署名鲁迅，收入《三闲集》。鲁迅在厦门时就"想做一篇纪事，将五年来我和种种文学团体的关涉，讲一个大略"，但实际写成的只有关于《语丝》这一种。《语丝》在北京时由周作人编辑，1927年曾被政府查禁，后虽复刊，但思想和作风发生了变化。本年鲁迅回北平探亲时，就感觉到北京的《语丝》撰稿人有攻击和排斥异己的现象。鲁迅谈到撰写此文的用意说："语丝派的人，先前确曾和黑暗战斗，但他们自己一有地位，本身又便变成黑暗了，一声不响，专用小玩意，来抖抖的把守饭碗。"

"我在《萌芽》上发表了一篇《我和语丝的始终》,便是赠与他们的还留情面的一棍。"①

24日 拒见林庚白②。鲁迅26日日记载:"晚林庚白来信谩骂"。信上辱骂鲁迅推故不见他,把鲁迅比之吴稚晖一流,并附诗一首,其中一联是"毕竟犹存官长气,寻常只道幕僚风"。鲁迅未复。28日,林又来信发泄不满。

27日 接待史沫特莱来访,由蔡咏裳、董绍明陪同。史沫特莱去年12月以德国《佛兰克福日报》特派记者身份来华,本月致信鲁迅联系拜访。本日会面,鲁迅赠以照片4张,可能供其所任职的日报选用。次年2月10日,鲁迅得到史沫特莱赠书,即其自传体小说《大地的女儿》德文译本,扉页上有英文题词:"赠给鲁迅,对他为了一个新的社会而生活和工作表示敬佩。"鲁迅主编的《萌芽月刊》第1卷第5期刊载了史沫特莱的《中国农村生活片断》。

年底 与冯雪峰等磋商成立"左联"。据冯雪峰回忆:约在本年10、11月间,中央宣传部干事兼中央文化工作委员会(本年秋成立)书记潘汉年要他去同鲁迅商谈成立"左联"的问题,说明党中央希望创造社、太阳社和鲁迅联合起来,成立一个革命文学团体,团体名称拟定为"中国左翼作家联盟"。对此,鲁迅表示完全同意。经过几番商议,大概在本年底,产生了"基本构成员"

---

① 鲁迅1930年2月22日致章廷谦信。

② 林庚白(1894—1941),原名学衡。福建闽侯,诗人,南社社员。曾任中国大学及俄文专修馆法学教授,众议院及非常国会秘书长,国民党政府立法院立法委员。著有《人鉴》。

(即发起人和筹备人)12 人。[①]

本年 思想上经历一些变化,情绪时有起伏。这个时期,鲁迅与冯雪峰思想交流比较多,两人常常谈到深夜。据许广平回忆:"这时候见到的先生,在青年跟前,不是以导师出现,正像一位很要好,意气极相投的挚友一般。有时他们谈到深夜两三点。冯雪峰离开后,鲁迅才打起精神,开始做预约好的工作,直到天亮还不能休息。家人劝告鲁迅不能这样,鲁迅说:'有什么法子呢?人手又少,无可推诿。至于他,人很质直,是浙东人的老脾气,没有法子。他对我的态度,站在政治立场上,他是对的。'"[②]

本年 为井上红梅绘"赌博图"并作文字说明。井上红梅是将《阿 Q 正传》翻译成日文的第一人,他 1928 年译成《阿 Q 正传》,刊载于日本出版的《奇谭》杂志 11 月号,后收入 1932 年 11 月改造社出版的《鲁迅全集》。井上红梅在翻译过程中向鲁迅请教有关阿 Q 赌博的问题,鲁迅为他绘制此图。

本年 敬隐渔以法文翻译鲁迅小说《阿 Q 正传》《孔乙己》和《故乡》等,收入他所编译的《中国当代短篇小说家作品选》,由巴黎里埃德书局出版。

本年 苏联列宁格勒激浪出版社出版鲁迅短篇小说集,收入瓦西里耶夫(中文名王希礼)1925 年所译的《阿 Q 正传》及鲁迅所作《著者传略》《俄文译本〈阿 Q 正传〉序》,此外还有加查克

---

① 据复旦大学《鲁迅日记》注释组《访问楚图南》,鲁迅研究室编《鲁迅研究资料》第 5 辑;阳翰笙《中国左翼作家联盟成立的经过》,1980 年《文学评论》第 2 期;冯夏熊整理的《冯雪峰谈左联》,1980 年《新文学史料》第 1 期。按:关于"基本构成员",回忆者提供的名单略有出入。冯雪蜂所记有鲁迅,郑伯奇、冯乃超,彭康、沈起予、阳翰笙、蒋光慈、阿英、洪灵菲、夏衍、秉石和冯雪峰;阳翰笙的回忆增加了潘汉年、李初梨,没有彭康和沈起予;夏衍的回忆则有臧万平,没有沈起予。

② 许广平《鲁迅和青年们》,《文艺阵地》第 2 卷第 1 期,1938 年 10 月 16 日。

维奇所译《幸福的家庭》《高老夫子》，石斗肯所译《头发的故事》《孔乙己》《风波》《故乡》《社戏》。

本年 莫斯科青年近卫军出版社出版《当代中国中短篇小说集》，内收苏联科金译《阿Q正传》。

1930年（庚午，中华民国十九年） 50岁

▲3月至10月，中国左翼作家联盟、中国社会科学家联盟、中国左翼美术家联盟、中国左翼戏剧家联盟及左翼文化界总同盟先后在上海成立。

▲5月至10月，蒋介石所部与阎锡山、冯玉祥所部在河南、安徽、山东、江苏交战，史称中原大战，蒋部获胜。

1月

1日 与冯雪峰等合编的《萌芽月刊》在上海创刊，鲁迅设计封面，光华书局发行。创刊号的"编者附记"声明，刊物主要登载"翻译和绍介，创作，评论"。翻译方面着重介绍苏联及其他民族的作家作品；评论方面则专限于论述各国新兴文艺的文章及国内的社会批评和文艺批评等。还开辟"社会杂观"栏，刊发针砭时弊的杂感。自第1卷第3期起，《萌芽月刊》成为中国左翼作家联盟机关刊物之一，标明是"文艺、文化、社会"的综合性刊物。

同日 在《萌芽月刊》创刊号上发表《流氓的变迁》，署名鲁迅，收入《三闲集》。文章概述了从古代的侠到近代流氓的演变过程及其在文化上的反映，认为所谓"侠"随着"安全之度增多了，奴性也跟着加足"，他们以种种流氓手段欺压他人，因为"后

面是传统的靠山，对手又都非浩荡的强敌，他就在其间横行过去”。

同日 在《萌芽月刊》创刊号上发表《新月社批评家的任务》，署名鲁迅，收入《三闲集》。去年4月以后，《新月》月刊刊登了胡适和梁实秋等的批评国民党当局的政论文章，梁实秋连续发表《论思想统一》《论批评的态度》和《“不满于现状”，便怎样呢?》等文，亮出“我们反对思想统一，我们要求思想自由”的立场，同时也批评鲁迅等左翼作家的社会文化活动。新月派的这些言论引发当局不满，国民党中央执行委员会按《宣传审查条例》决议由教育部对胡适加以警诫，批评他的《知难，行亦不易》《人权与约法》等文触犯了条例。鲁迅讽刺新月派文人是为国民党新军阀“挥泪以维持治安”作“刽子手和皂隶”，然而却没有得到赏识。

同日 所译苏联法捷耶夫长篇小说《毁灭》第1、2部开始连载于《萌芽月刊》第1—6期，题为《溃灭》，署名鲁迅。从藏原惟人日译本转译。第1期的“编者附记”指出，这部作品“虽无一句革命的煽动的话，而仍使我们受到深强的感动。”因《萌芽》停刊，未能在《萌芽》上继续译载。鲁迅后又据英、德译本参校，于本年末补译完第3部，次年9月出版。

16日 译完日本岩崎·昶[①]的论文《现代电影与有产阶级》并作“译者附记”，载3月1日《萌芽月刊》第1卷第3期，署名L，收入《二心集》。该文是原作者尚未完成的《电影和资本主义》一书中的一部分，原题《作为宣传、煽动手段的电影》。翻译此篇的

---

① 岩崎·昶(1903—1981)，1903年出生于日本东京，1928年开始投身于日本的电影事业，1929年2月组织日本无产阶级电影同盟，电影理论家、评论家及纪录片制作者。著有《电影艺术史》《电影与资本主义》等。

目的，是借用这面“小镜子一照”外国影片的宣传用意，使人明白帝国主义利用电影进行文化侵略的意图。本期《萌芽》“编辑后记”说，这篇附记“虽是简单的几句话，却将社会的一部分，锋利地给以解剖了”。

19日 致李霁野信，告知自己参与经营的“朝花社”解散：“这是一部分人上了一个人的当，现已将社停止了。我们有三种书交春潮书店出卖，并非全部。”此处的“一个人”指王方仁，他在经营过程中假公济私，导致亏空。[①] 信中还谈及北京未名社的解散问题：“未名社既然如此为难，据我想，还是停止的好。所有一切书籍和版权，可以卖给别人的。否则，因为收旧欠而添新股，添了之后，于旧欠并无必得的把握，无非又添上些新欠，何苦如

---

① 关于这个“股份”公司的经营，许广平在《鲁迅和青年们》中记述（A指王方仁，B指崔真吾）：“A就提议大家来出点书，他说，他哥哥开教育用品之类的店，可以赊点纸，或者还可向拍卖行买些便宜货，用不着大本钱。而且他哥哥的店，也可以代卖书籍，省得另开门面，有批发的，他也可以代收帐，很靠得住。大家同意了，用朝花社名义出了种周刊，印些近代木刻画选，也出些近代小说集，颇有点基础了。选木刻，制图，选材料等，离不了先生的苦心经营。而跑腿往来于印刷局等苦差使，则往往落到柔石身上。资本是A、B、柔石、先生四人出的，但因经费不足（每人数百元），又不便叫学生们多负担，于是把我也算作一股。其中最失败的是《近代木刻选集》之类的木刻印本。纸张是A经手的，从他哥哥的店里或拍卖而来，各种纸都有，很多是粗糙的，不宜于印图。而且抽墨也恶劣，往往把细的线条遮抹掉，有时墨太浓，反映出闪光，很不好看，然而还有读者。书和刊物，渐渐被人注意了，那时的A似乎别有所忙，时常往来于上海、宁波之间；有时急待他接洽什么，总老等他不来，责任几乎全落到柔石一个人身上。他很愿尽力，无奈那位A的哥哥店里的关系，柔石去接洽总弄不恰当，结果诸多棘手。卖出去的书，据说一个钱也收不回，几次的添本钱，柔石甚至一面跑印刷所，一面赶译书卖钱去充股本，有时真太来不及了，先生就转借些给他。总计起来，大约先生和我及借给柔石的，至少占股本之半。这时A对于译书事忽然不热心了，颇有十问九不理的样子。在某天，他宣布不能继续了，他哥哥的店不肯再代设法，书也多卖不出去，后来就把剩下的书由柔石托别的书店去卖，款不但收不到还要每人筹款填亏空。先生担负了巨额的损失之后，得到朝花社遗留下来的黄色包书纸一束，从此关门大吉。”

此呢。这不是永远给分销处做牛马吗?”

24 日 作《“硬译”与文学的阶级性》,载3月1日《萌芽月刊》第1卷第3期,署名鲁迅,收入《二心集》。《新月》月刊第2卷第6、7期合刊发表梁实秋的文章《文学是有阶级性的吗?》和《论鲁迅先生的‘硬译’》,以人性论为依据,批评阶级斗争学说;以反对“硬译”为借口,讽刺鲁迅所译马克思主义文艺理论。文章驳斥梁实秋的言论,指出:“文学不借人,也无以表示‘性’,一用人,而且还在阶级社会里,即断不能免掉所属的阶级性,无需加以‘束缚’,实乃出于必然。”还指出,梁实秋对标语口号式作品的攻击,跟另一些“革命文学家”对这类作品的辩护一样,都是对无产文学的“有意的或无意的曲解”,因为这种标语口号式的作品“毫不足作无产文学之新兴的反证的”。针对梁实秋所谓可以给无产阶级文学一个位置的说法,指出:“无产者文学是为了以自己们之力,来解放本阶级并及一切阶级而斗争的一翼,所要的是全般,不是一角的地位。”关于“硬译”,文章申明自己翻译马克思主义文艺理论的目的“是在从天国里窃得火来,本意却在煮自己的肉的,以为倘能味道较好,庶几在咬嚼者那一面也得到较多的好处,我也不枉费了身躯”。“我自信并无故意的曲译,打着我所不佩服的批评家的伤处了的时候我就一笑,打着我的伤处了的时候我就忍疼,却决不肯有所增减,这也是始终‘硬译’的一个原因。”

2月

1 日 发表《书籍和财色》,载《萌芽月刊》第1卷第2期,署名鲁迅,收入《三闲集》。文章揭露“专以学生为对手的书店”玩弄财色等欺骗手段招揽顾客,抨击一些出版商以旧思想毒害读者的恶行。

8日 作《〈文艺研究〉例言》，载本月15日《文艺研究》第1卷第1本(实际出版日期在本年4月底至5月初)，未署名，收入《集外集拾遗》附录2。《文艺研究》系专载文艺研究论文的季刊，署文艺研究社编辑，大江书铺发行，仅出1期，即被查禁。

同日 作《文艺的大众化》，载3月1日《大众文艺》第2卷第3期，署名鲁迅，收入《集外集拾遗》。文章是对《大众文艺》征求关于文艺大众化问题的意见的答复，驳斥了新月派成员宣扬的文艺只有少数的优秀者才能鉴赏的论调，同时针对当时文艺大众化问题讨论中出现的一些错误倾向，如片面强调文艺形式"通俗化"，空谈文艺"全部大众化"等，指出，"若文艺设法俯就，就很容易流为迎合大众，媚悦大众。迎合和媚悦，是不会于大众有益的"。

同日 作《〈毁灭〉第二部一至三章译者附记》，载4月1日《萌芽月刊》第1卷第4期，署名L。附记记录自己在翻译时"随时发生的感想"："这几章是很紧要的，可以宝贵的文字，是用生命的一部分，或全部换来的东西，非身经战斗的战士，不能写出。"认为作品描写的革命军处在危境时队员的各种表现是真实的，反映了"革命有血，有污秽，但有婴孩。这'溃灭'正是新生之前的一滴血，是实际战斗者献给现代人们的大教训。"

15日 出席秘密举行的中国自由运动大同盟成立大会①，并作为主要发起人之一，在同盟宣言上签名。后又被选为执行

---

① 关于"中国自由运动大同盟"举行成立大会的时间，地点说法各异，本谱据本年4月15日《新思潮》第5期和7月10日《自由运动》第1期刊登的该盟《宣言》所署日期。开会地点，据郑伯奇回忆在汉口路圣公会，冯雪峰则认为是本年2月13日鲁迅日记所记的法教堂。

委员。

同日 发表所译苏联普列汉诺夫《车勒芮绥夫斯基的文学观》第1章，载《文艺研究》第1卷第1本，署名鲁迅，收入《译丛补》。

16日 同柔石、冯雪峰至公啡咖啡馆参加为成立中国左翼作家联盟而秘密举行的筹备会议，到会者有冯乃超等12人。

22日 作《张资平氏的“小说学”》，载4月1日《萌芽月刊》第1卷第4期，署名黄棘，收入《二心集》。文章揭露张资平打着“方向转换”的幌子，自称最进步的无产阶级作家，却兜售三角恋爱小说，毒害青年，并在文章结尾把张氏的小说作品和“小说学”归结为一个“△”符号。文章发表后，张资平在1930年5月《洛甫》创刊号发表《答黄棘君》，反击鲁迅。鲁迅1933年7月14日致黎烈文信指出：“此公实已道尽途穷，此后非带些吧儿与无赖气息，殊不足以再有刊物上（刊物上耳，非文学上也）的生命。”

25日 作《〈新俄画选〉小引》，载5月光华书店出版的《艺苑朝华》第1期第5辑《新俄画选》，署名鲁迅，收入《集外集拾遗》。小引指出：“新俄的美术，虽然现在已给世界上以甚大的影响，但在中国，记述却还很聊聊。”并说明画选“多取版画”是由于“当革命时，版画之用最广，虽极匆忙，顷刻能办”。该书于本月26日编成。

3月

1日 发表《习惯与改革》，载《萌芽月刊》第1卷第3期，署名鲁迅，收入《二心集》。文章认为：“真实的革命者，自有独到的见解，例如乌略诺夫先生（按即列宁），他是将‘风俗’和‘习惯’都包括在‘文化’之内的，并且以为改革这些，很为困难。我想，但倘不将这些改革，则这革命即等于无成，如沙上建塔，倾刻倒坏。”改革者“必须先知道习惯和风俗，而且有正视这些的黑暗面的勇猛和毅力。因为倘不看清，就无从改革。仅大叫未来的光明，其实是欺骗怠慢的自己和怠慢的听众的。”

同日　在《萌芽月刊》第 1 卷第 3 期发表《非革命的急进革命论者》。鲁迅作序的叶永蓁《小小十年》出版后，报刊上出现了一些批评文章，有论者认为主人公不是彻底的革命者。鲁迅指出：“这言论，初看固然是很正当，彻底似的，然而这是不可能的难题，是空洞的高谈，是毒害革命的甜药。”文章还申明，自己在《小小十年》的序言中说主人公已经为社会尽了些力量，正是鉴于革命有同路人这样的事实，而那些“貌似彻底的革命者，而其实是极不革命或有害革命的个人主义的论客”，他们玩弄两面手法，一面对小说创作“要求彻底革命的主角”，而另一面对“社会科学的翻译，是加以刻毒的冷嘲”。

2 日　往中华艺术大学出席中国左翼作家联盟成立大会。加入联盟者 50 余人，当日到会者 40 余人。大会通过“左联”《纲领》，确定“目的在求新兴阶级的解放”，“反对一切对我们运动的压迫”。大会选出鲁迅、沈端先、冯乃超、钱杏邨，田汉、郑伯奇、洪灵菲为常务委员，周全平、蒋光慈为候补委员。鲁迅在会上发表演说，后经补充修改，载 4 月 1 日《萌芽月刊》第 1 卷第 4 期，题为《对于左翼作家联盟的意见——在左翼作家联盟成立大会上的演说》，署名鲁迅讲，王黎民（按即冯雪峰）记，收入《二心集》。讲演从政治上、思想上和组织上总结革命文学运动的历史，批评当时左翼文艺队伍中存在的个人主义、宗派主义、盲动主义等倾向，指明革命文学运动发展的方向，并对极左的幼稚病患者发出警告。[①] 鲁迅 1934 年 12 月 10 日致萧军、萧红信回顾左翼作家联盟成立时说，这“是一重要的事实。因为这时已经输入了蒲力汉诺夫，卢那卡尔斯基等的理论，给大家能够互相切磋，更加坚实而有力”，但也指出，过去左翼文艺队伍中那种分裂、高谈、故作激烈等现象，虽然因“左联起来，将这压下去了，但病根未除”。

9 日 往中华艺术大学演讲 1 小时，讲题据说是《革命文学》，讲稿不存。据李乔回忆，他曾在艺术大学听鲁迅讲演，但“这次的讲演是不公开的”。“鲁迅先生讲着，还用粉笔在黑板上画了一个人，一只脚站在一个写着‘革命’二字的葫芦上，一只脚站在一个写着‘文学’二字的葫芦上。当时，大家望着那富有深刻意义的绘画，都忍不住大笑。但鲁迅先生却不笑，他辞锋一转，便批评创造社的诗人，后来变成托派的王独清”。“最后，鲁迅先生鼓励听讲的青年，不要一只脚站在革命上，一只脚站在文学上。他希望大家两只脚站在革命上，做一个‘革命人’”，“则无论写的是什么事件，用的是什么材料，则都是革命文学。从喷泉里出来的都是水，从血管里出来的都是血……”[②]

13 日 参加中国自由运动大同盟组织的活动，往大夏大学乐天文艺社演讲。鲁迅后来说：“演讲的题目，是《象牙塔和蜗牛庐》。”演讲通过分析 1927 年大革命失败后中国文艺界的现状，预言正在兴起的无产阶级革命文学将要受到国民党的压迫。本月 18 日，国民党上海市党部的机关报《民国日报》副刊《觉悟》，

---

① 记者《中国左翼作家联盟的成立》，1930 年 3 月 10 日《拓荒者》第 1 卷第 3 期。

② 李乔《不能忘记的声音》，1961 年 9 月 16 日《光明日报》。李乔回忆这次演讲在 1930 年秋，与 3 月 9 日不合，可能李乔的回忆不准确，录此存疑。又，曹白、江丰《鲁迅先生对于版画工作的年表》记录本日讲题为《美术上的写实主义问题》，而张望《鲁迅论美术・鲁迅美术活动年谱》记为 8 月 6 日的讲题。具体时间待考。

以《呜呼"自由运动"竟是一群骗人的勾当》为题，刊载了署名"敌天"的"大夏来稿"，攻击鲁迅"公然作反动的宣传，在事实上既无此勇气，竟借了文艺演讲的美名而来提倡所谓'中国自由大同盟'的组织，态度不光明，行动不磊落——这也算是真正革命的志士么?"该作者自称是"站在时代前面的一个热血青年"。鲁迅后来指出，这个青年的言论，恰恰证实了本日讲演中的预见。

19日　参加中国自由运动大同盟组织的活动，往中国公学分院演讲，讲题为《美的认识》，稿佚。据同去演讲的郑伯奇回忆，鲁迅当天身体不适，为完成任务，"带病"演讲。[①]

本日　避居北四川路底施高塔路内山书店的假3楼上。至4月19日夜回寓(4月1日至5日曾回家暂宿)。这是鲁迅在上海的第一次避难。后来鲁迅在《关于许绍棣、叶溯中、黄萍荪》中记述此事说:"当我加入自由大同盟时，浙江台州人许绍棣，温州人叶溯中，首先献媚，呈请南京政府下令通缉。"

27日　致章廷谦信，谈到自己"甘愿为梯子"培养青年而青年们总让人失望时说:"对此一节，我也曾熟虑，倘使后起诸公，真能由此爬得较高，则我之被踏，又何足惜。"

4月

1日　发表《我们要批评家》，载《萌芽月刊》第1卷第4期，署名鲁迅，收入《二心集》。文章认为，1929年以来，"读书界的趋向社会科学，是一个好的，正当的转机，不惟有益于别方面，即对于文艺，也可催促它向正确，前进的路"，但批评家们只是"尽职于宣传本团体的光荣和功绩"及进行宗派主义的争斗，一些人便

① 郑伯奇《鲁迅先生的演讲》，《中流》半月刊第1卷第5期，1936年11月5日。

趁势一笔抹杀此类译著。这样一来,"在出品的杂乱和旁观者的冷笑中",新兴的文艺"是极容易凋谢的"。最后结论得出;"现在所首先需要的,也还是——几个坚实的,明白的,真懂得社会科学及其文艺理论的批评家。"

5日 接待刚从日本回国的茅盾及陪同前来的叶圣陶。据许广平回忆,鲁迅和与茅盾本来就有友情,此时同属于左联,在艰难环境下,更互相支持。有时遇到国外友人询及中国知识界的前驱,鲁迅必举茅盾以告,总不肯自专自是,且时常挂念茅盾的身体太弱,还不及他自己。又再三晓说对茅盾持有异议的人,指出"对内对外,急需人才,正宜相爱护,不可减轻实力,为识者笑而仇者快"。

11日 列名为本日创刊的《巴尔底山》旬刊的成员。该刊为"左联"成员创办,无编委会,由李一氓负责编辑。据李一氓回忆,发起该刊时他曾与鲁迅商量,鲁迅表示赞成。大家提了10来个刊名,其中有"游击队",鲁迅虽予认可,但嫌太露,改为音译"巴尔底山"(按:即 Partisan 的音译),并题写了"巴尔底山"报头。[①] 该刊的主旨是"以短文、锋利之文,对帝国主义、买办资产阶级及国民党反动派进行狙击",主要刊登国内外时事评论、文化思想批判、文艺批评以及讽刺诗、漫画等。5月21日出至第1卷第5号后被查禁。

12日 译完苏联文艺政策论文集《文艺政策》并作"后记",署名鲁迅,6月由水沫书店出版,为《科学的艺术论丛书》之一。从外村史郎和藏原惟人日译本转译,其中《关于对文艺的党的政策》《观念形态战线和文学》以及《关于文艺领域上的党的政策》3

---

① 李一氓《记〈巴尔底山〉》,1980年5月28日《人民日报》。

篇，自1928年起陆续刊载于《奔流》，未发表的有“后记”、原译者日本藏原惟人的《序言》以及冯雪峰所译日本冈泽秀虎《以理论为中心的俄国无产阶级文学发达史》的附录。

17日 作《“好政府主义”》，载5月1日《萌芽月刊》第1卷第5期，署名鲁迅，收入《二心集》。梁实秋在《新月》发表《“不满于现状”，便怎样呢？》等文，攻击鲁迅等批评时事的杂感只是一味不满于现状，非但不求医治“现状”的药方，反而把包括“好政府主义”在内的各种主义都说得一文不值，是不负责任的态度。文章反驳说，梁实秋对杂感的责难，是凭空捏造罪状，抹杀了政治思想文化斗争的实质和是非界限；新月派所鼓吹的“好政府主义”只是一副空洞无物却又专横地不准别人批评的药方，是维护当局统治的骗术，而“杂感之无穷无尽，正因为这样的‘现状’太多的缘故。”

19日 作《“丧家的”“资本家的乏走狗”》，载5月1日《萌芽月刊》第1卷第5期，署名鲁迅，收入《二心集》。本年2月10日《拓荒者》第1卷第2期“文艺理论讲座”栏发表冯乃超的论文《阶级社会的艺术》，批驳梁实秋《文学是有阶级性的吗？》一文，斥责他为“资本家的走狗”。梁实秋又著文回击，暗讽左翼作家为苏联卢布所“收买”。据冯雪峰回忆，鲁迅看了梁的这篇文章，决定自己来写篇文章。文章指出，梁实秋等人“遇见所有阔人都驯良，遇见所有穷人都狂吠”，是“属于所有资本家”的走狗，不但如此，他们在旧主人北洋军阀倒台之后，一时还未得到新主人即国民党当局的赏识，还陷入“无人豢养”的“丧家狗”的窘境。他们为了取媚于新军阀，对左翼文艺家使用了“下贱”的诬陷手段，“以济其文艺批评之穷”，所以“还得在‘走狗’之上，加上一个形容字：乏”。鲁迅将稿子交给《萌芽月刊》时笑着说：“你看，比起乃超来，我真要刻薄得多了。”接着又说：“可是，对付梁实秋这类人，就得这样。……我帮乃超一手，以助他之不足。”

20日 致郁达夫信，抄寄日译本高尔基全集的内容简介、价格和出版社信息，提议“将此集翻入中国，也是一件事情，最好是一年中先出十本”，建议由他和郁达夫各“认翻两本”。8月30日，又托内山书店把自己所编的柔石等译的《戈理基文集》一本寄郁达夫。后因当局收紧文网，翻译全集的计划未能实施，鲁迅只译出《俄罗斯的童话》一种。

29日 得上海邮务管理局信，称寄章廷谦的《萌芽》第3期被驻杭州局检查员扣留。一些译作和信件“也都在邮局暗中扣住”。鲁迅寄章廷谦的邮件有时丢失。这次因为用特别挂号方式，才收到被扣通知。

5月

3日 致李秉中信，介绍国内文艺杂志的情况：“实尚无较可观览者。近来颇流行无产文学，出版物不立此为旗帜，世间便以为落伍，而作者殊寥寥。销行颇多者，为《拓荒者》《现代小说》《大众文艺》《萌芽》等，但禁止殆将不远。”

5日 作《〈进化和退化〉小引》，载7月光华书局出版的《进化和退化》，署名鲁迅，收入《二心集》。《进化和退化》是周建人辑译的生物学论文集。鲁迅为本书选了篇目并作“小引”，说明该书的编辑意图：“一，以见最近的进化学说的情形，二，以见中国人将来的运命。”特别提醒读者“最要紧的是末两篇”。还以北京南苑农民因砍树枝维持生活而被捕的事，提醒读者，要改造自然，必须首先改造社会。

7日 晚往爵禄饭店，会见中共中央宣传部长李立三。据同往的冯雪峰回忆，李立三约见鲁迅的目的是希望鲁迅发个宣言拥护自己的政治主张。本年 6 月 11 日，李立三在上海主持中共中央政治局会议，通过《新的革命高潮与一省或几省的首先胜利》决议，认为革命胜利很快就会到来。鲁迅不同意发宣言。他在会面结束后说："今天我们是各人讲各人的，要我发表宣言很容易，可对中国革命有什么好处？那样我在中国就住不下去，只好到外国去当寓公。在中国我还能打一枪两枪。"①

8 日　校完去年 10 月 12 日译成的普列汉诺夫《艺术论》并作序言，7 月由光华书局出版，为《科学的艺术论丛书》之一。序言另载 6 月 1 日《新地月刊》(即《萌芽月刊》第 1 卷第 6 期)，题为《〈艺术论〉译本序》，署名鲁迅，收入《二心集》。序言的第 3 节摘译了第三国际出版的《国际通讯》中《G. V. 蒲力汗诺夫和无产阶级运动》的言论，重点评价普列汉诺夫的艺术论，认为"虽然还未能俨然成一个体系，但所遗留的含有方法和成果的著作，却不只作为后人研究的对象，也不愧称为建立马克思主义艺术理论，社会学底美学的古典底文献的了"。1932 年 4 月 24 日，鲁迅为《三闲集》作序时，说明翻译和介绍《艺术论》的意图及该书对他的影响，说在"革命文学"论争中看了几种科学的文艺论，"并且因此译了一本蒲力汗诺夫的《艺术论》，以救正我——还因我而及于别人——的只信进化论的偏颇"。

12 日　自景云里 17 号迁入北四川路公寓(原名拉摩斯公寓)A3 楼 4 号。据许广平回忆，由于鲁迅受到国民党当局的通缉，兼以邻居律师之子投引火纸头于厨房险酿成灾，决定迁居。自 3 月 27 日起，鲁迅曾连续看屋，最后经内山完造介绍搬到北

① 冯雪峰《谈有关鲁迅的一些事情》，见鲁迅研究室编《鲁迅研究资料》第 1 辑。

四川路公寓。[①]

16日 应外国友人邀请，作《鲁迅自传》，未发表。1935年5月20日鲁迅在抄稿上作了改动，如第二段谈到留学日本时期弃医从文的原因时，把原句"因此又觉得在中国还应该先提倡新文艺"的"还应该"前后，增补为"医好几个人也无用，还应该有较为广大的运动"；在第4段中把自己所著书增加为11种，将除了论文以外的文集统称为"短评"。

29日 往华安大厦银行公会俱乐部参加"左联"第二次全体大会。据6月1日《新地月刊》"国内文艺消息"栏《左翼作家联盟的两次大会纪略》，这次会议是为次日"'五卅'纪念示威和批判联盟过去工作"而召开的。王任叔回忆说："在一九三〇年左翼联盟第二次大会上（地点在银行公会，茅盾先生从日本回来第一次参加集会），鲁迅先生曾演说了几句，他叫同志们要勇敢的写。伟大的作品一时无法产生，不伟大的作品此刻还得有。批评家标准提得太高，创作家就不敢下笔，这是不对的。历史决不能脱节，伟大是在历史的继续中成就的。"[②]据茅盾回忆，他记得鲁迅说过这样一句话："我们有些人恐怕现在从左边上来，将来要从右边下去的。"[③]

6月

10日 译完苏联卢那察尔斯基的剧本《被解放的堂·吉诃德》第1幕，载次年11月20日《北斗》月刊第1卷第3期，署名隋

① 许广平《景云深处是吾家》，1962年11月21日上海《文汇报》。

② 王任叔《鲁迅先生的艺术观》，1938年10月16日《文艺阵地》第2卷第1期。

③ 茅盾《我和鲁迅的接触》，鲁迅研究室编《鲁迅研究资料》第1辑。

洛文，收入《译丛补》。从德国戈支的译本和收入《社会文艺丛书》里的日译本转译。鲁迅曾谈到其他几幕未译的原因，是得到了一本原著，对比以后，知道德译本是很有删节的，日译本又是出于德文本，都不可靠。用笔名"隋洛文"，是因同年国民党浙江省党部呈请通缉"堕落文人鲁迅"而取，此后还用过乐雯、洛文等。

16日 作《〈浮士德与城〉后记》，载9月神州国光社出版《浮士德与城》，署名编者，收入《集外集拾遗》。《浮士德与城》系苏联卢那察尔斯基的剧本，由柔石从英国马格纳斯和沃尔特的译本转译，列为鲁迅编校的《现代文艺丛书》之一。后记摘译该书英译本的导言和原作者小序，介绍了卢那察尔斯基的生平和创作思想，认为该剧是"作者的世界革命的程序的预想"。又引用卢那察尔斯基另一篇论文《实证美学的基础》中有关该剧的论述，肯定作者在对待文化遗产问题上的主张。

7月

6日 参观时代美术社展览会，捐款1元。该社系本年2月由中华艺术大学教员许幸之、沈叶沉、王一榴发起组织的一个"普罗"美术团体，曾发表对全国美术家宣言，提出"争取青年美术家的自由和出路"，要求与"青年左翼画家之结合"。据许幸之回忆：这次展览的内容是苏联革命美术图片，事先向鲁迅接洽借取他收藏的苏联图片资料，鲁迅写了一个便条给保管图片的柔石，挑选了一些最能反映苏联初期情况的宣传画，招贴画、军事画、讽刺画和一部分木刻、版画的复制品和印刷品。展览会租借上海北四川路一家书店的2楼，开了3天。[①]

13日 接待许寿裳及其长子许世瑛来访。许寿裳赠30年前在东京时两人与邵明之和陈公侠的合影照翻拍件。应许寿裳之请，鲁迅为考入清华大学国文系的许世瑛开列参考书目。[②]

18日 作《洞窟》译者附记。《洞窟》是一篇描写十月革命后苏联饥荒情形的作品。附记认为，“萨弥亚丁(Evgenü Samiatin)是革命前就已出名的作家，这一篇巧妙地写出人民因饥寒而复归于原始生活的状态。为了几块柴，上流的智识者至于人格分裂，实行偷窃，然而这还是暂时的事，终于将毒药当作宝贝，以自杀为唯一的出路。——但在生活于温带地方的读者，恐怕所受的感印是没有怎么深切的。”

8月

6日 往夏期文艺讲习会讲演，据说讲题为《美术上的写实主义问题》，稿佚。该讲习会系本月“社联”和“左联”在文委领导下联合举办的暑期补习班，地点在法租界环龙路(今南昌路)，由王学文负责社会科学，冯雪峰负责文学艺术，学员来自杭州等城市，约60人。[③]

同日 出席内山完造举办的漫谈会，会后在功德林餐馆照

---

① 许幸之《回忆鲁迅先生二三事》，1961年9月24日《北京晚报》。

② 收入《集外集拾遗》附录，题为《开给许世瑛的书单》，未署日期。王瑶《从鲁迅先生所开的一张书单说起》(1961年9月20日《光明日报》)一文中说：“许世瑛是一九三0年考入清华大学中国文学系的，就许世瑛入学的年代看来，这张书单当开于一九三O年略后”，是鲁迅“对文学史有了新的观点之后开的”。

③ 讲题据张望《鲁迅论美术·鲁迅美术活动年谱》。但曹白、江丰《鲁迅先生对于版画工作的年表》记载，《美术上的写实主义问题》系本年3月9日在中华艺术大学的讲题。

相并晚餐。内山完造邀请作家、新闻记者、画家、职员等漫谈当时政治和文艺等问题，故这次小聚会被称为“上海漫谈会”。

30 日　译完苏联雅各武莱夫中篇小说《十月》(4 至 28 节)及“作者自传”并作后记，与去年 1 月 2 日所译前 3 节合成全书，1933 年 2 月由神州国光社出版，为《现代文艺丛书》之一。后记联系 1928 年 10 月 27 日所作《〈农民〉译者附记》，和 1929 年 1 月 2 日所作《〈十月〉译者识》，介绍作者系“同路人”文学团体“绥拉比翁的弟兄”的一员，说明其创作倾向及近年来的变化情况，指出，近 10 年来“同路人”逐渐与无产阶级作家“两相合流”，而“一切同路人也并非同走了若干路程之后，就从此永远全数在半空中翱翔的，在社会主义底建设的中途，一定要发生离合变化。”后在 1933 年 6 月 26 日致王志之信中又重申此意。

9 月

1 日　在冯蕙熹的纪念册上题写四言诗一首：“杀人有将，救人为医。杀了大半，救其孑遗。小补之哉，呜呼噫嘻！”[①]冯蕙熹是许广平的表妹，时为北平协和医学院学生。

16 日　校完苏联肖洛霍夫长篇小说《静静的顿河》译本并作“后记”。后记载 1931 年 10 月神州国光社出版的《静静的顿河》第 1 分册，署名鲁迅，收入《集外集拾遗》。贺非据德国奥尔加·哈尔佩恩译本转译，列为鲁迅编校的《现代文艺丛书》之一，封面由鲁迅题签。后记对该书已译部分作了评价，认为“风物既殊，人情复异，写法又明朗简洁，绝无旧文人描头画角，宛转抑扬的恶习”。又说：“将来倘有全部译本，则其启发这里的新作家之

---

① 据手迹，载 1976 年 1 月《文物》总 5 号。

处，一定更为不少。”本日前后译《〈静静的顿河〉作者小传》，载次年10月上海神州国光社出版的《静静的顿河》(第1分册)卷首，未署名，转译自德国辑译本《新俄新小说家三十人集》所附录的肖洛霍夫小传，未署日期。

17日 日记载：“友人为我在荷兰西菜室作五十岁纪念，晚与广平携海婴同往，席中共二十二人，夜归。”20日致曹靖华信中又说：“前几天有几个朋友给我做了一回五十岁的纪念，其实是活了五十年，成绩毫无，我惟希望就是在文艺界，也有许多新的青年起来。”据本月21日中共中央机关报《红旗日报》报道，这次纪念会由柔石、画室(冯雪峰)、冯乃超、蔡咏裳、董绍明、许广平等发起，参加者除左联、社联、美联、剧联代表外，还有叶绍钧、傅东华、茅盾、史沫特莱等。先由柔石致开会辞，接着是各左翼文化团体代表讲话，继由史沫特莱演讲，末由鲁迅致答辞。史沫特莱在纪念会上为鲁迅所摄照片刊载于次年1月出版的美国《新群众》第6卷第8期。

25日 全家往阳春堂照相。鲁迅以中外文在父子合影上题字：鲁迅与海婴，一岁与五十。

27日 作《〈梅斐尔德木刻士敏土之图〉序言》，载1931年2月2日鲁迅以“三闲书屋”名义自费出版的《梅斐尔德木刻士敏土之图》卷首，署名鲁迅，收入《集外集拾遗》。该图系德国青年画家梅斐尔德为苏联革拉特珂夫的长篇小说《士敏土》所作的10幅插图。鲁迅从德国购得原拓，自费试验用珂罗版印制250部。序言赞扬梅斐尔德的《士敏土》突破其以往创作中隐约可见的悲悯心情，“很示人以粗豪和组织的力量”。

10月

4日　与内山完造联合举办的世界版画展览会于上海北四川路狄思威路(今溧阳路812号)日侨“购买组合”(供销合作社)第1店2楼展出,共展两天,这是鲁迅第一次举办版画展览。展览由内山完造倡议,目的是把鲁迅搜集的版画展示给观众。鲁迅挑选了德、苏等国的作品70余幅,每幅用中英日3种文字加写说明,制作展览目录。①

13日　复王乔南信,就其将《阿Q正传》改编成剧本一事表示:“《阿Q正传》,实无改编剧本及电影的要素……还是让它‘死去’罢。”同年11月6日,王乔南又来信,除说明将《阿Q正传》改编为《女人与面包》一剧外,还提出原作者的“表演摄制权”问题。鲁迅答复:“先生既然要做,请任便就是了”,“至于表演摄制权,那是西洋——尤其是美国——作家所看作宝贝的东西,我还没有欧化到这步田地。它化为‘女人与面包’以后,就算与我无干了。”

18日　译完日本刈米达夫的《药用植物》,连载于同年10月、11月《自然界》第5卷第9、11期和次年1月、2月第6卷第1、2期,署名洛文,1936年6月辑入由商务印书馆出版、王云五和周建人主编的《中学生自然研究丛书》,署“乐文等译著”,更名为《药用植物及其他》。该书“销行很广,出版后九个月,即到一九三七年三月,已经印了三版”。②

---

① 内山完造《鲁迅先生与版画》,收入刘益等译《论鲁迅》。

② 唐弢《药用植物及其他》,见《晦庵书话》,生活·读书·新知三联书店1980年版。

11 月

19 日　致崔真吾信，谈及“民族主义文学”：“今年是‘民族主义文学’家大活动，凡不和他们一致的，几乎都称为‘反动’，有不给活在中国之概，所以我的译作是无处发表，书报当然更不出了。”

25 日　修订《中国小说史略》毕并作“题记”，载 1931 年 7 月北新书局《中国小说史略》“订正本初版”卷首，署名鲁迅。题记对修订的原因和过程做了说明：“此种要略，早成陈言，惟缘别无新书，遂使尚有读者，复将重印，义当更张，而流徙以来，斯业久废，昔之所作，已如云烟，故仅能于第十四、十五及二十一篇，稍施改订，余则以别无新意，大率仍为旧文。”此为该书第 9 次再版，作了较大幅度修订。1935 年 6 月又修订出版第 10 版。

12 月

30 日　校完《铁甲列车 Nr. 14—69》并作“后记”，载 1932 年 8 月神州国光社出版的《铁甲列车 Nr. 14—69》，署名编者，收入《集外集拾遗》时题为《〈铁甲列车 Nr. 14—69〉译本后记》。该书系苏联伊凡诺夫的中篇小说，由韩侍桁以黑田辰男日译本转译，列为鲁迅编校的《现代文艺丛书》之一。后记指出，关于苏联国内战争时巴尔底山（即游击队）的小说，“伊凡诺夫所作的不只这一篇，但这一篇称为杰出”。并说，巴尔底山一词，“经西欧的新闻记者用他们的有血的笔一渲染，读者便觉得像是渴血的野兽一般了。这篇便可洗掉一切的风说，知道不过是单纯的平常的农民的集合，——其实只是工农自卫团而已”。

年底　作《做古文和做好人的秘诀》(夜记之五,未完),收入《二心集》。1932 年 4 月 26 日,即柔石遇难一年之后,鲁迅为该文撰写了附记,说明它是柔石将往明日书店任文艺杂志编辑时,受其托而作的,"大意是想说,中国的做文和做人,都要古已有之,但不可直钞整篇,而须东拉西扯,补缀得看不出缝,这才算是上上大吉。所以做了一大通,还是等于没有做,而批评者则谓之好文章或好人。社会上的一切,什么也没有进步的病根就在此。"但柔石看了原稿,却"皱皱眉头,以为说得太噜苏一点,且怕过占了篇幅。于是我就约他另译一篇短文,将这放下了"。但不久,柔石被杀害,鲁迅以"不胜其悲痛"的心情,将这半篇文章收入《二心集》,作为对柔石的纪念。①

本年　英国米尔斯将敬隐渔于 1929 年编译的法文本《中国当代短篇小说家作品选》译成英文(收有鲁迅所作小说《阿 Q 正传》《孔乙己》和《故乡》),改名为《阿 Q 的悲剧及其他当代中国短篇小说》,列为《金龙丛书》之一,由乔治·劳特利奇书局出版。1930、1931 年又由美国戴尔书局出版,书名改为《中国新作家集》。

本年　钟宪民用世界语翻译的《阿 Q 正传》,由上海出版合作社出版。

1931 年(辛未,中华民国二十年)　51 岁

▲1 月 7 日,中共中央六届四中全会在上海召开。王明在共

---

① 本篇写作时间,据"附记"及鲁迅《为了忘却的记念》有关说明。

产国际代表米夫支持下掌握了中央领导权。

▲2月7日，胡也频、柔石、殷夫、冯铿、李伟森5位左翼作家和何孟雄、林育南等19位共产党员在上海龙华被国民党淞沪警备司令部秘密枪杀。

▲5月1日，陈独秀组织“反对派”。各托洛茨基派组织18名代表在上海召开联合大会，成立以陈独秀为书记的“中国共产党左派反对派”。

▲5月28日，广州“国民政府”成立，宁粤分裂。

▲12月13日，蒋介石辞去国民政府主席兼行政院长职。

1月

15日 以安娜·路易斯·斯特朗(Anna Louis Strong)[①]的《中国纪行》的德文译本赠送殷夫。鲁迅在《为了忘却的记念》中说：“有一次大会时，我便带了一本德译的，一个美国的新闻记者所做的中国游记去送他，这不过以为他可以由此练习德文，另外并无深意。然而他没有来。我只得又托了柔石。但不久，他们竟一同被捕，我的那一本书，又被没收，落在‘三道头’之类的手里了。”

17日 作《〈毁灭〉后记》，收入所译法捷耶夫长篇小说《毁灭》。后记对小说中的知识分子美谛克和游击队长莱奋生给予高度评价，并称赞道：“要用三百页上下的书，来描写一百五十个真正的大众，本来几乎是不可能的。……本书作者的简炼的方

① 斯特朗(1885—1970)，美国记者、作家。她早期在美国从事文化工作，后来到过苏联。从1925年到1970年间，6次访问中国，并在中国度过晚年。斯特朗(Strong)，鲁迅日记误作Strang。《中国纪行》是斯特朗在1925年和1927年两次访问中国之后写成的她的第一本关于中国的书，1928年在美国出版。

法，是从中选出代表来。”

同日　左翼作家、共产党员柔石、殷夫、胡也频、冯铿等，为抵制中央负责人王明的政策，到东方旅社开会。由于叛徒的告密，与会人员被军警逮捕。[①]

20日　携眷移居日本人开设的花园庄旅馆避难。鲁迅获悉柔石等人被捕，又听到搜捕自己的传言，便烧掉朋友们的信札，在内山完造的帮助下离寓，2月28日返回，全家避居花园庄旅店共39天。避难期间，鲁迅见过柔石写给同乡王育和的两封信。头一封谈到他们已经上镣，“一时恐难出狱”，“且跟殷夫兄学习德文”；第二封谈到狱中“困苦不堪，饥饿交迫，冯妹（指冯铿）脸带青肿”。信中请求鲁迅找蔡元培设法营救。

21日　致许寿裳信，不加句读，不用真名，而用许寿裳熟知的“索士”和“令斐”两个名字，以换住医院隐指离家避居。自柔石等被捕后，鲁迅遭到各种谣言的困扰，有说他同时被捕的，有说他已遭杀害的，为免亲友担忧，鲁迅发信辟谣。此类报告平安的书信，还有致韦素园、曹靖华等的六七通。

2月

2日　印成梅斐尔德[②]木刻《士敏土之图》250部。继去年9

---

① 据上海龙华烈士陵园档案，从1月17日到21日，先后在东方旅社、中山旅社和沪东华德路等处被捕的共有20多人，另一左翼作家、共产党员李伟森也于1月18日被捕。

② 梅斐尔德（1903—1989），生于德国科布伦兹市，青年时代大部分时间在济贫院里度过。1921年因参加革命斗争被判处3年4个月徒刑。1926年到了柏林继续学习绘画，在著名画家珂勒惠支等的引导下，开始创作版画。梅斐尔德为苏联作家特拉珂夫的小说《士敏土》作了10幅连续性的木刻插图，受到鲁迅的赞赏。1930年代他主要从事漫画、插画和宣传画的创作，很多作品配合了反法西斯斗争。

月27日作“图序”之后，鲁迅以“三闲书屋”名义，自费影印出版这部插图，其目的之一是证明书籍插画的重要性。鲁迅用中国的传统装帧形式来印行这本西洋画册，具有独创性。1932年日本《古东多万》杂志据该版本翻印3幅作品，1934年韩白罗在太原翻印出版该书。

同日 致韦素园信，鼓励韦素园以乐观精神战胜疾病，并报告自己的处境道：“中国的做人虽然很难，我的敌人（鬼鬼祟祟的）也太多，但我若存在一日，终当为文艺尽力，试看新的文艺和在压制者保护之下的狗屁文艺，谁先成为烟埃。并希兄也好好地保养，早日痊愈，无论如何，将来总归是我们的。”

7日 为营救共产党员黄素，捐款100元。柔石等被捕后，曾由互济会和通过别的关系聘请律师，传说可以用金钱赎出。鲁迅可能为此捐款，而用暗语“黄后绘”记录其事。黄素是左翼剧联成员，曾被捕过，鲁迅捐款可能是为了赎出黄素，也可能是经黄素之手赎出柔石等。[①]是日，柔石等24位中共人士被国民党当局秘密活埋或枪杀于上海龙华警备司令部，后几天，鲁迅得到消息，悲愤交加，做诗一首：“惯于长夜度春时，挈妇将雏鬓有丝。梦里依稀慈母泪，城头变幻大王旗。眼看朋辈成新鬼，怒向刀边觅小诗。吟罢低眉无写处，月光如水照缁衣。”

12日 作旧体诗《送O·E·君携兰归国》：“椒焚桂折佳人老，独托幽岩展素心。岂惜芳馨遗远者，故乡如醉有荆榛。”收入《集外集》。京华堂主人小原荣次郎（其名罗马拼音为Obara Eijiro）在中国购买兰花运回日本，鲁迅赋此诗并书写相赠。

18日 致李秉中信，谈到出国休养时说：“时亦有意，去此危

---

① 冯雪峰致包子衍的信，《新文学史料》1979年第4期。

邦，而眷念旧乡，仍不能绝裾径去，野人怀土，小草恋山，亦可哀也。日本为旧游之地，水木明瑟，诚足怡心，然知之已稔，遂不甚向往，去年颇欲赴德国，亦仅藏于心。今则金价大增，且将三倍，我又有眷属在沪，并一婴儿，相依为命，离则两伤，故且深自韬晦，冀延余年，倘举朝文武，仍不相容，会当相偕以泛海，或相率而授命耳。"

24日 致曹靖华信，告以"此时对于文字的压迫甚烈，各种杂志上，至于不能登我之作品，绍介亦很为难"的处境和柔石等被杀害的消息。虽然形势紧张，很多出版社公司不敢承印苏联译作，但鲁迅仍坚持出书："兄之《铁流》[①]，不知已译好否？此书仍必当设法印出。我《毁灭》亦早译好，拟即换姓名印行。"本年9月，鲁迅以"隋洛文"笔名，在大江书铺出版了《毁灭》译本。

27日 收到山上正义信并《阿Q正传》日文译稿一本。山上正义在1926年10月作为日本新闻联合通信社的特派记者到广州，次年2月与鲁迅结识。山上正义于1929年到上海，继续从事特派记者的工作，与鲁迅的交往也更加密切。《阿Q正传》已有井上红梅的日译本，但鲁迅不满意，希望能有更好的日译本出现。鲁迅在收到山上正义的函件后，在四五天的时间内校完了译稿，并用日文写了85条注释，指出译错的地方或提供参考的意见。3月3日寄还并附信说："关于序文——恕不能如命，请你自行撰写。"因此，山上正义在译文前写了一篇《关于鲁迅和他的作品》的文章，对鲁迅及《阿Q正传》评价甚高。日本作家尾崎秀实还在同年5月23日为该书写了题为《谈中国左翼文艺战线

---

① 《铁流》，长篇小说，苏联绥拉菲摩维支（1863—1949）著，曹靖华译，描写了十月革命初期，一支革命队伍打破敌人的封锁、袭击，终于取得胜利的故事。1931年12月由鲁迅以"三闲书屋"名义印行。

的现状》的序言，抗议国民党政府杀害革命文艺家的罪行。这也是日本的左翼文艺界为纪念左联五烈士、支援中国无产阶级文学运动而编印的文集。

2、3月间 作旧体诗《赠邬其山》："廿年居上海，每日见中华。有病不求药，无聊才读书。一阔脸就变，所砍头渐多。忽而又下野，南无阿弥陀。"收入《集外集拾遗》。据手稿，写于"辛未初春"。邬其山即内山完造。内山的"内"字日语发音为uchi(邬其)，与"山"字的汉文合成"邬其山"的类于汉人的姓名。关于这首诗的写作情况，许广平回忆说："当时，鲁迅先生每天都到上海的内山书店去会晤内山先生欢谈。一天，内山先生感慨地说：'我在上海居住了二十年之久，眼看中国的军阀政客们的行动，和日本的军阀政客的行动，真是处处相同；那就是等待时机，一朝身在要职，大权在握时，便对反对他们的人们，尽其杀害之能事，可是到了局势对他们不利的时候，又象一阵风似地消声匿迹，宣告下野，而溜之大吉了。'鲁迅先生听了这番话后，颇感兴趣，在第二天便根据内山先生的谈话，写成一首诗赠给他。"[①]

作《黑暗中国的文艺界的现状》，未在国内刊物发表，收入《二心集》。文章为向世人揭露国民党残酷迫害左翼作家而作。鲁迅3月18日将其交给史沫特莱，拟送美国《新群众》[②]刊登。史沫特莱担心发表后危及鲁迅的安全，请鲁迅再慎重考虑一下。鲁迅毅然回答说："这几句话，是必须说的。中国总得有人出来说话！"文章指出："属于统治阶级的所谓'文艺家'，早已腐烂到

---

① 许广平《鲁迅回忆录·内山完造先生》，作家出版社1960年版。

② 《新群众》(New Masses)是美国共产党创办的政治性月刊，原名《群众》(Masses，从1926年起改名《新群众》)，发表过不少有关中国共产主义革命运动的通讯和文章，特别是美国女作家史沫特莱写的有关中国左翼文艺界活动的报道。

连所谓‘为艺术的艺术’以至颓废的作品也不能生产，现在来抵制左翼文艺的，只有诬蔑，压迫，囚禁和杀戮；来和左翼作家对立的，也只有流氓，侦探，走狗，刽子手了。”但 1931 年全年《新群众》上并未刊载《黑暗中国的文艺界的现状》。

3 月

1 日　午后往内山书店，得内山完造转赠弘一上人①字幅一纸，上书“戒定慧”，下款“云叻”。

5 日　为日本友人升屋治三郎作诗一首：“春江好景依然在，海国征人此际行。莫向遥天忆歌舞，《西游》演了是《封神》。”诗后题署：“辛未三月送升屋治三郎兄东归。”收入《集外集》时题为《赠日本歌人》，“海国”作“远国”，“忆”作“望”。为片山松藻作《无题》：“大野多钩棘，长天列战云。几家春袅袅，万籁静愔愔。下土惟秦醉，中流辍越吟。风波一浩荡，花树已萧森。”收入《集外集》。1932 年 11 月 24 日，鲁迅重写此诗赠人，“已”改作“乃”。为松元三郎作《湘灵歌》：“昔闻湘水碧于染，今闻湘水胭脂痕。湘灵装成照湘水，皓如素月窥彤云。高丘寂寞竦中夜，芳荃苓落无余春。鼓完瑶瑟人不闻，太平成象盈秋门。”收入《集外集》时“于染”作“如染”，“装”作“妆”，“皓如素月”作“皎如皓月”，“苓落”作“零落”。《无题》和《湘灵歌》及作于本年 2 月 12 日的《送 O·E·君携兰归国》，曾以《鲁迅氏的悲愤——以旧诗寄怀》为题，刊登于 8 月 10 日的《文艺新闻》上。该刊的编者按说：“闻寓沪日人，时有向鲁迅求讨墨迹以作纪念者，氏因情难推却，多写

---

① 弘一上人(1880—1942)，原名李叔同。1905 年留学日本，是我国近代文化运动先驱，对音乐、书画造诣颇深。1918 年皈依佛门，弘一上人是他出家后的法号。

现成诗句酬之以了事。近从日人方面,寻得氏新作三首如下……并闻此系作于长沙事件后及闻柔石等死耗时,故语多悲愤云。”

6日 致李秉中信,报告自己及家属生活情况。信中指责文坛群小“一面于报章及口头盛造我之谣言,一面又时有口传,云当局正在索我甚急云云”。还说:“又闻天津某报曾载我‘已经刑讯’,亦颇动旧友之愤。又另有一报,云我之被捕,乃因为‘红军领袖’之故云。”

4月

1日 校阅孙用所译匈牙利裴多菲的童话长诗《勇敢的约翰》毕并作“校后记”,载10月湖风书局出版的《勇敢的约翰》,署名唐丰瑜,收入《集外集拾遗》。鲁迅认为“这诗歌和图画,是好的,正如作者虽然死在哥萨克兵的矛尖上,也依然是一诗人和英雄一样”。他赞扬这篇“民间故事诗”,“虽说事迹简朴,却充满着儿童的天真,所以即使你已经做过九十大寿,只要还有些‘赤子之心’,也可以高高兴兴的看到卷末”。校后记还批判国民党“文武官员"禁止童话采用拟人手法的谬论。鲁迅为出版该书,想了很多办法,费了不少周折,与孙用通信21封,与书店或有关人的接洽书信12封,面洽5次,为制图而亲自跑制版所一次,编校算得出的有5次。

7日 托史沫特莱以100马克寄德国购买凯绥·珂勒惠

支[①]的版画。鲁迅购买并介绍珂勒惠支的版画到中国来，既出于他本人对这位女艺术家作品的喜爱，也为了给中国青年提供艺术借鉴。珂勒惠支给史沫特莱信中有这样的话："这些照片都很可怕，您信上所谈的生活也很可怕。您问我能不能写点东西？我不愿写，因为我不善于写。我写的东西没有我的美术作品那种深度和表现力，因此，就听其自然吧，我寄希望于《织工》迄今所产生的那种效果。请您向您的朋友鲁迅转达我的良好的问候。希望他还能创作很长的时间。谢谢您给我的《织工》30 马克，我今天已经收到了。"因原信残缺，具体写作日期不明。

11 日 邀请内山完造夫妇、增田涉[②]晚餐。增田涉于 1931 年 3 月来到上海，经内山夫妇介绍与鲁迅认识，向鲁迅请教其作品中的问题，准备从事翻译。从这时起，鲁迅每天下午抽出三四个小时，与他商量译事，延续了 3 个月。鲁迅在其他方面也给增田涉许多帮助，如介绍他作讲演，参观画展，陪同拜访当时在上海的郑振铎、郁达夫等作家和文学史家。两人逐渐产生亲密的师生之情。同年 12 月，增田涉离沪回国，以后遇有疑难仍写信向鲁迅请教。从 1932 年 1 月至 1936 年 10 月，每月约有两次书信往返。《中国小说史略》日译本于 1935 年在东京出版。由于在翻译过程中鲁迅付出很多精力，增田涉提议两人署名合译，鲁迅婉言谢绝。

---

① 珂勒惠支(1867—1945)，德国画家。1931 年，"左联"5 位作家被害时，她曾与世界著名文艺家联名抗议。1933 年，她和另一些德国文艺家遭到希特勒的迫害，鲁迅等向驻上海的德国领事馆递交抗议书。1936 年 7 月鲁迅以"三闲书屋"名义编印出版了《凯绥·珂勒惠支版画选集》，作为对她 70 寿辰的祝贺。

② 增田涉(1903—1978)，日本岛根县人。1929 年在东京大学文学部中国文学科毕业。1949 年以后，历任岛根大学、大阪市立大学、关西大学教授。著有《中国文学史研究》《鲁迅的印象》等书。

20 日　编定《前哨》创刊号后，于下午携眷邀请冯雪峰全家一起拍照以为纪念，并在照片右下方题词"一九三一年四月二十日，上海所照"。柔石等牺牲后，鲁迅极为悲痛，有时因愤怒而终日无言。编完这份纪念烈士的刊物后，略感宽慰。拍这张照片的时候，许广平刚哭过，眼泪没干，头微微低着，原因是，许广平不愿意拍这张照片，但鲁迅坚决要与冯雪峰一家合影，并因此斥责了许广平。[①]《前哨》创刊号为"纪念战死者专号"，战死者即指2月7日被害的左联五作家和1930年秋天在南京被害的左翼剧联成员宗晖(谢伟檠)。由于《前哨》的刊名容易引起当局注意，第2期改名《文学导报》。原定为半月刊，但由于当局管制，不能如期出版。只出到第8期(1931年11月15日)便告终刊。

25 日　《前哨》发表鲁迅参与起草的《中国左翼作家联盟为国民党屠杀大批革命作家宣言》《为国民党屠杀同志致各国革命文学和文化团体及一切为人类进步而工作的著作家思想家书》(该文件译成俄、英、日文发往国外，史沫特莱曾为此努力)，还发表了鲁迅的《中国无产阶级革命文学和前驱的血》《柔石小传》和被难者遗著。署名L. S.的《中国无产阶级革命文学和前驱的血》写道："中国的无产阶级革命文学在今天和明天之交发生，在诬蔑和压迫之中滋长，终于在最黑暗里，用我们的同志的鲜血写了第一篇文章。"《柔石小传》介绍柔石在家乡参加暴动，后到上海参加革命文艺运动等经历，赞扬他不畏艰险，努力奋斗的精神。两文均收入《二心集》。本期《前哨》是在极端艰难的情况下出版的。刊名《前哨》两字由鲁迅题写，要等到天亮刊物印好拿

① 朱光《"鲁迅看准中国前途在共产党身上"——冯雪峰之子冯夏熊披露其父与鲁迅的革命情谊》，载2010年3月4日《新民晚报》。

出来，用木刻版将两字逐份印上去。6 位烈士的照片，也设法在别处印好后拿来一份一份贴上，为此致刊物延期出版。

5 月

1 日 致韦丛芜信，声明退出未名社。未名社成员之间矛盾渐多，韦丛芜因个人用途常从未名社支取款项，造成经济状况不良；政治上，他与社友渐生歧见，最后导致分裂。鲁迅虽然声明退出，但考虑到韦丛芜之兄韦素园病重，没有将退出决定通知其他成员。

22 日 作《一八艺社习作展览会小引》，载 6 月 15 日《文艺新闻》，署名鲁迅，收入《二心集》。“一八艺社”成立于 1929 年（即民国十八年，故名一八），由国立杭州艺专的一些进步学生组成，开始称“西湖一八艺社”，改组后称“一八艺社”。小引中说：“然而时代是在不息地进行，现在新的，年青的，没有名的作家的作品站在这里了，以清醒的意识和坚强的努力，在榛莽中露出了日见生长的健壮的新芽。自然，这，是很幼小的。但是，惟其幼小，所以希望就正在这一面。”

6 月

14 日 作旧体诗《无题二首》，其一书赠日本人宫崎龙介：“大江日夜向东流，聚义群雄又远游。六代绮罗成旧梦，石头城上月如钩。”其二书赠宫崎龙介的夫人白莲女士：“雨花台边埋断戟，莫愁湖里余微波。所思美人不可见，归忆江天发浩歌。”后均收入《集外集拾遗》。

15 日 《文艺新闻》以《中国文艺在国际上的荣誉》为题，转载美国《纽约时报》消息:《阿Q正传》最近被美国日晷出版公司选入《中国新作家集》,获得美国批评界的好评。

23日 致李秉中信,谈到2月4日给对方的信被发表一事说:“自己的信之发表,究胜于别人之造谣,况且既已写出,何妨印出,那是不算一回什么事的。”还说:“中国近又不宁,真不知如何是好。做起事来,诚然,令人心悸。但现在做人,我想,只好大胆一点,恐怕也就通过去了。”“譬如在围城中,也未必如在城外之人所推想者之可怕也。”表现出身处逆境而无所畏惧的精神。

7月

20日 赴上海暑期学校,为社会科学研究会演讲,题为《上海文艺之一瞥》(文章副题上误记为7月12日),载本月27日和8月3日《文艺新闻》第20、21期,署名鲁迅。后来经修改,收入《二心集》。演讲回顾从清末到左联成立30年来上海文艺的变迁,总结革命文学运动的经验,阐明无产阶级革命文学发展过程中遇到的一些重要问题,指出,创造社的革命文学家们“对于中国社会,未曾加以细密的分析,便将在苏维埃政权之下才能运用的方法,来机械的地运用了”,批评革命文艺队伍中有些人“摆着一种极左倾的凶恶的面貌”,以及有些人脚踏两只船,此处以向培良为例。向培良时任上海南华书局总编辑,主编《青春月刊》,提倡“为人类的文学”。他看到鲁迅的演讲后,发表《答鲁迅先生》一文回击道:“不过鲁迅先生虽然骂,也不过空空然白纸黑字,并无效力,既然已不能用对付《狂飙》周刊的旧法,又不能叫青年文艺警卫团警卫一下子,则鲁迅先生骂个痛快之后,也会自己感到无聊吧。前此他愤然说要停办《莽原》,我劝他不要学魏连殳的孤独。如今呢,谁知他反而学阿Q式的反抗。此老每于愤怒之余，便自己向下堕落，而今每况愈下，青年们真应该可怜一下子。”[①]

24日 致表弟郦荔丞信[②]，感谢其赠与绘画，称赞其作品“笔法清正，自是花鸟正脉”。批评当时上海画坛的不良风气道：“近来撝叔、仓石[③]末流，恣为荒怪，适足投沪上浅躁之心，萎花枯叶，奉为珍异，则健实之作而冀为世所赏，盖亦难矣！一切如此，固不特绘事为然也。”

30日 为慰母亲远念，鲁迅于本月28日同许广平携海婴往福井写真馆照相。因相片没有照好，本日又往该馆重拍。

同日 接待冯雪峰和丁玲来访。当时左联决定创刊《北斗》，由丁玲负责。丁玲希望《北斗》登载插图，邀冯雪峰与她一道向鲁迅求助。鲁迅拿出许多版画，并且逐幅解释。丁玲第一次看到珂勒惠支的版画，对这种风格不大理会。鲁迅着重介绍了几张，特别拿出《牺牲》来，并答应为这幅作品写说明。此画后来印入《北斗》创刊号。

8月

1日 校订完《铁流》译稿。本月，鲁迅为校订《铁流》译稿，

---

① 向培良《答鲁迅》，载1931年8月南京《活跃周报》第13期。

② 此信现由绍兴项志峰先生收藏。

③ 撝叔，即赵之谦（1829—1884），字益甫，又字撝叔，号冷君、梅庵、悲庵、无闷等，会稽（今绍兴）人。晚清前海派代表人物，兼长书法、篆刻、绘画。仓石，即吴昌硕（1844—1927），初名俊，又名俊卿，字昌硕、仓石，常见别号老苍、老缶、缶庐、苦铁、大聋、石尊者、芜菁亭长等，兼善诗书画印，熔金石书画于一炉，与虚谷、蒲华、任伯年合称“海派四大家”，是海上画派后期领袖人物、海上画派写意花鸟画集大成者。他们的花鸟画承前启后，对现代写意花鸟画影响甚大。但其末流走入搞怪一路，故鲁迅提出批评。

频繁与译者曹靖华联络。1929 年 11 月 16 日，鲁迅给李霁野信，托他转信给旅苏的曹靖华，约译《铁流》。1930 年上年，神州国光社拟出一种新文艺作品丛书，名为《现代文丛书》，鲁迅为其选书 10 种，《铁流》系其一。此书于本年“五一节前译完”。为了帮助读者更好地理解本书，鲁迅觉得应该有一篇好序文，就约瞿秋白[①]将涅拉陀夫的序译出。鲁迅认为这篇约 20000 字的序“确是一篇极重要的文字”。这是鲁迅与瞿秋白文字交往的开始。

5 日 发表所译德国路特威锡·棱的文章《世界无产阶级革命作家对中国白色恐怖及帝国主义干涉的抗议》和奥地利翰斯·迈伊尔的诗《中国起了火》，均载《文学导报》（由《前哨》改名）第 1 卷第 2 期，署名鲁迅，收入《译丛补》。8 月 20 日《文学导报》第 1 卷第 3 期发表《革命作家国际联盟为国民党屠杀中国革命作家宣言》，表示“坚决的反抗国民党逮捕和屠杀我们的中国同志”，号召全世界一切革命文艺家共同反抗。在《宣言》上签名的有法捷耶夫、巴比塞、辛克莱等 28 位著名作家。

9 日 译苏联 I. 绥甫林娜短篇小说《肥料》，连载于 9 月、10 月《北斗》杂志创刊号和第 1 卷第 2 期，署名隋洛文，收入《一天的工作》。从富士辰马日译本转译。作品描写十月革命初期布尔什维克在一个乡村发动贫农与富农作斗争，遭到白匪的袭击而失败的故事。

12 日 作《〈肥料〉译者附记》，载 10 月《北斗》杂志第 1 卷第

---

① 瞿秋白（1899—1935），江苏常州人，中国共产党的早期领导人之一，作家、翻译家和文艺理论家。1931－1933 年间在上海从事革命文化工作，同鲁迅一起领导了左翼文化运动。1935 年 3 月在福建游击区被国民党逮捕，同年 6 月 18 日在福建长汀英勇就义。鲁迅得知他牺牲的消息极其悲痛，抱病编辑出版了他的译文集《海上述林》。

2 期《肥料》译文之后，署名洛文，收入《一天的工作》。附记收集时有所补充和修改，对绥甫林娜的生平作了介绍，指出她“写得很生动”，“而且绝不见有一般‘同路人’的对于革命的冷模样”。

15 日　捐柔石遗孤教育费 100 元，由柔石的同乡王育和经办。柔石被捕前与王育和同住景云里。柔石遗有父母、妻子和两子一女，生活艰难，王育和从亲友处筹钱接济，但非长远之计，因此又与几个朋友发起募捐，拟将所得之款存银行生息，作为遗孤的教育费。鲁迅即为此捐助。不久“一・二八”战事发生，亲友星散，筹款计划无法实现。王育和曾函询鲁迅对所捐之款的处理办法。鲁迅于 1932 年 4 月 7 日复信说：“平复兄捐款，我不拟收回，希寄其夫人，听其自由处置。”王育和遵嘱办理，将柔石父亲出具的收据转寄鲁迅。

17 日　请内山嘉吉为青年艺徒讲授木刻技术，自任翻译。内山嘉吉是日本成城学校手工教师，当时来上海度暑假，住在兄长内山完造家。据内山嘉吉回忆：“大约是在八月十二、三日早晨，为了回答嫂嫂的希望——版画到底是怎样刻制的呢？我就使用刀具和木板当场做了表演。”[①]鲁迅恰好看到这个场景，提出希望能给中国学生们讲讲版画技术，像教孩子们一样，从最初入门开始。内山嘉吉被鲁迅的“热望所感动”，接受邀请。此事由冯雪峰转告“一八艺社”社员，随即拟定参加讲习会人员名单。[②]会址设在长春路（北四川路底）面东的一幢 3 层楼的日语学校里，由鲁迅向该校校长郑伯奇借用。讲授内容“主要是木刻技法

---

① 内山嘉吉《我的回忆》，1956 年《版画》10 月号。

② 学员 13 人：“一八艺社”社员 6 人，中华艺专及与“一八艺社”有来往的上海美专、上海艺专的学生各 2 人，白鹅绘画会的学生 3 人。参见江丰《鲁迅先生与“一八艺社”》，《鲁迅回忆录》2 集，上海文艺出版社 1979 年版。

方面的知识，如工具的种类和它们的功用，如何打稿和刻印的各种方法”。讲习会每天上午进行，至22日结束，共6天。鲁迅“不顾盛夏炎热的天气，在蒸笼似的屋子里”担任翻译解说；还“每天提着一包版画书籍和版画图片到讲习会来，给学员们传阅，借以扩大他们的眼界”。鲁迅于20日午后以44元购得的凯绥·珂勒惠支的版画《织工的反抗》6幅赠送内山嘉吉，“酬其教授木刻术”，并于结束当天与内山嘉吉和全体学员合影。

9月

11日 致李小峰信，为柔石书稿版税事：“《旧时代之死》之作者之家族，现颇窘，几个友人为之集款存储，作孩子读书之用。该书8月应结版税，希为结算示知，或由我代取，或当由其旧友走取均可。”本月15日去信又说：“《旧时代》款，能速交下，最好。”

20日 左联机关刊物《北斗》（文艺月刊）创刊，丁玲主编，姚蓬子、沈起予协助，上海湖风书局发行。这是左联第一个以发表创作为主的刊物。1932年7月被国民党当局查封。为纪念柔石，《北斗》杂志创刊号上发表珂勒惠支的木刻连续画《战争》（共7幅）中的1幅《牺牲》，是介绍到中国来的第一幅珂勒惠支版画。鲁迅为该画写了“说明”，未署名，收入《集外集拾遗》。说明指出珂勒惠支的作品的素材“多为贫病与辛苦”。鲁迅建议刊载《牺牲》，是因为知道柔石生前曾回故乡看望双目近于失明的母亲：“我知道她一定还以为她的爱子仍在上海翻译和校对。偶然看到德国书店的目录上有这幅《牺牲》，便将它投寄《北斗》了，算是我的无言的纪念。然而，后来知道，很有一些人是觉得所含的意义的，不过他们大抵以为纪念的是被害的全群。”

21日　作《答文艺新闻社问》，载《文艺新闻》9月28日“日本占领东三省屠杀中国民众!!! 文化界的观察与意见”栏，署名鲁迅，收入《二心集》时，加上副标题“日本占领东三省的意义”。同栏还刊登陈望道、胡愈之、郁达夫等人的短文。

27日　作《〈夏娃日记〉小引》，载本年10月上海湖风书局出版的李兰所译美国作家马克·吐温《夏娃日记》，署名唐丰瑜，收入《二心集》。小引分析了马克·吐温“含着哀怨而在嘻笑”的风格，认为“他的成了幽默家，是为了生活，而在幽默中又含着哀怨，含着讽刺则是不甘于这样的生活的缘故了”。该书的特点“是在天真中露出弱点，叙述里夹着讥评”，而译文“将丰神传达，而且朴素无华”。

30日　所译《毁灭》由大江书铺出版。尽管用了“隋洛文”的笔名，却仍通不过国民党当局的检查，因此只能在内山书店及一些小书店半公开售卖。不久，国民党中央党部密令上海市党部将《毁灭》“严行查禁，并勒令缴毁原版”。后来，鲁迅又以“三闲书屋”名义，用大江版的纸型，自费印行了第2版，于本年11月26日印成。鲁迅在10月27日致曹靖华信中谈到，此次印刷，应承印单位要求，删去序跋，署“隋洛文”，但他自印了500部，有序跋而且署名“鲁迅”。

10月

10日　作《〈铁流〉编校后记》，载本年12月“三闲书屋”出版的曹靖华所译《铁流》，署名鲁迅，收入《集外集拾遗》。为了译印这本书，鲁迅与译者曹靖华信札往来20余次，后记抄录译者的一些来信，说明这书是尽三人之力而成，“译的译，补的补，校的校，而又没有一个是存着借此来自己消闲，或乘机哄骗读者的意思的”。这里说的“补”,是指瞿秋白的补译序文。鲁迅因此称该书是在“岩石似的重压之下”,“宛委曲折”,“在读者眼前开出了鲜艳而铁一般的新花”。

20日 发表《以脚报国》和《唐朝的钉梢》,载《北斗》第1卷第2期,前者署名冬华,后者署名长庚,均收入《二心集》。本年8月31日《申报》副刊《自由谈》发表寄萍的《杨缦华女士游欧杂感》,以留欧女生的天足来否认中国女人的缠足,用谎言粉饰中国历史上的丑恶现象。鲁迅列举事实,揭露和讽刺这种瞒和骗的“不治之症”。一个月后,鲁迅在《宣传与做戏》一文中又对此做了批判。后者引用唐人诗句,说明“钉梢”古已有之,抨击了当时洋场恶少钉梢(盯梢)“摩登小姐”的坏习气,同时也嘲讽了“才子加流氓”式的庸俗作品。

21日 译完苏联戈庚《〈士敏土〉代序》,原为《伟大的十年的文学》第3章第15、16节,从黑田辰男日译本转译,载1932年7月新生命书局再版的插图本《士敏土》(苏联革拉特珂夫作,董绍明、蔡咏裳译),署名隋洛文。后收入《译丛补》。

23日 发表《“民族主义文学”的任务和运命》,载《文学导报》第1卷第6、7期合刊,署名晏敖,收入《二心集》。1930年6月,国民党当局纠合潘公展、朱应鹏、黄震遐、王平陵、范争波、傅彦长等人,策划所谓“民族主义文学运动”,出版《前锋月刊》《前锋周报》等刊物,宣扬“民族主义”,反对左翼文艺运动。文章抨击“民族主义文学”运动及其作品,指出帝国主义殖民政策是一定要保护和豢养这批流氓宠犬的,而他们这些“上海滩上久已沉沉浮浮的流尸经风浪一吹,就漂集一处”。

29日 作《沉滓的泛起》,载12月11日出版的《十字街头》第1期,署名它音,收入《二心集》。文章指出,在国难声中,由于民众的抗日怒潮冲击着国民政府的不抵抗政策，各种社会沉滓也借救国之名泛起。文章以国民党右派胡汉民的谬论、“民族主义文学家”的叫嚣和贴上抗日商标的药品和警犬等为例指出：“因为泛起来的是沉滓，沉滓又究竟不过是沉滓，所以因此一泛，他们的本相倒越加分明，而最后的运命，也还是仍旧沉下去。”

11 月

4 日 夜译苏联 E. 左祝黎的小说《亚克与人性》，收入《竖琴》。鲁迅在《〈竖琴〉后记》中评论道：“表面上看起来，也是一篇‘奇特的’作品，但其中充满着怀疑和失望，虽然穿上许多讽刺的衣裳，也还是一点都遮掩不过去，和确信农民的雅各武莱夫所见的‘人性’，完全两样了。”

5 日 作《〈野草〉英文译本序》，收入《二心集》。序言应译者冯余声约请而写，指出这些小品由于“那时难于直说，所以有时措辞就很含糊了”，介绍了《野草》一些篇目的成因和寓意。

10 日 致曹靖华信，询问：“听日本人说，《阿 Q 正传》的俄译新版上，有 Lunacharski 序文，不知确否？如确，则甚望兄译其序文或买有此序文之书一本见寄。”

20 日 发表《新的“女将”》和《宣传与做戏》，均载《北斗》第 1 卷第 3 期，署名冬华，收入《二心集》。前者针对“九一八”事变后国民政府“不抵抗”的政策，以当时画报出现的“白长衫的看护服，或托枪的戎装”的女士等“雄兵解甲而密斯托枪”之类怪现象，揭露“做戏”的虚伪。后者揭露国民党政权的“宣传”都是“做戏”，而“这普遍的做戏，却比真的做戏还要坏”。因为真的做戏，只有一时；普遍的做戏，就很难有下场的时候，而欺骗是不能持久的。

23 日　发表《〈毁灭〉和〈铁流〉的出版预告》，载《文艺新闻》第 37 号，文末署上海三闲书屋谨启，连登 6 期，至第 42 号(12 月 28 日)止，收入《集外集拾遗》。据鲁迅日记，《毁灭》于本月 26 日印成，《铁流》于 12 月 12 日印成。

27 日　作《答中学生杂志社问》，载 1932 年 1 月《中学生》杂志，署名鲁迅，收入《二心集》。答问不满于国民党政权施行的"文化统制"，提出青年学生"第一步要努力争取言论的自由"。

30 日　发表《"日本研究"之外》，载《文艺新闻》第 38 号，署名乐贲，后收入《集外集拾遗补编》。文章批评日本占领辽吉两省以来，中国出版界充斥"日本研究"和"亡国史"之类的书籍和报刊文章，但大多为抄袭之作，"这不是中国人的日本研究，是日本人的日本研究，是中国人大偷其日本人的研究日本的文章了"。主张不但要研究日本，而且还要研究别的国家。

12 月

2 日　作诗《送增田涉君回国》，收入《集外集拾遗》。增田涉于本月 12 日返回日本，鲁迅作诗赠别："扶桑正是秋光好，枫叶如丹照嫩寒。却折垂杨送归客，心随东棹忆华年。"追忆旅居日本的岁月，表达了对"归客"的惜别和对自己青春时代的怀念。

3 日　发表《知难行难》，载《十字街头》创刊号，署名佩韦，收入《二心集》。文章依据胡适先后被"宣统皇帝"和蒋介石召见的史实，讽刺"做皇帝做牢靠和做倒霉的时候，总要和文人学士扳一下相好"。"做牢靠的时候是'偃武修文'，粉饰粉饰"；做倒霉的时候则是"病笃乱投医"，以为文人学士真有"治国平天下"的大道。

11 日　主编的左联刊物《十字街头》创刊，为 4 开 4 版的时事、文艺综合性小型报纸，原为双周刊，第3期改为旬刊，于次年1月5日出版，出至第3期被当局查禁。

20日　发表《几条“顺”的翻译》和《风马牛》，均载《北斗》第1卷第4期，署名长庚，收入《二心集》。两文均针对赵景深关于翻译的言论而发。赵在本年3月《读书月刊》第1卷第6期发表《论翻译》一文，主张“与其信而不顺，不如顺而不信”，还在《文艺新闻》第17号(本年7月6日)、第23号(8月17日)先后发表《与摩顿谈翻译》《翻译论之再零碎》，附和梁实秋对鲁迅“硬译”的批评。鲁迅通过对他的几则“顺而不信”的译文的分析，说明“译得‘信而不顺’的至多不过看不懂，想一想也许能懂，译得‘顺而不信’的却令人迷误，怎样想也不会懂，如果好象已经懂得，那么你正是入了迷途了”。赵景深在《翻译论之再零碎》中曾说，别人的批评，“对于我的论点就成为风马牛了”。鲁迅列举了他在《小说月报》上几处有关马牛的误译，讽刺他“遇马发昏，爱牛成性”，有些“牛头不对马嘴”。

同日　作《友邦惊诧”论》，载本月25日《十字街头》第2期，署名明瑟，收入《二心集》。文章针对“九一八”事变后国民党当局不抵抗日本帝国主义侵略却镇压学生爱国运动的行为，驳斥了他们给南京请愿学生横加的罪名，斥责所谓“友邦人士，莫名惊诧，长此以往，国将不国”的谬论。

25日　作《关于小说题材的通信》，载1932年1月5日《十字街头》第3期，署名L. S，收入《二心集》。文章以给作家沙汀、艾芜[①]复信的形式，强调作家的阶级立场和世界观对创作的决定作用。对两位作家提出建议道："两位是可以各就自己现在能写的题材，动手来写的。不过选材要严，开掘要深，不可将一点琐屑的没有意思的故事，便填成一篇，以创作丰富自乐。"而要写出对时代有意义的作品，就要"逐渐克服自己的生活和意识"，不能"硬造一个突变式的革命英雄，自称'革命文学'"。

27日 作《答〈北斗〉杂志社问》，载1932年1月20日《北斗》第2卷第1期的征文"创作不振之原因及其出路"栏，署名鲁迅，收入《二心集》时加副标题"创作要怎样才会好？"。同在征文栏里发表文章的还有茅盾、愈之等20多人。鲁迅就"创作要怎样才会好"的问题，根据自己的创作经验，谈了8点意见，强调生活体验、文字严谨简洁的重要性。最后一点是告诫作家不要受"批评家"左右。

28日 作《关于翻译的通信》，载1932年6月10《文学月报》创刊号，题为《论翻译》，署名鲁迅，收入《二心集》。为答复J. K.（瞿秋白）发表于本月《十字街头》第1、2期的《论翻译》而写。鲁迅不同意瞿秋白的翻译要"绝对的正确和绝对的中国白话文"的主张，而认为，"现在必须区别了种种的读者层，有种种的译作"。在翻译中"一面尽量的输入，一面尽量的消化和吸收，可用的传下去了，渣滓就听他剩落在过去里"。对于"五四"以来中国语文改革的评价，鲁迅的意见也与瞿秋白有所不同。鲁迅坚持

---

① 沙汀（1904—1992），原名杨朝熙，又名杨只青（杨子青），四川安县人。1931年开始创作，1932年参加左联，1933年任左联常委会的秘书。他的作品，有长篇和短篇小说集多种，主要反映国民党统治区农村的黑暗、地主豪绅的凶残和农民群众的苦难。艾芜（1904—1992），原名汤道耕，四川新繁县（今合并于新都县）人。青年时代受进步书刊影响，离家出走，飘泊于西南边疆和缅甸、新加坡等地。1931年到上海，1932年参加左联。著有《南行记》等。

从实际出发，认为当时的翻译“还不能和口语——各处各种的土话——合一，只能成为一种特别的白话”。同年7月10日《文学月报》第2期，瞿秋白又以J.K.的笔名，发表《再论翻译答鲁迅》，坚持己见，鲁迅未予答复。

本月 作《再来一条“顺”的翻译》，载《北斗》第2卷第1期，署名长庚，收入《二心集》。文章对报刊上一条翻译的电讯进行分析，暴露了当局反共宣传的欺骗性。指出：“文明国人将自己们所用的文明方法，硬栽到中国来，不料中国人却还没有这样文明，连上海的翻译家也不懂，偏不用铁丝来穿，就只照阎罗殿上的办法，‘秤’了一下完事。造谣的和帮助造谣的，一下子都显出本相来了。”

本月 作《中华民国的新“堂·吉诃德”们》，载《北斗》第2卷第1期，署名不堂，收入《二心集》。文章指出当时在上海的青年援马团是中国式的“堂吉诃德”。青年援马团是上海部分青年为了援助黑龙江省代理主席马占山抵抗日寇侵略而组成的。鲁迅抨击当局奉行不抵抗主义，而对青年的爱国行为进行种种欺骗、破坏的行径，同时也批评缺乏斗争经验的青年，希望他们丢掉幻想，投入实际的艰苦斗争。

本月 作《“智识劳动者”万岁》，载《十字街头》第3期，署名佴韦，收入《二心集》。文章揭露上海的一些政客和文人借用劳动者称号，组织“智识劳动者协会”以骗取社会同情和支持的行为。

1932年(壬申,中华民国二十一年)　52岁

▲7月1日,邹韬奋在上海创办生活书店。

▲9月,林语堂等人在上海创办《论语》半月刊,提倡幽默和闲适的小品文。

▲12月30日,宋庆龄、蔡元培等发起的中国民权保障同盟在上海成立。

1月

5日　发表《"言词争执"歌》,载《十字街头》第3期(延期出版),署名阿二,收入《集外集拾遗》。针对国民党宁粤对峙的派系斗争,辛辣讽刺国民党四届一中全会期间,广东集团的胡汉民、汪精卫称病不赴会,南京集团的吴稚晖与胡、汪集团的孙科彼此谩骂,互相推诿责任的丑行。

同日　发表《水灾即"建国"》,载《十字街头》第3期,署名遐观,未收集。文章以《建国月刊》上刊登的有关水灾的摄影与该刊所标榜的"光辉灿烂"的"宗旨"相对照,揭露了当局所谓"建国"的本色。

同日　致增田涉信,说:"敝国即中国今年又将展开混战新局面,丑剧是一时演不完的。政府似有允许言论自由之类的话,但这是新的圈套,不可不更加小心。"

8日　作《"非所计也"》,载《十字街头》第3期,署名白舌,收入《南腔北调集》。文章利用报载的三条新闻,批判国民党当局对日本侵略者的不抵抗政策,嘲笑了政府的所谓通过"私人感

情”进行外交的荒谬说法，并指出，当局对侵略者讲“友谊”而对本国人民则是不讲“友谊”的，民众决不可抱有幻想，再做“上京请愿”那样的事情。

23日 作旧体诗《无题》，书赠日本友人高良夫人：“血沃中原肥劲草，寒凝大地发春华。英雄多故谋夫病，泪洒崇陵噪暮鸦。”嘲讽国民党政府高官们明争暗斗，犹如群鸦噪鸣，却是日暮途穷。

28日 下午寓所附近纷扰喧闹。由于日本连日派海军到上海增援，又向上海市政府发出最后通牒，鲁迅所在的四川北路底一带形势紧张，不少居民仓皇迁徙。鲁迅本不打算离家避难。不料，晚间正在写作时，对面的日本海军陆战队的司令部突然熄灭所有电灯，从院子里开出许多汽车和战车，向南驰去，随即枪声大作，战争爆发。鲁迅2月22日致许寿裳信描述当时情形：“此次事变殊出意料之外，以致突陷火线中，血刃塞途，飞丸入室，真有命在旦夕之概。”驻守上海的国民革命军第19路军和上海人民一起坚持抗战1个月，有力阻击了日军。后经双方谈判，19路军撤退。5月5日，民国政府代表和日方签订上海停战协定。

30日 天刚亮，一队日军前来寓所检查，看到鲁迅一家为妇孺老弱，遂离去。不久又有内山书店的日本店员前来传达内山的话，言传这所公寓里有人向日本司令部放枪，但这里只住着鲁迅一家中国人，因此成为唯一的嫌疑，内山建议鲁迅全家搬到他的书店暂住。下午，全家人只带了简单的衣物和铺盖，搬到内山书店的楼上，几个人挤在一起，大被同眠。用厚棉被遮住窗户，在暗黑沉闷的环境中过了整整一星期。家中托内山书店店员镰田诚一照料。

2月

3日 郁达夫化名“冯式文”，以鲁迅亲戚的名义在本日《申报》上刊登寻人启事，希望能尽快取得联系。郁达夫后来谈到他与鲁迅的关系时说：“一则因系同乡，二则因所处的时代，所看的书，和所与交游的友人，都是同一类属的缘故。”①

同日 与茅盾、叶圣陶、胡愈之等43人联名发表《上海文化界告世界书》。载《文艺新闻》战时特刊《烽火》第2期，上海的一些报刊也予以转载。内容为抗议日本帝国主义侵略上海的暴行，“反对加于中国民众反日反帝斗争的任何压迫，反对中国政府的对日妥协”，呼吁全世界的无产阶级和革命的文化团体及作家们，“立即起来运用全力，援助中国被压迫民众，反对帝国主义瓜分中国的战争，反对日本帝国主义惨无人道的屠杀，转变帝国主义战争为世界革命的战争”。

6日 旧历正月初一。因北四川路的内山书店处在战区之内，很不安全，在内山完造的帮助下，鲁迅一家和周建人一家，于下午迁避上海三马路英租界内山书店支店，10人一室，席地而卧，“一无所携，只自身及妇竖共三人耳”。鲁迅1932年2月29日致李秉中信谈到未来打算：“此后仍寓上海，抑归北平，尚毫无头绪。”

3月

2日 复许寿裳信，告知现况。谈到被裁去大学院特约著作

---

① 郁达夫《回忆鲁迅》，载1939年6月15日《星洲日报》半月刊第24期。

员一事："被裁之事，先已得教部通知，蔡先生（即蔡元培）如是为之设法，实深感激。"鲁迅被裁去著作员在1932年1月。1931年12月2日收到大学院10月份编辑费300元，同月31日又收到11及12月份编辑费各300元。信中还谈到商务印书馆被炸后，人员俱被停职，周建人生活困难，请许寿裳转请蔡元培代为设法，谋求商务"蝉联"或"续聘"。关于自己近期的学术研究成果说："所辑书籍，迄未印行，近方图自印《嵇康集》，清本略就，而又突陷兵火之内，存佚盖不可知。"可能曾计划将该书作为著作员的成果上报。

31日　作诗《偶成》并书赠沈松泉："文章如土欲何之，翘首东云惹梦思。所恨芳林寥落甚，春兰秋菊不同时。"收入《集外集拾遗》。抒写了日本帝国主义和国民党当局摧残下"文章如土""芳林寥落"的境况，以及在艰难处境中对留学时代的追忆。

同日　作诗《赠蓬子》："蓦地飞仙降碧空，云车双辆挈灵童。可怜蓬子非天子，逃去逃来吸北风。"收入《集外集拾遗》。"一·二八"战争中，穆木天的妻子麦广德携带儿子乘人力车到姚蓬子家寻找丈夫，姚陪他们到处寻找，还找到了鲁迅家。鲁迅应姚的请求作此诗，于诙谐中写出了日本侵略者发动战争给中国人民造成的灾祸。

4月

20日　作《林克多[①]〈苏联闻见录〉序》，载6月10日《文学月

---

① 林克多（1902—1949），原名李镜东，又名李平，笔名林克多，浙江黄岩人。1930年应苏联政府招募，到苏联做工，曾在莫斯科中山大学学习，《苏联闻见录》是他1931年归国后所撰，1932年4月托人转请鲁迅校阅并作序，11月上海光华书局出版。此外译有《高尔基的生活》等。

报》创刊号，署名鲁迅，收入《南腔北调集》。鲁迅本月 14 日开始校阅书稿，至本日毕。该书于本年 11 月由上海光华书局出版，作者林克多通过自己在苏联的所见所闻，歌颂苏联在斯大林领导下取得的建设成就。序言回击资本主义世界对苏联社会主义的污蔑和诽谤，认为苏联的情况是“一个簇新的，真正空前的社会制度从地狱底里涌现而出，几万万的群众自己做了支配自己命运的人”。鲁迅认为，资本主义世界所以要攻击苏联，是“要歼灭了这工农大众的模范”，“他们是在吸中国的膏血，夺中国的土地，杀中国的人民。他们是大骗子，他们说苏联坏，要进攻苏联，就可见苏联是好的了”，而这本书“是我的意见的实证”。

24 日　夜，编完《三闲集》并作序言。《三闲集》收入 1928 和 1929 年的杂文，以及 1927 年所写而没有编入《而已集》的作品，共 35 篇，1932 年 9 月上海北新书局出版。序言指出，有些人“每当意在奚落我的时候，就往往称我为‘杂感家’，以显出在高等文人的眼中的鄙视”，表示自己决不因此而退却，还要继续写杂感。

26 日　夜，开始编《二心集》并作序言。该集收入 1930 和 1931 年的文章 38 篇，多为篇幅较长的论文。编集工作到本月 30 日夜最后完成。序言揭露国民党政府对进步刊物“逐日加紧的压迫”以及文人的种种造谣诬陷，说明文集的名称是对文人编造的《文坛贰臣传》的反驳。《二心集》是鲁迅的马克思主义世界观进入成熟时期的作品，在鲁迅的杂文集中占有很重要的地位。1932 年 8 月，经钱杏邨介绍，该书以售出版权（600 元）为条件，交由上海合众书店出版。是年 10 月初版，11 月再版，两版都迅即售完。次年第 3 版时遭政府查禁。以后书店又将遭官方审查删减的 16 篇另编 1 册，改名《拾零集》，于 1934 年 10 月出版。鲁迅愤慨地说：“其中已无可看的东西，是一定的。”即便如此，该书在浙江等地仍遭查禁。

30日 在所藏《外套》译本上题字："此素园病重时特装相赠者，岂自以为将去此世耶，悲夫！越二年余，发箧见此，追记之。三十二年四月三十日，迅。"此书是韦素园译俄国作家果戈理小说。韦素园患严重肺结核，自感治愈希望不大，嘱咐李霁野把《外套》精装一本代题赠语，于1929年7月12日寄给鲁迅。两年多后，鲁迅忆及收到书时的心情，并预感到韦素园将不久于人世，凄然神伤，在译本上写下这段话。韦素园于本年8月1日逝世。8月15日鲁迅致台静农信说："素园逝去，实足哀伤，忆前年曾以布面《外套》一本见赠，殆其时已有无常之感。今此书尚在行箧，览之黯然。"

春末夏初 审阅杨之华的小说《豆腐阿姐》。据杨之华《回忆秋白》："在秋白的鼓励下，我写了一篇短篇小说《豆腐阿姐》。……秋白把我的习作拿给鲁迅看了。鲁迅毫不耽搁地给改了错字，在错字旁边，还端正地分别写出楷体和草书字样。鲁迅把稿子送还时，亲自用纸包得方方正正的，用绳子扎得整整齐齐的。"《豆腐阿姐》以1932年上海"一·二八"事变为大背景，描述丝厂工人阿明与妻子(豆腐阿姐)一家的悲惨遭遇，后发表于"左联"刊物《北斗》第2卷第2期(1932年5月20日)。同期还刊载了冯雪峰《关于〈总退却〉和〈豆腐阿姐〉》一文，批评作品的得失。

5月

1日 编《鲁迅译著书目》毕，系编集《三闲集》和《二心集》过程中翻检旧作写成，收入《三闲集》。该书目展示了从1921到1931年的译著31种，并列出经自己校勘、编辑、筛选和校定印行的书刊30种。在书目后的说明中以谦逊的态度谈论自己的创作以及对他人译著校读的投入:“近十年中,费去的力气实在也并不少,即使校对别人的译著,也真是一个字,一个字的看下去,决不肯随便放过,敷衍作者和读者的,并且毫不怀着有所利用的意思。”针对高长虹等人指责他是青年“绊脚石”的言论回击道:高长虹一类人“言太夸则实难副,志极高而心不专”,因而会把别人的成就当作“绊脚石”。文末署“一九三二年四月二十九日”,但本日日记载“自录译著书目讫”。

6 日　作《我们不再受骗了》,载 5 月 20 日《北斗》第 2 卷第 2 期,署名鲁迅,收入《南腔北调集》。文章以自己所闻为苏联辩护,指出“我们被帝国主义及其侍从们真是骗得长久了”。“帝国主义和我们,除了它的奴才之外,那一样利害不和我们正相反?我们的痈疽,是它们的宝贝,那么,它们的敌人,当然是我们的朋友了。”言下颇有“敌人的敌人就是朋友”的意思。

13 日　致增田涉信,说:“你在《世界幽默全集》中负责中国部分,这很好。但也是很大的难题。中国究竟有无‘幽默’作品?似乎没有。但也只好选译一点。”“你拟采用我的两篇[①],没有问题,当然同意。中国没有幽默作家,大抵是讽刺作家。”鲁迅在 5 月 22 日、7 月 18 日、10 月 2 日、12 月 19 日的去信中继续与增田涉商讨选译作品事。后来还在《“论语一年”》中表示:“我不爱‘幽默’,并且以为这是只有爱开圆桌会议的国民才闹得出来的玩意儿,在中国,却连意译也办不到。”在《从讽刺到幽默》中也说:“‘幽默’既非国产,中国人也不是长于‘幽默’的人民,而现在又实在是难以幽默的时候。”

---

① 被增田涉选入 1933 年改造社出版的《世界幽默全集第十二卷·中国篇》的两篇鲁迅作品是《阿 Q 正传》和《幸福的家庭》。

14 日　复许寿裳信。因沪战影响，以及从本年 1 月起鲁迅失去特约撰述员津贴，许寿裳恐其经济拮据，来信询问。复信说："北新书局仍每月以版税少许见付，故生活尚可支持，希释念。此数月来，日本忽颇译我之小说，友人至有函邀至彼，卖文为活者，然此究非长策，故已辞之矣。"信中还谈到"颇欲草中国文学史也"。在 4 月 13 日致李小峰信中，也谈到正在为写文学史"拾集材料"，并计划"于秋间开手整理"。他对学界已出版的有关著作不满意，如本年 8 月 15 日致台静农信中批评郑振铎的《中国文学史》"乃文学史资料长编，非'史'也"，而想自己写一部，还曾有过重返北平，借助北平图书馆的资料从事写作的计划。但这一愿望终于未能实现。

6 月

4 日　前往瀛寰图书公司观看德国版画展览会。展览由鲁迅和德国汉堡嘉夫人合办，原定于 1931 年 12 月 7 日开始，鲁迅曾为之作《介绍德国作家版画展》，后因故延期至本日开幕。

5 日　致李霁野信，说：冯雪峰先前"向我要过前几年寄静农，辞绝取得诺贝尔奖金的信。但我信皆无底稿，故答以可问静农自取"。又说："我信多琐事，实无公开价值，但雪峰如确要，我想即由兄择内容关系较大者数封寄之可也。"不久，李霁野把鲁迅信件的抄本寄来。① 鲁迅 7 月 2 日收到后即复信说："其时刚刚遇见雪峰，便交与他了，自己也不及看，让他去选择罢。攻击人的和我自己的私人生活，我以为发表也可以。"

---

① 李霁野等友人出于对鲁迅的敬爱，保存了鲁迅来信及其《小约翰》《朝花夕拾》等著译的手稿。

同日　致台静农信:“沪上实危地,杀机甚多,商业之种类又甚多,人头亦系货色之一,贩此为活者,实繁有徒,幸存者大抵偶然耳。今年春适在火线下,目睹大戮,尤险,然竟得免,颇欲有所记叙,然而真所谓无从说起也。”

10日　瞿秋白写信给鲁迅,题为《关于整理中国文学史的问题》,约7000字,落款CTP(其俄文名前3个字母,音“史铁儿”),对整理中国文学史提出意见。当时鲁迅有整理中国文学史的想法,寄杨筠如著《九品中正与六朝门阀》(1930年商务印书馆版)给瞿秋白。瞿秋白对赠书表示感谢,但对该书评价不高:“只不过汇集一些材料,不但没有经济的分析,并且没有一点儿最低限度的社会的政治的情形底描写”。此为瞿秋白以书信形式写的文章,可能未曾实寄,因此鲁迅日记不载。

18日　致台静农信。谈到有关战争的报道及自己的写作计划说:“‘一二八’的事,可写的也有些,但所见的还嫌太少,所以写不写还不一定;最可恨的是所闻的多不可靠,据我所调查,大半是说谎,连寻人广告,也有自己去登,借此扬名的。中国人将办事和做戏太混为一谈,而别人却很切实。”谈到中国一些“抗战”宣传和日本驻军对中国人的屠杀时,感慨道:“抗得轻浮,杀得切实,这事情似乎至今许多人也还是没有悟。”

24日　致曹靖华信,说:“上海的小市民真是十之九是昏聩胡涂,他们好像以为俄国要吃他似的。文人多是狗,一批一批的匿了名向普罗文学进攻。像十月革命以前的Korolenko[①]那样的人物,这里是半个也没有。”

---

① Korolenko,即柯罗连科(1853—1921),俄国作家。因反对沙皇统治,曾被捕入狱、流放,在十月革命前俄国知识分子中颇有影响。

26日 同许广平携海婴往青年会观春地美术研究所展览会[①],买木刻十余枚,并捐款5元。据当事人回忆,鲁迅参观时,“掏出捐款五元塞在意见簿下。先生对工作人员讲了些表示满意展览会的话,最后一句是:‘总算打出去了!’这句意味深长的话,透露了哺育者的辛苦与愉悦交织在一起的心情”。[②]

7月

3日 为程鼎声译述的《诗的原理》写题记,未发表,也未收入《诗的原理》。后收入《集外集拾遗补编》中题为《题记一篇》。题记在论述诗歌的起源和流传后,谈及诗歌理论的产生和发展:“篇章既富,评骘遂生,东则有刘彦和之《文心》,西则有亚理士多德之《诗学》,解析神质,包举洪纤,开源发流,为世楷式。”称赞编者“青年劬学,著为新编,纵观古今,横览欧亚,撷华夏之古言,取英美之新说,探其本源,明其族类,解纷挈领,粲然可观”。手稿现存。[③]

---

① 春地美术研究所前身是上海的一八艺社,是中国左翼美术家联盟领导下的公开活动的美术团体。此次展览会,除同人创作百余幅外,另有德国艺术家作品数十件。这是接受鲁迅的建议,将鲁迅与汉堡嘉夫人合办的在瀛寰图书公司展览过的德国版画搬过来展出的。由于展出的作品好,反响不错。

② 江丰《鲁迅先生与“一八艺社”》,《鲁迅回忆录》第2集。

③ 鲁迅藏书中有署名程鼎声译的《诗的原理》,扉页有毛笔题字:周豫才先生教正 后学程鼎兴敬赠。据《淑姿的信》,程鼎兴有兄弟四人,三哥叫鼎晟(声),显然是程鼎兴代作者赠书。可能是费慎祥请鲁迅为《淑姿的信》作序时,同时也代程鼎兴转托鲁迅为《诗的原理》写序。但《诗的原理》并非程鼎声独立研究的成果。他在该书《附记》中说明是依据日本感情派诗人荻原朔所著、昭和三年(1928)出版的《诗的原理》,采用了其中关于西洋的诗学原理而略去涉及日本方面一些例证。严格说是译述。鲁迅可能对上述情况知之不详,也可能因事后发觉而未发表序言。该书作者署名“程鼎声”。参见本月20日为《淑姿的信》作序条。

11日 午后为日本友人山本初枝女士书自作诗一首："战云暂敛残春在，重炮清歌两寂然。我亦无诗送归棹，但从心底祝平安。"收入《集外集》时题为《一二八战后作》。

12日 上午接待上海《中国论坛》的编者伊赛克。[①]

20日 作《〈淑姿的信〉序》，载本年新造社初版、断虹书室编辑的金淑姿著《信》中，署名鲁迅，收入《集外集》。鲁迅 1934 年 12 月 9 日致杨霁云信说："报章虽云淑姿是我的小姨，实则和他们夫妇皆素昧平生，无话可说，故以骈文含糊之。"淑姿姓金，是程鼎兴的妻子，她死后，程鼎兴编辑其信函，托北新书局职员费慎祥送给鲁迅，请求作序。据许广平回忆，"从表面看来，是一番好意，但从淑姿的信里细看，他却是一个薄幸郎君，使淑姿赍恨以殁。鲁迅深为淑姿抱不平。因是男方要求，鲁迅不便直斥，故隐约其词：以花之失荫而遭寒比，又以女方颇欲振奋，而终于陨颠于实有，来诉说其悲痛，后又述说淑姿抱着美好的梦步向人生，然而来日大难，衔哀不答。忽而得病了，最后以致于死。到'中国少年，乐生依旧'句则简直痛责程鼎兴了"。鲁迅写完序言，和许广平一起朗读，"自己亦十分欣赏，说可以交卷了"。该书出版后，鲁迅于 8 月 26 日"得程鼎兴所赠《淑姿的信》一本"，内题"鲁迅先生辱存 后学程鼎兴擦泪敬赠"。

8月

1日 致许寿裳信，表达对商务印书馆经理王云五的不满，

---

① 伊赛克，美籍犹太人，中文名"伊罗生"，支持中国的左翼文艺运动。他编辑的中英文合刊《中国论坛》每月发行两次。左联向国外发表的文章和报道，有些即通过该杂志刊出。1934 年，他委托鲁迅、茅盾编选了中国现代短篇小说集《草鞋脚》。

说他“胆怯如鼠，不特可哂，且亦可怜，忆自去秋以来，众论哗然，而商务馆刊物，不敢有抗日字样，关于此事之文章，《东方杂志》只作一附录，不订入书中，使成若即若离之状。但日本不察，盖仍以商务馆为排日之大本营，馆屋早遭炸焚，王公之邸宅，亦沦为妓馆……倘有三闾大夫欤，必将大作《离骚》，而王公则豪兴而小心如故，此一节，仍亦甚可佩服也”。

5日 得李霁野、台静农、韦丛芜8月2日联名来信，获悉韦素园8月1日病殁于北平同仁医院。友朋拟收集出版韦素园的书信，请鲁迅提供。鲁迅复信：“说起信来，我非常抱歉。他原有几封信在我这里，很有发表的价值的，但去年春初我离开寓所时，防信为别人所得，使朋友麻烦，所以将一切朋友的信全都烧掉了，至今还是随得随毁，什么也没有存着。”后来鲁迅在《〈两地书〉序言》里还谈到此事，对于不得已将其来信统统毁掉深表痛惜和抱憾，因为那是韦素园“伏在枕上，一字字写出来的”。

9日 致增田涉信，谈到其正翻译的中国幽默小说：“张天翼的小说过于诙谐，恐会引起读者的反感，但一经翻译，原文的讨厌味也许就减少了。”

17日 致许寿裳信，求其转请汤尔和出面营救以“共产党嫌疑”被国民党当局逮捕的孔若君[①]。信中说孔是自己的学生，系假托之词。孔被捕前在天津河北女子师范学院任校刊编辑。本月25日又在致许寿裳信中谈到“孔若君在津，不问亦不释”，因为李霁野拜访汤尔和“五次不得见”。鲁迅希望许寿裳“给霁野一绍介信，或能见面”。孔最终获释。

---

① 孔若君，即孔另境(1904—1972)，浙江桐乡人，茅盾的妻弟，上海大学毕业。作为茅盾的信差认识了鲁迅。

24 日　捐赠野风社 20 元。野风社也称野风画会，是左翼美联领导下的艺术团体。因不容于当局，本年 7 月被迫解散。后组织野风社，吸收上海美专的一些进步学生作为基本研究员，本月成立。鲁迅捐款补助开办费。

30 日　晚上接待从柏林回国的徐诗荃。徐赠文艺书 4 种 5 本，赠海婴积木 1 匣。徐诗荃在德留学期间，鲁迅经常和他通信，并托他购买木刻书籍。鲁迅也搜罗一些中国画本寄去，托他转送德国朋友。

夏秋之间　在寓所秘密会见红军将领陈赓。① 据楼适夷回忆，鲁迅与陈赓见面前后有两次，第二次由他陪同前往。在第二次会见的谈话中，陈赓随手画了一张简要的鄂豫皖革命根据地的形势图。这张图被鲁迅保存下来。鲁迅计划写一部描绘红军英勇战斗的作品，该计划未能完成。

同时期，经冯雪峰介绍，第一次与瞿秋白会面。许广平在《鲁迅回忆录》中说："鲁迅和秋白同志从日常生活，战争带来的不安定（经过'一·二八'上海战争之后不久），彼此的遭遇，到文学战线上的情况，都一个接一个地滔滔不绝无话不谈。"杨之华在《回忆秋白》中记述："那天早饭后，秋白非常高兴地同冯雪峰同志去拜访鲁迅，直到晚上才回家。……他已邀请鲁迅全家到我们家来玩，鲁迅高兴地答应了。"

---

① 当时，中国工农红军第四方面军从鄂豫皖突围去四川，陈赓到上海治病。他给中共上海地下党讲了红军反"围剿"的情况。在党中央宣传部工作的朱镜我把这些故事记录下来，送给鲁迅看。鲁迅向冯雪峰表示，想邀陈赓到他家去谈谈。中共也很希望鲁迅能把苏区的斗争反映出来，所以同意这次会见。于是，陈赓由冯雪峰陪同到鲁迅寓所。

9月

1日　同广平携海婴往访瞿秋白夫妇,在瞿家午餐。谈话内容涉及瞿秋白所写的文字改革方案。瞿秋白拿着他研究中国语言文字问题的原稿同鲁迅讨论,谈到有关语文改革和文字发音问题,因许广平是广东人,瞿秋白特意找出几个字请许念诵出来。后来瞿秋白将文稿修改誊正,在离开上海前交给鲁迅一份,“鲁迅妥慎保存于离寓所不远的旧狄思威路专藏存书的颇为秘密的一个书箱内”。此后两家联系频繁。

9日　作《〈竖琴〉前记》,载1933年1月上海良友图书印刷公司出版的《竖琴》,署名鲁迅,收入《南腔北调集》。《竖琴》是苏联“同路人”作家的短篇小说集,鲁迅翻译了其中的7篇,其余3篇是柔石和曹靖华所译。前记追溯俄国“为人生的文学”被引进中国的过程,说明文学研究会在介绍“被压迫民族文学”过程中所遭到的3标“军马”的“围剿”情况。对十月革命后兴起的“同路人”文艺团体的变化历程作了分析,指出“同路人者,谓因革命中所含有的英雄主义而接受革命,一同前行,但并无彻底为革命而斗争,虽死不惜的信念,仅是一时同道的伴侣罢了”。次日作《竖琴》后记,介绍书中作者生平,以及自己翻译所据版本等,指出“同路人”虽然同情革命,描写革命,但“自己究不是战斗到底的一员,所以见于笔墨,便只能偏以洗炼的技术制胜了。将这样的‘同路人’的最优秀之作,和无产作家的作品对比起来,仔细看,足令读者得益不少”,因为它们“还是截然不同”。

11日　致曹靖华信,谈到自己准备应邀赴苏时说:“今年正月间炮火下及逃难的生活,似乎费了我精力不少,上月竟患了神经痛,右足发肿如天泡疮,医至现在,总算渐渐的好了起来,而进步甚慢，此大半亦年龄之故，没有法子。倘须旅行，则为期已近，届时能否成行，遂成了问题了。”同日致萧三信中也说：“这次的旅行，我本决改为一个人走，但上月底竟生病了，所以能否来得及，殊不可知，因为现在是不能走陆路了，坐船较慢，非赶早动身不可。至于旅费，我倒有法办的。”据鲁迅日记，他这次患病，自8月28日初诊，到10月28日停诊，前后共两个月。给曹、萧的信表明，在病未愈时就做了好起来的准备，反映出强烈的赴苏意愿。莫斯科“国际革命作家联盟”和高尔基等人曾先后多次邀请鲁迅访苏。此次，“国际革命作家联盟”邀请他参加十月革命15周年纪念并参观游览。① 由于种种原因未能成行。

18日 译完F.班菲洛夫与V.伊连珂夫的《枯煤、人们和耐火砖》，收入《一天的工作》。由日本苏维埃事情研究会编译的《苏联社会主义建设丛书》第1辑《冲击队》日译本转译。

同日 作《〈一天的工作〉前记》，收入《一天的工作》，署名鲁迅。文章分析了苏联无产阶级文学队伍的形成过程及其特点：“在一九二七年顷，苏联的‘同路人’已因受了现实的熏陶，了解了革命，而革命者则由努力和教养，获得了文学。但仅仅这几年的洗练，其实是还不能消泯痕迹的。我们看起作品来，总觉得前者虽写革命或建设，时时总显出旁观的神情，而后者一落笔，就无一不自己就在里边，都是自己们的事。”并说明《一天的工作》所收10篇作品中，前2篇还是“同路人”的，后8篇才是无产者文学。

25日 校阅瞿秋白用文尹笔名翻译的苏联绥拉菲摩维奇的短篇小说《一天的工作》和《岔道夫》译稿，下午毕，收入《一天的

---

① 据《鲁迅书简——致曹靖华》中曹靖华对1932年9月11日书信的注释。

工作》。本年11月4日得良友图书印刷公司送来《一天的工作》版税240元,分送瞿秋白60元。

同日 为纪念高尔基第一篇小说《玛加尔丘特拉》发表40周年,与茅盾、曹靖华等7人联名发表《高尔基的四十年创作生活——我们的庆祝》,载11月15日《文化月报》第1卷第1期。

10月

10日 作《论"第三种人"》,载11月15日《文化月报》第1卷第1期和同月《现代》第2卷第1期,署名鲁迅,收入《南腔北调集》。文章对胡秋原和苏汶的思想观点做了批判,[①]还批驳了苏汶对文艺大众化运动的嘲笑,指出连环图画可以产生伟大的画手,唱本说书里也"可以产生托尔斯泰与弗罗培尔"。

12日 午后为柳亚子书自作诗一首:"运交华盖欲何求,未敢翻身已碰头。旧帽遮颜过闹市,破船载酒泛中流。横眉冷对千夫指,俯首甘为孺子牛。躲进小楼成一统,管他冬夏与春秋。"[②]该诗以幽默的笔调,抒写他在国民党文化压迫的艰难处境中的反对态度和怨恨情绪。12月21日为日本友人杉本勇乘写

---

① 1931年底至1932年夏,自称"自由人"的胡秋原接连发表《阿狗文艺论》《勿侵略文艺》等文,以批判"民族主义文学"为名,宣扬"文艺自由论",指责左翼文艺运动。自称"第三种人"的苏汶(即杜衡)于本年7月和10月,先后在《现代》上发表《关于〈文新〉与胡秋原的文艺论辩》《"第三种人"的出路》等文,为胡秋原辩护,鼓吹超阶级和非功利的文艺观,攻击左翼文艺运动。

② 该诗的写作可追溯到本月5日晚上的聚会:"达夫、映霞招饮于聚丰园,同席为柳亚子夫妇、达夫之兄嫂、林微音。"鲁迅到来时,郁达夫关心地问他:"你这些天来辛苦事吧!"鲁迅即举"横眉冷对于夫指,俯首甘为孺子牛"两句作答。郁达夫打趣地说:"看来你的'华盖运'还没有脱。"鲁迅说:"给你这样一说,我又得了半联,可以凑成一首小诗了。"

扇面题此诗，将“冷对”写作“冷看”，或为一时误记。收入《集外集》时，题为《自嘲》，“旧帽”改为“破帽”，“破船”改为“漏船”。

25日 作《“连环图画”辩护》，载11月15日《文学月报》第1卷第4期，署名鲁迅，收入《南腔北调集》。文章列举中外绘画史上一些事实，反对苏汶将“连环图画”贬为“低级的形式”，指出，事实“证明了连环画不但可以成为艺术，并且已经坐在‘艺术之宫’的里面了”，希望青年艺术学徒在学习创作大幅的油画或水彩画的同时，要“一样看重并且努力于连环画和书报的插图；自然应该研究欧洲名家的作品，但也更注意于中国旧书上的绣像和画本，以及新的单张的花纸”。

秋 一天中午，鲁迅正在内山书店后面同内山完造谈话，见到一个工人模样的青年人在翻看书架上的书，可能很想购买《毁灭》却又囊中羞涩，就走了出来，从架上取下另一本《铁流》，说：“你买这本书吧——这本比那一本好。”“这书（指《铁流》）本来可以不要钱的，但是是曹先生的书，现在只好收你一块钱本钱；我那一本，是送你的。”这位工人是上海英商汽车公司售票员阿累，本名朱凡，中共党员。鲁迅去世后，阿累写文章，记述这天与鲁迅相遇的情景。[①]

11月

3日 致许寿裳信，谈及北新书局因出版污辱回民的《小八戒》（章衣萍著）而引起回民请愿一事。分析书局的失误：“此种无实之言，本不当宣传，既启回民之愤怒，又导汉人之轻薄，彼局

① 阿累《一面》，载1936年11月5日《中流》第5期。

有编辑四五人，而悠悠忽忽，漫不经心，视一切事如儿戏，其误一也。及被回人代表诘责，弟以为惟有直捷爽快，自认失察，焚弃存书，登报道歉耳。而彼局又延宕数日，迨遭重创，始于报上登载启事，其误二也。”

7日 致增田涉信，谈到日本改造社于本月出版的井上红梅编译的《鲁迅全集》时说：“井上红梅氏译拙作，我也感到意外，他和我并不同道。但他要译，也是无可如何。近来看到他的大作《酒鸦片麻将》，更令人慨叹。然书已译出，只好如此。”

9日 夜周建人来，交北平来电“母病速归”。10日买火车票，晚往内山书店辞行，11日上午9时半从上海乘火车赴北平，13日午后抵北平前门站，3时到家，母病已稍愈。母亲患慢性胃病，因年老力衰，此前出现晕眩状态，病情并不严重。

14日至19日 请盐泽博士为母亲诊病，并会见宋紫佩、台静农、李霁野、常维钧、沈兼士、范文澜、魏建功、马幼渔等。20日致许广平信中说，这几位朋友待自己甚好：“这种老朋友的态度，在上海势利之邦是看不见的。”

22日 下午由台静农陪同，往北京大学第二院演讲40分钟。事前鲁迅要求听众只限于国文系，因此学校在讲演前3小时才贴出布告，但演讲前礼堂还是挤满了听众。讲题是《帮忙文学与帮闲文学》，有柯桑记录稿，载本年12月《电影与文艺》创刊号。鲁迅1934年12月23日致杨霁云信说：“《帮忙文学》，并不如记者所自言之可靠，到后半，简直连我自己也不懂了，因此删去，只留较好的上半篇，可以收入集（指《集外集》）里。有这一点，已足说明题目了。”上半篇经鲁迅修改，原拟收入《集外集》，但被政府审查机关抽去，后收入《集外集拾遗》。鲁迅批评当时的“为艺术而艺术”派，说他们已经“不但没有反抗性，而且压制新文学的发生”，也变成了帮忙加帮闲了。至于“现代评论”派，他们专骂“骂人”的人，“正如杀杀人的一样——他们是刽子手”。

北大二院讲演结束，即赶往辅仁大学讲40分钟，听众很多，讲题是《今春的两种感想》，有吴昌曾、邢新镛记录稿，载本月30日北平《世界日报》“教育”栏。据许广平说，此稿曾由台静农转请鲁迅勘正过，原拟收入《集外集》，但被政府审查机关抽去，后收入《集外集拾遗》。[①] 鲁迅以自己在上海“一·二八”战争中的体验，谈了两点感想。一是“中国的事情往往是招牌一挂就算成功了”，有些人做事“太不认真”，衣袋放着抗日团体的徽章，却不一定抗日，一被日军查出，反而惨遭屠杀。二是当时一讲社会问题，就要受到迫害；以致有些人“常将眼光收得极近，只在自身，或者放得极远，到北极，或到天外”。因此提出大家“认真点”，“眼光不可不放大但不可放的太大”，“这本是两句平常话，但我的确知道了这两句话，是在死了许多性命之后。许多历史的教训，都是用极大的牺牲换来的”。

24日 应范文澜之邀往女子文理学院讲演约40分钟，听众约300人，讲题为《革命文学与遵命文学》。讲演通过对叶灵凤、张资平等作家的剖析，说明评论文艺家的倾向，不能只看牌子，不看实质，虽然他们所讲的十分高超，但其实是替统治阶级服务的“遵命文学”。讲完后，学生请教了一些问题，鲁迅当场作答。鲁迅1934年12月18日致杨霁云信谈及这次讲演的记录稿：“我决计不要它，因为离实际太远。大约记者不甚懂我的话，而且意见也不同，所以我以为要紧的，他却不记，或者当作笑话。”

---

① 许广平《鲁迅回忆录》。许广平编辑《集外集拾遗》时在《今春的两种感想》文末附注：“据说是由台静农先生转请鲁迅先生改正过。——编者”

鲁迅原有改写的计划,但未实现。

同日 应邀到晾果厂小取灯胡同7号范文澜家出席洗尘宴会,同席8人。这是鲁迅第一次跟北平左翼文化团体的人士见面。

25日 晚间接待师范大学代表王志之、张松如、谷万川[①],约定星期日前往该校讲演。鲁迅对他们说:"我这次一来,便有很多的人放冷箭,说我是来抢他们碗,说我是卷土重来。何苦叫这些人不放心,倒不如赶快卷土重'去'。"谈到自己的文字工作时说:"旧东西,写出来左右是那么回事,太无聊。新的生活在我这不能进工厂,不能把锄头,不能托枪杆的人们也实是太不富。因此,我便抱定主意,与其创作,不如翻译。"认为当前创作不景气"是由于文字狱,谁要说真话,便被绑去杀头枪毙"。[②]

26日 晚上在北海后门西皇城根79号参加中共北平地下党所组织的欢迎会。出席者有左翼各文化团体的代表及反帝互济会代表20余人。鲁迅介绍上海文艺界的斗争,对作家参加政治斗争、接近工农、改造思想等问题发表了意见,还谈到他计划写一部反映辛亥革命前后以至五四前后的中国知识分子思想变化的长篇小说。[③]

---

① 王志之(1905—1993),曾化名思远,笔名含沙、楚囚等,四川眉山人。当时是北平师范大学国文系学生,受北平左联之托与鲁迅联系。他是北平《文学杂志》月刊的编者之一,所作短篇小说集《落花集》,曾经鲁迅校订。张松如(1910—1998),原名张永年,又名张松甫,笔名有公木、木农等,河北省辛集市人,1927年考入北平大学第一师范学院(今北京师范大学)国文系。《英雄赞歌》《八路军进行曲》歌词作者。谷万川(1905—1970),笔名半林,河北望都人。北平"左联"成员,北平师范大学学生,北平《文学杂志》编辑。

② 张永年《鲁迅访问记》,见1933年6月1日北平《文艺月报》第1期。

③ 陆万美《追记鲁迅先生"北平五讲"前后》,收入《忆鲁迅》;又陈沂《一九三一至一九三二年的北方左翼文化运动》,1979年《新文学史料》第4期。

27 日 应北师大文艺研究社邀请,到该校讲演。当鲁迅到达师大时,大批的同学迎着涌上来。但学校却早将休息室和办公室上了锁。国文系主任钱玄同不同意请鲁迅演讲,此前声言:"我不认识一个什么姓鲁的,要是鲁迅来讲演,我这系主任就不当了!"由于听讲的人很多,讲演的地点临时改在风雨操场。讲题为《再论"第三种人"》。鲁迅说:"新兴艺术的发展是时代的必然趋势。我们要接近工农大众,不怕衣服沾污,不怕皮鞋染土。知识者的事业只有同群众相结合,他的存在,才不是单为自己了。"鲁迅讲完,被听众拥入学生自治会休息。大家向他提出各种愿望和问题,鲁迅跟他们亲切交谈起来。[①]

28 日 应中国大学时代读书会的邀请,午前往西城二龙坑口袋胡同为该会讲演 20 分钟。因听众过多,临时改为露天讲演。鲁迅后来谈到此事说:"还有两回是上车之前讲的,一为《文艺与武力》,其一,则连题目也忘记了。其时官员已深恶我,所以也许报上不再登载讲演大略。"讲稿佚。讲演大意:文学是有阶级性的。无产阶级革命文学是劳苦大众的文学,它与统治阶级的旧文学,必然形成尖锐的对立。旧文学注定要灭亡,但统治阶级却竭力要消灭新文学。古今中外,进步的文学和言论总要遭到统治阶级的压迫。他们先以武力征伐,然后用风花雪月之类的文学麻醉人民,麻醉法无效,他们只好又用武力,所以许多进步作家惨遭迫害。

下午离平回沪。

30 日 下午 6 时到上海。回寓后见到姚克的信,并于 12 月

---

① 王志之《忆"北方左联"》,1979 年《新文学史料》第 4 期;《鲁迅在北京师范大学讲演前后》,1977 年《理论学习》第 10 期。

3日复信，这是鲁迅与姚克的第一次通信。据姚克回忆："在1932年的冬天，我和一个美国青年作家(即斯诺)计划着翻译鲁迅先生的作品，同时我就写信给鲁迅先生，请求他给我们'翻译的特权'，这种请求是必须的，否则就是侵害版权；因此认识了鲁迅先生。"①

本月下旬 瞿秋白、杨之华到寓中避难，年末前离开，住了将近1个月。② 其间，中共地下党组织曾派人与瞿秋白晤谈。

12月

7日 得瞿秋白手书诗作："雪意凄其心惘然，江南旧梦已如烟。天寒沽酒长安市，犹折梅花伴醉眠。"诗后题署："此种颓唐气息，今日思之恍如隔世。然作此诗时正是青年时代，殆所谓'忏悔的贵族'心情也。录呈 鲁迅先生 魏凝 一九三二 十二七。"瞿秋白在避难期间，常与鲁迅交流，关系愈加亲密。9日，瞿秋白托人送来为鲁迅儿子购买的玩具，零件可搭成各种形状，鲁迅称为"积铁成象"。瞿秋白详细开列了全部零件的清单，按顺序写明零件的名称，附于盒内。这套玩具是进口物品，售价极

---

① 姚克《鲁迅先生遗像的故事》，1936年11月10日《戏剧电影》第1卷第2期。

② 许广平《鲁迅回忆录·瞿秋白与鲁迅》："只记得鲁迅这时正因母亲生病回到北京去，是由我接待他们的。……把我们睡的双人床让出，请他们在鲁迅写作兼卧室的一间朝北大房间里住下。查《鲁迅日记》，他是一九三二年十一月十一日动身往北京，同月30日回到上海的。那时，秋白同志来了几天才见到鲁迅回归，则大约是在十一月下旬了。"另据杨之华《回忆秋白》："一九三二年十一月底，我们得到组织送来的警报，知道有一个叛徒在盯我的梢。秋白于是立即住到鲁迅家里去。因为叛徒认识我，为了免得把他引到鲁迅家，我没有同秋白一起去，只好在马路上转了三天三夜。秋白和鲁迅很担心我的安全，请一位同志到处找我，终于在马路上碰见了。这时正是白天，我不放心，就请他先走。我又在街上转了很久，直到天黑以后，确信后面没有'尾巴'了，才到了鲁迅家。"

高，鲁迅想到瞿秋白夫妇生活不宽裕，买了这样昂贵的东西，深感不安。瞿秋白后来说，将来革命成功，必有一番大规模的建设，需及早让下一代接触点科学技术知识；另外还有一个意思，是自己从事革命活动，难免有不测之遇，“留个纪念，让孩子大起来也知道有个何先生”。鲁迅体会到瞿秋白馈赠的用意，在不安中接受了这件礼物。

10日 作《辱骂和恐吓决不是战斗——致〈文学月报〉编辑的一封信》，载本月15日《文学月报》第5、6期合刊，署名鲁迅，收入《南腔北调集》。鲁迅批评了该刊第4期发表的署名芸生的一首长诗《汉奸的供状》的恶劣文风，指出诗中“有辱骂，有恐吓，还有无聊的攻击：其实是大可不必作的”。鲁迅说：“现在有些作家，往往并非必要而偏在对话里写上许多骂语去，好象以为非此便不是无产者作品，其实好的工农之中，并不随口骂人的多得很，作者不应该将上海流氓的行为，涂在他们身上的。”他还批评“剖西瓜”之类的恐吓，指出“无产者的革命，乃是为了自己的解放和消灭阶级，并非因为要杀人”，不应当“将革命的工农用笔涂成一个吓人的鬼脸”。鲁迅认为：“战斗的作者应该注重于‘论争’；倘在诗人，则因为情不可遏而愤怒，而笑骂，自然也无不可。但必须止于嘲笑，止于热骂，而且要‘嬉笑怒骂，皆成文章’，使敌人因此受伤而致死，而自己并无卑劣的行为，观者也不以为污秽，这才是战斗的作者的本领。”发表这封信时，编者加了按语，肯定鲁迅的意见。鲁迅的信得到许多左联成员和读者的支持，但是也受到化名首甲的祝秀侠[①]，以及方萌（钱杏邨）、郭冰若（田

① 祝秀侠（1907－1986），广东番禺人。1930年加入左联，不久被捕，后投靠国民党当局。他化名在他编辑的《现代文化》上攻击鲁迅以后，又针对1933年4月19日《透底》（瞿秋白作，署名何家干）一文，写信攻击鲁迅。

汉)、丘东平的攻击。他们在1933年2月《现代文化》第1卷第2期联名发表《对鲁迅先生的〈辱骂和恐吓决不是战斗〉有言》,指责鲁迅"带上了极浓厚的右倾机会主义色彩"。

14日 应上海天马书店之约,编选《鲁迅自选集》,至夜完成,并作自序。自序载1933年3月出版的《鲁迅自选集》,收入《南腔北调集》。《自选集》收入小说、散文等22篇,其中《野草》5篇,《呐喊》5篇,《彷徨》5篇,《故事新编》2篇,《朝花夕拾》3篇,约11万字。自序回顾从事文学活动的过程,说明自己写小说是想为当时的"战士""喊几声助助威","在这中间,也不免夹杂些将旧社会的病根暴露出来,催人留心,设法加以疗治的希望";因为想与前驱者取同一的步调,创作时就"删削些黑暗,装点些欢容,使作品比较的显出若干亮色",因此是"遵命文学","不过我所遵奉的,是那时革命的前驱者的命令,也是我自己所愿意遵奉的命令"。还谈了《新青年》团体发生分化之后,写作《彷徨》《野草》时的心境,以及后来写作《故事新编》《朝花夕拾》的情况。序言中有一句说"可以勉强称为创作的,在我至今只有这五种",显然并不将杂感文字视为文学创作。关于自选集的编选原则,序言说,选取的是材料、写法"都有些不同,可供读者参考的东西",而尽量不选那些"给读者一种'重压之感'的作品",为的是"不愿将自以为苦的寂寞,再来传染给也如我那年青时候似的正做着好梦的青年"。

15日 与柳亚子、茅盾等57人联名发表《中国著作家为中苏复交致苏联电》,载《文学月报》第1卷5、6期合刊(延期出版)。电文赞扬斯大林领导下苏联社会主义建设取得的伟大成就,认为一年来的事实证明:"只有苏联是被压迫民族的真正朋友!这次中苏复交就是中国民众热烈期望的结果。""在庆贺中苏两国人民从此更能增进友谊这当儿，从事文化工作的我们更热烈地盼望中苏两国的作家以及一切文化工作者在反对帝国主义文化的战线上亲密地携手！”

16日 为《两地书》作序言，辑入1933年4月上海青光书局出版的《两地书》，署名鲁迅，收入《南腔北调集》。序言首先回顾自己1930年和1931年两次避难时烧毁友人信札的经历，揭露国民党政府统治下的白色恐怖及其侵害通信自由的恶劣行径，并说明与许广平的通信之所以没有烧掉，是因为如果披露出去，至多不过祸及自身，而这些书信的特色是“平凡”。编印本书的意图，是“为自己记念，并以感谢好意的朋友，并且留赠我们的孩子，给将来知道我们所经历的真相”。对自己在革命文学阵营中却印行“情书”的行为预先声明说：“我现在是左翼作家联盟中之一人，看近来书籍的广告，大有凡作家一但向左，则旧作也即飞升，连他孩子时代的啼哭也合于革命文学之概，不过我们的这书是不然的，其中并无革命气息。”《两地书》分北京（1925年3月至7月）、厦门—广州（1926年9月至1927年1月）、北平—上海（1929年5月至6月）3部分，记录了两人的感情历程，以及在北京政府和国民党政府统治下的生活和思想状况，其中颇多对政治文化教育等方面问题的议论。

20日前后 送走在寓所避难将近1个月的瞿秋白夫妇。由于外面“风声”较紧，瞿秋白夫妇住在鲁迅家里已不安全。一天深夜11时许，当时担任全国总工会党团书记的陈云来将瞿秋白夫妇接转到别的地方去。鲁迅担心秋白夫妇和陈云的安全，问陈云：“深夜路上方便吗？”陈云用安慰的口气说：“路上不妨事的。”临别时，鲁迅叮嘱瞿秋白：“今晚上你平安的到达那里以后，明天叫××来告诉我一声，免得我担心。”鲁迅还让许广平叫来3

辆黄包车，把秋白夫妇和陈云送走。[①]

28日 下午得瞿秋白信及诗1首，即复，信佚，诗存。瞿秋白在看了同月24、25两天《申报》上的一些文章后写下此诗："不向刀丛向舞楼，摩登风气遍神州。旧书摊畔新名士，正为西门说自由。"诗后有跋，说明写诗的缘由，是讽刺当时有些文人在《自由谈》上发表"真正快乐的情死，却是《金瓶梅》里的西门庆"之类的奇谈怪论。具体指1932年12月24日、25日《自由谈》刊登的郁达夫《说死以及自杀情死之类》及12月25日《自由谈》刊登的施蛰存《买旧书》。当时，左翼文化人士正在商议为《自由谈》写稿，以改变该报纸的颓靡之风。此诗含有催促鲁迅尽快实施计划的用意。[②]

29日 午后为梦禅及白频各写《教授杂咏》一首。前者云："作法不自毙，悠然过四十。何妨赌肥头，抵当辩证法。"后者作："可怜织女星，化为马郎妇。乌鹊疑不来，迢迢牛奶路。"前者讽刺钱玄同。[③] 后者影射北新书局编辑、复旦大学教授赵景深。[④]

《教授杂咏》共4首。其三曰："世界有文学，少女多丰臀。

---

① 史平(陈云)《一个深晚》，原载1936年10月30日巴黎《救国时报》，重刊于1980年5月3日《人民日报》。

② 季樟桂《重读瞿秋白的一首诗——兼谈他与〈自由谈〉改革的关系》，《鲁迅研究月刊》2010年第1期。

③ 钱曾发过"人过四十，便该枪毙"的过激言论。他五四前后与鲁迅十分投机，后来"功成，名遂，身退"，成了教授，与鲁迅渐渐疏远。鲁迅回京省亲见到他，两人已经无话可说。他坚决反对大学讲授马克思主义学说，曾声言："头可断，辩证法不可开课。"

④ 赵后来回忆说："1932年，鲁迅在《二心集·风马牛》里批评我的翻译论，又在12月29日写了《教授杂咏》第2首。我将Milky Way误译为'牛奶路'(应译'银河'或'神奶路')，将Zentaur误译为'半人半牛怪'(应译为'半人半马怪')，这是我没有多查字典，工作不严肃的结果，是应该批评的。"

鸡汤代猪肉，北新遂掩门。”讽刺章衣萍。[①] 其四曰：“名人选小说，入线云有限。虽有望远镜，无奈近视眼。”[②]前三首初见于1938年许广平编定的《集外集拾遗》，题为《教授杂咏三首》(1932年)。据许寿裳《我所认识的鲁迅·鲁迅的游戏文章》：“1932年所作《教授杂咏》四首，是鲁迅写给我看的，《集外集拾遗》内只载三首，没有第四首。”第四首的写作时间，当不在1932年，而在1933年3月以后，由许寿裳初次发表。

30日 作《祝中俄文字之交》，载本月15日《文学月报》第1卷第5、6期合刊(延期出版)，署名鲁迅，收入《南腔北调集》。国民党当局于1927年12月14日宣布同苏联断交，至1932年12月12日宣布恢复。文章祝贺复交，赞扬俄国文学对中国人民的影响。并说，中国进步文艺界绍介俄国和苏联文学，虽然遭到“文人学士和流氓警犬的联军的讨伐”，但它们仍然“大踏步跨到读者大众的怀里去，给一一知道了变革，战斗，建设的辛苦和成功”。

31日 作《所闻》和《无题》(二首)，均收入《集外集》。前者赠内山夫人：“华灯照宴敞豪门，娇女严装侍玉樽。忽忆情亲焦土下，佯看罗袜掩啼痕。”以一个歌女的遭遇，反映了中国社会的

---

① 章时任暨南大学教授、北新书局编辑。据说他曾说过“钱多了可以不吃猪肉，大喝鸡汤”。为了赚取稿费，他写通俗文学，编世界文学名著，因本年冬在北新出版的一本儿童故事书《小八戒》中错误解释伊斯兰教徒不吃猪肉的原因，引起回民不满，导致北新一度停业。鲁迅11月3日、12月2日致许寿裳信曾谈及此事。大约在1932年底或1933年初，又写该诗讽刺。

② 谢六逸曾编选一本《模范小说选》，选录鲁迅、茅盾、叶绍钧、冰心、郁达夫5人的作品，1933年3月由上海黎明书局出版。他在《序言》中说自己在做“匠人”的工作，挑选作品的原则是，“能不能上得自己的‘墨线”；声称自己曾用“千里镜”在沙漠似的中国现代文坛“眺望”，结果从“五百罗汉之数”(指作家)中只选了5个。还说他准备让别的作家骂他是“近视眼”。

不平等和人民所遭受的战争灾难。后者其一赠滨之上:“故乡黯黯锁玄云,遥夜迢迢隔上春。岁暮何堪再惆怅,且持卮酒食河豚。”表现了对国民党统治下乌云密布、长夜迢迢的黑暗的愤懑。其二赠坪井:“皓齿吴娃唱柳枝,酒阑人静暮春时。无端旧梦驱残醉,独对灯阴忆子规。”写一个江南歌女在深夜酒阑人静时怀念亲人的痛苦心情。鲁迅本月 28 日日记:“晚坪井先生来邀至日本饭馆吃河豚,同去并有滨之上医士。”

同日 作《无题》和《答客诮》并书赠郁达夫,均收入《集外集》。前者为:“洞庭浩荡楚天高,眉黛心红洗战袍。泽畔有人吟亦险,秋波渺渺失离骚。”收入《集外集》时,“浩荡”改为“木落”,“心红”作“猩红”,“吟亦险”作“吟不得”,对文坛的荒芜表示不满。后者为:“无情未必真豪杰,怜子如何不丈夫。知否兴风狂啸者,回眸时看小於菟。”[①]系答复别人讥诮自己溺爱儿子而写。

本年 自本年至 1935 年,通过信函陆续回答增田涉在翻译《世界幽默全集》第 12 卷中国小说和《中国小说史略》等书时遇到的疑难问题。[②]

---

① 这首诗的写作日期,有人据鲁迅赠坪井手稿题署“未年之冬戏作”,定为 1931 年,不确。本谱据日记。

② 增田涉的学生伊藤漱平和中岛利郎将这些信编为《鲁迅·增田涉师弟答问集》一书,于 1986 年由汲古书院出版,又由杨国华译成中文,1989 年由华东师范大学出版社出版;又作为“附录二”《答增田涉问信件集录》收入 2005 年《鲁迅全集》第 14 卷(不含同卷之“致外国人士”部分已收的致增田涉信 5 通)。

1933年(癸酉,中华民国二十二年)　53岁

▲1月17日,中华苏维埃临时中央政府和工农红军军委发表宣言,声明愿在三项条件下与国军停战议和,共同抗日。

▲2月6日,行政院及中央古物保管委员会将北平故宫古物首批2118箱启运南京。北平市民反对故宫文物南运。

▲5月8日,中华苏维埃临时中央政府任命朱德为中国工农红军总司令兼第一方面军总司令,周恩来为总政委。

1月

1日　作《听说梦》,载4月15日《文学杂志》(北平)第1期,署名鲁迅,收入《南腔北调集》。当时《东方杂志》的新年特大号(第30卷第1期)辟"新年的梦想"专栏,由主编胡愈之提出"梦想中的未来中国"和"个人生活中有什么梦想"两个问题征答,应征者140多人,多为知识界人士,大都觉得目前的生活不安定,而寄希望于将来的好社会。有些来稿触及社会弊端,抨击时政,胡愈之因此被商务印书馆总经理王云五撤职。专栏最后有一篇记者的"读后感",将这些梦分为"载道"和"言志"两类,认为对好社会的梦想都是"异端",而"正宗"的梦应是"表现各人的心底秘密而不带社会作用的。"鲁迅批判"空头做梦"的做法,指出这其实恰恰显示了思想的不自由,而要实现这梦境,必须摆脱空洞的梦想,"不是说,而是做,梦着将来,而致力于达到这一种将来的现在"。

6日　到商务印书馆会同周建人一起往中央研究院参加人

权保障同盟干事会。人权保障同盟即“中国民权保障同盟”，去年12月由宋庆龄、蔡元培、杨铨（杏佛）[①]等人发起组织。本年1月先后在上海、北平等地设立分会，旨在反对国民党政府白色恐怖，营救被关押的政治异见人士，争取言论、出版、结社、集会等自由。当天鲁迅出席该盟临时执行委员会会议，商议组织上海分会，并致电南京国民党中央党部党务委员会，要求释放去年12月17日在北平被拘捕的师生。本月11日，鲁迅又和周建人一起到中央研究院出席民权保障同盟会，到会只有5人，胡愈之、林玉堂未出席。会议研究筹备成立上海分会事项，并发会员证。鲁迅的会员号为20，会员证为第3号。本月16日，又到中央研究院出席中国民权保障同盟会议，讨论决定于1月17日成立该盟上海分会，并继续商议营救被捕的牛兰夫妇的计划。17日下午在中央研究院召开的中国民权保障同盟上海分会成立大会上，与宋庆龄、蔡元培、杨铨、邹韬奋、林语堂、伊罗生、陈彬龢、胡愈之当选为执行委员。此后，在援救牛兰、赴德国领事馆抗议法西斯暴行、揭露胡适背叛“同盟”宗旨、参加杨铨送殓等活动中，鲁迅均积极参与；鲁迅本年3月、4月、5月的日记里，都有往中央研究院开会的记载。

10日 致郁达夫信和题字。向郁达夫并托其向柳亚子求字：“附奉笺纸两幅，希为写自作诗一篇，其一幅则乞于便中代请亚子先生为写一篇诗，置先生处，他日当走领也。”本月19日郁达夫来访，送诗两首。一是柳亚子书其3年前所作“寄怀鲁迅”：“附热趋炎苦未休，能标叛帜即千秋。稽山一老终堪念，牛酪何

---

① 杨铨（1893—1933），字杏佛，江西清江人。1932年为中央研究院总干事，与宋庆龄、蔡元培等组织中国民权保障同盟。1933年6月18日在上海遭国民党特务暗杀。

人为汝谋。”表示对鲁迅的关怀和崇敬。一是郁达夫书自作诗：“醉眼朦胧上酒楼，彷徨呐喊两悠悠。群盲竭尽蚍蜉力，不废江河万古流。”

12日 作《谷中安规〈少年画集〉题记》①：“少年画集，谷中安规木刻八帧，鲁迅得之，留给后来者。1933年1月12日，三闲书屋购藏。是夜，迅记。”

17日 得蔡元培书赠七言绝句两首：“养兵千日知何用？大敌当前暗不声。汝辈尚容说威信，十重颜甲对苍生。”“几多恩怨争牛李，有数人才走越胡。顾犬补牢犹未晚，只今谁是蔺相如！”对政界争斗不休表示愤慨和不满。

21日 致宋庆龄、蔡元培信，为营救被国民党政府逮捕的中共高级干部黄平②事。黄平是全国总工会书记，去年12月在天津视察工作时被捕，《中央日报》刊载消息说已解往南京。但鲁迅得到消息时，黄平仍押在天津，因此写此信建议营救。黄平于1933年1月“自首”，鲁迅写信时并不知情。

24日 作《逃的辩护》，载1月30日《自由谈》，原题为《“逃”的合理化》，署名何家干，收入《伪自由书》。日军攻占山海关，平津告急。国民党政府将古物装箱南运，引发社会舆论特别是学

① 谷中安规(1897—1946)，日本版画家，1926年首次公开发表版画作品。193年参与创立日本版画协会，成为创始会员，与栋方志功一道被视为日本版画家代表。谷中的作品以黑色木版为主调，以表现精神世界为主题动机的自由配置和稍显离奇的画面，暗示着作者内心世界与社会的冲突。

② 黄平(1901—1981)原名黄国佐，1918年任北京英文日报和英文导报校对，1921年任苏联远东通讯社北京分社英文翻译。1923年12月赴苏联，入莫斯科东方劳动大学就读，翌年加入共产党，又加入国民党。1924年10月回国，曾参与领导省港大罢工、广州暴动。后再赴苏联，出席中共“六大”。1930年9月在中共六届三中全会上被选为中央候补委员、并担任中共驻共产国际代表。1931年9月回国，任全国总工会书记。

生的不满。文章为学生辩护，抨击政府对外投降、对内镇压的行径。

同日　作《观斗》，载1月31日《自由谈》，署名何家干，收入《伪自由书》。文章揭露国民党统治下军阀“频年恶战”，而在外敌进攻面前，离得近的不抵抗，离得远的则空喊“负弩前驱”之类口号。进而嘲讽说：“还是留着国产的兵士和现买的军火，自己斗争下去罢。中国的人口多得很，暂时总有一些孑遗在看着的。”

25日　旧历除夕，邀请冯雪峰到家吃年夜饭，又买花爆，与儿子到屋顶燃放。日记中叹道：“盖如此度岁，不能得者已二年矣。”

26日　为望月玉成书自作诗一笺：“风生白下千林暗，雾塞苍天百卉殚。愿乞画家新画匠，只研朱墨作春山。”题为《赠画师》，对文化遭到摧残表达愤慨，希望画师以朱墨绘写春山，给人带来温暖。

同日　为内山完造书自作诗《二十二年元旦》，收入《集外集》。描写高官坐镇高岫（庐山）发动内战，而上海洋场达官贵人醉生梦死的生活情景。

同日　为许寿裳书《无题》（惯于长夜过春时），系首次将这首怀念柔石等青年朋友的诗写出赠人。

28日　作《论“赴难”和“逃难”——寄〈涛声〉编辑的一封信》，载2月11日《涛声》第2卷第5期，原题为《三十六计走为上计》，署名罗怃，收入《南腔北调集》。周木斋[①]在本月 21 日出版的《涛声》第 2 卷第 4 期上发表《骂人与自骂》一文，指责北平的大学生不赴难抗日。鲁迅指出，这正是国民党一贯“用诰谕，用刀枪，用书报，用煅炼，用逮捕，用拷问”来“教育”学生的结果。对日本侵略军：“现在中国的兵警尚且不抵抗，大学生能抵抗么?”“大学生逃了之后，却应该想想此后怎样才可以不至于单是逃，脱出诗境，踏上实地去。”次日，又作“补记”，对本文的意思再加说明。

31 日 作《学生和玉佛》，载 2 月 16 日《论语》半月刊第 11 期，署名动轩，收入《南腔北调集》。1 月 17 日，国民党政府决定将北平故宫重要文物迁移南运。23 日，北平各团体救国联合会通电反对古物南迁。但政府已经决议于 2 月 6 日将故宫古物两千余箱装运南下。31 日，3000 箱故宫古物预定启运南下，因北平市民群起反对，搬运工人罢工，未果。文章援引《申报》所载北平《古物将南运》和关于教育部查禁北平大学生“逃考及提前放假”两则电讯，抨击政府的决策是只顾物品不顾人才。以打油诗一首讽刺道：“寂寞空城在，仓皇古董迁，头儿夸的口，面子靠中坚。惊扰讵云妄？奔逃只自怜：所嗟非玉佛，不值一文钱。”

同日 作《崇实》，载 2 月 6 日《自由谈》，署名何家干，收入《伪自由书》，继续讨论北平的迁移古物和不准大学生逃难，指出，单搬古物，“并非因为古物的‘古’，倒是为了它……可以随身带着，随时卖出铜钱来”，而大学生却“没有市价”。文末戏拟崔

---

① 周木斋(1910－1941)，江苏武进人，原名朴，号树榆，笔名辨微、不齐等。1931 年无锡国学专修馆毕业后到上海担任大东书局编辑，同年 8 月为曹聚仁主编的《涛声》周刊撰稿，成为该刊的骨干力量。1934 年 12 月主编《大晚报》副刊《火炬》并撰述社评。1936 年参加中国文艺家协会，为第一批会员。

题《黄鹤楼》打油诗一首："阔人已骑文化去，此地空余文化城。文化一去不复返，古城千载冷清清。专车队队前门站，晦气重重大学生。日薄榆关何处抗，烟花场上没人惊。"

同日 作《电的利弊》，载2月16日《自由谈》，署名何家干，收入《伪自由书》。文章从中外统治者施用酷刑谈起，揭露国民党政府利用电刑逼供，比历代反动派更为残酷。还指出，技术掌握在不同的人手里，就会有不同的用法和结果。

本月 所编《竖琴》出版。本书收苏联"同路人"作家的短篇小说10篇。除淑雪兼珂的《老耗子》、凯泰耶夫的《"物事"》系柔石翻译，拉甫列涅夫的《星花》系曹靖华翻译外，其余均为鲁迅所译。据当时担任良友图书印刷公司编辑的赵家璧回忆说，当他向鲁迅约稿时，鲁迅一口答应。还说："最好你们回去先向良友的老板说清楚，出版鲁迅的书，是要准备着有人来找他麻烦的。"接着又说："现在上海出好书的人家实在不多，良友愿意这样做，我倒是愿意尽力帮助的。"1932年9月20日，鲁迅把原稿整理完毕，原名《新俄小说家二十人集》，为了适应丛书的篇幅，分为上、下两册，上册为《竖琴》，下册为《一天的工作》，亲自把书送到良友，还附了一封信，对排列格式提出要求。1934年，国民党的"图书杂志审查委员会"强令删去该书"前记"，理由是其中讲到"无产文学"。鲁迅1935年5月25日致赵家璧信中说："中央怕《竖琴》前记，真是胆小如鼷，其实并无害，因此在别一面，也没有怎样的益，有无都无关紧要，只是以装门面而已。现在剪去以免重印重装，我同意于公司的办法，并无异议也。"1936年2月19日、24日致夏传经信中也谈及此事。

2 月

1 日　致张天翼信。对其作品提出意见:"你的作品有时失之油滑,是发表《小彼得》那时说的,现在并没有说;据我看,是切实起来了。但又有一个缺点,是有时伤于冗长。"《小彼得》是张天翼的短篇小说,载 1933 年 10 月 10 日《小说月报》第 22 卷第 10 号。

3 日　接待茅盾全家来访,获赠《子夜》平装本 1 册。该书 1933 年 1 月由开明书店初版,2 月再版,6 月第 3 版。鲁迅在 2 月 9 日致曹靖华信中说:"茅盾作一小说曰《子夜》(此书将来当寄上),计三十余万字。是他们所不能及的。国内文坛除我们仍受压迫及反对者趁势活动外,亦无甚新局。但我们这面,亦颇有新作家出现。"本年 3 月 28 日在《文人无文》及 12 月 13 日致吴渤信中均赞扬该书。本年 6 月 19 日午后茅盾再次来访,赠以精装本《子夜》1 册。

5 日　致郑振铎[①]信。因担心当时在北平各书肆尚或可见的明代以来著名画家所作的木刻画、诗笺趋于销沉和灭绝,建议合作将北平流行的诗笺收集选择,手工拓印,编成《北平笺谱》。以后,与郑振铎书信交往多与此事有关。郑振铎在北平负责搜集信笺,把所得的"陆续寄给鲁迅先生,由他负最后选择的责任。寄去的大约有五百数十种",鲁迅选定后寄回。据郑振铎《访笺杂记》:"这部《北平笺谱》所以有现在的样式,全都是鲁迅先生的

---

① 郑振铎(1898—1958),笔名西谛,福建长乐人,作家、文学史家,文学研究会发起人之一。曾主编《小说月报》等刊物。著有《插图本中国文学史》、短篇小说集《桂公塘》等。

力量——由他倡议，也由他结束了这事。”《北平笺谱》共6册，收录人物、山水、花鸟彩色水印画笺332幅，于1933年12月由北平荣宝斋等店铺印行。

7日 开始作《为了忘却的记念》，次日完成，载4月1日出版的《现代》第2卷第6期[①]，署名鲁迅，后收入《南腔北调集》。原刊“我站在客栈里的院子中”一句，收入文集时，删掉了“里”字，以使文词通畅。文章追忆与殷夫、柔石等的交往，叙述他们被捕和牺牲的经过，描绘他们的纯朴而坚强的性格，对他们的牺牲感到惋惜和愤怒。

9日 鲁迅写信给曹靖华说：“它兄曾咯血数口，现已止，人是好的。他已将《被解放之Don Quixote》译完，但尚未觅得出版处；现正编译关于文艺理论之论文。他有一信，今附上。”它兄即瞿秋白；咯血，指遭遇追捕，有生命危险。《被解放之Don Quixote》即《被解放的董吉诃德》，苏联卢那察尔斯基创作的剧本，瞿秋白翻译；文艺理论之论文，即《“现实”——马克斯主义文艺论文集》。此时，瞿秋白已经离开隐居将近两年的紫霞路住所，由上海临时中央局组织部部长黄文容（即黄珍然）护送，到鲁迅家避难。“这一次住的时间较久，秋白和鲁迅朝夕相处，促膝谈心，十分融洽，详细研究当时的斗争和‘左联’的工作。……秋白还就谈话所得，或者和鲁迅商量以后，写了《苦闷的答复》、《出卖灵魂的秘诀》等十多篇杂文。”

---

① 文章为纪念柔石等5位烈士殉难两周年而作，先后交给两个杂志，都未能刊载，最后托人送到施蛰存等编辑的《现代》。施蛰存起初也有点踌躇，考虑了两三天才下决心发表，并决定在这期刊物的《文艺画报》上配一个图版。为此，他向鲁迅要来了一张柔石的照片，和柔石诗作《秋风从西方来了》的部分手迹，又将珂勒惠支的木刻作品《牺牲》制版，并加上照片一幅“最近之鲁迅”。

15日　作《颂萧》，载本月17日《自由谈》，原题《萧伯纳颂》，署名何家干，收入《伪自由书》。萧伯纳周游世界，于本月16日抵达上海。途经香港时，在香港大学发表关于青年前途问题的演讲，上海一些报纸认为他“宣传共产”。鲁迅说：“这回我的为萧辩护……起于他在香港大学的讲演。这学校是十足奴隶式教育的学校，然而向来没有人能去投一个爆弹，去投了的，只有他。……所以我必须给予支持，因为在这时候来攻击萧，就是帮助奴隶教育。”文章发表后，《大晚报》于17日发表题为《萧伯纳究竟不凡》的社论，攻击萧伯纳的作品充满“冷箭”，“坐在提倡共产主义的安乐椅里，……借主义以成名，挂羊头卖狗肉”。同时把鲁迅形容为同萧伯纳一样“戏法已耍得十分纯熟”、是“发着尖刺的冷箭来宣传什么主义”的“时髦的学者”。鲁迅和瞿秋白在编辑《萧伯纳在上海》时，以《大晚报的不凡和难堪》为题，把这篇社论收入第2部分，并在按语中说这“卑劣的市侩”行为反映的是“卑劣的资产阶级心理”，而萧伯纳的伟大，就在于他使这些人“受着难堪”。《大晚报》的社论和鲁迅的按语，均收入《伪自由书》，作为《颂萧》的附录。

17日　英国文学家、世界反帝大同盟名誉主席萧伯纳抵达上海。鲁迅应蔡元培邀请，至宋庆龄寓所会见萧伯纳并共进午餐，同席者史沫特莱、伊罗生、杨杏佛、林语堂等7人。午餐后由《上海晨报》摄影记者毛松友为大家拍照留念，后一同乘车到世界学院访问了著作家团体笔会（Pen Club），与50余位作家、艺术家会晤。萧伯纳见了鲁迅时说：“他们称你为中国的高尔基，但你比高尔基漂亮！”鲁迅答道：“我更老时，将来还会更漂亮。”鲁迅还把特地来华采访的日本改造社记者木村毅介绍给萧伯纳。晚上，鲁迅与正在其家中避难的瞿秋白谈起会晤萧伯纳事，认为中国各报刊对萧伯纳的反映很不一致，如果将各种反映编集起来，把它“当作一面平面的镜子，在这里，可以看看真的萧伯纳和各种人物自己的原形”，瞿秋白表示赞成。于是，许广平到街上买来各式各样的报纸，回家后，由杨之华、许广平剪贴，鲁迅与瞿秋白编成《萧伯纳在上海》交野草书屋出版。本月 28 日鲁迅为该书作序，说这本书“将文人，政客，军阀，流氓，叭儿的各式各样的相貌，都在一个平面镜里映出来了”。而“英系报，日系报，白俄系报”对萧伯纳的攻击，正说明“他决不为帝国主义所利用”，有些中国报，不过“原是洋大人的跟丁”。[①]

19 日　作《谁的矛盾》，载 3 月 1 日《论语》第 12 期，署名鲁迅，收入《南腔北调集》。萧伯纳于本月 16 日到达上海后，各怀动机的记者和文人纷纷采访萧伯纳。当得不到满意答复时，便对他施行攻击，把他塑造成一个充满矛盾的人。文章揭露访问者本身的种种矛盾，认为这些人的“唠唠叨叨，鬼鬼祟祟，是打不倒文豪的”，“矛盾的萧没落时，或萧的矛盾解决时，也便是社会的矛盾解决的时候”。

21 日　晚会见埃德加·斯诺（日记作施乐）[②]。斯诺 1931

---

① 《萧伯纳在上海》署名“乐雯剪贴翻译并编校鲁迅序”。“乐雯”原为鲁迅笔名之一，由“隋洛文”衍生而来，瞿秋白借用此笔名，并以此笔名写短文杂感和讽刺诗。书出版后，除了野草书屋赠送的 20 本之外，鲁迅自费购买 30 本，赠送台静农等友人，而将稿费都给了瞿秋白夫妇，这也是编辑此书的意图之一。全书分 5 个部分：1.“Welcome”，收入鲁迅、茅盾、郁达夫、邹韬奋、洪深等的文章；2.“呸萧的国际联合战线”，集中攻击、污蔑、诽谤萧伯纳的文字；3.“政治的凹凸镜”，副题“‘比较翻译学’和‘小辫子’的科学研究”，摘译中外报纸文字；最后两部分是“萧伯纳的真言”和“萧伯纳及其批评”。瞿秋白写了一些引言、按语和讽刺诗。

② 埃德加·斯诺（1905—1972），美国记者、作家，《西行漫记》的作者。1928 年到中国，住了 13 年。1931 年任统一报业会记者，曾在中国各地采访。他同情中国人民，常把革命文艺备受国民党政府压迫摧残的情况，介绍给外国读者。

年开始同鲁迅来往，并同他的助手姚克一起翻译鲁迅作品。1933年斯诺从上海移居北平后继续这项工作，通过姚克与鲁迅保持密切联系。斯诺译编的《活的中国》收入鲁迅的《药》《一件小事》《孔乙己》《祝福》《离婚》《风筝》《论“他妈的！”》7篇作品和茅盾、丁玲、柔石等作家的作品。在翻译过程中，斯诺每有所问，鲁迅总是热情答复。在翻译鲁迅作品时，斯诺收集鲁迅生平材料，写了《鲁迅评传》，送鲁迅审阅，鲁迅提出若干修改意见。1935年1月8日鲁迅在致郑振铎信中评价斯诺说：“S君是明白的。有几个外国人之爱中国，远胜于有些同胞自己，这真足叫人伤心。”

23日　用日文作《看萧和“看萧的人们”记》，系应日本改造社之约，由该社记者木村毅从东京来到上海约请的，载4月号《改造》杂志，署名鲁迅。后由作者译成中文，发表于本年5月《现代》杂志第3卷第1期，收入《南腔北调集》。文章叙述了本月17日会见萧伯纳的经过，以及当天上海的中外记者、文化人士欢迎和访问萧的情况。鲁迅说自己喜欢萧，是因为“他往往撕掉绅士们的假面”，“被我自己所讨厌的人们所讨厌的人，我有时会觉得他就是好人物”。还说萧伯纳是一面镜子，照出了中外记者的不同嘴脸。

本月下旬　参与签名的《左联为小林事件向日本政府抗议书》发表于本年2月《中国论坛》杂志第2卷第4期。“小林事件”是指日本无产阶级作家小林多喜二①于本月20日被日本当局逮捕并毒打致死的事件。左联向日本政府发出抗议书，并向

---

① 小林多喜二(1903—1933)，出身农民家庭，当过工人和小职员，1931年加入日本共产党，当选为日本无产阶级作家同盟总书记。他坚决反对日本帝国主义对中国的侵略战争。著有长篇小说《蟹工船》《党生活者》等。

日本无产阶级作家同盟发出日文唁电。电文最初发表于日本《无产阶级文学》1933年第4、5期合刊，署名鲁迅，中译文最初发表于1956年3月《译文》月刊上《宫本百合子的发展道路》文内。鲁迅又和茅盾、陈望道、郁达夫等联名发起《为横死之小林遗族募捐启》，最初发表于北平左联刊物5月15日出版的《文学杂志》第2号和6月1日出版的《文艺月报》第1期。

3月

1日 与内山夫人同往施高塔路东照里12号看屋，租定后，瞿秋白夫妇迁入居住。因东照里原住户是日本人，故由内山夫人陪同。鲁迅让瞿秋白夫妇住在日本人住宅区，为的是省去中国人寻问的麻烦。3月3日又去东照里看屋一次。

2日 作《从讽刺到幽默》，载3月7日《自由谈》，署名何家干，收入《伪自由书》。文章分析了当时一些人提倡"幽默"的社会原因和发展趋势，认为讽刺家所"讽刺的是社会，社会不变，这讽刺就跟着存在"，因而讽刺家就招致明明暗暗的压迫和攻击，有些人就把"闷气"借着笑吐出去，这就成了幽默；但是"'幽默'既非国产，中国人也不是长于'幽默'的人民，而现在又实在是难以幽默的时候。于是虽幽默也就免不了改变样子了，非倾于对社会的讽刺，即堕入传统的'说笑话'和'讨便宜'"。

同日 作《从幽默到正经》，载3月8日《自由谈》，署名何家干，收入《伪自由书》。文章发挥《从讽刺到幽默》的思想，指出在当时的中国，不但"讽刺"会遭到陷害，而且连笑嘻嘻的"幽默"也要遭殃，国民党当局要人们"做正经文章，装正经脸孔，以补'不抵抗主义'之不足"。这样，"人们连笑的自由都没有，'幽默'归天，'正经'统一了剩下的全中国"。鲁迅这两篇文章分析了讽刺、幽默和假“正经”的性质及其产生的原因，既戳穿了当局于穷途末路中故作正经的假面，也对林语堂等人提倡的“幽默”提出了批评。林语堂将以上两文转载于 3 月 16 日《论语》第 13 期。

同日 应日本友人山县初男[①]之请，赠送小说集《呐喊》《彷徨》各 1 本，并各题 1 诗，前者收入《集外集拾遗》，后者收入《集外集》。

同日 致许寿裳信，为搜购参考书事：“关于儿童心理学书，内山书店中甚少，只见两种，似亦非大佳，已嘱其径寄，并代付书价矣。大约此种书出版本不多，又系冷色，必留意广告而特令寄取，始可耳。”

3 日 下午赴中央研究院，出席中国民权保障同盟临时中央执行委员会会议。会议作出“开除会员胡适”的决议。2 月 1 日胡适任该盟北平分会主席以后，发表了一系列反对该盟章程的言论，该盟曾两次致电胡适，促其公开更正。因胡适不理，故决定将其开除。

同日 作《文摊秘诀十条》，载《自由谈》，署名孺牛，收入《集外集拾遗补编》。文章揭露了当时文坛出现的阿谀、奉承、吹捧、撒谎、剽窃、抄袭等怪现象，讽刺无耻文人追逐名利的种种丑态。

4 日 作《由中国女人的脚，推定中国人之非中庸，又由此推定孔夫子有胃病——“学匪”派考古学之一》，载 3 月 16 日《论语》第 13 期，署名何干，收入《南腔北调集》。文章从女子缠足谈起，揭露了所谓“中庸之道”的虚伪性，讽刺那些自命爱“中庸”、行“中庸”的人“其实是颇不免于过激的”，对于敌手，“有时是压

---

① 山县初男(1873－1971)，1927—1933 年在武钢大冶铁矿区任“日铁(日本制铁株氏会社)大冶办事处主任，也是中国文学研究者。1930 年 6 月 15 日经内山完造介绍，与鲁迅相识。

服不够，还要‘除恶务尽’，杀掉不够，还要‘食肉寝皮’。但有时候，却又谦虚到‘侵略者要进来，让他们进来。也许他们会杀了十万中国人。不要紧，中国人有的是，我们再有人上去’”。

5日 作《我怎么做起小说来》，收入本年6月上海天马书店出版的《创作的经验》，署名鲁迅，收入《南腔北调集》。文章回顾了自己创作小说的过程，申述创作目的并总结选材、用语、典型化等方面的经验。谈到批评与创作的关系说：“批评必须坏处说坏，好处说好，才于作者有益。”

约从本日开始，到10月25日，瞿秋白在鲁迅家作客或住在鲁迅家附近，经常与鲁迅谈论时事，将感想写成12篇短文，即《王道诗话》、《苦闷的答复》（后由鲁迅改题为《伸冤》）、《曲的解放》、《迎头经》、《出卖灵魂的秘诀》、《最艺术的国家》、《内外》、《透底》、《人才难得》（后由鲁迅改题为《大观园的人才》）、《关于女人》、《真假董吉诃德》（后由鲁迅改为《真假堂吉诃德》）和《中国文与中国人》。这些文章包含有鲁迅的一些观点，经鲁迅修改，请人抄写，用鲁迅的笔名发表。为了便于保存和流传，鲁迅将其编入自己的文集。前9篇载《自由谈》，署名何家干，收入《伪自由书》；《关于女人》和《真假董吉诃德》，载《申报月刊》，署名洛文，收入《南腔北调集》；《中国文与中国人》载《自由谈》，署名余铭，收入《准风月谈》。原稿无写作时间，发表时所附日期可能是另加上的。[①]

6日 下午到东照里访瞿秋白夫妇并赠送堇花一盆，祝贺乔迁新居。瞿秋白将鲁迅用“洛文”之名书赠的对联（即清人何瓦

---

① 参见丁景唐、王保林《鲁迅和瞿秋白合作的杂文及其它》，陕西人民出版社1986年版。

琴的自集禊帖字:“人生得一知己足矣,斯世当以同怀视之”)挂在墙上。[①]

7日 下午在内山书店接待姚克。姚克去年12月4日与本年3月3日写信给鲁迅,要求见面。这是两人的第一次会面。姚克正在协助斯诺选译鲁迅作品,有几处不很明了的地方前来请教。据姚克回忆:“我举出了几条问他——内中有一条是‘三百大钱九二串’;还有一条是‘猹’,其余不很记得了。他逐条明明白白地解答给我听。”[②]

10日 致赵家璧信,谈到在北平的演讲说:“我还没有写北平的五篇讲演,《艺术新闻》上所说,并非事实,我想不过是闹着玩玩的。”又谈到童话书的出版:“中国所出版的童话,实在应该加一番整顿,但我对于此道,素未留心,所以材料一点也没有,所识的朋友中,也不记得有搜集童话,俟打听一下再看罢。”

12日 作《文学上的折扣》,载3月15日《自由谈》,署名何家干,收入《伪自由书》。文章讽刺张若谷这类文人惯用夸大、装腔、撒谎等手法欺骗读者[③],提醒人们不要再上那些“枕戈待旦”“卧薪尝胆”“尽忠报国”等口号的当,并且追溯这种手法的渊源。

13日 作《文艺连丛》出版预告。声明“几个能力未足的青年”要来印一种关于文学和美术的小丛书,目前只有3种:《不走正路的安得伦》《解放了的董·吉诃德》和《山民牧唱》。

---

① 据杨之华回忆:“当时鲁迅请秋白写几个字,秋白写了这两句诗赠给鲁迅。后来,秋白也请鲁迅写几个字,鲁迅照着秋白写的诗歌回赠给了秋白。”见朱嘉栋《杨之华同志访问记》,上海鲁迅纪念馆编《纪念与研究》第7辑。

② 姚克《最初和最后的一面》,见1936年11月5日《中流》第1卷第5期。

③ 本月《大晚报》连载张若谷攻击左翼文艺运动的长篇小说《婆汉迷》,号称“儒林新史”,是一部影射文化界人士的长篇小说,其中“罗无心”影射鲁迅,“郭得富”影射郁达夫。

18日　往八仙桥青年会出席民权保障同盟上海分会执行委员会会议，改选上海分会部分执委。本日鲁迅捐助该会经费10元。

同日　收到葛琴[①]来信，即复。葛琴当时准备编一本小说集，写信给鲁迅请求接见，也有请鲁迅写序的想法。鲁迅在复信中，同意葛琴的请求，并告知约见时间和地点。几天后的一个下午，葛琴由朋友陪同到内山书店会见鲁迅，随即一起到对面的咖啡馆。葛琴把来意说明后，鲁迅就从她手中接过一本原稿，粗粗翻了一下，便告诉她说，内中有几篇早已看过了，并答应为她写序。他们谈了近两个小时。鲁迅本月25日撰写序文，28日再次会见葛琴，亲自交给她。该书1937年由良友图书印刷公司出版。

20日　为瞿秋白所作《迎头经》写附记。未另发表，未署名，与《迎头经》一起收入《伪自由书》。瞿文于本日在《自由谈》上发表，但被检查官删改过。鲁迅为了揭露当局的文网，在附记里标出被删改的文字。

同日　作《止哭文学》，载3月24日《自由谈》，署名何家干，收入《伪自由书》。文章抨击"民族主义文学"运动，揭露黄震遐《黄人之血》《大上海的毁灭》等作品所散布的失败主义情绪和投降主义哲学，以及反苏反共的思想。与此同时，《大晚报》副刊《辣椒与橄榄》发表王慈《提倡辣椒救国》，认为中国正处在"大哭的时候"，如果给以辣椒，就可以"立止大哭"。鲁迅讽刺了这种"给人们一点爽利和慰安"的文学，认为这是企图制止民众悲愤，

---

① 葛琴(1907—1995)，江苏宜兴人，"左联"成员。在《北斗》上发表短篇《总退却》受到文坛注意。

麻痹其斗志，以静候日本侵略者的奴役。本文发表后，王慈又在3月28日《辣椒与橄榄》上发表《不要乱咬人》一文反驳。鲁迅在编《伪自由书》时，把王慈的两篇文章编为《止哭文学》的附录，并针对后一篇加写了《这叫作愈出愈奇》的短文做了答辩。

同日 致李小峰信，推荐瞿秋白编的《鲁迅杂感选集》[①]：“有一本书我倒希望北新印，就是：我们有几个人在选我的随笔，从《坟》起到《二心》止，有长序，字数还未一定。因为此书如由别的书店出版，倒是于北新有碍的。”

22日 作《英译本〈短篇小说选集〉自序》，系为斯诺拟编译的短篇小说集而作。初拟收入1935年5月群众图书公司版《集外集》，被审查机关抽去，后收入《集外集拾遗》。自序回顾了自己对劳苦农民的认识过程和接受外国文学影响的经过，说明写小说的用意是在反映“上流社会的堕落和下层社会的不幸”。又说：“现在的人民更加困苦，我的意思也和以前有些不同，又看见了新的文学的潮流”，表示不愿写旧的了，“想再学下去，站起来”，写新的作品。

27日 下午移书籍至狄思威路（今溧阳路）1359号2楼。因家中书多，拥挤不堪，以内山书店职员镰田诚一的名义租此处作藏书室。

28日 作《文人无文》，载4月4日《自由谈》，署名何家干，收入《伪自由书》。本月九日，张若谷在《大晚报》副刊上，发表《恶癖》一文，把一些作家的癖习讥为“文人无行”。鲁迅批驳了这种说法，揭露中国一些挂着“金字招牌”的文人不但无行，更主

---

① 《鲁迅杂感选集》，何凝（瞿秋白）选编并作序，共收杂文74篇，1933年7月上海青光书局出版。

要的是无文，根本写不出像样的作品，进而指出“武人也一样不武。说是‘枕戈待旦’的，到夜还没有动身，说是‘誓死抵抗’的，看见一百多个敌兵就逃走了”。文章发表后，周木斋在4月15日《涛声》第2卷第14期上发表《第四种人》一文攻击鲁迅。鲁迅在编《伪自由书》时，将张文和周文收为《文人无文》附录，并针对周文加写了短文《两误一不同》予以反驳。

30日 午前往中央研究院出席中国民权保障同盟会议。本月28日晚廖承志、余文化、罗登贤以“共产党嫌疑”在租界被捕。次日初审时，因捕房律师要求侦察，改期续审，但拒绝交保。该盟于是日讨论并决定为廖余罗案发表宣言。31日又往中央研究院出席中国民权保障同盟会议，继续讨论营救廖承志等人事宜。是日下午上海第二特区法院开庭审判廖案，法庭判决由工部局巡捕房移提给中国当局。晚上廖承志由其母何香凝、国民党中监委柳亚子具保释出。其余四人等于4月1日被解至南京投入军事监狱。

本月 为柔石照片、诗稿《秋风从西方来了》以及纪念柔石的版画《牺牲》写说明。

4月

11日 全家迁入施高塔路(今山阴路)大陆新村9号，在此居住了3年又6个月。本月1日鲁迅给山本初枝的信中说：“一向，也许因我们的寓所朝北，家人总生病。这回另外租了一所朝南的房子，一周内就可迁去。在千爱里旁边的后面，不是有个大陆新村吗，房子就在那里，离内山书店也不远。”今为上海鲁迅旧居，由上海鲁迅纪念馆管理。

17日 作《言论自由的界限》，载4月21日《自由谈》，署名何家干，收入《伪自由书》。文章从《红楼梦》中的奴才焦大谈起，指出胡适、梁实秋等“新月社诸君子”3年前“对于党国有了一点微词”时，也“不幸和焦大有了相类的境遇”——胡适被教育部训诫，《新月》遭扣留，新月书店也一度被查抄。于是，他们变换手段，“引据三民主义，辨明心迹”，从而得到好处，“有的顾问，有的教授，有的秘书，有的大学院长”，而且似乎又有了“言论自由”。

22日　晚在知味观设宴，为介绍姚克与上海文艺界人士见面，参加者有茅盾、黎烈文、郁达夫等12位友人。

23日　晚在知味观设宴，招待在沪的日本友人。包括画家秋田义一、医生须藤五百三、坪井芳治、滨之上、管厚英、牧师伊藤胜义、汉学家小岛醉雨、内山完造夫妇等共20人。

26日　下午出席中国民权保障同盟临时全国执行委员会会议。主要决议有：通过章程；聘请律师去南京营救罗登贤、罗章龙等；聘请律师依法营救在北平被判有期徒刑的马哲民、侯外庐两教授，开除吴迈会籍。

30日　作《通信》（致祝秀侠），署名家干，编入《伪自由书》时作为《透底》一文的附录。信中声明，自己的《透底》一文“是反对一种虚无主义的一般倾向的”，“假使简单地把‘蒲力汗诺夫曰’等等和‘诗云子曰’等量齐观起来，那就一定必然的要引起误会。先生来信似乎也承认这一点。这就是我那《透底》里所以要指出的原因”。谈到所谓“新八股”，指出：“八股无论新旧，都在扫荡之列，我是已经说过了；礼拜五六派有新八股性，其余的人也会有新八股性。例如只会‘辱骂’‘恐吓’甚至于‘判决’，而不肯具体地切实地运用科学所求得的公式，去解释每天的新的事实，新的现象，而只抄一通公式，往一切事实上乱凑，这也是一种八股。”

5月

4日　致黎烈文信两封，均涉及为《自由谈》写稿事。[①] 鲁迅复信说："有人中伤，本亦意中事，但近来作文，避忌已甚，有时如骨骾在喉，不得不吐，遂亦不免为人所憎。后当更加婉约其辞，惟文章势必至流于荏弱，而干犯豪贵，虑亦仍所不免。"另一信说："原想嬉皮笑脸，而仍剑拔弩张，倘不洗心，殊难革面……换一笔名，图掩人目，恐亦无补。"[②]

7日　致曹聚仁信，答应为李大钊遗著《守常全集》写序。又自谦："于学说之类，我不了然，所以只能说几句关于个人的空话。"此序文即《〈守常全集〉题记》。

9日　致邹韬奋信。鲁迅看到《生活周刊》登载邹韬奋编译的《革命文豪高尔基》即将出书的预告，写信称赞该书"实在是给中国青年的很好的赠品"，并主动提出借给《高尔基画像集》供制版插图时选用。后来《革命文豪高尔基》受到不公正的对待时，鲁迅坚决支持该书，说他"曾经翻过一遍，觉得除批评者所指摘的缺点之外，另有许多记载作者的勇敢的奋斗，胥吏的卑劣的阴谋，是很有益于青年作家的"。

11日　致宋紫佩信，托其转交捐李大钊安葬费50元。本月

---

① 自本年3月以来，国民党麾下的《大晚报》副刊和《社会新闻》，对经常发表鲁迅、茅盾作品的《自由谈》展开攻击，认为左翼文化运动借此"抬头"，鲁迅与茅盾"成了《自由谈》的两大台柱了"。与此同时，国民党政府的图书杂志审查部门也对《自由谈》的文章加紧了限制，致使鲁迅寄去的一篇短文未能刊出。黎烈文于3日来函解释缘由。

② 当时国民党当局一面标榜"民主政治"，在法律条文中允许人民有言论、集会等"自由"，一面颁布了《出版法》《宣传品审查标准》《危害民国紧急治罪法》等法令，收紧文网。

6 日，鲁迅收到为安葬李大钊发起募捐的公函。安葬仪式于 4 月 23 日在北平举行，由宣武门外下斜街移柩于香山万安公墓，有市民路祭。国民党军警在西四牌楼附近以“妨害治安”为名，禁止群众送葬，并开枪射击，致多人受伤，40 多人被捕。鲁迅在本月 29 日所作《〈守常全集〉题记》里说：北平当局的禁止路祭和逮捕送葬者，“罪名”恐怕是“妨害治安”，“倘其果然，则铁铸一般的反证，实在来得更加神速：看罢，妨害了北平的治安的是日军呢还是人民！”

13 日　与宋庆龄、蔡元培、杨杏佛等赴上海德国领事馆递交联合签署的《为德国法西斯压迫民权、摧残文化的抗议书》，以中国民权保障同盟名义，向德国希特勒法西斯政权提出抗议。抗议书指出：“本同盟由各国报章所载，得悉自法西斯蒂政党得权以来，被捕之工人，已达三四万，而知识分子横遭压迫者，亦在数千之数。”

同日　作《〈不走正路的安德伦〉小引》，印入本年 5 月野草书屋版该书，后载 7 月 15 日《狂流》月刊第 1 卷第 1 期，题为《介绍〈不走正路的安德伦〉》，收入《集外集拾遗》。小引介绍原作者聂维洛夫的生平，引述坷刚《伟大的十年的文学》中对作者的评价：“吐着革命的呼吸，而同时也爱人生。他用了爱，以观察活人的个性，以欣赏那散在俄国无边的大平野上的一切缤纷的色彩”。鲁迅认为这部作品“号召着毁灭全部的旧式的农民生活，不管要受多么大的痛苦和牺牲”。

17 日　作《保留》和《再谈保留》，前者批评政府的卖国行径，后者抨击当局一面下令不准对侵略者使用“逆敌”一类过度刺激字面，一面又污蔑民众为“汉奸”的做法。两文均未能发表，收入《伪自由书》。

18 日 作《"有名无实"的反驳》和《不求甚解》，前者揭露和嘲讽国民党政府的不抵抗政策，后者就美国总统罗斯福发表的"和平"宣言加以评论，均未能发表，收入《伪自由书》。

22 日 在内山书店会见朝鲜记者申彦俊。申彦俊在《新东亚》1934 年 4 月号发表的《中国的大文豪鲁迅访问记》记录了这次会见："他说破了资产阶级文人的没落，力陈了无产阶级文学的勃兴，表现了左翼文豪的本色。"[①]

25 日 下午赴中央研究院参加中国民权保障同盟会议，就五月十四日作家应修人[②]被捕遇害之事，商议发表《中国民权保障同盟对青年作家应修人被害宣言》。

26 日 午后同姚克往大马路雪怀照相馆照相。斯诺和姚克翻译英文本《鲁迅短篇小说集》，拟出版时在卷首刊印作者照片，但认为鲁迅送去的几张"都不很好"，姚克便建议鲁迅重拍，并提议到雪怀照相馆，鲁迅同意了。单人照之后，鲁迅又与姚克拍了合照。鲁迅对此次照相效果很满意。[③]

27 日 作《译本高尔基〈一月九日〉小引》，编入《集外集》时被审查机关抽去，收入《集外集拾遗》。《一月九日》是高尔基作的一篇短篇小说，由曹靖华翻译，译本曾在苏联印行，译者寄赠鲁迅一册，鲁迅把它交给《中国论坛》的编辑伊罗生，并写了小

---

① 申彦俊《中国的大文豪鲁迅访问记》，载《鲁迅研究月刊》1998 年第 9 期。

② 应修人(1900—1933)，浙江慈溪人，店员出身。1925 年加入中国共产党，1926 年到广州黄埔军校工作，曾陪伴鲁迅到黄埔军校讲演。1930 年加入"左联"，先后在中共中央军委、中共中央组织部、中共江苏省委等部门工作。5 月 14 日下午，他往上海昆山花园联系工作，碰到伏在室内的国民党特务，他奋力反抗敌人的围捕，被敌人从 4 层楼推下，壮烈牺牲。

③ 姚莘农《鲁迅先生遗像的故事》，见 1936 年 11 月 10 日《戏剧电影》第 1 卷第 2 期。

引，请其重印出版，结果却在印刷厂被当局没收。小引认为高尔基“是‘底层’的代表者，是无产阶级的作家”。同时转述了“革命的导师”列宁对高尔基的评价：“新俄的伟大的艺术家，用了别一种兵器，向着同一的敌人，为了同一的目的而战斗的伙伴，他的武器——艺术的言语——是有极大的意义的。”小引还肯定高尔基作品是无产阶级文学的“一种范本”，“从此脱出了文人的书斋，开始与大众相见，此后所启发的是和先前不同的读者，它将要生出不同的结果来”。

29日 作《〈守常全集〉题记》，载8月19日《涛声》周刊第2卷第31期，题为《〈守常先生全集〉题记》，署名鲁迅，收入《南腔北调集》。题记追述了在北京时与李大钊的一些交往，评价了李大钊的著作：“他的理论，在现在看起来，当然未必精当的”，但是“他的遗文却将永住，因为这是先驱者的遗产，革命史上的丰碑”。李大钊的文稿经李乐光收集整理，其中30篇于1933年拟交上海群众图书出版公司出版，题名《守常全集》，并约请鲁迅作序。题记收入《南腔北调集》时，鲁迅添加了附记，说明写序的经过及《守常全集》未能出版的缘由。本年6月3日鲁迅致曹聚仁信谈到此事说：“《李集》我以为不如不审定，也许连出版所也不如胡诌一个，卖一通就算。论起理来，李死在清党之前，还是国民党的朋友，给他留一个纪念，原是极应该的，然而中央的检察员，其低能也未必下于邮政检查员，他们已无人情，也不知历史，给碰了一个大钉子，正是意中事。”意指曹聚仁不听鲁迅劝告，送给上海群众图书公司，果然碰了钉子，未能出版。1939年4月由北新书局以“社会科学研究社”名义印出初版，但当即为租界当局没收。1949年7月仍由北新书局重印出版，改名为《守常文集》上册。

31日 作《谈金圣叹》，载7月1日《文学》月刊第1卷第1号，署名鲁迅，收入《南腔北调集》。文章认为，金圣叹“单是截去《水浒》的后小半，梦想有一个‘嵇叔夜’来杀尽宋江们，也就昏庸得可以。虽说因为痛恨流寇的缘故，但他是究竟近于官绅的”。由此引申出普通百姓痛恨坐寇（官兵）甚于痛恨流寇的论断：“租界和外国银行，也是海通以来新添的物事，不但剃尽毛发，就是刮尽筋肉，也永远填不满的。正无怪小百姓将‘坐寇’之可怕，放在‘流寇’之上了。”那么，民众的出路如何？“仅存的路，就当然使他们想到了自己的力量。”

6月

4日 作《又论“第三种人”》，载7月1日《文学》月刊第1卷第1号，署名鲁迅，收入《南腔北调集》。戴望舒撰文以纪德在法国革命文艺家协会开会时表现出反抗德国法西斯谛的倾向，认定其为法国文坛的“第三种人”，因而呼吁中国的左翼文学不要把“第三种人”当做打击的对象。鲁迅对此加以批驳：“文艺上的‘第三种人’也一样，即使好像不偏不倚罢，其实是总有些偏向的，平时有意的或无意的遮掩起来，而一遇切要的事故，它便会分明的显现。”提醒左翼理论家必须将营垒分清，“拔去了从背后射来的毒箭”。文章引述纪德对苏联的赞扬：“我为什么并怎样会在这里赞同我在那边所反对的事呢？那就是因为我在德国的恐怖政策中，见到了最可叹最可憎的过去底再演，在苏联的社会创设中，我却见到一个未来的无限的允约。”后来纪德亲赴苏联访问后，立场从赞扬变成反对。

5日 致魏猛克[①]信，载6月16日《论语》半月刊第19期，后附魏猛克来信，总题为《两封通信》，署名鲁迅，收入《集外集拾遗补编》。鲁迅回信认为，对于人，“只能随时取其一段一节”，“侮辱他个人与否是不成问题的，要注意的是我们为社会的战斗上的利害”。《论语》第18期上刊载了魏猛克的漫画《俨然：鲁迅与高尔基》。画中身材矮小的鲁迅站在高大的高尔基身旁，给人一种对鲁迅不敬的印象。对此，魏猛克写信向鲁迅解释，说这画是别人拿到《论语》去发表的，拿走的人还“无端加上‘俨然’(按：“俨然”为李青崖所标)两字”与他的原意相违。鲁迅给予谅解。对于来信似有埋怨自己对青年美术工作者关心不够，鲁迅答道：“我和他(高尔基)是不一样的，就是你所举的他那些美点，虽然根据于记载，我也有些怀疑。照一个人的精力，时间和事务比例起来，是做不了这许多的，所以我疑心他有书记，以及几个助手。我只有自己一个人，写此信时，是夜一点半了。”

8日 作《夜颂》，载6月10日《自由谈》，署名游光，收入《准风月谈》。文章以抒情的笔调，通过歌颂诚实的夜揭露当时社会的丑恶和各种人物的虚伪。这是《自由谈》编者呼吁“从兹多谈风月”之后，鲁迅变换笔调写出的第一篇。对于这种“带着枷锁的跳舞”，鲁迅自感不满，本日致黎烈文的信中称之为“油腔滑调”，“无聊也因而殊甚”。关于发表时所用笔名“游光”，许广平《欣慰的纪念》说：“在《准风月谈》里用游光的名字写文章的，多半是关于夜的东西。如《夜颂》《谈蝙蝠》《秋夜纪游》《文床

---

① 魏猛克(1911—1984)，湖南长沙人，美术工作者。时为上海美术专门学校学生，小型美术期刊《曼陀罗》的编辑。本年2月萧伯纳访问上海后，魏猛克写文章称他疑心萧有些虚伪，本月3日又致信鲁迅，申述这一看法，并把鲁迅与高尔基并提，要求鲁迅像高尔基关心青年文学工作者那样关心中国青年美术工作者。

秋梦》。”

同日 作《推》,载6月11日《自由谈》,署名丰之余,收入《准风月谈》。文章通过上海常有的“推人”现象,抨击帝国主义者和高等华人对中国人民的霸道行径。指出:“这推与踏也还要廓大开去。要推倒一切下等华人中的幼弱者,要踏倒一切下等华人。”

11日 作《“蜜蜂”与“蜜”》,载6月17日《涛声》周刊第2卷第23期,署名罗怃,收入《南腔北调集》。陈思(曹聚仁)在《涛声》第2卷第22期上发表《蜜蜂》一文,批评张天翼的小说《蜜蜂》所写不合事实,进而分析蜜蜂与花的关系,引申道:“倘花的多少,足供蜜蜂的需求,就天下太平,否则,便会‘反动’。”“人是吃米或麦的,然而遇着饥馑,便吃草根树皮了”,暗喻有人吃草根树皮的现实。

12日 作《经验》,载7月15日《申报月刊》第2卷第7号,署名洛文,收入《南腔北调集》。文章分析经验的两重性,强调“一切文物,都是历来的无名氏所逐渐的造成”,强调重视群众实践中长期积累的宝贵经验,对于某些消极的社会经验也进行了分析批判。

13日 作《谚语》,载1933年7月15日《申报月刊》第2卷第7号,署名洛文,收入《南腔北调集》。文章以“各人自扫门前雪,莫管他家瓦上霜”为例,指出:“谚语固然好像一时代一国民的意思的结晶,但其实,却不过是一部分的人们的意思。”因为人的地位变了,思想也跟着变化,奉行的格言也不同。最后得出结论:“某一种人,一定只有这某一种人的思想和眼光,不能越出他本阶级之外。”

15日 作《二丑艺术》,载6月18日《自由谈》,署名丰之余,收入《准风月谈》。文章通过对浙东戏台上的二花脸即二丑形象的剖析，勾画出帮闲文人的面目及性格特征。进而揭示二丑产生的社会根源："世间只要有权门，一定有恶势力，有恶势力，就一定有二花脸，而且有二花脸艺术。"

同日　作《偶成》，载6月22日《自由谈》，署名苇索，收入《准风月谈》。文章通过普通民众对听书的选择，指出"看客的取舍，是没法强制的，他若不要看，连拖也无益"，讽刺有些刊物以为有钱有势就可以风行天下，其实是难以得到读者的。

16日　作《谈蝙蝠》，载6月25日《自由谈》，署名游光，收入《准风月谈》。梁实秋在《论第三种人》一文中，批评鲁迅1932年11月27日在北京师范大学所作《再论第三种人》的讲演。鲁迅以蝙蝠为例，说伊索寓言谓蝙蝠是非兽非鸟的东西，因为那时动物学还很幼稚；近来却还有人拾些希腊古典来作正经话讲，"那就只足表示他的知识，还和伊索时候……相同"，讽刺梁实秋"以为橡皮鞋是草鞋和皮鞋之间的东西，那知识也相仿，假使他生在希腊，位置是说不定会在伊索之下的"。

18日　获悉中国民权保障同盟总干事杨铨于本日上午被国民党特务暗杀于上海法租界亚尔培路中央研究院门前，悲愤交加。还听说行刺者连发十余弹，杨自知不免，立刻用身体掩护同座的儿子，结果儿子幸免于难，自己和司机被打死。鲁迅对于杨铨临难时能如此清醒、从容，舍身保护后代，深为赞佩。

20日　与许寿裳同往万国殡仪馆送杨铨入殓。民权保障同盟自开展活动以来，为国民党当局所忌恨。国民党特务机构制定了暗杀名单，其中也有鲁迅的名字；杨铨被暗杀后，有风声传出说要在杨铨入殓这天暗杀鲁迅和同盟其他领导人。但鲁迅决定不搬家，也不出外避居，还把随身携带的钥匙交给家里人，以示牺牲的决心。鲁迅对于这一天前往送殓的宋庆龄、许寿裳都表示敬佩。他说："打死杨杏佛，原是对于孙夫人和蔡先生的警告，但她们两人是坚决的……季茀也去的。……这种时候就看出人来了，林语堂就没有去；其实，他去送殓又有什么危险！"实际上，林语堂参加了杨杏佛的葬礼。

同日　作诗《悼杨铨》。次日书赠坪井先生之友樋口良平："岂有豪情似旧时，花开花落两由之。何期泪洒江南雨，又为斯民哭健儿。"表达对杨铨被害的深沉悲愤和对国民党当局暴行的强烈抗议。

同日　致林语堂信。拒绝为《论语》写"打油诗"："盖打油亦须能有打油之心情，而今何如者。重重迫压，令人已不能喘气，除呻吟叫号而外，能有他乎？""天王已无一枝笔，仅有手枪，则凡执笔人，自属全是眼中之钉，难乎免于今之世矣。"

21 日　作诗《题三义塔》。书赠日本西村真琴[①]博士："奔霆飞焰歼人子，败井颓垣剩恶鸠。偶值大心离火宅，终遗高塔念瀛州。精禽梦觉仍衔石，斗士诚坚共抗流。度尽劫波兄弟在，相逢一笑泯恩仇。"有跋："西村博士于上海战后得丧家之鸠，持归养之，初亦相安，而终化去，建塔以藏，且征题咏，率成一律，聊答遐情云尔。"收入《集外集》时，"飞焰"作"飞熛"。西村真琴于"一·二八"战争时在闸北三义里街头，看到一只失去主人的鸽子，觉得可怜，就把它带回日本家里。他把这只鸽子与日本的鸽子配对饲养，希望孵出小鸽作为和平使者送往中国。次年 3 月，这只

---

① 西村真琴(1883—1956)，日本生物学家，医学博士。"一·二八"战争之际，他作为大阪《每日新闻》社医疗服务团代表团团长(他当时的身份有几种不同说法，这里据《鲁迅研究资料》第 3 辑译载的坂井雅一《关于"三义塚"》)访问上海等地，并组织医疗服务团，为受伤的平民免费治疗。

鸽子死了，西村把它埋葬在庭院中，铭曰三义塚。他画了这只鸽的遗像，连同请求题辞的信，寄给鲁迅。鲁迅4月29日日记："得西村真琴信并自绘鸠图一枚。"6月9日鲁迅又收到西村真琴的来信，恳请为其4月29日寄赠的"小鸽三义之图"题咏。鲁迅的题诗期望中日两国"斗士"团结奋斗，结束法西斯战争，恢复民众的兄弟情谊。

26日 作《华德保粹优劣论》，载7月2日《自由谈》，署名孺牛，收入《准风月谈》。文章揭露国民党反动派效法希特勒，大搞"保存国粹"，推行法西斯统治的行径。指出希特勒禁唱《跳蚤歌》是为了排斥"非德意志的"思想，而国民党的"保粹"竟要查禁女人养雄犬之类，这将有"影响于叭儿狗"，即为了保存自己，适应法西斯的需要，叭儿狗将会变成"门犬猎犬"，更为主子帮凶作恶。

28日 作《华德焚书异同论》，载7月11日《自由谈》，署名孺牛，收入《准风月谈》。希特勒在德国焚烧图书，实行法西斯统治，中国有些评论者比之于秦始皇。文章认为这"实在冤枉得很"，秦始皇烧书，"是为了统一思想。但他没有烧掉农书和医书；他收罗许多别国的'客卿'，并不专重'秦的思想'，倒是博采各种思想的"，与希特勒的毁灭文明不同。而且"秦始皇的车同轨，书同文……之类的大事业，他们一点也做不到"，抨击了希特勒的法西斯暴政，对因希特勒上台而兴高采烈的"黄脸干儿们"予以讽刺。

同日 作诗《无题》。书赠黄萍荪："禹域多飞将，蜗庐剩遗民。夜邀潭底影，玄酒送皇仁。"收入《集外集拾遗》。当时，国民党军队镇压广西瑶民起义，杀死3000人，还派去飞机到瑶洞投弹，事后组织一些瑶民代表到内地观光，以示"宽仁"。本诗影射时事。黄萍荪本是为国民党浙江省党部效劳的无聊文人，惯于骗取作家文稿，此次通过郁达夫的关系，以同乡后学的身份向鲁迅求书索稿。鲁迅因为郁达夫交来纸幅求书，不虞有诈，遂写此诗。

同日 作诗《悼丁君》。书赠陶轩："如磐遥夜拥重楼，翦柳春风导九秋。湘瑟凝尘清怨绝，可怜无女耀高丘。"发表于 9 月 30 日《涛声》周刊第 2 卷第 38 期，收入《集外集》时，"遥夜"改作"夜气"，"拥"作"压"，"湘瑟"改"瑶瑟"。丁君，即丁玲，她于本月 14 日在上海被捕，谣传在南京遇害，鲁迅十分悲恸，写了这首诗，并赞成收集经费，供养丁玲的母亲和孩子。

30 日 作《我的种痘》，载 8 月 1 日《文学》月刊第 1 卷第 2 期，署名鲁迅，收入《集外集拾遗》。文章回忆自己童年以来的几次种痘，对中国科学水平低下和落后表达了伤感。

本月 初次会见胡风。胡风刚从日本回到上海，住在施高塔路四达里某号 3 楼韩起家。"周扬陪鲁迅先生来见了面。先生亲自来到韩起住的 3 楼上。他和我们很随便地谈着，他谈到第三种人戴望舒从巴黎寄回的谬论，谈到上海文坛的复杂性，说到了鸳鸯蝴蝶派。并说，将来你在这些方面可以做些工作。我心里感到很惶恐。他扼要而又具体地触到了左翼文学的主要斗争对象，那样平易和坦率，似出意外又在意中。"①

7 月

1 日 列名本日在上海创刊的《文学》月刊编委会，茅盾、叶圣陶、郁达夫、陈望道、胡愈之、洪深、傅东华、徐调孚同为编委会

---

① 《胡风回忆录》，人民文学出版社 1993 年版。

成员。

3日 作《我谈“堕民”》，载7月6日《自由谈》，署名越客，收入《准风月谈》。本年6月29日，《自由谈》刊载唐弢的《堕民》一文，其中有“辱国者的子孙作堕民，卖国的汉奸如果有子孙的话，至少也将是一种堕民”的话。所谓“堕民”是指浙东一带的一种“贱民”，从元代开始，数百年来，不得与一般平民结婚，不能参加科举考试。因为长期遭受蔑视和奴役，堕民具有很深的奴性。鲁迅通过对堕民的历史和现状的分析，批判奴才思想：“为了一点点犒赏，不但安于做奴才，而且还要做更广泛的奴才，还得出钱去买做奴才的权利”。

5日 参加伊罗生召集的晚宴，“同席六人”：休士、伊罗生、茅盾、洪深、陈翰笙、姚克。此次聚餐应为招待美国黑人作家休士（Langston Hughes，1902—1967，通译休斯）。13日，文学社等举办与休士的座谈会，鲁迅未参加，引起召集方不满。《文学》本年8月号发表了署名“伍实”（按即傅东华）的《休士在中国》一文，为休士来华未受到鲁迅和梅兰芳等“名流”招待萧伯纳那样的礼遇而不平，揣测鲁迅不出席是因为休士是黑人。鲁迅去信驳斥此等“无端虚构事迹”。[①]

7日 作《大家降一级试试看》，载8月15日《申报月刊》第2卷第8期，署名洛文，收入《南腔北调集》。当时，梁实秋、罗家伦等在《图书评论》上发表书评，抓住个别译本中的一些错误，斥

---

① 参见张钊贻《美国黑人作家休士秘密会见鲁迅的事实与谎言——兼补“左联”活动及茅盾与宋庆龄生平一项缺漏》，载《鲁迅研究月刊》2020年第1期；伍实《休士在中国》，载《文学》1933年8月第1卷第2号；鲁迅《给文学社信》，载《文学》1933年9月第1卷第3号；Langston Hughes, “I Wander as I Wonder.” in *The Collected Works of Langston Hughes*, edited by Joseph McLaren, Vol. 14, pp. 115-121. Columbia: University of Missouri Press, 2003.

为“荒谬绝伦”、“比毒药还要厉害”。本月出版的《文学》创刊号，刊登傅东华的《什么》文章，对这类书评作了分析。鲁迅支持傅文的批评，并进一步指出误译之所以产生，是因为“学术界文艺界作工的人员，大抵都比他的实力凭空跳高一级”。文章讽刺梁实秋等人“做了教授，成了学者”，其实也是跳了一级。他们从杜威、白璧德那里“零零碎碎贩运一点回来”，“就变了中国的呵斥八极的学者”；如果“大家都降下一级去”，梁实秋等也来翻译，能否胜任“也还是一个没有把握的问题”。

同日 作《辩“文人无行”》，载8月1日《文学》第1卷第2号，署名鲁迅，收入《集外集拾遗补编》。张若谷在3月9日《辣椒与橄榄》上发表《恶癖》一文，把搔发、舐唇等癖习与造谣卖友的行径都包括在“文人无行”之内。7月5日《自由谈》刊出谷春帆的《谈“文人无行”》，把文人造谣卖友等的卑劣行为说成“文人无行”。鲁迅指出，造谣卖友，已经是卑劣阴险，出于“文人无行”之外。“卑劣阴险的来源”，并不在“文人无行”，而在于“文人无文”。“近十年来，文学家的头衔，已称为名利双收的支票了，好名渔利之徒，就也有些要从这里下手。”这样的“作家”，“不过是在‘文人’这一面旗子的掩护之下，建立着害人肥己的事业的一群‘商人与贼’的混血儿而已”。

8日 致黎烈文信。谈到上海文坛时说：“我与中国新文人相周旋十余年，颇觉得以古怪者为多，而漂聚于上海者，实尤为古怪，造谣生事，害人卖友，几乎视若当然，而最可怕的是动辄要你生命。……吾乡之下劣无赖，与人打架，好用粪帚，足令勇士却步，张公资平[①]之战法，实亦此类。”本月 14 日在给黎烈文的信中再次抨击张资平道：“至于张公，则伎俩高出万倍，即使加以猛烈之攻击，也决不会倒，他方法甚多，变化如意，近四年中，忽而普罗，忽而民主，忽而民族，尚在人记忆中，然此反复，于彼何损。”

10 日 瞿秋白夫妇来家避难。据杨之华《回忆秋白》：“个把月后，党的一个机关被敌人发觉，牵涉到这个住处，必须立即搬走。在如此紧迫的情况下，到哪里去呢？秋白和我不约而同地说：‘到大先生家里去吧！’这时正下着大雨，我们带了一点行李，坐上黄包车，拉下车篷，安全地到了鲁迅家里，住了一个短时期。”

11 日 何凝（即瞿秋白）编辑的《鲁迅杂感选集》由北新书局化名青光书局出版。本日收到李小峰送来样书。《选集》收入鲁迅从 1918 年到 1932 年所写杂感 74 篇，计选出《坟》9 篇，《热风》9 篇，《华盖集》11 篇，《华盖集续编》11 篇，《而已集》13 篇，《三闲集》11 篇，《二心集》10 篇。瞿秋白在序言中对鲁迅的思想发展及其杂感的特点和意义做了比较全面的分析和评价，认为鲁迅“从绅士阶级的逆子贰臣进到无产阶级和劳动群众的真正的友人，以至于战士”，并申述鲁迅早期与尼采的思想联系和原则性区别。鲁迅看过这篇序，并于 4 月 13 日函送出版者。关于这部

---

① 张资平（1893—1959），广东梅县人，创造社早期成员，擅长写恋爱小说。1933 年 7 月 5 日《自由谈》曾登载谷春帆揭露张的文章《谈“文人无行”》，6 日，张在《时事新报》上刊登启事，影射攻击《自由谈》编者黎烈文以资本家为后援，又以“姊妹嫁作大商人为妾，以谋得一编辑以自豪”。张资平善于变化：1928 年创造社提倡革命文学时，他曾翻译一些日本无产阶级文学作品，并开办乐群书店，主办《乐群》月刊，自称“转换方向”。1930 年代初，配合当局提倡的“三民主义”文学宣扬“民主主义文学”和“民族主义文学”。

选集的编选费，鲁迅在 1933 年 4 月 13 日致李小峰的信中说："编者似颇用心，故我拟送他三百元"。同月 21 日先付 100 元，7 月 10 日又付 200 元。这是鲁迅在经济上支持瞿秋白，又能被瞿秋白接受的一种办法。

12 日 作《沙》，载 8 月 15 日《申报月刊》第 2 卷第 8 号，署名洛文，收入《南腔北调集》。文章批驳了所谓"中国人好像一盘散沙"的说法，指出，人民"知道关于本身利害时"是会团结的，只是统治者为了搜刮民众才把中国治成"一盘散沙"，而大小统治者才真正是"自私自利的沙"，平日称尊肥己，当侵略者"如入无人之境"地进来时，他们不是逃之夭夭就是奉侍新主子，但这时却有人"摇笔鼓舌"，反过来质问"国民将何以自处"。

19 日 作《〈伪自由书〉前记》，收入 1933 年 10 月青光书局版《伪自由书》。叙述自己往《自由谈》投稿的经过："这些短评，有的由于个人的感触，有的则出于时事的刺戟，但意思都极平常，说话也往往很晦涩，我知道《自由谈》并非同人杂志，'自由'更当然不过是一句反话，我决不想在这上面去驰骋的。"声明自己的杂文的特点是："论时事不留面子，砭锢弊常取类型。""其实是我所指摘，现在都已由事实来证明了，我那时不过说得略早几天而已。"而之所以把文集命名为《伪自由书》，是反讽国民党当局压制言论自由的行为。

21 日 作诗两首，书赠日本友人森本清八。其一："秦女端容弄玉筝，梁尘踊跃夜风轻。须臾响急冰弦绝，独见奔星劲有声。"其二："明眸越女罢晨装，荇水荷风是旧乡。唱尽新词欢不见，旱云如火扑晴江。"收入 1935 年 5 月群众图书公司版《集外集》时，题为《赠人二首》，"越女"一首在前，"秦女"一首在后；其中"弄玉筝"改"理玉筝"，"独见"改"但见"。鲁迅 1934 年 12 月 9

日抄寄“秦女”一首给《集外集》编者杨霁云时说:“这与‘越女……’那一首是一起的”,可见这两首诗互相关联。通过对秦、越歌女生活的描写,反映民众备受天灾人祸折磨的境况。

30日 作《〈伪自由书〉后记》,篇幅较长,目的是“用剪刀和笔”“保存些因为《自由谈》和我而起的琐闻”。辑入《大晚报》《社会新闻》《时事新报》《微言》《文艺座谈》等报刊发表的崔万秋、张资平、曾今可、杨邨人等攻击鲁迅和左翼文化界的各种文章近20篇,略加按语,以期帮助读者识破这些人的“阴面战术的五花八门”。《伪自由书》于10月出版后,《社会新闻》刊登文章,攻击鲁迅印行此书,完全是为了一条尾巴——《后记》。鲁迅在《〈准风月谈〉后记》中回击说,自己的杂文“所写的常是一鼻,一嘴,一毛,但合起来,已几乎是或一形象的全体,不加什么原也过得去的了。但画上一条尾巴,却见得更加完全”。

8月

1日 致何家骏、陈企霞[①]公开信,题为《关于连环图画》,载9月2日《涛声》周刊第2卷第33期副刊《曼陀罗》,收入《鲁迅全集补遗》。当时,陈企霞等为推广连环图画,写信向鲁迅求教。鲁迅认为:“连环画是极紧要的”,“一,材料,要取中国历史上的,人物是大众知道的人物,但事迹却不妨有所更改。”“二,画法,用中国旧法,花纸,旧小说之绣像,吴友如之画报,皆可参考,取其优点而改去其劣点。……要毫无观赏艺术训练的人,也看得懂,而且一目了然。”信末强调连环图画必须为大众服务,“不可堕入

① 何家骏,即魏猛克。陈企霞(1913—1988),浙江鄞县人,时为上海《无名》杂志编辑。

知识阶级以为非艺术而大众仍不能懂(因而不要看)的绝路里”。

同日 致胡今虚①信。回答对方的质疑:“你说我最近二三年来,沉声而且隐藏,这是不确的,事实也许正相反。不过环境和先前不同,我连改名发表文章,也还受吧儿的告密,倘不是‘不痛不痒,痛煞痒煞’的文章,我恐怕你也看不见的。”谈到自己的文字工作时说:“学术文章要参考书,小说也须能往各处走动,考察,但现在我所处的境遇,都不能。”

2日 作《关于翻译》,载9月1日《现代》月刊第3卷第5期,署名鲁迅,收入《南腔北调集》。文章反驳因翻译有“硬译”“乱译”就一概加以抹煞的言论:“翻译和创作,应该一同提倡,决不可压抑了一面,使创作成为一时的骄子,反因容纵而脆弱起来。”“注重翻译,以作借镜,其实也就是催进和鼓励着创作。”论及创作题材问题时,引用了恩格斯给明娜·考茨基的信中的有关论述,认为是“极明确的指示,对于现在的中国,也是很有意义的”。

3日 致黎烈文信,说明自己不能在副刊上做连载小说的原因:“我的生活,一面是不能动弹,好像软禁在狱室里,一面又琐事却多得很,每月总想打叠一下,空出一段时间来,而每月总还是没有整段的余暇。做杂感不要紧,有便写,没有便罢,但连续的小说可就难了,至少非常常连载不可,倘不能寄稿时,是非常

---

① 胡今虚(1915—2002),原名经舒,又名金煊,浙江温州人,时为温州一家报纸编辑。上海法学院毕业,曾任瑞安中学初中部主任、瑞安师范学校校长。1933年瑞安县立初级中学毕业后,在温州成立“动荡文艺社“,与好友胡民大、吴白鲁等人用章回体通俗演义的笔法改写中译苏联名著,胡今虚改编《毁灭》《第四十》,后者曾发表于温州《时代报》。1934年,胡今虚改编《毁灭》为电影剧本,更名《第一线》,经沈西苓与王尘无修改后,于1936年发表于《民报》副刊《影谭》,其间他数次写信向鲁迅请教。著有《论鲁迅》《鲁迅作品及其他》等。

焦急的。”同时表示：“小说我也还想写，但目下恐怕不行，而且最好是有全稿后才开始登载，不过在近几日内总是写不成的。”

6日 作《祝〈涛声〉》，载8月19日《涛声》第2卷第31期，署名鲁迅，收入《南腔北调集》。7月11日致《涛声》主编曹聚仁信说：“《涛声》至今尚存，实在令人觉得古怪，我以为当是文简而旨隐，未能为大家所解，因而侦探们亦不甚解之故，八月大寿，当本此旨作一点祝辞。”文章抨击了文探们“化名办小报，卖消息”，以至“卖人肉”的鬼蜮伎俩，和国民党当局靠绑架、暗杀来推行文化政策的行径。同时分析了《涛声》幸存的原因和将来的命运，说《涛声》是不“卖人肉”的刊物，它所以尚存，“那幸运而且也是缺点之处，是在总喜欢引古证今，带些学究气”；但近来也“谈政治”，当局是决不会放过它的，所以“‘祝’也还是‘白祝’”。11月25日《涛声》果然刊出了“休刊辞”，鲁迅于12月31日夜又作补记附于文后，说“‘不幸而吾言中’，岂不奇而不奇也哉”。

同日 作《一个人的受难〉序》，印入本年9月上海良友图书印刷公司出版的《一个人的受难》，署名鲁迅，收入《南腔北调集》。序言略述连环图画的起源、发展及其浅显易解的特点，介绍了比利时画家麦绥莱勒的生平和该书的内容，指出其作品“往往浪漫，奇诡，出于人情……独有这《一个人的受难》乃是写实之作”。该书共收作品25幅，多揭露社会暴力和宗教对人民的奴役，意在唤起觉悟和反抗。

10日 作《“中国文坛的悲观”》，发表于8月14日《自由谈》，原题为《悲观无用论》，署名旅隼，收入《准风月谈》。8月9日《火炬》载有小仲的《中国文坛的悲观》一文，说文坛的混乱像军阀混战，文人都变成了凶手。文章驳斥了这种论调，指出：“有一个‘坛’，便不免有斗争”。并用古今中外的文艺史实，说明通过斗争，“一定会有明明白白的是非之别……历史决不会倒退，文坛是无须悲观的。悲观的由来，是在置身事外不辨是非，而偏要关心于文坛，或者竟是自己坐在没落的营盘里”。

12日 作《上海的少女》和《上海的儿童》，载9月15日《申报月刊》第2卷第9号，署名洛文，收入《南腔北调集》。前者通过对上海大众生活尤其是女性生存状态的描绘，揭露半殖民地半封建社会的腐败风气及这种“险境”使少女过早失去童真，不正常地“早熟”——“精神已是成人，肢体却还是孩子”。后者从上海儿童的精神状态谈起，批评在儿童教育上的放纵不管或冷漠鞭斥两种错误方法，认为这样只会养成暴主霸王和奴才傀儡。呼吁人们重视家庭教育、学校教育和社会改革问题。

14日 作《秋夜纪游》，载8月16日《自由谈》，署名游光，收入《准风月谈》。文章用散文诗的笔法，描绘出旧社会恶势力如同躲躲闪闪、汪汪乱叫的吧儿狗，对之表现出极端鄙视和憎恶。文中“危险令人紧张，紧张令人觉到自己生命的力”一句可谓鲁迅的经验之谈。

同日 作《为翻译辩护》，载8月20日《自由谈》，署名洛文，收入《准风月谈》。文章批评“围剿翻译”的现象，指出翻译界的一个弊病是“抢先”，并分析了造成“抢先”现象的社会原因：“翻译的不行，大半的责任固然在翻译家，但读书界和出版界，尤其是批评家，也应该分负若干的责任”。希望“有正确的批评，指出坏的，奖励好的”，以救治翻译工作的“颓运”。9月11日作的《关于翻译（下）》，对本文有所说明。

16日 作《爬和撞》，载8月23日《自由谈》，署名荀继，收入《准风月谈》。文章通过形象的描绘，批判了企图以“爬”和“撞”获得名位的奴才思想和投机心理，并剖析了造成这种现象的社会根源和阶级根源：统治阶级为人们制造爬和撞的机会，“豫约着名利双收的神仙生活”……目的是要让“奴隶也会觉得自己是神仙”，以维护“天下太平”。

18 日　与茅盾、田汉等共同签名发表了《欢迎反战大会国际代表的宣言》，未签署日期，全文发表于上海英文刊物《中国论坛》1933 年 8 月号。“世界反对帝国主义战争委员会”于 1932 年决定，1933 年在上海召开远东反战会议，以反对日本帝国主义侵略中国为中心议题。但由于国民党当局的限制，会议不能公开举行。本月中旬，会议主持者瓦扬·古久里（法国作家、法共机关报《人道报》主笔），马莱爵士（英国工党人士）等人秘密来到上海。鲁迅及茅盾等在得悉会议即将召开的消息时，特发表宣言予以支持。

23 日　作《“论语一年”——借此又谈萧伯纳》，载 9 月 16 日《论语》半月刊第 25 期，署名鲁迅，收入《南腔北调集》。林语堂于 1932 年 9 月在上海创刊《论语》，提倡“以自我为中心，以闲适为格调”的所谓“幽默”小品。本文应林语堂之约而写，表示林“所提倡的东西，我是常常反对的。先前，是对于‘费厄泼赖’，现在呢，就是‘幽默’”。“幽默”的作用“是将屠户的凶残，使大家化为一笑，收场大吉”。文章指出，《论语》所办“萧的专号”是求生存的正确方向。萧伯纳撕掉绅士淑女的“假面具”，招致了憎恶和攻击，中国容不得萧伯纳，也不准奴隶们笑，所以“‘幽默’在中国是不会有的”。“还能希望那些炸弹满空，河水漫野之处的人们来说‘幽默’么?”表达了自己“对于《论语》的悲观”。

25 日　得叶之琳信，夜复。1933 年 6 月，端木蕻良在北平主编左联机关刊物《科学新闻》第 3 号上看到一则关于“茅盾被捕”的消息，为弄清茅盾和丁玲是否如社会风传被捕，便以“叶之琳”的化名写信给鲁迅，附寄《科学新闻》。[①]

27日 作《小品文的危机》，载10月1日《现代》月刊第3卷第6期，署名鲁迅，收入《南腔北调集》。这是继《“论语”一年》之后，对林语堂、周作人等人提倡“幽默”小品的批评。文章从旧时士大夫玩赏的“小摆设”谈起，指出林语堂等人提倡的小品文，正是文学上的小摆设，其作用是“靠着低诉或微吟，将粗犷的人心，磨得渐渐的平滑”。并以文学史上的事实，论证小品文的生存只能“仗着挣扎和战斗”，而“麻醉性的作品，是将与麻醉者和被麻醉者同归于尽的”。最后指出：“生存的小品文，必须是匕首，是投枪，能和读者一同杀出一条生存的血路的东西；但自然，它也能给人愉快和休息，然而这并不是‘小摆设’，更不是抚慰和麻痹，它给人的愉快和休息是休养，是劳作和战斗之前的准备。”

28日 作《帮闲法发隐》，载9月5日《自由谈》，署名桃椎，收入《准风月谈》。文章揭露帮闲文人用插科打诨、玩笑扯淡为统治者效劳的行为，认为帮闲恰如戏场中随时出现的跳出戏外吸引人们注意的丑角表演。“周围捣着鬼，无论如何严肃的说法也要减少力量的，不利于凶手的事情就在这疑心和笑声中完结了。”“人世却也要完结在这些欢迎开心的开心的人们之中。”该文在发表时被删去5句。

29日 作《由聋而哑》，载9月8日《自由谈》，署名洛文，收入《准风月谈》。文章从儿童生理上的聋会导致哑，谈到“精神上的‘聋’，那结果，就也招致了‘哑’来”，批评了文坛上有些人对“绍介国外思潮，翻译世界名作”的攻击，指出，因为多年来堵塞运输精神食粮的航道，买空卖空的结果，文界荒凉，中国青年变

① 申春《〈鲁迅日记〉中的“叶之琳”是谁?》，《中华读书报》2003年8月28日。

成了“枯涸渺小”的“末人”。因而呼吁:“甘为泥土的作者和译者的奋斗,是已经到了万不可缓的时候了,这就是竭力运输些切实的精神的粮食,放在青年们的周围,一面将那些聋哑的制造者送回黑洞和朱门里面去。”

9月

3日 作《同意和解释》,载9月20日《自由谈》,署名虞明,收入《准风月谈》。本月初,希特勒在纽伦堡国社党大会闭幕时发表演说,鼓吹强权统治和压迫有理;国民党官员也宣扬顺应潮流,扩大政府权力。鲁迅认为这些法西斯“理论”是建立在“武力”之上并为之作解释的,其作用是“制造自己威权的宗教上,哲学上,科学上,世界潮流上的根据”,让“大家做动物,使上司不必征求什么同意”,“使得奴隶和牛马恍然大悟这世界公律,而抛弃一切翻案的梦想”。而统治者还说:“这样的好榜样,那能不学?”发表时,被国民党审查部门删去最后两段23句223字。

5日 晚在北四川路天潼路伊罗生寓所会见法国《人道报》主编保罗·瓦扬·古久里①。鲁迅带了自己的所藏古久里的著作《没有面包的汉斯》(*Hans Ohne Brot*)的德译本请其签名。古久里是第三国际派来参加在上海召开的远东反战会议的代表之一。

10日 译德国O.毗哈的论文《海纳与革命》(海纳通译海涅)并作“译后记”,载11月1日《现代》月刊第4卷第1期,署名鲁迅,收入《译丛补》。从高冲阳造的日译文转译。译后记认为,

① 古久里(1892—1937),作家,记者,法国共产党员。他的妻子绮达·谭丽德跟鲁迅也有交往。

这篇论文过于简短,"不足以深知诗人的生年",但强调了被人看作恋爱诗人的海涅"还有革命的一面",是非常有意义的。尽管德国对于文学的压迫向来就没有放松过,"但海涅还是永久存在,而且更加灿烂,而那时官准的一群'作者'却连姓名也'在没有记起之前,就已忘却了'"。

11 日 作《关于翻译(上)》,未能刊出,署名洛文,收入《准风月谈》。8 月 20 日鲁迅发表《为翻译辩护》一文后,穆木天[①]在 9 月 9 日《自由谈》上发表文章《从〈为翻译辩护〉谈到楼译〈二十世纪之欧洲文学〉》,一方面以"批评家"身份对翻译作品求全责备,一方面声称苏联不会为西方国家的古典作家出选集。鲁迅以苏联正在出版塞万提斯、歌德、托尔斯泰的作品为例证,指出其言之无据,批评了文坛上"似是而非的所谓'革命文学',故作激烈的所谓'唯物史观的批评'"。进而论述了怎样对待外国文学和文学遗产的问题,指出为了"知己知彼","青年也可以看看'帝国主义者'的作品"。

同日 作《关于翻译(下)》。因《关于翻译(上)》未被刊出,本文将其前 3 行移于篇首,载 9 月 14 日《自由谈》,署名洛文,收入《准风月谈》。文章反对文艺批评上的那种求全责备的观点。希望批评家能够做到:"一,指出坏的;二、奖励好的;三、倘没有,则较好的也可以。""倘连较好的也没有,则指出坏的译本之后,并且指明其中的那些地方还可以于读者有益处。"

22 日 旧历 8 月 3 日,53 岁(虚岁)生日,备家宴邀请冯雪峰一家午餐。冯雪峰赠送鲁迅自来水笔一支为生日礼。

---

① 穆木天(1900—1971),吉林伊通人,诗人、翻译家,曾参加创造社。他这篇文章所谈的《二十世纪之欧洲文学》,指苏联弗里契原著、楼建南(适夷)翻译的中文本,1933 年上海新生命书局出版。

23 日　日记："午内山君邀午餐，同席为原田让二、木下猛、和田齐。"日本朝日新闻社主笔原田让二，通过内山完造介绍与鲁迅认识，本日在新半斋聚餐。原田向鲁迅约稿，即有鲁迅于次年 1 月 1 日在东京和大阪两地的《朝日新闻》上发表的《上海所感》。

24 日　致姚克信，谈到"适兄[①]忽患大病，颇危，不能写信了"，隐指楼适夷于本月 17 日被捕一事。楼在四川路内山书店的期刊门市部前被跟踪的特务抓走。内山书店的日本职员认识楼适夷，便把这消息告诉鲁迅。鲁迅十分关心，设法予以营救。[②]

27 日　作《漫与》，载 10 月 15 日《申报月刊》第 2 卷第 10 号，署名洛文，收入《南腔北调集》。文章通过剖析"民族主义文学家""诗人"邵冠华所作的两篇诗文，"追蹑"了其 3 年来为国民党当局效劳的行迹。文章指出："自己明知道是奴隶，打熬着，并且不平着，挣扎着，一面'意图'挣脱以至实行挣脱的，即使暂时失败，还是套上了镣铐罢，他却不过是单单的奴隶。如果从奴隶生活中寻出'美'来，赞叹，抚摩，陶醉，那可简直是万劫不复的奴才了，他使自己和别人永远安住于这生活。"

29 日　致郑振铎信，对编选、印制《北平笺谱》提出具体意见，并承诺筹寄 400 元作为印制费用。鲁迅和郑振铎的通力合作使该书的编选和印制得以顺利进行。

---

① 楼适夷(1905—2001)，笔名建南，浙江余姚人，作家、翻译家，早年参加太阳社，曾留学日本，1931 年回国，从事左联和文总的党团工作，后参加反帝同盟，编辑过《前哨》《文学导报》和《文艺新闻》等刊物。著有短篇小说集《挣扎》《第三时期》。1933 年 9 月 17 日在上海被捕后，在狱中翻译高尔基的《在人间》等作品。

② 楼适夷《毕生难忘的恩情》，见《鲁迅回忆录》第 2 集。

10 月

1 日　同日作《重三感旧》，载 10 月 6 日《自由谈》，原题《感旧》，署名丰之余，收入《准风月谈》。本年 9 月，自称"第三种人"的施蛰存在回答《大晚报》"要介绍给青年的书"的问题时，推荐《庄子》与《文选》"为青年文学修养之助"。鲁迅认为这是一种倒退，引用光绪末年"图富强"的"维新"思潮，批判这种复古论调。

7 日　致胡今虚信，对其来信表达的对文坛不断分化的失望表示理解并给予鼓励，认为在重压之下，"一面有人离叛，一面也有新的生力军起来，所以前进的还是前进。弄文学的人，只要(一)坚忍，(二)认真，(三)韧长，就可以了。不必因为有人改变，就悲观的"。

12 日　作《"感旧"以后》(上)，载 10 月 15 日《自由谈》，署名丰之余，收入《准风月谈》。10 月 8 日，施蛰存在《自由谈》发表《〈庄子〉与〈文选〉》一文，反驳鲁迅《重三感旧》中的观点。鲁迅指出，《感旧》所指，"是一大队遗少群的风气"，"并非为施先生而作的，然而可以有施先生在里面"，并继续批判要青年读《庄子》《文选》的论点。鲁迅在编集时，收录施文作为本文的附录。

同日　作《"感旧"以后》(下)，载 10 月 16 日《自由谈》，署名丰之余，收入《准风月谈》。当时《论语〉半月刊连续发表刘半农的打油诗，挖苦报考北京大学的中学生写错别字。鲁迅批评刘半农的态度，认为写一个错字，"错而已矣，可笑可鄙却不属于它的"。又说，五四的"白话运动是胜利了，有些战士，还因此爬了上去，就不但不再为白话战斗，并且将它踏在脚下，拿出古字来嘲笑后进的青年了"。

13 日　作《世故三昧》和《谣言世家》，均载 11 月 15 日《申报月刊》第 2 卷第 11 号，署名洛文，收入《南腔北调集》。前者对有些文人批评别人“深于世故”的现象进行了剖析，说“得到‘深于世故’的恶谥者，却还是因为‘不通世故’的缘故”。并揭示造成这种世故的社会根源：“责人的‘深于世故’而避开了‘世’不谈，这是更‘深于世故’的玩艺，倘若自己不觉得，那就更深更深了，离三昧境盖不远矣。”后者从汤增敭[①]根据谣言所写的一篇文章谈起，认为谣言被某些人所利用会产生严重的恶果。“谣言世家的子弟，是以谣言杀人，也以谣言被杀的。”最后说：“我有时也不大能够分清那句是谣言，那句是真话了。”

19 日　作《外国也有》，载 10 月 23 日《自由谈》，署名符灵，发表时被大幅删节，收入《准风月谈》时恢复原稿。文章嘲讽以“外国也有”来为国内的落后、腐败现象辩解的心理和论调，揭露国民党统治的黑暗。其中特别借古巴总统及其僚属有财产 2500 万美元被扣的材料讽刺：“这已足为我们的‘上峰’雪耻。”

同日　作《“滑稽”例解》，载 10 月 26 日《自由谈》，署名苇索，收入《准风月谈》。文章从林语堂提倡“幽默”谈起，认为当时的中国不大有幽默，“只是滑稽是有的”；“要寻求滑稽，不可看所谓滑稽文，倒要看所谓正经事”。文章列举了报章上的广告、短评、正正经经的题目、冠冕堂皇的公文，分析其间的自相矛盾，指出其滑稽可笑。

20 日　作《扑空》，载 10 月 23、24 日《自由谈》，署名丰之余，

---

① 汤增敭（1908—?），浙江吴兴（今湖州）人，时在上海《时事新报》任职，鼓吹“民族主义文学”。他在 1933 年 10 月 10 日《时事新报》发表的《辛亥革命逸话》中说：“旗人谓九为钩。辛亥革命起，旗人皆变装图逃，杭人乃侦骑四出，遇可疑者，执而讯之，令其口唱‘九百九十九’，如为旗人，则音必读‘钩百钩十钩’也。乃杀之，百无一失。”旗人，清代对编入八旗的人的称呼，后用以称呼满族人。

收入《准风月谈》。《“感旧”以后〉(上)》发表后,施蛰存又应崔万秋的要求,在10月19日《大晚报》的副刊《火炬》上发表《推荐者的立场》再次反驳。鲁迅批评了施蛰存的论争手法,指出其继续向青年推荐《颜氏家训》作为“道德修养”书,“问题是不专在个人的,这是时代思潮的一部”,所以“有荡涤的必要”,并进一步剖析其观点“竟毫不提主张看《庄子》与《文选》的较坚实的理由,毫不指出我那《感旧》与《感旧以后(上)》两篇中间的错误,他只有无端的诬赖,自己的猜测,撒娇,装傻。几部古书的名目一撕下,‘遗少’的肢节也就跟着渺渺茫茫,到底是现出本相:明明白白的变了‘洋场恶少’了”。25日又写了《〈扑空〉正误》,载27日《自由谈》,对本文所引的一条资料作了说明。随后,施蛰存又在《火炬》上发表《突围》一文进行辩难。鲁迅编《准风月谈》时,将自己的《正误》和施蛰存的两篇文章收为附录。

21日 同日作《关于妇女解放》,最初发表处不详,收入《南腔北调集》。文章从孔丘“唯女子与小人为难养也”的观点说起,指出中国的女性其实受着“自己的儿子以外的一切男性的轻蔑”,进而分析了我国辛亥革命、五四运动以来“妇女解放”的历程,认为在“并未改革的社会里,一切单独的新花样,都不过一块招牌,实际上和先前并无两样”,“在没有消灭‘养’和‘被养’的界限以前”,妇女的苦痛“是永远不会消灭的”,因此,“必须地位同等之后,才会有真的女人和男人”,妇女“应该不自苟安于目前暂时的位置,而不断的为解放思想,经济等等而战斗。解放了社会,也就解放了自己”。

23日 致陶亢德信。陶亢德与林语堂一起编《论语》,来信向鲁迅约稿。鲁迅婉言谢绝:“我并非全不赞成《论语》的态度,只是其中有一二位作者的作品,我看来有些无聊,所以现在很想用一点功，少乱写。《自由谈》的投稿，其实早不是因为‘文思泉涌’，倒是成为和攻击者赌气了。现在和《论语》关系尚不深，最好是不再漩进去，因为我其实不能幽默，动辄开罪于人，容易闹出麻烦，彼此都不便也。”

27日 致陶亢德信，谈到日本关于“中国民族性”的书籍：“这种小册子，历来他们出得不少，大抵旋生旋灭，没有较永久的。其中虽然有几点还中肯，然而穿凿附会者多，阅之令人失笑。……至于攻击中国弱点，则至今为止，大概以斯密司之《中国人气质》为蓝本，此书在四十年前，他们已有译本，亦较日本人所作者为佳，似尚值得译给中国人一看(虽然错误亦多)，但不知英文本尚在通行否耳。”

28日 作《〈解放了的堂·吉诃德〉后记》，收入1934年4月上海联华书局版《解放了的堂·吉诃德》，署名鲁迅，收入《集外集拾遗》。《解放了的堂·吉诃德》是苏联卢那察尔斯基的剧本，1930年秋鲁迅曾据日、德文本转译了该剧的第1场，用“隋洛文”的笔名发表于1931年11月《北斗》上。此后鲁迅得到俄文原本，认为让精通俄文的瞿秋白从原文翻译比转译更为合适，便请他重新译出，在《北斗》上连载(署名易嘉)。《北斗》停刊后，鲁迅将瞿的译稿交上海联华书店出版单行本，自己补译了作者传略，写了后记，并配上毕斯凯莱夫的木刻插图。鲁迅为本书的校对、编排等做了大量工作。后记通过对剧本思想倾向的分析，联系现实，指出人道主义思想的缺陷，认为过度宽容，“放蛇归壑，使它又能流毒，焚烧淫掠，远过于革命的牺牲”，并认为该剧“所预测的真实”已在“今年的德国”出现。后记联系1922年原著出版时的现实，说明当时对于苏联，“世界上盛行着反对者的种种谣诼，竭力企图中伤……这剧本便是给与这些论者们的总答案。

吉诃德即由许多非议十月革命的思想家,文学家所合成的”。而这“吉诃德”中便有高尔基。鲁迅注意到,高尔基属于认为“革命不但不能复兴人间,倒是得了地狱”的十月革命怀疑论者,是“爱自由的,讲人道的,大抵不平于党人的专横”。他在革命时“为种种人们奔走,使他们出国,帮他们安身,听说还至于因此和当局者相冲突”,但是,几个为高尔基所救的文人,一出国便痛骂高尔基。

30日 作《〈北平笺谱〉序》,收入12月出版的版画丛刊会版《北平笺谱》,署名鲁迅,收入《集外集拾遗》。序言略述我国自宋朝以来木刻发展的历程及本书编印缘起。认为此书的印成,“纵非中国木刻史之丰碑,庶几小品艺术之旧苑;亦将为后之览古者所偶涉欤”。希望“后有作者,必将别辟途径,力求新生”。

11月

5日 致姚克信。谈及国民党政府召开书刊检查会议:“他们也知道禁绝左倾刊物,书店只好关门,所以左翼作家的东西,还是要出的,而拔去其骨格,但以渔利。有些官原是书店股东,所以设了这圈套,这方法我看是要实行的,则此后出版物之情形可以推见。”

7日 作《“商定”文豪》,载11月11日《自由谈》,署名白在宣,收入《准风月谈》。批评上海一些出版商为了赚钱而乱登广告、乱封“文豪”,以及文人拉帮结派、互封“文豪”的现象。

9日 作《〈木刻创作法〉序》,署名鲁迅,收入《南腔北调集》。本日收到吴渤[①]信并该书书稿,当天看完。该书介绍了木刻创作

---

① 吴渤(1911—1984),笔名白危,广东兴宁人,木刻作者和研究者。

的一些基本知识，并选印了中国和外国（主要是苏联）的一些木刻作品。吴渤在编书过程中得到鲁迅的支持，书中所选的外国木刻作品，就由鲁迅提供。本书原准备交生活书店出版，但因其中有鲁迅的序言和苏联木刻，书店不敢出，一直拖到鲁迅逝世后才于1937年1月由艾思奇主持的读书生活书店出版。序言着重说明提倡木刻的原因，是因为它“好玩”（能给人愉快和休息）、“简便”、“有用”，“实在是正合于现代中国的一种艺术”。同时赞扬《木刻创作法》是第一本讲说木刻的很有意义的书，认为木刻“由此发展下去，路是广大得很。题材会丰富起来的，技艺也会精炼起来的，采取新法，加以中国旧日之所长，还有开出一条新的路径来的希望”。

10日　作《作文秘诀》，载12月15日《申报月刊》第2卷第12期，署名洛文，收入《南腔北调集》。文章针对当时文化界出现的复古论调和对《庄子》《文选》的提倡，以及写旧体诗，用古僻字，甚至报刊上也充斥陈腐难懂的祭文、挽联、宣言、通电等现象，嘲讽这类文章内容空洞无物，修辞又故意追求“一要朦胧，二要难懂”，施展“障眼法”来遮丑，而提倡“有真意，去粉饰，少做作，勿卖弄”的“白描”文风。

11日　致郑振铎信。对自己介绍外国版画的效果表示失望：“我前印《士敏土之图》，原是供给中国的，不料买者寥寥，大半倒在西洋人日本人手里。”对中国文化难以发达表示忧虑：“新的文化既幼稚，又受压迫，难以发达；旧的又只受着官私两方的漠视，摧残，近来我真觉得文艺界会变成白地，由个人留一点东西给好事者及后人，可喜亦可哀也。”

12日　致杜衡信，认为本月所出《现代》杂志“内容甚丰满，而颇庞杂”，但因环境所限，可以理解。并说：“至于出版界形势之险，恐怕不只《现代》，以后也许更甚，只有摧毁而无建设，是一定的。”对自己能否为该杂志翻译文艺论文没有把握：“轻性的论文实在比做引经据典的论文难，我于评论素无修养，又因病而被医生禁多看书者已半年，实在怕敢动笔。而且此后似亦以不登我的文字为宜，因为现在之遭忌与否，其实是大抵为了作者，和内容倒无甚关系的。”

13日 致曹聚仁信，谈到杂志上刊登的漫画《鲁迅翁之笛》[①]：“前在《涛声》中，知有《鲁迅翁之笛》，因托友去买《十日谈》。”漫画画的是身穿长衫、面容苍老的鲁迅吹笛而行，背后群鼠摇旗而拜，一只大袋鼠摇着一铃，上挂写有“指导大纲”的纸签，意在讽刺鲁迅领导下的左翼作家。曹聚仁在本年11月4日《涛声》第2卷第43期上发表《鲁迅翁之笛》一文，对这幅漫画提出批评。鲁迅信中说：“其实如欲讽刺，当画率群鼠而来，不当是率之而去，此画家似亦颇懵懂，见批评而悻悻，也当然的。”又谈及对漫画的态度，认为这种讽刺画不值一哂，故没有公开回击。只在一年半后，当萧军、萧红在来信中提到“鲁迅翁”的称呼时，才在回信中讽刺了《十日谈》一下。信中还谈到文坛形势：“民权主义文学颇有趣，但恐无甚反应，现在当局之手段，除摧毁一切，不问新旧外，已一无所长，言议皆无益也，但当压迫日甚耳。”

16日 致吴渤信。谈到刘海粟[②]于本月10、11日在上海举

---

① 该漫画刊于《十日谈》第8期(1933年10月20日)，署名静(陈静生)。曹聚仁在《涛声》发表文章后，漫画作者随即在《十日谈》第11期发表《以不打官司为原则而致复涛声》进行答辩。《十日谈》是邵洵美等办的一种文艺旬刊，1933年8月10日创刊，1934年12月停刊。

② 刘海粟(1896—1994)，江苏武进人，画家。曾任上海美术专科学校校长。1933年11月9日上海《申报》载刘海粟将于同月10日、11日在上海举办中国美展的消息。

办的美展："刘大师的那一个展览会，我没有去看，但从报上，知道是由他包办的，包办如何能好呢？听说内容全是'国画'，现在的'国画'，一定是贫乏的，但因为欧洲人没有看惯，莫名其妙，所以这回也许要'载誉归来'，像徐悲鸿[①]之在法国一样。"

22日 作《捣鬼心传》，载1934年1月15日《申报月刊》第3卷第1号，署名罗怃，收入《南腔北调集》。文章从报载的各种离奇古怪的社会现象，谈到了人世间的捣鬼术，揭露"捣鬼精义"在于用模糊含浑的方法使人莫名其妙，狐疑难测。"捣鬼有术，也有效，然而有限，所以以此成大事者，古来未有"。

24日 作《选本》，载1934年1月《文学季刊》创刊号，署名唐俟，收入《集外集》。文章从关于"《庄子》与《文选》"的争论谈起，对选本的利弊作了分析，认为选本固然使作家作品更流行，但选家往往"借古人的文章，寓自己的意见……有时还加以批评，提醒了他之以为然，而默杀了他之以为不然处"。因此，"读者的读选本，自以为是由此得了古人文笔的精华的，殊不知却被选者缩小了眼界"。认为这是"研究中国文学史的人们也该留意的"。

27日 为土屋文明[②]写诗一首："一枝清采妥湘灵，九畹贞风慰独醒。无奈终输萧艾密，却成迁客播芳馨。"以《无题(一枝清采妥湘灵)》为题收入《集外集拾遗》。诗中借用楚辞的语言和形象，描写知识分子虽处身"萧艾"，生活不安定，仍要积极传播

---

① 徐悲鸿(1895—1953)，江苏宜兴人，画家。长期从事美术教育工作。

② 土屋文明(1890—1990)，日本歌人，生于群马县。1909年毕业于县立高崎中学，1913年毕业后，进入东京帝国大学哲学系心理学专业学习。他是山本初枝的老师，因景仰鲁迅，经山本初枝介绍向鲁迅求书。中日战争期间曾作为"笔部队"成员到过中国很多地方。1951年回到东京。

真知的精神。

12月

5日 用日文作《上海所感》,系应日本大阪《朝日新闻》之约所作,载1934年1月1日大阪《朝日新闻》,署名鲁迅。译文载1934年2月16日《天下篇》创刊号,题为《上海杂感》;又载1934年9月25日《文学新地》创刊号,改题为《1933年上海所感》,署名石介译,初拟收《集外集》,被抽去,后收入《集外集拾遗》。文章揭露国民党当局用"秘密"的方式逮捕作家,查禁作品,捣毁书店,宣传法西斯主义的罪行,指出表面阴险凶残的敌人,实际是一伙虚弱垂死、经常变换脸孔的魔鬼。

16日 作《家庭为中国之基本》,载1934年1月15日《申报月刊》第3卷第1期,署名罗怃,收入《南腔北调集》。文章以古今事例,说明根深蒂固的传统家庭观念,使中国人固守斗室,万变不离其宗,造成对社会发展的阻碍。

20日 致徐懋庸①信,谈到徐与韩侍桁的论争,指出韩"想动摇文学上的写实主义"。进而谈到文艺与社会的关系:"先是它(文艺)敏感的描写社会,倘有力,便又一转而影响社会,使有变革。"提醒徐懋庸学习理论,首先要看历史,其次是看唯物论,而"中国的书,乱骂唯物论之类的固然看不得,自己不懂而乱赞的也看不得,所以我以为最好先看一点基本书,庶不致为不负责任的论客所误"。

---

① 徐懋庸(1910—1977),原名徐茂庸,又名余扬灵、余致力,浙江上虞人,左联成员。1933年11月因译《托尔斯泰传》与鲁迅通信。后因编辑《新语林》《芒种》等刊物,常与鲁迅联系。

24日 致黎烈文信，认为《医学的胜利》之类的书籍“中国还是需要的，虽是古典的作品，也还要。我们要保存清故宫，不过不将它当作皇宫，却是作为历史上的古迹看。然而现在的出版界和读者，却不足以语此”。又谈到为《自由谈》写稿事：“《自由谈》上的文字，如侍桁蛰存诸公之说，应加以蒲鞭者不少，但为息事宁人计，不如已耳。此后颇想少作杂感文字，自己再用一点功夫，惟倘有所得而又无大碍者，则当奉呈也。”

25日 夜为葛琴的短篇小说集《总退却》作序，署名鲁迅，收入《南腔北调集》。据葛琴回忆，她在左联机关刊物《北斗》编辑部的鼓励下，学习写作的第一篇小说《总退却》，披露国民革命军第十九路军士兵被残杀事件。小说发表后，得到好评，有人送给鲁迅看。鲁迅是高兴的，说了一句使她永远记住的话：“努力吧，二十年。”嘱咐她做长期的努力，切实放下工夫去。鲁迅的序言分析短篇小说在“五四”以后盛行起来的社会历史原因，指出小说的主角从过去的勇将策士、才子佳人，发展到现代的新的知识者以至人民大众，是一个划时代的变化。肯定这个集子“是这一时代的出产品，显示着分明的蜕变，人物并非英雄，风光也不旖旎，然而将中国的眼睛点出来了”。鲁迅不仅作序，还将其介绍给上海良友图书印刷公司，但直到鲁迅逝世后的1937年3月才得以印行，出版时收小说7篇，篇目与鲁迅作序时已大不同。①

27日 致台静农信，感叹“《北平笺谱》竟能卖尽，殊出意外”。《北平笺谱》出版后，旋即售罄。书前有鲁迅、西谛序文各一，分别由魏建功、郭绍虞书写影印。当初，为请书法家题签和抄写序文的事，鲁迅和郑振铎颇费踌躇。鲁迅此信谈到曾考虑

---

① 葛琴《我的习作生活是这样开始的》，见《文艺月报》1957年3月号。

钱玄同、刘半农题签，但前者“夸而懒，又高自位置，托以小事，能拖延至一年半载不报，而其字实俗媚入骨，无足观，犯不着向悭吝人乞烂铅钱也”，后者“我未能料及此公亦能为人作书，惟平日颇嗤其摆架子”。因此表达了对当时北京大学的失望之情：“北大堕落至此，殊可叹息。”认为过去人们称赞北大的对联“五四精神”、“时代前面”，可改为“五四失精神”、“时代在前面”了。

28 日　作《答杨邨人先生公开信的公开信》，收入《南腔北调集》。杨邨人曾化名柳丝，在 6 月 17 日的《大晚报》副刊《火炬》上发表《新儒林外史》(第 1 回)，用漫画手法描绘鲁迅。本月，他又在自己主办的刊物《文化列车》第 3 期上发表公开信，实施攻击。鲁迅写道：“先生给我的信是没有答复的价值的。……先生也无须我批判，因为近二年来的文字，已经将自己的形象画得十分分明了。”在揭穿杨的种种谬论之后，指出他“是革命场中的一位小贩，却并不是奸商”。所谓奸商，“一种是国共合作时代的阔人”，“一种是革命的骁将”，后来“主义改了，而仍不失其骁”，这两种人双手都沾满鲜血。而杨邨人这个“小贩”，“既从革命阵线上退回来，为辩护自己，做稳‘第三种人’起见，总得有一点零星的忏悔。对于统治者，其实是颇有些益处的”。次年 4 月 12 日鲁迅致姚克信谈到这篇文章：“给杨某信，我不过说了一部分，历来所遇，变化多端，阴险诡随如此辈者甚多，倒也惯而不以为怪，多说又不值得，所以仅略与答复而止。”

同日　收到为大阪《朝日新闻》所作《上海所感》稿费 100 元，由报社汇到上海内山书店转交，鲁迅即将此款借给葛琴。据内山完造回忆，鲁迅在书店收到款后不久，就有一个中国妇女过来，鲁迅听了这位妇女的诉说，就把一百元钱原封交给她。内山问鲁迅是为什么？鲁迅告诉他，这位妇女是为了营救被捕入狱的亲人。[①] 这位妇女就是葛琴。据葛琴回忆，她当时在上海临时中央宣传部任内部交通员。1931年秋，宣传部前负责人华岗，奉命到东北任党的特派员，在山东被捕入狱。地下党获悉他在狱中没有暴露身份，多方设法营救。1933年冬，葛琴得到党组织的批准，准备前往山东，为此借款。这笔款子后来没有能够归还。[②]

30日 午后为王映霞题诗一首："钱王登遐仍如在，伍相随波不可寻。平楚日和憎健翮，小山香满蔽高岑。坟坛冷落将军岳，梅鹤凄凉处士林。何似举家游旷远，风沙浩荡足行吟。"原诗无题。1934年7月《人间世》第8期上，一位署名"高疆"的作者在《今人诗话》中将其题为《阻郁达夫移家杭州》。收入《集外集》仍用此题，"登遐"改"登假"，"风沙"改"风波"。郁达夫主编左联刊物《大众文艺》，触犯政治，为了避开当局的压迫，于本年清明节前离开上海，携眷回杭州居住。鲁迅对郁达夫迁居不大赞成，作此诗相劝。诗中借用典故，比喻杭州仍是暴君统治的天下，虽然日暖风和，小山香满，却非久留之地。据郁达夫回忆："这诗的意思，他曾同我说过，指的是杭州党政诸人的无理由高压。……我因不听他的忠告，终于搬到杭州去住了，结果不出他之所料，被一位党部的先生（按：指许绍棣）弄得家破人亡。"[③]鲁迅还曾书龚自珍诗句"避席畏闻文字狱，著书都为稻粱谋"送给郁达夫，郁达夫将之作为杭州居所"风雨茅庐"的门联。[④]

同日 为燕京大学学生黄振球题诗一幅："烟水寻常事，荒

---

① 内山完造《内山完造纪念集》，上海文化出版社2009年版，第204—205页。

② 葛琴《我的习作生活是这样开始的》，见《文艺月报》1957年3月号。

③ 郁达夫《回忆鲁迅》，1939年9月1日《宇宙风》乙刊第12期。郁达夫写作和发表这篇文章时，与王映霞的关系尚未完全破裂。

④ 黎烈文《关于郁达夫》，1947年12月17日《南侨日报》（新加坡）。

村一钓徒。深宵沉醉起,无处觅菰蒲。”收入《集外集拾遗》。以荒村钓徒漂泊烟水之间、生活无着的意象,抒写自己的郁闷情绪。

31日 作《〈南腔北调集〉题记》,收入《南腔北调集》。该集收入1932至1933年所作载于《自由谈》以外的文章51篇,大都刊发于《十字街头》《文学月报》《北斗》《现代》《涛声》《论语》《申报月刊》等刊物上。题记说明集子如此命名,是因为当时有人评论自己说话是南腔北调。同时还反击梁实秋及其追随者对自己一年出一本杂感集的攻击,指出两年来“怪事随时袭来”,写作和编集这些杂感可以记录世相,“借此存留一点逸闻逸事”。

本月下旬 一天下午,鲁迅在北四川路底一家白俄开的咖啡馆秘密会见成仿吾。成仿吾原在鄂豫皖苏区工作,由于党中央领导层闹矛盾,部队一时与中央失去联系。当时的省委书记沈泽民派成仿吾到上海找党组织。成仿吾经历艰难险阻到达上海,因情况变化找不到组织,便通过内山书店约见鲁迅。当时瞿秋白、冯雪峰还在上海,但不久就要到江西中央苏区去。就这样鲁迅帮助成仿吾接上了组织关系。[①] 鲁迅与成仿吾自1928年以来有过多次“文字之争”,但是“由于革命目标的一致,思想、政见的一致”,成仿吾毫无隔阂地信赖鲁迅,并把自己的生命相托付。

1934年(甲戌,中华民国二十三年) 54岁

▲2月19日,蒋介石在南昌发表《新生活运动之要义》,发起

---

① 李逵六《一段非常愉快的故事——鲁迅先生帮助成仿吾同志找到党中央的经过》,见1979年10月14日《光明日报》。

以“礼义廉耻”为中心精神的“新生活运动”。主张从衣食住行入手，按照清洁、整齐、简单、朴素、迅速的标准，改造国民日常生活。

▲3月1日，溥仪在日本支持下称帝，“满洲国”改称“大满洲帝国”，年号“康德”。

▲10月，由于“左”倾冒险主义路线的错误，中央红军第五次反“围剿”失败。10日开始战略性大转移——长征。

▲11月13日，日上海《申报》总经理史量才自杭州返沪途中遭伏击身亡，年54岁。

1月

4日 晚与瞿秋白话别，日记作“晚宜宾来”。瞿秋白因要离开上海到江西瑞金中央革命根据地工作，当晚到鲁迅寓所叙别，并将其《乱弹》文稿及关于文字改革方案的手稿交给鲁迅保管。

6日 中午应《自由谈》编辑黎烈文之邀至汉口路“古益轩”会餐。同席者郁达夫、林语堂、唐弢[①]等十二人。这是唐弢第一次和鲁迅会面。据唐弢回忆：“一九三三至一九三四年间，鲁迅先生经常在《申报》副刊《自由谈》上写稿，攻击时弊，为了避免反动派的检查，他不断变换笔名。我当时初学写作，也在这个副刊上投稿，偶尔写作同类性质的文章。……那些‘看文章专用嗅觉’的人，就疑神疑鬼，妄加揣测起来，以为这又是鲁迅的化名。”这次见面，鲁迅打趣：“唐先生写文章，我替你在挨骂。”[②]鲁迅后

① 唐弢(1913—1992)，笔名晦庵等，浙江镇海人。1932年在上海邮局工作时向《自由谈》投稿，结识鲁迅。鲁迅逝世后，参加《鲁迅全集》编校，支持《鲁迅风》周刊，编辑《文艺界丛刊》。

② 唐弢《琐忆》，见1978年1月《鲁迅回忆录》第1集。

来把唐弢的第一本杂感集《推背集》介绍给天马书店出版。

8日 作《未来的光荣》，发表于1月11日《自由谈》，署名张承禄，收入《花边文学》。文章针对被殖民国家往往成为西方“所谓文学家”猎奇的对象这一现象，指出类似法国德哥派拉(M·Dekobra)[①]这类“恭维食与色”的文学家来华的目的，无非是“找寻些奇特的(grotesque)色情的(erotic)东西，去给他们的主顾满足”；中国人在他们的作品里，“是要和各种所谓‘土人’一同登场的”，因此提醒国人“要觉悟着被描写，还要觉悟着被描写的光荣还要多起来，还要觉悟着将来会有人以有这样的事为有趣”。在1933年12月28日致王志之的信中也指出，德哥派拉“盖法国礼拜六派，油头滑脑，其到中国来，大概确是搜集小说材料”，揭露其借丑化和侮辱中国人来渔利的市侩行径。

同日 作《女人未必多说谎》，发表于1月12日《自由谈》，署名赵令仪，收入《花边文学》。韩侍桁[②]在《自由谈》发表《谈说谎》一文，认为人类“说谎的原因之一是由于弱”，所以“女人讲谎话要比男人来得多”。鲁迅援引古今中外的大量史实，指出强权政治总是将自己的罪过归之于弱势群体借以逃避责任。历史上“女人的替自己和男人伏罪，真是太长远了”。如此，则当时政府提倡的“妇女国货年”，也不过是企图向妇女转嫁丧权辱国责任

---

① 德哥派拉(1885—1973)，法国小说家、新闻记者。1933年11月曾来我国上海、北平等地搜集奇特、落后、色情的素材。

② 韩侍桁(1908—1987)，原名韩云浦，笔名侍桁、索夫、东声，天津人。曾为《语丝》撰稿，1930年参加中国左翼作家联盟，后转向“第三种人”。曾任中山大学、齐鲁大学教授，以及中山文化教育馆特约编译、中央通讯社特约战地记者和该社总编室编审、重庆文风书局总编辑、上海编译所所员等职。主要著作有《文学评论集》和杂文集《小文章》《参差集》《浅见集》。译有《十九世纪文学主潮》《红学》《卡斯特桥市长》《妇女乐园》《英雄国》等。

的新花招而已。

11日 致郑振铎信，对《北平笺谱》受到攻击表达愤慨，针对刊登在邵洵美所编的《十日谈》1934年1月1日“新年特辑”上杨天南所写的《二十二年的出版界》一文而发。该文谈到：“特别可以提起的是《北平笺谱》，此种文雅的事，由鲁迅西谛二人为之，提倡中国古法木刻，真是大开倒车，老将其实老了，至于全书六册预购价十二元，真吓得煞人也。无论如何，中国尚有如此优游不迫之好奇精神，是十分可贺的，但愿所余四十余部，没有一个闲暇之人敢去接受。”鲁迅还对郑振铎拟编的《文学季刊》提出建议：“季刊比月刊较厚重，可以只登研究的文章，以及评论，随笔，书报绍介，而诗歌小说则从略，此即清朝考据家所走之路也。如此，则成绩可以容易地发表一部分。”

同日 致刘岘信，认为现代木刻可以借鉴民间年画。对刘岘所刻《阿Q正传》图给出意见：“阿Q的像，在我的心目中流氓气还要少一点，在我们那里有这么凶相的人物，就可以吃闲饭，不必给人家做工了，赵太爷可如此。”

17日 作《批评家的批评家》，载1月21日《自由谈》，署名倪朔尔，收入《花边文学》。苏汶在《现代》第4卷第1期(1933年11月)上发表《新的公式主义》，污蔑有些文艺批评是用一个一定的圈子向作品上面套，合就好，不合就坏；《现代》第4卷第3期(1934年1月)上发表刘莹姿《我所希望于新文坛上之批评家者》，说批评家“拿一套外国或本国的时髦圈子来套量作品的高低大小”，“这是充分地表明了我国新文坛尚无真挚伟大的批评家”。鲁迅驳斥这些观点道：“我们曾经在文艺批评史上见过没有一定圈子的批评家吗？都有的，或者是美的圈，或者是真实的圈，或者是前进的圈。没有一定的圈子的批评家，那才是怪汉子呢。”“我们不能责备他有圈子，我们只能批评他这圈子对不对。”指出所谓批评家用对文学的批评来压迫批评对象的行为，实际上“是诬陷，更不是什么批评”。

同日 致萧三信，谈到国民党当局迫害左翼文学事业，刊物接连被封禁的现状，表示“我们的作家，则到处被封锁，有些几于无以为生”，至于国民党御用文人所办的刊物更是“日见其坏”，“他们的办法，也只能暂时欺骗读者的，数期后，大家一知道，即无人购阅”。1933 年 11 月 24 日，萧三从苏联来信，转达苏联有关方面对鲁迅参加苏联作家第一次代表大会的邀请。鲁迅在此信中作了答复：“大会我早想看一看，不过以现在的情形而论，难以离家，一离家，即难以复返，更何况发表记载，那么，一切情形，只有我一个人知道，不能传给社会，不是失了意义了么？也许还是照旧的在这里写些文章好一点罢。”信中还用隐语谈了“卓姊”（即左联）的工作情况：“她之于兄，实并非无意，自然，不很起劲是有点的，但大原因，则实在由于压迫重，人手少，经济也极支绌。”

20 日 作《〈引玉集〉后记》，收入本年 3 月以“三闲书屋”名义自费出版的《引玉集》，未署名，后收入《集外集拾遗》。《引玉集》是鲁迅编选的苏联现代版画集，共收 11 名画家的 60 幅作品，都据原作者手拓本制版印刷。后记概述了《引玉集》的成书过程，书名来历、作者情况及出版目的，自述从 1931 年以来搜集的苏联现代版画“一部分已经散亡，一部分几遭兵火……决计选出六十幅来，复制成书，以传给青年艺术学徒和版画的爱好者”。本年 6 月 2 日致郑振铎信对编印《引玉集》的意图也作了说明：“这些画，青年作家真应该看看了。……其中多少认真，精密，那有仗着‘天才’，一挥而就的作品，倘有影响，则幸也。”

22 日　接待郑振铎。郑自北平“携来《北平笺谱》一函六本”，并就该书出版后继续翻印《十竹斋笺谱》等问题与鲁迅交换了意见。

27 日　致山本初枝信，谈到日本的浮世绘艺术：“关于日本的浮世绘师，我年轻时喜欢北斋，现在则是广重，其次是歌麿的人物。”①并认为“还是北斋适合中国一般人眼光。”表达了曾有意把北斋作品介绍到中国来的想法，但却失望于中国读书界的现状：“我早想多加些插图予以介绍，但首先按读书界目前的状况，就办不到。”“中国还没有欣赏浮世绘的人，因此我正不知将来该把我自己的东西交给谁。”

30 日　作《“京派”与“海派”》，载 2 月 3 日《自由谈》，署名栾廷石，收入《花边文学》。1933 年 10 月 18 日，沈从文在天津《大公报》之《文艺副刊》第 9 期发表《文学者的态度》，批评一些文人缺乏“认真严肃”的作风，后在同刊第 32 期又发表《论“海派”》一文，扬“京派”而抑“海派”。自称“第三种人”的苏汶于同年 12 月 1 日在《现代》第 4 卷第 2 期上发表《文人在上海》，为上海文人辩解，对沈从文“用‘海派文人’这名词把所有居留在上海的文人一笔抹杀”表示不满。该文还提到：“仿佛记得鲁迅先生说过，连个人的极偶然而且往往不由自主的姓名和籍贯，都似乎也可以构成罪状而被人所讥笑，嘲讽。”后来曹聚仁等也参加了这一论争。鲁迅对两派文人的文化特征做了深刻剖析，提出所谓“京派”与“海派”的名号“本不指作者的本籍而言，所指的乃是一群人所聚

---

① 北斋，即葛氏北斋（1760—1849），日本版画家，作品以人物和风景见长，作有《富岳三十六景》。广重，即安藤广重（1797—1858），日本版画家，作品多描绘风景名胜，作有《东海道五十三景》。歌麿，即喜多川歌麿（1758—1806），日本版画家，作品善于刻画民间妇女生活。

的地域”,“籍贯之都鄙,固不能定本人之功罪,居处的文陋,却也影响于作家的神情”。“不过‘京派’是官的帮闲,‘海派’则是商的帮忙而已。”

同日　作《北人与南人》,载2月4日《自由谈》,署名栾廷石,收入《花边文学》。文章继续就“京派”与“海派”之争发表议论,针对日本帝国主义操纵傀儡溥仪成立伪满洲国及蒋介石政府推行妥协政策,分析了历来异族入侵所造成的南北人民对立的现象,指出南北人民各有长短,在民族危难关头应紧密团结,互相取长补短,以“做成有益的事业”,这才是中国人的“自新之路”。

31日　用日文作《关于中国的两三件事》,系应日本改造社之约而写。原为3篇短论,总题为《火に就以の》,日本《改造》月刊本年3月号发表时改题为《火,王道,监狱》。后由作者译为中文,编入《且介亭杂文》时合为一文并改题。文章揭露中、日、伪满统治者相互勾结,策动御用文人大谈“王道”的骗术。第1部分《关于中国的火》抨击日本帝国主义和国民党政府烧杀抢掠中国人民的罪行;第2部分《关于中国的王道》谴责日本帝国主义的奴才中里介山[①]等的荒谬理论,指出其所鼓吹的“王道”是欺人之谈;第3部分《关于中国的监狱》,揭露国民党政府用新旧监狱来镇压人民的罪行,戳穿其所宣传的“王道”的虚伪。鲁迅在3月6日致姚克信中说:“上月我做了三则短评,发表于本月《改造》上,对中、日、满都加以讽刺”。正因为该文“是讥评中国,日本,满洲的”,所以一些帮闲文人就“曾用这为攻击作者之具”,

---

① 中里介山(1885—1944),本名弥之助,日本作家。著有《高野的义人》《大菩萨岭》《黑谷夜话》。曾到过中国和美国。九一八事变后,撰文鼓吹“王道”,为日本军阀侵略中国制造理论根据。

"借以施行谋害"。例如,在林语堂、邵洵美、章克标[①]主编的《人言》杂志上就曾"扮出一个译者和编者来,译者算是只译了其中一篇的《谈监狱》,投给了《人言》,并且前有'附白',后有'识';而'编者'在注中则别有用心地向当局告密,说'鲁迅先生的文章,最近是在禁查之列。此文译自日文,当可逃避军事裁判'。在《〈准风月谈〉后记》中又予以揭露:"这编者的'托庇于外人权威之下'的话,是和译者的'问内山书店主人丸造氏'相应的;而且提出'军事裁判'来,也是作者极高的手笔,其中含着甚深的杀机。我见这富家儿的鹰犬,更深知明季的向权门卖身投靠之辈是怎样的阴险了。"

2 月

4 日 作《〈如此广州〉读后感》,载 2 月 7 日《自由谈》,署名越客,收入《花边文学》。本年 1 月 29 日《自由谈》发表署名味荔的《如此广州》一文,讥刺广州人迷信。文章借此思考中国人生活态度不认真的问题:"广州人的迷信,是不足为法的,但那认真,是可以去法,值得佩服的。"鲁迅反对马马虎虎、自欺欺人:"中国有许多事情都只剩下一个空名和假样,就为了不认真的缘故。"

11 日 致姚克信,就秦代典章文物研究推荐书目,建议研究

---

① 邵洵美(1906—1968),浙江余姚人,清末官商盛宣怀的孙女婿,曾创办金屋书店,主编《金屋月刊》《十日谈》《人言》等杂志,鼓吹唯美主义。后加入新月社,任新月书店经理。他与同人在所编《人言》周刊第 1 卷第 3 期的一则编者注中,批评鲁迅"强词夺理亦能说得头头是道","意气多于议论,捏造多于实证"。著有诗集《花一般的罪恶》等。章克标(1900—2007),浙江海宁人,曾与邵洵美合编《人言》周刊。该刊 1934 年 2 月 19 日在上海创刊,1936 年 6 月 13 日停刊。

秦代生活状态者可参考汉代石刻，因为“汉时习俗，实与秦无大异，循览之后，颇能得其仿佛也”。还议及北平学者的“架子”：“北平之所谓学者，所下的是抄撮功夫居多，而架子却当然高大，因为他们误解架子乃学者之必要条件也。倘有绍介，我以为也不妨拜访几位，即使看不到‘学’，却能看到‘学者’，明白那是怎样的人物，于‘世故’及创作，会有用处的。”

15日 作《过年》，载2月17日《自由谈》，署名张承禄，收入《花边文学》。文章针对政府当局因为惧怕“反动分子乘机捣乱”，节日都不许纪念，使得民众只能终年沉默、悲愤和劳作，只有在仅存的阴历年“格外庆贺”一番。还说：“古埃及的奴隶们，有时也会冷然一笑。这是蔑视一切的笑。不懂得这笑的意义者，只有主子和自安于奴才生活，而劳作较少，并且失了悲愤的奴才。”这“蔑视一切的笑”正反映了被压迫民众的心声和愤怒。上引几句发表时被删去，收集时补入。鲁迅在本月17日致黎烈文的信中对政府检查机关删削文章的恶劣行径表示愤慨。

20日 致姚克信，谈到歌、诗、词、曲的来由和文人的改造，批评了当时白话诗中的复古主义与形式主义倾向。又谈到国民党政府对言论的压制：“至于此地报纸，则刊出颇难，观一切文艺栏，无不死样活气，即可推见。我的投稿，自己已十分小心，而刊出后时亦删去一大段，好像尚未完篇一样，因此连拿笔的兴趣也提不起来了。”

23日 作《运命》，载2月16日《自由谈》，署名倪朔尔，收入《花边文学》。当时，国民党政府正推行“新生活运动”，鼓吹尊孔复古，有些人用各种形式宣扬古今圣贤的天命论，目的是“教人安贫”。文章援引汉高祖的父亲并非皇帝、李白的儿子也非诗人等史实，对“运命”说作了分析：“运命说之毫不足以治国平天下，是有明明白白的履历的。倘若还要用它来做工具，那中国的运命可真要‘穷’极无聊了。”

24日 分别致曹靖华、郑振铎信。本月19日国民党中央电令上海市党部查禁新文艺作品149种，牵涉书店25家，中有鲁迅著译10种。致曹靖华信中说：“上海靠笔墨很难生活，近日禁书至百九十余种之多，闻光华书局第一，现代书局次之，最少要算北新，只有四种（《三闲集》《伪自由书》《旧时代之死》，一种忘记了），良友图书公司也四种（《竖琴》《一天的工作》《母亲》《一年》）。但书局已因此不敢印书，一是怕出后被禁，二是怕虽不禁而无人要看，所以买卖就停顿起来了。”致郑振铎信中说：“新年新事，是查禁书籍百四十余种，书店老板，无不惶惶奔走，继续着拜年一般之忙碌也。”“为赌气计，要于日内编印杂感（按：指《南腔北调集》），以破重压，此事不了，心气不平……”又在本年3月6日致姚克的信中谈到此事时说：“上月此间禁书百四十九种，我的《自选集》在内。我所选的作品，都是十年以前，那时今之当局，尚未取得政权，而作品中已有对于现在的‘反动’，真是奇事。”

26日 致罗清桢信。对寄来的几幅木刻谈了意见：“《劫后余生》中蹲着的女人的身体，似乎太大了一点，此外都好的。《韩江舟子》的风景，极妙，惜拉纤者与船，不能同时表出，须阅者想像，倘将人物布置得远些，而亦同时看见所拉之船，那就一目了然了。”

3月

4日 作《答国际文学社问》，本年在《国际文学》上发表时改题为《中国与十月》，并转载于7月5日苏联《真理报》，收入《且介亭杂文》。文章赞颂俄国十月革命，承认其对自己思想转变的重大影响："现在苏联的存在和成功，使我确切的相信无阶级社会一定要出现，不但完全扫除了怀疑，而且增加许多勇气了。"

6日 赴宴会。同座有巴金等。此为与巴金第一次见面。[①]

同日 致姚克信，鼓励姚克多写有关中国历史和现状的文字。1936年4月20日致姚克信中说："写英文的必要，决不下于写汉文，我想世界上洋热昏一定很多，淋一桶冷水，给清楚一点，对于华洋两面，都有益处的。"

7日 作《大小骗》，载28日《自由谈》，署名邓当世，收入《花边文学》。揭露当时"文坛"上有人利用"名人题签"，或假冒"名人"校阅、编辑、主编、特约撰稿等欺骗读者的行径，认为这不过是"欺世盗名"或"盗卖名以欺世"，是"大小骗"。

10日 作《〈准风月谈〉前记》，收入《准风月谈》。从1933年6月至11月间，鲁迅在《自由谈》上发表杂文64篇，均署化名，自编为《准风月谈》。前记介绍了该书的编集情况和书名由来。1933年5月25日《自由谈》发表启事，让作者"多谈风月"，莫谈国事。鲁迅认为"想从一个题目限制了作家，其实是不能够的"，"谈风云的人，风月也谈得"，所以在谈风月中"漫谈国事"，"发出去的箭石"仍击中那些"看文字不用视觉，专靠嗅觉"的人的要害。编集时，鲁迅"将当时所用笔名，仍旧留在每篇之下，算是负着应负的责任"；同时又"将刊登时被删改的文字大概补上去了，

---

① 据王伯祥1933年4月6日日记："散班后赴会宾楼振铎、东华、愈之之宴，到十五人，挤一大圆桌，亦殊有趣也。计主人之外，有乔峰、鲁迅、仲云、达夫、蛰存、巴金、六逸、调孚、雁冰、望道、圣陶及予十二客。纵谈办《文学杂志》事，兼涉谐谑，至十时三刻乃散。"巴金（1904—2005），原名李尧棠，字芾甘，四川成都人。代表作有《家》《春》《秋》等。1934年8月开始同鲁迅交往，同年10月赴日本。

而且旁加黑点，以清眉目”，“以存中国文网史上极有价值的故实”。

14 日　作《〈无名木刻集〉序》，署名鲁迅，收入 1934 年 5 月原拓本版《无名木刻集》中，后收入《集外集拾遗》。《无名木刻集》是青年木刻工作者刘岘、黄新波等的作品集。序言认为：“新的木刻是刚健，分明，是新的青年的艺术，是好的大众的艺术。”赞扬木刻作者所从事的“充满着新的生命”的创作，其作品虽然不过是一点萌芽，“然而要有茂林嘉卉，却非先有这萌芽不可”。

16 日　作诗一首《报载患脑炎戏作》：“横眉岂夺蛾眉冶，不料仍违众女心。诅咒而今翻异样，无如臣脑故如冰。”最初书赠台静农，署名旅隼，后收入《集外集拾遗》。本年 11 月 5 日致萧军信中说：“我也听说东三省的报上，说我生了脑膜炎，医生叫我十年不要写作。其实如果生了脑膜炎，十中九死，即不死，也大抵成为白痴，虽生犹死了。这信息是从上海去的，完全是上海的所谓‘文学家’造出来的谣言。它给我的损失，是远处的朋友忧愁不算外，使我写了几十封更正信。”

23 日　作《〈草鞋脚〉小引》，署名鲁迅，收入《且介亭杂文》。鲁迅在《〈且介亭杂文〉附记》中介绍：“《草鞋脚》是现代中国作家的短篇小说集，应伊罗生先生（H. Isaacs）[①]之托，由我和茅盾先生选出，他更加选择，译成英文的。但至今好像还没有出版。”小引简述了新小说自“文学革命”运动以后，在各种势力压迫下曲

---

① 伊罗生（Harold Robert Isaacs，1910—1986），美国人。时为上海出版的中英文合刊《中国论坛》编辑。1930 年刚从哥伦比亚新闻学院毕业来中国时年仅 20 岁，1931 年秋由史沫特莱引荐，认识了宋庆龄和一批文化界左翼人士，并接触到上海的中共地下党，参与营救共产国际远东局秘书牛兰及其夫人等活动。1932 年 1 月，在宋庆龄和史沫特莱等的协助下，主办《中国论坛》。1932 年担任中国民权保障同盟执行委员。

折发展的过程。《草鞋脚》"便是十五年来的，'文学革命'以后的短篇小说的选集"。虽"不免幼稚"，但"它却在曲曲折折地生长"。同时指出，文学革命者从追求人性解放到阶级意识觉醒的过程中遭到的迫害也更加厉害："禁止出版，烧掉书籍，杀戮作家，有许多青年，竟至于在黑暗中，将生命殉了他的工作了。"《草鞋脚》正是鲁迅为冲破国民党当局的文化"围剿"，扩大新文学特别是左翼文艺影响，增进国外读者对中国革命的了解而与茅盾共同编选的，收入鲁迅的《风波》《伤逝》和其他24位新作家的短篇小说共26篇。书名《草鞋脚》系伊罗生从鲁迅《再论第三种人》的讲演中取来。此书直到1974年始由美国麻省理工学院出版社出版，已非鲁迅和茅盾选编的《草鞋脚》的原稿，而删去了原书推荐介绍的24人中的12人，又新添了4人，甚至增添了郭沫若的历史剧《卓文君》和殷夫的诗歌《血字》。鲁迅和茅盾的自传以及其他作家生平介绍也有所修改，鲁迅给该书写的题签亦未采用。此外，还删掉了1934年经过鲁迅、茅盾看过的伊罗生写的那篇引言，换成1973年伊罗生重写的长序。

24日 致姚克信。谈到对布克夫人[①]所译的《水浒》的看法："近布克夫人译《水浒》，闻颇好，但其书名，取'皆兄弟也'之意，便不确，因为山泊中人，是并不将一切人们都作兄弟看的。"

29日 致陶亢德信。当时陶亢德接替林语堂编辑《论语》，曾去信向鲁迅约稿并请求寄一张照片登在刊物上。因为《论语》

① 布克夫人(Pearl Sydenstricker Buck，1892—1973)，即赛珍珠，美国女作家。著有小说《大地》《儿子们》等。1932年她凭借小说《大地》(*The Good Earth*)成为第一位获得普利策小说奖的女性；1938年获诺贝尔文学奖，是唯一同时获得普利策奖和诺贝尔奖的女作家。其英译《水浒》(70回本)题为*All Men are Brothers*，1934年由纽约约翰·戴(John Day)公司出版。

提倡“幽默”和“性灵”，鲁迅与他们在思想上存在分歧，曾多次撰文批评，所以复信拒绝了陶亢德的要求。

4 月

3 日 应台静农等之请，为韦素园撰写碑文，署名鲁迅，收入《且介亭杂文》。碑文曰：“君以一九〇二年六月十八日生，一九三二年八月一日卒。呜呼，宏才远志，厄于短年。文苑失英，明者永悼。弟丛芜，友静农，霁野立表；鲁迅书。”

7 日 复陶亢德信。本年 4 月 5 日，林语堂与陶亢德、徐讦创办小品文半月刊《人间世》。陶亢德寄给鲁迅两本征求意见并约请赐稿。回复说，杂志“讽诵一过，诚令人有萧然出尘之想”，“惟搏战十年，筋力伤惫，因此颇有所悟，决计自今年起，倘非素有关系之刊物，皆不加入，藉得余暇，可袖手倚壁，看大师辈打太极拳，或夭矫如撮空，或团转如摸地，静观自得，虽小品文之危机临于目睫，亦不思动矣”。

9 日 致姚克信，谈到国人不通本国历史却一味盲目追随西方文化潮流的怪象。还说自己准备选印《汉唐画像集》：“汉唐画像极拟一选，因为不然，则数年收集之工，亦殊可惜。”信末对清代以来国学研究发表看法：“清初学者，是纵论唐宋，搜讨前明遗闻的，文字狱后，乃专事研究错字，争论生日，变了‘邻猫生子’的学者，革命以后，本可开展一些了，而还是守着奴才家法，不过这于饭碗，是极有益处的。”

同日 致魏猛克信，就如何正确对待艺术遗产的问题发表意见：“新的艺术，没有一种是无根无蒂，突然发生的，总承受着先前的遗产……既是采用，当然要有条件，例如为流行计，特别取了低级趣味之点，那不消说是不对的，这就是采取了坏处。必须令人能懂,而又有益,也还是艺术,才对。”

10日 广西南宁博物馆通过周建人来求字,为书一条幅:“风号大树中天立,日薄沧溟四海孤。杖策且随时旦暮,不堪回首望菰蒲。偶忆此诗而忘其作者 鲁迅”。此为明末清初画家项圣谟为其绘画作品《大树风号图》的题诗。

11日 致增田涉信,答复其关于翻译《朝花夕拾》的请求:”如有出版处所,译出来也好,但其中有关中国风俗和琐事太多,不多加注释恐不易看懂,注释一多,读起来又乏味了。”

12日 致姚克信,同意其“好的插画,比一张大油画之力为大”的说法,认为“中国青年画家,却极少有人注意于此”,进而对那些只图虚名而不刻苦努力的青年画家提出批评。至于造成这种恶习的原因:“他们的先生应负责任,因为也是古里古怪的居多,并不对他们讲些什么,中国旧式插画与外国现代插画,青年艺术家知道的极少;尤其奇怪的是美术学校中几乎没有藏书。”

15日 作《古人并不纯厚》。载26日上海《中华日报》副刊《动向》,署名翁隼,收入《花边文学》。文章针对“古人比今人纯厚、心好,寿长”的说法,通过对古代诗文选本的分析,指出古人并不纯厚,因为有很多不满黑暗、指斥当路的诗文存在。只不过,统治者删削了那些不合他们口味的篇章,给人留下了似乎古人真的纯厚的印象。文章嘲讽说,清朝就有皇帝钦定的“纯厚”的好标本,恐怕不久就有人翻印,以“挽狂澜于既倒”了。

同日 致林语堂信,对林求索照片在《人间世》刊载一事予以拒绝。[①]

---

① 此信原件不存,参见1949年2月上海万象图书馆出版《作家书简》所载,称呼被略去。

19日 致陈烟桥信，对新兴木刻创作、形式、题材、技巧等问题提出意见，批评草率从事、“赶任务”的态度，认为木刻运动必须讲究斗争策略和熟练的技术；主张作品应采取民族形式，并注意地方色彩和题材拓展；还强调技巧与内容并重。

22日 作《朋友》，载5月1日《自由谈》，署名黄凯音，收入《花边文学》。1933年4月，鲁迅发表《现代史》一文，把历代统治阶级欺压、盘剥人民的手段比喻成“变戏法”，本篇仍以此为主题，揭露了欺人者和所谓“朋友”的实质，提醒人们不要“甘于自欺”和“安于自欺”，而要大胆“揭发种种隐秘”。

24日 致杨霁云信。谈到戴季陶之流说：“至于如戴季陶者，还多得很，他的忽而教忠，忽而讲孝，忽而拜忏，忽而上坟，说是因为忏悔旧事，或藉此逃避良心的责备，我以为还是忠厚之谈，他未必责备自己，其毫无特操者，不过用无聊与无耻，以应付环境的变化而已。”对青年应如何进步提出建议：“自己就至今未能牺牲小我，怎能大言不惭。但总之，即使未能径上战线，一切稍为大家着想，为将来着想，这大约总不会是错了路的。”这是鲁迅与杨霁云的初次通信。

26日 作《小品文的生机》，载5月30日《自由谈》，署名崇巽，收入《花边文学》。林语堂主编的《人间世》标榜不涉及党派和政治，提倡“幽默”和“闲适”的小品文。文章认为，林语堂等人提倡的“幽默”，就像戏场一样，都不过是“滑稽而已，并非幽默”。鲁迅认为《人间世》受到的各种指责代表了不同的倾向，其中“也有热心人的谠论”，指出“世态是这么的纠纷，可见虽是小品，也正有待于分析和攻战了，这或者倒是《人间世》的一线生机罢”。

30日 致曹聚仁信。谈到《南腔北调集》时说：“多伤感情调，乃知识分子之常，我亦大有此病，或此生终不能改；杨邨人却无之，此公实是一无赖子，无真情，亦无真相也。”对周作人的五十自寿诗引发的争论[①]谈了看法。鲁迅认为：“周作人自寿诗，诚有讽世之意，然此种微辞，已为今之青年所不憭，群公相和，则多近于肉麻，于是火上添油，遽成众矢之的，而不作此等攻击文字，此外近日亦无可言。此亦‘古已有之’，文人美女，必负亡国之责，近似亦有人觉国之将亡，已在卸责于清流或舆论矣。”本年 5 月 6 日致杨霁云信又说：“至于周作人之诗，其实是还藏些对于现状的不平的，但太隐晦，已为一般读者所不憭，加以吹擂太过，附和不完，致使大家觉得讨厌了。”予周作人以同情理解。

5 月

2 日　作《论“旧形式的采用”》，载本月 4 日《动向》，署名常庚，收入《且介亭杂文》。耳耶[②]在本年 4 月 24 日《动向》上发表《新形式的探求与旧形式的采用》，反驳同刊 4 月 19 日发表的魏猛克的《采用与模仿》，认为魏所提出的“在社会制度没有改革之

---

① 周作人《五秩自寿诗》有两首：“前世出家今在家，不将袍子换袈裟。街头终日听谈鬼，窗下通年学画蛇。老去无端玩骨董，闲来随分种胡麻。旁人若问其中意，且到寒斋吃苦茶。”“半是儒家半释家，光头更不著袈裟。中年意趣窗前草，外道生涯洞里蛇。徒羡低头咬大蒜，未妨拍桌拾芝麻。谈狐说鬼寻常事，只欠工夫吃讲茶。”两诗在 1934 年 4 月 5 日《人间世》第 1 期发表后，《自由谈》《人言周刊》等相继发表批评文章。如埜容在 4 月 14 日《自由谈》上以《人间何世》为题，谴责周作人“自甘凉血懒如蛇”“怕惹麻烦爱肉麻”；有左翼报刊责难周作人道：“自甘凉血冷如蛇，误尽苍生欲谁责?”而对周作人自寿诗赞同者纷纷和诗。

② 耳耶，即聂绀弩(1903—1986)，原名聂国梭，笔名绀弩、耳耶等，诗人、作家。湖北京山人，早年入黄埔军校二期，后进莫斯科中山大学深造。左联成员，时任《中华日报》副刊《动向》主编。1935 年，出版首部短篇小说集《邂逅》，1936 年 2 月与胡风、萧军、萧红等在鲁迅支持下创办文学杂志《海燕》，6 月出版论文集《从白话文到新文字》。

前，对于连环画的形式与技术，还须有条件地接受过来”是“类乎投降”、“机会主义”，对旧形式采取了全盘否定的态度。鲁迅阐述了继承与革新的关系，批评了耳耶等人的过激观点，强调作品的“内容和形式”“作品和大众”都不能机械的地分开，应该“为了大众，力求易懂”。进步的文艺家“现在想到，而且关心了大众。这是一个新思想（内容），由此而在探求新形式，首先提出的是旧形式的采取，这采取的主张，正是新形式的发端，也就是旧形式的蜕变”。旧形式的采取，“并非断片的古董的杂陈，必须溶化于新作品中”，“恰如吃用牛羊，弃去蹄毛，留其精粹，以滋养及发达新的生体，决不因此就会‘类乎’牛羊的”。鲁迅以现在社会上的流行连环图画为例说：“即因为它有流行的可能，且有流行的必要，着眼于此，因而加以导引，正是前进的艺术家的正确的任务；为了大众，力求易懂，也正是前进的艺术家正确的努力。旧形式是采取，必有所删除，既有删除，必有所增益，这结果是新形式的出现，也就是变革。而且，这工作是决不如旁观者所想的容易的。”

6日 致杨霁云信，谈及林语堂、周作人、刘半农、施蛰存等人提倡的“幽默”“闲适”小品文：“关于近日小品文的流行，我倒并不心痛。……有一部分青年是要受点害的，但也原是脾气相近之故，于大局却无大关系，例如《人间世》出版后，究竟不满者居多；而第三期已有随感录，虽多温暾话，然已与编辑者所主张的‘闲适’相矛盾。此后恐怕还有变化，倘依然一味超然物外，是不会长久存在的。”“藉此看看他们的文章，思想，也未尝无用。只三期便已证明，所谓名家，大抵徒有其名，实则空洞，其作品且不及无名小卒”。

10日 上午在内山完造寓所会见日本佛教界人士铃木大

拙、眉山、草宣、戒仙及铃木的秘书斋藤贞一等，获赠铃木所编《六祖坛经·神会禅师语录》。为高畠眉山书写佛经句“如露复如电”。

14日 作《一思而行》，载17日《自由谈》，署名曼雪，收入《花边文学》。文章认为，中国人思维方式的一个弊端是遇事不假思索，喜欢一窝蜂而上，趁队起哄，林语堂等人提倡“幽默”和小品就是一例，并提醒读者，做事要沉着切实，做前要冷静思考，至少是“一思而行”。

同日 作《读几本书》，载18日《自由谈》，署名邓当世，收入《花边文学》。文章针对“反读书的思潮也愈加彻底，于是有人来反对读任何一种书”的风气，特别是有人引用叔本华的“倘读别人的著作，不过是在自己的脑里给作者跑马”来反对读书，批评道：“不过要明白：死抱住这句金言的天才，他的脑里却正被叔本华跑了一趟马，踏得一榻胡涂了。”同时批评文艺评论界对外国作家乱加指点，随便戴上象征主义之类的帽子却并不认真阅读和翻译原著：“读死书是害己，一开口就害人；但不读书也并不见得好。至少，譬如要批评托尔斯泰，则他的作品是必得看几本的。”

15日 致杨霁云信，谈到自己被污蔑为“汉奸”一事：“汉奸头衔，是早有人送过我的，大约七八年前，爱罗先珂君从中国到德国，说了些中国的黑暗，北洋军阀的黑暗。那时上海报上就有一篇文章，说是他之宣传，受之于我，而我则因为女人是日本人，所以给日本人出力云云。这些手段，千年以前，百年以前，十年以前，都是这一套。叭儿们何尝知道什么是民族主义，又何尝想到民族，只要一吠有骨头吃，便吠影吠声了。其实，假如我真做了汉奸，则它们的主子就要来握手，它们还敢开口吗？”还谈到自己打算“集一部《围剿十年》，加以考证：一、作者的真姓名和变化史；二、其文章的策略和用意……等，大约于后来的读者，也许不无益处。”这个想法，在《三闲集序言》中也曾说过。谈到《自由谈》主编换人说：“烈文先生不做编辑，为他自己设想，倒干净，《自由谈》是难以办好的。梓生原亦相识，但他来接办，真也爱莫能助。”在次日写给郑振铎的信中又说：“梓生忠厚，然胆小，看这几天，投稿者似与以前尚无大不同，但我看文氓将必有稿勒令登载，违之，则运命与烈文同。要之，《自由谈》恐怕是总归难办的。”“梓生”全名张梓生，绍兴人。

16日 致母亲信，告知已为购买张恨水的小说《金粉世家》和《美人恩》，“自己未曾看过，不知内容如何”。8月21日的信中说又寄了“张恨水们的小说”。9月16日信中宽慰母亲说：“张恨水的小说，定价虽贵，但托熟人去买，可打对折，其实是不贵的。即如此次所寄五种，一看好像要二十元，实则连邮费不过十元而已。”

同日 致郑振铎信，谈到有人对自己的造谣中伤时说：“另有文氓，恶劣无极，近有一些人，联合谓我之《南腔北调集》乃受日人万金而作，意在卖国，称为汉奸……这是我有生以来，未尝见此黑暗的。”并表明自己的战斗姿态。

同日 听到镰田诚一病故消息，“忆前年相助之谊①，为之黯然”。镰田诚一的哥哥镰田寿于1929年来上海，为内山书店职

---

① 指1932年上海“一·二八”事变，因居所临近战区，极不安全，1月30日鲁迅在镰田诚一帮助下，全家到内山书店3楼暂避。2月6日又在其帮助下，与周建人全家一起搬到英租界内山书店分店避难。至3月13日，因海婴出疹，到大江南饭店租房避居。19日战事稍缓才返回旧寓。事后，鲁迅为表示感谢，以牛肉2罐、威士忌1瓶赠镰田诚一兄弟。5月7日又以“重出之Vogeler绘《新俄纪行》一本赠政一（按即镰田）君”，并在扉页上题字“转赠镰田政一兄　鲁迅·三二年夏上海”。

员，诚一于1930年投奔其兄，在内山书店担任图书出纳。1932年7月3日、1933年5月23日鲁迅两次在知味观宴请日本朋友，均邀请镰田诚一兄弟出席。鲁迅在1935年4月22日所作的《镰田诚一墓记》中，盛赞其“中遭艰巨，笃行靡改，扶危济急，公私两全”。镰田诚一酷爱绘画，有一定造诣，鲁迅在墓记中称他“兼修绘事，斐然有成”。镰田寿于1935年5月17日在其弟逝世一周年之际，将镰田诚一遗作油画《静物》赠送鲁迅。鲁迅在《〈且介亭杂文二集〉后记》中说：“我还要记念镰田诚一君，他是内山书店的店员，很爱绘画，我的三回德俄木刻展览会[①]，都是他独自布置的。”

18日 致刘岘信，对本日收到刘岘寄来的《孔乙己》木刻1本、单片11张表示感谢并谈了观感：“《孔乙己》的图，我看是好的，尤其是许多颜面的表情，刻得不坏，和本文略有出入，也不成问题，不过这孔乙己是北方的孔乙己，例如骡车，我们那里就没有，但这也只能如此，而且使我知道假如孔乙己生在北方，也该是这样的一个环境。”[②]

22日 致杨霁云信，为其正在编辑的《集外集》提供旧作线索，说明某些讲演记录稿未收入文集的原因，并谈及国民党当局的文化“围剿”。

24日 作《论秦理斋夫人事》，载6月1日《自由谈》，署名公

---

① 这三次德俄木刻展览会指的是(一)1930年10月4日至5日在上海北四川路日本人开设的第一供销合作社(即“购买组合第一店”)二楼举行的“西洋木刻展览会”;(二)1933年10月14日至15日在上海北四川路底施高塔路千爱里40号举办的“现代苏德作家木刻画展览会”;(三)同年12月2日至3日在上海老靶子路40号日本基督教青年会馆二楼举办的“俄法(露佛)书籍插图展览会”。展品布置都由镰田诚一操办。

② 原信不存，据1935年6月未名木刻社《阿Q正传》画册后记。

汗，收入《花边文学》。本年2月25日，申报馆英文译员秦理斋病逝，其妻龚尹霞不堪舆论压力，于5月5日与四个子女一同服毒自杀。该事引发社会舆论，有些"评论家"竟说自杀是"失职""偷安""逃兵"，"虽死也不足以蔽其罪"。文章对此予以严厉驳斥，并分析其社会根源："责别人的自杀者……倘使对于黑暗的主力，不置一辞，不发一矢，而但向'弱者'唠叨不已……他其实乃是杀人者的帮凶而已。"发表时最后一段被删，收集时补入。

25日　复陶亢德信，拒绝其刊载照片的请求。

27日　作《儒术》，载北平6月15日《文史》月刊第1卷第2期，署名唐俟，收入《且介亭杂文》。当时国民党政府提倡"儒术"，上海无线电在广播《颜氏家训》的《勉学篇》时，竟宣扬"自荒乱以来，诸见俘虏，虽百世小人，知读《论语》《孝经》，尚为人师"，"千载终不为小人"的论调。文章批评此种论调的奴才思想，借金代儒者元好问奉元世祖为儒家大宗师而获得"除儒户兵赋"等史事，揭露国民党当局提倡"儒术"是为了达到"虽被俘虏，犹能为人师，居一切别的俘虏之上"的"儒效"。进而讽刺："现在忽由播音，以'训'听众，莫非选讲者已大有感于方来，遂绸缪于未雨吗？"

30日　作《看图识字》，载7月《文学季刊》第3期，署名唐俟，收入《且介亭杂文》。本年被上海市政府定为"儿童年"，出版界出版了大量粗制滥造的儿童读物，甚至翻印了光绪三十四年出版的《看图识字》。文章通过对这些儿童读物的分析，抨击用拙劣的东西来"愚弄孩子"的行为，指出给儿童看的读物"必须十分慎重"，而"倘不是对于上至宇宙之大，下至苍蝇之微，都有些切实的知识的画家，决难胜任的"。

同日　午后作诗《无题》，书赠日本作家新居格："万家墨面没蒿莱，敢有歌吟动地哀。心事浩茫连广宇，于无声处听惊雷。”广大民众生活在水深火热之中，成了“墨面”的囚徒，而反抗的声音将如滚滚惊雷。

6月

2日 致郑振铎信，批评美术界的怪现状：“盖中国艺术家，一向喜欢介绍欧洲十九世纪末之怪画，一怪，即便于胡为，于是畸形怪相，遂弥漫于画苑。而别一派，则以为凡革命艺术，都应该大刀阔斧，乱砍乱劈，凶眼睛，大拳头，不然，即是贵族。我这回之印《引玉集》，大半是在供此派诸公之参考的，其中多少认真，精密，那有仗着‘天才’，一挥而就的作品，倘有影响，则幸也。”这里的“别一派”指叶灵凤等人。另，郑振铎书写南宋末年爱国将领文天祥的历史小说《桂公塘》在《文学》第2卷第4号发表后，遭到上海一些评论家的攻击。信中建议，《桂公塘》事“大可置之不理，此种辩论，废时失业，实不如闲坐也”。在21日信中又谈到此事说，此地之所谓“批评家”“另有一种脾气，是专做小题，与并非真正之敌寻衅。此本多年之老脾气，现在复发了，很有些人为此不平，但亦无以慰之，而这些批评家之病亦难治。他们斥小说家写‘身边琐事’，而不悟自己在做‘身边批评’，较远之大敌，不看见，不提起的”。信中还谈到对林语堂等人提倡“小品文”的看法：“小品文本身本无功过，今之被人诟病，实因过事张扬……装腔作势，实这回的大病根。”

3日 作《倒提》，载6月28日《自由谈》，原署名董季荷，发表时署名公汗，收入《花边文学》。文章针对上海租界当局不许倒提鸡鸭经过租界而有华人“自叹不如租界的鸡鸭”的抱怨，认为这样抱怨的人应该首先反省自己的奴性意识：认为自己没有被洋人优待，实际上正是自轻自贱，幻想有神奇力量空降恩典，甘愿为奴的文化心理造成的。这类“从古典里，听熟了仁人义士，来解倒悬的胡说”的人，宁肯变狗，也是不肯合群改革的。文章总结道：“这类的人物一多，倒是大家要被倒悬的，而且虽在送往厨房的时候，也无人暂时解救。这就因为我们究竟是人，然而是没出息的人的缘故。”文章发表后，号称与鲁迅是“同一营垒的战友”的廖沫沙，化名林默在《火炬》上发表《论“花边文学”》一文，说鲁迅这篇文章是“代西洋人”“辩护说教”，是“走入鸟道以后”的“花边文学”。

4日　作《拿来主义》，载6月7日《动向》，署名霍冲，收入《且介亭杂文》。文章针对当时对文化遗产或全盘继承或一概否定的错误倾向，分析了如何批判继承中外文化遗产的问题，指出“闭关主义”、“送去主义”以及乞求外人“抛给”一点“残羹冷炙”，都是错误的，“要运用脑髓，放出眼光，自己来拿”。文章将文化遗产比作一个穷青年得了一所大宅子，既不能“怕给他的东西染污了，徘徊不能走进门”；也不能“放一把火烧光，算是保存自己的清白”；更不能“接受一切，欣欣然的蹩进卧室，大吸剩下的鸦片”；而要全盘“占有”，认真“挑选”，进行正确的处理，这就是“拿来主义”。

9日　致台静农信，告以打算编印外国版画和中国古代画像的计划，并委托台静农搜集汉唐画像拓片。后来由于工作繁忙和资力所限，编印汉唐画像的计划没有实现。

晚，邀黎烈文、茅盾及周建人夫妇等在寓所进餐，同席共7人。同年8月5日，又与茅盾同赴生活书店在觉林的招宴，同席8人。两次聚会都为商量创办《译文》月刊之事。本年5月10日前后，《自由谈》由张梓生接办，黎烈文去职。鲁迅与茅盾便共同邀请黎烈文为《译文》创始人之一。觉林宴会上议定由黄源[①]出面编辑(前3期实为鲁迅编辑),由生活书店出版。[②]

10日 作《隔膜》,载7月5日上海《新语林》半月刊第1期,署名杜德机,收入《且介亭杂文》。本年2月19日,国民党政府在上海查禁了149种文艺书籍。当时沈从文在天津《国闻周报》第11卷第9期上发表文章,以秦代焚书坑儒为喻,要求官方"以史实为殷鉴","审慎"考虑,提出"更妥当,更有效果"的办法。沈从文的文章遭到《社会新闻》(第六卷第27、28期)的严厉批评。施蛰存在其主编的《文艺风景》创刊号上发表《书籍禁止与思想左倾》为沈从文鸣不平。鲁迅以《清代文字狱档》中的材料为例,说明有些文字狱的起因,并非由于被害者"笑骂了清朝",而只为了主子和奴才之间的"隔膜",也就是奴才摸不透主子的真意,或者说话做事不守自己的本分。只有那些"简单愚蠢的人们"才去向"陛下""亲亲热热的撒娇讨好",结果反而碰壁。因此,"施蛰存先生在《文艺风景》创刊号里,很为'忠而获咎'者不平,就因为还不免有些'隔膜'的缘故"。

11日 作《玩具》,载7月14日《自由谈》,署名宓子章,收入《花边文学》。文章从"儿童年"出售的玩具谈起,指出中国人不注意儿童玩具的开发,不过也赞扬民间制造玩具的成绩,说"江北人却是制造玩具的天才"。

同日 作《零食》,载6月16日《自由谈》,署名莫朕,收入《花边文学》。文章从上海居民爱吃零食说起,谈到出版界提供

---

① 黄源(1905—2003),字河清,浙江海盐人。1931年任新生命书局编辑,因出版《士敏土》与鲁迅联系。1933年任《文学》月刊助编。1934年8月鲁迅倡议出版《译文》月刊时,为筹备人之一,同年11月接替鲁迅编辑《译文》,又编辑"译文丛书"。

② 黄源《鲁迅先生与译文》,见《鲁迅回忆录》第2集。

的出版物也是“期刊多而专书少”，“小品多而大作少”，是精神“零食”。即便是零食，那些有名无实的货色也是不免让人灰心的。因而，“‘零食’的前途倒是可虑的”。鲁迅认为时下流行的小品文不管如何去迎合小市民的口味，都不能避免没落的命运；它们的出现，对真正的小品文的发展是有害的。

19 日　接待姚克。姚带来斯诺夫妇的信，请鲁迅给予他们在美国翻译和印行他的作品的权利。鲁迅“即写付作品翻译及在美印行权证一纸”。斯诺当时在编译《活的中国》(*Living China*)，收入鲁迅的《药》《一件小事》《孔乙己》《祝福》《离婚》《风筝》等作品。该书于 1936 年 10 月由英国伦敦乔治·哈拉普书局出版，鲁迅生前未见。

24 日　作《论重译》，载 6 月 27 日《自由谈》，署名史贲，收入《花边文学》。本月 19 日穆木天在《自由谈》上发表《各尽所能》一文说:“有人英文很好，不译英美文学，而去投机取巧地去间接译法国的文学，这是不好的。因为间接翻译，是一种滑头办法。如果不得已时，是可以许可的。但是，避难就易，是不可以的。”鲁迅分析了当时翻译界的状况，以及直接翻译和间接翻译的得失，认为既然当时翻译界懂英、日文的较多，如果不准重译，那就只能陷于“可怜的眼界”里。因此，“最要紧的是要看译文的佳良与否，直接译或间接译，是不必置重的；是否投机，也不必推问的”。最后指出:“待到将来各种名作有了直接译本，则重译本便是应该淘汰的时候，然而必须那译本比旧译本好，不能但以‘直接翻译’当作护身的挡牌。”

同日　购买日文版果戈理《死魂灵》一册，为日后翻译此书的底本之一。

本月　因《二心集》中有 22 篇文章被“国民党上海图书杂志

审查委员会”查禁，乃与合众书店商定，将删余的16篇订成薄册重新出版，定名《拾零集》以示抗议。

本月 中国现代木刻选集《木刻纪程》由铁木艺术社出版（实际延至7月出版）。对这个选集，鲁迅“自己亲手印出样本，拿去付印，以至成书”，付出了很多精力。集名系鲁迅亲定，意在希望本集“做一个木刻的路程碑”，鼓励青年木刻工作者奋发有为地向前走。

7月

1日 作《难行和不信》，载20日《新语林》半月刊第2期，署名公汗，收入《且介亭杂文》。文章针对当时一些人借“儿童年”之名，极力向儿童宣传囊萤照读、凿壁偷光、奇童杀敌之类的“模范”故事，认为“这些故事，作为闲谈来听听是不算很坏的，但万一有谁相信了，照办了，那就会成为乳臭未干的吉诃德”。指出，便是说教者本人“相信自己和别人的，现在也未必有多少。例如既尊孔子，又拜活佛者，也就是恰如将他的钱试买各种股票，分存许多银行一样，其实是那一面都不相信的”。

3日 作《再论重译》，载7日《自由谈》，署名史贲，收入《花边文学》。穆木天在本月2日《自由谈》上发表了《论重译及其他（下）》一文，就鲁迅《论重译》对他的批评进行申辩。鲁迅此文再次着重批判穆木天所谓翻译要“一劳永逸”的观点。

7日 译高尔基《我的文学修养》毕，载8月1日《文学》月刊第3卷第2期，署名许遐，收入《译丛补》。

10日 作《买〈小学大全〉记》，载8月5日《新语林》半月刊第3期，署名杜德机，收入《且介亭杂文》。文章通过对清乾隆皇帝实行的文字狱案例的剖析，揭示清代统治者的“‘文艺政策’或说得较大一点的‘文化统制’”的狠毒，借以抨击国民党政府的文化统制政策。

16日 作《忆韦素园君》，载10月《文学》月刊第3卷第4期，署名鲁迅，收入《且介亭杂文》。文章忆述了自己与韦素园的交往情况，赞扬其介绍外国文艺的认真负责、勤恳踏实的作风和正直执着、疾恶如仇的品格，表达了对他的深切怀念。同时抨击那些谬托知己、沽名钓誉的文人：“文人的遭殃，不在生前的被攻击和被冷落，一瞑之后，言行两亡，于是无聊之徒，谬托知己，是非蜂起，既以自衒，又以卖钱，连死尸也成了他们的沽名获利之具，这倒是值得悲哀的。”

18日 作《玩笑只当它玩笑(上)》，载25日《自由谈》，署名康伯度，收入《花边文学》。在本年关于大众语问题的论战中，有人主张“唾弃”白话，特别反对白话文中吸收某些欧化的语法。文章借刘半农早年攻击“欧化式”语法的实例，反驳了上述观点，认为刘半农的那些攻击看似“幽默”，但实际上已经掉到“‘开玩笑’的阴沟里去”了。“用玩笑来应付敌人，自然也是一种好战法，但触着之处，须是对手的致命伤，否则，玩笑终不过是一种单单的玩笑而已”。本文发表后，文公直[①]著文诬蔑鲁迅为“汉奸”“买办”，鲁迅于8月5日作《康伯度答文公直》信反击。

同日 作《玩笑只当它玩笑(下)》，载26日《自由谈》，署名康伯度，收入《花边文学》。文章是针对“别一枝讨伐白话的生力

---

① 文公直(1898—?)，号萍水若翁，江西萍乡人，同盟会员，民初曾任军职，参加过“讨袁”“护法”战争，官至陆军少将。1922年被诬入狱，狱中阅读《千古奇冤》，深受感动。狱后受聘《太平洋午报》编辑。1928年写作《碧血丹心大侠传》，于1930年出版，后出版《碧血丹心于公传》《碧血丹心平藩传》等。1934年任国民党政府立法院编译处股长。

军”林语堂而发的。林打着“幽默”的旗号，攻击白话文“难懂”“鲁里鲁苏”，极力提倡所谓“白话的文言”的“语录体”，他在《一张字条的写法》中，以对一张语录体字条用白话等几种写法为例，证明白话写法要不得。鲁迅指出，几种写法都是林语堂自己扮出来的，他“自作怪相”来将自己的“语录式”字条“衬得一表非凡”，还说在上海街头摆摊代人写信的“文人”用的就是这类东西，现在被林语堂从新提起的“语录体”，不过是“语录派的末流”而已。

同日 编成中国现代木刻选集《木刻纪程》并作“小引”。“小引”载上海铁木艺术社出版的《木刻纪程》，署名铁木艺术社，收入《且介亭杂文》。小引概述了我国新兴木刻发展的过程，说明了编印本书的目的是“以为读者的综观，作者的借镜之助”，并就如何发展木刻艺术，提出建议：“采用外国的良规，加以发挥，使我们的作品更加丰满是一条路；择取中国的遗产，融合新机，使将来的作品别开生面也是一条路”。本年 5 月 31 日致郑振铎信中也谈到编印此书的情况：“近正在收集中国新作家之木刻，拟以二十幅印成一本，名之曰《木刻纪程》，存案，以觇此后之进步与否。”

20 日 作《做文章》，载 24 日《自由谈》，署名朔尔，收入《花边文学》。文章针对当时大众语讨论中有人强调言文不分、口头怎么说就怎么写的意见，通过对宋代沈括《梦溪笔谈》中一则记载的分析，说明大众语与文学语言的区别，指出文章“太做不行，但不做，却又不行”，赞同高尔基“大众语是毛胚，加了工的是文学”的观点。

26 日　《申报》第 7 张刊出消息《微风文艺社[①]声讨鲁迅、林语堂昨举行首次社务会议》，称鲁迅、林语堂为“文妖”，称将函请国内出版界、报界，在二人作风未改变前，拒绝其作品之出版、发表及广告，呈请党政机关严厉制裁二人，警告二人迅即改变作风。同日南京《中央日报》也刊出了这条消息。接着，这条消息又在 7 月 29 日北平《北辰报》和 8 月 4 日上海《人言》第 1 卷第 25 期上刊载。还有《响应声讨鲁迅》为题的文章声言：“打倒老而不死的鲁迅！拥护上海微风文艺社！”（1934 年 8 月 11 日《北辰报》）。两个月后，左联青年诗人、中国诗歌会成员窦隐夫以“杜谈”为笔名，在《新语林》第 5 期上发表《文学青年与道德》，指责当时一些文学青年借攻击别人来抬高自己的恶劣作法，不点名地批评微风文艺社。但在讽刺微风社的那些“著名青年作家”的同时却又说：“不久以前《申报》上就有某文艺社声讨某某二‘文妖’的宣言，对这事，我是极其赞同的，如此文坛，早应使此辈‘文妖’绝迹才好。”1934 年 11 月 1 日鲁迅致窦隐夫信末附言中提到此事，但对窦的言论表示谅解。

27 日　作《〈母亲〉木刻画序》，载 8 月蓝图纸翻印本《〈母亲〉木刻画》，署名鲁迅，收入《集外集拾遗》。《〈母亲〉木刻画》是苏联青年版画家亚历克舍为高尔基的小说《母亲》所作的插画集，共 14 幅。序言引用列宁对《母亲》是“最合时的书”的称赞，指出该书“在中国的现在和未来”的意义；同时赞扬木刻作品“生动，

---

① 微风文艺社，即微风社，又名微风文学会，本年 7 月在上海成立，主要成员有朱小春、林庚白、章衣萍、林众可。微风社的宗旨从其宣言中可以看出：“今日文坛上的一切普罗文艺、政党文艺非但不能适合于社会的需要，而且影响于国家的生存。所以我们应当树起革命的旗帜，对于这些文坛上的偶象，以及恶化思想的产物的不合此时代环境的文艺，都应当毫不客气的宣告他们的死刑。”（1934 年 8 月 10 日《十日谈》第 37 期“今文观止”栏）

有力，活现了全书的神采。便是没有读过小说的人，不也在这里看见了黑暗的政治和奋斗的大众吗”。

29日 致曹聚仁信，以《答曹聚仁先生信》为题载本月《社会月报》第1卷第3期，署名迅，收入《且介亭杂文》。就曹25日在其编辑的《社会月报》发出的一封征求关于大众语意见的信作答，认为大众语“有划分新阶段，提倡起来的必要的。对于白话和国语，先不要一味‘继承’，只是择取”。“最要紧的是大众至少能够看。倘不然，即使造出一种‘大众语文’来，也还是特殊阶级的独占工具”。信中还批判了借大众语来打击白话的倾向。

31日 从本月24日起翻译的俄国果戈理的小说《鼻子》，至今日译完并作“译后记”，均载9月16日《译文》月刊第1卷第1期，署名许遐，收入《译丛补》。后记对果戈理及其小说《鼻子》作了简要介绍，称果戈理是“俄国写实派的开山祖师”，“奇特的是虽是讲着怪事情，用的却还是写实手法。从现在看来，格式是有些古老了，但还为现代人所爱读，《鼻子》便是和《外套》一样，也很有名的一篇”。还谈到果戈理的《死魂灵》“除中国外，较为文明的国度都有翻译本，日本还有三种”，似乎已经起意翻译这部名著了。

8月

1日 作《忆刘半农君》，载10月《青年界》月刊第6卷第3期，署名鲁迅，收入《且介亭杂文》。本年夏，刘半农赴内蒙作考古和方言调查，染上回归热病，医治无效，于7月14日在北平病故。文章回忆了过去与刘半农的交往，对他前后期的表现作了比较，肯定其早期的斗争精神和光荣业绩，赞扬其在新文化运动中的“活泼，勇敢，很打了几次大仗”；那时虽然有人讥笑他“浅”，

“但他的浅，却如一条清溪，澄澈见底，纵有多少沉渣和腐草，也不掩其大体的清”。但认为后期刘半农“渐渐的据了要津”，“不断的做打油诗，弄烂古文”，变成了所谓“学者”。文章说：“我爱十年前的半农，而憎恶他的近几年。这憎恶是朋友的憎恶，因为我希望他常是十年前的半农，他的为战士，即使‘浅’罢，却于中国更为有益。我愿以愤火照出他的战绩，免使一群陷沙鬼将他先前的光荣和死尸一同拖入烂泥的深渊。”7 月 31 日给李小峰信中说：“关于半农，我可以写几句，不过不见得是好话，但也未必是坏话。”

4 日 译日本立野信之的论文《果戈理私观》毕并作“译者附记”，均载 9 月 16 日《译文》月刊第 1 卷第 1 期，署名邓当世，收入《译丛补》。附记认为此文“并非怎么精深之作，但说得很浅近，所以清楚；而且说明了‘文学不问地的东西，时的古今，永远没有改变’的不实之处，是也可以供读者的参考的”。

5 日 作《康伯度答文公直》（通信），载本月 7 日《自由谈》，署名康伯度，收入《花边文学》，附于《玩笑只当它玩笑（上）》文后。《玩笑只当它玩笑（上）》发表后，文公直来信将鲁迅吸收有用的欧化语法使中国语言的表达更加严密的主张诬蔑为“真十足加二的表现‘买办心理’”，并以代表“四万万四千九百万以内的中国人”的姿态，加给鲁迅以“汉奸”之类的重罪名。鲁迅的复信和来信在本月 7 日《自由谈》同时发表。复信痛斥了文公直对自己主张的歪曲和污蔑，指出其以“四万万四千九百万以内的中国人”代表自居的荒谬。以文公直写信也使用“欧化文法”“欧化字”，申明“中国语法上有加些欧化的必要”。讽刺说：“先生自己没有照镜子，无意中也证明了自己也正是用欧化语法，用鬼子名词的人，但我看先生决不是‘为西人侵略张目的急先锋（汉奸）’，所以也想由此证明我也并非那一伙。否则，先生含狗血喷人，倒先污了你自己的尊口了。我想，辩论事情，威吓和诬陷，是没有用处的。用笔的人，一来就发你的脾气，要我的性命，更其可笑得很。”

6日 作《看书琐记》，载本月8日《自由谈》，署名焉于，收入《花边文学》。文章从文艺作品中用对话表现人物形象谈起，说明不同的人对文学作品的感受不同，批评了一些人鼓吹的文学有“普遍性”和“永久性”。

同日 作《看书琐记(二)》，载本月9日《自由谈》，署名焉于，收入《花边文学》。文章以文学和现实中的“说话也会彼此说不通”的现象为例，继续批评所谓文学有“普遍性”和“永久性”的观点，同时还嘲讽了“文学愈高超，懂得的人就愈少”的说法。

7日 作《从孩子的照相说起》，载本月20日《新语林》半月刊第4期，署名孺牛，收入《且介亭杂文》。文章从中外“孩子相”的不同谈起，批判了所谓“保存中国固有文化”和盲目仇视“洋气”的守旧思想。提出要善于吸收别人的优点，勇于创造和革新，才能除掉由于长期遭受压抑而造成的“奴隶性”。

8日 译德国画家格罗斯[①]的论文《艺术都会的巴黎》并作“译者附记”，均载《译文》月刊第1卷第1期，署名茹莼，收入《译丛补》。附记对作者和文章作了简要的介绍。

9日 带病编辑《译文》创刊号，并作《〈译文〉创刊前记》，载本年9月16日《译文》月刊第1卷第1期，未署名。前记说明《译

---

① 格罗斯(1893—1959)，德国讽刺画家、装帧设计家。1933年移居美国。作品有《支配阶级之面目》《如此人类》等画集。鲁迅在1929年出版的《小彼得》中收有他的插图6幅；1932年上海举行德国版画展览会时，曾展出他的《席勒剧作〈强盗〉警句图》9幅。

文》创刊的原由及内容特点:“不敢自夸译得精,只能自信尚不至于存心潦草;也不是想竖起‘重振译事’的大旗来,——这种登高一呼的野心是没有的,不过得这么几个同好互相研究,印了出来给喜欢看译品的人们作为参考而已。倘使有些深文周纳的惯家以为这又是什么人想法挽救‘没落’的法门,那我们只好一笑道:‘领教!领教!诸公的心事,我们倒是雪亮的!’”

13日 作《趋时和复古》,载本月15日《自由谈》,署名康伯度,收入《花边文学》。刘半农逝世后,有人称扬其学术成就,把他描绘成“复古的圣贤”,借以贬低“趋时”的文人。文章驳斥了这些论调,揭露了这种“以新打新”的手法。指出人们“心目中有了刘半农三个字,原因并不在他擅长音韵学,或是常做打油诗,是在他跳出鸳蝴派,骂倒王敬轩,为一个‘文学革命’阵中的战斗者”。他恰恰是因为“‘趋时’而出名的”。还分析了康有为、严复、章太炎等人的前后变化,说明这些人“原是拉车前进的好身手”,因而获得“名声”;后来却“拉车屁股向后”,“晦气”也就跟着到来。鲁迅认为,刘半农“是战斗过来的,只要敬爱他的人,多发挥这一点,不要七手八脚,专门把他拖进自己所喜欢的油或泥里去做金字招牌就好了。”

同日 致曹聚仁信,谈及自己近来与林语堂的关系:“语堂是我的老朋友,我应以朋友待之,当《人间世》还未出世,《论语》已很无聊时,曾经竭了我的诚意,写一封信,劝他放弃这玩意儿,我并不主张他去革命,拼死,只劝他译些英国文学名作,以他的英文程度,不但译本于今有用,在将来恐怕也有用的。他回我的信是说,这些事等他老了再说。这时我才悟到我的意见,在语堂看来是暮气,但我至今还自信是良言,要他于中国有益,要他在中国存留,并非要他消灭。他能更急进,那当然很好,但我看是决不会的，我决不出难题给别人做。不过另外也无话可说了。看近来的《论语》之类，语堂在牛角尖里，虽愤愤不平，却更钻得滋滋有味，以我的微力，是拉他不出来的。至于陶徐(按即陶亢德、徐讦)，那是林门的颜曾，不及夫子远甚远甚，但也更无法可想了。”

17—20日 作《门外文谈》，载本月24日至9月10日《自由谈》，署名华圉，发表时被国民党审查机关删去205字，后收入《且介亭杂文》。在关于“大众语”的论战中，一些文人为适应国民党以“尊孔读经”为中心的“新生活运动”的需要，反对大众语，鼓吹复古；而不少主张大众语的知识分子，也暴露出关于语言文字发展历史等方面的错误观点。文章阐明了文字和文学的起源与发展，以及二者之间的相互关系；揭露了统治阶级对文字的垄断，肯定了人民群众是人类文化的创造者，并就中国语文的改革给出意见和建议。

22日 作《看书琐记(三)》，载本月23日《自由谈》，原题为《批评家与创作家》，署名焉于，收入《花边文学》。文章针对当时有些作者不能正确对待文艺批评，特别是有些人不问是非，一律把文艺批评说成是“文人相轻”“互骂”的现象，论述了创作与批评的关系，以及进行文艺批评的重要性，指出，“文艺必须有批评；批评如果不对了，就得用批评来抗争，这才能够使文艺和批评一同前进，如果一律掩住嘴，算是文坛已经干净，那所得的结果倒是要相反的”。

23日 作《汉字和拉丁化》，载本月25日《动向》，署名仲度，收入《花边文学》。当时一些反对大众语的人常责难大众语提倡者拿不出“货色”，如胡适在《大众语在那儿?》(《大公报》之《文艺副刊》第100号)一文中就呼吁:“拿出货色来看!”垢佛在《文言和白话论战宣言》(见宣浩平编《大众语文论战》)一文中也说:“可否请几位提倡‘大众语’的作家,发表几篇‘大众语’的标准作品。”文章对这种挑衅予以了驳斥,同时分析了方块汉字的繁难给大众语造成的障碍,提出改革汉字必须走拼音化道路的主张。

同日 因内山书店某店员被捕,鲁迅离寓暂避,“下午居千爱里”,至9月18日夜回寓。

26—27日 在千爱里接待李霁野来访。本年7月26日台静农于北平被国民党逮捕,李霁野为此专程自津抵沪与鲁迅商量,鲁迅致函蔡元培设法营救,台静农于1935年1月获释。

本月 作《非攻》,收入《故事新编》。作品演绎墨子阻止楚国进攻宋国的故事,肯定墨子反对侵凌弱小国家的正义行动及其以武力抵抗侵犯的主张。

9月

4日 与茅盾等一起出席陈望道在东亚酒店举行的晚宴,商讨创办《太白》半月刊事。据陈望道回忆:“创办这个杂志,是想用战斗的小品文去揭露、讽刺和批判当时黑暗的现实,并反对林语堂之流配合国民党反动派文化‘围剿’而主办的《论语》和《人间世》鼓吹所谓‘幽默’的小品文的。鲁迅先生参加了《太白》杂志的编辑委员会。根据当时斗争的条件和需要,鲁迅先生提出在《太白》编辑委员会的名单中他不要公开列名。……《太白》杂志这个名称,就是经我和鲁迅先生讨论决定的。记得当时似乎拟了几个名称,鲁迅先生说:我赞成用‘太白’。取名‘太白’,含义有三方面:一是,根据当时我们提倡‘大众语’的动议,认为对于当时已经有脱离群众语言倾向的‘白话’必须进一步加以改革,使文学语言更加接近民众,更加有利于表现革命的思想内容。‘太白’，也就是‘白而又白’，‘比白话还要白’的意思。二是，‘太白’这两个字笔画简单明了，合起来不满十画，易识易写，便于杂志的普及。三是，可以说是当时主要的真实的含义，即‘启明星’的意思。我们中国在传统上把天亮前后出现在东方天空的金星，称作‘启明’，又叫‘太白’。当时，正处在旧中国浓重的黑暗之中，但这不过是黎明前的黑暗。我们是在黎明前的黑暗中战斗，我们是为着迎接胜利的曙光而战斗！”[①]鲁迅是《太白》的主要撰稿人之一，发表了 22 篇文章。

6 日　作《做“杂文”也不易》，载 10 月 1 日《文学》月刊第 3 卷第 4 期，署名直，收入《集外集拾遗》。本年 3 至 5 月《春光》杂志发起“中国目前为什么没有伟大的作品产生”的讨论，不少文章认为大部分的作家缺少创作的勇气和野心，不去创作为将来的伟大的作品，并将中国产生不出伟大的作家和伟大的作品归咎于大家都在写无聊的杂文。本年 9 月《现代》第 5 卷第 5 期发表林希隽的文章《杂文和杂文家》，说杂文是一种“容易下笔”的东西，写作杂文“是作家毁掉了自己以投机取巧的手腕来代替一个文艺作者的严肃的工作”，是“一种恶劣的倾向”。鲁迅驳斥了这种观点，阐明了杂文的战斗意义，并认为写杂文也不容易。还指出，攻击杂文的人用的也是“杂文”。

9 日　自 3 日下午起译俄国萨尔蒂诃夫-谢德林的小说《饥馑》，至今日毕并作“译后附记”，均载本年 10 月 16 日《译文》月刊第 1 卷第 2 期，署名许遐，收入《译丛补》。据日本新潮社《海外文学新选》第 20 编八杉贞利《请愿人》中的译文重译。附记指出，作者初期的作品“专写亚历山大二世改革前的俄国社会的缺

① 陈望道《关于鲁迅先生的片断回忆》，《文艺论丛》1977 年 9 月第 1 辑。

点”,“富于社会批评的要素”;在后期的作品中,包括《饥馑》在内,“作者的锋利的笔尖,深刻的观察,却还可以窥见”。

14日 译苏联作家高尔基《俄罗斯的童话》第1、2篇毕并作“后记”,载本年10月16日《译文》月刊第1卷第2期。19日译完第3篇并作“后记”,载本年11月16日《译文》月刊第1卷第3期。第4、5、6篇,载本年12月16日《译文》月刊第1卷第4期。1935年3月22日译完第7、8、9篇,载1935年4月16日《译文》月刊第2卷第2期,均署名邓当世。1935年4月17日译完第10至16篇,未刊出。从高桥晚成日译本重译。

20日 作《“莎士比亚”》,载9月23日《动向》,署名苗挺,收入《花边文学》。施蛰存在《现代》第5卷第5期发表文章《我与文言文》,借谈苏联排演莎士比亚剧本和所谓梅兰芳要去演《贵妃醉酒》之事,讥讽苏联的文艺政策。鲁迅对施蛰存的说法给予批评,指出梅兰芳对记者谈话中没有说要去演《贵妃醉酒》,讽刺施蛰存自诩“思想及言行都是一贯”,而其“所‘言’的别人的‘行’,却未必一致”。

24日 作《中国语文的新生》,载10月13日《新生》周刊第1卷第36期,署名公汗,收入《且介亭杂文》。文章论述中国文字改革的必要性,认为“我们中国,识字的却大概只占全人口的十分之二,能作文的当然还要少”,“待到拉丁化的提议出现,这才抓住了解决问题的紧要关键”。“倘要生存,首先就必须除去阻碍传布智力的结核:非语文和方块字。”又说:“我也同意于一切冷笑家所冷嘲的大众语的前途的艰难;但以为即使艰难,也还要做;愈艰难,就愈要做。改革,是向来没有一帆风顺的,冷笑家的赞成,是在见了成效之后,如果不信,可看提倡白话文的当时。”

25日 作《商贾的批评》,载本月29日《动向》,署名及锋,收入《花边文学》。本月林希隽分别在《现代》第5卷第5期、《社会月报》第1卷第4期上发表《杂文与杂文家》《文章的商品化》等文，批评杂文作者是“商贾”，为了“获利”而“粗制滥造”。鲁迅驳斥了林希隽的观点，认为写杂文“也要有一点常识，用一点苦工，要不然，就是‘杂文’，也不免更进一步的‘粗制滥造’，只剩下笑柄”。

同日 作《考场三丑》，载本月20日《太白》半月刊第1卷第3期，署名黄棘，收入《花边文学》。文章针对当时报刊上经常登载考官嘲笑中学生考卷的文章而作，嘲讽了“考官之流”自恃博学的老爷态度，指出“假使将那些考官们锁在考场里，骤然问他几条较为陌生的古典，大约即使不瞎写，也未必不缴白卷的”，因为中国“古典多，记不清不足奇，都记得倒古怪”。“青年学生有一些错，不过是常人的本分而已，但竟为世诟病，我很诧异他们竟没有人呼冤。”

同日 作《中国人失掉自信力了吗》，载10月20日《太白》半月刊第1卷第3期，署名公汗，收入《且介亭杂文》。由于国民党政府在日本帝国主义侵略面前，一面妥协，一面把希望寄托于“国联”，有些人甚至大搞“求神拜佛”之类自欺欺人的活动，导致舆论发出“中国人失掉了自信力”的叹息。文章认为虽然有些中国人不但失掉了“自信力”，而且发展了“自欺力”；然而，“我们有并不失掉自信力的中国人在”：“这一类的人们，就是现在也何尝少呢？他们有确信，不自欺；他们在前仆后继的战斗，不过一面总在被摧残，被抹杀，消灭于黑暗中，不能为大家所知道罢了。”因此，“说中国人失掉了自信力，用以指一部分人则可，倘若加于全体，那简直是诬蔑”；“要论中国人，必须不被搽在表面的自欺欺人的脂粉所诓骗，却看看他的筋骨和脊梁。自信力的有无，状元宰相的文章是不足为据的，要自己去看地底下”。鲁迅在《〈且介亭杂文〉附记》中谈到本文时说：“《中国人失掉自信力了吗》也是写给《太白》的。凡是对于求神拜佛，略有不敬之处，都被删除，可见这时我们的‘上峰’正在主张求神拜佛。现仍补足，并用黑点为记，聊以存一时之风尚耳。”

29 日　同日为绍兴同乡张梓生书自作诗一幅：“绮罗幕后送飞光，柏栗丛边作道场。望帝终教芳草变，迷阳聊饰大田荒。何来酩果供千佛，难得莲花似六郎。中夜鸡鸣风雨集，起然烟卷觉新凉。”收入《集外集拾遗》时题为《秋夜有感》。

30 日　作《“以眼还眼”》（日记作《解杞忧》），载 11 月《文学》月刊第 3 卷第 5 期，署名隼，收入《且介亭杂文》。自称“第三种人”的杜衡在本年 6 月《文艺风景》创刊号上发表《莎剧凯撒传里所表现的群众》一文，从莎士比亚的剧本《攸里乌斯·凯撒》得出人民群众是“一种盲目的暴力”，“没有理性”，“没有明确的利害观念”，“完全被几个煽动家所控制着，所操纵着”的论断。鲁迅驳斥了杜衡对莎士比亚剧本的曲解，指出杜衡的文章实在已经打破了他所宣扬的“文艺和政治无关”的“高论”了。

10 月

1 日　作《又是“莎士比亚”》，载 10 月 4 日《动向》，署名苗挺，收入《花边文学》。文章继续批判杜衡借评论莎士比亚剧作贬低群众的观点。杜衡用“没有理性”的群众来比附现代中国人，其目的是要说明民众没有统治者“有出息”，只配做“鸡来迎鸡，狗来迎狗”的材料。鲁迅指出：“‘发思古之幽情’，往往为了现在。这一比，我就疑心罗马恐怕也曾有过有理性，有明确的利害观念，感情并不被几个煽动家所控制，所操纵的群众，但是被驱散,被压制,被杀戮了。”

2日 作《点句的难》,载本月5日《动向》,署名张沛,收入《花边文学》。林语堂等人极力赞扬明末小品,大量标点、出版袁中郎等人的作品,借以鼓吹“性灵”文学。文章针对刘大杰[①]标点、林语堂校阅的《袁中郎全集》中的断句错误,指出他们对自己所提倡的东西其实并不十分娴熟。

4日 作《说“面子”》,载本月《漫画生活》月刊第2期,署名鲁迅,收入《且介亭杂文》。文章认为,讲面子“是中国精神的纲领”,“每一种身份,就有一种‘面子’”,而统治者常在“面子”的掩盖下干着“不要脸”的勾当。

6日 与茅盾出席文学社在南京路饭店公饯巴金赴日宴会,同席8人。据巴金《鲁迅先生就是这样的一个人》:“我第一次看见鲁迅先生是在文学社的宴会上,那天到的客人不多,除鲁迅先生外,还有茅盾先生……他从文学杂志的内容一直谈到帮闲文人的丑态,和国民党的愚蠢而丑恶的宣传方法。自然不是他一个人谈话,关于每一个题目,别的人也发表意见,不过大家高兴听他的意见。”

---

① 刘大杰(1904—1977),笔名大杰、雪容女士、夏绿蕉、修士、湘君、刘山等,室名春波楼。湖南岳阳人。1922年考入国立武昌高等师范学校中文系,1926年肄业。同年留学日本,次年入日本早稻田大学研究科文学部,专修欧洲文学。1930年回国,任上海大东书局编辑。后任省立安徽大学、大夏大学、圣约翰大学等校教授。1935年任国立四川大学教授。著有《中国文学发展史》《魏晋思想史论》《表现主义的文学》《德国文学概论》《德国文学史大纲》《易卜生研究》《托尔斯泰研究》等。他标点的《琅嬛文集》《袁中郎全集》中有一些断句错误。

9日 致萧军[①]信。答复其提出的有关创作的一些问题："不必问现在要什么，只要问自己能做什么。现在需要的是斗争的文学，如果作者是一个斗争者，那么，无论他写什么，写出来的东西一定是斗争的。就是写咖啡馆跳舞场罢，少爷们和革命者的作品，也决不会一样。"还说："我的那一本《野草》，技术并不算坏，但心情太颓唐了，因为那是我碰了许多钉子之后写出来的。我希望你脱离这种颓唐心情的影响。"

13日 致合众书店信。鲁迅的《二心集》被禁后，合众书店将送审时被国民党审查机关删除的16篇文章辑为《拾零集》，拟于本月出版。信中对国民党当局查禁和删改图书的行径表示愤慨："要将删余之《二心集》改名出版，以售去版权之作者，自无异议。但我要求在第一页上，声明此书经中央图书审查会审定删存；倘登广告，亦须说出是《二心集》之一部分，否则，蒙混读者的责任，出版者和作者都不能不负，我是要设法自己告白的。"

16日 发表所译西班牙P.巴罗哈的《〈山民牧唱〉序》及"译后附记"，均载《译文》月刊第1卷第2期，署名张禄如，译文收入《山民牧唱》。从笠井镇夫的日译文转译。附记说：巴罗哈"从马德里人学得到Doctor的称号，而在文学上，则与伊本纳兹齐名。但以本领而言，恐怕他还在伊本纳兹之上，即如写山地居民跋司珂族(Vasco)的性质，诙谐而阴郁，虽在译文上，也还可以看出作者的非凡的手段来。这序文固然是一点小品，然而在发笑之中，不是也含着深沉的忧郁么？"

---

① 萧军(1907—1988)，原名刘鸿霖，笔名刘均、刘军、田军等，辽宁锦县人，作家。他与萧红于1934年6月从东北流亡青岛，同年11月初到上海，在鲁迅指导下从事文学创作。1935年8月由容光书局出版的长篇小说《八月的乡村》，由鲁迅作序并编入"奴隶丛书"。

同期发表所译法国 A. 纪德《描写自己》及“译后附记”，署名乐雯，收入《译丛补》。附记说明翻译该文的意图：“每一个世界的文艺家，要中国现在的读者来看他的许多著作和大部的评传，我以为这是一种不看事实的要求。所以，作者的可靠的自叙和比较明白的画家和漫画家所作的肖像，是帮助读者想知道一个作家的大略的利器。《描写自己》即由这一种意义上，译出来试试的。”

同期发表所译日本石川涌作《说述自己的纪德》。

19 日 作《〈饥饿之城〉后记》，载 11 月 16 日《译文》月刊第 1 卷第 3 期，署名编者。后记简要介绍《饥饿之城》的作者德国作家贝塞尔的生平和著作。

同日 译完西班牙 P·巴罗哈的小说《会友》并作“译后附记”，均载《译文》月刊第 1 卷第 3 期，署名张禄如，译文收入《山民牧唱》，从笠井镇夫的日译本《山民牧唱》转译。附记说明译介《会友》的意图：“我要绍介的就并不是文学的乐趣，却是作者的技艺。在这么一个短篇中，主角迭土尔辟台不必说，便是他的太太拉·康迪多，马车夫马匿修，不是也都十分生动，给了我们一个明确的印象么？假使不能，那是译者的罪过了。”夜，编完《译文》月刊第 3 期；此后不再担任《译文》编辑，改由黄源接编。

同日 致黎烈文信，为购买日文本《纪德全集》事：“《纪德集》日译有两种，皆众人分译而成。一种十八本，每本一元六十五钱，一种十二本，每本二元七十五钱，我看是后一种好。先生要总付(共三十円八十钱，每一円约合中国九角)还是每月分付，希示知。书由书店直接送上(现已出七本，此后每月一本)，款可由我代付。”可能有与黎烈文联合翻译纪德作品的计划。

21 日 复孟十还信。孟十还经聂绀弩介绍给鲁迅写信并向

《译文》投稿。鲁迅当即将其译稿转给《译文》的编辑黄源。信中说："《译文》第三期上，就有一做[?]高尔基的漫画，他的像不能常有，第四期只好不用。先生的那一幅，如底子清楚而又并不急于发表，可否给我(但不忙)看一看。"

23日 作《运命》，载本年11月20日《太白》半月刊第1卷第5期，署名公汗，收入《且介亭杂文》。文章认为中国人相信命运，但也相信命运可以转移："不过现在为止，是在用迷信来转移别的迷信，所以归根结蒂，并无不同，以后倘能用正当的道理和实行——科学来替换了这迷信，那么，定命论的思想，也就和中国人离开了。假如真有这一日，则和尚，道士，巫师，星相家，风水先生……的宝座，就都让给了科学家，我们也不必整年的见神见鬼了。"

27日 写完《〈准风月谈〉后记》，收入《准风月谈》。后记回顾了《准风月谈》写作过程中的种种斗争，剪辑大量反面文章和资料，揭露国民党政府文化统制的暴行，勾勒出一些文人的嘴脸。后记编入《准风月谈》时，鲁迅作了删改，在文章开头的第二自然段之后，将他剪辑的刊载在《社会新闻》(1933年11月9日出版的第5卷第13期)上署名为"莘"的一篇《〈读伪自由书〉书后》，以及《出版消息》第33期所载国民党"中央宣传委员会"开列禁书的一段引文删去。

31日 作《脸谱臆测》，原拟刊载《生生月刊》，被国民党检查官抽去，后收入《且介亭杂文》。[①] 本月，《中华日报》副刊《戏》周

---

① 据鲁迅《〈且介亭杂文〉附记》。又据夏明曦《鲁迅作〈脸谱臆测〉之来龙去脉》(《鲁迅研究月刊》1991年第12期)，此文原题《论脸谱及其它》，原定在《电影·漫画》创刊号上刊载，但被国民党当局"图书杂志审查处"审查"抽去"。适值《生生月刊》向鲁迅约稿，便改了个题目交稿。然而，亦未逃过国民党检查官的眼目，未能发表。

刊开展关于戏曲中的脸谱是否“象征主义”问题的讨论。鲁迅不同意伯鸿（按即田汉）在《苏联为什么邀请梅兰芳去演戏（上）》中提出脸谱是“象征”手法的观点，指出“脸谱”只不过是长期以来平民对士君子“逐渐议定的分类图”，现代戏曲中已“无须扶持它的存在了”。又借谈脸谱论及“第三种人”：“忠勇的人思想较为简单，不会神经衰弱，面皮也容易发红．倘使他要永远中立，自称‘第三种人’，精神上就不免时时痛苦，脸上一块青，一块白，终于显出白鼻子来了。”

同日 致刘炜明信，说：“短评我还是常做，但时时改换署名，因为有一个时候，邮局只要看见我的名字便将刊物扣留，所以不能用。近来他们方法改变了，名字可用，但压迫书局，须将稿子先送审查，或不准登，或加删改，书局是营业的，只好照办。所以用了我旧名发表的，也不过是无关紧要的文章。”

本月 作《势所必至，理有固然》，写完后意欲销毁，但被许广平从废纸篓中捡出，[①]后刊载于 1941 年 11 月 19 日《奔流新集》第 1 辑《直入》，署名直入，后编入《集外集拾遗》。本年 10 月 5 日出版的《人间世》第 13 期“今人志”栏目上发表废名的文章《知堂先生》，赞扬周作人的学问文章和为人，认为周作人是“唯物论者”、“躬行君子”，思想“渐近自然”，行为“合礼”并申述文学是个人情志的抒发而非宣传的观点。鲁迅批评了废名的文学

---

① 许广平回忆当时的情景：“这使我记忆起那时鲁迅先生刚刚放下了笔，恰好有什么小事向他谈到，他却烦恼起来，就把眼前写过的一张纸团掉了。过些时候，我向他说：‘你团掉的那张稿子我收起来了，给你重抄一遍，送去发表好吗？’他连忙说：‘不要不要！’就在他‘不要不要’之下压置到如今。然而这也是他的吉光片羽，也许有些人看了会讨厌，但是一定更有些人珍视他的片言只字，不管怎的，发表出来就是了。依着几位朋友的好意，如是。”《鲁迅〈势所必至，理有固然〉附记》，载 1941 年 11 月 19 日奔流社出版《奔流新集之一·直入》。

观:“废名先生,这回在《人间世》上宣传他的文学观了:文学不是宣传。”点名批评废名:“写文章自以为对于社会毫无影响,正如称‘废名’而自以为真的废了名字一样。‘废名’就是名。要于社会毫无影响,必须连任何文字也不立,要真的废名,必须连‘废名’这笔名也不署。”

11月

1日 作《略论梅兰芳及其他(上)》,载5日《动向》,署名张沛,收入《花边文学》。文章分析梅兰芳的表演从俗到雅的变化过程,以及梅兰芳及旧剧“颇有些冷落”的原因:梅兰芳原是“俗人的宠儿,却被士大夫“从俗众中提出,罩上玻璃罩”,脱离了群众。“他未经士大夫帮忙的时候所做的戏,自然是俗的,甚至于猥下,肮脏,但是泼剌,有生气。待到化为‘天女’,高贵了,然而从此死板板,矜持得可怜。”

同日 作《略论梅兰芳及其他(下)》,载6日《动向》,署名张沛,收入《花边文学》。杜衡等人借梅兰芳访苏一事进行反苏反共宣传,嘲讽梅兰芳在去苏以前应该表示一点“转变”,“因为照例,到苏联去的艺术家,是无论如何应该事先表示一点‘转变’的”。鲁迅指出:“梅兰芳先生却正在说中国戏是象征主义,剧本的字句要雅一些,他其实倒是为艺术而艺术,他也是一位‘第三种人’。”只不过梅兰芳不像杜衡等人那样,“自己做了文章,却用别一个笔名”,“或虚设一社”,出些“年鉴”,“亲自作序”“来称赞自己”。

同日 致中国诗歌会《新诗歌》编辑窦隐夫[1]信。就新诗创作谈了自己的意见："我以为内容且不说，新诗先要有节调，押大致相近的韵，给大家容易记，又顺口，唱得出来。"信中还谈到文坛上有些人对自己的攻击："就是我们的同人中，有些人头脑也太简单，友敌不分，微风社骂我为'文妖'，他就恭恭敬敬的记住：'鲁迅是文妖。'于是此后看见'文妖'二字，便以为就是骂我，互相报告了。这情形颇可叹。"关于微风社"声讨鲁迅"事，参见本谱本年7月26日条。

2日 作《随便翻翻》，载本月《读书生活》第1卷第2期，署名公汗，收入《且介亭杂文》。文章从自己读书的经验谈起，认为各方面的书都可以"随便翻翻"，以增长知识，"明知道和自己意见相反的书，已经过时的书"，"也可以翻一翻"，"多翻，就有比较，比较是医治受骗的好方子"。提倡先看一些社会科学读物，以提高分析判断事物的能力："无论是学文学的，学科学的，他应该先看一部关于历史的简明而可靠的书。"

12日 译俄国契诃夫的小说《假病人》《簿记课副手日记抄》《那是她》，合为《奇闻三则》，并作"译后附记"，均载12月16日《译文》月刊第1卷第4期，署名鲁迅，从德译本转译。《奇闻三则》收入《坏孩子和别的奇闻》，译后附记并入该书"译者后记"。附记对译文内容作了简要介绍，并说明翻译这些作品的目的："与其说为了文章，倒不如说是因为插画；德译本的出版，好像也是为了插画的。这位插画家玛修丁(V. N. Massiutin)，是将木刻最早给中国读者赏鉴的人。"

---

① 窦隐夫(1911—1986)，本名杜谈，河南内乡人，"左联"成员。1934年参与编辑中国诗歌会创办的刊物《新诗歌》时，他曾写信给鲁迅征求对新诗的意见

15日 作《答〈戏〉周刊编者信》，载25日《中华日报》副刊《戏》周刊第15期，署名鲁迅，收入《且介亭杂文》。本年8月19日，袁牧之[1]在其主编的《中华日报》副刊《戏》周刊上连载了根据《阿Q正传》改编的剧本，第一幕刊完时，发表了编者向鲁迅征求意见的信。鲁迅肯定了改编者将《呐喊》中的其他人物插入本剧，以"显示未庄或鲁镇的全貌"的方法，但对把故事发生的地点指实为绍兴的做法提出异议。文章还对绍伯的《调和》一文给予批评。本年8月，鲁迅的《答曹聚仁先生信》发表于《社会月报》，该刊同期还载有杨邨人的反共文章《赤区归来记(续)》。绍伯便在《火炬》上发表《调和》一文，说鲁迅的文章是"替杨邨人氏打开场锣鼓"，鲁迅已经和杨邨人"调和"。鲁迅信中对此表示反驳。此信刊出后，又有人认为鲁迅是在逞个人意气。鲁迅在《且介亭杂文》附记中回应说："《答〈戏〉周刊编者信》的末尾，是对于绍伯先生那篇《调和》的答复。听说当时我们有一位姓沈的'战友'看了就呵呵大笑道：'这老头子又发牢骚了！'……不过向《戏》周刊编者去'发牢骚'，别人也许会觉得奇怪。然而并不，因为编者之一是田汉[2]同志，而田汉同志也就是绍伯先生。"鲁迅在1935年2月7日致曹靖华信中对此事作了更详细的说明。

18日 作《寄〈戏〉周刊编者信》，载本月25日《中华日报》副刊《戏》周刊第15期，署名鲁迅，收入《且介亭杂文》。文章就阿Q的阶级地位、个性特征等做了说明："我的意见，以为阿Q该是三十岁左右，样子平平常常，有农民式的质朴，愚蠢，但也很沾了

---

① 袁牧之(1909—1978)，浙江宁波人，剧作家兼演员。1934年任《中华日报》副刊《戏》周刊主编，并为中通影片公司演员。曾改编《阿Q正传》为电影剧本。

② 田汉(1898—1968)，字寿昌，湖南长沙人，左联成员，剧联领导人之一。1927年组织南国社，1934年8月后担任《中华日报》副刊《戏》周刊编辑。

些游手之徒的狡猾。在上海，从洋车夫和小车夫里面，恐怕可以找出他的影子来的，不过没有流氓样，也不像瘪三样。只要在头上戴上一顶瓜皮小帽，就失去了阿 Q，我记得我给他戴的是毡帽。”

同日 致母亲信，谈到自己的生活和工作以及“撑场面”的苦楚。

同日 致赖少其信：“以中国之大，是该有一种（至少）正正堂堂的美术杂志，一面绍介外国作品，一面，绍介国内艺术的发展的，但我们没有，以美术为名的期刊，大抵所载的都是低级趣味之物，这真是无从说起。”还说：“木刻确已得到客观的支持，但这时候，就要严防它的堕落和衰退，尤其是蛀虫，它能使木刻的趣味降低，如新剧之变为开玩笑的‘文明戏’一样。”

19 日 作《骂杀与捧杀》，载本月 23 日《动向》，署名阿法，收入《花边文学》。文章从一些人非难文艺批评“不外乎捧与骂”的议论说起，认为“指英雄为英雄，说娼妇是娼妇，表面上虽像捧与骂，实则说得刚刚合式，不能责备批评家的”；“批评的失了威力，由于‘乱’，甚而至于‘乱’到和事实相反”，因而“效果有时也就相反”。批评林语堂等人为了鼓吹“性灵”而乱捧乱点《袁中郎全集》，以及“新月派”诗人徐志摩大捧泰戈尔，“说得他好像活神仙一样”，反而使人感到“隔膜”。这种乱捧只能表明“学者或诗人”“自己的不诚恳”和“学识的不够”。并说：“如果没有旁人来指明真相呢，这作家就从此被捧杀，不知道要多少年后才翻身。”

21 日 作《中国文坛上的鬼魅》，载英文刊物《现代中国》月刊第 1 卷第 5 期，后从英文转译，分别载于德、法文的《国际文学》，在国内未发表，收入《且介亭杂文》。文章揭露国民党当局实行文化统制，导致中国文坛鬼魅横行，如袭击影片公司，捣毁书店，查禁书籍，杀戮作家，收买御用文人鼓噪“民族主义文学”，利用“第三种人”检查书刊等。鲁迅认为左翼文艺运动用“革命青年的血却浇灌了革命文学的萌芽，在文学方面，倒比先前更其增加了革命性”；在这场殊死的搏斗中，“文学界的阵线却更加分明了。蒙蔽是不能长久的，接着起来的又将是一场血腥的战斗”。

25日　作《读书忌》，载本月29日《动向》，署名焉于，收入《花边文学》。文章从读书也有“忌”谈起，指出周作人、林语堂等借明人小品来鼓吹“空灵”文学会使人们“心里空空洞洞，混混茫茫”。建议人们读一点野史笔记之类的作品，借以提高民族意识：“明人小品，好的；语录体也不坏，但我看《明季稗史》[①]之类和明末遗民的作品却实在还要好，现在也正到了标点，翻印的时候了：给大家来清醒一下。”

28日　致刘炜明信，谈到《二心集》的被禁：“《二心集》我是将版权卖给书店的，被禁之后，书店便又去请检查，结果是被删去三分之二以上，听说他们还要印，改名《拾零集》，不过其中已无可看的东西，是一定的。”又说：“现在当局的做事，只有压迫，破坏，他们那里还想到将来。在文学方面，被压迫的那里只我一人，青年作家，吃苦的多得很，但是没有人知道。上海所出刊物，凡有进步性的，也均被删削摧残，大抵办不下去。这种残酷的办法，一面固然出于当局的意志，一面也因检查官的报私仇，因为有些想做‘文学家’而不成的人们，现在有许多是做了秘密的检查官了，他们恨不得将他们的敌手一网打尽。”本年12月31日

---

① 《明季稗史》，清留云居士辑，共汇刊稗史16种27卷。所记皆为明末遗事，其中顾炎武《圣安皇帝本纪》记福王弘光朝事，黄宗羲《赐姓始末》记郑成功收复台湾事，王秀楚《扬州十日记》和朱子索《嘉定屠城记略》记清兵杀戮汉民的残暴行为。

致刘炜明和12月28日致曹靖华信中也谈到此事。1935年底，又在《且介亭杂文二集》后记中说："'中央图书杂志审查委员会'到底在上海出现了，于是每本出版物上，就有了一行'中宣会图书杂志审委会审查证……字第……号'字样，说明着该抽去的已经抽去，该删改的已经删改，并且保证着发卖的安全——不过也并不完全有效，例如我那《二心集》被删剩的东西，书店改名《拾零集》，是经过检查的，但在杭州仍被没收。"

29日　应曹靖华之请，为其父曹培元(植甫)作《河南卢氏曹先生教泽碑文》，载1935年6月15日北平《细流》杂志第5、6期合刊，题为《曹植甫先生教泽碑碑文》，署名鲁迅，收入《且介亭杂文》。同日寄给曹靖华碑文稿时，附信说："那一篇碑文，用白话太累坠，只得用文言，而弟久不看古书，手生荆棘了。勉强写成，真是不好，希那边的诸君，酌定去取为要。"

30日　在内山书店会晤萧军、萧红，随后将他们带到附近一家外国人开设的咖啡店谈话。稍后，许广平领海婴来。萧红把自己帮萧军抄好的《八月的乡村》原稿交给鲁迅，请鲁迅指导和帮助寻找书店出版。鲁迅谈了一些他和左翼作家受压制和迫害的情况。最后，根据萧军、萧红先前来信的请求，鲁迅将早已准备好的20元钱交给他们。

12月

2日　致增田涉信，告知对方可以全权处理《鲁迅选集》编辑和翻译事务："只有《藤野先生》一文，请译出补进去，《范爱农》写法较差，还是割爱为好。"增田涉与佐藤春夫合译的《鲁迅选集》收小说8篇、散文1篇、演讲3篇，1935年由东京岩波书店出版。

4日　致孟十还信，认为中国也应该译印一部果戈理选集，并列出选目。据黄源回忆:“鲁迅先生想译果戈理的选集,还是由于我送他德译的《果戈理全集》想起来的。”[①]

6日 致萧军、萧红信。谈到自己遭本营垒中一些人的攻击时说:“敌人是不足惧的,最可怕的是自己营垒里的蛀虫,许多事都败在他们手里。因此,就有时会使我感到寂寞。”“我的确常常感到焦烦,但力所能做的,就做,而又常常有‘独战’的悲哀。不料有些朋友们,却斥责我懒,不做事;他们昂头天外,评论之后,不知那里去了。”还谈到国民党当局对自己的迫害:“他们还能做什么别的? 我究竟还要说话。你看老百姓一声不响,将汗血贡献出来,自己弄到无衣无食,他们不是还要老百姓的性命吗?”

同日 致孟十还信。谈翻译外国作家作品事:“外国的作家,恐怕中国其实等于并没有绍介。每一作家,乱译几本之后,就完结了。屠格涅夫被译得最多,但至今没有人集成一部选集。《战争与和平》我看是不会译完的,我对于郭沫若先生的翻译,不大放心,他太聪明,又大胆。”谈到出版机构的奸商做派说:“他们除想立刻发财外,什么也不想,即使订了合同,也可以翻脸不算的。……稿子是该论页的,但商人的意见,和我们不同,他们觉得与萝卜白菜无异,诗的株儿小,该便宜,塞满全张的文章株儿大,不妨贵一点;标点,洋文,等于缚白菜的草,要除掉的。脑子像石头,总是说不通。”

9日 作《关于新文字》,译为拉丁化新文字,载《拥护新文字六日报》,原作收入《且介亭杂文》。文章再次申述用拉丁化的新文字代替方块汉字的主张,认为由于方块字难学,长期以来被统治者当作“愚民政策的利器”,所以必须改革。而拉丁化新文字

---

① 黄源《关于鲁迅先生给我信的一些情况(三)》,载《杭州文艺》1978年第5期。

是“劳苦大众自己的东西，首先的唯一的活路”。但是“这新文字是一定要受摧残的”，“中国的劳苦大众虽然并不识字，但特权阶级却还嫌他们太聪明了，正竭力的弄麻木他们的思索机关呢，例如用飞机掷下炸弹去，用机关枪送过子弹去，用刀斧将他们的颈子砍断，就都是的”。

同日 题《芥子园画谱》赠许广平。此书为上海有正书局翻造本，本年2月3日订购。题辞中有诗一首：“十年携手共艰危，以沫相濡亦可哀；聊借画图怡倦眼，此中甘苦两心知。”

10日 致萧军、萧红信。谈到文坛情形特别是左联内部的不良倾向：“现在文坛的无政府情形，当然很不好，而且坏于此的恐怕也还有，但我看这情形是不至于长久的。分裂，高谈，故作激烈等等，四五年前也曾有过这现象，左联起来，将这压下去了，但病根未除，又添了新分子，于是现在老病就复发。……人少倒不要紧，只要质地好，而现在连这也做不到。好的也常有，但不是经验少，就是身体不强健（因为生活大抵是苦的），这于战斗是有妨碍的。”信中赞扬东北义军的英勇行为：“义军的记载看过了，这样的才可以称为战士，真叫我似的弄笔的人惭愧。我觉得文人的性质，是颇不好的，因为他智识思想，都较为复杂，而且处在可以东倒西歪的地位，所以坚定的人是不多的。”

11日 作《病后杂谈》，载1935年2月1日《文学》月刊第4卷第2号，署名鲁迅，收入《且介亭杂文》。文章引述明清野史笔记中有关酷刑的记载讽喻国民党统治的残暴，并剖析林语堂等人鼓吹“雅”和“性灵”的实质及其社会根源。此文发表时，被审查而大幅删节，后收入《且介亭杂文》时恢复全貌。详情参见鲁迅《〈且介亭杂文〉附记》、1935年2月4日致杨霁云信，以及黄源《关于鲁迅先生给我信的一些情况（三）》。

14 日　“夜脊肉作痛，盗汗。”此后身体状况逐渐转差。

16 日　致杨霁云信。谈到伪满洲国的所谓“王道政治”时说：“东北文风，确在非常恭顺而且献媚，听说报上论文，十之九是以‘王道政治’作结的。又曾见官厅给编辑的通知，谓凡有挑剔贫富，说述斗争的文章，皆与‘王道’不合，此后无须送检云云，不过官气倒不及我们这里的霸道政治之十足。”信中对汪精卫和蒋介石的所谓“言论自由”通电予以嘲讽：“有一件事，好像我们这里的智识者们确是明白起来了，这是可以乐观的。对于什么言论自由的通电，不是除胡适之外，没有人来附和或补充么？这真真好极妙极。”

17 日　作《病后杂谈之余——关于“舒愤懑”》，并于 23 日夜作附记，均载 1935 年 3 月《文学》月刊第 4 卷第 3 号，发表时标题被改为《病后余谈》，无副题，署名鲁迅。文章通过批判明代统治者的虐政和清代统治者的删改古文，讽刺国民党政府的政治高压和禁锢言论。鲁迅在《且介亭杂文·附记》、1935 年 1 月 29 日致杨霁云信、1935 年 4 月 9 日致增田涉信中，以及黄源《关于鲁迅先生给我信的一些情况(三)》都提到此文被删削事。

20 日　作《〈集外集〉序》，载 1935 年 3 月 5 日《芒种》半月刊第 1 期，署名鲁迅，收入《集外集》。序言交代了《集外集》中一些文章的写作背景以及未收集的原因，表明自己“不悔少作”的态度。《集外集》是鲁迅 1933 年前出版的文集中未曾编入的部分杂文和新旧体诗的合集，本年由杨霁云收集编成，经鲁迅校订后，1935 年 5 月由上海群众图书公司出版。

同日　致杨霁云信。谈到自己的诗作：“来信于我的诗，奖誉太过。其实我于旧诗素未研究，胡说八道而已。我以为一切好诗，到唐已被做完，此后倘非能翻出如来掌心之‘齐天太圣’，大可不必动手，然而言行不能一致，有时也谄几句，自省殊亦可笑。玉谿生清词丽句，何敢比肩，而用典太多，则为我所不满，林公庚白之论，亦非知言。惟《晨报》上之一切讥嘲，则正与彼辈伎俩相合耳。”后一句指的是林庚在1933年7月19日上海《晨报》上《孑楼诗词话》第13则中对《悼柔石》的评论：“晚近文人，以‘左倾’称者，余所知有鲁迅、郁达夫、郭沫若、田汉、黄素皆能为旧体诗词。录鲁迅达夫各一律。鲁迅作云：……不假雕琢，耐人寻味。缁衣句，殆以鲁迅常御和服，纪实而云耳。……于此有愿与二君共商榷者，‘梦里依稀慈母泪’之句，以诗论固佳，然吾侪士大夫阶级之意识与情绪，盖不自觉其流露，‘布尔什维克’无是也。”

21日　作《阿金》，载1936年2月《海燕》月刊第2期，署名鲁迅，收入《且介亭杂文》。文章勾画了一个为权贵所豢养，狐假虎威的女人形象，送审时被国民党检查机关抽去。《〈且介亭杂文〉附记》、1935年1月29日致杨霁云信均提到此文被抽去事。

25日　致赵家璧信，答复有关编选《中国新文学大系》小说卷的问题：“《新文学大系》的条件，大体并无异议，惟久病新愈，医生禁止劳作，开年忽然连日看起作品来，能否持久也很难定；又序文能否做至二万字，也难预知，因为我不会做长文章，意思完了而将文字拉长，更是无聊之至。所以倘使交稿期在不得已时，可以延长，而序文不限字数，可以照字计算稿费，那么，我是可以接受的。”

26日　作《论俗人应避雅人》，载1935年3月20日《太白》半月刊第2卷第1期，发表时题为《论俗人须避雅人》，署名且介，收入《且介亭杂文》。通过对古今“雅人”的剖析，揭露所谓“雅人”的虚伪性，指出林语堂等人其实只是表面的“雅”。

本月 与郑振铎合编的《十竹斋笺谱》第1册由北平荣宝斋出版。郑振铎《永在的温情》对此书的出版情况有详述。

冬 一天下午，在内山书店同郁达夫、刘大杰等人会晤，就文学史的编写问题交换意见。此外，还谈到对文学史上著名作家司马相如、曹操、蔡琰、嵇康、陶潜、李白、杜甫、黄山谷等人的评价问题。①

1935年(乙亥，中华民国二十四年) 55岁

▲1月15至18日，中共中央在长征途中于遵义召开政治局扩大会议，确定了毛泽东在红军和党中央的重要地位。

▲4月4日，伪满洲国皇帝溥仪访问日本。

▲6月18日，瞿秋白在福建长汀就义，年仅36岁。

▲11月28日，中华苏维埃人民共和国中央政府、中国抗日红军革命军事委员会发表《抗日救国宣言》。

▲12月9日，北平学生在中国共产党领导下举行抗日爱国示威游行，并在全国掀起抗日救亡运动的新高潮。

12月17日，中共中央在陕北安定县瓦窑堡召开政治局扩大会议，制定出符合中国国情的抗日民族统一战线新策略。

1月

4日 致萧军、萧红信。谈到文艺批评应持的态度："'太不

---

① 刘大杰《鲁迅谈古典文学》，《文艺报》1956年第30号。

留情面’的批评是绝对的不足为训的。如果已经开始笔战了，为什么要留情面？留情面是中国文人最大的毛病。他以为自己笔下留情，将来失败了，敌人也会留情面。殊不知那时他是决不留情面的。做几句不痛不痒的文章，还是不做好。”说到自己因为“近来文字的压迫更严，短文也几乎无处发表了。……近几时我想看看古书，再来做点什么书，把那些坏种的祖坟刨一下”，指的是将要写作历史小说《故事新编》。

8日　收到赵家璧信并《中国新文学大系》合同。1934年秋，良友图书印刷公司计划出版一套《中国新文学大系》，总结五四运动以后第一个十年的文学创作活动。这套书共10册，分为理论、小说、散文、诗、戏剧、资料6部分。良友公司编辑赵家璧、郑伯奇把大系的出版计划拿来征求鲁迅的意见，请求鲁迅担任文学研究会和创造社以外的其他文学团体作家作品的选编工作。鲁迅对整个出版计划表示赞同，认为这样的整理资料工作，对后人的研究参考有用处，并谦逊地说：一定有比我更合适的人吧。赵、郑坚决恳求，鲁迅终于答应。其间虽因国民党当局检查有过波折，但终于3月7日前完成了《中国新文学大系·小说二集》的作品选编和序文撰写。① 该书于本年6月出版。

12日　译中篇童话《表》毕并作“译者的话”，均载本年3月16日《译文》月刊第2卷第1期，署名鲁迅，本年7月由生活书店出版单行本。译文根据爱因斯坦女士的德译本，并参考日本模本楠郎的日译本。鲁迅认为当时中国出版的儿童书“依然是司马温公敲水缸，依然是岳武穆王脊梁上刺字；甚而至于‘仙人下棋’，‘山中方七日，世上已千年’；还有《龙文鞭影》里的故事的白

---

① 赵家璧《记鲁迅先生与良友公司的几件事》，见《文艺月报》1956年第10期。

话译”之类，对儿童是不会“有益”和“有味”的。翻译《表》的目的：“第一，是要将这样的崭新的童话，绍介一点进中国来，以供孩子们的父母，师长，以及教育家，童话作家来参考；第二，想不用什么难字，给10岁上下的孩子们也可以看。”

15日 译俄国作家契诃夫的小说《坏孩子》《暴躁人》并作《〈奇闻二则〉译后附记》，均载2月16日《译文》月刊第1卷第6期，发表时题为《奇闻二则》，署名鲁迅。初收入1936年联华书局版《坏孩子和别的奇闻》，“译后附记”录入该书“译者后记”。从德译本转译。附记说：“这种轻松的小品，恐怕中国是早有译本的，但我却为了别一个目的：原本的插画，大概当然是作品的装饰，而我的翻译，则不过当作插画的说明。”

16日 作《叶紫[①]作〈丰收〉序》，载本年3月容光书局出版的《丰收》，署名鲁迅，收入《且介亭杂文二集》。序言申明反对“第三种人”的“为艺术而艺术”的主张，并批评了左翼文艺运动中某些人脱离现实斗争、空喊写“伟大的作品”的论调；同时对叶紫的创作给予鼓励。鲁迅认为“作者写出创作来，对于其中的事情，虽然不必亲历过，最好是经历过”。序言谈到“第三种人”由于对压迫和被压迫两个世界的无知，“因此他也写不出，于是他自称‘第三种人’，他‘为艺术而艺术’，他即使写了出来，也不过是三只眼，长颈子而已”。“但我们却有作家写得出东西来，作品在摧残中也更加坚实。……这就是作者已经尽了当前的任务，也是对于压迫者的答复：文学是战斗的！”该书本年3月列为《奴隶丛书》之一，由上海容光书局出版。

---

① 叶紫（1912—1939），原名俞鹤林，笔名叶芷、阿芷、杨镜英等，湖南益阳人，“左联”成员。1933年与陈企霞等合编《无名文艺》。1934年开始与鲁迅通信，在创作和生活方面曾得到过鲁迅的帮助。著有短篇小说集《丰收》、中篇小说《星》等。

同日　作《〈中国新文学大系小说二集〉编选感想》，载2月良友图书印刷公司的《中国新文学大系》样本广告，署名鲁迅。未收集。其中说："这是新的小说的开始时候。技术是不能和现在的好作家相比较的，但把时代记在心里，就知道那时倒很少有随随便便的作品。内容当然更和现在不同了，但奇怪的是二十年后的现在的有些作品，却仍然赶不上那时候的。后来，小说的地位提高了，作品也大进步，只是同时也孪生了一个兄弟，叫做'滥造'。"

17日　致山本初枝信，谈对中国古诗的看法："我是散文式的人，任何中国诗人的诗，都不喜欢。只是年轻时较爱读唐朝李贺的诗。他的诗晦涩难懂，正因为难懂，才钦佩的。现在连对这位李君也不钦佩了。"

21日　致萧军、萧红信，告知他们寄来的"两篇稿子早收到，写得很好，白字错字也很少，我今天开始出外走走，想介绍到《文学》去，还有一篇，就拿到良友公司去试试罢"。又说："前几天的病，也许是赶译童话的缘故，十天里译了四万多字，以现在的体力，好象不能支持了。"据上月17日日记载："病后大瘦，义齿已与齿龈不合"，"夜涂莨菪丁几以治背痛"。本月13日"夜胃痛"；14日"须藤先生来诊"。两篇稿子指萧军的《职业》和《樱花》，分别载于1935年3月、5月《文学》第4卷第3、5期。

23日　重订《小说旧闻钞》毕并作再版序言，收入本年7月联华书局出版的《小说旧闻钞》再版本，署名鲁迅。序言回顾《小说旧闻钞》的成书过程，说明再版是因为自己觉得尚有参考价值，并对成仿吾等人的嘲讽再次予以回击。

25日　作《隐士》，载2月20日《太白》半月刊第1卷第11期，署名长庚，收入《且介亭杂文二集》。周作人在《人间世》创刊号发表宣扬“隐士风度”的“五秩自寿诗”后，一些文人学士大加吹捧；钱天起在《人间世》第8期的《隐士》一文中称赞周作人的“隐于文采风流”，林语堂“隐于幽默”，两人进行的都是“艰巨的事业”。鲁迅指出：“凡有名的隐士，他总是已经有了‘悠哉游哉，聊以卒岁’的幸福的。倘不然，朝砍柴，昼耕田，晚浇菜，夜织屦，又那有吸烟品茗，吟诗作文的闲暇？”有些人挂上“归隐”的招牌，其实同“登仕”一样“也是瞰饭之道”。至于“帮闲们或开锣，或喝道，那是因为自己还不配‘隐’，所以只好揩一点‘隐’油，其实也还不外乎瞰饭之道”。进而揭示了隐士的内心隐秘：“泰山崩，黄河溢，隐士们目无见，耳无闻，但苟有议及自己们或他的一伙的，则虽千里之外，半句之微，他便耳聪目明，奋袂而起，好像事件之大，远胜于宇宙之灭亡者，也就为了这缘故。”

26日　作《“招贴即扯”》，载2月20日《太白》半月刊第1卷第11期，署名公汗，收入《且介亭杂文二集》。林语堂等人借袁中郎的小品来宣传“闲适”“性灵”的文艺主张遭到批判后，林在《论语》上发表文章，攻击批评者是要骂倒“一切古人”。鲁迅指出袁中郎不过是被人“肩出来当作招牌”，而且被“画歪了脸孔”，这招牌“其实和中郎本身是无关的”。鲁迅主张，论人必须顾及全体，“中郎正是一个关心世道，佩服‘方巾气’人物的人，赞《金瓶梅》，作小品文，并不是他的全部”，“中郎之不能被骂倒，正如他之不能被画歪。但因此也就不能作他的蛀虫们的永久的巢穴了”。

29日　致杨霁云信，谈到《集外集》被审查机关删削时说：

“《集外集》既送审查，被删本意中事，但开封事[①]亦犯忌却不可解，大约他们决计要包庇中外古今一切黑暗了。而古诗竟没有一首删去，却亦不可解，其实有几首是颇为‘不妥’的。至于引言被删，则易了然，盖他们不许有人为我作序或我为人作序而已。颠倒书名，则以显其权威，此亦叭儿脾气，并不足异。”按，《集外集》送审时被国民党图书杂志检查官抽去《来信（致孙伏园）》《启事》《老调子已经唱完》《帮忙文学与帮闲文学》《今春的两种感想》《英译本〈短篇小说选集〉自序》《〈不走正路的安得伦〉小引》《译本高尔基〈一月九日〉小引》《上海所感》等篇，后均收入《集外集拾遗》。

2 月

4 日　致李桦信，谈及木刻创作的内容、技巧和如何对待中外美术遗产等问题。

6 日　致增田涉信，谈对幽默文学的意见：“第一，我不赞成‘幽默是城市的’的说法，中国农民之间使用幽默的时候比城市的小市民还要多。第二，把日本的切腹、投水等看做幽默，不知是何道理？严肃地观察或描写一种事物，当然是非常好的。但将眼光放在狭窄的范围内，那就不好了。第三，俄国文学没有幽默，这与事实相反。即在目前也有幽默作家。”

9 日　致萧军、萧红信。谈到中国社会的败坏：“中国向来的历史上，凡一朝要完的时候，总是自己动手，先前本国的较好的人，物，都打扫干净，给新主子可以不费力量的进来。现在也毫

---

① 开封事，指 1925 年 4 月开封发生的士兵强奸女学生的铁塔事件，见于《集外集》的《来信（致孙伏园）》和《启事》。

不两样，本国的狗，比洋狗更清楚中国的情形，手段更加巧妙。”还特别谈及文界的败坏：“文界的腐败，和武界也并不两样，你如果较清楚上海以至北京的情形，就知道有一群蛆虫，在怎样挂着好看的招牌，在帮助权力者暗杀青年的心，使中国完结得无声无臭。”

同日 致孟十还信，再次建议他译科洛连柯和萨尔蒂珂夫①的小说。

14 日 致吴渤信，谈到出版界的情形说：“现在的读书界，确是比较的退步，但出版界也不大能出好书。上海有官立的书报审查处，凡较好的作品，一定不准出版，所以出版界都是死气沉沉。杂志上也很难说话，现惟《太白》，《读书生活》，《新生》三种，尚可观，而被压迫也最甚。至于《人间世》之类，则本是麻醉品，其流行亦意中事，与中国人之好吸雅片相同也。”

同日 致金肇野信。谈及全国木刻联合展览会专辑的印刷问题：“木刻用原板，只能作者自己手印，倘用机器，是不行的，因为作者大抵事前没有想到这一层，版面未必弄得很平，我印《木刻纪程》时，即因此大失败，除被印刷局面责外，还付不少的钱也。”另告知邀约自己写的文章②“实在不能做了。一者没有工夫，二者材料不够。近来东谈西说，而其实都无深研究，发议论是不对的。我的能力，只可以翻印几张版画以供青年的参考”。

15 日 作《书的还魂和赶造》，载本年 3 月 5 日《太白》半月

---

① 萨尔蒂珂夫，即萨尔蒂科夫-谢德林（1826—1889），俄国讽刺作家，革命民主主义者。出身贵族，1848 年因发表抨击沙皇制度的中篇小说《莫名其妙的事》而被流放。后又著有《外省散记》《一个城市的历史》《戈罗夫略夫老爷们》《波谢洪尼亚遗风》等。

② 1935 年 6 月 4 日鲁迅作了《〈全国木刻联合展览会专辑〉序》，收入《且介亭杂文二集》。

刊第1卷第12期，署名长庚，收入《且介亭杂文二集》。文章分析当时出版界汇印大部头丛书的现象，批评文贩和出版商滥出丛书、投机牟利的行径，提出无论汇印新作或重印旧本都必须考虑是否对读者有益。

同日 开始翻译果戈理的小说《死魂灵》第1部第1章，至本年9月16日至28日译讫第11章，分6次刊登于生活书店版《世界文库》第1—6册，均署名鲁迅。《死魂灵》第1部附录1,2、3、4之A及4之B(德国沃多·培多编)，于9月29日至10月6日译完，未另发表。序言(俄国内斯妥尔·珂德略夫斯基作)于10月17日译完，未另发表。全书于本年11月由文化生活出版社出版单行本。

同日 作《骗月亮》，载3月5日《太白》半月刊第1卷第12期“掂斤簸两”栏，署名何干，未收集。本年2月，杜衡在《火炬》上发表《月蚀引起的话》，说群众在月蚀时放鞭炮不是出于迷信，而是“出于欺骗”，以便将来见到月亮时可以“敷衍面子”。鲁迅嘲讽说，其实群众还有点“愚”，“只想到将来会碰到月亮，放鞭炮去声援，却没有想到也会碰到天狗。并且不知道即使现在并不声援，将来万一碰到月亮时，也可以随机说出一番道理来敷衍过去的”。如果明乎此，“那态度就一定可以‘超然’，很难看见骗的痕迹了”。

24日 致杨霁云信，对孙中山略作评价：“中山革命一世，虽只往来于外国或中国之通商口岸，足不履危地，但究竟是革命一世，至死无大变化，在中国总还算是好人。”

28日 作《漫谈“漫画”》，载本年3月《太白》半月刊第1卷纪念特辑《小品文和漫画》，署名鲁迅，收入《且介亭杂文二集》。文章认为：“漫画的第一件紧要事是诚实，要确切的显示了事件或人物的姿态,也就是精神”。“漫画要使人一目了然,所以那最普通的方法是‘夸张’,但又不是胡闹”。“廓大一个事件或人物的特点固然使漫画容易显出效果来,但廓大了并非特点之处却更容易显出效果。”而真正的漫画“在中国是很难生存的”,与先前的欧洲一样,“因为读者多是上等的雅人,所以漫画家的笔锋的所向,往往只在那些无拳无勇的无告者,用他们的可笑,衬出雅人们的完全和高尚来,以分得一枝雪茄的生意。”

同日 作《漫画而又漫画》,载3月《太白》半月刊第1卷纪念特辑《小品文和漫画》,署名且介,收入《且介亭杂文二集》。穆时英、叶灵凤等人在他们所编的《文艺画报》上刊载德国画家格罗斯的漫画,将原画的黑线白底弄成五颜六色,面目全非。鲁迅嘲讽他们翻印这些漫画的结果“是漫画而又漫画”。

3月

2日 作《〈中国新文学大系〉小说二集序》,载8月30日良友出版公司出版的《中国新文学大系·小说二集》,署名鲁迅,收入《且介亭杂文二集》。序言对“五四”运动以来中国新文学运动最初十年间的《新青年》《新潮》《弥洒》《浅草》《沉钟》《晨报副刊》《京报副刊》《现代评论》《莽原》等刊物及狂飙社、未名社等社团的创作主张、作家的创作倾向和作品的特点做了分析,勾勒这一时期文学发展的基本轮廓,并对自己的小说创作做了简略评析:“从1918年5月起,《狂人日记》,《孔乙己》,《药》等,陆续的出现了,算是显示了‘革命文学’的实绩,又因那时的认为‘表现的深切和格式的特别’,颇激动了一部分青年读者的心。……此后虽然脱离了外国作家的影响,技巧稍为圆熟,刻划也稍加深切,如《肥皂》,《离婚》等,但一面也减少了热情,不为读者们所注意了。”最后，对编选原则做了说明。

6日 以日文作《内山完造作〈活中国的姿态〉序》，署名鲁迅。收入尤炳圻译《一个日本人的中国观》，于1936年8月由开明书店出版，序言由鲁迅译为中文，收入《且介亭杂文二集》。序言批评了日本一些所谓的“中国通”对中国的歪曲，对内山完造该书“将中国的一部分的真相，绍介给日本的读者”的行为给予肯定。序言认为此书的缺点是“多说中国的优点”。据内山完造《鲁迅先生》，鲁迅曾亲口对他说过这一层意思，“那么样，不但会滋长中国人的自负的根性，还要使革命后退，所以是不利的”。

7日 作《“寻开心”》，载4月5日《太白》半月刊第2卷第2期，署名杜德机，收入《且介亭杂文二集》。林语堂曾在一次讲演中说，作文是“玩玩笑笑，寻开心”。文章分析林语堂鼓吹“性灵”却又称赞描写悖慢淫毒心理的《野叟曝言》[①]，以及广东军阀陈济棠宣扬“为国捐躯”而又提倡“读经”“尽孝”等矛盾现象，指出这些行为都不过是拿人们开玩笑，不可深究，从而断定林语堂主张的“这‘玩玩笑笑，寻开心’，就是开开中国许多古怪现象的锁的钥匙”。

13日 致萧军、萧红信。因两人初到上海，人生地疏，鲁迅给予指导，并回答来信提出的一些问题。信中谈到黄源指出萧军身上有“野气”：“所谓‘野气’，大约即是指和上海一般人的言动不同之点，黄大约看惯了上海的‘作家’，所以觉得你有些特

---

① 《野叟曝言》，清夏敬渠（1705—1787）的文言长篇小说，描写文武全才的道学家文素臣，初因直言极谏而充军，后因平叛救驾，终于拜相赐爵。不仅宣扬功名利禄、荣华富贵的腐朽思想，且多淫秽、怪诞的描写。鲁迅在《中国小说史略》中批判这本书说：“意既夸诞，文复无味，殊不足以称艺文，但欲知当时所谓‘理学家’之心理，则中颇可考见。”

别。……这“野气”要不要故意改它呢？我看不要故意改。”还对待人接物所应持态度给出建议：“装假固然不好，处处坦白，也不成，这要看是什么时候。和朋友谈心，不必留心，但和敌人对面，却必须刻刻防备。我们和朋友在一起，可以脱掉衣服，但上阵要穿甲。”“所谓文坛，其实也如此……鬼魅多得很，不过这些人，你还没有遇见。如果遇见，是要提防，不能赤膊的。”

16日 作《非有复译不可》，载4月《文学》月刊第4卷第4期，署名庚，收入《且介亭杂文二集》。文章批驳文坛上轻视翻译特别是攻击复译的种种言论，认为前几年翻译失去信用的原因之一，“是常有胡乱动笔的译本”。“要击退这些乱译，诬赖，开心，唠叨，都没有用处，唯一的好方法是又来一回复译，还不行，就再来一回。”“讥笑复译的，虽然表面上好像关心翻译界，其实是在毒害翻译界，比诬赖，开心的更有害，因为他更阴柔”。认为“即使已有好译本，复译也还是必要的”，“倘使后来的译者自己觉得可以译得更好，就不妨再来译一遍”，“取旧译的长处，再加上自己的新心得，这才会成功一种近于完全的定本。但因言语跟着时代的变化，将来还可以有新的复译本的，七八次何足为奇，何况中国其实也并没有译过七八次的作品。如果已经有，中国的新文艺倒也许不至于现在似的沉滞了”。

同日 作《论讽刺》，载4月《文学》月刊第4卷第4期，署名敖，收入《且介亭杂文二集》。文章针对有人鄙薄讽刺文学，以“讽刺家”为恶名来抹杀讽刺文学的现实意义，指出讽刺作品其实是“直写事实的”，只是因为它记下了社会的丑而遭到诬蔑，“高雅”的人反而“向作者抹一脸泥，来掩藏自己的真相”，并提出以“写实”为讽刺作品的标准之一：“现在的所谓讽刺作品，大抵倒是写实。非写实决不能成为所谓‘讽刺’；非写实的讽刺，即使能有这样的东西，也不过是造谣和诬蔑而已。”

22日 书唐宋诗人诗，分赠今村铁研、增田涉、冯剑丞、徐讦[①]。

24日 译完俄国作家契诃夫的短篇小说《难解的性格》《波斯勋章》《阴谋》。《难解的性格》和《阴谋》，以《奇闻二则》为题，载4月16日《译文》月刊第2卷第2期，署名鲁迅。《波斯勋章》被检查机关禁止发表。后均收入《坏孩子和别的奇闻》。

28日 作《田军作〈八月的乡村〉序》，载本月上海容光书局出版的《八月的乡村》，署名鲁迅，收入《且介亭杂文二集》。小说反映了“九一八”以后东北人民反抗日本侵略者的斗争，揭露了国民党的不抵抗对策。序文认为此书“显示着中国的一份和全部，现在和未来，死路与活路。凡有人心的读者，是看得完的，而且有所得的”。并以南宋小朝廷讽喻国民党政府的腐败，揭露反动文人为日本帝国主义者“征服中国民族的心”献策，并沉痛地指出中国“一方面是庄严的工作，另一方面却是荒淫与无耻”。而这正是好书倒会“不容于中华民国”的原因。

31日 作《徐懋庸作〈打杂集〉序》，载5月《芒种》半月刊第6期，题作《〈打杂集〉序言》，印入《打杂集》，署名鲁迅，收入《且介亭杂文二集》。去年9月，林希隽在《杂文与杂文家》中攻击杂文“意义是极端狭窄的”，“决不能与小说戏曲并日而语”，“无论杂文家之群如何地为杂文辩护，主观的地把杂文的价码抬得如何高，可是这堕落的事实是不容掩讳的”。另有人攻击杂文“不是东西”。序言抨击统治者的砍削杂文和帮闲文人的为虎作伥，并

---

① 今村铁研，原名铁夫，日本人，是增田涉的表舅，当时在日本岛根县家乡行医。冯剑丞，又作剑成，字建纯，广州人，许广平姑母之子，律师。徐讦(1908—1980)，又名徐伯讦，浙江慈溪人，作家。《人间世》半月刊的编辑，常向鲁迅约稿。

为杂文辩护。鲁迅表示，因为杂文“言之有物”，所以“我还更乐观于杂文的开展，日见其斑斓。第一是使中国的著作界热闹，活泼；第二是使不是东西之流缩头；第三是使所谓‘为艺术而艺术’的作品，在相形之下，立刻显出不死不活相”。鲁迅在 4 月 1 日致徐懋庸信中说：“所谓序文，算是做好了……我看是没有关系的，横竖不过借此骂骂林希隽。”

同日 作《从“别字”说开去》，载 4 月 20 日《芒种》半月刊第 1 卷第 4 期，署名旅隼，收入《且介亭杂文二集》。本年初，一部分文化界人士为便于大众认写汉字，发起推行 300 多个“手头字”运动，受到了某些“维持现状派”的反对，有人发表《活字与死字》，认为用“手头字”就会增加“别字”。鲁迅不同意“维持现状”说：“回复故道的事是没有的，一定有迁移；维持现状的事也是没有的，一定有改变。有百利而无一弊的事也是没有的，只可权大小。况且我们的方块字，古人写了别字，今人也写别字，可见要写别字的病根，是在方块字本身的，别字病将与方块字本身并存，除了改革这方块字之外，实在并没有救济的十全好方法”，“维持现状说听去好像很稳健，但实际上却是行不通的”。

本月 接到瞿秋白（化名林其祥）从福建寄来的信。瞿秋白 2 月 24 日在福建上杭县濯田区水口乡小径村被俘，旋被解送至上杭监狱。来信请设法觅保营救：“我在北京和你有一杯之交”，两年前，“被红军俘虏”，“他们决定我作军医。现在被国民党逮捕了，你是知道我的……有殷实的铺保，可释放我”。鲁迅立即设法营救。

4 月

2 日 作《人生识字胡涂始》，载 5 月《文学》月刊第 4 卷第 5

期，署名庚，收入《且介亭杂文二集》。文章针对林语堂提倡明人小品、施蛰存提倡读《庄子》《文选》及学界大量校点翻印古书的行为，指出有些人“自以为通文了，其实却没有通”，“连明人小品都点不断”，还提倡别人去读古书，当然只能让人愈读愈胡涂。表示写文章“倘要明白，我以为第一是在作者先把似识非识的字放弃，从活人的嘴上，采取有生命的词汇，搬到纸上来；也就是学学孩子，只说些自己的确能懂的话。至于旧语的复活，方言的普遍化，那自然也是必要的，但一须选择，二须有字典以确定所含的意义”，这样才可初步做到“明白如话”。

10日　致曹聚仁信，预约毛边本《集外集》，并索取陈光宗[①]为自己所作画像：“《集外集》付装订时，可否给我留十本不切边的。我是十年前的毛边党，至今脾气还没有改。”在本年7月16日致萧军信中也说：“我喜欢毛边书，宁可裁，光边书像没有头发的人——和尚或尼姑。”“陈先生的漫画，望寄给我。他日印杂感集时，也许可以把它印出来”。据胡今虚《鲁迅画像的遭遇》，1934年秋，陈光宗在内山书店见鲁迅闲坐，将他当时的神情用漫画笔法绘出，“比之许多常见的鲁迅画像，另有一种神趣”。陈以画像赠胡，胡将画像先后投给《文学》《太白》《漫画与生活》《芒种》《作家》等刊物，但这些刊物因顾虑被删禁，未能登载。《芒种》曾将画像制成锌版，但临时被审查官抽去。《芒种》编者曹聚仁将此事告诉鲁迅，并准备将画像的锌版送给鲁迅，故鲁迅发函索取。

14日　作《“文人相轻”》，载5月《文学》月刊第4卷第5期，

---

① 陈光宗（1915—1991），字玄一，浙江温州人。1931年加入胡今虚创办的“动荡文艺社”。

署名隼，收入《且介亭杂文二集》。当时有人把文艺界的论争说成是“文人相轻”，“互相评头品足”。鲁迅先后写了7篇辩正文章。《“文人相轻”》批评有些论者把“文人相轻”口号套用到当时的文艺论争上的谬误，指出所谓的“文人相轻”“彼亦一是非，此亦一是非实质上是混淆黑白”，增加“文坛的黑暗”。文章说：“凡批评家的对于文人，或文人们的互相评论，各各‘指其所短，扬其所长’固可，即‘掩其所短，称其所长’亦无不可。然而那一面一定得有‘所长’，这一面一定得有明确的是非，有热烈的好恶。假使被今年新出的‘文人相轻’这一个模模胡胡的恶名所吓昏，对于充风流的富儿，装古雅的恶少，销淫书的瘪三，无不‘彼亦一是非，此亦一是非’，一律拱手低眉，不敢说或不屑说，那么，这是怎样的批评家或文人呢？——他先就非被‘轻’不可的！”

同日 作《“京派”和“海派”》，载5月5日《太白》半月刊第2卷第4期，署名旅隼，收入《且介亭杂文二集》。文章是对去年所写《“京派”与“海派”》论点的补充和发展，以京海两派人物近期共同标点明人小品、合办刊物等，认为两派合流、“京海杂烩”出现的原因也许是“帮闲帮忙，近来都有些‘不景气’，所以只好两界合办，把断砖，旧袜，皮袍，洋服，巧克力，梅什儿……之类，凑在一处，重行开张，算是新公司，想借此来新一下主顾们的耳目罢”。

19日 致赵家璧信，介绍何谷天[①]的短篇小说集：“昨天收到何谷天君的一封信，说他有一部八九万字的集子，想找地方出版。他的笔墨，先生大概是知道的，至于姓名，大约总得换一个。

① 何谷天（1907—1952），原名何稻玉，笔名周文，四川荥经人，“左联”成员。曾编辑《文艺》杂志。他的短篇小说集《父子之间》，由鲁迅介绍，1935年9月在上海良友图书印刷公司作为《良友文库》之一出版。

内容因多系已经发表过，所以当不至于犯讳。不知能有印在良友文学丛书内的希望否?”

23日 作《弄堂生意古今谈》，载5月《漫画生活》月刊第9期，署名康郁，收入《且介亭杂文二集》。政府为了掩盖国内经济的日益萧条，于1933年5月成立了所谓农村经济复兴委员会，提出“复兴农村”、振兴经济的口号;但这一措施并没有带来多少起色。文章通过上海弄堂生意的前后对比，描画了上海市民生活每况愈下的景象，嘲讽说，那些在弄堂里谋生的人们，无论怎样“独唱，对唱，大布置，苦肉计，在上海都已经赚不到大钱，一面固然足征洋场上的‘人心浇薄’，但一面也可见只好去‘复兴农村’了”。文章还讽刺了那些面对黑暗现实而鼓吹“幽闲”“性灵”的人们。

同日 作《不应该那么写》，载6月《文学》月刊第4卷第6期，署名洛，收入《且介亭杂文二集》。文章认为“创作并没有什么秘诀”;那些以传授“秘诀”为名的人，“其实是骗子”。文学青年应该“多看大作家的作品”，“凡是已有定评的大作家，他的作品，全部就说明着‘应该怎样写’”。此外要从作品的“未定稿本”去学习，或把“新闻上的记事，拙劣的小说”当作“不应该这样写”的标本，通过比较鉴别，弄清“不应该这样写”和“应该那样写”的道理。

同日 致萧军、萧红信。批判一些知识分子的自私性质:“我看中国有许多智识分子，嘴里用各种学说和道理，来粉饰自己的行为，其实却只顾自己一个的便利和舒服，凡有被他遇见的，都用作生活的材料，一路吃过去，像白蚁一样，而遗留下来的，却只是一条排泄的粪。社会上这样的东西一多，社会是要糟的。”还谈到受自己人“暗箭”的苦楚:“敌人不足惧，最令人寒心而且灰心的，是友军中的从背后来的暗箭；受伤之后，同一营垒中的快意的笑脸。因此，倘受了伤，就得躲入深林，自己舐干，扎好，给谁也不知道。我以为这境遇，是可怕的。我倒没有什么灰心，大抵休息一会，就仍然站起来，然而好像终竟也有影响，不但显于文章上，连自己也觉得近来还是'冷'的时候多了。”

29 日　用日文作《在现代中国的孔夫子》，载本年 6 月号日本《改造》月刊，中译版发表于 7 月在日本出版的《杂文》月刊第 2 期，题为《孔夫子在现代中国》，译者署名亦光，后由鲁迅据译文改定，收入《且介亭杂文二集》。1830 年代前期，日本帝国主义为了侵华的需要，大搞“尊孔祀圣”活动，鼓吹用“孔子之教”来建立“东亚新秩序”，并在东京的汤岛重建孔庙，于 1935 年 4 月 4 日举行了落成典礼，国民党军政要员何键[①]寄去其“向来珍藏”的孔丘画像以表祝贺。4 月底，日本有关方面一连数日在汤岛举行新圣堂第一次“孔子祭典”，同时召开“儒道大会”，特地对“圣裔”发出了邀请，伪“满洲国”和国民党政府均派代表参加。鲁迅在本月 28 日致萧军的信中和《〈且介亭杂文二集〉后记》中均提及此事。文章对孔子及其学说的本质进行了深刻分析，揭露了统治者“尊孔读经”的政治目的，宣示其必然失败的命运。对于文章发表后引起的反响，鲁迅在本年 6 月 10 日致增田涉的信中说：“《孔夫子》也承夸奖，据说还有赞同的文章，闻之颇为安慰。”

5 月

3 日　作《六朝小说和唐代传奇文有怎样的区别?》，系应《文学》杂志社征文而写，载本年 7 月生活书店出版的《文学百题》，

① 何键(1887—1956)，湖南醴陵人，国民党军阀，时任湖南省政府主席。

收入《且介亭杂文二集》。文章说明了六朝小说和唐代传奇从内容到形式方面的异同以及其间的继承关系，并指出了六朝小说和唐代传奇的发展与当时的社会风尚的密切联系。

同日 作《什么是“讽刺”？——答文学社问》，系应《文学》杂志社的《文学百题》征文而写，但被国民党书报审查机关禁止刊出，只在该书中存目，后载9月20日《杂文》月刊第3期，署名鲁迅，收入《且介亭杂文二集》。文章对讽刺的实质、特点及其社会作用做了论述。又说：“讽刺作者虽然大抵为被讽刺者所憎恨，但他却常常是善意的，他的讽刺，在希望他们改善，并非要捺这一群到水底里。”“如果貌似讽刺的作品，而毫无善意，也毫无热情，只使读者觉得一切世事，一无足取，也一无可为，那就并非讽刺了，这便是所谓‘冷嘲’。”

5日 作《论“人言可畏”》，载本月20日《太白》半月刊第2卷第5期，署名赵令仪，收入《且介亭杂文二集》。本年春天，电影演员阮玲玉自杀后，报刊上出现各种评论，有论者认为阮的自杀与日报记者对她的诉讼案件的张扬有关，一些记者极力辩解，开脱报刊的责任。鲁迅对新闻界热衷于张扬个人阴私，特别是在女性身上大做文章的卑劣行径予以抨击，认为阮玲玉说“人言可畏”，正说明她的自杀“和新闻记事有关”。

同日 作《再论“文人相轻”》，载6月《文学》月刊第4卷第6期，署名隼，收入《且介亭杂文二集》。文章表示：“所谓‘文人相轻’，不但是混淆黑白的口号，掩护着文坛的昏暗，也在给有一些人‘挂着羊头卖狗肉’的。”“现在文坛上的纠纷，其实也并不是为了文笔的短长”，而是由于是非爱憎的对立造成的。

14日 《集外集》由上海群众图书公司出版。此书由杨霁云编集，收入鲁迅自1903至1933年间各文集中未收或被删的作品，经鲁迅亲自校订，并作序言。原收55篇，本年1月经国民党中宣会图书杂志审查委员会检查，删去10篇。鲁迅在本年2月4日致杨霁云信、2月7日致曹靖华信中均谈及此无由删削事。

25日 致赵家璧信，同意抽去《〈竖琴〉前记》[①]："中央怕《竖琴》前记，真是胆小如鼷，其实并无害，因此在别一面，也没有怎样的益，有无都无关紧要，只是以装门面而已。现在剪去以免重印重装，我同意于公司的办法，并无异议也。"赵家璧《编辑生涯忆鲁迅》对此事细节有详述。

6月

2日 译完罗马尼亚作家索陀威奴的短篇小说《恋歌》并作"译后附记"，均载8月16日《译文》月刊第2卷第6期，署名鲁迅，收入《译丛补》。附记说："这一篇《恋歌》，题目虽然颇像有些罗曼的，但前世纪的罗马尼亚的大森林的景色，地主和农奴的生活情形，却实在写得历历如绘。"

4日 作《〈全国木刻联合展览会专辑〉序》。该专辑原拟选收木刻画40余幅，其中部分手拓原作存放在木刻工作者金肇野寓中，因金肇野在"一二·九"运动中被捕，该书未能出版。序文后来发表于1936年11月《文地》月刊第1卷第1期，署名何干，收入《且介亭杂文二集》。序言肯定了新兴木刻的成绩，指出它和大众"血脉相通"，"为大众所支持"，有着光明伟大的前途。最后表示："这选集，是聚全国出品的精粹的第一本。但这是开始，不是成功，是几个前哨的进行，愿此后更有无尽的旌旗蔽空的大队。"

---

① 后收入《南腔北调集》。

6日 作《文坛三户》，载7月《文学》月刊第5卷第1期，署名干，收入《且介亭杂文二集》。文章将中国的无聊文人分为"破落户"、"暴发户"和"破落暴发户"三种类型，分析其特征和产生原因，以及相互之间的关系："这文坛，从阴暗这方面看起来，暂时大约还要被两大类子弟，就是'破落户'和'暴发户'所占据"。而"破落暴发户""此后是恐怕要多起来的"，而且还会变为"恶少"或"瘪三"。最后断言"使中国的文学有起色的人，在这三户之外"。文章触到了一些人的痛处，鲁迅在本年7月16日致萧军信中说："《文坛三户》也是我做的，似乎很有些作家看了不高兴，但我觉得我说的是真话。"

同日 作《从帮忙到扯淡》，原为《文学》月刊的《文学论坛》而写，因被监察机关禁止未能刊出，后于本年9月20日发表于中国留学生在东京编印的《杂文》月刊第3期，署名鲁迅，后收入《且介亭杂文二集》。文章从"帮闲文学"谈起，引用古代效忠于统治者的文人为例，对他们的"帮忙"和"帮闲"作了分析，说这些人毕竟是"有文采"的，"他们的作品，有些也至今不灭"。而现代的帮闲们却只有"帮闲之志"而无"帮闲之才"，只会"扯淡"。鲁迅后来在《〈且介亭杂文二集〉后记》和本年8月1日致增田涉的信中均点出了这一主旨。

9日 用日文作《〈中国小说史略〉日本译本序》，载本年7月东京赛棱社版增田涉日译本，后由鲁迅本人译成中文，收入《且介亭杂文二集》。序言表达了得知《中国小说史略》日译本即将出版的喜悦心情，对译者和出版者表示感谢，并谈到在国内新发现的几种古典小说的版本，作为对原书的补正。

同日 作《"题未定"草（一至三）》，载7月《文学》月刊第5卷第1期，署名鲁迅，收入《且介亭杂文二集》。林语堂在本年5

月 20 日《人间世》第 28 期的《今文八弊》中，批评鲁迅等人翻译介绍外国文学作品是“一味仿效西洋，自称摩登”，是“洋场孽少”和“西崽”相；还提到鲁迅等人只注重介绍波兰、捷克等国的作品，而“对于已经闻名之英法德文人”不欲深察，是“与妇女新装求入时一样，总是媚字一字”。鲁迅从翻译《死魂灵》谈起，驳斥了林语堂的论调，指出“西崽”是专“服事洋东家的”，他们“倚徙华洋之间，往来主奴之界，这就是现在洋场上的‘西崽相’”。林语堂不满介绍弱小民族的作品，不过是未有西崽以前的传统的“事大”思想的表现。鲁迅认为介绍波兰和捷克等弱小国家的作品，是因为“中国境遇，颇类波兰，读其诗歌，即易于心心相印，不但无事大之意，也不存献媚之心”，而“附势奴才，拜金崽子，当然更不会知道”。“波兰捷克，虽然未曾加入八国联军来打过北京，那文学却在”，“世界文学史，是用了文学的眼睛看，而不用势利眼睛看的”。

《文学》杂志在未征得鲁迅同意之前，就在该刊第 4 卷第 6 期登出广告，说在下一期里将刊载鲁迅的散文，“题未定”。鲁迅在本月 3 日致孟十还信中说：“文学社的不先征同意而登广告的办法，我看是很不好的；对于我也这样。这样逼出来的成绩，总不见得佳，而且作者要起反感。”又在本月 7 日致萧军信中说：“《文学》上所登的广告，关于我的几点，是未经我的同意的，这不过是一种‘商略’，但我不赞成这样的办法。”在本文中也说这种做法“情同绑票，令我为难”，因此将题目定为《题未定》，寓以讥刺。黄源《鲁迅书简追忆》对此有详细记载。

11 日　致曹靖华信。针对当时报界不断刊出瞿秋白已被判死刑的消息，沉痛地说：“它兄的事，是已经结束了，此时还有何话可说。”6 月 18 日，瞿秋白在福建长汀被国民党杀害。[①]

16 日　致李桦信。对现代木刻创作发表意见：“所说的《现代版画》的内容小资产阶级的气分太重，固然不错，但这是意识如此，所以有此气分……但要消除此气分，必先改变这意识，这须由经验，观察，思索而来，非空言所能转变，如果硬装前进，其实比直抒他所固有的情绪还要坏。”同时强调要重视艺术技巧：“木刻是一种作某用的工具，是不错的，但万不要忘记它是艺术。它之所以是工具，就因为它是艺术的缘故。”又说木刻创作要“首先决定这回的对象，是那一种人，然后来动手，这才有效”。题材也不能太狭，就是静物也大可以变革，“枪刀锄斧，都可以作静物刻，草根树皮，也可以作静物刻，则神采就和古之静物，大不相同了”。“中国自然最需要刻人物或故事，但我看木刻成绩，这一门却最坏，这就因为蔑视技术，缺少基础工夫之故，这样下去，木刻的发展倒要受害的。”还说：“《现代版画》中时有利用彩色纸的作品，我以为这是可暂而不可常的，一常，要流于纤巧，因为木刻究以黑白为正宗。”

---

① 经过多次审讯，瞿秋白没有对自己参加共产党的活动表示反悔，只在狱中所写的《多余的话》中表示自己不适合做政治工作特别是担任党的领导，而更愿意从事文化工作。在该书的“告别”一章中，瞿秋白说自己喜欢下列文学名著：“俄国高尔基的《四十年》、《克里摩·萨摩京的生活》，屠格涅夫的《罗亭》，托尔斯泰的《安娜·卡列尼娜》，中国鲁迅的《阿 Q 正传》，茅盾的《动摇》，曹雪芹的《红楼梦》，都很可以再读一读。”他还拟定了文学名著阅读札记《读者言》的目录：“1.‘王凤姐’。2.张飞与李逵。3.安公子。4.《野叟曝言》主义。5.‘阿 Q’。6.‘阿 Q’以后。7.酒瓶问题。8.‘不成话’。9.古汉文。10.翻译。”可见他对鲁迅的《阿 Q 正传》评价甚高。本年，《多余的话》在国民党中统主办的《社会新闻》杂志首次刊出，但鲁迅不一定看到。专著目录手稿现存中央档案馆。

17 日 致陈此生[①]信，辞谢聘教事。

19 日 致孟十还信。谈到李长之对自己的评论："李长之不相识，只看过他的几篇文章，我觉得他还应一面潜心研究一下；胆子大和胡说乱骂，是相似而实非的。看那《批判》的序文，都是空话，这篇文章也许不能启发我罢。"

24 日 致曹靖华信，谈瞿秋白文稿收集事："它兄文稿，很有几个人要把它集起来，但我们尚未商量。现代有他的两部，须赎回，因为是豫支过板税的，此事我在单独进行。中国事其实早在意中，热心人或杀或囚，早替他们收拾了，和宋明之末极象。但我以为哭是无益的，只好仍是有一分力，尽一分力，不必一时特别愤激，事后却又悠悠然。"

27 日 致萧军信，谈到自己的身体健康状况及瞿秋白被害事。最后还谈到自己的创作经验："我并未为自己所写人物感动过。各种事情刺戟我，早经麻木了，时时象一块木头，虽然有时会发火，但我自己也并不觉痛。"

同日 致山本初枝信，谈到藤野先生时说："藤野先生是大约三十年前仙台医学专门学校的解剖学教授，是真名实姓。该校现在已成为大学了，三四年前曾托友人去打听过，他已不在那里了。是否还在世，也不得而知。倘仍健在，已七十左右了。"还谈及自己的身体状况："我们仍健康，只是我年年瘦下去。年纪大了，生活愈来愈紧张，没有法子想。朋友中有许多人也劝我休息一二年，疗养一下，但也做不到。反正还不至于死罢，目前是

---

① 陈此生(1900—1981)，原名陈勉勤，广东佛山人，1920 年复旦大学肄业，1933 年参加了左翼作家联盟。陈此生与当时统治广西的"桂系"领导人白崇禧的老师、广西教育厅厅长李任仁是知交，一度担任桂林广西省师范专科学校任教务长。在任时邀请各地知名学者来校任教。

放心的。前次惠函中曾提及天国一事，其实我是讨厌天国的。中国的善人们我大抵都厌恶，倘将来朝夕同这样的人相处，真是不堪设想。”

28日 致胡风信，谈到韩侍桁等人的所作所为：“韩不但会打破人的饭碗，也许会更做出更大的事业来的罢。但我觉得我们的有些人，阵线其实倒和他及第三种人一致的，虽然并无连络，而精神实相通。”又说：“我本是常常出门的，不过近来知道了我们的元帅[①]深居简出，只令别人出外奔跑，所以我也不如只在家里坐了。记得托尔斯泰的什么小说说过，小兵打仗，是不想到危险的，但一看见大将面前防弹的铁板，却就也想到了自己，心跳得不敢上前了。但如元帅以为生命价值，彼此不同，那我也无话可说，只好被打军棍。”

29日 致赖少麒信，主张不妨为民众的事业甘当“一木一石”：“太伟大的变动，我们会无力表现的，不过这也无须悲观，我们即使不能表现他的全盘，我们可以表现它的一角，巨大的建筑，总是一木一石叠起来的，我们何妨做做这一木一石呢？我时常做些另碎事，就是为此。”又谈到连环图画的构图、刻法要根据对象而定：“‘连环图画’确能于大众有益，但首先要看是怎样的图画。也就是先要看定这画是给那一种人看的，而构图，刻法，因而不同。现在的木刻，还是对于智识者而作的居多，所以倘用这刻法于‘连环图画’，一般的民众还是看不懂。”

---

① 元帅，指当时的“左联”党团书记周扬。

同日 致唐英伟[①]信，回答对方提出的“木刻的最后的目的与价值”问题：“现在只要有人做一点事，总就另有人拿了大道理来非难的，例如问‘木刻的最后的目的与价值’就是。这问题之不能答复，和不能答复‘人的最后的目的和价值’一样。但我想：人是进化的长索子上的一个环，木刻和其他的艺术也一样，它在这长路上尽着环子的任务，助成奋斗，向上，美化的诸种行动。至于木刻，人生，宇宙的最后究竟怎样呢，现在还没有人能够答复。也许永久，也许灭亡。但我们不能因为‘也许灭亡’就不做，正如我们知道人的本身一定要死，却还要吃饭也。”

7月

1日 作《名人和名言》，载20日《太白》半月刊第2卷第9期，署名越丁，收入《且介亭杂文二集》。文章从一些名人反对白话文谈起，批判了社会上崇拜“名人”的“通病”，并以事实论证“博识家的话多浅，专门家的话多悖”。其“悖”就在于“倚专家之名，来论他所专门以外的事”，因此，“我们应该分别名人之所以名，是由于那一门，而对于他的专门以外的纵谈，却加以警戒”。

4日 致孟十还信，建议他从俄文翻译《果戈理怎样工作》，认为“倘能译到中国来，对于文学研究者及作者，是大有益处的”。还谈到日文和中文的差别：“日本文很累坠，和中国文差远，大约和俄文也差远，所以从日本重译欧洲著作，其实是不大

---

① 唐英伟(1915—1999)，广东潮安人。时为广州美术专科学校中画系学生。20世纪30年代初考入广州市立美术专科学校，1932年从事木刻运动，1934年与李桦等创办现代版画会。1936年主办《木刻界》。抗战时期赴香港开展木刻运动。香港沦陷后前往坪石中山大学任教。1943年在黔桂铁路做战时宣传。曾任教于中央大学美术系。

相宜的，至多，在怀疑时，可以参考一下。”

7日 晚与许广平一起参加许寿裳长女的婚礼。据郑奠《片断的回忆》，鲁迅此时神态憔悴，双目却“炯炯有光”。

14日 作《几乎无事的悲剧》，载8月《文学》月刊第5卷第2期，署名旁，收入《且介亭杂文二集》。文章从《死魂灵》的艺术成就谈起，肯定果戈理的“讽刺的本领”是“用平常事，平常话”揭示生活本质，描写的是“简直近于没有事情的悲剧”，“然而人们灭亡于英雄的特别的悲剧者少，消磨于极平常的，或者简直近于没有事情的悲剧者却多”。并说：“听说果戈理的那些所谓‘含泪的微笑’，在他本土，现在是已经无用了，来替代它的有了健康的笑。但在别地方，也依然有用，因为其中还藏着许多活人的影子。”

15日 作《三论“文人相轻”》，载8月《文学》月刊第5卷第2期，署名隼，收入《且介亭杂文二集》。本年7月，魏金枝在《芒种》第8期上发表《分明的是非和热烈的好恶》，对鲁迅在《再论“文人相轻”》中提出的文人必须有分明的是非和热烈的好恶提出异议，认为“文既无长短可言，道又无是非之分，则空谈是非，何补于事”。鲁迅反驳了这种“是非难定，于是爱憎就为难”的“无是非”观，指出魏的观点前后矛盾：他明明用“文章”来“力施搏击”，却又自称“手无寸铁”，“明明是加入论战中的了，却又立刻肩出一面‘小民’旗来，推得干干净净，连肋骨在那里也找不到了”。

16日 致萧军信，表示不同意出瞿秋白纪念册：“关于出纪念册的事，先前已有几个人提议过了，我不同意，也不愿意说明理由，不过如有一团体要出，那自然是另一回事，只是我个人不加入。”

28日 复李长之信。从本年6月以来，李长之以《鲁迅批判》为总题在天津《益世报》之《文学副刊》连续发表文章，并写信征求鲁迅的意见。复信说："我对于自己的传记以及批评之类，不大热心，而且回忆和商量起来，也觉得乏味。文章是总不免有错误或偏见的，即使叫我自己做起对自己的批评来，大约也不免有错误，何况经历全不相同的别人。但我以为这其实还比小心翼翼，再三改得稳当了的好。"

30日 致叶紫信。据叶紫说："我写一信给先生，说我已经挨饿了，请他(一)问一问郑振铎先生，我那篇小说《星》怎样了？那小说由先生介绍给郑、章合编的《文学季刊》。(二)内山书店的《丰收》可不可以算一算帐？(三)如果上列两项都无办法，就请他借我十元或十五元钱，以便救急。"[①]鲁迅回信说："还是第三条稳当，已放十五元在书店，请持附上之笺，前去一取为盼。"

同日 致黄源信。鲁迅当时拟编选瞿秋白的译文，为此筹款从现代书局赎回瞿秋白的《高尔基论文选集》和《现实——马克思主义论文集》两部译稿。因此在信中说："Pavlenko作的《关于莱芒托夫的小说》，急于换几个钱，不知可入三卷一期否？此篇约三万字，插图四幅。"又于8月9日致黄源信，希望能将瞿秋白翻译的巴甫连柯《关于列尔孟托夫(莱蒙托夫)的小说》尽早编入《译文》第3卷第1期，以便"速得一点稿费"。

8月

1日 致增田涉信，介绍自己与日本作家长与善郎会见的过程。长与善郎回国后写下《与鲁迅会见的晚上》，对鲁迅的谈话

---

① 叶紫关于鲁迅此信的说明，原件藏鲁迅博物馆。

做了报道。鲁迅认为报道不准确:"长与氏所写的'想进棺材去'云云,其实仅是我所说的一部分。当时我谈到中国有许多极好的材料都被糟蹋掉了。……总之,我和长与氏的会见,彼此都不愉快。"鲁迅在上月 17 日致增田涉信中说:"其中有长与善郎的文章《与××会见的晚上》,对我颇表不满,但的确发挥了古风的人道主义者的特色",即指此事。

3 日 下午接待王钧初①,获赠油画《读〈呐喊〉图》,为王送给鲁迅 55 岁寿辰贺礼。鲁迅将其悬挂在客厅西墙,今仍可见于上海鲁迅旧居。

6 日 应郑振铎邀请,与许广平携海婴出席其家宴,同席 12 人。鲁迅赠郑振铎女儿玩具 4 合,取《十竹斋笺谱》(一)5 本,笺纸数十盒而归。据许广平《鲁迅回忆录》:"噩耗传来不久,几个秋白同志的友好就暗地集合在郑振铎先生家里,哀悼这位杰出的、不屈的英勇战士的惨遭牺牲。当时就商议给他出书、传布,以教育人民,扩大革命影响。于是几个朋友商量集款,动手工作。关于从排字到打制纸版,归某几个人出资托开明书店办理,其余从编辑、校对、设计封面、装帧、题签、拟定广告及购买纸张、印刷、装订等项工作,则都由鲁迅经办,以便使书籍更臻于完美。"

8 日 作《〈俄罗斯的童话〉小引》,收入文化生活社版《俄罗斯的童话》,署名鲁迅。小引认为这部作品"虽说'童话',其实是

---

① 王钧初(1904—1986),笔名胡蛮,河南扶沟人。1925 年毕业于开封师范学校艺术系,1928 年毕业于北平国立艺专西画系。后到上海,参加"左联",创作版画,从事革命活动,遭到国民党当局通缉,1935 年,由鲁迅转请宋庆龄出资帮助赴苏联列宾美术学院学习。1936 年 2 月 16 日,由王明介绍加入中国共产党。担任过国立艺专西画系讲师、莫斯科东方大学教授、鲁迅艺术学院美术组组长。

从各方面描写俄罗斯国民性的种种相，并非写给孩子们看的”。认为先前的文人哲士只为帝王卿相写家谱，而高尔基则描写下层人民的生活：“帝王卿相有家谱，的确证明着他有祖宗；然而穷人以至奴隶没有家谱，却不能成为他并无祖宗的证据。笔只拿在或一类人的手里，写出来的东西总不免于蹊跷，先前的文人哲士，在记载上就高雅得古怪。高尔基出身下等，弄到会看书，会写字，会作文，而且作得好，遇见的上等人又不少，又并不站在上等人的高台上看，于是许多西洋镜就被拆穿了。”

13日 作《四论“文人相轻”》，载9月《文学》月刊第5卷第3期，署名隼，收入《且介亭杂文二集》。文章继续批评魏金枝《分明的是非和热烈的好恶》中所谓的“讲交友之道”，指出：“朋友乃五常之一，交道是人间的美德，当然也好得很。不过骗子有屏风，屠夫有帮手，在他们自己之间，却也叫作‘朋友’的。”可见“美名未必一定包着美德”。文章还用无赖合伙行骗的事例揭穿某些人的所谓“朋友”的骗局，并抨击杨邨人、苏汶等人借办刊物向文学青年敛钱的行为。

14日 作《五论“文人相轻”——明术》，载本年9月《文学》月刊第5卷第3期，署名隼，收入《且介亭杂文二集》。文章分析“文人相轻”口号所以为一些人宝爱，是因为它可以作为无可奈何时候的“逃路”，同时也是一种“战术”。揭露一些文人打击别人、抬高自己的各种手法，着重分析给对手起“诨名”的方法，讽刺这些人其实并无这样的“判断力和表现的才能”。嘲讽说：“连称号或诨名起得不得法，也还是因为这班‘朋友’的不‘文’。”本月15日致黄源的信中说：“《五论……》是一点战斗的秘决，现在借《文学》来传授给杜衡之流，如果他们的本领仍旧没有长进，那么，真是从头顶到脚跟，全盘毫无出息了。”

16日 作《"题未定"草(五)》,载10月5日《芒种》半月刊第2卷第1期,署名鲁迅,收入《且介亭杂文二集》。文章针对一些论者对左翼作家翻译、介绍苏联文学作品和马克思主义文艺理论的攻击而写。本年5月29日,张露薇在天津《益世报》的《文学副刊》上发表《略论中国文坛》,批评鲁迅等人翻译、介绍外国文学作品是"奴隶性"、"应声虫"。鲁迅驳斥道:"张露薇先生自然也是知识阶级,他在同阶级中发见了这许多奴隶,拿鞭子来抽",就像非洲的黑奴工头傲然拿鞭子乱抽着做苦工的黑奴一样,而其实"他和他所谓的奴隶们,也只隔了一张纸",但"那一个和一群,有这么相近,却又有这么不同,这一张纸真隔得利害:分清了奴隶和奴才"。文章发表时,题下原有小注:"一至三载《文学》,四不发表。"(四)而未写成,其原因参见本书第716页。

23日 作《论毛笔之类》,载9月5日《太白》半月刊第2卷第12期,署名黄棘,收入《且介亭杂文二集》。文章针对当时有人主张学生使用毛笔而不能用钢笔的论调,批评不求实效,盲目排外,一味保存"国粹"的陈腐思想。

同日 作《逃名》,载9月5日《太白》半月刊第2卷第12期,署名杜德机,收入《且介亭杂文二集》。文章讽刺了文坛上一些人以种种手法欺世盗名,猎取"作家"头衔等现象,指出由于这些人糟蹋了好名称,使"比较自爱的人,一听到这些冠冕堂皇的名目"就"竭力逃避"。

同日 致楼炜春信,谈楼适夷所译高尔基《在人间》一书的出版问题:"译文社的事很难说,因为现在是'今朝不知明朝'事,假如小说译成的时候,译文社仍在进行,也没有外界所加的特别困难,那当然可以出版的。"又在1936年4月13日致楼炜春信中说:"前天始与另一译者黄君会商,他以为适兄译书不易,慨然愿停止翻译，在《中学生》续登适兄译本，对于开明书店，则由他前往交涉，现在尚无回信，我看大约是可以的。”据楼适夷回忆：“我在狱中自觉应该利用时间尽可能做一点有益的工作。……我就是这样译了高尔基的《在人间》。译稿进行中托炜春告诉先生，想在先生主持黄源同志编辑的《译文》月刊连载发表。”“我已知《中学生》刊物上正开始连载黄源同志的译述。……不料他在鲁迅先生的书房里见了我涂满墨迹的一大叠译稿，就主动提出，停止自己的翻译，把在《中学生》发表的地位让给了我，而放弃了每月可得的稿费。”①

24 日　致萧军信，表示不赞成拿自己与外国作家相比：“我看用我去比外国的谁，是很难的，因为彼此的环境先不相同。……使我自己说，我大约也还是一个破落户，不过思想较新，也时常想到别人和将来，因此也比较的不十分自私自利而已。至于高尔基，那是伟大的，我看无人可比。”

9 月

1 日　致萧军信，谈到《死魂灵》的翻译并怀念瞿秋白：“《死灵魂》的原作，一定比译文好，就是德文译，也比中译好，有些形容辞之类，我还安排不好，只好略去，不过比两种日本译本却较好，错误也较少。瞿若不死，译这种书是极相宜的，即此一端，即足判杀人者为罪大恶极。”

5 日　译保加利亚作家伐佐夫的短篇小说《村妇》并作“译后附记”，均载 16 日《译文》月刊终刊号，署名鲁迅，收入《译丛补》。附记介绍《村妇》“写的是他那国度里的村妇的典型：迷信，固执，

---

①　楼适夷《毕生难忘的恩情》，见《浙江文艺》1978 年第 7 期。

然而健壮，勇敢；以及她的心目中的革命，为民族，为信仰”。“这一篇小说虽然简单，却写得很分明，里面的地方，人物，也都是真的。固然已经是六十年前事，但我相信，它也还很有动人之力”。

8日 致孟十还信，谈到《死魂灵》日文译本存在的问题：“这回译《死魂灵》，将两种日译，和德译对比了一下，发见日译本错误很多，虽是自诩为‘决定版’的，也多错误。大约日本的译者也因为经济关系，所以只得草率，无暇仔细的推敲。倘无原文可对，只得罢了，现既有，自然必须对比，改正的。”并计划在明年内完成《果戈理选集》的出版计划。

12日 作《六论“文人相轻”——二卖》和《七论“文人相轻”——两伤》，均载10月《文学》月刊第5卷第4期，署名隼，收入《且介亭杂文二集》。前者对帮闲文人攻击自己和其他老作家“倚老卖老”予以驳斥，认为把年龄之“老”作为罪案，是一些人的老战术，但“罪并不在‘老’，而在于‘卖’”，并嘲讽了文人的卖富、卖穷、卖病、卖孝、卖俏等丑态。后者针对炯之(按即沈从文)的《谈谈上海的刊物》而发。沈文认为当时文坛的论争都是“私骂”，双方“一古脑儿变成丑角”，这样的文坛“未免太可怜了”。鲁迅认为，这种说法是“不问青红皂白，谁是谁非，各打屁股五百”。而其实，文坛的论争是“有是非曲直之分”的，“纵使名之曰‘私骂’”，然而终究“在‘私’之中，有的较近于‘公’，在‘骂’之中，有的较合于‘理’的”，参加评论的人，就该“加以分析，明白的说出你究以为那一面较‘是’，那一面较‘非’来”。主张文人“不但要以热烈的憎，向‘异己’者进攻，还得以热烈的憎，向‘死的说教者’抗战。在现在这‘可怜’的时代，能杀才能生，能憎才能爱，能生与爱，才能文”。

同日 致胡风信，谈到萧军是否参加左联的问题说：“三郎的事情，我几乎可以无须思索，说出我的意见来，是：现在不必进去。……我觉得还是在外围的人们里，出几个新作家，有一些新鲜的成绩，一到里面去，即酱在无聊的纠纷中，无声无息。以我自己而论，总觉得缚了一条铁索，有一个工头在背后用鞭子打我，无论我怎样起劲的做，也是打，而我回头去问自己的错处时，他却拱手客气的说，我做得好极了，他和我感情好极了，今天天气哈哈哈……。真常常令我手足无措，我不敢对别人说关于我们的话，对于外国人，我避而不谈，不得已时，就撒谎。你看这是怎样的苦境？”“倘使削弱外围的力量，那是真可以什么也没有的。”

15日　作《〈坏孩子和别的奇闻〉译者后记》，载1936年联华书局版《坏孩子和别的奇闻》。后记对文集中各篇的内容和译文发表经过作了介绍，抨击国民党当局限制言论、扼杀文艺的恶行。

同日　晚，应黄源之邀至南京饭店赴宴，同席共10人，除译文社的茅盾、黎烈文和黄源，以及傅东华、胡风外，还有文化生活社的吴朗西、巴金，主要商量《译文丛书》出版事宜。《译文丛书》原拟由生活书店出版，后因书店毁约，鲁迅委托黄源另与文化生活社接洽。本日晚宴上商定改由文化生活社出版。

16日　与茅盾合撰《〈译文〉终刊号前记》，载本月《译文》终刊号，署名“译文社同人公启”，收入《集外集拾遗》。前记说明《译文》暂时中止的原因。本年元旦，《译文》编辑部决定出版《译文丛书》，委托黄源与生活书店联系出版。生活书店开始答应，但没有实质进展，于是商议由巴金主持的文化生活社出版。生活书店怀疑此事系黄源从中作祟，17日晚于新亚公司请客，鲁迅被邀出席。席间生活书店不同意黄源在合同上签字，并提出撤换黄源，遭到鲁迅的反对。鲁迅不待终席即拂袖而去。18 日，由鲁迅提出，并经茅盾、黎烈文同意，决定《译文》与生活书店的合同由黄源签字。生活书店拒不同意，《译文》被迫停刊。鲁迅在本年 10 月 4 日致萧军信中叙述此事经过。

20 日　致蔡斐君信，就新诗的创作问题发表意见："诗须有形式，要易记，易懂，易唱，动听，但格式不要太严。要有韵，但不必依旧诗韵，只要顺口就好。"关于口号能否入诗，鲁迅认为："口号是口号，诗是诗，如果用进去还是好诗，用亦可，倘是坏诗，即和用不用都无关。譬如文学与宣传，原不过说：凡有文学，都是宣传，因为其中总不免传布着什么，但后来却有人解为文学必须故意做成宣传文字的样子了。诗必用口号，其误正等。"

22 日　接待茅盾。茅盾来访的目的是调解《译文》与生活书店的矛盾，并带来郑振铎的提议：一、与生活书店所订合同由黄源签字；二、《译文》的原稿须由鲁迅审阅、签名。鲁迅原则上同意，但要求审稿分别由他和茅盾、黎烈文三人轮流负责。茅盾同意鲁迅的意见，并向生活书店转达。

24 日　接待茅盾、黎烈文。茅盾转达了生活书店关于《译文》的处理意见：不同意郑振铎的提议，情愿停刊。

同日　致黄源信，告以前天郑振铎调解《译文》事及生活书店拒绝采纳的情况："今天上午沈先生和黎先生同来，拿的是胡先生（指胡愈之）的信，说此事邹先生（指邹韬奋）不能同意，情愿停刊。那么，这事情结束了。"还说："他们那边人马也真多，忽而这人，忽而那人。回想起来：第一回，我对于合同已经签字了，他们忽而出了一大批人马，翻了局面；第二回，郑先生的提议，我们接收了，又忽而化为胡先生来取消。一下子对我们开了两回玩笑，大家白跑。"信中通知黄源，要"出一'终刊号'。这一点，胡先生的信里说书店方面是同意的”。

10月

21日　应日本朝日新闻支社社长仲居之邀，至六三园赴午宴，同席有野口米次郎，内山完造。席间，野口问：“鲁迅先生，中国的政客和军阀，总不能使中国太平，而英国替印度管理军事政治，倒还太平，中国不是也可以请日本帮忙管理军事政治吗？”鲁迅回答：“这是个感情问题吧！同样把财产弄光，与其让强盗抢走，还是不如让败家子败光。同样让人杀，还不如让自己人杀，不要让外国人来砍头！”但后来野口却又歪曲报道了鲁迅的话，鲁迅在1936年2月3日致增田涉信中予以了斥责。[①]

同日　晚，与许广平往金城大戏院观看上海业余剧人协会演出的果戈理戏剧《钦差大臣》。观后，对剧中人物性格的表现及舞台装置、服装、化装设计等提出了意见。

27日　会晤日本社会学家圆谷弘教授。据圆谷弘回忆，鲁迅对他说：“在中国，马克思主义啦，革命的辩证法理论啦，是没有的。包围着中国人的社会生活本身，便教给他们与马克思主义相同型态的东西。不是想不想革命的问题，而是革命乃是中国唯一的现实生活。”谈到文艺时鲁迅说：“文艺运动之类，经常反映中国青年大众的不满，有很大的影响，因此，政府镇压之残酷是不用说了。”“对我下了逮捕令。在中国，下了逮捕令就意味着这个人的行动受到了限制，不能在公开场合活动。跟在逮捕令后面来的，便是暗杀。”谈到中日关系说：“中国没有军备。没

---

①　内山完造《回忆鲁迅的一件小事》，1956年10月7日上海《劳动报》；参见野口米次郎作、陈福康译《与鲁迅谈话》，《鲁迅研究月刊》1992年第4期

有力量的均衡就没有真的亲善。""对现在的中国人来说，与其说日本是敌人，不如说政府更是敌人。日本方面以为蒋介石是抗日的首领，中国人却认为他是日本的朋友，日本方面给了他很多好处。中国人如果当奴隶就安心当奴隶，现在的中国连奴隶也当不了，有的只是一片混乱。"他反复地说："中国，旧的不保存，新的不建设。站在中国的彼岸所能看到的，只是阿拉伯一样的沙漠！"①

11月

5日 致王冶秋信，谈到编写文学史的问题："讲文学的著作，如果是所谓'史'的，当然该以时代来区分，'什么是文学'之类，那是文学概论的范围，万不能牵进去，如果连这些也讲，那么，连文法也可以讲进去了。史总须以时代为经，一般的文学史，则大抵以文章的形式为纬，不过外国的文学者，作品比较的专，小说家多做小说，戏剧家多做戏剧，不像中国的所谓作家，什么都做一点，所以他们做起文学史来，不至于将一个作者切开。中国的这现象，是过渡时代的现象，我想，做起文学史来，只能看这作者的作品重在那一面，便将他归入那一类，例如小说家也做诗，则以小说为主，而将他的诗不过附带的提及。"

8日 应苏联驻上海总领事馆之邀，全家出席为庆祝苏联十月革命18周年而举办的招待会，观看电影《夏伯阳》（即《恰巴耶夫》）。出席者还有宋庆龄、茅盾、何香凝、黎烈文、郑振铎、史沫特莱等。据宋庆龄回忆，电影映完，苏联大使勃加莫洛夫询问鲁迅对影片的观感，鲁迅回答说："我们中国现在有数以千计的夏

---

① 圆谷弘《与鲁迅谈话》，《鲁迅研究月刊》1991年第5期。

伯阳正在斗争。”[①]

14日 为萧红小说《生死场》作序，载本年12月容光书局出版的《生死场》，署名鲁迅，收入《且介亭杂文二集》。序言肯定了《生死场》的艺术成就和现实意义，认为书中反映的“北方人民的对于生的坚强，对于死的挣扎，却往往已经力透纸背；女性作者的细致的观察和越轨的笔致，又增加了不少明丽和新鲜。精神是健全的，就是深恶文艺和功利有关的人，如果看起来，他不幸得很，他也难免不能毫无所得”。序言还谈到此书原稿被国民党检查机关扣押的过程。

20日 以日文作《陀思妥夫斯基的事》，载1936年东京《文艺》杂志2月号，同时由鲁迅本人译成中文，刊于1936年2月《青年界》月刊第9卷第2期和同月《海燕》月刊第2期，署名鲁迅，收入《且介亭杂文二集》。文章是应日本三笠书房之约，为其

---

① 宋庆龄《追忆鲁迅先生》，《鲁迅回忆录》第1集。许广平在《欣慰的纪念·鲁迅先生的娱乐》中回忆：“同去的人，有茅盾先生，来约的时候，刚巧黎烈文先生也在我家，于是带着海婴，五个人坐在预备好的汽车，开到一个停车处，遇到宋庆龄先生和史沫特黎女士，再一同转弯抹角了一通，然后停在一个大厦的前面。走了进去，出来招待的是苏联人使夫妇和驻沪领事，先是开映电影，《夏伯阳》那一张片子在电影院还没有开映之前先看到了。房间的结构很精致，座位十多个，正好看得清楚，招待的人还随时加以口头解释，有几位讲得一口流畅的北京话，所以言语上也还方便。看完电影，差不多九时了。正要告辞，却被招待到另一个修整的房间里，盛宴款待，却是还不过算作点心而已。席上各式名酒，每人酒杯大小有六七只之多，鱼的种类很多，光是鱼子，除了普通见到红色的之外，还有一种黑色的，据说最名贵。点心也真多，其实各种各式的菜更多，末了各种难得的水果和茶、可可，真是应接不暇。可惜那一天我们都吃了饭去，鲁迅先生又正发热，吃不下多少，但在他，恐怕是毕生最讲究的宴会了。这时苏联国内一般物质生活还未十分完善，然而就在这一宴会的招待上，可见人们所想到革命后的苏联，以为满脚泥污的人们，走到豪华的所在的万不适称的不相符合，正相反，他们在一切周旋上都很能体会得到，席间并且特别开起在苏联新获奖的《渔光曲》以娱宾客。后来大家都到下临苏州河的凉台上乘凉，这时集中的谈话就是邀请鲁迅先生到苏联观光。旁边赞助最力的是史沫特黎女士等。”

出版的《陀思妥夫斯基全集》普及本而作的序言，分析了陀思妥夫斯基思想的变化和创作的特点，指出陀思妥夫斯基式的忍从，是俄国沙皇专制时代的病态表现之一。而在中国，这种“对于横逆之来的真正的忍从”，在一般人中是没有的，“忍从的形式，是有的，然而陀思妥夫斯基式的掘下去，我以为恐怕也还是虚伪。因为压迫者指为被压迫者的不德之一的这虚伪，对于同类，是恶，而对于压迫者，却是道德的”。鲁迅在《且介亭杂文二集》后记中重申此意：“我在这里，说明着被压迫者对于压迫者，不是奴隶，就是敌人，决不能成为朋友，所以彼此的道德，并不相同。”

25 日 为孔另境编《当代文人尺牍钞》作序，载 1936 年 5 月上海生活书店出版的《现代作家书简》，署名鲁迅，收入《且介亭杂文二集》。鲁迅认为阅读文人的“日记或书信”，可以“稽文坛的故实”，“探索作者的生平”，可以看到作者的不加藻饰的真实；“从作家的日记或尺牍上，往往能得到比看他的作品更其明晰的意见，也就是他自己的简洁的注释。”

同日 致叶紫信，谈自己的著译经验：“先前那样十步九回头的作文法，是很不对的，这就是在不断的不相信自己——结果一定做不成。以后应该立定格局之后，一直写下去，不管修辞，也不要回头看。等到成后，搁它几天，然后再来复看，删去若干，改换几字。在创作的途中，一面练字，真要把感兴打断的。我翻译时，倘想不到适当的字，就把这字空起来，仍旧译下去，这字待稍暇时再想。否则，能够因为一个字，停到大半天。”

29 日 作《理水》，编入 1936 年 1 月文化生活出版社出版的《故事新编》时题为《治水》，后改题《理水》。作品以古代传说为素材，并萃取大量的现代生活内容，塑造了治水英雄禹的形象，歌颂他的勤劳、刻苦、坚韧、朴素、关怀人民疾苦；揭露了官僚和文人的种种丑态。

本月 得萧三信。萧三在莫斯科奉王明指令，于本月 8 日写此信给国内“左联”负责人。信中肯定“左联”成立以来所取得的成就，同时也指出其“向来所有的关门主义——宗派主义”的倾向。要求工作“要有一个大的转变”：“在组织方面——取消左联，发宣言解散它，另外发起组织一个广大的文学团体，极力夺取公开的可能，在‘保护国家’，‘挽救中华民族’，‘继续五四精神’或‘完成五四使命’，‘反复古’等口号之下，吸引大批作家加入反帝反封建的联合战线上来，‘凡是不愿作亡国奴的作家，文学家，知识分子，联合起来！’这，就是我们进行的方针。”鲁迅托茅盾将此信转交周扬。

12 月

2 日 作《杂谈小品文》，载 7 日《时事新报》副刊《每周文学》，署名旅隼，收入《且介亭杂文二集》。文章认为“短”并不是小品文的特征，“讲小道理，或没道理，而又不是长篇的，才可谓之小品。至于有骨力的文章，恐不如谓之‘短文’，短当然不及长，寥寥几句，也说不尽森罗万象，然而它并不‘小’。”认为林语堂鼓吹的所谓“抒写性灵”的小品文，其实是“经过清朝检选”的，“到得现在，却刚刚相宜，有明末的洒脱，无清初的所谓‘悖谬’，有国时是高人，没国时还不失为逸士”，他们写的所谓“小品”，“已经满纸空言，甚而至于胡说八道，下流的却成为打诨，和猥鄙丑角，并无不同”，“已经下于五四运动前后的鸳鸯蝴蝶派数等了”。还指出翻印的“珍本”并不就是“善本”，“这一层，却要读者有选择的眼光，也希望识者给相当的指点的”。

5 日 书自作诗《亥年残秋偶作》赠许寿裳：“曾惊秋肃临天

下，敢遣春温上笔端。尘海苍茫沉百感，金风萧瑟走千官。老归大泽菰蒲尽，梦坠空云齿发寒。竦听荒鸡偏阒寂，起看星斗正阑干。”收入《集外集拾遗》。据“亥年残秋”推定，此诗约作于本年10月。许寿裳在《〈鲁迅旧体诗集〉跋》中说：“《亥年残秋偶作》系为余索书而书者，余亦在《怀旧》中首先发表。此诗哀民生之憔悴，状心事之浩茫，感慨百端，俯视一切，栖身无地，苦斗益坚，于悲凉孤寂中，寓熹微之希望焉。”①

18—19日 作《“题未定”草（六至九）》，第6、7节载1936年1月《海燕》月刊第1期；第8、9节载同年2月《海燕》月刊第2期，均署名鲁迅，收入《且介亭杂文二集》。这组文章讨论“选本”、“标点古文”以及“摘句”等问题。第6节批评施蛰存的“选本”主张及其主编的《中国文学珍本丛书》中《琅環文集》的标点错误。第7节对朱光潜摘唐人钱起的诗句论证“静穆”是“艺术的最高境界”说法提出了批评，并申述自己的主张：“我总以为倘要论文，最好是顾及全篇，并且顾及作者的全人，以及他所处的社会状态，这才较为确凿。要不然，是很容易近乎说梦的”。第8节主张编选文集或选集时，不但应保留作者的文章，而且还应保留与作者有关的别人的文章。因为，这一面可以“看作者的文章，一面又可以见他和别人的关系，他的作品，比之同咏者，高下如何，他为什么要说那些话”。第9节指出朱光潜立“静穆”为诗的极境在事实上不可得，就像数年前文坛上的所谓“第三种人”那样。文章还以明代老百姓支持东林党事为例说明：“老百姓虽然不读诗书，不明史法，不解在瑜中求瑕，屎里寻道，但能从大概

---

① 许寿裳《我所认识的鲁迅》，中国青年出版社1961年版，第99页。《怀旧》载《新苗》第13期（1936年）。

上看，明黑白，辨是非，往往有决非清高通达的士大夫所可几及之处的。”

19日 致杨霁云信，鼓励他编集中国文字狱的史料：“集中国文字狱史料，此举极紧要，大约起源古矣。清朝之狱，往往亦始于汉人之告密，此事又将于不远之日见之。”谈到国民党倡导“保障正当舆论”说：“国事至此，始云‘保障正当舆论’，‘正当’二字，加得真真聪明，但即使真给保障，这代价可谓大极了。”

21日 致王冶秋信，为委托其友杨廷宾拓印南阳汉画像事：“今日已收到杨君寄来之南阳画象拓片一包，计六十五张，此后当尚有续寄，款如不足，望告知，当续汇也。这些也还是古之阔人的冢墓中物，有神话，有变戏法的，有音乐队，也有车马行列，恐非‘土财主’所能办，其比别的汉画稍粗者，因无石壁画象故也。”

23日 作《论新文字》，载1936年1月11日《时事新报》副刊《每周文学》，署名旅隼，收入《且介亭杂文二集》。近几年，文化界展开了文字改革究竟是采用罗马字拼音还是实行汉字拉丁化的争论，吴玉章等人提出的“拉丁化新文字”方案逐渐引起注意。鲁迅支持汉字拉丁化运动，认为拉丁化简明易举，切实可行，而罗马拼音繁琐难行。文章指出，用“难行”来阻碍“易举”，其实是用空谈来维持现状：“拉丁化却没有这空谈的弊病，说得出，就写得来，它和民众是有联系的，不是研究室或书斋里的清玩，是街头巷尾的东西；它和旧文字的关系轻，但和人民的联系密，倘要大家能够发表自己的意见，收获切要的知识，除它以外，确没有更简易的文字了。”

25日前 作《采薇》，收入1936年1月文化生活社出版的《故事新编》。作品以周初伯夷、叔齐固守“先王之道”，反对武王伐纣而誓"不食周粟"，终于饿死于首阳山的典故为题材，结合现实，将两人塑造成自命清高而实际自私的形象，揭露了所谓"礼让""忠孝""仁义"的虚伪性，讽刺了"超然""隐逸"的人生态度以及"为艺术而艺术"的文艺观。

作《出关》，载 1936 年 1 月 20 日《海燕》月刊第 1 期，收入《故事新编》。作品以孔丘拜老聃为师、孔老相争老聃失败而出关隐没为题材，用漫画化的手法，勾勒出空谈家老聃的形象，认为"这种'大而无当'的思想家，是不中用的"。

作《起死》，收入 1936 年 1 月文化生活社出版的《故事新编》。作品以对话体（小剧本形式）叙述庄周乞求神灵复活了一个髑髅，反被诬为强盗，急欲分辩是非却不得，终于借助巡警的庇护才得以逃脱，揭露了所谓"彼亦一是非，此亦一是非"的处世哲学的荒谬性和虚伪性。

26 日　编定《故事新编》并作序言。序言回顾 8 篇以神话传说和历史故事为题材的小说的写作过程，讲述自己的创作体会："对于历史小说，则以为博考文献，言必有据者，纵使有人讥为'教授小说'，其实是很难组织之作，至于只取一点因由，随意点染，铺成一篇，倒无需怎样的手腕。"又说这些小说"叙事有时也有一点旧书上的根据，有时却不过信口开河。而且因为自己的对于古人，不及对于今人的诚敬，所以仍不免时有油滑之处"。"不过并没有将古人写得更死，却也许暂时还有存在的余地"。1936 年 2 月 1 日致黎烈文信说："《故事新编》真是'塞责'的东西，除《铸剑》外，都不免油滑，然而有些文人学士，却又不免头痛，此真所谓'有一利必有一弊'，而又'有一弊必有一利'也。"

29 日　编定《花边文学》并作序言。文集收入 1934 年所作杂文 61 篇。序言介绍这些作品发表的情况，揭露国民党政府对文化“明诛暗杀”的做法，并说明文集名称的由来。

30日 编定《且介亭杂文》并作序言和附记。文集收入1934年所作杂文36篇。序言驳斥了一些人对“杂文”的攻击，阐发杂文的战斗意义：“现在是多么切迫的时候，作者的任务，是在对于有害的事物，立刻给以反响或抗争，是感应的神经，是攻守的手足。潜心于他的鸿篇巨制，为未来的文化设想，固然是很好的，但为现在抗争，却也正是为现在和未来的战斗的作者，因为失掉了现在，也就没有了未来。”至于有些人仇视“杂文”，“其实他们所憎恶的是内容，虽然披了文艺的法衣，里面却包藏着‘死之说教者’，和生存不能两立”。文集名中的“且介亭”，意为半租界的亭子间。作者当时住在外国人越界筑路的区域，称为“半租界”，“且介”即“租界”二字各取一半。附记对12篇文章发表时的背景、缘由和经过作了说明，对国民党当局的文艺政策表现出极大的不满：“我们活在这样的地方，我们活在这样的时代”。

31日 编定《且介亭杂文二集》并作序言和后记。序言说，前几年所写杂文在报刊上虽然大受攻击，但事实却证明“不幸而吾言中”，这是“大可悲哀的”，对国民党对外不抵抗、对内残酷压迫的政策表示愤慨。后记中对自己的一些文章的写作意图、被国民党检查机关禁删的情况作了说明，并抄录了国民党当局查禁图书的命令、书目等材料。又总结自己的杂文写作历程道：“我从在《新青年》上写《随感录》起，到写这集子里的最末一篇止，共历十八年，单是杂感，约有八十万字。后九年中的所写，比前九年多两倍；而这后九年中，近三年所写的字数，等于前六年，那么，所谓‘现在不大写文章’，其实也并非确切的核算。”还对自己在杂文写作过程中的甘苦做了总结：“我在这一年中，日报上并没有投稿。凡是发表的，自然是含胡的居多。这是带着枷锁的跳舞，当然只足发笑的。但在我自己，却是一个纪念，一年完了，过而存之，长长短短，共四十七篇。”

约本月中旬至 1936 年 2 月 28 日 因商量解散“左联”事宜，先后 4 次接待徐懋庸。鲁迅起初并不同意解散“左联”，但鉴于多数人同意解散，他也表示同意，但主张发表一篇解散的宣言。

同期，收到方志敏秘密信件并为其转送文稿。① 方志敏是红军将领，被国民党军队俘虏，面临重刑。他托人从监狱中带出信件和文稿。

1936 年(丙子，中华民国二十五年) 56 岁

▲2 月 20 日，坚持东北抗日斗争的人民革命军发表《东北抗日联军统一建制宣言》。

▲5 月 5 日，毛泽东、朱德代表红军发表《停战议和一致抗日》通电。

▲5 月 5 日，国民党政府发表《中华民国宪法草案》。

---

① 冯雪峰在方志敏文稿《可爱的中国》影印本的“说明”中写道：“这两篇文稿和这短信中所说的三封信，送到鲁迅先生手里的时候，大概已经在方志敏同志就义后很久，即是一九三五年临末或一九三六年初，因为我在一九三六年四月从陕北到了上海，鲁迅先生立即把它们交给我的时候，他说收到已经有几个月了。”但方志敏托人转出的文稿不止一件也不止一次，通过鲁迅转交的文稿究竟是哪一部或几部已不可考。曾有知情人撰文否定冯雪峰的说法。参见胡子婴《我接交〈可爱的中国〉手稿的经过》，《书林》1981 年第 3 期；黄中海《关于方志敏遗信和密信转送给鲁迅的情况——兼谈〈同志的信任〉的真实性》，《绍兴师专学报》1981 年第 1 期及该刊同年第 2 期上的《重要补正》；项立岭、罗义俊《〈可爱的中国〉的手稿转送及版本新述》，《上海师院学报》1983 年第 3 期。

▲5月15日，日本开始对华北大规模增兵。至27日，天津增兵已达2万。

▲5月31日，沈钧儒、邹韬奋等在上海发起成立“全国各界救国联合会”，6月1日，该会发表成立宣言和政治主张。

▲本年，左联解散，左翼作家展开“国防文学”与“民族革命战争的大众文学”两个口号的论争。

1月

3日 夜，肩及胁大痛。次日往须藤医院诊，许广平携海婴同去。

5日 致胡风信，转请其为英译本《子夜》的序文写作准备一份关于作者茅盾的材料，内容包括茅盾的地位、作风和影响3个方面。这个译本是史沫特莱请人翻译，准备在美国出版的，后因抗日战争爆发，没有实现。胡风所写这个材料，鲁迅收到后即于2月2日寄给茅盾，并附信说：“找人枪替的材料，已经取得，今寄上；但给S女士（按即史沫特莱）时，似应声明一下：这并不是我写的。”

13日 在内山书店遇日本画家堀尾纯一，请其画漫画肖像一幅。此画曾刊载于1936年11月5日《作家》月刊第2卷第2号。画像背面有画家题词：“以非凡的志气，伟大的心地，贯穿了一代的人物。”

19日 参与编辑的《海燕》1月号提前一天出版，据鲁迅日记：“即日售尽二千部。”《海燕》每月20日出版，编辑人署史青文，出版者署海燕文艺社；第2期编辑人署耳耶，发行人署张仲文，均由群众杂志公司总代售。该刊实为鲁迅和周文、聂绀弩等几个文学青年编辑，只出两期即被当局禁止。鲁迅本年2月29日致杨霁云信说：“《海燕》系我们几个人自办，但现已以‘共’字罪被禁，续刊与否未可知，……此次所禁者计二十余种，稍有生气之刊物，一网打尽矣。”2 月 21 日致曹聚仁信也说过：“《海燕》虽然是文艺刊物，但我看前途的荆棘是很多的，大原因并不在内容，而在作者。说内容没有什么，就可以平安，那是不能求之于现在的中国的事。其实，捕房的特别注意这刊物，是大有可笑的理由的。”

同日 发表《文人比较学》，载本年《海燕》元月号，署名齐物论，收入《且介亭杂文附集》。去年 11 月《国民周报》曾发文批评施蛰存等编印的《中国文学珍本丛书》计划草率、选本不当和标点谬误。随后，施蛰存也在该刊发表文章进行辩解，说比起“出卖了别人的灵魂与血肉来为自己的‘养生主’”的文人来，他们的错误“充其量还不过是印出了一些草率的书来”，“幸而并不能算是造了什么大罪过”。鲁迅认为施蛰存这种辩解“活活的画出了‘洋场恶少’的嘴脸”。

21 日 致曹靖华信，谈到没有答应赴苏联“游历”的原因：“三兄（按：指萧三）力劝我游历，但我未允，因此后甚觉为难，而家眷（母）生计，亦不能不管也。”本年初，胡愈之奉命从香港秘密回上海，当面向鲁迅转达苏联邀请他去休养的建议，并提出帮助他买船票去香港转往莫斯科。胡愈之、冯雪峰《谈有关鲁迅的一些事情》对此事有详细记载。

28 日 作《〈凯绥·珂勒惠支版画选集〉序目》，印入本年 5 月三闲书屋出版的《凯绥·珂勒惠支版画选集》，又载本年 8 月 15 日《散文》月刊创刊号和同日《作家》月刊第 1 卷第 5 号，改题为《凯绥·珂勒惠支版画》，均署名鲁迅，收入《且介亭杂文末编》。《凯绥·珂勒惠支版画选集》是由鲁迅编选并以“三闲书屋”名义出版的，为了扩大传播，版权页上印有“有人翻印，功德无量”8 个字。鲁迅在《写于深夜里》一文中说，这部版画集对于中国的青年艺术学徒有四大益处。序目介绍了珂勒惠支的生平和创作历程、艺坛对她的评论及其版画输入中国的情况，并对所选的 21 幅版画逐一作了评介。

29 日　邀黄源、胡风和周文在陶陶居夜饭。1935 年 12 月《文学》月刊第 5 卷第 6 期发表周文的短篇小说《山坡上》，主编傅东华未经作者同意，删去其中“盘肠大战”的情节，周文大为不满，激烈抗议。鲁迅约周文夜饭，意在调解。

2 月

1 日　致黎烈文信，对他赠送所译法国法朗士长篇小说《企鹅岛》表达谢意，并评价说：“法朗士之作，精博锋利，而中国人向不注意，服尔德的作品，译出的也很少，大约对于讽刺文学，中国人是其实不大欢迎的。”

9 日　应黄源之邀，赴宴宾楼夜饭。同席者有茅盾、黎烈文、巴金、吴朗西、黄源、胡风、萧军和萧红共 9 人，决定《译文》由上海杂志公司出版，于 3 月 16 日复刊，出版特大号，称新 1 卷 1 期，由鲁迅写《复刊词》。

10 日　致曹靖华信，谈到汇编自己 30 年来著述的想法：“回忆《坟》的第一篇，是一九〇七年作，到今年足足三十年了，除翻译不算外，写作共有二百万字，颇想集成一部（约十本），印它几百部，以作记念，且于欲得原版的人，也有便当之处。不过此事经费浩大，大约不过空想而已。”鲁迅为此自拟了两种目录。[①] 但后来连月大病，未能进行。据许钦文回忆，鲁迅逝世前不久，他到上海看望，见鲁迅身体衰弱，竟然连吃饭的力气都没有了。鲁迅叫他挨近坐，轻声说：“钦文，我写了整整三十年，约略算起来，创作的已有三百万字，翻译的也有三百万字，出起全集来，有点像样了。”正说话间，许广平走进来，鲁迅因不愿让许广平听见这类不祥的话，没有再说下去。本年 7 月 15 日致赵家璧信中说：“所谓汇印旧作，当初拟议，不过想逐渐合订数百或者千部，以作纪念。并非彻底改换，现在则并此数百或千部，印不印亦不可知，所以实无从谈起。”

同日 作《登错的文章》，载本月 20 日《海燕》月刊第 2 期，署名何干，收入《且介亭杂文附集》。文章针对有人倡导青少年学岳飞、文天祥的言论，指出如果青少年“模仿”他们，“武的呢，准备被十二金牌召还，死在牢狱里；文的呢，起兵失败，死在蒙古人的手中”，中国就像宋朝一样灭亡。那么，这两人“确可以励现任的文官武将，愧前任的降将逃官”。而关于他们的文章本是应该给“大人老爷们”看的，“却错登在少年读物上”。

---

① 《三十年集》两种目录，第一种将《坟》《野草》《呐喊》《彷徨》《故事新编》《朝华夕拾》《热风》编为一类，称为“人海杂言”；将《华盖集》《华盖集续编》《而已集》《三闲集》《二心集》《南腔北调集》《伪自由书》《准风月谈》《集外集》《花边文学》《且介亭杂文二集》编为一类，称为“荆天丛草”；将《中国小说史略》《古小说钩沉上、下》《唐宋传奇集》《小说旧闻钞》《两地书》编为一类，称为“说林偶得”。第二种以编号分类：一、《坟》《呐喊》；二、《彷徨》《野草》《朝华夕拾》《故事新编》；三、《热风》《华盖集》《华盖集续编》；四、《而已集》《三闲集》《二心集》；五、《南腔北调集》《伪自由书》《准风月谈》；六、《花边文学》《且介亭杂文》《且介亭杂文二集》；七、《两地书》《集外集》《集外集拾遗》；八、《中国小说史略》《小说旧闻钞》；九、《古小说钩沉》；十、起信三书、《唐宋传奇集》。最后一项的“起信三书”应指《古小说钩沉上、下》《小说旧闻钞》，是《中国小说史略》的基础材料。

11日 应内山完造之邀，在上海新月亭会见日本改造社负责人山本实彦。当时上海的左翼文化活动异常活跃，吸引了国外文化界的关注。山本实彦来华访问目的之一就是接触中国的左翼文化。山本是一个大亚洲主义者，对鲁迅十分敬重。据胡风《鲁迅先生》，山本到中国来要拜访两个人——鲁迅和蒋介石。到上海会见鲁迅的目的达到了，但在南京会见蒋介石的希望虽然落空，但他持鲁迅写的介绍信见到了蔡元培。内山完造也是山本的朋友，帮助联系山本与鲁迅的会面。这次会见后，山本通过内山，向鲁迅传达了希望在日本出版《鲁迅杂感选集》的信息。鲁迅答应了山本的要求，选编的任务交给了胡风，日文翻译的工作仍然延请鹿地亘。

15日 致表侄阮善先信，告知"茅盾是《译文》的发起人之一，停刊并不是他弄的鬼，这是北平小报所造的谣言，也许倒是弄鬼的人所造的，你不要相信它"。进而谈到小报的谣言："小报善造谣言，况且北平离上海远，当然更不会有真相。例如这回寄给我的一方小报，还拿杨邨人的话当圣旨，其实杨在上海，是早不能用真姓名发表文章的了，因为大抵知道他为人三翻四覆，不要看他的文章。"最后以印度的甘地讽刺中国知识阶层"自己一面点电灯，坐火车，吃西餐，一面却骂科学，讲国粹，确是所谓'士大夫'的坏处。印度的甘地，是反英的，他不但不用英国货，连生起病来，也不用英国药，这才是'言行一致'。但中国的读书人，却往往只讲空话，以自示其不凡了"。

17日 作《记苏联版画展览会》，载2月24日《申报》，署名鲁迅，收入《且介亭杂文末编》。苏联版画展览会由苏联对外文化协会、中苏文化协会、中国美术会和中国文艺社等团体举办，先在南京展出，本月移上海八仙桥青年会9楼东厅展出。20日预展，22日正式开幕，26日闭幕，共展出版画200余幅。鲁迅于本月1日收到苏联版画展览会目录1本。本拟先参观一下展览再写文章介绍，终因时间来不及，只得于本日作此文。文章肯定近年来文化界人士在介绍苏联建设成绩方面所做的努力，评介了苏联木刻家的成就，认为苏联的木刻改革者们“在作品里各各表现着真挚的精神，继起者怎样照着导师所指示的道路，却用不同的方法，使我们知道只要内容相同，方法不妨各异，而依傍和模仿，决不能产生真艺术”。文章论述苏联木刻的独特风格道：“它真挚，却非固执，美丽，却非淫艳，愉快，却非狂欢，有力，却非粗暴；但又不是静止的，它令人觉得一种震动——这震动，恰如用坚实的步法，一步一步，踏着坚实的广大的黑土进向建设的路的大队友军的足音。”

19日 复夏传经信。夏传经当时是南京市盛记布庄的店员，喜好读书，在读过鲁迅的《伪自由书》等著作以后给鲁迅写信，谈自己的感想，还开列了一个自己读过的鲁迅著作目录，并向鲁迅请教读书和研究方法。鲁迅答复：“关于研究文学的事，真是头绪纷繁，无从说起；外国文却非精通不可，至少一国，英法德日都可，俄更好。”信中还谈到自己评论时事较准的原因：“经历一多，便能从前因而知后果，我的预测时时有验，只不过由此一端，但近来文网日益，虽有所感，也不能和读者相见了。”5天后，鲁迅又将自己的译著“《竖琴》《准风月谈》《南腔北调集》《坟》和两本《海燕》”寄赠；夏传经收到赠书后，回赠清陈森著《梅花梦传奇》一部两本，并剪辑南京出版的刊物上攻击鲁迅的文字。鲁迅于3月11日去信致谢：“如《朝霞文艺》之流，大约到处皆有，如此时候，当然有此种文人，我一向不加注意。承剪集寄示，好意至感，但我以为此后不妨置之，因费时光及邮费于此等文字，太不值得也。”

20日 发表《难答的问题》，载《海燕》月刊第2期，署名何干，收入《且介亭杂文附集》。文章批评了一些人向儿童灌输“武训精神”的错误。

21日 致徐懋庸信，表示不同意其对《出关》的评论，认为“那弊病也在视小说为非斥人则自况的老看法”，“小说也如绘画一样，有模特儿，我从来不用某一整个，但一肢一节，总不免和某一个相似，倘使无一和活人相似处，即非具象化了的作品”。并对《出关》的创作意图作了说明：“那《出关》，其实是我对于老子思想的批评，结末的关尹喜的几句话，是作者的本意，这种‘大而无当’的思想家，是不中用的，我对于他并无同情，描写上也加以漫画化，将他送出去。现在反使‘热情的青年’看得寂寞，这是我的失败。”还表示不满于邱韵铎“用抽象的封皮，把《出关》封闭了”。

23日 赴八仙桥参观苏联版画展览，以20美元订购木刻3幅。

同日 以日文作《我要骗人》，系应日本改造社之约而作，载东京《改造》月刊4月号，署名鲁迅。发表时“上海”“死尸”“俘虏”和“太阳的圆圈”等词语被删去，形成空白。3月23日鲁迅将其译成中文，载6月1日《文学丛报》月刊第3期，署名鲁迅。收入《且介亭杂文末编》时，编者许广平在《编后》中说明了上述删削情况。文章用“我要骗人”作题目，表达了在重压下不能说出真心话的悲愤心情。通过对所见所闻的叙述，揭露了中外统治者给中国人民带来的痛苦：“中国的人民，是常用自己的血，去洗权力者的手，使他又变成洁净的人物的。”文章还尖锐抨击日本侵略者的所谓“中日亲善”和国民党政府投降卖国的罪行：“不久之后，恐怕那‘亲善’的程度，竟会到在我们中国，认为排日即国贼——因为说是共产党利用了排日的口号，使中国灭亡的缘故——而到处的断头台上，都闪烁着太阳的圆圈的罢。”文章认为，现今还不是中日两国人民“披沥真实的心的时光”，很可悲哀。

29 日　致曹靖华信。谈到文坛现状：“文人学士之种种会，亦无生气，要名声，又怕压迫，那能做出事来。我不加入任何一种，似有人说我破坏统一，亦随其便。”据曹靖华注，这里的会，指“作家协会”（后改名“文艺家协会”）。

3 月

2 日　下午，“因为到一个冷房子里去找书，不小心，中寒而大气喘，几乎卒倒”（3 月 7 日致沈雁冰信），即请须藤医生来诊，迁延一周始渐愈。

4 日　致尤炳圻信，谈到日本和中国的“国民性”：“日本国民性，的确很好，但最大的天惠，是未受蒙古之侵入；我们生于大陆，早营农业，遂历受游牧民族之害，历史上满是血痕，却竟支撑以至今日，其实是伟大的。但我们还要揭发自己的缺点，这是意在复兴，在改善……”还谈到尤翻译的内山完造的著作《活中国的姿态》（1936 年 8 月开明书店出版，题为《一个日本人的中国观》）对中国的正面评价：”他所举种种，在未曾揭出之前，我们自己是不觉得的，所以有趣，但倘以此自足，却有害。”

8 日　作《〈译文〉复刊词》，载 3 月 16 日《译文》月刊新 1 卷第 1 期，未署名，收入《且介亭杂文末编》。复刊词开首引庄子的“涸辙之鲋，相濡以沫，相煦以湿”，强调在当局的文网下，在艰难困苦的环境中，文艺家们应当加强团结，互相支持，并委婉地批评一些人迫使《译文》停刊的做法。最后说:“这一回,将来的运命如何呢?我们不知道。但今年文坛的情形突变,已在宣扬宽容和大度了,我们真希望在这宽容和大度的文坛里,《译文》也能够托庇比较的长生。”

同日 发表《死魂灵》第2部第1章译者附记,载《译文》第1卷第1期。附记认为这部小说的第2部失败的原因是“《炼狱》和《天堂》已不是作者的力量所能达到了”,果戈理临终前烧掉第2部,从现存的5章看,“描写出来的人物,积极者偏远逊于没落者:在讽刺作家果戈理,真是无可奈何的事”。

11日 作《白莽作〈孩儿塔〉序》,载4月1日《文学丛报》月刊第1期,题为《白莽遗诗序》,署名鲁迅,收入《且介亭杂文末编》。序言表达了对白莽的悼念和对统治者的憎恶,并高度赞扬白莽诗作的意义:“这《孩儿塔》的出世并非要和现在一般的诗人争一日之长,是有别一种意义在。这是东方的微光,是林中的响箭,是冬末的萌芽,是进军的第一步,是对于前驱者的爱的大纛,也是对于摧残者的憎的丰碑。一切所谓圆熟简练,静穆幽远之作,都无须来作比方,因为这诗属于别一世界。”

17日 致唐弢信,谈到为《自由谈》撰稿事:“写《自由谈》上那样的短文,有限制,有束缚,对于作者,其实也并无好处,最好还是写长文章。”又表示自己不愿公开住址,而且也不想多谈天:“我的住址还想不公开,这也并非不信任人,因为随时会客的例一开,那就时间不能自已支配,连看看书的工夫也不成片段了。而且目前已和先前不同,体力也不容许我谈天。”

21日 得曹白信及其所作木刻《鲁迅像》一幅,复信。1935年全国木刻联合会在上海举行第一次展览会,曹白送去木刻《鲁迅像》和《鲁迅遇见祥林嫂》两幅。前者被国民党审查机关禁止展出。本年3月18日，曹白写信将这幅木刻寄给鲁迅。复信中说："顷收到你的信并木刻一幅，以技术而论，自然是还没有成熟的。""但我要保存这一幅画，一者是因为是遭过艰难的青年的作品，二是因为留着党老爷的蹄痕，三，则由此也纪念一点现在的黑暗和挣扎。倘有机会，也想发表出来给他们看看。"本月22日在画上题写："曹白刻。一九三五年夏天，全国木刻展览会在上海开会，作品先由市党部审查，'老爷'就指着这张木刻说：'这不行！'剔去了。"

24日　致曹靖华信，说："上海真是流氓世界，我的收入，几乎被不知道什么人的选本和翻板剥削完了。然而什么法子也没有。不过目前于生活还不受影响，将来也许要弄到随时卖稿吃饭。"

28日　致增田涉信，谈到《故事新编》中的《铸剑》说："确是写得较为认真。但是出处忘记了，因为是取材于幼时读过的书，我想也许是在《吴越春秋》或《越绝书》里面。……在《铸剑》里，我以为没有什么难懂的地方。但要注意的，是那里面的歌，意思都不明显，因为是奇怪的人和头颅唱出来的歌，我们这种普通人是难以理解的。第三首歌，确是伟丽雄壮，但'堂哉皇哉兮，嗳嗳唷'，是用在猥亵小调的声音。"

29日　与茅盾联名致电中国共产党中央委员会，祝贺红军东征胜利，全文发表于1936年4月17日中共西北中央局机关报《斗争》。[①] 这封致电的意义在于：一、证实鲁迅、茅盾确曾致信给长征到达陕北后的中共中央。二、以文献形式提供了原信内容。三、纠正了关于鲁迅、茅盾致信中共中央原因与内容上的一

---

① 阎愈新《鲁迅茅盾致红军贺信重见天日》，《鲁迅研究月刊》1996年第7期。

些误忆与误记，如长期流传鲁迅、茅盾曾致电中共中央祝贺长征胜利，实为致信中共中央祝贺红军东征之误。

本月 与美国记者埃德加·斯诺会面，回答了他为选编中国现代作家作品选《活的中国》所提出的有关中国文坛现状的36个问题。这些问题主要是：某些入选作家的生平资料严重匮乏，对负有盛名的作家的历史评价尚难把握，以及如何向西方读者介绍1930年代中国文坛情况。谈话还特别对左翼文坛存在的一些问题发表了意见。斯诺将鲁迅的谈话内容部分采用到他为《活的中国》所写的"编者序言"中。尼姆·威尔斯(斯诺的妻子)为该书所写长篇论文《现代中国文学运动》(《活的中国》附录一)，也吸收了鲁迅的一些观点。

4月

1日 作《我的第一个师父》，载4月15日《作家》月刊第1卷第1期，署名鲁迅，收入《且介亭杂文附集》。鲁迅不到一周岁时，按照当地的习俗，为了孩子容易养大，被送到长庆寺拜了一个叫龙师父的和尚为师。文章忆述和分析了这种风俗，通过对龙师父及其三个儿子在家而出家、出家又在家的生活的叙写，描绘小镇僧俗生活的画卷。

5日 致王冶秋信，叙述自己的艰难处境："我在这里，有些英雄责我不做事，而我实日日译作不息，几乎无生人之乐，但还要受许多闲气，有时真令人愤怒，想什么也不做，因为不做事，责备也就没有了。"谈到"左联"解散、新协会正在筹组时说："我们这一翼里，我觉得实做的少，监督的太多，个个想做'工头'，所以苦工就更加吃苦。现此翼已经解散，别组什么协会之类，我是决不进去了。但一向做下来的事，自然还是要做的。"另外还谈到：

“我的文章，未有阅历的人实在不见得看得懂，而中国的读书人，又是不注意世事的居多，所以真是无法可想”。此信手稿上“这一翼”三字被收信人涂去，后据收信人回忆补充。

7日　下午一时许，往良友图书印刷公司编辑部为《苏联版画集》选定版画。

同日　作《写于深夜里》，载5月10日《夜莺》第1卷第3期，英文译稿载6月1日《中国呼声》(*The Voice of China*)第1卷第6期，署名鲁迅，收入《且介亭杂文末编》。文末注有“附记：从《一个童话》后半起至篇末止，均据人凡君信及《坐牢略记》”。人凡即曹白。鲁迅于3月21日收到曹白信并木刻《鲁迅像》以后，对他遭到的迫害十分愤慨，4月1日致信曹白询问“被捕的原因，年月，审判的情形，定罪的长短”，表示“想作一点短文，到外国去发表”，曹白写了说明。4月6日致信曹白，告知已经收到“略记”。5月4日致曹白信又谈到此事。文章共5段：第1段谈珂勒惠支版画传入中国的经过和意义，抨击国民党当局杀害柔石的罪行；第2段从统治者的杀人谈起，揭露当局秘密杀人的罪恶；后3段借用曹白的材料揭露国民党当局的暴虐统治。

15日　致颜黎民信，就读书方法提出建议：“你说专爱看我的书，那也许是我常论时事的缘故。不过只看一个人的著作，结果是不大好的：你就得不到多方面的优点。必须如蜜蜂一样，采过许多花，这才能酿出蜜来，倘若叮在一处，所得就非常有限，枯燥了。”“专看文学书，也不好的。先前的文学青年，往往厌恶数学，理化，史地，生物学，以为这些都无足重轻，后来变成连常识也没有，研究文学固然不明白，自己做起文章来也胡涂，所以我希望你们不要放开科学，一味钻在文学里。”“其次是可以看看世界旅行记，藉此就知道各处的人情风俗和物产。”鲁迅在来信上发现颜黎民涂改了署名，知道是假托。

16日 作《三月的租界》，载5月10日《夜莺》月刊第1卷第3期，署名鲁迅，收入《且介亭杂文末编》。萧军小说《八月的乡村》于1935年8月出版后，1936年3月15日上海《火炬》发表张春桥化名狄克的文章《我们要执行自我批判》，批评《八月的乡村》"有些还不真实"、"有许多问题"，对它"如果只是鼓励，只是慰勉，而忘记了执行批评，那就无异是把一个良好的作者送进坟墓里去"。文章反驳狄克的观点，认为所谓"自我批判"，就可能是向敌人献媚。张春桥在新钟书店看到《夜莺》第3期的稿件中有鲁迅此文，"心里不安好几天"，写信给鲁迅，为自己的行为辩解，希望鲁迅给他回信，使他"安安心"。鲁迅本月28日日记载"得狄克信"，未复，但两天后在《〈出关〉的"关"》一文中继续驳斥张春桥的观点

23日 致曹靖华信，谈到文坛上的组织活动："这里在弄作家协会，先前的友和敌，都站在同一阵图里了，内幕如何，不得而知，指挥的或云是茅与郑，其积极，乃为救《文学》也。我鉴于往日之给我的伤，拟不加入，但此必将又成为一大罪状，听之而已。""近十年来，为文艺的事，实已用去不少精力，而结果是受伤。认真一点，略有信用，就大家来打击。去年田汉作文说我是调和派，我作文诘问，他函答道，因为我名誉好，乱说也无害的。后来他变成这样，我们的'战友'之一却为他辩护道，他有大计画，此刻不能定论。我真觉得不是巧人，在中国是很难存活的。"

24日 复何家槐信。何于本月20日来信并寄来"作家协会"发起缘起，请鲁迅签名。复信说："我曾经加入过集团，虽然现在竟不知道这集团是否还在，也不能看见最末的《文学生活》。但自觉于公事并无益处。这回范围更大，事业也更大，实在更非

我的能力所及。签名并不难，但挂名却无聊之至，所以我决定不加入。”所说的“集团”即指“左联”。5 月 18 日，何家槐又给鲁迅写一长信解释，并说：“先生认为签名很容易，挂名却是无聊之至，可是在事实上，如果从政治意义说起来，那是象先生这样的人‘挂名’于文学团体，决不是毫无意义，而且意义简直是很大的。”鲁迅未复。

26 日　在家接待前一日从延安来上海的冯雪峰。冯作为中共中央特派员来上海开展工作。

30 日　作《〈出关〉的“关”》，载 5 月 15 日《作家》月刊第 1 卷第 2 期，署名鲁迅，收入《且介亭杂文末编》。《出关》发表后，有评论者指出存在的问题，如徐北辰撰文说《出关》旨在攻击某一个人，而丘韵铎、徐懋庸等人认为作品中的老子是鲁迅的“自况”。鲁迅批评了所谓“攻击个人”的说法，指出小说中的人物必定有“模特儿”，作家取用“模特儿”有两种方法，“一是专用一个人，言谈举动，不必说了，连微细的癖性，衣服的式样，也不加改变”；“二是杂取种种人，合成一个”，“我是一向取后一法的”。针对丘韵铎等的“自况”说，鲁迅指出，批评者“起了有利于老子的心思，于是不禁写了‘巨大无比’的抽象的封条，将我的无利于老子的具象的作品封闭了”。文章对《出关》的命意和史料依据作了说明。

同日　以日文作《〈中国杰作小说〉小引》，载东京改造社《改造》月刊 6 月号，署名鲁迅。小引说明中国新文学的发展状况道：“一般说，目前的作者，创作上的不自由且不说，连处境也着实困难。第一，新文学是在外国文学潮流的推动下发生的，从中国古代文学方面，几乎一点遗产也没摄取。第二，外国文学的翻译极其有限，连全集或杰作也没有，所谓可资‘他山之石’的东西实在太贫乏。但创作中的短篇小说是较有成绩的,尽管这些作品还称不上什么杰作,要是比起最近流行的外国人写的,以中国事情为题材的东西来,却并不显得更低劣。从真实这点来看,应该说是很优秀的。”

5月

2日 复徐懋庸信。徐懋庸4月30日来信说:“这集团的解散以前,我曾见过先生,报告解散的意义而且征求先生的意见。迨乎这集团解散以后,我也见过先生,报告解散的经过及解散以后的状况。”鲁迅复信指出解散左翼作家联盟一事并未善始善终地互相讨论的事实,对于因此事引起的纠纷,鲁迅“不想来推究或解释”。最后郑重表示:“我希望这已是我最后的一封信,旧公事全都从此结束了。”

4日 致曹白信,谈自己的处境和心情:“说起我自己来,真是无聊之至,公事,私事,闲气,层出不穷。刊物来要稿,一面要顾及被禁,一面又要不十分无谓,真变成一种苦恼,我称之为‘上了镣铐的跳舞’。”又谈到果戈理《死魂灵》第2部:“作者想在这一部里描写地主们改心向善,然而他所写的理想人物,毫无生气,倒仍旧是几个丑角出色,他临死之前,将全稿烧掉,是有自知之明的。”

同日 致王冶秋信说:“年年想休息一下,而公事,私事,闲气之类,有增无减,不遑安息,不遑看书,弄得信也没工夫写。病总算是好了,但总是没气力,或者气力不够应付杂事;记性也坏起来。英雄们却不绝的来打击。近日这里在开作家协会,喊国防文学,我鉴于前车,没有加入,而英雄们即认此为破坏国家大计,甚至在集会上宣布我的罪状。我其实也真的可以什么也不做了，不做倒无罪。然而中国究竟也不是他们的，我也要住住，所以近来已作二文反击，他们是空壳，大约不久就要消声匿迹的：这一流人，先前已经出了不少。”

8日 致曹白信，介绍自己的外语学习经验及对外国文学介绍的意见：“研究文学，不懂一种外国文，是非常不便的。日文虽名词与中国大略相同，但要深通无误，仍非三四年不可，而且他们自己无大作家，近来绍介也少了，犯不着。英国亦少大作家，而且他们颇顽固，不大肯翻译别国的作品；美国较多，但书价贵。我以为你既然学过法文，不如仍学法文。因为：一，温习起来，究竟比完全初学便当；二，他们近来颇翻译别国的好作品；三，他们现在就有大作家，如罗兰，纪德，作品于读者有益。但学外国文须每日不放下，记生字和文法是不够的，要硬看。比如一本书，拿来硬看，一面翻生字，记文法；到看完，自然不大懂，便放下，再看别的。数月或半年之后，再看前一本，一定比第一次懂得多。这是小儿学语一样的方法。”

同日 致李霁野信，婉辞撰写自传，也不赞成别人为自己作传。但李霁野的意见得到许广平的重视，许从本日开始把鲁迅的“小小的想头和言语”记录下来，但只记了3天，因鲁迅重病中断。鲁迅去世后，许广平整理3天的笔记，以《片段的记录》为题，发表于本年11月5日出版的《中流》第1卷第5期。

同日 吴朗西送来《死魂灵百图》精装本，看后很满意。

同日 开始翻译《死魂灵》第2部第3章。

10日 下午接待《中流》编辑，谈起有些刊物要求每期必有老作家稿件的现象，发表意见说：(一)每种刊物应有其个性，不必雷同。目前各种刊物，总是这几个人投稿，是不好的。(二)新产生一刊物，由老作家稍为帮助一下，三两期后，便能自己办起来，像《译文》初时情形一样，那是对的。如果每期都需要帮助，好像背着一个人走钢索，不但走不动，而且会有使背的人跌下去的危险。（三）办刊物应多量吸收新作家，范围要放大，不可老驮在几个人身上，否则要拖死的。”

同日　与冯雪峰交谈。谈到：“中国将来如要往好的方面走，必须老的烧掉，从灰烬里产生新的萌芽出来。”更加重地说：“老的非烧掉不可。”“中国人所谓没有出路，不是替大多数人着想，他是为自己没有出路而嚷嚷。譬如杨邨人等之找出路就是这样。”

14日　致曹靖华信，谈到自己的处境和心情：“又有一大批英雄在宣布我破坏统一战线的罪状，自问历年颇不偷懒，而每逢一有大题目，就常有人要趁这机会把我扼死，真不知何故，大约的确做人太坏了。近来时常想歇歇。”在次日致曹靖华信中重复了同样的话，并批评左联领导人说：“有些手执皮鞭，乱打苦工的背脊，自以为在革命的大人物，我深恶之，他其[实]是取了工头的立场而已。”

15日　病发，午后往须藤五百三医院求诊，“云是胃病”。自18日至6月1日日记均有发热记载，针药不断。

16日　发表俄国果戈理《死魂灵》第2部第2章的译后附记，载《译文》月刊新1卷第3期，署名编者，收入《死魂灵》。附记介绍《死魂灵》第2部的成就：“其实，这一部书，单是第一部就已经足够的，果戈理的运命所限，就在讽刺他本身所属的一流人物。所以他描写没落人物，依然栩栩如生，到创造他之所谓好人，就没有生气。”

25日　致时玳信，谈最近成立的文艺家协会：“作家协会已改名文艺家协会，发起人有种种。我看他们倒并不见得有很大的私人的企图，不过或则想由此出点名，或者想由此洗一个澡，或则竟不过敷衍面子，因为倘有人用大招牌来请做发起人，而竟拒绝，是会得到很大的罪名的，即如我即其一例。”并预言：“国防文学的作品是不会有的，只不过攻打何人何派反对国防文学，罪大恶极。这样纠缠下去，一直弄到自己无聊，读者无聊，于是在无声无臭中完结。”又说“冷箭是上海‘作家’的特产”，“这爱放冷箭的病根，是在他们误以为做成一个作家，专靠计策，不靠作品的。所以一有一件大事，就想借此连络谁，打倒谁，把自己抬上去。殊不知这并无大效，因此在上海，竟很少能够支持三四年的作家。”

31日　同意由美国肺痨科专家托马斯·邓恩(Thomas Dunn)医生检查病情。5月15日发病后不久，即卧床不起，每日低烧，请须藤五百三医生诊治，至23日仍未查出发热原因。29日注射强心剂一针。朋友们极为担忧。史沫特莱、茅盾、冯雪峰和许广平商议后，决定在不征求鲁迅同意下，由史沫特莱请当时上海最好的两个治肺病的医生之一邓恩医生来诊察。邓医生来后，为免遭鲁迅拒绝，先由冯雪峰去同鲁迅商量，强调这是史沫特莱的主意，且医生已经到来。鲁迅同意后，由茅盾任翻译。经过打诊、听诊之后，断定病情“甚危”。邓恩医生感叹道，鲁迅是最能抵抗疾病的中国人，如果是欧洲人，则早在5年前就已死掉了。7月初拍摄的X光胸部照片，证明邓医生的诊断“极准确”。邓医生检查后，仍由须藤五百三医生进行治疗。

6月

5日　得宋庆龄来信，抬头是“周同志”：“我恳求你立即进医院去医治！因为你迟延一天，你的生命便增加一天的危险！你的生命并不是你个人的,而是属于中国和中国革命的!! 为着中国和中国革命的前途,你有保存、珍重你身体的必要,因为中国需要您,革命需要您!”

6日 中断日记的写作。是自1912年5月5日以来第2次,直到本月30日病稍愈,补记70余字。

9日 口述《答托洛斯基派的信》,冯雪峰笔录,载7月1日《文学丛报》月刊第4期和7月1日《现实文学》月刊第1期,署名鲁迅,收入《且介亭杂文附集》。6月3日,托派分子陈仲山写信并寄托派刊物给鲁迅,信中攻击斯大林及中共中央的抗日民族统一战线政策。这封信激怒了鲁迅。由于病重无力执笔,鲁迅接受冯雪峰的提议,口授大意,由冯雪峰拟稿,写了复信。发表时篇末注明:“这信由先生口授,O. V. 笔写。”信中斥责托派,同时声明,热烈拥护毛泽东等为代表的中国共产党和党的抗日民族统一战线政策。此信与《论现在我们的文学运动》,曾由茅盾寄给《文学界》月刊。《文学界》编者于7月10日该刊第1卷第2期发表了《论现在我们的文学运动》,并加编者“附记”,批评了鲁迅的观点,对于此信,则声明因为环境关系,不予刊载。

10日 口述《论现在我们的文学运动》,冯雪峰写成,载7月《现实文学》月刊第1期和《文学界》第1卷第2期,副题《病中答访问者》,署名鲁迅(文末注明O. V笔录),收入《且介亭杂文附集》。为了阐明在新形势下自己对革命文学运动的主张,鲁迅在重病中口授了本文。文章批判了“托洛斯基的中国的徒孙们”反对抗日民族统一战线的观点,也批评了有些“战友”强调“民族”而模糊阶级界限的右倾思想。同时肯定了“民族革命战争的大众文学”和“国防文学”的一致性,表达了顾全大局、维护团结的愿望。文章还对文艺批评、创作题材等问题阐述了重要意见。

据胡风回忆，冯雪峰将《答托洛斯基派的信》拟稿写好后，约他一起去看鲁迅，并把该拟稿念给鲁迅。鲁迅闭着眼睛听了，没有说什么，只简单地点了点头，表示同意。随后，冯雪峰“又拟了《论现在我们的文学运动》，又约我一道去念给鲁迅听了。鲁迅显得比昨晚更衰弱一些，更没有力气说什么，只是点了点头，表示了同意，但略略现出了一点不耐烦的神色”①。

15日 与巴金、黎烈文等78人联名发表《中国文艺工作者宣言》，载《作家》6月号、《译文》新1卷第4期。鲁迅1936年8月6日在给时玳的信中谈及此事：“《文艺工作者宣言》不过是发表意见，并无组织或团体，宣言登出，事情就完，此后是各人自己的实践。”

23日 口述《〈苏联版画集〉序》，由许广平记录，载良友图书印刷公司版《苏联版画集》，署名鲁迅，收入《且介亭杂文附集》。《苏联版画集》所收作品出自本年2月间在上海举行的苏联版画展览会，由鲁迅于4月7日选定。鲁迅曾应允作序，因为病重月余，“连拿一张纸的力量也没有”，便将《记苏联版画展览》移作序文的前半，删去附记，口述了一段文字作为下半部分，说明了版画集的编选经过，认为苏联版画展览会“对于中国给了不少的益处；我以为因此由幻想而入于脚踏实地的写实主义的大约会有

---

① 胡风《鲁迅先生》，《新文学史料》1984年。鲁迅不满意冯雪峰代笔的两篇文章，证据之一是，他没有把它们从刊物上剪下来放进积稿堆，以备编辑文集时收录。两文均编入鲁迅去世后许广平编定的《且介亭杂文末编》的“附集”。许广平在该书后记中说：“一九三六年作的《末编》，先生自己把存稿放在一起的，是自第一篇至《曹靖华译〈苏联作家七人集〉序》。《因太炎先生而想起的二三事》，和《关于太炎先生二三事》，似乎同属姊妹篇，虽然当时因是未完稿而另外搁开，此刻也把它放在一起了。《附集》的文章，收自《海燕》、《作家》、《现实文学》、《中流》等。”可见，冯雪峰拟稿的两篇，是许广平从《现实文学》采录的，不一定符合鲁迅的原意。

许多人”，并赞扬这些版画作者“自十月革命以后，开山的大师就忍饥，斗寒，以一个廓大镜和几把刀，不屈不挠的开拓了这一部门的艺术”。希望版画集的出版，“对于中国的读者有好影响，不但可见苏联的艺术的成绩而已”。

7月

6日　致母亲信，报告自己的病情：“自五月十六日起，突然发热，加以气喘，从此日见沉重，至月底，颇近危险，幸一二日后，即见转机，而发热终不退。到七月初，乃用透物电光照视肺部，始知男盖从少年时即有肺病，至少曾发病两次，又曾生重症肋膜炎一次，现肋膜变厚，至于不通电光，但当时竟并不医治，且不自知其重病而自然全愈者，盖身体底子极好之故也。现今年老，体力已衰，故旧病一发，遂竟缠绵至此。近日病状，几乎退尽，胃口早已复元，脸色亦早恢复，惟每日仍发微热，但不高，则凡生肺病的人，无不如此，医生每日来注射，据云数日后即可不发，而且再过两星期，也可以停止吃药了。”

9日　送别增田涉，赠以食品4种。增田涉专程从日本来探望重病的鲁迅。他在《鲁迅的印象·鲁迅在病中的状貌和心情》中回忆：“我最后和鲁迅相会，是在昭和十一年七月。从昭和六年分别以来，隔了五年重见时，他已经是躺在病床上的人，风貌变得非常险峻，神气是凛烈的，尽管是非常战斗的却显得很可怜，象‘受伤的狼’的样子了。我认为这是由于疾病的侵犯和环境的困难增加所致。……两三天之后，我因为第二天就要回国，去向他辞行，他已经准备好许多土产礼物。”

15日　晚为萧红赴日本饯行。近期，萧红因与萧军感情不和，一度陷入悲伤和无助状态，几乎天天到鲁迅家，有时一呆就是一整天。她一来，鲁迅就很高兴，谈话的兴趣很浓。

16日 得李秉中14日来信（信纸是“国民政府军事委员会用笺”），信中表示愿为解除国民党当局对鲁迅的通缉进行斡旋：“若吾师同意解除通缉，一切手续，中当任之，绝不致有损吾师毫末之尊严”。鲁迅请许广平代为复信拒绝。

17日 致杨之华信，谈近况，还谈到自己生了两场大病，经历了一场“战斗”。又报告瞿秋白遗文编辑出版情况：“决定先印翻译。早由我编好，第一本论文，约三十余万字，已排好付印，不久可出。第二本为戏曲小说等，约二十五万字，则被排字者拖延，半年未排到一半。其中以高尔基作品为多。译者早已死掉了，编者也几乎死掉了，作者也已经死掉了，而区区一本书，在中国竟半年不能出版，真令人发恨（但论者一定倒说我发脾气）。”

19日 致沈西苓信，表示不赞成将《阿Q正传》改编为电影：“《阿Q正传》的本意，我留心各种评论，觉得能了解者不多，搬上银幕以后，大约也未免隔膜，供人一笑，颇亦无聊，不如不作也。”

21日 作《〈呐喊〉捷克译本序言》，载10月《中流》半月刊第1卷第4期，题为《捷克文译本〈短篇小说选集〉序》，署名鲁迅，收入《且介亭杂文末编》。捷克汉学家雅罗斯拉夫·普实克[①] 6月23日从日本东京来信，请求鲁迅允许他翻译《呐喊》，提供一张照

---

① 雅罗斯拉夫·普实克（1906—1980），捷克汉学家，生于布拉格。1928—1937年在哥德堡、莱比锡、上海、东京等地大学读书。译有《呐喊》《论语》《浮生六记》《老残游记》《子夜》《话本小说选》《聊斋志异》，著有《中国文学史》《中国现代文学研究》《话本的起源与作者》《中国历史和文学》《抒情与史诗作品》等。他与弗拉斯塔·诺沃特娜合译的鲁迅作品选集《呐喊》，收录《阿Q正传》、《孔乙己》、《药》（改题为《一个革命者的坟》）、《白光》、《风波》、《明天》、《狂人日记》和《故乡》，于1937年12月由布拉格人民文化出版社出版。

片作该书的插页，写一篇关于鲁迅在中国文学上的地位的论文供他参考写序，另请鲁迅亲笔用中文写一篇序言，印在卷首。鲁迅抱病写序，表示对捷克等国家反抗帝国主义的侵略和压迫感到非常高兴，因为中捷两国“都走过艰难的道路，现在还在走，一面寻求着光明”；认为自己的作品被介绍给捷克读者，以增“互相了解，接近”，“比译成通行很广的别国语言更高兴”。还说：“人类最好是彼此不隔膜，相关心。然而最平正的道路，却只有用文艺来沟通，可惜走这条道路的人，历来又少得很。”

23日　致雅罗斯拉夫·普实克信，表示“要将我的《呐喊》，尤其是《阿Q正传》，译成捷克文出版”，“是很以为荣幸的”，并声明不收版权费，只希望得到“几幅捷克古今文学家的画像的复制品，或者版画（Graphik）”，如果这种画片难得，就给一本有很多插画的捷克文的有名的文学作品，以便或介绍给中国读者，或自己留作纪念。同信寄去序言手稿，一张自己的照片及请冯雪峰写的《关于鲁迅在文学上的地位》一文，满足了普实克在6月23日来信中提出的全部要求。另寄赠《故事新编》1册。鲁迅对冯雪峰的文章做了几处修改，涂掉了一两句话。

8月

1日　与许广平携海婴并邀内山完造前往慰问生病的须藤五百三。须藤医生又为鲁迅检查，诊断为“肺已可矣，而肋膜间尚有积水”。前一判断不确，12日后鲁迅因肺支气管破裂而吐血，体重下降到38.7公斤，为逝世前最低记录。

2日　得徐懋庸信。徐信指责鲁迅“对于现在的基本政策没有了解”，并说在抗日民族统一战线中，无产阶级不应该“以特殊的资格去要求领导权，以至吓跑别的阶层的战友。”又指责鲁迅提出"民族革命战争的大众文学"是错误的,是有意与"国防文学"对立;还指责鲁迅"最近半年来的言行,是无意地助长着恶劣的倾向的",认为与鲁迅接近的巴金、黄源、胡风等几位作家都有问题,鲁迅是"不看事而看人",搞宗派主义。最后说:"以上所说,并非存心攻击先生,实在很希望先生仔细想一想各种事情。"鲁迅极为震怒,在致友人信中对徐的言行一再表示痛恨:"正因为不入协会,群仙就大布围剿阵,徐懋庸也明知我不久之前,病得要死,却雄赳赳首先打上门来也。""写这信的虽是他一个,却代表着某一群,试一细读,看那口气,即可了然。因此我以为更有公开答复之必要。倘只我们彼此个人间事,无关大局,则何必在刊物上喋喋哉。"①"如徐懋庸,他横暴到忘其所以,竟用'实际解决'来恐吓我了,则对于别的青年,可想而知。他们自有一伙,狼狈为奸,把持着文学界,弄得乌烟瘴气。我病倘稍愈,还要给以暴露的,那么,中国文艺的前途庶几有救。"②

5日 连夜作《答徐懋庸并关于抗日统一战线问题》毕,载8月15日《作家》月刊第1卷第5期,署名鲁迅,收入《且介亭杂文末编》。文章回答了徐懋庸的种种责难,申明自己的观点:首先,拥护中国共产党的抗日统一战线的政策,认为这是非常正确的,自己无条件地加入这战线。其次,重申"赞成一切文学家,任何派别的文学家在抗日的口号之下统一起来的主张",认为"文艺家在抗日问题上的联合是无条件的,只要他不是汉奸,愿意或赞成抗日,则不论叫哥哥妹妹,之乎者也,或鸳鸯蝴蝶都无妨。但在文学问题上我们仍可以互相批判"。"我以为应当说:作家在

---

① 1936年8月28日致杨霁云信。

② 1936年9月15日致王冶秋信。

‘抗日’的旗帜，或者在‘国防’的旗帜之下联合起来；不能说：作家在‘国防文学’的口号下联合起来，因为有些作者不写‘国防为主题’的作品，仍可从各方面来参加抗日的联合战线；即使他象我一样没有加入‘文艺家协会’，也未必就是‘汉奸’。‘国防文学’不能包括一切文学，因为在‘国防文学’与‘汉奸文学’之外，确有既非前者也非后者的文学”。第三，郑重说明“民族革命战争的大众文学”这口号，“不是胡风提的”，“也不是我一个人的‘标新立异’，是几个人大家经过一番商议的，茅盾先生就是参加商议的一个”。鲁迅特别强调：“问题不在这口号由谁提出，只在它有没有错误。如果它是为了推动一向囿于普洛革命文学的左翼作家们跑到抗日的民族革命战争的前线上去，它是为了补救‘国防文学’这名词本身的在文学思想的意义上的不明了性，以及纠正一些注进‘国防文学’这名词里去的不正确的意见，为了这些理由而被提出，那么它是正当的，正确的。”但“国防文学”这口号“仍应当存在，因为存在对于抗日运动有利益”。鲁迅因此提出了两个口号并存的意见。最后，鲁迅详细谈到他和胡风、巴金、黄源诸人的关系，批评了一些人“无凭无据，却加给对方一个很坏的恶名”的“恶劣的倾向”和“实在是‘左得可怕’的”作风；谴责其“锻炼人罪，戏弄威权”的行为：“首先应该扫荡的，倒是拉大旗作为虎皮，包着自己，去吓呼别人；小不如意，就倚势(!)定人罪名，而且重得可怕的横暴者。”文章发表后引起了巨大反响，鲁迅自己也极重视这篇文章，此后多次与友人谈论，如 1936 年 8 月 27 日致曹靖华信说：“其中有极少一点文界之黑暗面可见。我以为文界败象，必须扫荡，但扫荡一有效验，压迫也就随之而至了。”本年 10 月 15 日致台静农信说：“我鉴于世故，本拟少管闲事，专事翻译，藉以糊口，故本年作文殊不多，继婴大病，槁卧数月，而以前以畏祸隐去之小丑，竟乘风潮，相率出现，乘我危难，大肆攻击，于是倚枕，稍稍报以数鞭，此辈虽猥劣，然实于人心有害，兄殆未见上海文风，近数年来，竟不复尚有人气也。”

冯雪峰在《有关一九三六年周扬等人的行动以及鲁迅提出“民族革命战争的大众文学”口号的经过》中谈到此文写作经过。鲁迅得到徐懋庸信的下午，冯雪峰去看望鲁迅，“他当时是确实很气愤的，一边递信给我，一边说：‘真的打上门来了！他们明明知道我有病！这是挑战。过一两天我来答复！”冯雪峰为了照顾鲁迅健康，“想写下一些话给他做参考，就按鲁迅谈过的话起了一个草稿给鲁迅看，他看了后说：‘就用这个做一个架子也可以，我来修改，添加吧。’又说：‘前面部分都可用。后面部分，有些事情你不清楚，我来弄吧。”鲁迅修改后的手稿现存，后半谈与胡风诸人的关系部分，系鲁迅亲笔增写。鲁迅于 1936 年 9 月 15 日致增田涉信中说：“对徐懋庸辈的文章（因为没有气力，花了四天工夫），实在是没有办法才写的。上海总有这么一伙人，一遇到发生什么事，便立刻想利用来为自己打算，故须略为打击一下。”

6 日 致时玳信，认为不久前文坛上发表的《文艺工作者宣言》意义不大，并奉劝对方少关注文坛争斗，多做实事：“我觉得你所从朋友和报上得来的，多是些无关大体的无聊事，这是堕落文人的搬弄是非，只能令人变小，如果旅沪四五年，满脑不过装了这样的新闻，便只能成为像他们一样的人物，甚不值得。所以我希望你少管那些鬼鬼祟祟的文坛消息，多看译出的理论和作品。”

7 日 致曹白信，对中国木刻的现状表示关切，并希望木刻界学习珂勒惠支：“木刻开会，可惜我不能参观了。我对于现在中国木刻界的现状，颇不能乐观。”“版画的事情，说起来话长，最要紧的是绍介作品，你看珂勒惠支，多么大的气魄。我以为开这种作品的展览会，比开本国作品的展览会要紧。”

13日 致茅盾信，谈到自己的病难治而且环境不利于康复：“大约这里的环境，本非有利于病，而不能完全不闻不问，也是使病缠绵之道。我看住在上海，总是不好的。”并告知《海上述林》下卷校样在陆续寄来，希望能在易地养病前校完付印。

本日 夜，痰中带血，是卧病以后第一次咳血。次日打止血针[①]，15日出血得到抑止[②]。由于医生诊断于肺无害，仍保持相当乐观，在给友人的信中说：“我这次所生的，的确是肺病，而且是大家所畏惧的肺结核，我们结交至少已经有二十多年了，其间发过四五回，但我不大喜欢嚷病，也颇漠视生命，淡然处之，所以也几乎没有人知道。这一回，是为了年龄关系，没有先前那样的容易制止和恢复了，又加以肋膜病，遂至缠绵了三个多月，还不能停止服药。”[③]

23日 作《“这也是生活”……》，载9月5日《中流》半月刊第1卷第1期，题《……这也是生活》，署名鲁迅，收入《且介亭杂文附集》。文章从自己卧病时的感受谈起，说明平凡、细微的事

---

① 鲁迅1936年8月27日致曹靖华信。

② 鲁迅1936年8月16日致茅盾信。

③ 鲁迅1936年8月28日致杨霁云信。鲁迅长期患肺病。1923、1925、1928年都发过病。1928年6月6日他给章廷谦的信中说患肺病经治疗好转，酒不再喝，但仍抽烟，“每天三十至四十支”。长期抽烟对于肺病是大忌。20世纪80年代后医生对他1936年6月15日拍摄了X线胸片做了两次会商，得出这样的印象：双侧浸润及乾酪型肺结核，伴空洞、肺大疱、肺气肿，右侧胸腔中等量积液，慢性支气管炎，陈旧性左侧第七肋骨骨折已见愈合。心影及大血管阴影表现为正常范围内（2006年上海胸科医院医生诊断意见）。此外，鲁迅还有其他疾病：青年时代齿病严重，至49岁牙齿全脱；40岁有“胃扩张症，肠弛缓症”；还有“左侧胸膜炎”、“痔核”、“支气管哮喘”等（1984年上海市第一结核病防治院讨论会纪要，参见仇志琴《“周鲁迅先生X光胸片”补白》，《上海鲁迅研究》第88辑）。

也是生活的组成部分，而远方和过往的事物“都和我有关”。文学创作如果鄙弃平凡生活中的平凡和细微，而只要“精华”，那“就如盲人摸象”，就像“删夷枝叶”的人“决定得不到花果”。针对当时有些文章标榜抗日刊物才“全是精华”，批评道：“作文已经有了‘最中心之主题’：连义和拳时代和德国统帅瓦德西睡了一些时候的赛金花，也早已封为九天护国娘娘了。”对那些教人吃西瓜时“也该想到我们土地的被割碎”的宣传，更表达了反感，认为战士吃西瓜无非觉得口渴，味道好，不必想到“好听的大道理”，“战士的日常生活，是并不全部可歌可泣的，然而又无不和可歌可泣之部相关联，这才是实际上的战士”。

9月

5日 作《死》毕，载9月20日《中流》半月刊第1卷第2期，署名鲁迅，收入《且介亭杂文附集》。文章从珂勒惠支以“死”为题材的版画谈起，分析了中国不同社会地位的人对待“死”的观念，如“极富贵者”想要超脱冥律、成佛飞升，“小康者”想要继续在冥间享福，而只有被压迫者才“确信自己并未造出该入畜生道的罪孽，他们从来没有能堕畜生道的地位，权势和金钱”。进而谈到因为几个月来病重，自己曾有过“死”的豫感，觉得有许多应该动手的事情，计划病好后进行，而且“要赶快做”。文中记录了自己拟的七条遗嘱。还说：“又曾想到欧洲人临死时，往往有一种仪式，是请别人宽恕，自己也宽恕了别人。我的怨敌可谓多矣，倘有新式的人问起我来，怎么回答呢？我想了一想，决定的是：让他们怨恨去，我也一个都不宽恕。”

7日 致曹靖华信，谈到北平关于自己病情的传言：“病重之说，一定是由吐血而来的，但北平报纸，也真肯记载我的琐事。

上海的大报，是不肯载我的姓名的，总得是胡适林语堂之类。”又谈到《海上述林》下卷的出版：“它兄译集的下本，正在排校，本月底必可完，去付印，年内总能出齐了。一下子就是一年，中国人做事，什么都慢，即使活到一百岁，也做不成多少事。”

20日 作《女吊》讫，载10月5日《中流》半月刊第1卷第3期，署名鲁迅，收入《且介亭杂文附集》。文章回忆了少年时代在绍兴观看“女吊”的经历，称女吊是绍兴人在戏台上创造的“一个带复仇性的，比别的一切鬼魂更美，更强的鬼魂”，赞扬被压迫者的复仇精神：“被压迫者即使没有报复的毒心，也决无被报复的恐惧，只有明明暗暗，吸血吃肉的凶手或其帮闲们，这才赠人以‘犯而勿校’或‘勿念旧恶’的格言，——我到今年，也愈加看透了这些人面东西的秘密。”

同日 与巴金、王统照、林语堂、周瘦鹃、茅盾、郭沫若、傅东华联名发表《文艺界同人为团结御侮与言论自由宣言》，载《新认识》第2号。宣言说：“我们是文学者，因此亦主张全国文学界同人应不分新旧派别，为抗日救国而联合。文学是生活的反映，而生活是复杂多方面的，各阶层的；其在作家个人或集团，平时对文学之见解，趣味，与作风，新派与旧派不同，左派与右派亦各异，然而无论新旧左右，其为中国人则一，其不愿为亡国奴则一；各人抗日之动机，或有不同，抗日的立场亦许各异，然而同为抗日则一，同为抗日的力量则一。在文学上，我们不强求其相同，但在抗日救国上，我们应团结一致以求行动之更有力。我们不必强求抗日立场之划一，但主张抗日的力量即刻统一起来！”“我们固甚盼全国从事文学者能急当前之所应急，但救亡之道初非一端，其在作家亦然。故在文学上我们宁主张各人各派之自由发展，与自由创作。”同时主张，“言论的自由，急应争得。言论自由与文艺活动的自由,不但是文化发展的关键,而在今日更为民族生存之所系。”因而要求当局废止阻碍人民言论自由的法规。

21日 作《“立此存照”(三)》,载10月5日《中流》半月刊第1卷第3期,署名晓角,收入《且介亭杂文附集》。文章将上海《大公报》有关“辱华影片”的文章和国民党当局压迫学生、对日妥协的新闻报道摘录对照,批评自欺欺人、掩饰黑暗的做法,声明:中国人是有自知之明的,会正视暴露中国的黑暗的作品:“看了这些,而自省,分析,明白那几点说的对,变革,挣扎,自做工夫,却不求别人的原谅和称赞,来证明究竟怎样的是中国人。”

同日 作《“立此存照”(四)》,载10月5日《中流》半月刊第1卷第3期,署名晓角,收入《且介亭杂文附集》。文章抄录《越风》半月刊发表的一篇宣扬以明末的汉奸贰臣都未能在清朝配享太庙为训诫的文章,批评说,如果当了汉奸而又被主子配享太庙,则又将如何呢?指出:“卫国和经商不同,值得与否,并不是第一着也。”

25日 致许寿裳信,这是给许寿裳的最后一封信。认为章太炎先生的手迹是重要文献,应“汇印成册,以示天下,以遗将来”。针对许寿裳来信中称赞章太炎“佛法救国”论,说“所未敢苟同者,惟在欲以佛法救中国耳”。

10月

2日 宋庆龄派《中国呼声》记者格兰尼奇看望鲁迅并为鲁迅摄影,随后将照片分赠友人。照片共三张,其中一张是坐在椅子上的侧面半身照,虽在病中,却显得精神。青年女画家郁风根据这张照片画了一幅鲁迅头象素描,鲁迅逝世后以“大风”的笔名发表在《中国呼声》上,后来又以整页篇幅刊登在《中国呼声》

本年合订本扉页上。格兰尼奇看到鲁迅病得很重,担心鲁迅“若不赶紧转地疗养,总是危险”。他在离开鲁迅寓所回去的路上对茅盾说:“中国只有一个鲁迅,世界文化界也只有几个鲁迅,鲁迅是太可宝贵了。”[①]

同日 收到在日本印成的《海上述林》上卷,分送诸友好及相关者,并托冯雪峰转送毛泽东、周恩来各一本。[②] 鲁迅于1935年6月得到瞿秋白为国民党政府杀害的确信后,即设法从书店赎出了瞿秋白的有关译稿,亲自编辑、校对,送到日本印刷,以为纪念。编者署名“诸夏怀霜社”,“诸夏”即中国,“霜”是瞿秋白的原名,“诸夏怀霜”寓意为中国怀念秋白。看到样本质量不错,重病中的鲁迅既感欣慰更增悲痛。1936年8月27日给曹靖华信中说:“倘其生存,见之当亦高兴,而今竟已归土,哀哉。”

5日 致沈雁冰信,拒绝担任文艺家协会顾问:“‘顾问’之列,我不愿加入,因为先前为了这一类职衔,吃苦不少,而且甚至于由此发生事端,所以现在要回避了。”

6日 致曹白信,谈到搬家的打算。当时,鲁迅住所附近的日本驻上海军队常有活动。9月23日鲁迅日记有“街上有兵警备”的记载,一些居民惶惶然搬家。信中说:“种种骚扰,我是过惯了的,一二八时,还陷在火线里。至于搬家,却早在想,因为这里实在是住厌了。但条件很难,一要租界,二要价廉,三要清静,如此天堂,恐怕不容易找到,而且我又没有力气,动弹不得,所以也许到底不过是想想而已。”鲁迅此时急于搬家,逝世前一天晚上,还非常急迫地吩咐周建人替他找房子,表示“电灯没有也不

---

① 茅盾《写于悲痛中》,1936年11月1日《文学》第7卷第5期。

② 胡愈之、冯雪峰《谈有关鲁迅的一些事情》,《鲁迅研究资料》第1辑。

要紧，我可以点洋灯。搬进去后再办接火等手续”。并写了“周裕斋印”4个字，请周建人代他去刻一方印，用于租房订约。

8日 到八仙桥青年会参观“中华全国木刻第二回流动展览会”，会见了林夫、陈烟桥、白薇、黄新波和曹白等青年木刻家，与他们交谈，沙飞为拍摄多帧照片。鲁迅告诉他们，为了供创作者学习参考，自己常常赔钱贴工夫印画册；1933年冬在老靶子路青年会举行苏联和法国书籍插图展览会，此次展览把法国作品拉在一起是为了瞒过国民党当局的检查。鲁迅告诫青年木刻家，木刻创作最要紧的是素描基础，必须每天练习，现代中国木刻家大多数对于人物的素描基础不够，应该多努力；艺术是可以夸张的，但夸张过了，反变成空虚；作者的社会阅历不深，观察不够，是无法创造出伟大的艺术品来的。[①]

9日 作《关于太炎先生二三事》，载1937年3月10日《二三事》（“学习与工作”丛刊之一），署名鲁迅，收入《且介亭杂文末编》。文章不满于章太炎逝世后官绅对他的歪曲和文人对他的奚落，简略概述了章太炎一生的业绩，认为其业绩“留在革命史上的，实在比在学术史上还要大”，是受人尊敬的“有学问的革命家”，而晚年的“既离民众，渐入颓唐”，“不过白圭之玷，并非晚节不终”。并建议：“战斗的文章，乃是先生一生中最大，最久的业绩，假使未备，我以为是应该一一辑录，校印，使先生和后生相印，活在战斗者的心中的。”

同日 作《绍介〈海上述林〉上卷》，载10月16日《译文》月刊新2卷第2期，未署名，收入《集外集拾遗》。称赞该书“作者

---

① 参见白危《忆鲁迅·难忘的会见》，曹白《忆鲁迅·写在永恒的纪念中》，陈烟桥《鲁迅与木刻》。

既系大家，译者又是名手，信而且达，并世无两。其中《写实主义文学论》与《高尔基论文选集》两种，尤为煌煌巨制。此外论说，亦无一不佳，足以益人，足以传世”。

10日 观看根据普希金原作改编的电影《杜勃罗夫斯基》（又译《复仇遇艳》），“觉得很好”，当夜在给两位友人的信中劝他们去看。这是鲁迅最后一次看电影。1936年3月18日在给欧阳山、草明的信中说：“我的娱乐只有看电影，而可惜很少有好的。”

15日 发表《半夏小集》，载10月《作家》月刊第2卷第1期，署名鲁迅，收入《且介亭杂文附集》。全文由9节小杂感组成，着重批评当时在宣传抗日民族统一战线过程中文艺界出现的不良倾向，鞭挞了一些其他丑恶的社会现象。冯雪峰回忆，鲁迅在8月或9月初请他看过本文的原稿，说：“你看看。也许你不以为然的。”“其实也没有很大意思，倒不一定要发表的。这里也看出我的‘小’来！”但鲁迅经过反复考虑，还是决定发表了。[①]

16日 为曹靖华译《苏联作家七人集》作序，载11月良友图书印刷公司出版的《苏联作家七人集》，署名鲁迅，收入《且介亭杂文末编》。序言批评翻译界一哄而起、一哄而散的不良风气，赞扬了曹靖华多年来脚踏实地、精益求精地从事翻译的工作态度。

17日 作《因太炎先生而想起的二三事》，载1937年3月15日《原野》（“学习与工作”丛刊之二），署名鲁迅，收入《且介亭杂文末编》。这是鲁迅的最后一篇文稿，未完。本年1月，吴稚晖发表回忆文章，认为章太炎对他在东京学生运动中的行为实

---

① 冯雪峰《回忆鲁迅·逝世》《谈有关鲁迅的一些事情》，载《鲁迅研究资料》第1辑。

行了攻击污蔑，率多不实之词。鲁迅的文章从清末剪辫说起，回忆自己在日本留学的经历，肯定章太炎批评吴稚晖的正确性，表示自己对吴稚晖的所作所为也有反感。但对章太炎晚年"希踪古贤"，手定《章氏丛书》不收当年攻战的文章，表示不赞成。

同日 致曹靖华信，谈上海文坛的乱象："此地文坛，依然乌烟瘴气，想乘这次风潮，成名立业者多，故清涤甚难。《文学》由王统照编后，销数大减，近已跌至五千，此后如何，殊不可测。《作家》约八千，《译文》六千，新近出一《中流》(已寄上三本)，并无背景，亦六千。《光明》系自以为'国防文学'家所为，据云八千，恐不确；《文学界》亦他们一伙，则不到三千也。"还谈到上海可能有战事而居民纷纷迁居，自己也有搬家的打算："我本想搬一空气较好之地，冀于病体有益，而近来离闸北稍远之处，房价皆大涨，倒反而只好停止了。但我看这种紧张情形，此后必时时要有，为宁静计，实不如迁居，拟于谣言较少时再找房子耳。"

同日 下午，与胡风访日本友人鹿地亘、池田幸子夫妇。据鹿地亘《鲁迅和我》和池田幸子《最后一天的鲁迅》[①]，谈话内容涉及鲁迅的作品《死》《女吊》、鲁迅从日本留学归国后在绍兴的一些生活情形及鲁迅最近参观中华全国第二回流动木刻展览会的感想等。

18日 凌晨3点半，病情急剧恶化。清晨勉力亲笔给内山完造写了便条，此即绝笔。[②]

19日 晨5时25分，逝世于上海北四川路底施高塔路大陆新村9号寓所。

---

① 二文均收入鲁迅纪念委员会编《鲁迅先生纪念集》，文化生活出版社1937年版。

② 详见许广平《最后的一天》，载1936年11月15日《作家》第2卷第2期。

后世影响

Ⅰ 逝世后著译出版

《夜记》,收1934年至1936年的杂文13篇(后均编入《且介亭杂文末编》),鲁迅生前着手编集,逝世后由许广平辑成,1937年4月由上海文化生活出版社出版。

《鲁迅书简》(影印本),由许广平编定,收鲁迅自1923年9月至1936年10月的书信69封,1937年6月三闲书屋印行。

《且介亭杂文》《且介亭杂文二集》《且介亭杂文末编》("末编"系鲁迅生前着手编集,逝世后由许广平补编而成),均于1937年7月以"三闲书屋"名义出版。

《集外集拾遗》,印入1938年版《鲁迅全集》第7卷。

《古小说钩沉》,印入1938年版《鲁迅全集》第8卷。

《嵇康集》,印入1938年版《鲁迅全集》第9卷。

《汉文学史纲要》,印入1938年版《鲁迅全集》第10卷。

《译丛补》,收鲁迅自1907年至1935年间未曾编入专集的译文,由许广平辑成,印入1938年版《鲁迅全集》第16卷。

《山民牧唱》,西班牙巴罗哈的短篇小说集,鲁迅于1928年至1934年间陆续译出,译本印入1938年版《鲁迅全集》第18卷。

《鲁迅全集补遗续编》,唐弢编,收入《人生象斅》及《生理实验术要略》等,1952年上海出版公司出版。

《鲁迅全集》(20卷),鲁迅先生纪念委员会编,收著作、译文和所辑录的古籍，1938 年 8 月由“复社”以“鲁迅全集出版社”名义出版。

《鲁迅三十年集》，收鲁迅自 1906 年至 1936 年间著作和所辑录古籍，共 30 册，1941 年 10 月以“鲁迅全集出版社”名义出版。

《鲁迅书简》，许广平搜集编定，共收书信 800 余封，1946 年 10 月以“鲁迅全集出版社”名义出版。

《鲁迅日记》(影印本)，收入 1912 年 5 月 5 日至 1936 年 10 月 18 日(1922 年日记丢失)的《日记》，1951 年 4 月由上海出版公司出版。

《鲁迅全集》(10 卷)，1956 年 10 月至 1958 年 10 月由人民文学出版社出版。

《鲁迅译文集》(10 卷)，1958 年 12 月由人民文学出版社出版。

《鲁迅日记》(铅印本)，1959 年 8 月由人民文学出版社据 1951 年《鲁迅日记》影印本排印出版。

《鲁迅书信集》，收入除《两地书》外的书信 1381 封，1976 年 8 月由人民文学出版社出版。

《鲁迅全集》(16 卷)，1981 年由人民文学出版社出版，2005 年增订为 18 卷本。

《鲁迅日文作品集》，鲁迅纪念馆编，1981 年由上海文艺出版社出版。

《鲁迅辑录古籍丛编》(4 卷)，1999 年由人民文学出版社出版。

《鲁迅译文全集》(8 卷)，2009 年由福建教育出版社出版。

Ⅱ 《鲁迅全集》的编辑出版

鲁迅逝世后，胡愈之同宋庆龄、蔡元培等人成立了鲁迅纪念委员会，准备出版《鲁迅全集》。上海失陷之后，“孤岛”局势很紧张，日本侵略军随时可能占领租界。鲁迅的大量文章，经许广平的辛勤搜集和初步整理，都留在上海，万一失散，将会是无可挽回的损失。为了加快进度，纪念会留沪的人员之一胡愈之把自己主持的复社变成了《鲁迅全集》出版社。

1938 年 4 月 1 日，胡愈之拜访许广平，开始协商全集出版事宜，自此复社开始推进全集出版。胡愈之是共产党人，负责全集编校出版的张宗麟、王任叔、蒯斯曛、唐弢、阿英、郑振铎、黄幼雄、胡仲持等也多为左翼人士。为了全集出版，委员会决定使用《西行漫记》的出版经费盈余和《鲁迅全集》的预约金购买纸张、付排和印刷。为便于发行，胡愈之决定平装本每套卖 8 元，精装本配以木制书箱，外刻“鲁迅全集，蔡元培题”字样，售价 100 元，精装本每套实际成本 30 元，精装本只要卖出就可保证不赔钱。

《鲁迅全集》各卷的编辑、出版工作，由许广平、王任叔主持，数十名学者、文人和百余名印刷工人日夜排校，进展迅速。1938 年 6 月 15 日平装本出版，8 月 1 日精装本出版。20 卷的《鲁迅全集》从编辑到出书，只用了短短 4 个月时间。

根据发售计划，鲁迅纪念委员会发布了《鲁迅纪念委员会主席蔡元培、副主席宋庆龄为向海内外人士募集纪念本的通函》和《鲁迅全集募集纪念本订户启事》，并印好预约券，首先在香港出售。胡愈之第一个找到了孙科，孙当场认购了 10 部。《鲁迅全集》在香港销售很有成效。紧接着，胡愈之去了广州，5 月又到了武汉，正在武汉的周恩来对《鲁迅全集》出版极为关心，武汉八路军办事处预订多部，其中一些后来运送延安。救国会主席沈钧儒专门为出售《鲁迅全集》举行茶话会，邀请比较开明的国民党人士参加，第一个来签到的是鲁迅同乡老友邵铭之的叔叔、时任国民党中央宣传部部长的邵力子，他当场拿出1000元订购了10部。到会的其他人士也纷纷认购，鲁迅纪念委员会在武汉一举筹得资金数万元，迅速解决了全集的资金问题。

政府西迁后，许广平和鲁迅纪念委员会也曾授权重庆、成都和桂林的峨嵋出版社、三户图书社、作家书屋、典雅书屋、学艺出版社、复兴书局6家书局印行全集或单行本，版税则由沈钧儒、胡风、胡仲持等代为收取。但是战乱之中，百业凋敝，法律松弛，盗版图书甚多，版本质量参差不齐。胡风为此曾写信给许广平，自责工作不力，收款太少。

中华人民共和国成立不久，许广平将鲁迅著作版权捐献给国家。政府因此成立鲁迅著作编刊社(后并入人民文学出版社，称鲁迅著作编辑室)，于1956年开始出版《鲁迅全集》10卷注释本，至1958年出齐。

1975年，经毛泽东批准，成立了鲁迅研究室(不久与北京鲁迅博物馆合并)，随后又组建了“《鲁迅全集》领导小组”，从各地抽调专家学者到京，分工合作，于1981年鲁迅百年诞辰前夕，推出16卷的《鲁迅全集》。目前鲁迅全集最通行的版本是2005年人民文学出版社在1981年16卷本的《鲁迅全集》基础上修订扩充的18卷本。2005年版本的鲁迅全集的出版说明中写道：“《鲁迅全集》的编注工作，一直受到中央和国家的重视，得到众多高等院校、科研机构和鲁迅研究界的专家学者的帮助。”

1938年版的《鲁迅全集》作为鲁迅的第一个全集，在编辑体例、文本校勘、题解注释等方面创举颇多。在编辑体例上，全集基本参照鲁迅本人生前自拟的《三十年集》，将其历年自编文集作为主体，未入文集者列为“拾遗”“拾遗补编”。全集收入了译文，但没有收入日记和书信。全集编辑委员会在发刊缘起中对此作了说明，也为更大更全的鲁迅全集预留了出版空间：“此外还有日记、书简、六朝造像目录、六朝墓志目录、汉碑帖、汉画像等，因影印工程浩大，一时不易问世。”1938 年版全集的体例显有不足之处，即过于宽泛，收入译文，可能并不符合鲁迅的原意——鲁迅或有另行编辑译文集的计划；而且，书信和日记本并非公开发表的文字，不能算是创作。从鲁迅拟定的两个《三十年集》目录，可以约略体会出鲁迅当时的编辑意图：“文集”只收文学创作和学术研究著作，其他文字，则另编译文集、书信集、日记等。1938 年版全集还收录了一些古籍校勘成果，此举也有可商榷之处，如《嵇康集》，虽然鲁迅校勘此书下了很大功夫，但毕竟是嵇康的原创作品，不妨以“嵇康著、鲁迅校注”的名目单独出版，或收入校勘古籍专集。

1958 年的 10 卷本《鲁迅全集》有意向鲁迅的本意回归，声明“专收鲁迅的创作、评论、文学史著作”以及部分书信，并计划将译文和古籍辑校文字另行编辑成书，即后来的 10 卷本《鲁迅译文集》（人民文学出版社 1958 年 12 月）和 4 卷本《鲁迅辑录古籍丛编》（人民文学出版社 1999 年 7 月），为著、译、校勘划界分区。

1958 年的版本排除了日记，但收入部分书信，在体例上却也不免混乱。书信非刻意谋篇布局的文字，且不以发表为目的，而发出的书信散落在不同收信人手中，也难以收全，并且有些信札仅见于报刊转载，无原件可供核对，不足征信。这样一来，收录书信的《鲁迅全集》就难称其“全”了。

1981 年出版的 16 卷本《鲁迅全集》将日记和截止到当时发

现的书信收入，让鲁迅书信和日记与创作获得同等待遇，此种体例为后来很多作家的文集编纂提供了借鉴。

16 卷本及在其基础上修订而成的 2005 年版 18 卷本，虽然已非鲁迅“文集”或“作品集”，却也非鲁迅全部文字的总集。

2005 年全集收创作（含杂文）9 卷，学术专著 1 卷，书信 4 卷，日记 3 卷，另有附集（含鲁迅著译年表、全集篇目索引、全集注释索引）1 卷。2005 年版全集篇幅增至 18 卷，原因之一是收入了新发现的佚文，增加了注释；还有一个原因是除《两地书》外，还收录了鲁迅致许广平 68 封原信。这样做，将鲁迅公开发表作为文学创作的《两地书》和不欲全部示人的与许广平之间的私信区别开来，体例上有所创新，但两者文字重合，却没有更好的处理办法。2005 年版全集还有一个问题，即删去了 1981 年版第 8 卷的《生理实验术要略》。编者在出版说明中透露，将来要把《生理实验术要略》与鲁迅其他科学著述如《中国矿产志》《地质学残稿》等，一同编入《鲁迅自然科学论著》。这似乎没有充分的说服力，因为这几部鲁迅早期著作分明是原创作品，不能因为与文学关系不大就不收录。

如果按 2005 年版全集出版说明所说，将来另行出版的还有《鲁迅译文集》10 卷、《鲁迅辑校古籍丛编》4 卷、《鲁迅自然科学论著》1 卷，那么，鲁迅的“全”集就有 33 卷。

1938 年版《鲁迅全集》因为时间仓促，在校勘方面有欠精审，误植与错讹较多。鲁迅研究专家孙用逐篇重校，于 1950 年 3 月出版了《鲁迅全集校读记》与《鲁迅全集正误表》（上海作家书屋）。1958 年的 10 卷注释本《鲁迅全集》采用了孙用的校勘成果，又依据鲁迅手稿或各篇最初发表时的报刊，细心校勘，纠正了 1938 年版中误植、脱漏与印错的文字和标点。1981 年 16 卷本编委会下设校勘小组，定出统一的原则与体例，并据 1938 年的初版本，参照鲁迅手稿和原始发表报刊，又一次进行了认真系统的校勘。单单是前 6 卷，就校勘出千余处错讹。2005 年版的修订版对鲁迅文本又进行了一次细心核校，仅第 1 卷校出的差异、错讹、更动文字等就有近 130 处。最终，2005 年版的全集共校勘改动了 1000 余处。

《鲁迅全集》的校勘成果为现代文学作品的文本校勘积累了丰富的经验，而《鲁迅全集》有注释而且是详注，在中国现代文学家著作出版史上是个特例。

鲁迅的著作要不要注释，曾经引发争议。鲁迅作品涉及大量古今人物、历史事件以及社团、书籍、报刊乃至典故、名物、方言土语、引文出处等，因此读者阅读时一定会有困难，应该加注。但如果一一注释疏证，工程浩大。反对者除了觉得注释繁琐，还有这样一层意思：如果加注，则最好出版单行本或每卷标出注者之名，以示“注责自负”。因为释文表达了注释者对原著的理解，是对是错，容有争论。2005 年的《鲁迅全集》注释出自多人之手，却未标明注者，是具有时代特点的集体项目。

1958 年的《鲁迅全集》10 卷注释本，为普及鲁迅著作做出了贡献。1981 年版在其基础上，对注释进行了较大幅度的修订，释文达 240 万字之多。随着时事变化，《鲁迅全集》中的很多人物和事件需要重新叙述和评价，而鲁迅研究取得的很多新的成果也需要吸纳。2005 年修订时，专家学者对原有注释逐条进行审核，根据新成果补充了很多词条，对以往繁琐的注释加以删略，对存在史实错误的注释予以订正，对叙述不当者加以调整，重要或较大的修改达 1000 余条，单是补改中外人物生卒年一项就有 900 余条。此外，对鲁迅日记中涉及的人物 2000 多位，鲁迅所购书籍 5000 余种，都做了较为详细的注释。2005 年版《鲁迅全集》注释达 20000 余条，近 240 万字。

Ⅲ　鲁迅手稿的整理和出版

曾有这样一种说法：鲁迅对自己的手稿不重视、随意处置。这说法大多来自与鲁迅关系较近的人，其意图，是想要说明鲁迅大气，质朴，不以大文豪自居，不在乎身后之名。例如，许广平在《关于鲁迅的生活》中说，前期鲁迅“对自己的文稿并不爱惜，每一书出版，亲笔稿即行弃掉。”这话只说对了一小半。一般来说，作者的原稿多由出版机构留存到若干年后处理。鲁迅早期的创作文稿，因其尚未成名，保存下来的不多。但此为不能，难说是不愿。鲁迅早期，辑录古籍，抄录整理石刻拓片，作为学术研究的准备资料，手稿不但没有丢弃，而且精心保存。当然，机缘巧合，文稿也有得以保存者。如鲁迅发表《娜拉走后怎样》演讲，事先写有草稿，事后又将稿件交杂志刊发，编辑者将之保存下来。鲁迅在北京后期，已经颇有文名，到厦门和广州任教，颇有青年人追随，在北京后期和厦门广州时期著译《朝花夕拾》等手稿，不少保存下来。当然，这些文章，大多在他自己或朋友办的刊物上发表，保存较为容易。

鲁迅不在意手稿的传说还与这样一个事件有关。有一次，萧红看见鲁迅的手稿出现在鲁迅寓所附近的小食摊上被用来包油条，就告诉了鲁迅和许广平。鲁迅 1935 年 4 月 12 日在给萧军的信中说：“我的原稿的境遇，许知道了似乎有点悲哀；我是满足的，居然还可以包油条，可见还有一些用处。我自己是在擦桌子的，因为我用的是中国纸，比洋纸能吸水。”鲁迅晚年开始注意保存手稿，自然也部分归功于朋友们的建议和帮助。有很多事例可以证明他保存手稿的努力，如 1926 年 11 月 13 日给出版商李小峰的信中说："有一篇《坟》的跋，不知《语丝》要一印否？如要，请即发表。排后并请将原稿交还漱园兄，并嘱手民，勿将原稿弄脏。"1935 年 5 月 25 日给黄源的信说："《世界文库》已见过，《死魂灵》中错字不少，有几处自己还知道那一个字错，有些是连自己也不记得了。将来印起来，又要费一番查原本的工夫。于是想，生活书店不知道能将排过之原稿还我否？那么，将来可以省力不少。所以想请先生到校对先生那里去运动一下，每期把它取回来。大约书店是用不着这稿子的了。"1936 年 3 月 9 日致信黄源又说："《死灵魂》原稿如可收回，乞每期掷还，因为将来用此来印全本，比从《译文》上拆出简便，而且不必虑第一次排字之或有错误也。"当时政府的书刊检查制度客观上也促成了鲁迅手稿的保存。如 1936 年 6 月 18 日鲁迅致信杨霁云："日来自患胃病，眷属亦罹流行感冒，所约文遂止能草草塞责，歉甚。今姑寄呈，能用与否，希酌定。又，倘能用，而须检查，则草稿殊不欲送去，自又无法托人抄录，敢乞先生觅人一抄，而以原稿见还为祷。"还有的时候，鲁迅请许广平抄写复件后，把抄件寄出，而留存原稿。

鲁迅手稿略分为以下几部分。

著作。鲁迅文章(包括诗)有八百多篇，现存手稿却只有二百多篇，而且这些手稿有的不完整，有的重复，也有的系别人抄录，上面只有鲁迅的签名或少量补改的笔迹。现存比较完整的鲁迅著作手稿是《汉文学史纲要》(《中国文学史略》)，还有鲁迅精心抄录的《两地书》。早期的文集一篇手稿都没有留下，如《热风》《彷徨》《华盖集》等。鲁迅全部 33 篇小说，仅存《故事新编》8 篇手稿；散文、杂文 700 多篇，保存下来的手稿仅 170 多篇。名著《阿Q正传》第六章“从中兴到末路”的开首，因为制版登载报纸，字迹得以保存。总之，鲁迅后期文集的手稿留存较多，但也有完全丢失的，如《准风月谈》。

日记。鲁迅很早就记日记，但早期的日记丢失。现存日记从1912年5月5日自南京到北京开始，至逝世前一天止，每年订为一本，但缺1922年的日记。据许广平介绍，这一年的日记是在日本侵华时期被日本宪兵搜去的：“日记第十一（一九二二年）在日军占领上海时，被日宪兵队作为我犯罪的证件和我一同带去了一批鲁迅日记（原存保险箱内，因取出拟陆续抄出副本所致），待释放时一检查，即发现失去这十一年全年的一份日记，托人去寻，亦渺无音讯。”鲁迅日记书写简练，字迹工整，装订整齐，1921年前用乌丝栏稿纸，1923年后用朱丝栏稿纸，每年日记后附有书账。

书信。现存鲁迅书信1500余封。鲁迅书信本来分散在很多人手中。鲁迅逝世后，有过一次大规模的征集，其成果编辑为《鲁迅书简》，以后又陆续征集，几乎全部入藏北京鲁迅博物馆。

辑校古籍和金石手稿。鲁迅一生花在校勘古籍上的功夫很多。仅《嵇康集》就校了十多次，留下大量手稿。如嵇康集稿本225页，嵇康集写定稿125页，嵇中散集122页，嵇康集校文12页，嵇康集逸文1页，嵇康集目录3页，嵇中散集考6页和嵇康集序3页等。

译文。鲁迅早期翻译的外国理论著作手稿留存不多，而后期翻译的文学作品手稿得到妥善的保存，主要藏于北京鲁迅博物馆、上海鲁迅纪念馆和国家图书馆。如文言和白话两种译文的《察罗堵斯德罗如是说》绪言、《小约翰》译稿121页等，藏于国家图书馆；苏联法捷耶夫的小说《毁灭》译稿360页，藏上海鲁迅纪念馆;俄国果戈理的长篇小说《死魂灵》(第一部)手稿 494 页,藏北京鲁迅博物馆,第二部译稿则存于国家图书馆。2014 年以来,国家图书馆整理出版了《国家图书馆藏鲁迅未刊翻译手稿》,上海鲁迅纪念馆整理出版了《毁灭》译稿,北京鲁迅博物馆 2017 年 3 月整理出版了《死魂灵》译稿。

鲁迅逝世后,配合《鲁迅全集》的编辑出版,鲁迅家属和全集编纂者对手稿做了初步的整理,但因为时间仓促,手稿又分散北京、上海两地,因此整理并不完整。

中华人民共和国成立后,考虑到北方天气比较干燥,鲁迅家属将鲁迅在上海的包括手稿在内的大部分遗物运到北京保存。

1959 年,北京鲁迅博物馆编成《鲁迅手迹和藏书目录》,将手迹分成文稿、诗稿、译稿、日记、书简、墨迹、辑录、金石、碑录、杂录等项。对手稿的页数、写作年月、作品收入文集和手稿保存情况等做了说明。如“域外小说集”序言,1 页,作于 1909 年,收入“域外小说集”,存北京图书馆;“谢承后汉书”序,1 页,作于 1913 年 3、4 月间,发表于 1950 年 11 月重庆“大众文艺”第 1 卷第 6 期,收入 1952 年出版的“鲁迅全集补遗续编”,存北京图书馆;南齐“吕超墓志”跋,3 页,作于 1918 年 6 月 11 日,发表于 1919 年顾鼎梅印行的“吕超墓志拓片专集”,收入“集外集拾遗”,存北京图书馆;绍兴镜跋,2 页,作于 1918 年 10 月 29 日,未发表,存北京图书馆。

该目录虽然分类并不十分合理,有些信息也不准确,但作为鲁迅手稿手迹的明细是基本清晰的。因为鲁迅手稿文物分藏在全国各大图书馆、博物馆和纪念馆,这样一个显然需要协作完成的工作不但重要,而且也极有价值,为后来编辑《鲁迅手稿全集》打下了坚实的基础。

该目录总题为“鲁迅手迹”，因而列有“墨迹”等项。编者显然注意到了“手迹”和“手稿”的区别。有些鲁迅手迹，纯系抄写，不能同著作、译作手稿一样看待，因为鲁迅没有在其间留下自己的学术研究印记。比如鲁迅抄写的《台州丛书》《法显传》《出三藏记集》等以及鲁迅校改的《海上述林》校样等，都说明为“手迹”一类。

周作人曾拿出一些零星的鲁迅手稿，如整理《古小说钩沉》的片段。许广平说：“解放前曾有前燕大外籍学生专研究鲁迅著作的，曾到上海来见我有所探询，并谓在北京见过周作人，案头有鲁迅手稿一堆，并随手送了他五、六页以作纪念云。其他朋友到周处，亦常赠与鲁迅手稿，是知早期鲁迅未搬出八道湾前，必有不少手迹留在彼处，除随手送人外，不知是否业已清理完了一齐交出。”

此外还有书籍封面设计稿、公文及讼诉文件、账单、抄补古籍、地质学佚文、医学笔记、题写碑文等手稿手迹。

迄今为止鲁迅手稿出版的成果主要有：

《鲁迅书简》，1937 年 6 月，上海三闲书屋、文化生活出版社据手稿影印出版，许广平编。以时间为序，收 1923 年 9 月至 1936 年 10 月鲁迅致亲友信札 69 封，分甲、乙、丙三种版本，甲种本为铜版精装，乙种本为宣纸线装本，丙种本为道林纸精印。此为第一次大规模影印鲁迅手稿。

《鲁迅日记》，1951 年 4—5 月，上海出版公司影印出版。采用宣纸线装，共 3 函 24 册。收入 1912 年 5 月 5 日至 1936 年 10 月 18 日全部日记(1922 年日记缺失)。这是《鲁迅日记》的第一个影印本，同年 7 月又出版共两函 24 卷本的版本。

《嵇康集》，1956 年 9 月北京古籍刊行社出版，宣纸本，线装影印。鲁迅生前辑校，一函一卷。

《俟堂专文杂集》，1960 年 3 月文物出版社出版，宣纸本，线装影印。为鲁迅遗编。一函一卷。

《鲁迅手稿选集》，1960 年 9 月北京鲁迅博物馆编，文物出版社出版。宣纸本，线装一册。收《鲁迅自传》《从百草园到三味书屋》《藤野先生》3 篇文章。

《鲁迅手稿选集续编》，1963 年 8 月北京鲁迅博物馆编，文物出版社出版。宣纸本，线装一册。收 1926 年 5 月至 1936 年 10 月鲁迅文稿 14 篇。

《鲁迅手稿选集三编》，1973 年 4 月北京鲁迅博物馆编，文物出版社出版。宣纸本，线装一册。收 1926 年 11 月至 1936 年 10 月鲁迅杂文文稿 29 篇。

《鲁迅手稿选集四编》，1974 年 8 月北京鲁迅博物馆编，文物出版社出版。宣纸本，线装一册。收 1932 年至 1936 年鲁迅文稿 24 篇。

《鲁迅手稿》，1964 年 12 月，由鲁迅手稿编辑委员会编，文物出版社出版。收《朝花夕拾》《故事新编》，宣纸本、线装，1 函 3 卷。

《鲁迅诗稿》，1961 年 9 月上海人民美术出版社出版。此后经过多次改版重编，1998 年 1 月出了第四版，是《鲁迅诗稿》最完整的一版，收录鲁迅诗稿 46 题 50 首(包括新诗 6 首)64 幅，录古诗 28 幅。

《鲁迅致增田涉书信选》，1974 年 12 月，文物出版社出版。线装、宣纸影印。选录鲁迅致增田涉日文书信手稿 59 通，《中国小说史略・题记》和部分章节的手稿。1975 年 1 月又出版平装本。

《鲁迅批判孔孟之道手稿选编》,1975年,文物出版社出版,文物出版社编。

1975年,鲁迅之子周海婴写信给毛泽东主席,建议由"文物局和出版局把鲁迅研究和出版的工作做起来。其具体措施,是将1958年下放北京市文化局的鲁迅博物馆重新划归文物局领导,在该馆增设鲁迅研究室,调集对鲁迅研究有相当基础的必要人员,并请一些对鲁迅生平熟悉了解的老同志作顾问,除和出版局共同负责鲁迅全集的注释外,专门负责鲁迅传和年谱的编写工作,争取在1981年鲁迅诞生100周年时能把上述几种书(即全集注释本、年谱、传记)以及全部鲁迅手稿影印本出齐"。毛泽东批示同意。随后,由国家文物事业管理局牵头,以北京鲁迅博物馆、文物出版社为主,组成鲁迅手稿编辑委员会,负责手稿的编辑出版工作,计划从1978年起,分文稿、书信、日记、辑录、译稿等5部分,陆续出版《鲁迅手稿全集》。

《鲁迅手稿全集》原计划出版10函,文稿、书信、日记,译稿和辑录各两函,但文物出版社只出版了前3种,共6函60卷;《鲁迅辑校石刻手稿》1987年7月上海书画出版社出版,宣纸线装本,分碑铭、造像、墓志和校文,共3函18卷。《鲁迅辑校古籍手稿》于1993年3月由上海古籍出版社出齐,宣纸线装本,共6函49卷。而鲁迅译稿一直没有得到出版的机会。

此外还出版了其他一些手稿,如:

《鲁迅〈阿Q正传〉日译本注释手稿》,文物出版社1975年版;《鲁迅·增田涉师弟答问录》,1985年日本汲古书院版,按原信大小影印及整理对照稿出版。《两地书真迹》,上海古籍出版社1996年1月版,分"原信"一卷、"手稿"一卷。原信部分是据鲁迅、许广平通信原件影印,是这些原信的首次面世。

《鲁迅辑校古籍手稿》,1986 年 6 月至 1993 年 3 月上海古籍出版社陆续出齐。宣纸线装本共 6 函 49 卷。各函印数不同,最多者为 600 部。收录鲁迅辑录、校订的古籍手稿。

《鲁迅辑校石刻手稿》,1987 年 7 月上海书画出版社出版。宣纸线装本,分碑铭、造像、墓志和校文共 3 函 18 卷。

2021 年 9 月,新编《鲁迅手稿全集》(78 卷),由国家图书馆出版社、文物出版出版。分为文稿编、译稿编、书信编、日记编、辑校古籍编、辑校金石编、杂编等七编。所收录的每一件手稿都由编校人员细致鉴定、考证和审核,标注了每一件手稿的名称、时间、数量、尺寸、收藏者等信息。

Ⅳ　鲁迅纪念设施

北京

北京鲁迅博物馆(北京新文化运动纪念馆)有两个馆区,由北京鲁迅博物馆和北京新文化运动纪念馆于 2014 年 7 月 11 日合并而成,分别位于北京市西城区阜成门内宫门口二条 19 号和北京五四大街 29 号,馆藏文物、资料近 7 万(种/件),是历史建筑旧址与新建博物馆建筑相结合,承担收藏、保存、研究和展示宣传鲁迅和新文化运动时期著名人物、重大事件相关文物、资料功能的社科类纪念性博物馆。

北京鲁迅博物馆馆区的前身,是鲁迅 1924 年 5 月至 1926 年 8 月在北京的住所。鲁迅在这里完成了《华盖集》《华盖集续编》《野草》等文集以及《彷徨》《坟》和《朝花夕拾》中的部分文章。1926 年鲁迅南下以后,曾于 1929 年 5 月和 1932 年 11 月两次回京在此居住。1949 年 2 月，中国人民解放军北平军事管制委员会文化接管委员会人员到鲁迅故居考察，并筹备恢复鲁迅故居事宜。1949 年 9 月，北平市人民政府安排专人筹建鲁迅故居，建成后于当年 10 月 19 日鲁迅 13 周年忌辰之际接待各界人士参观。1950 年 2 月 25 日，许广平将鲁迅故居和故居内的藏书、文物全部捐献给政府。1950 年 2 月，文化部文物局接管原为北京市（当月北平市改称北京市）人民政府管理的鲁迅故居，并进行了历时近 8 个月的修缮后对外开放。

1954 年 1 月，文化部社会文化事业管理局决定启动鲁迅纪念馆筹备工作，组织筹委会，配备干部，5 月开始规划设计和民房搬迁等工作，9 月正式成立北京鲁迅纪念馆筹备处。1955 年 11 月，文化部召开会议，审定批准建馆设计方案。1955 年 12 月鲁迅纪念馆建设工程在鲁迅故居东侧开始，藏品征集、陈列内容策划、形式设计等工作也相继展开，至 1956 年夏基本就绪。1956 年 9 月开始陈列预展，10 月 19 日鲁迅逝世 20 周年纪念日之际，鲁迅博物馆正式开馆。1958 年 7 月文化部部分单位下放，鲁迅博物馆改隶北京市文化局。1959 年北京市将鲁迅博物馆划归西城区文化科领导。1961 年 9 月鲁迅博物馆重新划归北京市文化局领导。1966 年至 1973 年因故闭馆。1975 年 10 月 28 日，鲁迅之子周海婴上书毛泽东主席，提出关于鲁迅书信的出版、鲁迅著作的注释以及在鲁迅博物馆增设鲁迅研究室等建议。11 月 1 日，毛主席在周海婴的信上批示："我赞成周海婴同志的意见。请将周信印发政治局，并讨论一次，作出决定，立即实行。"1976 年，博物馆归国家文物事业管理局直接领导。1978 年鲁迅诞辰 100 周年前夕，鲁迅博物馆启动扩建工程，1981 年 8 月先后完成庭院拓展、增加绿化面积、新建研究楼和报告厅及部分办公用房等工作。1993 年 5 月 24 日，鲁迅博物馆新展厅工程破土动工，1994 年 9 月竣工，1996 年启用。

新文化运动纪念馆馆区，前身为北京新文化运动纪念馆，是为了纪念“五四”新文化运动，而依托北京大学红楼建立的旧址类博物馆。北大红楼原为北京大学第一院，始建于 1916 年，落成于 1918 年。陈独秀、蔡元培、毛泽东、李大钊等曾先后在此工作。作为新文化运动的大本营，五四运动的发源地，中国共产党早期重要活动地，北大红楼于 1961 年 3 月被公布为第一批全国重点文物保护单位。2001 年，受国家文物局委托，中国革命博物馆负责筹建北京新文化运动纪念馆。2002 年 4 月，北大图书馆主任室、登录室、第二阅览室、第十四书库，以及新潮杂志社、学生大教室等连同“新时代的先声——新文化运动”基本陈列正式对外开放。

北京鲁迅博物馆（北京新文化运动纪念馆）主要有鲁迅的手稿、生平史料、藏书、藏画、藏拓、藏亲友信札等文物藏品；许广平、周作人、周建人、章太炎、钱玄同、许寿裳、胡风、江绍原、魏建功、瞿秋白、冯雪峰、萧军、萧红、叶紫、柔石、冯铿等近现代名家遗稿、遗书、遗物；大量的鲁迅著、译、辑、编著作版本和鲁迅研究著作版本、近现代书刊版本。

鲁迅在北京的另一处旧居八道湾十一号，位于北京西城区西直门内。1919 年 9 月由鲁迅家族出资 3855 圆购下，为卖掉绍兴老屋、合族北迁后的居住地；2002 年 8 月，被西城区人民政府公布为区文物暂保单位“鲁迅著书处”；2008 年国家文物局主编、科学出版社出版的《中国文物地图·北京分册》“北京市近代名人史迹图”中，登录其为“鲁迅三兄弟旧居”。2014 年北京市第三十五中学迁建于赵登禹路 8 号，将这所宅院圈于校内。鲁迅在八道湾居住时期，正值五四新文化运动高潮。他在此院内生活了 3 年 8 个月，供职于教育部，并先后在北京大学、北京师范大学、北京女子高等师范学校等大中学校兼职教学；他为《新青年》《晨报副刊》等报刊杂志撰稿，与蔡元培、胡适、陈独秀、李大钊、钱玄同、刘半农、沈尹默、马裕藻、郁达夫等文化名流多有交往。鲁迅在这里创作了《呐喊》的 11 篇小说、《热风》的 14 篇杂文，翻译出版了《工人绥惠略夫》《爱罗先珂童话集》《桃色的云》等，完成学术著作《中国小说史略》初稿。其中《阿 Q 正传》和《故乡》，尤其脍炙人口。

上海

1950 年，上海鲁迅纪念馆由华东军政委员会文化部着手筹备，同年 7 月批准建制，8 月，鲁迅夫人、政务院副秘书长许广平专程到沪指导鲁迅故居陈列复原，11 月政务院周恩来总理题写馆名，1951 年 1 月面向公众开放。馆舍初设于山阴路大陆新村 9 号上海鲁迅故居及邻屋 10 号内，1956 年鲁迅逝世 20 周年前夕，迁入虹口公园（现名鲁迅公园），新馆舍为具有江南民居风格建筑，青瓦白墙、马头式山墙。同年 10 月，鲁迅墓由上海虹桥路万国公墓迁葬于虹口公园，并由中华人民共和国主席毛泽东题写碑文。1998 年，馆舍在原址基础上改扩建，建筑面积约 5000 平方米，保留了原建筑特色，粉墙、黛瓦、花岗石墙裙，造型简洁、朴实、雅致，同时又融入了现代博物馆的功能。

上海鲁迅纪念馆同时负责管理全国重点文物保护单位鲁迅墓、上海市文物保护单位上海鲁迅故居，馆舍位于上海市虹口区鲁迅公园内。

上海鲁迅纪念馆馆藏 8 万余件，以手稿、遗物、文献和版画为大宗。其中重要的有：鲁迅译《毁灭》手稿、鲁迅《故事新编》手稿、鲁迅《无题》（“惯于长夜过春时”）诗稿、鲁迅致友人赵家璧书信、鲁迅使用的“金不换”狼毫小楷笔；瞿秋白、丁玲和“左联”五烈士文稿，“左联”机关刊物《秘书处消息》，鲁迅收藏的中国现代版画，以及从鲁迅遗容上翻制而成的石膏像等。

一层设有临时专题展厅“奔流艺苑”、多功能报告厅“树人堂”、专为收藏兼展示鲁迅同时代文化名人遗存的“朝华文库”、鲁迅图书馆和其它服务设施。二层为“人之子——鲁迅生平陈列”。陈列以“立人”为精髓和主线，共分为“生命的路（人生道路）”“首在立人”（基本思想）“画出国人的魂灵”（创作成就）“保存者、开拓者、建设者”（文化贡献）“精神界战士”（社会活动）和“人之子”（逝世及影响）6 个部分。

鲁迅墓坐落于鲁迅公园内，由陈植设计，1956 年建成，由墓区、瞻仰平台、鲁迅坐像组成。1936 年 10 月 21 日，鲁迅安葬于上海万国公墓，1956 年 10 月迁葬于虹口公园（今鲁迅公园）内。墓区面积达 1600 平方米，由细密坚实的苏州金山花岗石构筑。墓前长方形的草地中建有鲁迅铜像。墓穴后面的照壁式墓碑用斩光花岗石砌成，高 5.38 米，宽 10.2 米，镌刻着毛泽东书写“鲁迅先生之墓”六个金字。

上海鲁迅故居位于虹口区山阴路 132 弄 9 号。鲁迅于 1933 年 4 月 11 日携妻儿迁入，1936 年 10 月 19 日清晨 5 点 25 分在这里逝世，居此整三年。故居按照鲁迅生前居住时的情形复原，屋前有小天井，底层前间是客厅，后间是餐室。二楼前间是鲁迅卧室兼书房，鲁迅在这里先后写作和编选了他的历史小说《故事新编》和《伪自由书》《南腔北调集》《准风月谈》《花边文学》《且介亭杂文》等 7 本杂文集，翻译了《表》《死魂灵》《俄罗斯的童话》等

4 本外国文学作品，编印出版了《木刻纪程》《引玉集》《凯绥·珂勒惠支版画选集》等中外版画；编校出版了瞿秋白译文集《海上述林》。鲁迅在这里会见过瞿秋白、茅盾、冯雪峰和 A·史沫特莱、内山完造等中外人士。后间是贮藏室，内有鲁迅的修书工具、药品和医疗器皿等各种物品。三楼前间是鲁迅独子海婴及保姆的卧室。后间是客房，瞿秋白、冯雪峰等共产党人曾在这里居住。

绍兴

绍兴鲁迅纪念馆馆址在绍兴市越城区鲁迅中路 235 号，始建于 1953 年 1 月，是中华人民共和国成立后浙江省最早建立的纪念性人物博物馆。以鲁迅生平事迹的宣传教育、鲁迅文物资料的征集保护、鲁迅思想作品的科学研究为主要任务，收藏鲁迅及近现代文物、文献 2 万余件，馆藏文物近 6000 件(套)，其中珍贵文物 222 件(套)，较好地反映了鲁迅青少年时期成长的轨迹。

经过半个多世纪的风雨历程，纪念馆已发展成为历史文化名城绍兴对外宣传教育的一个“窗口”和著名的人文景观，在海内外享有较高的声誉，2008 年实施整体免费开放后，年接待观众超过 200 万人次。

纪念馆先后被命名为全国百个爱国主义教育示范基地、全国百个红色旅游经典景区、全国优秀社会教育基地、全国中小学爱国主义德育教育基地、中华优秀传统文化实践基地、首批“全国研学旅游示范基地”和“全国中小学生研学实践教育基地”等。

鲁迅纪念馆区完整保留了鲁迅故居、鲁迅祖居、百草园、三味书屋等鲁迅幼年和青少年时期曾经生活学习过的、与鲁迅成长息息相关的“国宝级”古建筑群，成为人们走近鲁迅、感悟鲁迅精神、领略鲁迅笔下绍兴风情的精神家园。

2002 年，绍兴市开始实施《鲁迅故里历史街区保护规划》。2003 年 9 月一期核心保护工程竣工并对外开放。新馆区不仅保持了鲁迅当年生活过的故居、祖居、三味书屋、百草园，还恢复了周家新台门、寿家台门、土谷祠、长庆寺、鲁迅笔下风情园等一大批与鲁迅有关的古宅古迹。恢复后的鲁迅故里成为立体解读鲁迅的场所。新建的鲁迅纪念馆占地面积约为 6000 平方米，总建筑面积约 5000 平方米。以“老房子、新空间”的设计理念，使其与该地区传统街巷肌理保持统一。纪念馆外部为绍兴台门建筑形式，主入口采用绍兴传统竹丝台门。“鲁迅生平事迹陈列”采用编年体形式，以时间为序，在全面反映鲁迅一生业绩和思想发展轨迹的基础上，重点反映鲁迅与故乡绍兴的渊源关系，具有鲜明的绍兴地域特色。

绍兴鲁迅故居始建于清嘉庆年间，建筑共分三进，由台门斗、大厅、侧厢及杂屋等组成。1881 年 9 月 25 日，鲁迅诞生在这里，著名的百草园就在其中。鲁迅在此度过了他的童年和少年时代，留下了许多耐人寻味的踪迹。

广州

广州鲁迅纪念馆筹建于 1957 年，1959 年 10 月 1 日正式对外开放，馆址设于 1906 年建立的两广优级师范学堂的主楼旧址。属于公益一类事业单位，直属广东省文化和旅游厅。现辖有全国重点文物保护单位——中国国民党第一次全国代表大会旧址和广东省文物保护单位广东贡院明远楼。黄遵宪、康有为、梁启超等近代文化巨擘，孙中山、廖仲恺、李大钊、毛泽东、刘少奇、周恩来、王尽美、谭平山、林伯渠等国共领导人，鲁迅、郭沫若、茅盾、郁达夫等现代文学巨子，都曾在这里留下足迹。

纪念馆复原了中国国民党一大会议礼堂、鲁迅旧居、国立中山大学会议室、广东贡院监临官办公场景，设有《在钟楼上——鲁迅与广东》《钟声：1924——中国国民党第一次全国代表大会历史》等基本陈列及欧阳山、萧红两个专题陈列室。

2021 年，广州鲁迅纪念馆与广东省博物馆合并，成为广东省博物馆（广州鲁迅纪念馆）的一部分。

南京

南京鲁迅纪念馆位于南京市察哈尔路 37 号百年名校南京师大附中校园内，是国内唯一建在中学校园内的鲁迅纪念馆。

1898 年，鲁迅从家乡绍兴来南京求学，先考入江南水师学堂，后转考江南陆师学堂附设矿路学堂，1902 年毕业后赴日留学。这段以"周树人"的名字在南京生活学习时期，正逢洋务运动开展，"新式学堂"开创，新思想新文化流行，是鲁迅接触现代科学、了解西方文明、阅读翻译文学、探索精神启蒙的起点。南京鲁迅纪念馆的主体建筑是江南陆师学堂附设矿路学堂的德籍教员楼。20 世纪 80 年代，南京师大附中曾在此设置鲁迅纪念室。2006 年 4 月，南京鲁迅纪念馆正式建成并对外开放。2012 年，纪念馆在原有基础上进行增容扩建，推出常设展览、开设学术讲座、举办征文竞赛、组织学生志愿者队伍，并成立江苏省"走进鲁迅"课程基地，开展了多项教育实践与教学研讨活动，编印刊物《走进鲁迅》，引导青年学生了解鲁迅、继承鲁迅精神。2020 年，南京鲁迅纪念馆推出新的展览陈列《"寻求别样的人们"——鲁迅、新学与青年》，展示青年鲁迅到南京求学、赴日留学、回国工作的人生经历，以其所见所感折射洋务运动中南京的城市风貌与近代教育的变革；同时展示1920年代就读东南大学附中（南京师大附中前身）的胡风、巴金、黄源的青年时代及其与鲁迅的交往，以两代“新青年”的经历，再现历史，激励后人。

厦门

厦门大学鲁迅纪念馆是目前国内唯一设在高校的鲁迅纪念馆。初设于厦门大学集美楼二楼，原鲁迅先生任教时居住的房间。1926年9月4日至1927年1月16日，鲁迅在厦门大学任国文系与国学研究院教授，除教学外，还撰写了17万多字的著作，其中有《从百草园到三味书屋》《藤野先生》等。

纪念馆现有5个展室，第一室简要回顾鲁迅的人生轨迹及思想历程；第二室陈列鲁迅在厦门时的历史文物资料；第三室是“鲁迅与许广平”专题展览；第四室为各界人士参观纪念室；第五室为鲁迅故居，室内摆设按鲁迅当年居住时的原状陈列。

V 中国鲁迅研究会

中国鲁迅研究会成立于1979年9月，至今已经有40多年的历史，是由从事鲁迅研究的工作者自愿结成的全国性、学术性、非营利性社会团体，由中国社会科学院和中华人民共和国民政部进行业务指导和监督管理。

研究会章程草案中说，鲁迅研究学会是从事鲁迅研究的专业和业余工作者组成的学术性团体，它的任务是遵循党的“百花齐放，百家争鸣”的方针，组织和推动有关鲁迅研究的学术活动。按照学会章程，学会每年组织理事会和规模不等的全国性学术会议，邀请外国同行参加，追踪鲁迅研究中发生的新问题、新的研究热点，开展交流，促进对鲁迅思想和文艺中诸多方面的深入认识和思考，推进鲁迅研究的建设和发展。发表和出版鲁迅研究论文集，交流鲁迅研究成果，协同有关单位搜集、整理和出版鲁迅研究资料，开展与海外从事鲁迅研究的组织和个人的学术交流活动。

中国鲁迅研究学会成立后，各地纷纷成立研究机构。鲁迅研究活动的深入开展，特别是1981年鲁迅诞辰100周年纪念大会和学术讨论会的召开，使鲁迅研究达到空前未有的高潮。据不完全统计，从1980年到1986年，国内报刊杂志发表的学术论文和其他文章就有7000余篇，正式出版的研究专著、专集和有关读物近300部，超过了以往几十年研究成果数量的总和。

Ⅵ 中学语文教材收入鲁迅作品概况(1923—2019)

一、1923－1936

1923年商务印书馆出版《新学制初级中学教科书·国语》选入鲁迅作品4篇:《故乡》《鸭的喜剧》《孔乙己》3篇小说，《鱼的悲哀》1篇译文。

1923年民智书局出版孙俍工、沈仲九主编《初级中学国语文读本》，选入鲁迅作品21篇:《孔乙己》《故乡》《药》《风波》4篇小说，《我们现在怎样做父亲》《土人》《与幼小者》《大恐惧》《保存国粹》《两样称呼》《生命的路》《恨恨而死》《从老到死》9篇杂文，《察拉图斯忒拉的序言》《幸福》《疯姑娘》《狭的笼》《忆爱罗先珂华西理君——〈桃色的云〉代序》《〈一个青年的梦〉序》《〈一个青年的梦〉序二》《自序》8篇译文。

1924－1925年中华书局出版沈星一编订《初级国语读本》，选入鲁迅作品3篇:《故乡》《孔乙己》2篇小说，《〈呐喊〉自序》1

篇序文。

1926年孔德学校自编《北京孔德学校初中国文选读》，选入鲁迅作品12篇：《鸭的喜剧》《兔和猫》《故乡》《风波》《社戏》5篇小说，《论雷峰塔的倒掉》1篇杂文，《鱼的悲哀》《池边》《狭的笼》《时光老人》《暗淡的烟霭里》《鼻子》6篇译文。

1932年开明书店出版王伯祥编《开明国文读本参考书》，选入《秋夜》《好的故事》《雪》3篇散文诗，《孔乙己》1篇小说。

1933年商务印书馆出版傅东华编《复兴初级中学教科书》，选入《风筝》《秋夜》2篇散文诗，《鸭的喜剧》1篇小说，《马上日记》《唯新与守旧》《聪明人和傻子和奴才》3篇杂文。

1933年北新书局出版社出版赵景深、姜亮夫编订《初中北新文选》，选入鲁迅作品14篇：《白光》《鸭的喜剧》《狂人日记》《兔和猫》小说4篇，《论雷峰塔的倒掉》《聪明人和傻子和奴才》《与幼小者》《维新与守旧》《二重思想》5篇杂文，《藤野先生》1篇散文，《时光老人》《池边》《鱼的悲哀》《勃朗宁诗三篇》4篇译文。

1933年世界书局出版社出版《杜韩两氏高中国文》，选入鲁迅作品3篇：《狂人日记》1篇小说，《从百草园到三味书屋》1篇散文，《清末之谴责小说》1篇文论。

1934年世界书局出版社出版朱剑芒等编《朱氏初中国文》，选入鲁迅作品8篇：《好的故事》《蜡叶》《雪》《秋夜》4篇散文诗，《夏季的旅行》《徒然的笃学》《论办事法》3篇译文，《最先与最后》1篇杂文。

1934年北新书局出版姜亮夫编《高中国文选》，选入《生命的共感》《人间苦与文艺》《苦闷的象征》《呆子》《从灵向肉和从肉向灵》《专门以外的工作》6篇译文。

二、1937—1949

1944 年华北书店发行魏东明编订《国语课本》，选入《从百草园到三味书屋》前 3 段，改题为《百草园》。

1946 年胶东中学教材编委会编订《初中国语》，选入鲁迅作品 6 篇：《〈阿 Q 正传〉节选》1 篇小说，《冲》《中国语文的新生》2 篇杂文；以及《〈且介亭杂文〉序言》《鲁迅给颜黎民的信》（一）（二）。

1948 年大连大众书店发行《中学国文选》，选入鲁迅作品 2 篇：《一件小事》1 篇小说，《聪明人和傻子和奴才》1 篇杂文。

1949 年文化供应出版社出版《新编初中精读文选》，选入鲁迅作品 8 篇：《故乡》《孔乙己》2 篇小说，《记念刘和珍君》《与幼小者》《文章与题目》《聪明人和傻子和奴才》4 篇杂文，《风筝》1 篇散文诗及《自传》。

1949 年新华书店和华北联合出版社发行《高中国文》，选入鲁迅作品 7 篇：《我们不再受骗了》《答北斗杂志社问》《为了忘却的记念》《辱骂和恐吓绝不是战斗》《读书杂谈》《论"费厄泼赖"应该缓行》6 篇杂文，《对于左翼作家联盟的意见》1 篇讲话。

三、1950—1965

1950 年 6 月，叶圣陶建议以"语文"替代"国语"和"国文"，作为统称。人民教育出版社出版了第一套全国统一语文教材《初级中学语文课本》和《高级中学语文课程》。《初级中学语文课本》选入鲁迅作品 5 篇：《鸭的喜剧》《一件小事》《故乡》3 篇小说，《最先与最后》1 篇杂文，《给颜黎民的信》1 封书信；《高级中学语文课本》选入鲁迅作品 6 篇：《社戏》《药》2 篇小说，《我们不再受骗了》《记念刘和珍君》《为了忘却的记念》3 篇杂文，《风筝》1 篇散文诗。

1951 年人教版语文教材选入《故乡》《一件小事》2 篇小说。

1952 年人教版《初级中学语文课本》选入《一件小事》《故乡》2 篇小说；人教版《高级中学语文课本》选入 7 篇：《我们不再受骗了》《记念刘和珍君》《“友邦惊诧”论》《为了忘却的记念》4 篇杂文，《藤野先生》1 篇散文，《药》《祝福》2 篇小说。

1956 年人教版语文教材选入鲁迅作品 12 篇：《社戏》《一件小事》《故乡》《孔乙己》《祝福》《风波》6 篇小说，《从百草园到三味书屋》《藤野先生》2 篇散文，《论雷峰塔的倒掉》《为了忘却的记念》《我们不再受骗了》《聪明人和傻子和奴才》4 篇杂文。1956 年秋季全国中学使用新编语文课本，这是新中国中学语文教材第一次改革。

1958 年人教版教材选入 4 篇：《故乡》《一件小说》《祝福》3 篇小说，《“友邦惊诧”论》1 篇杂文。

1961 年人教版教材选入 7 篇：《社戏》《孔乙己》2 篇小说，《从百草园到三味书屋》1 篇散文，《“友邦惊诧”论》《论雷峰塔的倒掉》《我们不再受骗了》《中国人失掉自信力了吗》4 篇杂文。

1963 年人教版教材选入 3 篇：《从百草园到三味书屋》1 篇散文，《社戏》《一件小事》2 篇小说。

四、1966—1976

“文革”开始到 1968 年，由于动乱，中学语文课基本没有教材。1968 年以后，各省自编教材。在各省编中学语文教材中，鲁迅作品占有相当大的比重。尽管所选篇目以及编选安排都游移不定，但基本都会选入《一件小事》《故乡》《祝福》《孔乙已》《药》等小说，以及《论“费厄泼赖”应该缓行》《记念刘和珍君》《对于左翼作家联盟的意见》《中国无产阶级革命文学和前驱的血》《“友邦惊诧”论》《为了忘却的记念》《“丧家的”“资本家的乏走狗”》等杂文。

“文革”十年，出于政治形势和所谓阶级斗争的需要，《流氓的变迁》《辱骂和恐吓决不是战斗》《谈金圣叹》《在现代中国的孔夫子》《答托洛茨基派的信》《答徐懋庸并关于抗日统一战线问题》《庆祝沪宁克复的那一边》《论雷峰塔的倒掉》《革命文学》《关于中国的两三件事》《关于太炎先生二三事》等杂文，小说《风波》，散文《藤野先生》等也选进了中学语文课本。此外，旧体诗《自嘲》《无题》《自题小像》也一度选进了中语课本。

五、1978—2000

这一时期语文教材相对稳定，但也经历了从“一纲一本”到“一纲多本”的变化。自1978年后，语文教材选入鲁迅杂文有所减少，但是直至八、九十年代，初中教材中一直有杂文作品选入。

1978年人教版教材选入10篇：《从百草园到三味书屋》1篇散文，《社戏》《祝福》《药》《阿Q正传（节选）》《狂人日记》5篇小说，《记念刘和珍君》《拿来主义》《“丧家的”“资本家的乏走狗”》4篇杂文，《〈呐喊〉自序》1篇序文。

此外同年由中小学通用教材编写组编订的《全日制十年制学校初中课本·语文》（试用本）选入9篇：《从百草园到三味书屋》《藤野先生》2篇散文，《社戏》《一件小事》《故乡》《孔乙己》4篇小说，《论雷峰塔的倒掉》《“友邦惊诧”论》2篇杂文，《雪》1篇散文诗。

从1979年秋季开始，全国恢复使用统一教材。鲁迅经典作品篇目重新被选入，以1979年教材为例：有《孔乙已》《药》《一件小事》《风波》《故乡》《阿Q正传》《社戏》《祝福》小说8篇；有《从百草园到三味书屋》《藤野先生》《雪》3篇散文；有《论“费厄泼赖”应该缓行》《记念刘和珍君》《“丧家的”“资本家的乏走狗”》

《“友邦惊诧”论》《为了忘却的记念》《三月的租界》《答托洛茨基派的信》杂文7篇,《〈呐喊〉自序》序文1篇。一共19篇被选进了教材(其中初中7篇)。

1979年《全日制十年制学校初中课本·语文》选入9篇:《记念刘和珍君》《拿来主义》《为了忘却的记念》《“丧家的”“资本家的乏走狗”》4篇杂文,《药》《祝福》《阿Q正传节选》《狂人日记》4篇小说,《〈呐喊〉自序》1篇序文。

1982年人教版《语文》教材共选入22篇鲁迅作品,初中8篇:《从百草园到三味书屋》《藤野先生》2篇散文,《社戏》《故乡》《一件小事》《孔乙己》4篇小说,《“友邦惊诧”论》《论雷峰塔的倒掉》2篇杂文;高中14篇:《记念刘和珍君》《拿来主义》《“丧家的”“资本家的乏走狗”》《为了忘却的记念》《文学和出汗》《中国人失掉自信力了吗》《人生识字胡涂始》《答北斗杂志社问》8篇杂文,《药》《祝福》《〈阿Q正传〉(节选)》《狂人日记》4篇小说,《〈呐喊〉自序》1篇序文,《范爱农》1篇散文。

1987年人教版语文教材共选入23篇鲁迅作品,初中10篇:《孔乙己》《社戏》《一件小事》《故乡》4篇小说,《从百草园到三味书屋》《藤野先生》2篇散文,《“友邦惊诧”论》《为了忘却的记念》《论雷峰塔的倒掉》《鲁迅自传》3篇杂文。高中13篇:《拿来主义》《记念刘和珍君》《为了忘却的记念》《论“费厄泼赖”应该缓行》《文学和出汗》《中国人失掉自信力了吗》《人生识字胡涂始》《答北斗杂志社文》8篇杂文,《〈呐喊〉自序》1篇序文,《药》《祝福》《〈阿Q正传〉节选》3篇小说,《范爱农》1篇散文。

1990年人教版语文教材选入11篇:《记念刘和珍君》《拿来主义》《为了忘却的记念》《论“费厄泼赖”应该缓行》《文学和出汗》《中国人失掉自信力了吗》6篇杂文,《〈呐喊〉自序》,《祝福》

《药》《〈阿Q正传〉节选》3篇小说。

1993年人教版教材选入7篇:《从百草园到三味书屋》《藤野先生》2篇散文,《社戏》《故乡》《孔乙己》3篇小说,《"友邦惊诧"论》《论雷峰塔的倒掉》2篇杂文。

六、2000年以来

2001年《义务教育课程标准试验教科书·语文》选入7篇:《风筝》1篇散文诗,《从百草园到三味书屋》《阿长与〈山海经〉》《藤野先生》3篇散文,《故乡》《孔乙己》2篇小说。以及名著导读《朝花夕拾》。

2001年苏教版《义务教育课程标准试验教科书·语文》选入6篇:《社戏》《孔乙己》《故乡》3篇小说,《从百草园到三味书屋》《藤野先生》2篇散文,《雪》1篇散文诗。

2003年人教版教材选入7篇:《从百草园到三味书屋》《藤野先生》《阿长与〈山海经〉》3篇散文,《社戏》《故乡》《孔乙己》3篇小说,《中国人失掉自信力了吗》1篇杂文。

2003年沪教版《九年义务教育课本·语文》选入8篇:《从百草园到三味书屋》《阿长与〈山海经〉》2篇散文,《社戏》《故乡》《孔乙己》3篇小说,《风筝》1篇散文诗,《自题小像》《自嘲》2首旧体诗。

2003年鄂教版《义务教育课程标准试验教科书·语文》选入6篇:《从百草园到三味书屋》1篇散文,《社戏》《故乡》《风波》3篇小说,《中国人失掉自信力了吗》1篇杂文,《鲁迅自传》1篇自传。

2004年语文出版社《普通高中课程标准试验教科书·语文》选入6篇:《记念刘和珍君》《拿来主义》《春末闲谈》《灯下漫笔》4篇杂文,《祝福》《铸剑》2篇小说。

2004年苏教版《义务教育课程标准试验教科书·语文》选入

4 篇必修:《祝福》《阿 Q 正传》2 篇小说,《拿来主义》《记念刘和珍君》2 篇杂文。另有 46 篇选读篇目。

2004 年鲁教版《普通高中新课程试验教科书·语文》选入 3 篇必修:《为了忘却的记念》《记念刘和珍君》2 篇杂文,《祝福》1 篇小说;另有 2 篇选修:《狂人日记》《柔石小传》。

2004 年粤教版《普通高中课程标准试验教科书·语文》选入 3 篇必修:《药》《〈阿 Q 正传〉节选》2 篇小说,《拿来主义》1 篇杂文;另有 5 篇选修:《五猖会》《狂人日记》《论辩的魂灵》《奔月(节选)》《最先与最后》

2004 年开明版《义务教育课程标准试验教科书·语文》选入 6 篇:《社戏》《故乡》《孔乙己》3 篇小说,《藤野先生》《从百草园到三味书屋》2 篇散文,《"友邦惊诧"论》1 篇杂文。

2005 年北师大版《义务教育课程标准试验教科书·语文》选入 7 篇:《从百草园到三味书屋》《阿长与〈山海经〉》2 篇散文,《自嘲》1 首诗,《读书杂谈》1 篇杂文,《孔乙己》《社戏》2 篇小说

2005 年河北版《义务教育课程标准试验教科书·语文》选入 7 篇:《从百草园到三味书屋》《藤野先生》2 篇散文,《社戏》《故乡》《孔乙己》3 篇小说,《秋夜》1 篇散文诗,《聪明人和傻子和奴才》1 篇杂文。

2007 年华东师大版《高级中学课本·语文》选入 6 篇:《为了忘却的记念》《拿来主义》《未有天才之前》3 篇杂文,《〈阿 Q 正传〉(节选)》《药》2 篇小说,《白莽作〈孩儿塔〉序》1 篇序文。另有《药》评点。

2016 年部编版教材收录 7 篇:《从百草园到三味书屋》《藤野先生》《阿长与〈山海经〉》3 篇散文,《社戏》《故乡》《孔乙己》3 篇小说,《中国人失掉自信力了吗》1 篇杂文。此次部编版初中语文

教材选入的鲁迅作品没有超出各套人教版教材的选入范围，在此基础上，保留了《从百草园到三味书屋》《社戏》《故乡》《孔乙己》4 篇选入频率较高的篇目。

2019 年部编版语文教材共收录鲁迅作品 10 篇。其中初中 7 篇:《中国人失掉自信力了吗》1 篇杂文，《孔乙己》《社戏》《故乡》3 篇小说，《从百草园到三味书屋》《阿长与〈山海经〉》《藤野先生》3 篇散文。另有名著导读《朝花夕拾》。高中选入 3 篇:《记念刘和珍君》《拿来主义》2 篇杂文，《祝福》1 篇小说。

参考书目举要

鲁迅:《鲁迅全集》,人民文学出版社2005年版。

鲁迅:《鲁迅译文集》,人民文学出版社1958年版。

北京鲁迅博物馆编:《鲁迅译文全集》,福建教育出版社2008年版。

鲁迅手稿全集编辑委员会编:《鲁迅手稿全集》,文物出版社1978年版。

鲁迅纪念馆编:《鲁迅日文作品集》,上海文艺出版社1981年版。

鲁迅:《鲁迅辑校石刻手稿》,上海书画出版社1987年版。

北京鲁迅博物馆、上海鲁迅纪念馆合编:《鲁迅辑校古籍手稿》,上海古籍出版社1991年版。

鲁迅:《鲁迅辑录古籍丛编》,人民文学出版社1999年版。

许广平:《欣慰的纪念》,人民文学出版社1951年版。

许广平:《鲁迅回忆录》,作家出版社1978年版。

许广平:《许广平忆鲁迅》,广东人民出版社1979年版。

周海婴编:《鲁迅、许广平所藏书信选》,湖南文艺出版社1987年版。

许寿裳:《亡友鲁迅印象记》,峨眉出版社1947年版。

许寿裳:《我所认识的鲁迅》人民文学出版社1952年版。

周遐寿:《鲁迅的故家》,人民文学出版社1957年版。

周遐寿:《鲁迅小说里的人物》,人民文学出版社1957年版。

周启明:《鲁迅的青年时代》,中国青年出版社1957年版。

周作人:《知堂回想录》,三育图书有限公司 1980 年版。

周作人:《周作人日记》,大象出版社 1996 年版。

乔峰:《略讲关于鲁迅的事情》,人民文学出版社 1954 年版。

周建人:《回忆鲁迅》,上海人民出版社 1976 年版。

周建人:《鲁迅故家的败落》,湖南人民出版社 1984 年版。

许钦文:《彷徨分析》,中国青年出版社 1958 年版。

许钦文:《学习鲁迅先生》,上海文艺出版社 1959 年版。

胡今虚:《鲁迅作品及其他》,泥土社 1950 年版。

冯雪峰:《回忆鲁迅》,人民文学出版社 1952 年版。

李霁野:《回忆鲁迅先生》,新文艺出版社 1956 年版。

川岛:《和鲁迅相处的日子》,四川人民出版社 1979 年版。

孙伏园:《鲁迅先生二三事》,湖南人民出版社 1980 年版。

黄源:《忆念鲁迅先生》,人民文学出版社 1981 年版。

赵家璧:《编辑生涯忆鲁迅》,人民文学出版社 1981 年版。

曹聚仁:《鲁迅年谱》,生活·读书·新知三联书店 2011 年版。

内山完造著、尤炳圻译:《活中国的姿态》,敦煌文艺出版社 1995 年版。

周冠五:《鲁迅家庭和当年绍兴民俗》,上海文化出版社 2006 年版。

鲁迅博物馆选编:《鲁迅回忆录》,北京出版社 1999 年版。

孙郁、黄乔生主编:《回望鲁迅》,河北教育出版社 2000 年版。

胡适:《胡适文存二集》,亚东图书馆 1928 年版。

张静庐辑注:《中国现代出版史料甲编》,中华书局 1954 年版。

沈尹默等著:《回忆伟大的鲁迅》,新文艺出版社 1958 年版。

《中国现代文艺资料丛刊》第 5 集,上海文艺出版社 1980 年版。

蒙树宏:《鲁迅史实研究》,云南教育出版社 1989 年版。

何凝选编:《鲁迅杂感选集》,上海青光书局 1933 年版。

内山完造:《上海漫语》,改造社 1938 年版。

藏原惟人著、尤炳圻译:《日本民主主义文化运动》,天津知识书店 1950 年版。

刘益玺等译:《论鲁迅》,泥土社 1953 年版。

埃德加・斯诺:《我在旧中国十三年》,生活・读书・新知三联书店 1973 年版。

朱正:《鲁迅回忆录正误》,湖南人民出版社 1979 年版。

增田涉:《鲁迅的印象》,湖南人民出版社 1980 年版。

唐弢:《晦庵书话》,生活・读书・新知三联书店 1980 年版。

胡风:《胡风回忆录》,人民文学出版社 1993 年版。

鲁迅博物馆鲁迅研究室编:《鲁迅诞辰百年纪念集》,湖南人民出版社 1981 年版。

许寿裳:《鲁迅先生年谱》,1938 年版(最早见于 1938 年蔡元培编《鲁迅全集》)。

曹聚仁:《鲁迅年谱》,香港三育图书文具公司 1972 年版。

王观泉编:《鲁迅年谱》,黑龙江人民出版社 1979 年版。

鲍昌、邱文治:《鲁迅年谱》,天津人民出版社 1979、1980 年版。

李何林主编,鲁迅博物馆鲁迅研究室编:《鲁迅年谱》(增订本),人民文学出版社 2000 年版。

蒙树宏:《鲁迅年谱稿》,广西师范大学出版社 1988 年版。

北京鲁迅博物馆编:《鲁迅年谱长编》(第 1 卷),河南文艺出版社 2012 年版。

编年纪事的传记：
《鲁迅年谱》编纂札记(代后记)

浙江大学出版社 2021 年 11 月出版的《鲁迅年谱》(以下简称《年谱》)，是我最近几年从事鲁迅生平史料研究的阶段性成果和鲁迅年谱编纂的初步尝试。该书收入浙江文化研究工程成果文库，列为浙江现代文学名家年谱丛书之一，虽然为了适应丛书体例的要求，有些方面不无偏重，但编纂过程中遇到的一些问题，既有与谱主鲁迅相关的特殊性，也反映出与年谱编纂相关的普遍性。

读者阅读年谱，可以通过历史事实的叙述看到谱主的生平事迹和思想变迁。因此，年谱撰写者对谱主的事迹、作品和思想发展需要有较为全面的研究。因为编纂年谱是为谱主撰写编年体纪事的传记，所以，在事实准确的基础上，还需要有贯穿谱主一生的连贯性，以及涵盖其一生社会活动的广延性。作为一种时序清晰的纪传体裁，年谱可以让读者对谱主的生平和思想观念的变化形成较为全面的认识。

鲁迅在《且介亭杂文》序言中谈到作家的编年文集时说："分类有益于揣摩文章，编年有利于明白时势，倘要知人论世，是非看编年的文集不可的，现在新作的古人年谱的流行，即证明着已经有许多人省悟了此中的消息。”[①]年谱如果仅仅是逐日罗列材料，便成了流水账，或所谓“断烂朝报”，因此需要简述、分述、综述。当然，年谱不能随意掺杂编纂者的主观感想，或是大段抒情，如私人信件和札记等。一部严谨的年谱应是在编年中融合纪传的叙事手法，并从行状、墓志铭、谱牒、年表、传记等体裁中引录文献材料，借鉴组织方法。如章学诚所说：“年谱者，一人之史也。”[②]梁启超《中国历史研究方法》讲得更具体，称年谱的优长是“将生平行事首尾毕见，巨细无遗”，“年谱与列传不同之点：列传叙述一生事迹，可以不依发生的前后，但顺着行文之便，或著者注重之点，提上按下，排列自由；年谱叙述一生事迹，完全依照发生前后，一年一年的写下去，不可有丝毫的改动”。[③] 在具体行文中，年谱的连贯性不但体现在事件的记录和梳理上，而且要有综合判断，在逐月逐日的叙述中，顾及谱主的人生轨迹、性格变化及思想变迁。具体到鲁迅这样一位文学家，还要涉及创作文体的演进变化。但是，此类重要关节往往散见于年谱的年月日条目中，不大容易被读者自己提炼出来。因此，要想达到好的叙述效果，编纂者的综述和提示必不可少。

总之，年谱是一种内容丰富、融合多样文体的、具有中国文史特色的传记。

因为收入丛书的缘故，浙江大学出版社出版的《年谱》特别照顾到鲁迅的作家身份，资料选择容或有所偏重。成稿后，因为篇幅的限制，又删减了部分内容。虽然叙述较为简练，体量也比

---

① 《鲁迅全集》第 6 卷，人民文学出版社 2005 年版，第 3 页。

② 《章氏遗书》第 1 册，上海商务印书馆 1936 年版，第 272 页。

③ 《中国历史研究方法》，上海人民出版社 2014 年版，第 158 页。

较适中，却也留下一些遗憾。现结合鲁迅年谱编纂略谈一些心得体会。

一

史料真实是年谱的生命。长期以来，读者和研究者形成了固定的认知，查阅一位作家的生平业绩，最好的文献是年谱。年谱的主要特征就是真实准确和严谨客观。除了真实，没有其他。衡量其客观的程度有一个标准，即是否可以当作词典使用。因此，在叙述方法上，年谱不像传记那样可以有作者主观的评判，可以用文学笔法。真实的历史材料是年谱的基础。

鲁迅一生虽然不长，但生平资料相当丰富，研究成果汗牛充栋，连细枝末节也被考证得非常详细。现行人民文学出版社2005年版《鲁迅全集》的注释已经相当详细和精确，但出版后仍有不少研究者指谬或补充，单是鲁迅交往或提到过的人物的生卒年，就有不少讹误和缺失。关于人物和事件的注释，2005年版全集虽是重要的参考，年谱编纂者也需要有自己的判断。又如鲁迅著译，也不能尽信通行版本，需要一定的校勘功夫。例如鲁迅给许广平的书信，过去习惯引用《两地书》，因为在2005年以前，《鲁迅全集》只收《两地书》，对其与原信的差别没有给予足够的重视。实际上，早有研究者对原信和修改后的信件做了详细的对比和研究，如王得后的《〈两地书〉研究》(天津人民出版社1995年版)。鲁迅研究或鲁迅年谱编纂在引用鲁迅书信时，应该有所选择并指出文本前后的不同。这样一方面回到了当时的语境，另一方面也看到鲁迅修改书信时的心态和思想变化。此外，在相关人物事件的注释方面，由于2005年版《鲁迅全集》还有不少问题，需要年谱编纂者就现有资料做一些必要的汇校和考证工作。

虽然鲁迅本人留下半生的日记是年谱编纂的珍贵材料，但鲁迅的日记常常比较简略，有时只是简单罗列人名、地名、书名，很少评论。而且早年的日记不存，造成事迹缺失，年谱编纂者率多引用周作人日记和同时代人的回忆，即便如此，早年的相关记述仍显不足，造成年谱前后详略不均。鲁迅的早年，特别是从出生到私塾读书阶段，往往一年只有一两条记载，甚至整年没有记载，只好叙述时代背景和家族变迁，为其成长环境提供一些参考资料。此外，有些缺失日记的年份，如 1922 年的谱文，编纂者只能以许寿裳抄录的部分条目，辅以相关人士的记述和回忆，此外就只能多着墨于鲁迅当年发表的作品。就拙编《年谱》而言，畸轻畸重现象明显存在，鲁迅晚年在上海一年的篇幅，竟相当于早年绍兴时代十年的——这也是在付印前删掉了后期包括注释在内的不少文字的一个原因。即便如此，最终定稿，上海时期近十年的篇幅仍几乎相当于前四十多年的。

除了有关鲁迅本人的文献材料，还有大量有关鲁迅的回忆录，有不同的人写于不同时期者，也有同一人写于不同时期者，互相不一致、前后不一致的情况屡见不鲜，需要辨别。年谱篇幅有限，此版鲁迅年谱又强调文学家特点，注重作品，因此，哪些材料可以简略，哪些材料要详载，就有必要进行取舍，有所删略。作为文学家的鲁迅之年谱，或者说收入文学家年谱丛书中的《年谱》，偏重文学活动，自是题中应有之义。但即便是文学活动，又因为鲁迅著译的丰富和多样，小说、散文、杂感、学术文章和翻译等都要兼顾，往往难于割爱，最终是不得不照顾周全，尽力均匀分配。因此，拟议突出重点的“文学年谱”也就打了折扣。但话说回来，文学年谱的想法也自有其价值，即提醒编纂者注意鲁迅的主业及其对现代中国的贡献，因此在叙述上应较多着墨于文学作品、文学活动、文学观念、作品影响等，就连每年的大事记，也偏重文化、文学方面，是有一定特色的。

鲁迅文学年谱、鲁迅美术年谱这样的专题类年谱，有助于从各方面深入挖掘和细致研究，最终形成对鲁迅更全面、更立体的叙述。当然，年谱的准确性与年谱的篇幅长短并无紧密关联，即使篇幅充裕，也不能堆砌材料，取舍也必须以事实为依据，建立在充分的考证和研究基础上。

年谱的来源材料无法回避包括家谱、族谱中对本族权势地位的褒扬文字和亲近人士的纪念文字，其中夸诞、虚饰的成分自所难免。这类资料的可信度是对年谱编纂者的最大考验，叙述谱主行状，碰到亲友的回忆录之类的文字，往往取舍为难。古代史官或将家谱、族谱之类视为正史资料，或归入子部小说家言，或将谱系类书籍移入杂传类。初唐时期，史官认为杂传、小说可补正史之不足，刘知几则在《史通》中提出杂传、小说会让正史失真。此种争论自古而然，于今为烈，因为现代人对回忆录写作的愿望和需求仍然蓬蓬勃勃，不可抑制。

对史料的辨正，对历来学术研究中还没有形成定论的问题进行判断，是年谱的一大关节，最为专业读者所关心。例如，鲁迅在东京留学期间参加光复会的问题，学界已经争辩了几十年，迄无定论。无论是周作人的没有参加说，还是许寿裳的参加说，虽然都来自鲁迅的至亲挚友，却未能提出会党成员名单、会党内部记录之类第一手材料。随着时间的推移，现今找到鲁迅入会佐证的可能性越来越小，如果用一两个人的证言做出推测和判断，无法说服另一方，对读者也是一种误导。因此本谱这样的重大问题，不止于存疑，而是否定了鲁迅加入光复会的可能性。从鲁迅当时的其他活动轨迹看，他并未参加任何与会党相关的活动，而是把主要精力用在读书和著译上。没有一点儿实际活动，甚至连具有鼓动色彩的文字也没有留下，这样一个人恐怕很难有资格加入会党。关于鲁迅早期活动的回忆文字中，夸张不实之处甚多，尤其是特殊年代里为了突出鲁迅的伟大形象，将很多“进步”活动往鲁迅身上拉扯，不惜张冠李戴。例如，鲁迅辛亥革命前后在绍兴，究竟参加了哪些活动？是不是组织了宣传队走上街头安抚百姓？宣传队是不是“武装”的？没有照片，没有文字报道，只好使用当时人的回忆，可信度不高。辛亥革命前后，鲁迅在绍兴，主要是教学，也参加了一些社会活动，例如参与了《越铎日报》的编辑工作，证据之一便是该报的发刊词是由他撰写的，并用“黄棘”的笔名发表——他在别处使用过这个名字，本人也认定这是他的未收集文字。但有关《越社丛刊》的史料，准确度就颇多可商榷之处：鲁迅究竟是《越社丛刊》的主编，还是编辑，抑或仅为撰稿人？过去的年谱和传记一般都采用亲友学生的回忆录，称之为“主编”，但却没有提出具有说服力的材料。本年谱没有使用“主编”，而写成“参与编辑”，现在看来，这一称呼仍然过高，或者保守地表述为“指导、帮助宋子佩的编辑工作”，更为妥当。

鲁迅年谱编纂者的重要工作，就是剥落过去层层堆积的夸张粉饰，拨开时代政治等因素造成的迷雾，还原历史的真实。

二

年谱，英文称作 chronological biography，是一种传记，但有

别于现代意义上的文学传记，也有别于中国古代的纪传体史书如《史记》《汉书》，而略近于《资治通鉴》，即一种编年纪事体，逐日逐月逐年记录人物活动。因此，年谱的优势是将人物的活动前后顺序叙述清晰，但也不免发生枝节散乱或前后照应不够的问题。时有先后，事有始终。年谱不仅仅是将各类材料按照时间顺序罗列，编纂者应该有比较鉴别，有选择取舍，能将材料与事实做必要的梳理，探索其内在联系。如果仅仅堆砌常见材料，年谱的学术价值就会大打折扣。读者愿意看到的是谱主行事的来龙去脉和思想的渊源流变。有人在《资治通鉴》之后编纂了《通鉴纪事本末》，就是为了弥补原著编年纪事散乱、不完整的缺憾。

因此，年谱有必要就谱主的大事、要事做前后变化过程的完整叙述，或放在事件开始介绍，或放在事件结束时总说，有始有终，前后照应。例如，鲁迅在广州时期办过一个书店，经营了几个月，从日记和回忆录看，颇费了一番功夫，但收益不佳。办书店，既有启蒙大众、传播知识的高尚目的，也有扩大自己所在文学团体的影响的打算，甚至还有帮助许广平的妹妹就业的考虑。这个过程如果逐日（按日记记载）——某月某日从北京发来什么书，某月卖出多少本等——繁琐零碎，成了经营账目。如此，就需要在书店开业的时候有一个条目，叙述书店的缘起和经营的目的，此时也就需要追溯鲁迅在厦门大学期间就萌生了在南方开书店或找代理销售未名社出版物的打算；在书店关张的叙述中要总结经营情况，并说明停业的原因。

年谱的目的是通过谱文与注释让读者知道谱主的生平事迹、成就和贡献，当然也包括谱主思想的变化。具体到鲁迅年谱，就是通过他的文学活动、具体作品（包括著译文、辑校古籍等）的介绍，展现其文学活动的连续性、文学思想的变迁等。这其中总有一条线索存在，这条线索也紧贴着谱主的其他活动，在日常交往、阅读写作等行为中表现出来。例如，进化论对鲁迅的影响，是其一生的一条重要线索，从南京时期阅读《天演论》，到日本时期参考涩江保有关国民性的著作，到北京时期阅读和评论《从小说看中国国民性》，到 1927 年政党激烈斗争中自称进化论思路“轰毁”，到瞿秋白在《鲁迅杂感选集》序言中的论断，到与冯雪峰的思想交流和对改革的思考，到去世前不久发表的《立此存照》等文章，又回到国民性改造的初心和原路。这样的线索在年谱的叙述中贯穿，才能使鲁迅的形象更加清晰，更加立体。再如，尼采的影响也是鲁迅一生思想变化的一个重要因素，其前后期接受影响有多大变化，不能只看他后期接受了什么新的思想，也要看他后期是不是还留存了早期思想的痕迹甚至一些突出特点。尼采是鲁迅青年时代服膺的欧洲思想家、文学家，他的著作与匈牙利的爱国诗人裴多菲的作品一样，是鲁迅的案头书。这些影响和痕迹在鲁迅晚年的阅读和著译中时有显现，说明他的转变并非一刀两断，而或有包容和转化。

在具体的叙述方法上，年谱需要综合多种方法，如提要、概括、引述、注释等。对于鲁迅这样有巨大影响的作家，著译等文字工作的介绍是年谱的重中之重。这方面在本次编纂《鲁迅年谱》时，笔者给予了相当的重视，但仍觉不足，因为鲁迅作品很多，几乎每篇都做详细的提要，篇幅不能允许，因此，有些文章就只有一句话的概括。而重要的作品，当然要叙述详细。对于重要作品，除了像上面说到的前后一贯讲述思想变化外，还有社会反响的前后关照。例如对《阿 Q 正传》，在其作品发表期间，要做故事情节的介绍，穿插一些社会反响和文学界的赞扬和批评，而作品发表后的争论和影响甚至影视改编等也要随时记述，总体上形成一条代表作持续影响的发展线索。鲁迅生前，其作品引起的反响，应该是一个重要的内容，因为这是他看到并且可能有所回应的。作品的校勘、修改、再版过程，也是鲁迅文学创作和编辑事业的重要组成部分，需要得到充分的反映。总之，年谱对鲁迅在文学艺术方面的杰出贡献，需要全盘考虑，在适当的节点、针对不同的方面做总结性的评述。

即便如此，在年谱正文中也难以容下如此多的信息，有些著作、事件，也只能以干巴巴的条目出现，仿佛一个索引。读者只看这些条目，对事情的原委，文章的内容仍然莫名其妙。因此，年谱条目中的注释成为必要的手段，可以提供背景材料和参考信息，作为谱文的补充和印证。

鲁迅年谱还应该关注一个重要方面，就是鲁迅一生多次参加论战，大的论战有好几次，小的论战不断，后期的杂感，多有“靶子”，自己也因此成了对方的“靶子”，以投枪匕首与论敌互射，是鲁迅文字生涯的一个奇特现象。鲁迅年谱有必要介绍这些论战，让读者明白争论的原因和双方观点的详情。过去，在介绍鲁迅的文章时，因为鲁迅的崇高地位和巨大影响力，编纂者常常将鲁迅的理论主张设为当然的正确方，对论争对手的观点或直接贬低，或略而不提，如此一来，鲁迅的正确性也就无法在对比中显现。何况，对方的观点即便总体错误，也可能包含一些合理的地方。作为研究者，应该有好说好，有坏说坏，给予公正公平的评价。因此，论战文字的双方，都应该有所表现，而不是只写鲁迅的一面之词。例如，鲁迅与张资平的论战，反批评也应该让对方申述理由。这其实正是鲁迅生前希望做也已经开始做的事，他编辑的有些文集，就将反对意见附在自己的文章之后，或者在全书结尾做一综述。他甚至还计划编辑一本《围剿集》，更完整地保留各种批评甚至攻击、污蔑自己的观点："我想另外搜集也是'杂感'一流的作品，编成一本，谓之《围剿集》。如果和我的这一本对比起来，不但可以增加读者的趣味，也更能明白别一面的，即阴面的战法的五花八门。"[①]鲁迅本人尚且客观对待不同意见和声音，研究者更要对此保持理性和客观。

因此，在论战中，如果是鲁迅的错误，应该明确指出；如果因为事实不清、形势不明产生的误会，或观察问题的立场不同导致的意见不一致，也应该加以说明。这时，详尽的注释和编撰者的综述和评议必不可少。例如，有关北平古物南迁，社会舆论对此有所谴责，鲁迅的文章义愤填膺，杂感之中还含有打油诗，极尽讽刺挖苦之能事。但揆诸当时国际、国内形势，政府搬迁古物虽然不能称为"英明"决策，也是不得已而为之的临时措施。如果不搬迁，后果不堪设想。那么，如何看待鲁迅当时的激烈批评？编纂者对不同观点应该给予介绍。如果只是一味称赞鲁迅的正确性和正义感，忽略了时代的复杂性和具体事件的特殊性，就会在全面的真实方面有所缺失，不足以服人。对复杂的历史事件，年谱有必要做辨正工作。

三

编纂《年谱》，我在感到压力的同时，也更切实地感到鲁迅年谱还需要有一个更加宏阔的构想，也即以更丰富的资料、更长的篇幅，揭示隐藏在谱主一生丰富的时空联系内部的逻辑关系。

---

① 《鲁迅全集》第4卷，人民文学出版社2005年版，第4—5页。

所谓更长的篇幅，字面上说就是所谓“年谱长编”。

事实上，早在二十世纪八十年代，鲁迅年谱就实现了“长编”的规模，就是鲁迅博物馆鲁迅研究室编纂的四卷本《鲁迅年谱》（人民文学出版社 1981 年初版，2000 年增订版），对社会历史背景做了详细的介绍，对鲁迅的生平事迹和思想发展做了全方位和系统的考证和叙述，在读者中享有盛誉，在众多的鲁迅年谱中，这一部篇幅最大，发行也较广。只是因为当时政治形势、社会发展阶段的原因，一些论述留着时代的痕迹，随着鲁迅研究的深入和范围的扩大，有些表述、论断今天看来已不准确，更多的新成果也没有得到反映，因此需要新的年谱。

鲁迅研究室编纂的年谱在读者心目中形成了“长编”的定式。但关于“年谱长编”，学术界向来有不同意见。长编本指非正式的、有待于继续提炼的初稿。司马光认为这种体例应“宁失于繁，无失于略”，过去较少见到“年谱长编”的提法。丁文江、赵丰田编《梁任公先生年谱长编初稿》在学界享有盛誉，为“长编”名目挣得地位。该书 1936 年油印 50 部送梁启超家属及知交征求意见，1958 年台湾世界书局出版排印本，1983 年上海人民出版社印行据《初稿》增改的修订本，名为《梁启超年谱长编》，1999 年北京图书馆出版社以油印本影印编入《北京图书馆藏珍本年谱丛刊》，2010 年中华书局出版时名为《梁任公先生年谱长编（初稿）》，成了现代年谱的经典之作。又是“长编”，又是“初稿”，固然表现了编纂者的谦虚谨慎，却将“长编”作为一种体例固定下来，成了“年谱简编”的反义词，或扩大升级版。几十年来，年谱长编蔚成大观，甚至还有出版社设立了年谱长编丛书。

随着鲁迅研究学科的不断完善，鲁迅年谱的重编势在必行，长编的构想更加接近现实。浙江大学出版社版的《年谱》是向更宏阔构想、更大篇幅进展迈出的第一步。新的鲁迅年谱，应该在事实准确的基础上，达到内容丰富，形式多样，可读性强，包容度宽，有思想深度，因此要求撰写者在充分掌握资料的基础上，有自己的观点和独立的判断。编纂者的主观评价不仅要显现在材料的取舍上，还在作品的分析上，更在对谱主一生事功的评价上，因此具有评传的效果。

综上，鲁迅年谱或可向着综合的“编年纪事的传记”方向努力，具体做法，可以有(但不限于)以下这些方面：

第一，对谱主生平资料进行比勘验证，剪裁取舍。不但如此，还要扩展到同时代人，如果只局限于谱主本人的言行，如同谱主的言行录，不足以形成时代氛围。鲁迅在从事文学活动的几十年中，处在文坛中心位置，引领时代风潮，亲历各种论争和文学活动，交友甚广。而他所处的时代又是文化转型、文艺复兴的丰富多彩的时代，如果狭隘地只记录他本人的活动，或者以他的言行为圭臬，以他的是非为是非，失之偏颇。客观的叙述须要顾及上下四旁、古今中外，才能公允平和，令人信服。这方面，过去的研究留下很多教训，新的年谱应当竭力避免。

第二，对鲁迅作品做较为详细的提要，不但包括鲁迅本人的著作，还有鲁迅的翻译和编纂的图书，后者同样包含着他的思想观念和对人事的态度：他翻译的著作，是他的选择，有他的世界观、文艺观的体现。实际上，翻译对他的创作也有相当大的影响；就连他编辑的美术类书籍，也应该注意美术与文学的关系，这正是过去研究关注不够的地方，近年来研究成果较多。此外，文章的被禁止和删改情况，也是他文学活动的一个重要方面，具有鲜明的时代特色，有必要选择重要的事例和节点加以表现。

第三，人物、事件的注释尽量详细，让读者知道鲁迅批评或赞扬他们的原因；有些人物的注释可以延伸到其一生行状，因为鲁迅与他们的关系影响了他们的命运。例如周作人、徐懋庸等的注释，读者可以借助注释了解周作人与鲁迅失和后的人生历程和结局。这些鲁迅身后的事件不能在谱文中叙述，但可以在注释中表现。

第四，针对鲁迅的批评论著，包括文艺论争的材料，以及相关学术研究成果，是影响鲁迅的因素，应适当引述——虽然他本人声称自己写作从来不看别人的评论——但严格限于同时代人的观点。至于后人的批评和研究成果，属于事后诸葛亮的论断，如果确实纠正了鲁迅及同时代人的错误，必要时可以放在注释中。

第五，年谱长编不像文学、美术年谱那样偏重特定方面的活动，而应该详细记录谱主的生平活动。因此长编必须注意日记、书信的重要性。日记和书信是基本材料，而且当时感想和情绪的记录，虽然也可能造假，但总体上可信度较高，应该作为年谱的最基本材料。而书信，则不但叙述鲁迅的信件，必要时将来往书信合并叙述，以见事件的全貌和意见的多面性。

第六，时代背景、政治生态、商业状况、出版条件，尤其是上海的书刊出版发行情况，是重要的背景材料，有些放在每年的大事记中，有些则在谱文中随时介绍评价。

最后，但并不是最不重要的，编纂“文学名家年谱丛书”中的《鲁迅年谱》提醒我们，年谱是人物传记的一种，而且是具有文学性的传记。鲁迅是文学家，文学是他的主业，鲁迅年谱固然要照顾到各个方面，但在文学上给予特别的关注是题中应有之义。

鲁迅年谱的长编显然是必要的。长编可以兼有史料钩沉、作品提要、思想发展脉络梳理、社会交游梳理、党派社团活动记录、历史背景描述等功能，不但是编年纪事，而且有纪事本末，是综合的编年纪事体传记。拙编《年谱》，本来就是“长编”的初步工作，因丛书篇幅所限，删掉一些叙述、引文和注释，导致有些地方表现不充分，在融会贯通方面显得不足。不过，产生疏漏和错误的主要原因是编纂者学识浅陋、研究水平不高，在相关领域缺乏系统和精细的研究。例如关于文体，年谱就未能梳理出一个清晰的发展脉络：行文中对小说注意较多，叙述《呐喊》《彷徨》《故事新编》的演进变化，线索较为清晰；散文诗方面，则注意到《自言自语》与《野草》之间的渊源关系；至于散文，却没有对散文诗、回忆记和后期的《夜记》等做前后照应的勾勒和系统的论述；尤其是杂感，仍按照长期以来的习惯称为“杂文”，没有追溯杂感、随笔、短评等文体在鲁迅笔下的演变轨迹。

从帝王谱系、家族谱牒发展到个人的编年传记，年谱是颇具中国传统特色的学问和独异的文体。不同的人物应该有不同体式的年谱，不拘长编简编，要在准确、明晰、得体。笔者在鲁迅年谱编纂方面做了一些初步尝试后，更期待兼具传记效果的编年纪事体长篇力作。